Eine Arbeitsgemeinschaft der Verlage

Böhlau Verlag · Wien · Köln · Weimar
Verlag Barbara Budrich · Opladen · Toronto
facultas.wuv · Wien
Wilhelm Fink · Paderborn
A. Francke Verlag · Tübingen
Haupt Verlag · Bern
Verlag Julius Klinkhardt · Bad Heilbrunn
Mohr Siebeck · Tübingen
Nomos Verlagsgesellschaft · Baden-Baden
Ernst Reinhardt Verlag · München · Basel
Ferdinand Schöningh · Paderborn
Eugen Ulmer Verlag · Stuttgart
UVK Verlagsgesellschaft · Konstanz, mit UVK / Lucius · München
Vandenhoeck & Ruprecht · Göttingen · Bristol
vdf Hochschulverlag AG an der ETH Zürich

Günter J. Friesenhahn
Daniela Braun
Rainer Ningel (Hrsg.)

Handlungsräume Sozialer Arbeit

Ein Lern- und Lesebuch

Verlag Barbara Budrich
Opladen & Toronto 2014

Bibliografische Information der Deutschen Nationalbibliothek
Die Deutsche Nationalbibliothek verzeichnet diese Publikation in der Deutschen
Nationalbibliografie; detaillierte bibliografische Daten sind im Internet über
http://dnb.d-nb.de abrufbar.

Gedruckt auf säurefreiem und alterungsbeständigem Papier.

UTB-Bandnr. 8545
UTB-ISBN   **978-3-8252-8545-6**

Satz: R + S, Redaktion + Satz Beate Glaubitz, Leverkusen
Umschlaggestaltung: Atelier Reichert, Stuttgart
Druck: Friedrich Pustet, Regensburg
Printed in Germany

Inhalt

Einleitung

Günter J. Friesenhahn/Daniela Braun/
Rainer Ningel

Womit hat es professionelle Soziale Arbeit zu tun? Was machen diejenigen, die als Fachkräfte in der Praxis der Sozialen Arbeit tätig sind? Wie können sie ihr Tun in realen oder virtuellen Handlungsräumen begründen und wie vermögen sie es, ihre Kompetenz zur Geltung bringen? Das sind Fragen, die sich Studieninteressierte und Studienanfänger der Sozialen Arbeit und die am Sozialen interessierte Öffentlichkeit zu Recht stellen.

Seit nunmehr über hundert Jahren gibt es viele, sich z.T. widersprechende Antworten im Hinblick auf den *Gegenstand der Sozialen Arbeit*, die wissenschaftstheoretische Ausrichtung und die Funktion in der Gesellschaft, die Soziale Arbeit hat oder haben soll. Konzepte, Theorien, Diskurse sowie die präferierten methodischen Arrangements haben sich abgewechselt, manchmal auch überlagert, Konzepte wurden weiterentwickelt und neu akzentuiert. Diese konzeptionelle Weiterentwicklung war vom Willen getragen, es besser zu machen als es vorher war.

Professionelle Soziale Arbeit existiert in Deutschland als vielfältige und ausdifferenzierte Praxis mit einer wachsenden Zahl unterschiedlicher Handlungsfelder, für die auf wissenschaftlicher Basis im Rahmen der entsprechenden Studiengänge ausgebildet wird. Eine intensive Bezugnahme auf Forschung ermöglicht es, wissenschaftliche Kenntnisse zu rezipieren und zu verstehen, die zur Weiterentwicklung und zur Optimierung der Praxis herangezogen werden können.

Wissenschaftliche *Theorieentwicklung*, *Forschung*, *Praxissystem* und *Qualifizierungslandschaft* können als Grundstruktur der Sozialen Arbeit betrachtet werden (vgl. Thole 2010, S. 22ff).

In dieser Grundstruktur Sozialer Arbeit fungieren Theorien und Konzepte als Reflexionsrahmen für das sozialpädagogische und sozialarbeiterische Handeln in den entsprechenden Handlungsfeldern. Die wissenschaftliche Fundierung von Handlungen findet in der Sozialen Arbeit vielfach in Form von *Theorieimporten* aus anderen Wissenschaften statt. Insoweit speisen sich die Theorien und Konzepte der Sozialen Arbeit in ihren wissenschaftlichen Referenzbezügen in der Summe aus pädagogischen Überlegungen, aus sozialphilosophischen, soziologischen und ethischen Beschreibungen und Erkenntnissen sowie aus Gesellschaftsanalysen in Hinblick auf politische und institutionelle und rechtliche Rahmungen Sozialer

Arbeit (vgl. Rauschenbach/Züchner 2010, S. 154ff). Diese unterschiedlichen Zugänge werden in der Perspektive der Sozialen Arbeit als eigenständiger Diskurszusammenhang der Sozialen Arbeit generiert.

Je nachdem aus welcher Perspektive man Soziale Arbeit betrachtet, entstehen jeweils andere Bilder, Optionen, Anforderungen und Ansprüche. Sozialwissenschaften zeichnen sich von jeher aus durch eine Vielzahl von unterschiedlichen Zugangsweisen zur Konstruktion von Wirklichkeit(en) und ihrer Interpretation(en). Die jeweiligen konzeptionellen Grundlagen, auf die Fachkräfte ihr Handeln beziehen und ihnen damit Sinn geben, haben sich gesellschaftlich-historisch als Synthese von unterschiedlichen Diskursen entwickelt.

Eine wichtige Traditionslinie ist der (sozial-)pädagogische Diskurs und die entsprechende sozialpädagogische Praxis. Seit der Entstehung der modernen Sozialen Arbeit bildet der sozialpädagogische Diskurs zusammen mit dem sozialarbeiterischen Diskurs die Basis für die Soziale Arbeit. Die sozialpädagogische Perspektive erfährt durch die breitgeführte Bildungsdebatte aktuell wieder an Aufmerksamkeit (vgl. Schilling u.a. 2013).

Soziale Arbeit ist in Deutschland Bestandteil *der sozialstaatlichen Infrastruktur*, sie ist rechtlich gerahmt und sozialpolitisch wird ihr eine spezifische Funktion zugewiesen. Sie ist einerseits stetig ökonomischen Zumutungen ausgesetzt und andererseits in ihrer professionstheoretischen Selbstdeutung mit sehr viel normativer Kraft ausgestattet. In einem solchen Arrangement zu arbeiten, verlangt neben den erforderlichen fachlichen Kompetenzen auch persönliches und politisches Engagement sowie besonnene Reflexivität gepaart mit alltagstauglichem Pragmatismus.

Berufsvollzüge und methodisches Handeln, das zeigt auch der Blick über die Grenzen, lassen sich nicht mehr allein aus der Binnenperspektive der Sozialen Arbeit allein bestimmen. Die realen Produktionsbedingungen Sozialer Arbeit in Europa „sind immer stärker von sozialpolitischen Zielsetzungen und Arrangements, nationalen Trägerstrukturen, der Organisationspolitik der Einrichtungsträgern, der Motivation des Personals und auch der Bezahlung abhängig" (Dahme/Wohlfahrt 2012, S. 177).

Die Zahl der in der Sozialen Arbeit Beschäftigten steigt weiterhin an und der Mikrozensus 2012 rechnet für das Jahr 2013 mit ca. 2,5 Millionen Menschen, die im Sozialbereich arbeiten, das entspricht ca. 7% aller Beschäftigten in Deutschland. Die Bereiche Jugendhilfe (ca. 326.000) Altenhilfe (ca. 400.000), Behindertenhilfe (ca. 290.000) und Gesundheitshilfe (ca. 375.000) sind diejenigen Handlungsfelder, in denen die meisten Fachkräfte der Sozialen Arbeit tätig sind. Mit dem früh-pädagogischen Bereich, der als Teil der Jugendhilfe und damit auch Teil der Sozialen Arbeit anzusehen ist, kommen nochmals rund 480.000 Fachkräfte mit hinzu, wobei hier endlich der Anteil der akademisch ausgebildeten Fachkräfte deutlich wächst.[1]

Die Zahlen zeigen auch, dass der Anteil von befristeten und oder Teilzeitbeschäftigungsverhältnissen zunimmt und Soziale Arbeit selbst unter prekären Arbeitsbedingungen leidet. Damit ist sie nahe den menschenunwürdigen Ausformungen von Arbeitsbedingungen, die sie im Interesse von und mit Betroffenen bekämpft (Beher/Fuchs-Rechlin 2013)[2].

Diese Hinweise machen deutlich, dass der Handlungsraum, in dem Fachkräfte Sozialer Arbeit agieren, größer und vielfältiger und in seiner Bewertung komplexer wird als er es in der Tradition und Praxis der bundesdeutschen Sozialen Arbeit vorher war.

Soziale Arbeit wird im Anschluss an Staub-Bernasconi als *Handlungswissenschaft* (Staub-Bernasconi 2007) konzipiert, und der prominente Theorieansatz der *Lebensweltorientierung* (Thiersch 2012) unterstreicht die Fokussierung auf den Alltag als elementaren Handlungsraum der Adressaten/-innen.

Die facettenreich geführte Debatte um *Sozialraumorientierung* (vgl. Kessl u.a. 2005 Früchtel/Cyprian u.a. 2007) ist Zeichen einer mittlerweile etablierten professionellen sozialarbeiterischen und sozialpädagogischen Perspektive, die unter Einbeziehung der verfügbaren Ressourcen der beteiligten Nutzer auf die Verbesserung von Lebensbedingungen der Menschen zielt und programmatisch mit der Formulierung ‚*vom Fall zum Feld*' beschrieben wird.

Insgesamt zeigt die angedeutete Fachdiskussion, dass die Bedeutung des Raums bzw. der räumlichen Perspektive in der Sozialen Arbeit stark zugenommen hat. Die Thematisierung von *Handlungen* und Bildungs- und Sozial*räumen* gehören in der Sozialen Arbeit zu zentralen Kategorien und verbinden sich auf der Ebene der Praxis mit Fragen nach professions-spezifischen Kompetenzen, Zuständigkeiten und Befugnissen.

Während man in der Fachdiskussion bis vor wenigen Jahren davon ausgegangen ist, dass Soziale Arbeit in einem konkreten ortsgebundenen Raum vonstattengeht, in dem sich Adressaten und Fachkräfte gleichzeitig (face to face) aufhalten, hat die Transnationalitätsforschung herausgearbeitet, dass es die Professionellen heute dank technischer Möglichkeiten mit pluri-lokalen Sozialbezügen zu tun haben, die die Vermessung auch des virtuellen Raumes neu herausfordern (vgl.Schweppe/Grashoof 2012). Die zunehmenden Online-Beratungsangeboten in der Sozialen Arbeit sowie die eLearning/vLearning Studienangebote belegen diese Entwicklung.

---

1 (https://www.destatis.de/DE/ZahlenFakten/GesellschaftStaat/Soziales/Sozialleistungen/ KinderJugendhilfe/Tabellen/BeschaeftigteNachMerkmale2012.html) [letzter Zugriff: 01. 09.2013].

2 (http://www.einmischen.info/33.html) [letzter Zugriff:01.09.2013].

Handlungs- und Raumbegriff unterliegen zwar Deutungsschwankungen, bleiben aber angesichts der skizzierten Pointierungen wichtige Bezugspunkte für sozialarbeiterische und sozialpädagogische Berufsvollzüge, die die Beziehung zwischen Fachkräften und Adressaten, nicht nur auf der persönlichen Ebene, sondern in einer spezifischen gesellschaftlichen Konfiguration verorten und zum Teil auch determinieren. Im konkreten sozialpädagogischen Raum entstehen Beziehungen zwischen Menschen, ihren Handlungen und dem unterlegten Sinn.

Auf (Sozial-)Pädagogik bezogen hatte Hermann Giesecke vorgeschlagen, nicht mehr von Erziehung, sondern von pädagogischem Handeln zu sprechen. Während Erziehung in Theorie, Ausbildung und Praxis eingeschränkt verstanden werde als intentionales Handeln mit dem Ziel, die Adressaten/-innen der Erziehung dauerhaft und umfassend in ihrer Persönlichkeitsentwicklung zu beeinflussen, gehe pädagogisches Handeln über diesen enggefasste Vorstellung hinaus. „Pädagogisches Handeln ist eine Form sozialen Handelns, also am Handeln anderer orientiert…Oberstes Ziel pädagogischen Handelns ist ‚Lernen ermöglichen‘, soweit dies im Bewußtsein und im argumentativen Austausch möglich ist… . Pädagogisches Handeln ist ein Intervenieren in unabhängig davon ablaufende Lebensgeschichten; es konstruiert keine Persönlichkeiten beziehungsweise deren ‚Bildungsgeschichten‘, sondern ist eine Dienstleistung dafür, damit diese sich durch Lernen entwickeln können" (Giesecke 1987, S. 38f).

Hier kreuzen sich pädagogische und sozialarbeiterische Ziele. Es geht darum, Menschen zu befähigen, sich mit ihren Möglichkeiten und Fähigkeiten in ihrem jetzigen und späteren Leben in der Gesellschaft zu behaupten und Handlungsräume und -optionen zu erweitern.

Fachkräfte der Sozialen Arbeit tragen durch ihre professionellen Handlungen dazu bei, dass soziale Räume gestaltet werden und die Adressaten ihr Potenzial zur Persönlichkeitsentwicklung entfalten können.

Die Beiträge des Buches – ausnahmslos von Lehrenden und Mitarbeitern/-innen des *Fachbereichs Sozialwissenschaften der Hochschule Koblenz* verfasst – nehmen diese Überlegungen auf. Die Autoren/-innen und sind an der Schnittstelle von Sozialer Arbeit, Bildung und Erziehung verortet. Sie ermöglichen es den Lesern/-innen Rahmungen, Strukturen und Dimensionen sozialarbeiterischen und sozialpädagogischen Handelns zu erschließen, interdisziplinär miteinander zu verbinden und als Reflexionsrahmen und Handlungsperspektiven zu nutzen. In diesem Band wurde bewusst darauf verzichtet, Theorieangebote oder eine *Systematik der Sozialen Arbeit* zu entwerfen und zu erörtern.

Stattdessen werden Akzente gesetzt, die in einem wissenschaftlich fundierten und praxisorientierten Studium der Sozialen Arbeit als Inhalte konstitutiv sind und nicht fehlen sollten. Dabei kommen sowohl traditionelle und etablierte Themen als auch bisher in sozialarbeiterischen und sozialpädagogischen Kontexten eher ungewohnte inhaltliche Perspektiven und Themen wie z.B. Bewegung, Glück und Humor in den Blick.

Beim Aufbau des Buches haben wir uns von folgenden Überlegungen leiten lassen und dementsprechend das Buch in drei Sektionen gegliedert:

1. Sozialarbeiterisches und sozialpädagogisches Handeln folgt Leitperspektiven und unterliegt unterschiedlichen Deutungen.
2. Sozialarbeiterisches und sozialpädagogisches Handeln reflektiert und analysiert vorgegebene Anlässe und Kontexte und ist an deren Konstruktion selbst beteiligt.
3. Sozialarbeiterisches und sozialpädagogisches Handeln wird in Settings realisiert, in denen bisweilen ambivalente Anforderungen für Fachkräfte der Sozialen Arbeit und ihre Adressaten/-innen zum Tragen kommen und die ein hohes Maß an Selbstkompetenz erfordern.

In Sektion I werden konzeptionelle Orientierungen vorgestellt.

Für die Soziale Arbeit sind die Menschenrechte weltweit eine normative Leitperspektive und bilden eine wesentliche Basis für die Entwicklung der professionellen Identität. Grund genug, einen Beitrag zu den Menschenrechten an den Anfang des Buches zu stellen. Der Bezug auf die Menschenrechte und das Postulat der Gerechtigkeit bilden den Kern der sogenannten *internationalen Definition Sozialer Arbeit*. Der derzeitige Versuch der internationalen Organisationen der Sozialen Arbeit, sich auf eine *neue* weltweit anerkannte Definition Sozialer Arbeit zu verständigen, zeigt, dass auch innerhalb der Sozialen Arbeit der universale Anspruch der Menschenrechte nicht unumstritten ist.[3] *Jansen* weist auf die eminente Bedeutung der Menschenrechte im Kontext Sozialer Arbeit hin und appelliert: „Tyrannei und Unfreiheit, Hunger und Armut, Ungerechtigkeit und Ausbeutung, Umweltvernichtung und Ressourcenausbeutung, Rassismus und Unterdrückung sind ohne positiven Gegenentwurf, den die Menschenrechte in ihrer Substanz als reale Utopie darstellen, nur schwer kritisierbar."

Die sich daran anschließenden Beiträge von *Kaiser-Hylla* (Entwicklung), Krappmann (Bindung), *Frink* (Erziehung), *Friesenhahn* (Bildung) und *Dieckerhoff* (Lernen) greifen genuine Topoi der sozialpädagogischen Traditionslinie Sozialer Arbeit auf. *Soziale Arbeit ist als Beitrag zur Lebensbewältigung* auf pädagogische und psychologische Analysen und Reflexion angewiesen. Ohne Zweifel sind Erziehungs- und Bildungsfragen derzeit von hoher gesellschaftlicher Bedeutung und auch eine Herausforderung für Fachkräfte der Sozialen Arbeit.

---

3   (http://www.iassw-aiets.org/consultation-on-new-international-definition-of-social-work) [letzter Zugriff:01.09.2013]

Kaiser-Hylla rekurriert auf einen *Entwicklungsbegriff*, der die Erforschung von individuellen Unterschieden und Gemeinsamkeiten in den Vordergrund rückt. *Krappmann* beleuchtet anknüpfend daran das gewachsene wissenschaftliche und praktische Interesse an *Bindungstheorien* und stellt heraus, dass Bindung ein psychisches Grundbedürfnis ist, das für das Entstehen von Vertrauen in die soziale Umwelt, für die Entwicklung von kognitiven wie auch sozial-emotionalen Kompetenzen und den Erwerb von Resilienz eine wichtige Ressource darstellt. Vertrauensverhältnisse können Fachkräfte der Sozialen Arbeit aufbauen.

*Frink*s Überlegungen sind anschlussfähig, indem sie z.B. unterstreichen, dass sich im zeitdiagnostischen Verhältnis von Erwachsenen und Kindern ein pädagogisch bedeutsamer Wandel vollzogen hat: „Als Wandel von der *Er-ziehung* zur *Be*ziehung, vom Befehls- zum Verhandlungshaushalt wird die stärkere Demokratisierung und Egalisierung der Umgangsformen beschrieben."

Friesenhahn zeichnet die historisch unterschiedlichen Auslegungen des *deutschen Bildungsbegriffs* nach und stellt diese Begrifflichkeit in den Kontext derzeitiger europäischer bildungspolitischer Programme und Überlegungen. Er sieht die Gefahr, dass der emanzipatorische Gehalt des Begriffes, wie er seit der Aufklärung für den deutschsprachigen fach-wissenschaftlichen Diskurs weitgehend maßgeblich war, an Bedeutung verliert und durch einen funktionalistischen, an ökonomischen Kriterien ausgerichteten, Bildungsbegriff der Europäischen Union ersetzt wird.

Dieckerhoff präsentiert neuere Perspektiven der Lernforschung und macht deutlich, dass sich die aktuellen Forschungsthemen nicht mehr nur auf die Effektivität des Lehrens und Lernens konzentrieren. Es gehe vielmehr darum herauszuarbeiten, welche *Lernumwelten selbstbestimmte Lernprozesse* am ehesten stimulieren können, wie also das Lernen selbst gelehrt und gelernt werden kann. Diese Kompetenz des Selbstlernens ist in *virtuellen Räumen* besonders gefragt, in denen Selbststeuerung und individuelles Lernmanagement eine große Rolle spielen, wie *Schranz* herausstellt. In Zukunft werden *Personal Learning Environments*, mit einer individuellen Zusammenstellung von Software oder Web-Services die traditionellen Lernmöglichkeiten vergrößern und auch den Informations- und Kommunikationsfluss zwischen Professionellen und Klienten in der Sozialen Arbeit verändern und womöglich verbessern.

Dass die erweiterten Informations- und Kommunikationsmöglichkeiten nicht ohne weiteres zur besseren Verständigung zwischen den Menschen führen, ist das Thema in *Blumbergs* Beitrag. Der Mensch erkennt die Welt nicht, wie sie ‚wirklich' ist, sondern wie sie ihm erscheint und wie er sie auf der Grundlage seiner Erfahrungen deutet. In Bezug auf Lernen bedeutet dies: Wissen lässt sich nicht von Lehrenden auf Lernende übertragen, sondern kann vielmehr nur in konkreten Situationen neu vor dem Hintergrund der eigenen Erfahrungswelt aufgebaut und konstruiert werden.

Die gesellschaftlich unterschiedliche Akzeptanz der Welt-Erfahrungen wird in den anschließenden drei Beiträgen von *Kniephoff-Knebel, Franzkowiak* und *Felder* thematisiert. Unserer Gesellschaft zeichnet sich durch zunehmende *Ausdifferenzierung und Pluralisierung an Lebensweisen* und Identitätsoptionen aus. Dadurch wird der Umgang mit gesellschaftlicher Vielfalt und Heterogenität zur selbstverständlichen Herausforderung und Gestaltungsaufgabe der Moderne, wie *Kniephoff-Knebel* in ihrem Beitrag zu Diversity ausführt. Mit diesem Konzept werden aber nicht nur Unterschiede in ihrer persönlichen und gesellschaftlichen Bedeutung sichtbar gemacht, sondern auch *gesellschaftlich konstruierte Machtverhältnisse* kritisch betrachtet. Das erfordert auch eine politische Analyse von Ungleichheit und Ausgrenzung sowie entsprechende Gegenstrategien: „Der Begriff der Anerkennung wird damit zur zentralen Prämisse differenzorientierter Konzeptentwicklung".

Ebenso wie der Umgang mit Vielfalt ist *Gesundheit* ein grundlegendes Thema Sozialer Arbeit, das schon in den ersten Lehrplänen der beginnenden professionellen Ausbildung, also vor mehr als hundert Jahren, damals als Fach Hygiene, vertreten war. Oft in Gegenposition zur naturwissenschaftlich-medizinischen Perspektive auf Körper, Entwicklung, Gesundheit, Krankheit und Tod, betont der *Diskurs über Gesundheit in der Sozialen Arbeit* die soziale Funktion von Gesundheit und Krankheit in spezifischer Weise. *Franzkowiak* beschreibt den Anspruch Sozialer Arbeit im Gesundheitswesen und erklärt, es gehe darum, die Risiken krankheitsbedingter sozialer Benachteiligung zu vermindern und die Gefahren sozial bedingter gesundheitlicher Benachteiligung zu vermeiden.

Beim Thema *Inklusion* fusionieren gesundheitsbezogene und diversityorientierte Perspektiven in dialektischer Weise. Seit der Unterzeichnung der *Behindertenrechtskonvention der Vereinten Nationen* (2009) besteht die verlockende Leitperspektive darin, eine inklusive Gesellschaft zu verwirklichen, in der Menschen mit und ohne Beeinträchtigungen in allen Bereichen zusammen leben, lernen und arbeiten. Inklusion bedeutet in dieser Perspektive die Absage an homogene Lerngruppen und Freizeitaktivitäten, homogene Wohngebiete und Arbeitsplätze. *Felder* deutet aber auch auf die Fallstricke im Diskurs hin, indem sie darauf verweist, dass auf der einen Seite z.B. Behinderung zwar eine beachtenswerte *Differenzkategorie* sei, die dann auch notwendige pädagogische Förderung und die Beachtung spezifischer Bedürfnisse und Unterstützung der betroffenen Menschen nach sich ziehe. Auf der anderen Seite müsse aber reflektiert werden, dass auch beim Abbau bestehender Teilhabechancen von marginalisierten Gruppen neue Exklusionsprozesse und *Ungleichheitsdynamiken* entstehen.

Die Funktionsbestimmung Sozialer Arbeit erschöpft sich nicht darin Hilfeleistungen und Unterstützung zur Lebensbewältigung und der Förderung der Teilhabe zu organisieren, sondern Soziale Arbeit ist auch in das gesellschaftliche Sanktionssystem eingebunden. Dies zeigen die beiden letzten Beiträge dieser Sektion auf. *Sanktionen* sollen die Einhaltung des Rechts und bestehender Normen garantieren; sie belohnen oder bestrafen bestimmtes Verhalten und stehen bisweilen in scharfem Gegensatz zu der menschenrechtsbasierten Leitperspektive, etwa wenn Sanktionen gegen vermeintliches Fehlverhalten verhängt werden und dadurch ein menschenwürdiges Leben in Frage gestellt wird.

Kuhn diskutiert insbesondere mit Bezug auf junge Menschen die gesellschaftlichen Kontroversen im Hinblick auf Sanktionen und ausgewählte Facetten der *Punitivitätsdebatte* und sieht aktuell eine Erstarkung der Disziplinierung- und Kontrollperspektive. Sie resümiert: „Es wird deutlich, wie sehr die Wahrnehmung von Problemen und deren Bewertung als gravierend von der herrschenden (Medien-)Meinung und gesellschaftspolitischen Konstellationen abhängig ist, so dass von einer medial konstruierten Wirklichkeit gesprochen werden kann. Kontroll- und Disziplinierungsaspekte werden offensichtlich auch salonfähig in der Sozialen Arbeit und vermehrt mit erheblich weniger Kritik und schlechtem Gewissen als Handlungsoption akzeptiert".

Wie sich die Deutungen von Fehlverhalten, Gesetzesübertretungen und Normverstößen gesellschaftlich verändern und unterschiedlich juristisch formiert werden, zeigt *Hetger* auf. *Strafen* können z.B. im Sinne einer sogenannten negativen Generalprävention einen Abschreckungseffekt haben und zugleich soll das Vertrauen in die *Durchsetzungskraft strafrechtlicher Normen* hervorgerufen und die Rechtstreue der Bevölkerung gestärkt werden. Beim Jugendstrafrecht wirken indes andere Leitperspektiven. Im Gegensatz zum Erwachsenenstrafrecht ist das Jugendstrafrecht vom Erziehungsgedanken geprägt. Insbesondere general-präventive Erwägungen dürfen bei der Festsetzung von Sanktionen keine Rolle spielen. Fachkräfte der Sozialen Arbeit sind im Bereich des Strafvollzugs nicht nur an dieser Schnittstelle zwischen Erziehung und Strafen, sondern in Vollzugsformen z.B. in Form von sozialpädagogischen Betreuungsmaßnahmen oder im Rahmen der Resozialisierung und der Bewährungshilfe tätig.

In Sektion II werden Anlässe und Kontexte sozialarbeiterischen und sozialpädagogischen Handelns näher beleuchtet. Professionelles Handeln erfordert eine fundierte wissenschaftliche Basis und muss sich auf Praxis beziehen. Insbesondere an (Fach-)Hochschulen ist dieser Zusammenhang einer *praxisorientierten Ausbildung auf wissenschaftlicher Grundlage* zum Markenkern der Studiengänge geworden. Mit der Vorstellung eines praxisbezogenen Studiums sind ganz konkrete Erwartungen über Kenntnisse für einen praktischen Beruf verbunden, wie *Strohe* und *Wardelmann* in ihrem Beitrag darlegen.

Nicht immer gelingt der Spagat, das erworbene wissenschaftliche Wissen mit dem Erfahrungswissen aus der Praxis zu verknüpfen. Darüber hinaus müssen einschlägige Kompetenzen auf mehreren Ebenen sowie die notwendige Sensibilität und Empathie für den jeweiligen Handlungsanlass entwickelt werden.

Aus der *sozialwissenschaftlichen Perspektive* ergeben sich Anlässe entlang der zeitlichen Abfolge von Ereignissen und Handlungen im Rahmen von gesellschaftlichen Lebensbereichen und Institutionen.

„Im Lebenslauf", so *Schmid*, „verknüpfen sich die Mikroebene des individuellen Handelns (z.B. für welche Ausbildung oder für welche Lebensformen sich Menschen entscheiden) mit der Mesoebene der Institutionen und Organisationen (wie z.B. Familie, Schule, Betrieb, Jobcenter) und der Makroebene der Sozialstruktur und der Sozialpolitik…. Durch diese Verknüpfung können der Einfluss der Gesellschaft und gesellschaftlicher Veränderungen auf individuelle Lebensläufe analysiert werden."

Sozialarbeiterinnen und Sozialarbeiter sind oft an der institutionellen Regulierung von Lebensläufen beteiligt. Dies wird sicher auch in naher Zukunft so bleiben, wird aber angesichts des demografischen Wandels neue Herausforderungen mit sich bringen. Die Bevölkerung in der Bundesrepublik Deutschland wird älter und heterogener. Diese Entwicklung schafft neue Anlässe und Kontexte für die Soziale Arbeit. Es geht, das unterstreicht *Vazquez* deutlich, bei der Bewältigung und *Gestaltung des demografischen Wandels* nicht nur um die Alten in der Gesellschaft. Mit der Programmatik der Demografiestrategie der Bundesregierung „Jedes Alter zählt" wird der Anspruch formuliert, eine Politik für alle Generationen zu realisieren. Zentrale Fragestellungen werden hier in der Finanzierung der sozialen Sicherungssysteme, Vereinbarkeit von Familie und Beruf und der Erhaltung von Gesundheit gesehen. In diesem Kontext werden sich neue Berufsfelder und Handlungsräume für Soziale Arbeit öffnen.

Die demografischen Veränderungen betreffen auch die *Vergesellschaftungs- und Vergemeinschaftungsprozesse* und den Aufbau und die Entwicklung von sozialen Beziehungen, wie *Baum* in seinem Beitrag Lebensräume erläutert. Städtische oder ländliche Lebensräume führen zu je spezifischen Strukturen und Herausforderungen, denen sich Soziale Arbeit stellen muss. Mit einem neuen methodischen Setting, der *Dorfmoderation,* wird aufgezeigt, wie partizipative Gestaltungsprozesse von Lebensräumen in einem bestimmten Kontext realisiert werden können.

So wichtig wie der konkrete, lokale Lebensraum für soziale Beziehungen ist, gilt es doch auch zu betonen, dass das Lokale mit dem Globalen untrennbar verbunden ist. Diese Thematik beleuchtet *Friesenhahn* im Hinblick auf Europa. Er weist auf Gemeinsamkeiten Sozialer Arbeit in unterschiedlichen europäischen Ländern hin, aber auch auf die jeweiligen *nationalstaatlich ge-*

prägten Entstehungsbedingungen Sozialer Arbeit, die heute noch nachwirken. Eine Harmonisierung Sozialer Arbeit werde es in Europa nicht geben, so sein zusammenfassendes Urteil. Allerdings werde Soziale Arbeit in vielen Kontexten mittlerweile durch EU-Politiken beeinflusst, z.B. wenn es um Flüchtlinge, Arbeitsmarktpolitik oder die Erbringung sozialer Dienstleistungen gehe. Trotz oder gerade wegen der berechtigten Kritik an Entwicklungen in und durch die Europäische Union, die sich negativ auf Lebenslagen von Menschen auswirken, muss sich Soziale Arbeit mit dem vielschichtigen Thema Europa beschäftigen. Unbestreitbar beschneiden europäische Institutionen nationale Gestaltungsspielräume, die für Soziale Arbeit relevant sind. Ein besonderes Augenmerk ist hier auf sozialpolitische Rahmenbedingungen der Sozialen Arbeit zu lenken.

Arnold rekonstruiert die Entstehung und Ausdifferenzierung des sozialen Sicherungssystems und setzt sich kritisch mit der Begleiterscheinung der *Ökonomisierung sozialer Dienste* beispielhaft am Handlungsfeld der Jugendhilfe auseinander. Wenngleich Veränderungen auf der Makroebene der Ökonomie wünschenswert wären, sieht er den Einfluss der Sozialen Arbeit wesentliche Änderungen herbeizuführen, doch als begrenzt an.

Die mit *Ökonomisierung* oder auch *Vermarktlichungstendenzen* beschriebenen Entwicklungen zeitigen auch Neu-Justierungen in der Organisation sozialer Dienste. Die Bewertung der Integration betriebswirtschaftlicher Instrumente in die Soziale Arbeit, so *Schneiders* in ihrer Auseinandersetzung mit *Sozialwirtschaft*, reiche von positiv gemeinter *Modernisierung sozialer Dienste* bis hin zu der Befürchtung einer umfassenden und *ungezügelten Ökonomisierung*, die auch zur Entprofessionalisierung führen könne. Dies deshalb, da nicht professionell ausgebildetes Personal für die Träger kostengünstiger sei als Fachkräfte der Sozialen Arbeit. Die einseitige Kostenorientierung führe auch dazu, die Frage nach den die Soziale Arbeit leitenden Werten in den Hintergrund zu drängen. Chancen einer stärker ökonomischen Betrachtung der Sozialen Arbeit sieht *Schneider* darin, dass Soziale Arbeit nicht nur als Kostenverursacher, sondern auch in ihrer positiven volkswirtschaftlichen Bedeutung in den Blick komme.

Um in rechtlich formierten und durch ökonomische Rahmenvorgaben strukturierten Kontexten professionell handeln zu können, bedarf es auch ausgewiesener Kenntnisse darüber, wie *Organisationen und Verwaltung* aufgebaut und organisiert sind und welche Verwaltungsträger für welche Leistungen, Sachverhalte und Fälle zuständig sind. *Voigt* stellt klar heraus: „Kompetentes Verwaltungshandeln im Sozialbereich erfordert einschlägig qualifizierte Fachkräfte der Sozialen Arbeit. Um die vielfältigen ordnenden, entscheidenden und manchmal auch kontrollierenden Aufgaben in diesem Bereich zu bewältigen, bedarf es solider Rechtskenntnisse."

Die vier abschließenden Beiträge dieser Sektion widmen sich dann auch aus unterschiedlicher Perspektive rechtlichen Fragestellungen, die in sozial-arbeiterischen und sozialpädagogischen Kontexten von Bedeutung sind

So führt *Kokott-Weidenfeld* aus, dass *Recht* der Handlungsrahmen sei, der in allen Lebensbereichen einen bestimmenden Einfluss ausübe. Fachkräfte der Sozialen Arbeit müssten die einschlägigen *Rechtsgrundlagen* kennen, um ihre Adressat/-innen adäquat beraten und Unterstützungsangebote anbieten zu können sowie „auf Augenhöhe" mit fachorientierten Mitarbeitern anderer Be-hörden und Institutionen zu verhandeln. Insbesondere das komplexe, ausdif-ferenzierte, in zwölf Büchern gefasste Sozialrecht sei für Fachkräfte Sozialer Arbeit eine Richtschnur für professionelles Handeln, weil darin die Grund-lagen der sozialen Sicherung geregelt werden. *Reidel* zufolge bleibe der Be-griff *Sozialrecht* aber vage, da er die unterschiedlichen Facetten der sozialen Sicherheit und der sozialen Gerechtigkeit abbilden müsse und sich ändernden gesellschaftlichen Anforderungen anzupassen habe. Fachkräfte der Sozialen Arbeit haben innerhalb der Verwaltungsbehörden, aber auch in anderen Ein-richtungen, die Pflicht, die Bürger/-innen über ihre sozialen Rechte richtig und vollständig aufzuklären. Sie können mittlerweile auch *qualifizierte Rechts-beratung* anbieten.

Während das Sozialrecht die Gleichbehandlung aller Bürger/-innen ga-rantieren soll, kommen beim Blick auf die Verwirklichung der *Kinderrechte* Zweifel über die Implementierung dieses Grundrechtes auf. *Merk* stellt die Frage nach der Berechtigung von Sonderrechten für Kinder, wenn es doch bereits umfassende Menschenrechte gebe, deren Träger ausnahmslos alle Menschen seien. Die Beschäftigung mit Kinderrechten ist für Fachkräfte der Sozialen Arbeit unerlässlich, da Minderjährige einen großen Teil der Adres-saten bilden. Die gesteigerte Verantwortung aus dem staatlichen Wächteramt mit seinen weitreichenden Eingriffsbefugnissen greife sogar in die (Grund-) Rechte der Eltern ein. Der Bezug auf die *Kinderrechtskonvention der Ver-einten Nationen* verdeutlicht, dass Kinder in ihrer Rolle als Rechtssubjekte gestärkt werden, indem den ‚3 Ps' Geltung verschafft wird: protection, pro-vision, partizipation.

Beim Themenfeld *protection*, also Kinderschutz, setzt *Beckmann* an. In einem kurzen historischen Rückblick verweist sie auf Meilensteine in der Entwicklung des Kinderschutz-Gedankens bis zur Einführung des *Bundes-kinderschutzgesetzes* im Januar 2012. Nach diesem Gesetz haben alle Akteure, die mit Kindern oder Familien arbeiten, einen bundeseinheitlichen Rechts-anspruch auf Beratung durch eine ‚insoweit erfahrene Fachkraft' der Ju-gendhilfe. Trotz erkennbarer Verbesserungen bleiben aber eine Reihe von Unklarheiten, z.B. im Hinblick auf die *notwendigen Qualitätskriterien.* Dar-aus leitet *Beckmann* die Forderung ab: „Zum einen fehlt eine Definition des Qualitätsbegriffs, zum anderen fehlt die für eine professionelle Qualitätsentwicklung notwendige Begleitforschung hinsichtlich der Wirksamkeit der Hilfeleistungen. Für eine *wirkungsvolle Qualitätsoffensive* sind bundesweit einheitliche Standards genauso notwendig wie eine unabhängige fachliche Instanz, die die Umsetzung eben dieser objektiv und institutionsextern kontrolliert." Ein strukturelles Problem bleibe trotz des neuen Gesetzes bestehen, da die finanzielle Leistungsfähigkeit der Kommunen, insbesondere im Bereich der Hilfen zur Erziehung, mit den gewachsenen fachlichen Anforderungen kaum Schritt halten könne.

Die dritte Sektion versammelt Beiträge, die den Blick in unterschiedlicher Weise auf die Realisierung Sozialer Arbeit richten. Zweifellos spielt *Kommunikation* dabei eine wichtige Rolle.

Manske verortet in ihrem Beitrag die *Präsentation* als eine besondere Form der Kommunikation, die sich dadurch auszeichne, dass der Mensch als Medium eine besondere Rolle einnehme und auch besondere Techniken zum Einsatz kommen. In den Handlungsfeldern der sozialen Arbeit, der Weiterbildung und der Moderation seien Visualisierungs- und Präsentationfähigkeiten absolut erforderlich. Man präsentiert, so Ergebnisse aus einschlägigen Forschungen, auch immer sich selbst „d.h., es ist nicht vom Medium abhängig, ob eine Präsentation gut oder schlecht ist, sondern von der Medien- und Kommunikationskompetenz der präsentierenden Person."

Bundschuh und *Nemesh-Baier* gehen der zentralen Frage nach, wie Vergesellschaftung in modernen und *heterogenen Gesellschaften* gelingen kann.

Bundschuh stellt heraus, dass das Konzept des homogenen Nationalstaates gescheitert sei und verweist auf die bestehende Vielfalt in modernen Gesellschaften. Neben der Klassen- und Geschlechterdifferenz gelte die kulturelle Differenz als zentrales Zuordnungsmerkmal der Mitglieder heutiger Gesellschaften. Die Wirkmächtigkeit dieser *Differenzlinie* sei aber nicht unproblematisch. Es gehe deshalb in Settings der Sozialen Arbeit nicht um methodisch organisierte Kulturvermittlung, sondern darum, die Kritik gesellschaftlicher Machtverhältnisse ins Zentrum ihrer Gesellschaftsanalyse und pädagogischen Strategien zu rücken. Die herkömmliche Bedeutung des Begriffs *Interkulturalität* werde dadurch in Frage gestellt. Das Ziel sieht er im politischen Programm der ‚Interkultur' in dem die Verschränkung von Interkulturalität, Inklusion und Diversität im sozialpolitischen Bereich als zukünftige Aufgabe der Sozialen Arbeit formuliert wird. „Die Eröffnung von Handlungsmöglichkeiten und – räumen sowie die Realisierung von Handlungsfreiheit ist das entscheidende Ziel für alle Mitglieder einer Gesellschaft". An dieses Resümee knüpfen die Ausführungen von *Nemesh-Baier* an, die die vielfältigen Facetten von individueller Zugehörigkeit machtheoretisch interpretiert. Sie erläutert am Beispiel eines Projektes über (Er-)Lebensräume mit mehrsprachigen Jugendlichen wie sich *Zugehörigkeit* im Zusammenspiel von Zugehörigkeitskonzepten, Zugehörigkeitserfahrungen und Zugehörigkeitsverständnissen konstituiert.

Nicht immer gelingen Vergesellschaftungsprozesse problemlos. Gesellschaftliche Rahmungen, kommunikative Störungen und individuelles (Fehl-)-Verhalten können die Austauschbeziehungen zwischen Individuum und Gesellschaft behindern. Soziale Arbeit setzt an gesellschaftlichen Widersprüchen an und sie entwickelt Settings, in denen Widersprüche bearbeitet werden. Dies geschieht in der kritischen Analyse und in der Reflexion von unrechtmäßigen Herrschaftsstrukturen und Machtverhältnissen sowie in der Thematisierung von Ungleichheit und Diskriminierung. Als Teil der sozialen Infrastruktur muss Soziale Arbeit aber auch Angebote machen, die Individuen in die Lage versetzen und ermächtigen, ihr Leben selbstbestimmt zu führen. Die Methoden von Beratung (*Ningel*), Mediation (*Füchsle-Voigt*) sowie Casemanagement (*Frietsch*) stehen hier exemplarisch für methodische Konzepte, die dies leisten.

Ningel macht deutlich, dass *Beratung in der Sozialen Arbeit* nicht nur spezifische fachliche Kompetenzen verlange, sondern auch eine klare *Wertehaltung*, die sich z.B. in Echtheit, Fairness, Verlässlichkeit und Hilfsbereitschaft zeige. Diese Ethik schließe aber auch Aussagen zum verantwortungsbewussten, also technisch korrekten Methodeneinsatz ein. „In der Sozialen Arbeit heißt das konkret, dass es eine Verpflichtung der Professionellen gibt, ihre Methodenkompetenz kontinuierlich zu optimieren und im Einzelfall sehr konsequent die Qualität ihrer Interventionen zu hinterfragen". Er beleuchtet eine Vielzahl von *Beratungssettings* mit ihren je besonderen Interventionstechniken, die sich insgesamt als zielgerichtetes, methodisches Handeln beschreiben lassen und unterstreicht, dass *Achtsamkeit als ethisches Grundmotiv* im sozialpädagogischen zur Geltung kommen müsse.

Auch das Konzept des Case Management lässt sich, wie *Frietsch* darlegt, in diesem Kontext verorten. Begonnen in den 1970er Jahren in den USA als *Weiterentwicklung und Ausdifferenzierung des ambulanten Gesundheits- und Sozialwesens* hat das Konzept mittlerweile auch in Deutschland einen festen Platz in der Sozialen Arbeit. „Case Management zielt in allen Handlungsbereichen zunächst auf den adäquaten Hilfebedarf des Klienten, nutzt aber im Sinne einer professionellen *Systemsteuerung* die Organisationsstrukturen der unterschiedlichen Hilfesysteme und erschließt gegebenenfalls auch neue Hilfen und bindet sie in das erforderliche Netzwerksystem ein". *Frietsch* betont, dass die Implementierung von Case Management und die damit verbundene Ökonomisierung von Leistungen nicht zur Lasten der adäquaten Hilfeformen und Fachlichkeit gehen dürfe, sondern fachliche Autonomie möglich bleiben müsse. Die Stärken des Konzepts liegen in seiner Einschätzung in der durchgängigen Motivierung und Beteiligung der Klienten und in der fachlichen Innovation.

Um eine spezifische Fallbearbeitung geht es in der Mediation. *Mediation* wird beschrieben als ein „vertrauliches und strukturiertes Verfahren, bei dem

Parteien mit Hilfe eines oder mehrerer Mediatoren freiwillig und eigenverantwortlich eine einvernehmliche Beilegung ihres Konflikts anstreben."
Füchsle-Voigt zeigt in ihrem Beitrag die historischen Wurzeln des Konzeptes
auf, das mit der Verabschiedung des Mediationsgesetzes im Juli 2012 einen
gesetzlich formierten Handlungsrahmen erhalten hat. Mediation kann in allen
Arbeitsfeldern der Sozialen Arbeit, in denen es um *Konfliktbearbeitung und
-schlichtung* geht, eingesetzt werden. Insbesondere in schulischen Kontexten
und bei familiären Konflikten im Umfeld von Trennung und Scheidung, sind
Mediationsverfahren erfolgreich entwickelt und eingesetzt worden, wie das
beschriebene ,Cochemer Modell' beweist.

Beratung, Case Management und auch Mediation gehen davon aus, dass
alle Beteiligten gemeinsam und meist freiwillig an der Verbesserung einer
Situation mitwirken wollen. Was aber wenn die *Motivation* gerade dazu fehlt?

Lindemann stellt die Frage in den Mittelpunkt, was Sozialpädagogen/-in-
nen tun bzw. unterlassen sollten, um Kunden zu motivieren. Er stellt fest, dass
im theoretischen Diskurs der Sozialen Arbeit das Thema „motivierte Kunden"
nicht vorkomme. Lediglich das Thema „unmotivierte Klienten" werde als
Randthema im Zusammenhang sogenannter Zwangskontexte behandelt. Er
stellt drei Strategien vor, die über die üblichen Motivationsstrategien hinausgehen und verweist dabei auf einen Richtungswechsel in den Interventionsformen, die als „Weg von" – „Hin zu" beschrieben werden können. „Für
die Menschen, die das „Hin zu" Muster bevorzugen, ist es das Ziel, das sie
antreibt. Der neuere Fokus der Sozialen Arbeit, der sich in den Schlagworten
Ressourcen-, Lösungs- und Zielorientierung widerspiegelt, kommt diesen
entgegen. Probleme wirken demotivierend. Denn der Kunde, der Resultate
sehen will, wird von dem noch in der klassischen Sozialen Arbeit bevorzugten
Problem- und Defizitfokus schnell gelangweilt, also demotiviert."

Bewegung (*Beudels*), Kreativität (*Braun*), Humor (*Link*) und Glück (*Wyrobnik*) sind bislang eher selten mit Settings Sozialer Arbeit in Verbindung gebracht und, so die einhellige Einschätzung der Autoren/-innen, in ihrer Bedeutung für Soziale Arbeit unterschätzt worden.

Beudels stellt klar, dass *Bewegung in der Sozialen Arbeit* eingesetzt
werden könne, um Menschen in ihrer physischen, psychischen und sozialen
Entwicklung zu helfen und zu unterstützen. „Seit der Aufklärung werden
Wirkzusammenhänge wissenschaftlich untersucht und zunehmend systema-
tisch in allgemein- wie heilpädagogischen und auch psychotherapeutischen
Handlungsfeldern genutzt."

In der 1966 vom DSB beschlossenen „Charta des Deutschen Sports"
wurden die dem Sport zugeschriebenen biologischen, pädagogischen und sozialen Funktionen formuliert und seine Ziele im Hinblick auf individuelle wie
gesellschaftliche Entwicklung umrissen. Auch in den oft selbstorganisierten
jugendlichen Bewegungskulturen zeigten sich Ansatzpunkte für Soziale Ar-

beit, um diese kollektiven *Selbstsozialisations- und Lernprozesse* unter Gleichaltrigen zu unterstützen. Bewegung und Sport sei kein ‚Add-On' der Sozialen Arbeit, sondern als unverzichtbare, sinnvolle wie wirksame Querschnittsaufgaben zu betrachten.

Auch *Kreativität* wird in dem Beitrag von *Braun* als unverzichtbar für die Realisierung von Sozialer Arbeit herausgestellt. Es gehe nicht darum, das Schöpferisch-Tätig-Sein, die schöpferische Begabung und die Kreativität als Attribut nur den Künstlern/-innen und der Kunst zuzuordnen. In der Sozialen Arbeit dominiere einerseits die Perspektive der Unterstützung individueller Ressourcen durch die *Stärkung von Problemlösungskompetenz* und der schöpferischen Kräfte eines Menschen.

„Andererseits wird in der Sozialen Arbeit auch die gesellschaftliche Relevanz der Kreativität evident bei der Prüfung der Rahmenbedingungen von Menschen in Institutionen, in denen sie sich in besonderen Lebenslagen oder Lebensphasen von der Kindheit bis zum Alter befinden: Hier ist zu prüfen ob hinreichende Rahmenbedingungen für innovative Problemlösungen und schöpferisches sowie kulturelles Agieren vorhanden sind."

Ungewohntes erscheint oft zunächst befremdlich. Dass auch *Humor* zu den kreativen Interventionen in der Sozialen Arbeit gehört und *Glück* nicht als unangemessene Zumutung in der Sozialen Arbeit zu verstehen ist, beleuchten *Link* und *Wyrobnik,* in dem sie Erfahrungen und Forschungsergebnisse aus verschiedenen Disziplinen und Settings Sozialer Arbeit heranziehen. Wissenschaftliche Ergebnisse zeigten, so *Link*, dass Humor Hemmungen löse, verdrängte Affekte aktiviere und zwischenmenschliche Beziehungen erleichterten. Humor setze kreative Potenziale frei, aktiviere Entscheidungsprozesse und sensibilisiere für neue Handlungsspielräume. „Humor zu haben bzw. humorvoll zu sein, gilt als erstrebenswerte soziale Kompetenz". Humor sei eine *gesundheitsfördernde Ressource*, die es für die Soziale Arbeit stärker als bisher zu nutzen gelte.

Das Thema *Glück* ist für Fachkräfte in der Sozialen Arbeit ebenfalls von hoher Bedeutung. Die Beschäftigung mit Glück und damit einhergehend auch mit dem Sinn des (eigenen) Lebens und anderen existentiellen Fragen führe einerseits zu einer wichtigen Selbstreflexion, zum anderen helfe sie, die Adressaten aus einem anderen Blickwinkel zu betrachten. „Konkret heißt dies, den Schwerpunkt weniger auf Defizite, Mängel, Schwierigkeiten und Probleme zu legen und im Gegenzug dazu mehr auf Potenziale, Ressourcen und Stärken zu achten und zu setzen." Die Beschäftigung mit der Frage, wie Menschen unter schwierigen Bedingungen ein gelingendes Leben führen können und wie man sie dabei unterstützen kann, ein *gutes Leben* zu führen, ist, so schließt *Wyrobnik*, eine Aufgabe für Fachkräfte der Sozialen Arbeit.

Weiter oben hatten wir darauf hingewiesen, dass Forschung ein wesentlicher Bestandteil von Sozialer Arbeit ist, dass Mithilfe von Forschung wissenschaftliche Kenntnisse gewonnen werden, die dann zur Weiterentwicklung und zur Optimierung der Praxis herangezogen werden können. Dieser Sachverhalt wird in den beiden letzten Beiträgen dieser Sektion konkretisiert und ausformuliert.

Schneider erinnert an die lange *Forschungstradition der Sozialen Arbeit* und plädiert dafür, Grundlagen der Forschung und entsprechende Kenntnisse als *integrale Elemente in jeden akademischen Ausbildungsgang* im Bereich Sozialer Arbeit zu implementieren. Der kritische Umgang mit Forschungsergebnissen ist zu lernen und zu erproben. Forschungsergebnisse wirken nicht für sich allein, sondern werden oft zu medial gebrauchsfertigen Päckchen zusammengestutzt. Das führt auch zur Dominanz bestimmter Forschungsrichtungen.

„Qualitative Ergebnisse werden selten rezipiert, weil sie sich selten in Zahlen, Schlagwörter und Schaubilder verpacken lassen". Es komme in Zukunft verstärkt darauf an, dass Soziale Arbeit aus eigenem Antrieb, aus eigener Kompetenz und aus Verantwortung der ihr anvertrauten Menschen die Stimme erhebe und aus ihrer Profession und Disziplin heraus versucht, u.a. mit Forschungsergebnissen, Politik zu beeinflussen.

Wie *Forschungsperspektiven und Ergebnisverwendung* von Forschungen den Alltag von Fachkräften der sozialen Arbeit durchdringen, wird in *Kuntzes* Beitrag hervorgehoben. Einer Definition der *Deutsche Gesellschaft für Evaluation e.V* folgend, ist Evaluation zu verstehen als „die systematische Untersuchung des Nutzens oder Wertes eines Gegenstandes. Solche Evaluationsgegenstände können z.B. Programme, Projekte, Produkte, Maßnahmen, Leistungen, Organisationen, Politik, Technologien oder Forschung sein. Die erzielten Ergebnisse, Schlussfolgerungen oder Empfehlungen müssen nachvollziehbar auf empirisch gewonnenen qualitativen und/oder quantitativen Daten beruhen".

Ergebnisse werden aber von den verschiedenen Akteuren unterschiedlich interpretiert und insofern sei Evaluation immer auch konfliktträchtig. Fachkräfte der Sozialen Arbeit brauchen fachlich fundierte Grundlagen, mit deren Hilfe sie die vielfältigen *Möglichkeiten und Verwendungen der Evaluation* einordnen können. Es gehe nicht nur um das standardisierte Messen von Sachverhalten, sondern auch um das Verstehen und Bewerten dessen, was passiert.

Soziale Arbeit, das verdeutlichen die hier versammelten Beiträge, ist nicht nur ein vielschichtiger Begriff, sondern bezieht sich auf Handlungsräume, die immer differenzierter und komplexer werden. Dies verweist nicht nur auf positive, konstruktive und professionelle Entwicklungspotenziale, sondern wirft auch Fragen nach dem zukünftigen Selbstverständnis und dem Bestand der professionellen Identität von Sozialarbeitern/-innen und Sozialpädagogen/-innen auf. Die Diskussion darüber wird weitergehen müssen.

Wir bedanken uns bei allen Kollegen und Kolleginnen für ihre Beiträge und für die vielen fruchtbaren, fachlichen Diskussionen, die wir im Rahmen der Fertigstellung dieses Buches führen konnten. Unsere jeweils disziplinär geprägte Sicht auf die Handlungsräume Sozialer Arbeit hat sich dadurch erweitert. Danke Euch allen.

Koblenz im Dezember 2013

Günter J. Friesenhahn, Daniela Braun, Rainer Ningel

Literatur

Dahme, H.-J./Wohlfahrt, N. (Hrsg.) (2012): Zwischen Pfadabhängigkeit und Konvergenz – Auf dem Weg zu einem europäischen Dienstleistungsregime für die Soziale Arbeit. In: dies: Produktionsbedingungen Sozialer Arbeit in Europa. Hohengehren: Schneider Verlag, S. 173-178.

Früchtel, F./Cyprian, G. u.a. (2007): Sozialer Raum und Soziale Arbeit. Wiesbaden: VS Verlag.

Giesecke, H. (1987): Pädagogik als Beruf. Grundformen pädagogischen Handels. Weinheim: Juventa.

Graßhoff, G./Schweppe, C. (2012): Vom Ortsbezug sozialer Beziehungen zum Transnationalen Raum – Herausforderungen für die Soziale Arbeit. In: Soziale Passagen 2/2012, S. 171-182.

Kessl, F. u.a. (2005): Handbuch Sozialraumorientierung Wiesbaden: VS Verlag.

Prange, K./Strobel-Eisele, G. (2006): Die Formen des pädagogischen Handelns. Eine Einführung. Stuttgart: Kohlhammer.

Rauschenbach, Th./Züchner, I. (2010): Theorie der Sozialen Arbeit. In: Thole, W. (Hrsg.) Grundriss Soziale Arbeit. Wiesbaden: VS Verlag, 3 Auflage, S. 151-174.

Schilling, M. u.a. (Hrsg.) (2013): Soziale Arbeit quo vadis? Weinheim: Beltz/Juventa.

Staub-Bernasconi, S. (2007): Soziale Arbeit als Handlungswissenschaft. Bern: Haupt Verlag (UTB Reihe).

Thiersch, H. (2012): Lebensweltorientierte Soziale Arbeit: Aufgaben der Praxis im sozialen Wandel. Weinheim Beltz/Juventa, 8. Auflage.

Thole, W. (2010): Die Soziale Arbeit. Praxis, Theorie, Forschung und Ausbildung. Versuch einer Standortbestimmung. In: Thole, W. (Hrsg.) Grundriss Soziale Arbeit. Wiesbaden: VS Verlag, 3. Auflage, S. 19-72.

I. Leitperspektiven und Deutungen

Menschenrechte

Peter-Erwin Jansen

Einleitung

> „Die Berufung auf Menschenrechte zehrt von der Empörung der Beleidigten über die Verletzung ihrer menschlichen Würde." (Jürgen Habermas 2010, S.44)

Das vorangestellte Zitat von Jürgen Habermas beinhaltet die Schwerpunkte, die im Folgenden diskutiert werden sollen. Es ist ein deutlicher Zusammenhang zu dem Auftrag der Sozialen Arbeit gegeben. Nach einer einleitenden Bemerkung zum 50. Jahrestag der *Allgemeinen Erklärung der Menschenrechte der Vereinten Nationen* wird in einem ersten Schritt eine knappe ideengeschichtliche Rekonstruktion der Menschenrechte unternommen. In einem zweiten Schritt folgt dann eine Darstellung des substantiellen Begriffs der Menschenrechte: die menschliche Würde. Diese beiden Punkte werden verbunden mit der Relevanz der Menschenrechte für die Soziale Arbeit, wie sie zentral in den Überlegungen von Silvia Staub-Bernasconi ausgeführt werden. Schließlich sollen zwei Gerechtigkeitstheorien angesprochen werden, die in der jüngsten Zeit im Zusammenhang mit Menschenrechtstheorien und Sozialer Arbeit diskutiert wurden und damit diesen Diskurs um einen interessanten Gesichtspunkt erweitern.

Aus Anlass des 50. Jahrestages der Ratifizierung der *Allgemeinen Erklärung der Menschenrechte* in der Vollversammlung der Vereinten Nationen am 10. Dezember 1948 veröffentlichte die spanische Tageszeitung *El Pais* eine Sonderausgabe, die in zahlreichen Artikeln und aus unterschiedlichsten Perspektiven die Bedeutung und den Charakter der *Universal Declaration of Human Rights* diskutierte (El Pais 6. Dezember 1998). Einer der Autoren ist der spanische Philosoph Fernando Savater, der aktuell als eine der kritischsten Stimmen seines Landes bezeichnet werden kann. Savater verweist auf die schwierige, aber zugleich alternativlose, global gültige und normativ verbindliche Ausrichtung der Menschenrechte, die in den 30 Artikeln der Erklärung niedergeschrieben sind. Das Fundament aller Artikel, so erinnert der Autor, bestehe aus der Selbstbestimmung, der Unverletzbarkeit und Erhaltung der menschlichen Würde und im Zentrum stehe der einzelne Mensch.

Kritische Stimmen, die den universellen Charakter der Menschenrechte in Frage stellen und kontrastierend auf unterschiedliche nicht der westlichen Tradition und den damit verbundenen kulturellen und gesellschaftspolitischen Entwicklungen entsprechen, lässt Savater nicht gelten. In einem Umkehrargument fragt er: Kann es sich irgendeine Regierung wirklich leisten, die Missachtung der Menschenrechte als offenes politisches Programm gegenüber der eigenen Bevölkerung und gegenüber der Weltgemeinschaft zu pro-

Fundamente der Menschenrechte

pagieren? (vgl. Savater 1998). Unter der Franco Diktatur war die systematische Verletzung der Menschenrechte Bestandteil des politischen Systems. Die Hoffnung auf das Ende dieses autoritären Regimes nährte sich auch aus dem positiven Bezug der Oppositionellen auf die Wiederherstellung der Menschenrechte.

Mittlerweile sind die Fundamente und der Gehalt der Menschenrechte ins Zentrum zahlreicher wissenschaftlicher Auseinandersetzungen gerückt. Nicht nur Philosophen, Rechtsphilosophen oder Ethiker diskutieren dieses „normative Referenzsystem" mit universellem Anspruch, sondern auch Ökonomen, Soziologen, Ökologen, Sozialökologen widmen sich ethischen Fragestellungen. Im weltweit geführten Diskurs der Sozialen Arbeit sind Menschenrechte und Ethik seit jeher zentrale Themen, die sich nun auch mit neuen Perspektiven wie ‚Human Rights and Indigenous People' sowie ‚Human Rights and Environmental Justice' verbinden.

Historische Genese

Freiheitskämpfe und Menschenrechte

In sozialen und politischen Auseinandersetzungen über mehrere Jahrhunderte hinweg kristallisierten sich drei Generationen von Menschenrechten heraus: die politischen und individuellen Freiheits-, Schutz- und Verfahrensrechte; die ökonomischen und sozialen Rechte und die erst jüngst verfassten kollektiven Rechte zwischen Völkern und Nationen. Die erste Generation wird mit der Philosophie der Aufklärung, den Emanzipationskämpfen des aufkommenden Bürgertums gegenüber dem selbstherrlichen Adel und der absolutistischen Krone in Zusammenhang gebracht. Die abgerungenen Freiheitsrechte sind festgehalten in der Unabhängigkeitserklärung der Vereinigten Staaten von 1776 und in der Erklärung der Menschenrechte der französischen Revolution von 1789. Ende des 19. Jahrhunderts revoltierte eine starke Arbeiterbewegung gegen die menschenverachtenden Lebens- und Arbeitsverhältnisse in der frühkapitalistischen Gesellschaft, die eine marginalisierte, an den sozialen Verhältnissen leidende Bevölkerung und zahlreiche unterdrückte Völker in den kolonialen Herrschaftsbereichen hervor gebracht hatte. Schließlich stehen Artikel der dritten Generation (Artikel 28 bis 30) in unmittelbarem Zusammenhang mit der politischen Unterdrückung und verschwenderischen Ausbeutung der Ressourcen der Länder des Südens. So verabschiedete die Mehrheit der UN Vollversammlung im Jahr 2010 zwar mehrheitlich, aber doch gegen zahlreiche Stimmen westlicher Staaten eine Resolution, die *Wasser als Menschenrecht* deklariert. Gegen die weitverbreiteten, von neoliberalen Profitanstrengungen getriebenen Tendenzen lebenswichtige soziale Güter (Sicherheit, Bildung, Luft, Wasser, Naturgebiete wie das Amazonasgebiet) zu privatisieren, ist neben regulierenden politischen Rahmenbedingungen die internationale Perspektive Sozialer Arbeit von großer Bedeutung.

Die Niederschrift der Menschenrechtscharta im Jahr 1948 war die Konsequenz, die aus der Barbarei und der Vernichtungspolitik des Naziregimes und aus den Folgen des Zweiten Weltkrieges gezogen werden musste. Millionen Tote, die Resultat der aggressiven Kriegspolitik und der systematischen Tötung der Mehrzahl der europäischen Juden, von Homosexuellen, von Sinti und Roma, von Menschen mit Beeinträchtigungen und politisch Andersdenkenden waren, veranlassten die neu gegründete Staatengemeinschaft in einem universell geltenden Dokument Rechte festzuhalten, die jedem Menschen unabhängig von seiner Herkunft, seines Geschlechts, seiner sexuellen Orientierung, seiner gesellschaftlichen Stellung, seiner Hautfarbe und seiner körperlichen Verfasstheit zustehen. Ein entscheidendes Universalisierungsmerkmal ist neben dem formulierten Ideal, dass die Menschenrechte als freiheitliche, wirtschaftliche, soziale und kulturelle Rechte für *alle* Menschen gelten sollen, die Tatsache, dass sich *alle* Nationen in der Generalversammlung der UN zu diesem *„gemeinsam zu erreichenden Ideal"* per Ratifizierung bekennen. (Präambel der Allgemeinen Erklärung der Menschenrechte 1948, Resolution 217 A (III) der Generalversammlung der Vereinten Nationen vom 10. Dezember 1948 (vgl. UN 1948/online).

Folgen des Zweiten Weltkrieges

Aus der Charta lassen sich vier Charakteristika der Menschenrechte erschließen. Als im Wesentlichen unstrittig gilt: Sie sind angeboren und unveräußerlich, egalitär und unteilbar, überstaatlich und an keinen Ort gebunden. Dagegen ist ihr Universalitätsanspruch immer wieder Gegenstand heftiger Auseinandersetzungen, zum Beispiel als Kritik am Herrschaftsanspruch der europäischen Kolonialmächte, die sich der propagierten Universalität der Menschenrechte bloß als Legitimation für die Unterwerfung anderer Völker bedienten (Dead White Male Argument). In jüngster Zeit wird ferner argumentiert, dass der Universalitätsanspruch letztlich einem partikularen Selbstverständnis eigenständiger Kulturen, Religionen und Gebräuche die Gleichwertigkeit verweigere. Aus dem berechtigten Anspruch gegenseitiger Anerkennung kultureller Differenzen wird in einer Art Umkehrschluss jede normative Verbindlichkeit in universeller Absicht in Zweifel gezogen. Diese Argumentation mündet nicht selten in einen Kulturrelativismus, dem ein ethisch urteilender Blick auf innergesellschaftliche Unrechtshandlungen verstellt bleiben muss.

Anerkennung von Differenz

Der italienische Rechtsphilosoph Noberto Bobbio verwies darauf, dass mit der UN Charta, sowohl die rechtsphilosophische Begründung der Menschenrechte an ihr Ende gekommen, als auch der universelle Charakter legitimiert sei: „Mit anderen Worten, es werden Menschenrechte im Sinne von Rechten eines Weltbürgers sein" (Bobbio 1999, S. 12ff). Die praktische Frage, die sich aktuell aber immer wieder stellt, lautet: Wie sind diese Rechte vor welcher internationalen Instanz einklagbar und Verstöße gegen die Menschenrechte verbindlich anklagbar? Eine erste Antwort darauf war die Gründung des Internationalen Strafgerichtshofes in Den Haag, der seit 2002 tätig ist. In Zukunft werden die Zuarbeiten von Nicht-Regierungsorganisationen (NGOs), zu denen in vielfältigen Formen und mit einem eigenständigen Profil auch Institutionen der Sozialen Arbeit gehören, weiter an Bedeutung gewinnen.

Ethikkodex der Sozialen Arbeit

In diesem Zusammenhang kann Soziale Arbeit mit ihren vielfältigen Handlungsfeldern kritischer Advokat, eingreifendes Korrektiv, forschende Wissenschaft, professioneller Berater und ein vermittelnder Verhandlungspartner sein. In zahlreichen Schriften verweist Silvia Staub-Bernasconi (z.B. Staub-Bernasconi 2007) auf diese Funktionen Sozialer Arbeit, speziell im internationalen Kontext. Erstes Ergebnis der Kooperation zwischen den zuständigen Gremien der UNO und dem international agierenden Berufsverband *International Federation of Social Workers* (IFSW) war die 1994 unter Mitwirkung der *International Association of Schools of Social Work* (IASSW) publizierte Handreichung *Human Rights and Social Work. A Manual for Schools of Social Work and the Social Work Profession* (Centre for Human Rights 1994).

Internationaler Charakter

Anerkennend wird im Vorwort darauf verwiesen, dass dieses „Manual" deshalb mit den Organisationen der Sozialen Arbeit entwickelt wurde, weil die wesentlichen Aspekte der Menschenrechte Bestandteil der Sozialen Arbeit seien und internationale Mechanismen entwickeln werden müssen, um diese Rechte zu schützen. Hier heißt es: „Die Menschenrechte sind untrennbar Bestandteil der Theorie, Wert- und Moralvorstellungen sowie der Praxis der Sozialen Arbeit. Rechtsansprüche, die mit den menschlichen Grundbedürfnissen korrespondieren, müssen geltend gemacht und gestärkt werden; sie bilden die Rechtfertigung und den Beweggrund für das Handeln im Bereich der Sozialen Arbeit. … Selbst wenn in Ländern mit autoritären Regimen für die in der Sozialen Arbeit Tätigen dieses Engagement ernste Konsequenzen haben kann" (Staub-Bernasconi 2007, 26). In Verbindung mit dem Manual ist auch die internationale Definition Sozialer Arbeit zu sehen die von der Internationalen Menschenrechtskommission und den beiden oben erwähnten Berufsverbänden überarbeitet und in einem Ethikkodex festgehalten wurde. Der letzte Satz der Definition führt aus: „Grundlagen der Sozialen Arbeit sind die Prinzipien der Menschenrechte und der sozialen Gerechtigkeit" (vgl. DBSH 1997/online)

Das primäre Ziel der Sozialen Arbeit ist es, die Lebensbedingungen der Menschen zu verbessern und zu helfen, dass die menschlichen Grundbedürfnisse befriedigt werden. Soziale Gerechtigkeit ist eine wesentliche Basis dafür, dass Menschen in würdigen Verhältnissen leben können.

Menschenwürde

Zentrales Motiv menschenrechtlicher Orientierung ist ein emphatischer Begriff menschlicher Würde, der sich über die Jahrhunderte hinweg sowohl aus philosophischen, religiösen und politischen Quellen, als auch aus zahlreichen sozialen Kämpfen entwickelt hat. Es finden sich zwar schon in der römischen Antike Spuren zu Menschenrechtsüberlegungen, aber weitläufig werden erste konkrete Formulierungen zu den Menschenrechten mit der christlich-jüdischen Religion in Verbindung gebracht. Notwendigerweise ist im Laufe der Jahrhunderte die religiöse Begründung der menschlichen Würde, orientiert an der Ebenbildlichkeit Gottes, ihrem exklusiven Anspruch für Gläubige und der Autoritätsergebenheit an die kirchlichen Dogmen einer säkularisierten Interpretation gewichen. Die Rechtfertigung eines religiös verankerten Würdebegriffs kann sich in letzter Konsequenz nur aus der Anerkennung der geteilten Normen der Glaubensgemeinschaft ableiten. Diese unterliegen aber dem, was die Ebenbildlichkeit Gottes in der biblischen Überlieferung vorschreibt und den Gläubigen abverlangt. Eine universalistische Auslegung dieses christlich begründeten Würdebegriffs stellt daher einen contradictio in adiecto dar. Die Würde des Menschen bleibt partikularistisch und exkludierend an die religiöse Fundierung der Gläubigen gekoppelt (vgl. Forst 2011, S.122-125).

Untrennbar verbunden mit einem säkularisierten Begriff der Menschenwürde ist das Zeitalter der Aufklärung. Der „Mut sich seines eigenen Verstandes zu bedienen" (Kant) und die geforderte Freiheit, die eigene Vernunft öffentlich zu artikulieren, damit gesellschaftliche Veränderung selbst gestalten und beeinflussen zu können, setzten neue humanistische, bildungspolitische und obrigkeitskritische Impulse. Immanuel Kants „Selbstzweckformel" schreibt darüber hinaus dem menschlichen Sein *einen Zweck an sich selbst* zu: „Handle so, dass du die Menschheit, sowohl in deiner Person, als in der Person eines jeden andern, jederzeit zugleich als Zweck, niemals bloß als Mittel brauchest" (Kant 1785, S. 429).

Jeder einzelne Mensch verkörpert in seinem Mensch-Sein nicht nur seine individuelle Eigenheit, sondern die gesamte Menschheit. Diese „Würdigkeit eines jeden vernünftigen Subjects" setzt *Autonomie und Freiheit* des Menschen voraus und ist zweitens gebunden an die Möglichkeit von Partizipation. Ein menschenwürdiges Leben ist angelehnt an Kant dann gewährleistet, wenn den Menschen ermöglicht wird, selbstbestimmt als gleichberechtigte freie Mitglieder einer sozialen Gemeinschaft anzugehören und ihnen in dieser Gemeinschaft mit Würde begegnet und ihnen Anerkennung gewährt wird (vgl. Honneth 1994) .

Jürgen Habermas hat darauf hingewiesen, dass Kants solipsistischer, nur auf das eigene Gewissen gestützte Ansatz nicht ausreichend begründet, wie denn eine reziproke Übereinkunft unterschiedlicher Interessen und Bedürf-

Säkulare Begründungen des Würdebegriffs

Würdebegriff bei Kant

Soziale Würde und Anerkennung

nisse in einer Gesellschaft realisiert werden können, die allen Beteiligten ausreichende Mitspracherechte und existenzielle Absicherungen einräumt. Habermas resümiert kritisch gegenüber Kant: „Freiheit besteht nun in der Fähigkeit der Person zur vernünftigen Selbstgesetzgebung. Damit sind die Grenzen einer Sphäre bezeichnet, die der Verfügung eines anderen absolut entzogen bleiben muss", so Habermas (Habermas 2010, S. 50) Erst die diskursiv ausgehandelte Übereinkunft freier und autonomer Individuen darüber, was zum Beispiel eine „gerechte Gesellschaft" ausmacht oder wie sie beschaffen sein soll, erweitert diesen subjektbezogenen Begriff „menschlicher Würde" zu einem gesellschaftspolitischen Begriff „sozialer Würde" (vgl. Habermas 2010, S. 45).

Menschenrechtsarbeit – Soziale Arbeit

Nicht alleine der Mangel an existenziellen Gütern, sondern die Verletzung der moralischen Integrität eines Menschen, bedrohen beispielsweise die Garantien des Artikel 3 der Charta: „Jeder hat das Recht auf Leben, Freiheit und Sicherheit der Person". Konkret bedeutet die Würdeverletzung bezogen auf den Artikel 3: sozialer Ausschluss, Diskriminierung von Fremden, Ablehnung von Menschen mit körperlichen und geistigen Einschränkungen, körperliche Quälerei, Einschränkung der Autonomie, fehlende medizinische Versorgung, kapitalistische Ausbeutung, verweigerte Bildungschancen, ungleiche Chancen für Frauen. Die Gefährdungen der angesprochenen Menschenrechtsgarantien verdeutlichen, dass sich Soziale Arbeit noch wesentlich expliziter als „Menschenrechtsarbeit" definieren muss. An der alltäglichen Missachtung menschenwürdiger Existenz wird erkennbar, was den normativen Gehalt der Würde des Menschen ausmacht. Beispielhaft zeigt sich das an den aktuellen Flüchtlingsbewegungen und angesichts der brutalen Zurückweisung durch die europäische Grenzpolizei „Frontex" im Mittelmeer sowie der rücksichtslosen Abschiebung von illegalen Einwanderern und Asylbewerbern in den europäischen Staaten. Im Wortlaut heißt es im Artikel 14 der Charta: „Jeder hat das Recht, in anderen Ländern vor Verfolgung Asyl zu suchen und zu genießen."

Tripelmandat der Sozialen Arbeit

Aus dieser globalen Abhängigkeit heraus begründet Staub-Bernasconi die Menschenrechtsperspektive und das Selbstverständnis Sozialer Arbeit als Menschenrechtsprofession und damit eng verbunden ein *politisches Mandat* der Sozialen Arbeit. Sowohl eine im internationalen, als auch im nationalen Kontext verankerte Soziale Arbeit benötigt ein allgemein anerkanntes, verbindliches normatives Referenzsystem. Dieser von ihr als drittes Mandat (Tripelmandat) bezeichnete Auftrag der Sozialen Arbeit umfasst „national und international die Menschenrechte und soziale Gerechtigkeit als normative Leitlinien" (Staub-Bernasconi 2012, S. 31).

Weiterführende Überlegungen

Stimmen, die aus der Verletzung der Menschenrechte deren Bedeutungslosigkeit für eine friedliche, vielfältige, freie, gerechte und lebenswerte Welt ableiten, verkennen, dass der positive Bezug auf den allgemeingültigen Anspruch der Menschenrechte aus den Erfahrungen sozialer Kämpfe und Revolutionen an Konturen gewonnen hat. In seinen Ausführungen zu „Menschenrechten und Globale Imperative" unterzieht der Ökonom und Nobelpreisträger Amartya Sen Einwände, die sich gegen die allgemeine Verbindlichkeit der Menschenrechte wenden, einer überzeugenden Kritik. Wer Menschenrechte mit dem Argument abweise, sie seien nicht realisiert, verkenne, dass „Nicht-Realisierung für sich keinen Rechtsanspruch zu einem Nicht- Recht" mache. Optimistisch fährt er fort: „Vielmehr ist sie ein Antrieb zu mehr sozialer Aktion" (Sen 2010, S. 412). Er endet mit dem Hinweis, dass die notwendig öffentliche Verurteilung alltäglicher Menschenrechtsverletzungen und öffentliche Kritik an menschenunwürdigen Lebensverhältnissen erst Recht ein Beweis dafür seien, dass sie ihre Berechtigung haben.

Tyrannei und Unfreiheit, Hunger und Armut, Ungerechtigkeit und Ausbeutung, Umweltvernichtung und Ressourcenausbeutung, Rassismus und Unterdrückung sind ohne positiven Gegenentwurf, den die Menschenrechte in ihrer Substanz als reale Utopie darstellen, nur schwer kritisierbar. Die Durchsetzbarkeit, Wiederherstellung und Beachtung der Menschenrechte stellt ein unabgeschlossenes, politisches Projekt dar, das sich gegen die Unfreiheiten diktatorischer Systeme oder gegen die sozialen Verwerfungen, Missachtungen und menschenverachtenden Folgen eines entfesselten, unkontrollierten, ausbeuterischen und Umwelt zerstörenden neoliberalen Marktes wendet. In einer Welt ökonomischer Globalisierung, die neben Chancen auch besondere Risiken in sich birgt, gewinnen die Menschenrechte als universell gültiger Gegenentwurf solidarischen Zusammenlebens eine stärker werdende Bedeutung.

Erhellende Einsichten auf diese dramatischen Verwerfungen der letzten Jahrzehnte finden sich in den Arbeiten von Amartya Sen und der Philosophin und Ethikerin Martha Nussbaum (vgl. Nussbaum 2010). Zusammen mit den Gremien der UN entwickelten sie den *Human Development Index* und den *Human Poverty Index*. Beide Indizes liegen den Berichten der Vereinten Nationen über die Entwicklungen in den einzelnen Ländern zugrunde. Letztgenannter Index belegt, dass die Schere zwischen armen und reichen Ländern sich immer weiter öffnet (vgl. tutor2u o.J./online).

Ausgehend an einer Kritik an John Rawls egalitären Überlegungen zu *Gerechtigkeit als Fairness* (Rawls 2006) möchten Sen und Nussbaum, die Folgen der Globalisierung berücksichtigend, differenzierter die Verwirkli-

Gerechtigkeitstheorien

chungschancen der Menschen in ihren unterschiedlichen Lebenszusammen-
hängen bestimmen. „Eine Theorie muss vielmehr davon ausgehen, dass Gerechtigkeit nicht indifferent gegenüber dem Leben sein darf, das Menschen
tatsächlich führen können", so Sen (Sen 2010, S. 47). Ihrer Ansicht nach ist
nicht der von Rawls bevorzugte Egalitarismus, der sich aus bürgerlichen
Freiheits- und Gleichheitsidealen ableitet, für die Gerechtigkeit in einer Gesellschaft entscheidend.

Capability Approach

Eine der zukünftig dringenden Gerechtigkeitsfragen wird es sein, wie
Menschen weltweit befähigt werden, ihre eigenen Lebensentwürfe gestalten
zu können: politisch, partizipatorisch, materiell und psychisch. Nussbaum und
Sen orientieren sich an den konkreten Chancen und den jeweiligen Fähigkeiten der Menschen in ihren Lebenswelten und an den in den Menschenrechts-
artikeln formulierten Ansprüchen eines unversehrten Lebens. Ihr gerechtig-
keitstheoretischer Ansatz, dessen praktischer Kern der *Capability Approach*
(Befähigungsansatz) darstellt und in der Sozialen Arbeit intensiv diskutiert
wird (vgl. z.B. Ziegler 2011) geht von der Grunderfahrung und den Grundbefähigungen menschlichen Lebens aus. Wenn auch kulturell vermittelt und
materiell verschieden, so sind sie doch in ihren menschenrechtlichen Orientierungen universell teilbar. Die zehn allgemein anerkannten Grundbedürfnisse des Befähigungsansatzes, – wie Leben, körperliche Integrität, Gefühle,
Zugehörigkeit, Bildung – konkretisieren nichts anderes als die Menschen-
rechtsgarantien. So lassen sich einige dieser Grundbefähigungen, wie sie
Martha Nussbaum in ihrer „Liste" festgehalten hat, vorbehaltlos zu den im
Artikel 25 der Menschenrechte angesprochenen Forderungen in Bezug setzen:
„Jeder hat das Recht auf einen Lebensstandard, der seine und seiner Familie
Gesundheit und Wohl gewährleistet, einschließlich Nahrung, Kleidung,
Wohnung, ärztliche Versorgung und notwendige soziale Leistungen sowie das
Recht auf Sicherheit im Falle von Arbeitslosigkeit, Krankheit, Invalidität oder
Verwitwung, im Alter sowie bei anderweitigem Verlust seiner Unterhalts-
mittel durch unverschuldete Umstände."

Perspektiven

Die Entwicklung der Menschenrechte und die Erfüllung ihrer verbürgten Garantien bleibt ein ständiger politischer und historischer Kampf, der als die
Durchsetzung von Freiheit, Gerechtigkeit und „Befähigungen" interpretiert
werden kann. Die Anfänge der Sozialen Arbeit liegen in diesen Kämpfen
begründet. Ihre vielfältigen Aufgaben erfahren durch die Orientierung an dem
normativen Gehalt der Menschenrechte eine ethische Fundierung.

Orientierung an den Menschenrechten heute

In dem eingangs zitierten Artikel von Jürgen Habermas findet sich die
folgende Passage, die die Berechtigung und die gesellschaftspolitische Not-

wendigkeit der Sozialen Arbeit aktualisiert und die Bedeutung der Menschenrechte auch für die Soziale Arbeit sowohl aus der Perspektive der individuellen Hilfe, der Gemeinwesenarbeit als auch einer politischen Intervention in den Bereichen Sozialpolitik, Umwelt, Ökonomie, Ökologie, Flüchtlingspolitik, Globalisierung präzisiert.

„Der Kampf um die Durchsetzung der Menschenrechte geht weiter, nicht weniger in unseren eigenen Ländern als beispielsweise im Iran oder in China, in Afrika oder in Russland oder im Kosovo. Jede Abschiebung eines Asylbewerbers hinter den verschlossenen Türen eines Flughafens, jedes kenternde Schiff mit Armutsflüchtlingen auf der Mittelmeerroute zwischen Libyen und der Insel Lampedusa, jeder Schuss am Grenzzaun zu Mexiko ist eine weitere beunruhigende Frage an die Bürger des Westens. Mit der ersten Menschenrechtserklärung ist ein Standard gesetzt worden, der die Flüchtlinge, die ins Elend Gestürzten, die Ausgeschlossenen, Beleidigten und Erniedrigten inspirieren und ihnen das Bewusstsein geben kann, dass ihr Leiden nicht den Charakter eines Naturschicksals hat. Mit der Positivierung des ersten Menschenrechts ist eine *Rechtspflicht* zur Realisierung überschießender moralischer Gehalte erzeugt worden, die sich in das Gedächtnis der Menschheit eingegraben hat", so Habermas (Habermas 2010, S. 5).

(Randnotiz:) Gesellschaftspolitische Intervention

Literatur

Bobbio, N. (1999): Das Zeitalter der Menschenrechte. Berlin: Wagenbach.

Centre for Human Rights (1994): Human Rights and Social Work. A Manual for Schools of Social Work and the Social Work Profession. New York und Genf. Erschienen als UN Publikation. Dt. Übersetzung: Menschenrechte und Soziale Arbeit, Fachhochschule Ravensburg-Weingarten.

DBSH (1997): Ethik in der Sozialen Arbeit – Erklärung der Prinzipien. Online: http:// www. dbsh.de/fileadmin/downloads/Ethik.Vorstellung-klein.pdf [letzter Zugriff: 27.08.2013].

Forst, R. (2011): Kritik der Rechtfertigungsverhältnisse. Perspektiven einer kritischen Theorie der Politik. Frankfurt.

Habermas, J. (2010): Das utopische Gefälle. Das Konzept der Menschenwürde und die realistische Utopie der Menschenrechte. In: Blätter für deutsche und internationale Politik, August 2010. Berlin, S. 43-52.

Honneth, A. (1994): Kampf um Anerkennung. Zur moralischen Debatte sozialer Konflikte. Frankfurt/Main.

Kant, I. (1785): Grundlegung zur Metaphysik der Sitten. In: Akademie-Ausgabe (1978). Berlin, Bd. 4.

Nussbaum, M. (2010): Grenzen der Gerechtigkeit. Berlin.

Rawls, J. (2006): Gerechtigkeit als Fairness. Ein Neuentwurf. Frankfurt/Main.

Savater, F. (1998): Pinocho, a la Picota! In: El Pais, (1998): Derechos Humanos 50 Aniversario, Madrid, 6. Dezember. Online: http://www.elpais.com/especiales/1998/ derechos/princi.htm [Zugriff 28.05.2013]

Sen, A. (2010): Die Idee der Gerechtigkeit.München.

Staub-Bernasconi, S. (2012): Geleitwort. In: Walz, H. u.a., (2012): Menschenrechtsorientiert. Wahrnehmen – beurteilen – handeln. Ein Lese- und Arbeitsbuch für Studierende, Lehrende und Professionelle der Sozialen Arbeit, 2. korrigierte Auflage. S. 16-34.

Staub-Bernasconi, S. (2007): Soziale Arbeit: Dienstleistung oder Menschenrechtsprofession? Zum Selbstverständnis Sozialer Arbeit mit einem Seitenblick auf die internationale Diskussionslandschaft. In: Lob-Hüdepohl, A./Lech, W. (Hrsg.) (2007): Ethik Sozialer Arbeit. Ein Handbuch. Paderborn, S. 20-55.

tutor2u (o.J.): Human poverty and development index. Online: http://www.tutor2u.net/ economics/content/topics/livingstandards/human_pov_devel.htm [letzter Zugriff: 24.05. 2013].

UN (1948): Allgemeine Erklärung der Menschenrechte. Online: http://www.un.org/depts/ german/grunddok/ar217a3.html [letzter Zugriff: 24.08.2013].

Ziegler, H. (2011) : Gerechtigkeit und Soziale Arbeit: Capabilities als Antwort auf das Maßstabsproblem in der Sozialen Arbeit. In: Böllert, K. (Hrsg.): Soziale Arbeit als Wohlfahrtsproduktion. Wiesbaden: VS Verlag, S. 153-166.

Entwicklung

Catherine Kaiser-Hylla

Einführung

Seit Jahrhunderten werden Überlegungen dazu angestellt, wie der Mensch wächst und sich entwickelt. Die wissenschaftliche Entwicklungspsychologie, in deren Rahmen Forscher Entwicklungsprozesse systematisch untersuchen, entstand allerdings erst vor etwas über 100 Jahren (vgl. Pinquart 2012, S. 15). Seit ihren Anfängen ist die Entwicklungspsychologie zu einem weiten und breit gefächerten Forschungsfeld geworden, dessen Theorien und Erkenntnisse für die Praxis der Sozialen Arbeit von enormer Bedeutung sind. Dies soll anhand eines Beispiels aus dem Kindesalter veranschaulicht werden:

Beim Betreten eines Kindergartens wird recht schnell deutlich, dass sich die Kinder mehr oder weniger stark in ihrem Verhalten voneinander unterscheiden, selbst wenn sie ein und derselben Altersgruppe angehören. Manche Kinder lieben es in einer Gruppe herumzutoben, während andere gerne alleine in der Lego-Ecke sitzen, um Schlösser und Burgen zu bauen. Einige Kinder sind schüchtern, andere gehen neugierig auf fremde Menschen zu. Es gibt auch Unterschiede, die erst nach einem längeren Beobachtungszeitraum oder im Gespräch zu Tage treten. So fällt es beispielsweise manchen Kindern schwer, anderen dagegen sehr leicht, sich über einen längeren Zeitraum einer Aufgabe zu widmen oder in der morgendlichen Begrüßungsrunde ruhig sitzen zu bleiben. Diese kurze fiktive Beobachtung im Kindergarten mag verschiedene Fragen aufwerfen: Wie können die individuellen Interessen und Kompetenzen eines jeden Kindes unterstützt werden? Welche Anforderungen sind angemessen? Wie können günstige Entwicklungseinflüsse gefördert und gleichzeitig Entwicklungsrisiken reduziert werden? Oder mit Blick auf die Zukunft: Wie kann den Kindern der Übergang in die Schule erleichtert werden?

Pädagogische Fachkräfte die mit Kindern arbeiten, werden sich oft mit diesen und ähnlichen Fragen konfrontiert sehen – sei es im alltäglichen Geschehen oder weil sie von Eltern als Expert/-innen konsultiert werden. Hierbei ist es wichtig, dass die Fachkräfte über Kenntnisse aus der Entwicklungspsychologie verfügen. Diese wissenschaftliche Disziplin befasst sich mit der Erforschung menschlicher Entwicklung in allen Lebensabschnitten und setzt es sich zum Ziel, unter anderem Fragen wie die oben genannten zu beantworten.

Forschungstraditionen in der Entwicklungspsychologie

Entstehungs-
geschichte

Die Entwicklungspsychologie existiert als Fachdisziplin seit Beginn des 20. Jahrhunderts. Sie wurde – und wird bis heute – durch andere Disziplinen mitgeprägt, beispielsweise durch Sozial- und Geschichtswissenschaften, Biologie und Medizin (vgl. Montada/Lindenberger/Schneider 2012, S. 32). Ursprünglich wurden in der Entwicklungspsychologie ausschließlich solche Prozesse untersucht, die im Säuglings-, Kindes- und Jugendalter stattfinden. Dabei stand die Frage im Vordergrund, in welchem Alter bestimmte Fähigkeiten (z.B. Gehen oder Sprechen) erstmals zu beobachten sind und wie sich diese Fähigkeiten mit zunehmendem Alter verändern (vgl. Weinert & Weinert 2006). Wichtige Anstöße für die Forschung wurden Anfangs unter anderem durch Tagebücher gegeben, in denen Wissenschaftler die Entwicklung ihrer eigenen Kinder systematisch dokumentierten. Bereits bestehende Theorien zur kindlichen Entwicklung konnten durch die Analyse dieser Tagebücher ausdifferenziert werden. Neben Verhaltensbeobachtungen kamen bald auch weitere Methoden zur Datengewinnung zum Einsatz, etwa Fragebögen, Tests und Experimente (vgl. Montada 1998, S. 26).

Entwicklungs-
psychologie der
Lebensspanne

Erst viele Jahre nach Entstehung der Entwicklungspsychologie, nämlich in den 60er und 70er Jahren des letzten Jahrhunderts, wurde die Forschung auf die gesamte Lebensspanne ausgeweitet. Hierfür war nicht zuletzt der demographische und soziale Wandel verantwortlich. Aufgrund der steigenden Lebenserwartung und der zunehmenden Diversifizierung von Lebensläufen fand die Forschung mehr und mehr Interesse an Fragestellungen zum mittleren und höheren Erwachsenenalter (vgl. Pinquart 2012). Zuvor hatte die Annahme dominiert, Kindheit und Jugend seien durch schnelle Veränderungen gekennzeichnet, das Erwachsenenalter durch Stabilität und das höhere Alter durch Abbau und Verluste. In späteren Jahren setzte sich jedoch der Standpunkt durch, dass Entwicklung bereits vor der Geburt (pränatal) einsetzt und ein lebenslanger Prozess ist, in dem durchweg – das heißt auch im höheren Alter – sowohl Gewinne als auch Verluste zu verzeichnen sind (vgl. Flammer 2009, S. 19). Verlusterfahrungen, etwa im gesundheitlichen oder im sozialen Bereich, nehmen im höheren Alter zu. Sie können teilweise kompensiert und somit ausgeglichen werden. Gleichzeitig sind Gewinne möglich, indem beispielsweise andere Ziele verfolgt, Kompetenzen neu erworben oder verbessert werden (vgl. Pinquardt 2012, S. 23).

Der Übergang ins Rentenalter mag dieses Wechselspiel verdeutlichen. Für viele Menschen stellt die Pensionierung zunächst einen Verlust im beruflichen, sozialen und nicht selten auch finanziellen Bereich dar. Der Zuwachs an Freizeit kann als Gewinn erlebt werden, wenn es gelingt, vorhandene Interessen zu vertiefen, neue Interessen zu entdecken und/oder die im Berufsleben erworbenen Kompetenzen anderweitig zu nutzen. Ehrenamtliches Engagement, künstlerisches Schaffen, die Betreuung von Enkelkindern oder der Besuch von Studiengängen für Senioren sind nur einige wenige Möglichkeiten hierzu.

Eine wichtige Debatte, welche die Forschung seit den Anfängen der Entwicklungspsychologie beeinflusst, betrifft unterschiedliche Vorstellungen darüber, wie viel Einfluss eine Person und/oder ihre Umwelt auf Entwicklungsprozesse hat. So gibt es beispielsweise Theorien, die den Menschen als aktiven (Mit-)Gestalter seiner Entwicklung ansehen. Andere Theorien gehen von der Annahme aus, dass die menschliche Entwicklung in erster Linie durch die Umwelt geprägt wird. Insbesondere in neueren Theorien wird sowohl dem Menschen als auch seiner Umwelt ein (inter-)aktiver Einfluss auf den Entwicklungsverlauf zugesprochen. Es ist nicht Ziel des vorliegenden Beitrags, die entsprechenden Theorien genauer zu erläutern. Ausführlichere Darstellungen zu dieser Thematik finden sich unter anderem in den Lehrbüchern von August Flammer (2009), Wolfgang Schneider und Ulman Lindenberger (2012) oder Laura Berk (2011).

Anlage-Umwelt-Debatte

Der Entwicklungsbegriff

Der Begriff „Entwicklung" kann unterschiedlich verstanden werden. Seine Definition hängt unter anderem davon ab, welches Menschen- und Weltbild einer bestimmten Theorie und der Forschungstradition, aus der diese Theorie hervorgeht, zugrunde liegt. Historische und kulturelle Gegebenheiten spielen hierbei eine wichtige Rolle. Die Entwicklung einer einzelnen Person kann nicht losgelöst vom gesellschaftlichen Kontext, den Normen und Werten betrachtet werden, in welche die Person eingebettet ist (vgl. Montada/Lindenberger/Schneider 2012, S. 50). Im Folgenden wird dargestellt, wie sich das Verständnis von Entwicklung über die Jahre gewandelt hat.

In der traditionellen Entwicklungspsychologie wurde nach allgemeinen Gesetzmäßigkeiten der Entwicklung gesucht (vgl. Pinquart 2012, S. 15). Es wurde davon ausgegangen, dass eine Entwicklung eine unumkehrbare Veränderung darstellt, die bei allen Menschen relativ identisch verläuft. Weiter wurde angenommen, dass sich die Veränderung in mehreren, voneinander abgrenzbaren Schritten („Stufen") vollzieht, wobei spätere Stufen qualitativ höherwertig sind als frühere. Eine weitere Annahme dieses Ansatzes lautet, dass Entwicklung entweder kontinuierlich oder sprunghaft verlaufen kann. Manche Veränderungen, insbesondere im Säuglings- und Kleinkindalter, entsprechen tatsächlich dieser engen, traditionellen Vorstellung von Entwicklung: Ein Säugling vermag zunächst das Kinn alleine anzuheben, dann die Brust, bis er später zunächst mit, dann ohne Hilfe sitzen kann. Die qualitativ höchste Stufe, die nach einigen weiteren Zwischenschritten und Monaten er-

Traditionelle Sichtweise

reicht werden kann, ist das Laufen ohne Hilfe (vgl. Montada, Lindenberger & Schneider 2012, S. 29).

Kritik

Diese Konzeption von Entwicklung ist allerdings nach Auffassung der modernen Entwicklungspsychologie zu eng gefasst, da sie viele bedeutsame Phänomene ausschließt oder nicht berücksichtigt. Durch die oben dargestellte Annahme der Universalität werden kulturell bedingte Unterschiede in der Entwicklung sowie Unterschiede zwischen Personen ignoriert. Durch die Annahme der qualitativen Steigerung werden Verlust- und Abbauprozesse oder ungünstige Entwicklungen, wie zum Beispiel Jugenddelinquenz, nicht berücksichtigt. Ebenso vernachlässigt werden umgebungsbedingte Einflüsse auf die Entwicklung (vgl. Montada, Lindenberger & Schneider 2012). Entsprechend wird der Entwicklungsbegriff in der jüngeren Forschung weiter gefasst.

Der moderne Entwicklungs- begriff

Im Gegensatz zur traditionellen Sichtweise, wird der Fokus in der modernen Entwicklungspsychologie weniger auf allgemeine Gesetzmäßigkeiten oder auf die alleinige Beschreibung von Veränderungen gelegt. Von besonderem Interesse ist vielmehr die Erforschung von individuellen Unterschieden und Gemeinsamkeiten in der lebenslangen Entwicklung sowie deren Erklärung und – soweit möglich – Vorhersage (vgl. Montada/Lindenberger/Schneider 2012). Entwicklung findet auf unterschiedlichen Dimensionen gleichzeitig statt, wobei biologische, psychische und soziale Einflüsse zusammenwirken. Es wird angenommen, dass Entwicklung in unterschiedliche Richtungen verläuft, z.B. in Form von Gewinnen und Verlusten und dass sie innerhalb gewisser Grenzen plastisch, d.h. veränderbar ist (vgl. Berk 2011, S. 11). Letzterer Punkt kann unter anderem dann von großer Bedeutung sein, wenn Kompetenzen gestärkt oder Entwicklungsbedingungen optimiert werden sollen.

Ein weiterer Unterschied zur traditionellen Entwicklungspsychologie liegt in der Annahme, dass innere und äußere Bedingungen zu Veränderungen im Erleben und Verhalten beitragen können. Innere Bedingungen können beispielsweise auf die genetische Veranlagung einer Person abzielen, äußere Bedingungen auf Aspekte wie die Struktur der Herkunftsfamilie, der kulturelle Hintergrund oder sog. „Kritische Lebensereignisse" (vgl. Montada/Lindenberger/Schneider 2012).

Lebensereignis- forschung

Die Bedeutung von Kritischen Lebensereignissen ist Gegenstand der Lebensereignisforschung. In dieser Teildisziplin der Entwicklungspsychologie werden solche Lebensereignisse genauer betrachtet, welche potentiell „kritisch" sind und die Entwicklung einzelner Personen oder ganzer Generationen nachhaltig beeinflussen können. In der einschlägigen Literatur werden meist folgende drei Arten von Ereignissen unterschieden (vgl. Filipp/Aymanns 2010):

Typen der Lebenserfahrung

1. Ereignisse, die an den historischen Kontext gebunden sind (epochalnormierte Ereignisse), betreffen zahlreiche Menschen oder ganze Generationen zu derselben Zeit. Zu denken sei hier beispielsweise an Kriege oder Naturkatastrophen. Ein Charakteristikum dieses Typs von Lebenserfah-

rung besteht darin, dass die Betroffenen zum Zeitpunkt des Ereignisses allen Altersgruppen angehören. Mehrfach konnte in Studien nachgewiesen werden, dass die Wahrnehmung solcher epochalnormierter Ereignisse und ihr Einfluss auf den Entwicklungsverlauf unter anderem davon abhängen, zu welchem Zeitpunkt im Lebenslauf sie eintreten.

2. Altersgebundene Ereignisse und Übergänge treten im Gegensatz dazu mit einer erhöhten Wahrscheinlichkeit zu einem bestimmten Zeitpunkt im Lebenslauf auf und sind deshalb relativ vorhersehbar. Beispiele hierfür sind der Schuleintritt im Kindesalter, die Geburt des ersten Kindes im jüngeren bis mittleren Erwachsenenalter oder die Pensionierung im Rentenalter.

3. Die dritte Art von Ereignissen ist weder an das kalendarische Alter noch an den historischen Kontext gebunden (nonnormative Ereignisse). Es handelt sich um solche Ereignisse, die „aus heiterem Himmel" über eine Person hereinbrechen und statistisch gesehen relativ selten vorkommen, zum Beispiel Opfer eines Gewaltverbrechens zu werden. Ereignisse, die im Lebenslauf „zum falschen Zeitpunkt" eintreten und deshalb in der Altersgruppe der betroffenen Person selten sind, zählen ebenfalls zu diesem Typ der Lebenserfahrung. Beispiele: Eine ungeplante Schwangerschaft im Jugendalter, eine schwere Erkrankung in jungen Jahren.

Neben diesen unterschiedlichen Typen der Lebenserfahrung ist auch das Ausbleiben „normaler" Lebensereignisse Gegenstand der Forschung. Von Interesse ist der Einfluss von enttäuschten Hoffnungen und Erwartungen auf den weiteren Entwicklungsverlauf. Zu solchen „Nicht-Ereignissen" kann die vergebliche Mühe eines Jugendlichen einen Ausbildungsplatz zu finden ebenso zählen wie ein unerfüllter Kinderwunsch.

Eine einheitliche Definition von Entwicklung liegt derzeit (noch) nicht vor. In der Regel werden unter diesem Begriff jedoch altersbezogene, regelhafte Veränderungen und Stabilitäten im Erleben und Verhalten gefasst. Der Bezug zum Lebensalter spielt dabei eine zentrale Rolle (vgl. Montada/Lindenberger/Schneider 2012, S. 41). Es können zum einen solche Veränderungen betrachtet werden, die längerfristig und nachhaltig sind. Zum anderen können auch kurzzeitige Veränderungen und Lernprozesse von Interesse sein, die weitere Veränderungen anstoßen (vgl. Flammer 2009, S. 19). | *Definition von Entwicklung*

Abschließend erscheint die Feststellung bedeutsam, dass das chronologische Alter an sich über keinerlei Erklärungswert verfügt. Es beschreibt lediglich „ein Zeitintervall, das ein Organismus durchlaufen hat" (Flammer 2009, S. 18) und sagt nichts über die Art und Geschwindigkeit von Entwicklungsprozessen aus, die in diesem Zeitintervall stattgefunden haben. Die Aufgabe der Forschung besteht darin zu erhellen, welche Prozesse und Er- | *Chronologisches Alter* eignisse dafür verantwortlich sind, dass in einem bestimmten Lebensabschnitt differentielle Veränderungen stattfinden oder ausbleiben.

Relevanz der Entwicklungspsychologie für die Praxis der Sozialen Arbeit

Definition In der internationalen Definition der Sozialen Arbeit heißt es unter anderem: „[…] Utilising theories of human behaviour and social systems, social work intervenes at the points where people interact with their environments. […]" (International Federation of Social Workers 2000). Wie diese Definition zeigt, sind entwicklungspsychologische Theorien zu menschlichem Verhalten und Erleben für Fachkräfte der Sozialen Arbeit von großer Relevanz. Im Folgenden soll dieser Zusammenhang weiter verdeutlicht werden.

Fachwissen Zwei Hauptziele der Entwicklungspsychologie bestehen darin, entwicklungsbezogene Phänomene und Prozesse zu beschreiben und zu erklären. Dabei sind Gemeinsamkeiten in der Entwicklung ebenso relevant wie individuelle Unterschiede. Darüber hinaus kann jedes Lebensalter Gegenstand solcher Fragestellungen sein. Folgende Beispiele sollen dies verdeutlichen:

Wie entwickelt sich das Spielverhalten bei Säuglingen und Kleinkindern? Sind dabei kulturelle oder geschlechtsspezifische Unterschiede zu beobachten? Kann ein bestimmtes Interventionsprogramm dazu beitragen, dass aggressives Verhalten auf dem Schulhof abnimmt? Welche Altersgruppe von Schülern profitiert besonders von diesem Programm? Ist die Dauer von Arbeitslosigkeit im mittleren Erwachsenenalter mit Veränderungen im körperlichen Wohlbefinden assoziiert? Welchen Einfluss hat das Kommunikationsverhalten von Pflegekräften auf die Lebenszufriedenheit von älteren Menschen in stationären Einrichtungen?

Die Beantwortung solcher Fragestellungen schafft Erkenntnisse, die in der Praxis ein systematisches und zielgerichtetes Handeln ermöglichen. Fachkräfte der Sozialen Arbeit werden in allen Handlungsfeldern mit entwicklungspsychologischen Fragestellungen konfrontiert. Als Grundlage für Entscheidungen können und sollten Erkenntnisse aus der Entwicklungspsychologie berücksichtigt werden.

Entwicklungs-prognosen Eine weitere Aufgabe der Entwicklungspsychologie ist die Vorhersage künftiger Entwicklung. Derartige Prognosen zielen darauf ab, möglichst genau zu bestimmen, wie sich Merkmale oder Verhaltensweisen einer Person bis zu einem zukünftigen Zeitpunkt entwickeln werden (vgl. Rothgang 2009, S. 23). Auf dieser Grundlage können Präventions- und Interventionsmaßnahmen und -programme entworfen werden. Dabei werden Erkenntnisse aus der einschlägigen Forschung ebenso berücksichtigt wie der gegenwärtige Entwicklungsstand der Person und andere Einflussfaktoren. Letztere beziehen sich auf

Bedingungen, die sich förderlich oder hinderlich auf die weitere Entwicklung auswirken können (vgl. Montada/Lindenberger/Schneider 2012, S. 39). Fachkräfte der Sozialen Arbeit können in allen Handlungsfeldern vor der Aufgabe stehen, Entwicklungsprognosen zu erstellen, Präventions- und Interventionsmaßnahmen zu planen und umzusetzen. Dies ist beispielsweise der Fall wenn es gilt, Entwicklungsziele zu formulieren und zu begründen, Entwicklung zu unterstützen oder zu fördern. Eine andere Herausforderung kann darin bestehen, die Aussagekraft und Präzision von Prognosen zu beurteilen, die von anderen Autor/-innen verfasst wurden. In diesem Zusammenhang ist einschlägiges Fachwissen für ein verantwortungsvolles Handeln unabdingbar.

Resümee

Fragen zur menschlichen Entwicklung beschäftigen längst nicht nur Wissenschaft und Forschung. Schon kleine Kinder denken darüber nach, was sie von den „Großen" unterscheidet, was sie selbst schon können oder noch lernen wollen. Auch in späteren Lebensaltern werden Überlegungen zur eigenen bisherigen und zukünftigen Entwicklung angestellt. Die meisten Menschen verfügen über detaillierte Vorstellungen darüber, was „typisch" ist für ein bestimmtes Lebensalter, suchen nach Erklärungen für ihr eigenes Erleben und Verhalten oder dasjenige ihres Gegenübers. Diese Ausführungen verdeutlichen, wie präsent entwicklungsbezogene Fragestellungen auch im Alltag sind.

Während unser Alltagswissen in der Regel überwiegend auf subjektiven Eindrücken und Erfahrungen basiert, werden entwicklungspsychologische Erkenntnisse systematisch gewonnen. Sie werden vor dem Hintergrund von Entwicklungstheorien interpretiert, die dazu dienen, Phänomene zu erklären und in geordneter Weise zu beschreiben. In der Praxis können Entwicklungstheorien dabei behilflich sein, Vermutungen zu formulieren und zielgerichtet nach Informationen zu suchen (vgl. Flammer 2009, S. 15). Meist existieren für ein und dasselbe Phänomen mehrere Erklärungsansätze, die sich gegenseitig widersprechen können. Fachkräfte der Sozialen Arbeit sollten in der Lage sein, solche Ansätze kritisch miteinander zu vergleichen und ihr Alltagswissen mit den Annahmen entwicklungspsychologischer Theorien abzugleichen.

Alltags- versus Fachwissen

Entwicklungspsychologische Fragestellungen können sich auf alle Bereiche des Erlebens und Verhaltens beziehen, in denen Entwicklung im Laufe der Lebensspanne stattfindet. Der Umgang mit kritischen Lebensereignissen und die Entwicklung der Persönlichkeit können ebenso ihr Gegenstand sein wie Entwicklungen im sozialen, emotionalen, kognitiven und motivationalen Bereich. Diese Aufzählung zeigt nur annähernd, wie breit das Aufgabengebiet der Entwicklungspsychologie gefächert ist. Lehrveranstaltungen, die sich mit den Grundlagen der Entwicklungspsychologie beschäftigen, sind fester Bestandteil des Bachelor-Studiengangs Soziale Arbeit. Allerdings können sie den Studierenden lediglich einen allgemeinen Ein- und Überblick verschaffen. Als Vorbereitung auf die Praxis erscheint es äußerst sinnvoll und notwendig, ausgewählte Themen in weiterführenden Seminaren vertiefend zu bearbeiten.

Literatur

Berk, L. E. (2011): Entwicklungspsychologie. München, 5. Aufl.

Filipp, S.-H./Aymanns, P. (2010): Kritische Lebensereignisse und Lebenskrisen. Vom Umgang mit den Schattenseiten des Lebens. Stuttgart.

Flammer, A. (2009): Entwicklungstheorien. Psychologische Theorien der menschlichen Entwicklung. Bern, 4. Aufl.

International Federation of Social Workers (IFSW) (Ed., 2000, July): Definition of Social Work. Verfügbar unter: http://ifsw.org/policies/definition-of-social-work/ [letzer Zugriff : 25.01.2013].

Montada, L. (1998): Fragen, Konzepte, Perspektiven. In: Oerter, R./Montada, L. (Hrsg.): Entwicklungspsychologie. Weinheim, S. 1-83, 4. Aufl.

Montada, L./Lindenberger, U/Schneider, W. (2012): Fragen, Konzepte, Perspektiven. In: Schneider, W./Lindenberger, U. (Hrsg.): Entwicklungspsychologie. Weinheim, S. 27-60 ,7. Aufl.

Pinquart, M. (2012): Grundannahmen und Konzepte der Entwicklungspsychologie der Lebensspanne. In Lang, F. R./Martin, M./Pinquart, M. (Hrsg.): Entwicklungspsychologie – Erwachsenenalter. Göttingen, S. 13-28.

Rothgang, G.-W. (2009): Entwicklungspsychologie. Stuttgart, 2. Aufl.

Weinert, S./Weinert, F. E. (2006): Entwicklung der Entwicklungspsychologie: Wurzeln, Meilensteine, Entwicklungslinien. In: Schneider, W./Wilkening, F. (Hrsg.): Theorien, Modelle und Methoden der Entwicklungspsychologie (Enzyklopädie der Psychologie, Band C/V/1). Göttingen, S. 3-58.

Bindung

Paul Krappmann

Einleitung

Das entwicklungspsychologische Konzept der Bindung, das der britische Kinderpsychiater John Bowlby (1969/2006) theoretisch entwickelte und das durch die ethologischen Untersuchungen der amerikanischen Psychologin Mary Ainsworth Bestätigung und Erweiterungen erfuhr (vgl. Grossmann/Grossmann 2012, S. 84ff), wird seit geraumer Zeit und mit großem Interesse von verschiedenen Forschungs- und Praxisfeldern rezipiert (vgl. hierzu Spangler/Zimmermann 2009). Heute gilt die Bindungstheorie als Paradebeispiel einer entwicklungspsychologischen Theorie, die so formuliert wurde, dass ihre Annahmen empirisch überprüfbar sind, und die zudem konkreten, lebenspraktischen Handlungsbezug hat. Bowlby (1988/2008) verband mit der Entwicklung und der Überprüfung seiner Theorie die Hoffnung, deutlich machen zu können, dass die Prävention von Entwicklungsdefiziten bzw. die Erhöhung der Wahrscheinlichkeit einer positiven Entwicklung durch die gezielte Förderung einer stabilen emotionalen Beziehung zu (einer) zuverlässig verfügbaren Bezugsperson(en) möglich bzw. notwendig ist. Den Aufbau einer sicheren Bindung und damit eines wichtigen Schutzfaktors sah Bowlby nicht nur als Aufgabe der Familie an, sondern als Aufgabe des Gemeinwesens.

Der österreichische Arzt und Psychoanalytiker René Spitz hatte bereits zuvor vermutet, dass Störungen der frühen Beziehungsentwicklung letztendlich die Wahrscheinlichkeit des Auftretens psychischer Störungen im späteren Lebensverlauf erhöht (vgl. Brisch 2009, S. 82f). Spitz hatte die Entwicklung der Beziehung zwischen Mutter und Kind im ersten Lebensjahr sowie die Auswirkungen der Heimerziehung auf die kindliche Entwicklung untersucht und konnte zeigen, dass die frühe Vernachlässigung des Säuglings körperliche und psychische Folgen nach sich zieht. Zu vergleichbaren Ergebnissen war der amerikanische Psychologe Harry Harlow mit seinen Untersuchungen an nicht-menschlichen Primaten gekommen. Harlow entzog jungen Rhesusaffen jeglichen Sozialkontakt (zur Mutter wie auch zu anderen Tieren des Sozialverbundes) und ließ diese unter standardisierten Laborbedingungen isoliert aufwachsen. Als Konsequenz davon zeigten die so aufgewachsenen Tiere u.a. erhebliche und dauerhafte Störungen des Sozialverhaltens (vgl. Grossmann/Grossmann 2012, S. 47ff). Diese Erkenntnisse flossen in die Ausformulierung der Bindungstheorie ein.

Historische Wurzeln

Fragestellungen
der Bindungs-
forschung

    Seitdem bemüht sich die Bindungsforschung die Annahmen und Schluss-folgerungen der Bindungstheorie empirisch zu überprüfen. Zentrale Frage-stellungen sind dabei: Welchen Einfluss haben unterschiedliche Bindungser-fahrungen auf die Qualität der Bindung? Welche Konsequenzen haben Un-terschiede in der Bindungsqualität auf die weitere Persönlichkeitsentwicklung und psychische Gesundheit im Lebenslauf? Wie kann dem menschlichen Bedürfnis, enge, emotionale Beziehungen aufzubauen und aufrechtzuerhalten, in familiären und professionellen Beziehungen entsprochen werden? In den letzten Jahren wird auch vermehrt der Frage nachgegangen, ob es Zusam-menhänge zwischen den verschiedenen Bindungsstilen und dem Auftreten spezifischer psychischer Störungsbilder gibt. In der Psychotherapieforschung verfolgt man die Frage, ob die professionelle Beziehung zwischen Therapeut und Klient als eine Bindungsbeziehung gelten und ggf. wie diese dann vom Therapeuten adäquat gestaltet werden kann.

    Obgleich sich Soziale Arbeit auch als Beziehungsarbeit definiert (Herri-ger/Kähler 2003), beginnt die Soziale Arbeit erst allmählich die Bindungs-theorie und die dazugehörige Forschungsliteratur in ihrer ganzen Breite wahrzunehmen. Erste Ansätze zur bindungsgestützten Praxis findet man bei-spielsweise im Bereich des Umgangs mit traumatisierten Kindern und Ju-gendlichen.

Grundaussagen der Bindungstheorie

Merkmale von
Bindung

Unter dem Begriff Bindung wird ein besonderes emotionales Band zu der/den primären Bezugsperson/en verstanden. Diese Bindungsbeziehung, wie sie z.B. zwischen Kind und Mutter auftritt, ist durch folgende Merkmale gekenn-zeichnet:

1. Die Nähe zur Bezugsperson wird bei subjektiv wahrgenommener bzw. empfundener Bedrohung oder Belastung aktiv gesucht und aufrecht-erhalten.
2. Eine (ungewollte) Trennung von der Bindungsperson löst Stress und Protest sowie die Aktivierung des Bindungsverhaltenssystems aus.
3. Die Bindungsperson dient (bei Vorliegen einer sicheren Bindung) als si-chere Basis, von der aus die Welt aktiv und neugierig erkundet werden kann.
4. Die Qualität der Bindung an eine Bezugsperson entwickelt sich aus den im inneren Arbeitsmodell repräsentierten Interaktionserfahrungen mit dieser Person.

Bindungs-
verhalten

Das Bedürfnis nach Bindung gilt „als das empirisch am besten abgesicherte Grundbedürfnis..." (Grawe 2004, S. 192) und drückt sich im so genannten

Bindungsverhalten aus, welches dazu dient, die unmittelbare Nähe zur Bezugsperson herzustellen und aufrechtzuerhalten. Kleinkinder greifen dabei auf genetisch verankerte Verhaltenstendenzen zurück: Sie weinen, schreien oder rufen nach ihren Bezugspersonen oder sie klammern sich an diese bzw. laufen ihnen nach. In der Regel rufen die Handlungen bei den Bezugspersonen Reaktionen der Fürsorge hervor wie z.B. das Hochnehmen und Trösten des Kindes, wenn dieses schreit. Mit Hilfe des Bindungsverhaltenssystems hat das Kind also die Möglichkeit, von Beginn an auf seine Umwelt einzuwirken und diese mit zu gestalten. Das Bindungsverhaltenssystem, das die kindlichen Verhaltensweisen steuert, wird immer dann aktiviert, wenn das Kind Gefahr, Angst, Unsicherheit, Unwohlsein empfindet oder von der Bezugsperson getrennt wird. Aus evolutionsbiologischer Sicht dient Bindung letztendlich dem Schutz und der Sicherheit des Kindes und somit dem Überleben. Zwar ändert sich der Ausdruck des Bindungsverhaltens nicht zuletzt aufgrund vielfältiger Lernerfahrungen im weiteren Lebensverlauf, doch das Bindungsverhaltenssystem bleibt als solches ein Leben lang aktiv.

Das emotionale Band zwischen Kind und Bezugsperson ist jedoch nicht von Anfang an vorhanden, sondern resultiert aus den Interaktionen zwischen beiden. Die Entwicklung des Bindungsverhaltens wird in vier Phasen unterteilt: In den ersten Wochen reagiert der Säugling zunächst unspezifisch auf sich ihm nähernde Personen. Bis zum Alter von etwa fünf bis sechs Monaten lernt der Säugling, zwischen bekannten und unbekannten Personen zu unterscheiden, und zeigt Präferenzen für die primäre(n) Pflegeperson(en). Erst in der dritten Phase bildet sich die eigentliche Bindung aus, die durch die oben beschriebenen zentralen Merkmale bereits gekennzeichnet wurde. Die abschließende Phase der zielkorrigierten Partnerschaft beginnt im Alter von etwa zwei Jahren; durch die Entwicklung der Empathiefähigkeit, gelingt es dem Kind allmählich besser, die Bedürfnisse, Motive und Gefühle der Bezugsperson zu berücksichtigen. Die Grundlage für diese Bindungsentwicklung bildet ein angeborenes Verhaltenssystem. Die Ausformung des Verhaltenssystems beruht wiederum auf den konkreten Erfahrungen des Kindes mit seinen Bezugspersonen. [*Bindungsentwicklung*]

Die frühen Beziehungserfahrungen mit der primären Bezugsperson werden vom Kind in Form eines „inneren Arbeitsmodells" abgebildet. Dieses „innere Arbeitsmodell" steuert im Alltag unbewusst das Verhalten des Kindes gegenüber seiner/n Bezugsperson/en sowie seine Erwartungen an sich selbst und an andere Personen. Bindungserfahrungen werden zu persönlichen sozialen Verhaltensmustern, die auch in die Interaktionen mit anderen Bezugspersonen als den Eltern, z.B. Erzieher/-innen, Lehrer/-innen, Intimpartnern, einfließen. Die Stabilität dieses „inneren Arbeitsmodells" ist über die Lebensspanne relativ, denn kritische Lebensereignisse und bindungsrelevante Beziehungserfahrungen können zu positiven (i.S. von mehr Bindungssicher- [*Inneres Arbeitsmodell*] heit) wie auch negativen (i.S. von weniger Bindungssicherheit) Veränderungen des „inneren Arbeitsmodells" führen.

Folgen von Vernachlässigung und Missbrauch

Damit eine Bindungsbeziehung zwischen Kind und Bezugsperson entsteht, ist es nicht erforderlich, dass das Kind Sicherheit und Fürsorglichkeit von seinen Eltern erfährt. Da die primären Bezugspersonen in den Augen des Kindes die einzig verfügbaren Personen sind, die sein Überleben sichern, wird das Kind auch zu vernachlässigenden und/oder misshandelnden Bezugspersonen eine Bindungsbeziehung aufbauen und aufrechterhalten. Für das Kind erscheint die Bindungsbeziehung so bedeutsam, dass das Kind auch unter entwicklungsschädlichen Bedingungen eine Bindungsbeziehung anstreben und sein Fühlen, Denken und Handeln der familiären Situation anpassen wird. Insbesondere dann, wenn sich Vernachlässigungs- und/oder Misshandlungserfahrungen in der Familie über einen längeren Zeitraum erstrecken, werden die emotionalen, kognitiven und behavioralen Anpassungsstrategien sich mit hoher Wahrscheinlichkeit verfestigen und zu psychischen Funktionsstörungen führen. Die aus der Anpassungsleistung resultierenden Beziehungsmuster sind meist in einem außerfamiliären Kontext dysfunktional und stoßen auf Unverständnis und/oder Ablehnung.

Einfluss auf die Gehirnentwicklung

Anhaltender Stress, ausgelöst durch die Beziehung zu einer wenig verfügbaren Bezugsperson oder die Trennung von der/n Bezugsperson/en, kann die Entwicklung des kindlichen Gehirns insbesondere während der ersten Lebensjahre negativ beeinflussen, denn diese frühen Erfahrungen treffen auf eine hohe Lernbereitschaft und auf ein leicht modellierbares neuronales System (vgl. Braun/Helmeke 2008). So verwundert es auch nicht, dass Kinder, die ohne eine zuverlässig verfügbare Bezugsperson z.B. im Heim aufwachsen, ein deutlich erhöhtes Risiko aufweisen, Verhaltensstörungen und Defizite im sozialen und kognitiven Bereich wie auch im Zentralnervensystem zu entwickeln. Dieses Risiko kann reduziert werden, wenn Säuglinge frühzeitig möglichst (bis zum Alter von sechs Monaten) in familiäre Strukturen mit einer direkten Bezugsperson überführt werden.

Bindungsqualität

Für die Qualität der Bindung zwischen Kind und Bezugsperson ist nach Meinung von Ainsworth weitgehend das Ausmaß der erfahrenen Verfügbarkeit und Einfühlsamkeit der primären Bezugsperson verantwortlich. Feinfühlige Eltern werden positive Emotionen ihres Kindes verstärken und negative abschwächen bzw. modifizieren. Macht das Kind die Erfahrung, dass die Bezugsperson verfügbar ist und (meist) feinfühlig auf seine Bedürfnisse eingeht, wird es eine sogenannte sichere Bindung zu der Person entwickeln. Dies trifft in Deutschland auf ca. 45% aller Kinder zu (vgl. Lengning/Lüpschen 2012, S. 23). Neben dem sicheren Bindungsmuster unterscheidet man noch das unsicher-vermeidende, das unsicher-ambivalente und das desorganisiert/ desorientierte Bindungsmuster. Bezugspersonen, deren Kinder eines der drei zuletzt genannten Bindungsmuster aufweisen, sind wenig(er) feinfühlig und zuverlässig. Im Fall der desorganisiert/desorientierten Bindung verhält sich die Bezugsperson im Umgang mit dem Kind zudem ängstlich oder angsterregend.

Feinfühligen Bezugspersonen gelingt es, die Signale des Kindes zunächst einmal überhaupt wahrzunehmen, diese im Sinne der Bedürfnisse des Kindes adäquat zu interpretieren und sie schließlich rasch und angemessen zu beantworten (vgl. Grossmann/Grossmann 2012, S. 121f). Je eher dies gelingt, desto besser wird das Kind lernen, sich langfristig selbst wahrzunehmen und emotional zu regulieren. Die Kompetenz der Emotionsregulation wiederum hat einen enormen Einfluss auf die weitere sozio-emotionale Entwicklung. So zeigen sicher gebundene Kinder im Kita- und Schulalter Kompetenzvorteile im sozio-emotionalen und kognitiven Bereich gegenüber den unsicher gebundenen Gleichaltrigen und auch die Persönlichkeitsentwicklung verläuft günstiger. Feinfühligkeit

Wie feinfühlig eine Bezugsperson agiert, hängt auch von den Bindungsrepräsentationen der eigenen Eltern ab. In mehreren Studien konnte ein deutlicher Zusammenhang zwischen der Bindungsqualität der Elterngeneration und der des Kindes gezeigt werden. In etwa 70% der Fälle stimmte die Qualität der elterlichen Bindungsrepräsentationen mit der Bindungsqualität des eigenen Kindes im Alter von ca. 12 Monaten überein (vgl. Brisch 2009, S. 68). Man spricht daher auch von der transgenerationalen Weitergabe der Bindungsmuster. Zudem haben das Zusammenspiel und die Wechselwirkung von kindlichem Temperament und elterlichem Fürsorgeverhalten in der Ausformung der Bindungsqualität einen Einfluss. Um eine sichere Bindung zwischen Eltern und Kind zu gewährleisten, sind die Früherkennung von Risiken sowie ggf. die Förderung elterlicher Feinfühligkeit und der Passung zwischen Eltern und Kind Erfolg versprechend (vgl. Ziegenhain/Künster 2012). Transgenerationale Weitergabe

Relevanz des Themas für die Soziale Arbeit

Das Bindungsbedürfnis wird im Kontext der Sozialen Arbeit zunehmend als psychisches Grundbedürfnis wahrgenommen und findet bereits Berücksichtigung bei der Bewertung der familialen Beziehungen bzw. der Früherkennung von Risiken für Kindeswohlgefährdung sowie bei der gezielten Gestaltung sowohl der Eltern-Kind-Beziehung insbesondere in Hochrisikofamilien als auch der professionellen Erzieherinnen-Kind-Beziehung. Die Eigenschaften von Beziehungen zwischen Eltern und Kind oder auch pädagogischer Fachkraft und Kind lassen sich anhand von fünf Wirkkomponenten beschreiben und bewerten (vgl. Ahnert/Gappa 2008, S. 88): Bewertung von Bindungsbeziehungen

1. Zuwendung bestimmt den emotionalen Umgang miteinander und zeigt sich in einer achtsamen Anteilnahme an der gemeinsamen Interaktion.
2. In bedrohlichen oder unangenehmen Situationen kann das Kind Schutz und Sicherheit bei der Bezugsperson finden.
3. Wenn die Bezugsperson auf das Weinen des Kindes reagiert und das Kind sich von dieser trösten lässt, ist dies ein wichtiger Beitrag zur Stressreduktion und Emotionsregulation.
4. Assistenz ist gegeben, wenn das Kind bei der Betreuungsperson Hilfe zur Lösung eines Problems finden kann.
5. Explorationsunterstützung zeigt sich, wenn die Betreuungsperson als sichere Basis für das Kind zur Erkundung der Umwelt dient.

Stationäre Jugendhilfe und Umgang mit Traumatisierung Für die Hilfeformen Pflegefamilie und Heimerziehung ist die Bindungserfahrung eines Kindes bedeutsam, da sie die Entwicklung des Selbstvertrauens, der sozialen Kompetenzen und der psychischen Gesundheit entscheidend prägt. Im diesem Praxisfeld der Sozialen Arbeit sind häufig Kinder und Jugendliche zu finden, die die Erfahrung machen mussten, dass ihre grundlegenden Bedürfnisse ignoriert wurden, die von ihren Bezugspersonen zurückgewiesen wurden oder die sogar auf Feindseligkeit und Gewalt stießen. So weisen Kinder und Jugendliche aus Einrichtungen der stationären Jugendhilfe mehrheitlich Zeichen früher und chronischer Traumatisierungen und in Folge davon unsicherer bzw. hochunsicherer Bindungsmuster auf (vgl. Schleiffer 2009). Damit unterliegt diese Personengruppe auch einem deutlich erhöhten Risiko, Denk- und Verhaltensstörungen zu entwickeln. Auf diesem Weg werden die Betroffenen Kinder und Jugendliche ihre frühen emotionalen Erfahrungen in alle weiteren Beziehungskontexte hineintragen, erneut Ablehnung von weiteren Bezugspersonen (pädagogische Fachkräfte, Lehrkräfte, Pflege- oder Adoptiveltern) erfahren, sich auch zukünftig wenig von sozialen Beziehungen erhoffen und ihre Traumatisierungen langfristig an die nächste Generation weitergeben. Nur unter Berücksichtigung der frühen Bindungserfahrungen kann Verständnis für die z.T. verstörenden Verhaltensweisen dieser Kinder bei den Pflegeeltern und Erzieherinnen bzw. Erziehern geweckt und ein angemessenes, individuell zugeschnittenes Erziehungsverhalten entwickelt werden. Zahlreiche psychische Störungen im Kindes-, Jugend- und Erwachsenenalter weisen einen Zusammenhang mit unsicheren Bindungserfahrungen zu den primären Bezugspersonen oder mit Bindungsstörungen auf (vgl. Strauß/Schwark 2007). Wie der Bindungsstil auf das Wohlergehen bzw. die Entwicklung psychischer Störungen konkret Einfluss nimmt und welche Wechselwirkungen mit anderen Schutz- und Risikofaktoren auftreten, ist noch Gegenstand wissenschaftlicher Untersuchungen.

Professionelle Beziehungsgestaltung Auch in der Arbeit mit erwachsenen Missbrauchsopfern, Kriegsflüchtlingen, Gewalt- und Sexualstraftätern, Personen mit psychischen Störungen sowie in der Suchthilfe muss man mit einem hohen Anteil an interaktionell auffälligen Klienten rechnen, die wahrscheinlich (hoch)unsichere bzw. desorganisierte Bindungsmuster aufweisen. Die Bindungstheorie erleichtert die Diagnostik und erhöht das Verständnis für die problematischen Interaktionsformen dieser Klienten insbesondere in belasteten Situationen. Klientenbeziehungen lassen sich unter Berücksichtigung bindungsrelevanter Aspekte erfolgreicher initiieren und gestalten. Typische Erwartungen von Klienten an therapeutische bzw. professionelle Beziehungen, wie sie auch zwischen Klienten und Sozialarbeiter/-innen und Sozialpädagogen entstehen können, sind (vgl. Ehrenthal u.a. 2012): Die Beziehungsperson dient (1.) als *sichere Basis*, von der aus auch kritische Anteile des eigenen Selbst erkundet und verstanden, neue Möglichkeiten erprobt und neue Lebensbereiche entdeckt werden können, und (2.) als *sicherer Hafen*, der dem Wunsch nach Hilfe und Unterstützung, nach Verständnis, nach Offenbarung bzw. Selbstöffnung sowie nach Akzeptanz und Offenheit entspricht. Zurückweisung durch die Beziehungsperson in Situationen der Selbstöffnung wird vom Klienten als tiefe Kränkung erlebt und verhindert möglicherweise zukünftig eine weitere Selbsterkundung.

Wesentlich für eine entwicklungsförderliche Beziehungsgestaltung ist sicherlich, dass der Klient im Rahmen der (professionell gestalteten) Beziehung neue, korrigierende Erfahrungen macht, die es ihm ermöglichen, sein „inneres Arbeitsmodell" zu modifizieren. Wesentliche Parameter einer solchen korrigierenden Beziehungsgestaltung sind die drei Basisvariablen Kongruenz, positive Wertschätzung und Empathie, aber auch Präsenz, Strukturierungs- und Orientierungshilfe, Ressourcenaktivierung und Unterstützung bei der Emotionsregulation (vgl. Fröhlich-Gildhoff 2007). In Handlungsfeldern der Sozialen Arbeit dürfte der Anteil an Kindern, Jugendlichen und Erwachsenen, die diese Form der Beziehungsgestaltung erstmals erleben, nicht unbeträchtlich sein.

Korrigierende Beziehungsgestaltung

Indem der/die Sozialarbeiter/in bzw. Sozialpädagogin/e bindungsrelevante Interaktionen deutet, die emotionale Äußerungen des Klienten, die sich auf die aktuellen Beziehungsaspekte beziehen, fördert und in Beziehung zu den früher erfahrenen Beziehungserlebnissen setzt sowie neue sichere Bindungserlebnisse und damit die korrigierende Entwicklung einer sicheren Bindungsqualität ermöglicht (vgl. Brisch 2009), kann die professionelle Beziehung eine hilfreiche und modellhafte Lernsituation für den Klienten darstellen, um dann im Alltag partnerschaftliche und familiäre Beziehungen gelingend zu gestalten. Die Verbesserung sozialer Beziehungen des Klienten über die Stabilisierung von partnerschaftlichen und familiären Bindungen, die Schaffung und Stabilisierung von informellen Netzwerk-Strukturen sowie die Schaffung von neuen Bindungen und Beziehungsqualitäten ist ein wichtiger Aspekt gelingenden beruflichen Handelns in der Sozialen Arbeit (vgl. Herriger/Kähler 2003).

Nutzen der Bindungstheorie in der Sozialen Arbeit

Weitere Aspekte der Bedeutung der Bindungstheorie für die Soziale Arbeit sind in Tabelle 1 dargestellt.

Tabelle 1: Bedeutung der Bindungstheorie für die Soziale Arbeit
(modifiziert nach: Brenk-Franz u.a. 2011, S. 140)

Im Kontext der Sozialen Arbeit kann die Bindungstheorie...	Bedeutung für die Soziale Arbeit (Beispiele)
als Erklärungsgrundlage für individuelle Unterschiede bezüglich der Bewältigungsstrategien und Verhaltensweisen vonseiten des Klienten in schwierigen Lebenssituationen dienen.	Die Bestimmung des Bindungsmusters gibt Aufschluss über mögliche Reaktionen oder Bedürfnisse eines Klienten in bedrohlich erlebten Situationen. Es kann gezielter nachgefragt werden bei Personen, die eher zum Bagatellisieren neigen, und gegengesteuert werden bei Personen, die in Bezug auf ihre Situation eher katastrophisieren.
Erklärungsmodelle zur differenziellen Betrachtung des Ausmaßes (fehlenden) kooperativen Verhaltens in der Einzelfallarbeit zur Verfügung stellen (z.B. geringe Motivation, Misstrauen, fehlende Akzeptanz, Widerstand).	In Abhängigkeit vom Bindungsstil können Prognosen über eine mögliche Bereitschaft zur Mitarbeit oder die Einhaltung von vereinbarten Maßnahmen abgegeben und dementsprechend agiert werden. Unsicher gebundene Klienten profitieren möglicherweise erst nach einer bedürfnisorientierten Beziehungsgestaltung von konkreten Hilfsangeboten.
Grundlagen bieten für die Beziehungsoptimierung in der sozialen Beratung und Betreuung von sehr unterschiedlichen Klienten.	Klienten mit vermeidender Bindung sind eher autonomiestrebend, weniger öffnungsbereit und suchen seltener Hilfe auf. Daher sollten sie stärker in die Maßnahmenplanung und Entscheidungsfindung eingebunden werden und wiederkehrende Angebote erhalten. Klienten mit ambivalenter Bindung weisen hingegen eher das Bedürfnis nach intensiven Beziehungsangeboten auf.
als Ausgangspunkt für die Entwicklung von Arbeitsinstrumenten dienen, die eine Beziehungsdiagnostik in unklaren Situationen ermöglicht.	Ein für die Praxis praktikables Instrument zur Erfassung von Bindungsstilen könnte helfen, die Bedürfnisse des Klienten strukturiert abzuklären, und dient damit der gezielten Gestaltung der Beziehung.

Resümee

Bindung als psychisches Grundbedürfnis

Da das menschliche Handeln darauf ausgerichtet ist, die eigenen grundlegenden Bedürfnisse zu befriedigen, sind die Kenntnis und die Berücksichtigung dieser Grundbedürfnisse in der Arbeit mit Klienten unerlässlich. Bindung ist ein solches psychisches Grundbedürfnis, das in allen Altersstufen zu beachten ist. Für das Entstehen von Vertrauen in die soziale Umwelt, für die Entwicklung von kognitiven wie auch sozial-emotionalen Kompetenzen und den Erwerb von Resilienz wurde die sichere Bindung an eine primäre Bezugsperson als sicherlich wichtigste Ressource erkannt.

Soziale Arbeit sollte dazu beitragen, Mängel in der Befriedigung grundlegender Bedürfnisse frühzeitig zu erkennen und Maßnahmen zur Frühprävention anzubieten. Die Bindungstheorie kann hier einen hilfreichen Rahmen bieten, diagnostische Verfahren zur Einschätzung der Bindungsentwicklung des Kindes und der bedürfnisgerechten elterlichen Erziehungsfähigkeit auszuarbeiten.

Ebenso bedeutsam erscheint für die Sozialen Arbeit aber auch die Notwendigkeit, professionelle Beziehungen bindungskomplementär und ggf. korrigierend zu gestalten. Dies bedeutet, dass die Fachkraft ihr Handeln komplementär zu den interaktionellen Schemata des Klienten ausrichtet und sich bedürfnisbefriedigend verhält (vgl. Sachse 2006). Zentrale (Beziehungs-)Ängste des Klienten müssen in der professionellen Beziehung entkräftet werden, damit die neuen Beziehungserfahrungen korrigierend auf das „innere Arbeitsmodell" wirken können.

Um diese Beziehungsarbeit gewährleisten zu können, ist die Auseinandersetzung mit dem eigenen Bindungsmuster bzw. den eigenen interaktionellen Schemata notwendig. Denn neben der inhaltlichen Ausgestaltung der Beziehung entscheidet oft das subtile nonverbale und paraverbale Beziehungsverhalten der Fachkraft darüber, ob es gelingt, eine hilfreiche Arbeitsbeziehung aufzubauen. Nonverbales und paraverbales Beziehungsverhalten lässt sich aber situativ nur bedingt steuern, weshalb an den zugrundeliegenden (kognitiven, emotionalen und motivationalen) Strukturen ggf. gearbeitet werden sollte. Folgt man der Bindungstheorie, wäre eine (erworbene) sichere Bindung für Fachkräfte der Sozialen Arbeit wünschenswert bzw. zu fordern.

Reflexion eigener Bindungsmuster

Zukünftig sind Anstrengungen gefordert, Konzepte zur bindungsorientierten und bindungskorrigierenden Beziehungsgestaltung für die Soziale Arbeit mit Kindern, Jugendlichen und Erwachsenen zu entwickeln. Solche pädagogischen Konzepte sind explizit auf bindungstheoretische Erkenntnisse zu stützen. Zudem wären Konzepte für den Bereich der Ausbildung zur gezielten Reflexion des eigenen Bindungsmusters bzw. der eigenen interaktionellen Schemata sowie die Einübung bindungsorientierter Beziehungsgestaltung wünschenswert. Möglicherweise kann das gezielte Üben von Achtsamkeit die Fähigkeit zur Reflexionsfähigkeit eigener und fremder Beziehungsmuster fördern.

Herausforderungen

Literatur

Ahnert, L./Gappa, M. (2008): Entwicklungsbegleitung in gemeinsamer Erziehungsverantwortung. In: Maywald J./ Schön, B. (Hrsg.), Krippen: Wie frühe Betreuung gelingt. Weinheim, S. 74-95.

Bowlby, J. (1969): Attachment. London. [dt.: Bindung und Verlust. Bd. 1: Bindung. München, 2006.].

Bowlby, J. (1988): A Secure Base: Clinical Applications of Attachment Theory. London: Routledge. [dt.: Bindung als sichere Basis: Grundlagen und Anwendung der Bindungstheorie. München, 2008.].

Braun, K./Helmeke, C. (2008): Neurobiologie des Bindungsverhaltens: Befunde aus der tierexperimentellen Forschung. In: Ahnert, L. (Hrsg.), Frühe Bindung. Entstehung und Entwicklung. München, S. 281-296.

Brenk-Franz, K. u.a. (2011): Entwicklungspsychologische Konstrukte für die Primärversorgung. Zeitschrift für Allgemeinmedizin, Jg. 87, Heft 3, S. 127-142.

Brisch, K. H. (2009): Bindungsstörungen. Von der Bindungstheorie zur Therapie. Stuttgart.

Ehrenthal, J. C. u.a. (2012): Bindungsrelevante Situationen in der Psychotherapie. Psychotherapeut, S. 1-6.

Fröhlich-Gildhoff, K. (2007): Beziehungsgestaltung in der Kinder- und Jugendlichenpsychotherapie. Klinische Sozialarbeit, Jg. 3, Heft 4, S. 9-11.

Grawe, K. (2004). Neuropsychotherapie. Göttingen.

Grossmann, K./Grossmann, K. E. (2012): Bindungen – das Gefüge psychischer Sicherheit. Stuttgart.

Herriger, N./Kähler, H. D. (2003): Erfolg in der Sozialen Arbeit. Gelingendes berufliches Handeln in der sozialen Praxis. Bonn.

Lengning, A./Lüpschen, N. (2012): Bindung. München.

Sachse, R. (2006). Therapeutische Beziehungsgestaltung. Göttingen.

Schleiffer, R. (2009). Der heimliche Wunsch nach Nähe. Bindungstheorie und Heimerziehung. Weinheim.

Spangler, G./Zimmermann, P. (Hrsg.). (2009): Die Bindungstheorie. Grundlagen, Forschung und Anwendung (5. Aufl.). Stuttgart.

Strauß, B./Schwark, B. (2007): Die Bindungstheorie und ihre Relevanz für die Psychotherapie. „Ten years later". Psychotherapeut, 52. Jg., S. 405-425.

Ziegenhain, U./Künster, A. K. (2012): Frühe elterliche Bindungsförderung in der interdisziplinären Zusammenarbeit. Familiendynamik, Jg. 37, Heft 2, S. 84-93.

Erziehung

Monika Frink

Einleitung

Jeder Mensch hat eine Vorstellung von Erziehung – im Rückgriff auf die Erfahrungen der eigenen Erziehung wie auch auf alltägliche Erziehungssituationen. Das Interesse an Erziehung ist in der öffentlichen, mediengeprägten Diskussion groß: Über die „richtige" oder „falsche" Erziehung wird immer wieder mit Leidenschaft diskutiert. Meist geschieht dies im Modus der Kritik an der heranwachsenden Generation oder der Klage über Versäumnisse und Fehlentwicklungen in bestehenden erzieherischen Institutionen, in Familien oder Schulen. Ein wachsendes Angebot an Erziehungsratgebern bietet Empfehlungen, wie mit kindlichem Eigensinn umzugehen sei und wie Kinder gefördert werden müssten, um für die Herausforderungen der Zukunft optimal gerüstet zu sein. Erziehung ist mit hohen Erwartungen verbunden. <span class="marginal">Interesse und Erwartungen an Erziehung</span>

Im Kontrast zur öffentlichen Thematisierung steht die Zurückhaltung gegenüber der Rede von Erziehung in der Sozialen Arbeit, obgleich die Erziehung und Bildung von Kindern und Jugendlichen zu ihren Aufgaben gehören. Aber anders als dem Begriff der Bildung haftet „Erziehung" immer das Moment der Fremdbestimmung an: „Erziehung ist eine Zumutung, Bildung ein Angebot" (Lenzen/Luhmann 1997, S. 7). Der Mensch kann sich selbst bilden, in eigener Regie, dagegen wird er erzogen, unterliegt darin fremder Absicht. Der Erziehungsbegriff ist belastet durch seine Assoziationen mit Praktiken der Bestrafung, Bevormundung und Unterwerfung, mit einer „Schwarzen Pädagogik". Fachkräfte der Sozialen Arbeit stellen sich der „Zumutung" Erziehung, daher gehört die Auseinandersetzung mit dem Erziehungsbegriff zu einer fachlich reflektierten Praxis. <span class="marginal">Zurückhaltung gegenüber Erziehung</span>

Die Entstehung von Erziehungsinstitutionen in der Moderne

Erziehung kann als Ideen- oder Sozialgeschichte rekonstruiert werden. Themen der *Ideengeschichte*, oft als Geschichte der *Pädagogik* bezeichnet, sind Theorien und Konzepte von Erziehungsprozessen. Eine solche Darstellung der *Erziehungsideen* folgt einem Verständnis von Erziehung, das wesentlich durch die pädagogische Absicht, die Intention bestimmt ist. <span class="marginal">Ideen- und Sozialgeschichte</span>

In der *Sozialgeschichte* der Erziehung werden die Lebensbedingungen von Kindern und Familien, die Entstehung kindheitsbezogener Institutionen und pädagogische Theorien auf dem Hintergrund ihrer gesellschaftlichen, ökonomischen und politischen Bedingungen untersucht. Diese Darstellung der *Erziehungswirklichkeit* basiert auf einem erweiterten Verständnis von Erziehung als einem sozialen Phänomen: Wo Menschen zusammenleben, wird auch immer erzogen. In diesem Sinn hat Siegfried Bernfeld (1892-1953) in einer weiten Definition Erziehung als „Summe der Reaktionen einer Gesellschaft auf die Entwicklungstatsache" (Bernfeld 1981, S. 51) bestimmt. Erziehung geschah und geschieht vor jeder pädagogischen Intention und Institutionalisierung im Zusammenleben der Menschen und ihren alltäglichen Lebensvollzügen. Die Heranwachsenden nehmen am Leben der Älteren teil, erlernen durch Beobachtung und Nachahmung die für die Lebensgestaltung erforderlichen Kenntnisse, Fertigkeiten und Normen. Diese erzieherische Wirkung der Verhältnisse, in denen ein Kind aufwächst, wurde als *funktionale* Erziehung bezeichnet – in Abgrenzung zur absichtsvollen, zielgerichteten, der *intentionalen* Erziehung.

Verselbstständigung von Erziehungseinrichtungen

Ideen- wie sozialgeschichtlich ist mit der Moderne im ausgehenden 18., frühen 19. Jahrhundert eine Zäsur für die Geschichte der Erziehung in Europa gesetzt: „Ein unbestrittenes Kennzeichen der Erziehung in der Moderne ist mit der Verselbstständigung, d.h. der Systembildung und Professionalisierung, von Erziehungseinrichtungen und ihrer Ablösung von einer primär in der Lebenswelt organisierten Erziehung zu sehen" (Tenorth 2010, S. 33f). Im Kontext der Entstehung des Bürgertums zeichnen sich erste Konturen des modernen Bildungs- und Erziehungssystems ab, das sich, eng verbunden mit Prozessen der Industrialisierung und der Nationalstaatenbildung, in einer langen Entwicklung bis ins 20. Jahrhundert ausdifferenziert und etabliert. Mit der Einführung und sukzessiven Durchsetzung der allgemeinen Schulpflicht bildet sich das öffentliche Schulwesen heraus. Daneben entstehen sozialpädagogische Institutionen wie Waisenhäuser, Armen- und Erziehungsanstalten, die Kinder und Jugendliche vor der „Verwahrlosung" schützen sollen. Sie können als Reaktion auf das Fehlen oder Versagen von Familie und Schule als Erziehungsinstanzen verstanden werden. Für Kinder armer Familien werden Kleinstkinderschulen und Kinderbewahranstalten eingerichtet. Mit der Entstehung pädagogischer Institutionen wandelt sich auch die Funktion der Familie. Als Trägerin von Erziehungsleistungen wird sie zugleich zum Gegenstand pädagogischer Aufmerksamkeit.

Erziehung zur Autonomie

Die ideelle Grundlage dieser Entwicklung bildet das Erziehungsdenken der Aufklärung. Ziel ist der Mensch als autonomes, als selbstbestimmtes und selbstverantwortliches Subjekt. In den Forderungen der Aufklärung nach Mündigkeit, Kritik, Emanzipation und Toleranz liegen auch die Wurzeln jeder gesellschaftskritischen Pädagogik. Die Aufklärung ist getragen von einem hohen pädagogischen Optimismus. Das Kind zum Vernunftgebrauch zu erziehen, verspricht Erneuerung, zivilisatorischen und moralischen Fortschritt. Es entsteht ein reger Diskurs über Erziehungsfragen, in der zweiten Hälfte des 18. Jahrhunderts auch die Pädagogik als wissenschaftliche Disziplin. Als einer ihrer Begründer gilt Jean-Jacques Rousseau (1712-1778) mit einem neuen Bild vom Kind, das von der spezifischen Eigenart kindlichen Welterlebens ausgeht. An der Entwicklung des Kindes, nicht an den normativen Vorgaben der Erwachsenengesellschaft müssten sich Ziele und Methoden der Erziehung orientieren. Johann Heinrich Pestalozzi (1746-1827) verbindet in seinem praktischen Wirken und in theoretischer Reflexion den Erziehungsgedanken mit der Armenfürsorge und legt mit seinen Ideen zum sozialen Lernen einen Grundstein der später weiter entwickelten Sozialpädagogik. Friedrich Fröbel (1782-1852) geht mit seiner Konzeption zur Theorie und Praxis des Kindergartens als Ort der Erziehung und Bildung über die Idee der Kinderbewahranstalten hinaus.

Im historischen Rückblick lassen sich mit dem Heraustreten des Erziehungsprozesses aus den alltäglichen Lebensordnungen und der wachsenden Übernahme von Erziehungsleistungen durch gesellschaftlich organisierte Institutionen auch die Wurzeln heutiger pädagogischer Arbeitsfelder identifizieren. Gleichzeitig werden innere Spannungen und Widersprüche im neuzeitlich-modernen Verständnis der Erziehung deutlich. Immanuel Kant (1724-1804) formuliert die Antinomie, die in der Logik der Erziehung selbst angelegt ist, so: „Eines der größten Probleme der Erziehung ist, wie man die Unterwerfung unter den gesetzlichen Zwang mit der Fähigkeit, sich seiner Freiheit zu bedienen, vereinigen könne. Denn Zwang ist nötig! Wie kultiviere ich die Freiheit bei dem Zwange?" (Kant 1964, S. 711). Erziehung soll in einem von Heteronomien geprägten Rahmen das Kind zur Autonomie führen. Dieser Widerspruch ist seit der Aufklärung Erziehenden aufgegeben. Die Geschichte der Pädagogik kann daher auch als Versuch gelesen werden, die widersprüchliche Einheit zwischen Freiheit und Zwang, Mündigkeit und Bevormundung im erzieherischen Handeln zu gestalten.

Antinomie erzieherischen Handelns

Bilder und Menschenbilder

Der Begriff der Erziehung bezieht sich auf ein Handeln von und zwischen Personen. Erziehen ist aber keine eigene Handlung neben anderen sozialen Handlungen, die einer direkten Beobachtung zugänglich ist. Vielmehr wird eine Handlung immer als Erziehen interpretiert. Was Menschen genau tun, wenn sie erziehen, darüber besteht in der wissenschaftlichen Diskussion kein Konsens, wie die Vielzahl an Begriffsbestimmungen, Modellen und Theorien zeigt. Begriff und Sache der Erziehung sind umstritten.

Umstrittenheit von Begriff und Sache

Einen Zugang zum Phänomen Erziehung eröffnen Bilder, Analogien und Metaphern. Zu solchen Bildern gehören u.a. Ziehen, Führung, Wachsenlassen, Regierung, Zucht, Anpassung, Gewöhnung, Lebenshilfe, Verhandeln und Zei-

Bilder von Erziehung

gen (vgl. Kron 2009, S. 153ff). Für zwei konträre Grundauffassungen von
Erziehung, ein technizistisches und ein naturalistisches Erziehungsverständnis, stehen traditionell die Bilder des Handwerkers und des Gärtners: In Analogie zum handwerklichen Tun formt der bzw. die Erziehende das Kind als
„Material" direkt auf ein von außen vorgegebenes Ziel hin. Dagegen unterstützt Erziehung nach dem Bild des Gärtners, der das Wachstum des Sprösslings durch die Sorge für eine gedeihliche Umwelt begleitet, den „natürlichen"
Entwicklungsprozess des Kindes, die Entfaltung der in ihm bereits angelegten
Potenziale.

Bilder von Erziehung sind kultur- und zeitabhängig, sie spiegeln die vorherrschenden Normvorstellungen vom „erzogenen Kind" und vom Generationenverhältnis wider. Sie geben Aufschluss über Ziele, Werte und Mittel des
erzieherischen Handelns und lassen den anthropologischen Horizont erkennen, von dem her es bestimmt wird. So kann Erziehung als Einwirkung des
Erwachsenen mit bestimmten Intentionen auf das Kind und damit als Subjekt-Objekt-Relation verstanden werden (z.B. Anpassung). Erziehung kann
aber auch unter Einbezug der Intentionen des Kindes, seiner Interessen und
Bedürfnisse, als Gegenüber zweier Subjekte aufgefasst werden, wodurch die
in der Erziehung angelegte Asymmetrie tendenziell ausgeglichen wird (z.B.
Verhandlung).

Pädagogische Anthropologie

Erziehung und Bildung liegen immer implizite Bilder vom Menschen
zugrunde; sie sind ohne solche anthropologischen Annahmen nicht möglich.
Menschenbilder und die mit ihnen verbundenen Vorstellungen pädagogischer
Anthropologie sind historisch und kulturell wandelbar. Dem trägt eine historisch-pädagogische Anthropologie Rechnung, die auf Aussagen mit universellem Anspruch über *das* Kind bzw. *den* Menschen als normative Basis für
pädagogisches Handeln verzichtet und Bedingungen von Erziehung und
Bildung in ihrem historisch-kulturellen Charakter bestimmt (vgl. Wulf 2011).

Aufgaben und Grenzen

Erziehung als Generationenverhältnis

Erziehung wird nicht nur als interpersonales Beziehungsverhältnis, sondern
auch als Verhältnis zwischen den Generationen betrachtet. Friedrich D. E.
Schleiermacher (1768-1834) hat den Erziehungsbegriff auf die Generationsordnung bezogen und der Theorie der Erziehung folgende selbstkritische
Grundfrage aufgegeben: „Es muss also eine Theorie geben, die von dem
Verhältnisse der älteren Generation zur jüngeren ausgehend die Frage stellt:
Was will denn eigentlich die ältere Generation mit der jüngeren?" (Schleiermacher 1957, S. 9). Mit der Bestimmung der Erziehung als Generationenverhältnis wird das Verhältnis von Erziehung und Gesellschaft, die gesellschaftliche Funktion der Erziehung in den Blick genommen. Damit eine so-

ziale Ordnung über die Lebensdauer ihrer einzelnen Mitglieder hinaus fortbestehen kann, muss die heranwachsende Generation mit den kulturellen Errungenschaften der Gesellschaft so vertraut gemacht werden, dass sie das
Bestehende erhalten und verbessern kann. In dieser Hinsicht soll Erziehung
die Weiterentwicklung von Gesellschaft und Kultur in der Generationenfolge
sichern.

Erziehende üben eine doppelte Anwaltschaft aus: Sie sind Anwältinnen
und Anwälte des Kindes, seiner Bedürfnisse und Rechte. Sie unterstützen die
Entwicklungs-, Lern- und Bildungsprozesse von Kindern und Jugendlichen.
Erziehende sind zugleich Repräsentantinnen und Repräsentanten der Gesellschaft. Die Vermittlung zwischen diesen Ansprüchen ist spannungsvoll und
konfliktreich, Erziehung eine Gratwanderung zwischen den Entwicklungs-
bedürfnissen des Kindes bzw. Jugendlichen und den Anforderungen der Gesellschaft (vgl. Bernhard 2011, S. 34ff).

Erziehung zwischen Individuum und Gesellschaft

Als Lenkung und Einflussnahme ist Erziehung ein Eingriff in die Lebensführung der Heranwachsenden. Dies ergibt sich auch aus der Schutz-
funktion der Erziehung zur Abwehr von Gefährdungen. Sowohl die Auswahl
der erzieherischen Mittel als auch die Ziele, die erreicht werden sollen, bedürfen der ethischen Legitimation. Erziehende müssen sich fragen und fragen
lassen, ob und wie das, was sie tun, der Selbstbestimmung und Selbstver-
antwortlichkeit der Heranwachsenden dient. Erziehung muss so angelegt sein,
dass die Fremdsteuerung in Selbstbestimmung überführt werden kann.

Ethische Legitimation

Die Spannung zwischen Autonomie und Heteronomie erfordert nicht nur
die ethische Rechtfertigung erzieherischer Intervention, sondern verweist
auch auf Grenzen des Handelns: Autonomie, Verantwortlichkeit und Handlungsfähigkeit setzen Freiheit voraus, können folglich nicht erzeugt, sondern
nur ermöglicht werden. Angesichts manch hoher Erwartung an die Wirkung
von Erziehung ist auch auf Grenzen hinzuweisen, die sich aus der Komplexität
des Erziehungsprozesses als einer interaktiven Praxis, die sich zwischen Er-
wachsenem und Kind in singulären, durch Unschärfe und Dynamik charak-
terisierten Situationen konstituiert, ergeben. Erziehung umfasst zwei Teiltä-
tigkeiten, Vermittlung und Aneignung bzw. Lernen. Dass ein Kind lernt, kann
unterstützt, aber nicht bewirkt werden. Erzieherische Intentionen können
fehlschlagen, ungeplante Nebenwirkungen auftreten und Kinder sich anders
als erhofft entwickeln. Selbst da, wo ein erwünschtes Ergebnis eintritt, kann
dies nicht mit Gewissheit auf das erzieherische Handeln zurückgeführt werden. Erziehungsabsicht und -wirkung stehen nicht in einem unmittelbaren
Ursache-Wirkungs-Zusammenhang. Das Erziehungsverhältnis ist kein linear
angelegter Prozess der Einwirkung auf das Kind als Objekt, sondern eine
Wechselwirkung, ein Interaktionsverhältnis, das von beiden Seiten fortlaufend Selbstkorrekturen und Neujustierungen erfordert. Alles, was sich hier
ereignet, ist auch von der Individualität des Kindes, seinem Eigensinn und

Komplexität der Erziehungs-wirklichkeit

Willen, den Lebensumständen etc. abhängig. Neben Familie, Schule und anderen pädagogischen Institutionen wirken viele Sozialisationseinflüsse auf Kinder und Jugendliche ein, z.B. Peers, Wohnumfeld, Jugendkulturen, Medienwelt und kommerzielle Kultur.

Die fehlende Kausalgesetzlichkeit des Erziehungsgeschehens ist als *Technologiedefizit* beschrieben worden (vgl. Luhmann/Schorr 1979). Wenn Erziehung aber nur die erfolgreiche Verknüpfung von Intention und Wirkung leisten würde, wäre sie von Manipulation oder Indoktrination nicht zu unterscheiden. Die Erwartung, dass Erziehung in diesem Sinne „funktioniert", steht im Widerspruch zur Idee des mündigen, selbstverantwortlichen Subjekts. Damit sind Vorstellungen der Methodisierbarkeit und Machbarkeit Einhalt geboten, die Erziehung zur Sozialtechnologie machen würden. Erziehung kann und darf daher manchen der an sie gestellten Erwartungen nicht gerecht werden. Insofern gehört zur Erziehung auch notwendig die Möglichkeit des Scheiterns; sie unterliegt einem *Technologieverbot* (vgl. Benner 1979).

Erziehung in der Diskussion

Pädagogische Krisenszenarien Es gibt vermutlich keinen Zeitpunkt in der Geschichte, an dem der Zustand der Erziehung nicht beklagt wurde. Schon aus diesem Grunde ist Skepsis angebracht bezüglich der Krisensemantik, die das Reden über Erziehung seit einigen Jahren bestimmt. Von Erziehungskatastrophen oder -notständen ist zu lesen, der Autoritätsverlust und der Untergang der Erziehungskultur werden beklagt, Szenarien von tyrannischen Kindern und hilflosen, überforderten Eltern beschrieben. In Abgrenzung zu einer allzu liberalen „Kuschelpädagogik" wird die Rückbesinnung auf Autorität, Disziplin und Gehorsam beschworen.

In solchen pädagogischen Krisenszenarien werden häufig die veränderten Sozialisationsbedingungen, unter denen Kinder und Jugendliche aufwachsen, ignoriert. Übergreifende gesellschaftliche Modernisierungs- und Individualisierungstendenzen wirken sich auch auf die Erziehung aus. In einer pluralistischen Gesellschaft mit einer Vielfalt an Welt- und Wertorientierungen gibt es auch hinsichtlich der Erziehungspraxis keine einheitlich geteilten Überzeugungen oder bindende Traditionen, die Erziehungsstile und -normen vorgeben. Generationen- und Geschlechterbeziehungen haben sich gewandelt, Lebens- und Familienformen werden zunehmend individuell gewählt. Kinder und Jugendliche leben in stark separierten Lern- und Erfahrungswelten, Erziehung verteilt sich auf verschiedene Instanzen. Die Selbstgestaltungsmöglichkeiten Heranwachsender haben sich erweitert, insbesondere die Medialisierung und die Kommerzialisierung kindlicher Lebensräume implizieren Handlungsentscheidungen und wachsende Selbstverantwortung.

Vermeintliche Sicherheiten gehen verloren und dies erfordert eine stär- Erziehungs-
ratgeber
kere Reflexion und Problematisierung des erzieherischen Handelns. Die ex-
pandierende Ratgeberliteratur ist hierfür ein Ausdruck. Mancher Erziehungs-
ratgeber ist allerdings von der Annahme kurzgeschlossener Kausalitäten
zwischen erzieherischen Praktiken und bestimmten Wirkungen beim Kind
geleitet, bietet rezepthafte, stark vereinfachende Lösungen, die Erziehung auf
eine Verhaltenstechnologie reduzieren.

Undifferenzierten Verfallspanoramen über die Situation von Kindern und
Jugendlichen in Familie, Schule und Freizeit fehlt eine klare empirische Da-
tenbasis (vgl. Dornes 2012). Resümiert man den derzeitigen Forschungsstand,
dann herrscht in den Eltern-Kind-Beziehungen mehrheitlich keine Unzufrie-
denheit. Die Zustimmung zum Erziehungsstil der Eltern ist wesentlich höher
als es in früheren Generationen der Fall war. Dabei hängt die subjektiv empfundene Zufriedenheit stark vom Interaktions- und Kommunikationsstil der
Familie ab. Ein von emotionaler Wärme geprägtes Familienklima und ein
kommunikations- und verhandlungsorientiertes Erziehungsverhalten sind
wesentliche Faktoren für die Zufriedenheit. Erziehungsmerkmale wie Disziplin gelten hingegen als Kontraindikatoren kindlichen Wohlbefindens (vgl.
ebd. S. 95ff).

Das Verhältnis von Erwachsenen und Kindern hat sich in den vergangenen Erziehung als
Verhandlung
Jahrzehnten deutlich verändert. Als Wandel von der *Er*ziehung zur *Be*ziehung,
vom Befehls- zum Verhandlungshaushalt wird die stärkere Demokratisierung
und Egalisierung der Umgangsformen beschrieben. Während im Befehlshaus-
halt Beziehungen über Disziplin und Gehorsam geregelt werden, geschieht dies
im Verhandlungshaushalt über Vereinbarung, Absprachen und Diskussion (vgl.
Büchner 1989; Oelkers 2002). Entsprechend erfolgt Erziehung zunehmend im
Modus der Verhandlung: „Es gibt aber kein definitives Optimum, die zulässige
Mitte muss individuell und privat bestimmt werden – in ständiger Auseinandersetzung mit den Kindern" (Oelkers 2002, S. 559). Mit einem erhöhten
Aushandlungsbedarf ist eine solche Erziehung nicht einfacher oder konflikt-
freier. Die Verschiebung der Machtbalance erfordert vom Erwachsenen mehr
Gesprächsbereitschaft, Argumentationskraft, Einfühlungsvermögen und vor
allem Zeit. Aus kindlicher Sicht ist sie gegenüber einer Erziehung durch Befehl
und Gehorsam mit einem Zugewinn an Selbstvertrauen, Wohlbefinden und
Angstfreiheit verbunden. In der Erziehungsstilforschung gilt ein solcher auto-
ritativ-partizipativer Erziehungsstil als besonders geeignet im Blick auf Ziele
wie Selbständigkeit, Verantwortlichkeit und Leistungsfähigkeit (vgl. Hurrelmann 2006, S. 156ff). Erziehung im Modus der Verhandlung betrachtet Kinder
als kompetente, soziale Akteure, die ihre Beziehungen aktiv gestalten. Sie betont partizipative und demokratische Elemente in Erziehungsprozessen, so dass
sich Kinder und Jugendliche als Subjekte ihres Handelns erfahren und den
Umgang mit Freiheit und Pluralität lernen können.

Erziehung und Soziale Arbeit

Verzicht auf den
Erziehungs-
begriff

Obgleich Arbeitsfelder wie Kindertageseinrichtungen, Schulsozialarbeit und Hilfen zur Erziehung, u.a. Erziehungsberatung, Sozialpädagogische Familienhilfe und Heimerziehung, zum Teil hohe erzieherische Anteile beinhalten, hat der Erziehungsbegriff in der sozialpädagogischen Diskussion an Geltung verloren. Von „Sozialerziehung" ist in theoretischen Bezügen kaum noch die Rede. Wurde Erziehung bei Gertrud Bäumer (1873-1954) noch im Zentrum des sozialpädagogischen Selbstverständnisses verortet – Sozialpädagogik ist „alles was Erziehung, aber nicht Schule und nicht Familie ist" (Bäumer 1929, S. 3) –, so führte die erzieherisch-pädagogische Ausrichtung auf der Ebene des Theoriediskurses zu Kontroversen um das Selbstverständnis, die disziplinäre Verortung und die begrifflichen Grundlagen der Sozialpädagogik, insbesondere im Verhältnis zur Sozialarbeit und zur Erziehungswissenschaft. In der Fachöffentlichkeit wird dem Erziehungsbegriff keine tragende Bedeutung mehr beigemessen, Termini wie „Hilfe", „Lernen", „pädagogisches Handeln" etc. spielen eine größere Rolle. Dies zeigt sich derzeit in der Pädagogik der frühen Kindheit mit ihrer klassischen Trias von Erziehung, Bildung und Betreuung. Die Professionalisierungsbestrebungen der letzten Jahre könnten eine erneute Hinwendung zum Erziehungsbegriff, von dem doch Erzieherinnen und Erzieher ihre Berufsbezeichnung ableiten, vermuten lassen; gleichwohl hat hier der Bildungsbegriff Hochkonjunktur. Zwar sind im Prozess der Subjektwerdung beide Begriffe untrennbar aufeinander verwiesen – Erziehung soll Bildung ermöglichen, Bildung bedarf der Erziehung als Voraussetzung –, doch ist fraglich, ob manches, was dem Namen nach zur Bildung avanciert, der Sache nach nicht doch Erziehung bleibt. Die semantische Aufwertung verweist auf das Unbehagen am Erziehungsbegriff. Erziehung eröffnet immer auch die Möglichkeit des Machtmissbrauchs; sie steht unter dem Verdacht, das Kind nicht in die Gesellschaft einzuführen, sondern ihr anzupassen, notfalls durch „Umerziehung" – die Geschichte der Erziehung bietet genügend Beispiele. Andere Bezeichnungen lösen allerdings nicht die Antinomie zwischen Freiheit und Zwang auf, in der die „Zumutung" der Erziehung gründet. Erziehung schließt immer Machtverhältnisse ein, die sowohl konstruktiv als auch destruktiv wirken können. Wo dies durch die Wahl anderer Begriffe verschleiert wird, wird nicht nur die kritische Reflexion der eigenen erzieherischen Praxis erschwert, sondern auch der Blick auf die Chancen konstruktiver Erziehungsmacht versperrt.

Herausforderungen
für die Soziale
Arbeit

Die Zunahme der gesellschaftlichen Bedeutung von Erziehung stellt auch eine Herausforderung für Fachkräfte der Sozialen Arbeit dar. Die medial vermittelten Krisenszenarien gelten als Ausdruck einer gewachsenen Problemsensibilität, die mit Perfektionierungsvorstellungen von Erziehung und einer Abnahme der Toleranz für Abweichungen einhergeht (vgl. Dornes 2012, S.

244ff). Mit der wachsenden Bedeutung pädagogischen Wissens sind seine Popularisierung und Trivialisierung verbunden. Entsprechende Erziehungsdiskussionen, die oft am Fachdiskurs vorbei geführt werden, erfordern von sozialpädagogischen Fachkräften kritisches Urteilsvermögen. Erziehungsdiskurse sind in ihrem historisch-gesellschaftlichen Kontext zu erschließen sowie implizite Wertvorstellungen und anthropologische Prämissen explizit zu machen. Hierzu trägt gerade die interdisziplinäre Perspektive der Sozialen Arbeit bei. Soziale Arbeit hat es in ihrer Praxis mit institutionell vermittelten Erziehungsprozessen zu tun, sei es in Familien, Kindertageseinrichtungen, Schulen oder in der Jugendarbeit. Die kritische Analyse der Bedingungen und Funktionen erzieherischen Handelns ist Teil ihrer Professionalität. Ihre Urteils- und Handlungskompetenz erweist sich gerade in der Reflexion und Gestaltung von Erziehungsprozessen auf dem Hintergrund der Spannungsverhältnisse zwischen Gesellschaft und Individuum, Fremd- und Selbstbestimmung, Bevormundung und Mündigkeit.

Literatur

Bäumer, G. (1929): Die historischen und sozialen Voraussetzungen der Sozialpädagogik und die Entwicklung ihrer Theorie. In: Nohl, H./Pallat, L. (Hrsg.): Handbuch der Pädagogik. Fünfter Band. Langensalza, S. 3-17.

Benner, D. (1979): Lässt sich das Technologieproblem durch eine Ersatztechnologie lösen? eine Auseinandersetzung mit N. Luhmann und K.-E. Schorrs Thesen zum Technologiedefizit der Erziehung. In: Zeitschrift für Pädagogik 25 (3), S. 367-375.

Bernfeld, S. (1981): Sisyphos oder die Grenzen der Erziehung. Frankfurt/Main.

Bernhard, A. (2011): Pädagogisches Denken. Einführung in allgemeine Grundlagen der Erziehungs- und Bildungswissenschaft. Baltmannsweiler, 4. Auflage.

Büchner, P. (1989): Vom Befehlen und Gehorchen zum Verhandeln. Entwicklungstendenzen von Verhaltensstandards und Umgangsnormen seit 1945. In: Preuss-Lausitz, U. u.a.: Kriegskinder, Konsumkinder, Krisenkinder. Zur Sozialisationsgeschichte seit dem Zweiten Weltkrieg. Weinheim u. Basel, 2. Auflage, S. 196-212.

Dornes, M. (2012): Die Modernisierung der Seele. Kind – Familie – Gesellschaft. Frankfurt/Main.

Hurrelmann, K. (2006): Einführung in die Sozialisationstheorie. Weinheim u. Basel, 9. Auflage.

Kant, I. (1964): Über Pädagogik. In: ders.: Werke in sechs Bänden. Hrsg. v. W. Weischedel. Band VI. Schriften zur Anthropologie, Geschichtsphilosophie, Politik und Pädagogik. Frankfurt/Main, S. 695-761.

Kron, F. W. (2009): Grundwissen Pädagogik. München, 7. Auflage.

Lenzen, D./Luhmann, N. (1997): Vorwort. In: dies. (Hrsg.) Bildung und Weiterbildung im Erziehungssystem. Lebenslauf und Humanontogenese als Medium und Form. Frankfurt/Main, S. 7-9.

Luhmann, N./Schorr, K.-E. (1979): Reflexionsprobleme im Erziehungssystem. Stuttgart.

Oelkers, J. (2002): Kindheit – Glück – Kommerz. In: Zeitschrift für Pädagogik 48 (4), S. 553-570.

Schleiermacher, F. (1957): Pädagogische Schriften. Hrsg. v. E. Weniger. Erster Band. Die Vorlesungen aus dem Jahre 1826. Düsseldorf u. München.

Tenorth, H.-E. (2010): Geschichte der Erziehung. Einführung in die Grundzüge ihrer neuzeitlichen Entwicklung. Weinheim u. München, 5. Auflage.

Wulf, C. (2011): Historisch-pädagogische Anthropologie. In: Mertens, G. u.a. (Hrsg.): Allgemeine Erziehungswissenschaft I. Handbuch der Erziehungswissenschaft 1. Studienausgabe. Paderborn, S. 553-571.

Bildung

Günter J. Friesenhahn

Einleitung

Der Begriff *Bildung* ist seit dem 18. Jahrhundert Bestandteil des deutschen Wortschatzes. Er geht auf unterschiedliche Wurzeln und Traditionen zurück. Mit diesem Begriff werden von jeher spezifische und unterschiedliche Bedeutungsinhalte akzentuiert. Diese reichen von der Betonung einer religiös motivierten Innerlichkeit des Menschen, über die Verschränkung von Ästhetik und Ethik (das Wahre, das Schöne, das Gute) bis hin zu politischen und pädagogischen Auslegungen des Begriffs.

In dieser Lesart gehen Ideen, Hoffnungen und Erwartungen des europäischen Bürgertums darin ein. Insbesondere Vorstellungen des schweizerisch-französischen Philosophen und Autors Jean-Jacques Rousseau (1712-1778), nach dem die Verbesserung der Gesellschaft der „Ausformung des Individuums" bedürfe, wurden in der deutschen Diskussion aufgegriffen (vgl. Gamm 1979, S. 74ff). Zeitgenössische Autoren sprachen z.B. von der „Emporbildung der inneren Kräfte der Menschennatur" (Pestalozzi 1746-1827), von der „Bildung des Verstandes und des Urteils" als wichtige pädagogische Aufgaben. Bildung wurde verstanden als die Bemühungen, „das Zusammenleben der Menschen zu verfeinern" und „sich den Anforderungen der Zeit in einem positiven Sinn anzupassen" (vgl. Horlacher 2012).

Die Person im Mittelpunkt

Klassische Vorstellungen

Bildung verweist in der deutschen klassischen pädagogischen Tradition immer auf ein besonderes Verhältnis des Individuums zur jeweils historisch-gesellschaftlich entstandenen und vermittelten Wirklichkeit. Durch die selbsttätige, vernunftgeleitete Auseinandersetzung des Individuums mit der Welt werden Bildungsprozesse in Gang gesetzt (vgl. Humboldt 1986). Idealerweise führt dies beim Menschen zur individuellen Ausformung der kultivierten, allseits entwickelten Persönlichkeit, zur Humanität und zur Mündigkeit. Diese Vorstellung entsprang einem neuen Denken, einem neuen Bild vom Menschen und seinen individuellen und gesellschaftlichen Handlungsmöglichkeiten:

Der Mensch kann und muss sich selbst bestimmen. Jeder einzelne Mensch ist mit Vernunft begabt, jeder Mensch kann und will lernen und muss seine

Selbst-bestimmung

Persönlichkeit frei von Fremdbestimmung entwickeln können. Bildung wurde und wird im Gegensatz zur Erziehung immer als selbsttätiger Prozess gesehen. Zur Bildung kommt der Mensch nur durch sich selbst, was auch mit Anstrengung verbunden ist. Bildung bezieht sich auf die Entwicklung formaler Kräfte (z.B. Reflexionsfähigkeit, Urteilsfähigkeit, Werte, Haltungen) und ist immer auch vernunftgeleitete, aktive Auseinandersetzung mit der umgebenden materialen Welt (z.B. gesellschaftliche Bedingungen, Inhalte, Gegenstände, Konflikte, Prozesse).

Pädagogische Unterstützung bei der Persönlichkeitsentwicklung

Dieses neue Denken war Voraussetzung und Antrieb dafür, dass sich die Menschen aus einer scheinbar gottgegeben obrigkeitsstaatlichen Gesellschaftsordnung befreien und die Gestaltung der Gesellschaft selbst in die Hand nehmen konnten. Es ging um gesellschaftliches und pädagogisches Handeln auf der Grundlage der Vernunft. Leitend dabei war die Annahme, dass jedes Individuum einen Anspruch auf pädagogische Unterstützung bei der Entwicklung seiner Persönlichkeit und seiner freien Entfaltung hat. Dieser Anspruch verweist auch auf die politischen Implikationen dieses Bildungsverständnisses, da damit Standesschranken und vermeintlich unhinterfragbare Herrschaftsverhältnisse in Frage gestellt werden konnten. Bildung ist prinzipiell unteilbar und für alle zu ermöglichen.

Das Bürgertum konnte unter Bezug auf den Bildungsbegriff und den darin enthaltenen Werten dem als dekadent geltenden Klerus und Adel ein Gegenmodell zum Bestehenden präsentieren und an gesellschaftlicher Gestaltungskraft gewinnen. Die Einschränkungen des Menschseins aufgrund gesellschaftlicher Verhältnisse zu überwinden, ist also ein zentraler Inhalt des Bildungsbegriffs (vgl. Blankertz 1982, S. 94). Es ging um *allgemeine Menschenbildung.*

Auch ist erkennbar, dass mit Bildung und den neu entstehenden Bildungseinrichtungen – in Preußen wurde auf Anregung von Humboldts mit einem Erlass vom 12. November 1812 *Gymnasium* eine amtliche einheitliche Bezeichnung für Schulen, deren Absolventen/-innen unmittelbar zur Universität gehen konnten – sowie mit den vergebenen Abschlüssen und Berechtigungen zwar ständische Privilegien durchlässiger, auf der anderen Seite aber auch soziale Differenzen geschaffen wurden. „Bildung entwickelte sich zum Kern des Standesbewusstseins des Bürgertums" (Horlacher 2012, S. 40) und das Etikett „Bildungsbürger" wurde zum Statusmerkmal (vgl. a.a.O., S. 56).

Gleichheit und Abgrenzung

Die postulierte Gleichheit geriet zur Ausgrenzung und Bildung zum exklusiven Gut des Bürgertums, welches sich dadurch auch gegenüber dem ‚gewöhnlichen Volk' absetzte. Das dreigliedrige Schulsystem ist Ausdruck der durch Bildung neu errichteten Privilegien und wirkt bis heute nach.

Bei einem Klassiker der neuhumanistischen Bildungstheorie, Wilhelm von Humboldt, (1767-1835) heißt es: „Der wahre Zweck des Menschen ist die höchste und proportionierlichste Bildung seiner Kräfte zu einem Ganzen."

Diese Formulierung klingt aus heutiger Sicht gewöhnungsbedürftig, der darin enthaltende Gedanke ist aber sehr zeitgemäß.

Proportionierlich lässt sich mit ‚harmonisch' beschreiben. Bildung ist in dieser Sicht die Anregung aller Möglichkeiten und Dispositionen eines Menschen, damit sich der Mensch über die Aneignung der Welt in wechselseitiger Verschränkung *proportionierlich,* d.h. harmonisch entfalten kann. Alle Anlagen müssen gleichermaßen gefördert werden; auch hinsichtlich der verschiedenen Bildungsbereiche und Bildungsdimensionen müssen die Proportionen stimmen. Es geht um den Zusammenhang von Kopf, Herz und Hand, wie der zeitgenössische Pädagoge und Autor, Johann Heinrich Pestalozzi (1746-1827) dies genannt hat.

Wir nennen diese Perspektive heute ganzheitlich und sprechen von kognitiven, emotionalen und motorischen Fähigkeiten.

Ganzheitliche Perspektive

Ein charakteristisches Merkmal des neu-humanistischen Bildungsverständnisses ist die Gegenüberstellung von Allgemeinbildung und Beruf und Ausbildung. Humboldts Ideal orientierte sich an den freien griechischen Bürgern der Antike, die von Arbeit entlastet ihre wahre Individualität entfalten konnten. Diese Bildung wendet sich gegen die Vereinnahmung der Menschen für gesellschaftliche, politische und ökonomische Zwecke und ist nicht gekoppelt an unmittelbare praktische Verwertung des Gelernten. Mithilfe von Bildung sollten die Mitglieder der Gesellschaft und damit die Gesellschaft selbst mündig und vernünftig werden und zur Verantwortung im bürgerlichen Maßstab befähigt werden.

Verfall und Wiederaufstieg

Bildungstheoretische Reflexionen verloren nach den 30er Jahren des 19. Jahrhunderts zunächst an gesellschaftlicher und wissenschaftlicher Beachtung, auch weil durch die fortschreitende Industrialisierung die Technik und empirische Natur-wissenschaften an Bedeutung zunahmen und damit eine an „Realien" (naturwissenschaftliche Fächer und moderne Sprachen) orientierte Alternative zur philosophisch-neuhumanistisch geprägten Bildung möglich wurde und nützlich erschien. Dennoch blieben Debatten über *Bildung* ein Dauerthema in der Pädagogik und *Bildung* wurde dann in der sogenannten Geisteswissenschaftlichen Pädagogik zum Kernbegriff und prägend für die pädagogische Theorieentwicklung bis in die 60er Jahre des vergangenen 20. Jahrhunderts. Insbesondere Hermann Nohl (1879-1960) verknüpfte Bildungsvorstellungen mit konkreten pädagogischen Aufgaben – ausgerichtet auf das Ziel, die gesellschaftliche Bedeutung und Funktionalität der Pädagogik zu unterstreichen. Er sieht „Bildung als das pädagogische Werk" und konzipierte in den 20er Jahren des vergangenen Jahrhunderts eine ‚neue deutsche Bildung':

Bildung als Kernbegriff der Theorieentwicklung

„Bildung ist die subjektive Seinsweise der Kultur, die innere Form und geistige Haltung der Seele, die alles, was von draußen an sie herankommt, mit eigenen Kräften zu einheitlichem Leben in sich aufzunehmen und jede Äußerung und Handlung aus diesem einheitlichen Leben gestalten vermag. ... Je zerspaltender das öffentliche Leben wird, umso entschiedener wird die Aufgabe der Pädagogik, solch einheitlich geformtes Leben in den Individuen zu erreichen" (Nohl 1970, S. 140f).

Theorien müssen sich auf Praxis beziehen

Nohl verzichtete auf die Idee, dass oberste Normen die Praxis bestimmen sollten; die Theoriebildung müsse an der Praxis, an der Erziehungswirklichkeit ansetzen. Nohl bezog Bildung aber nicht nur auf die Schule, sondern auch auf die öffentliche Jugendhilfe, die aus seiner Sicht „pädagogisiert" werden müsse, denn es gehe um die „Weckung der Kräfte und des Willens zur Selbsthilfe beim einzelnen wie bei der Familie und auch bei der Gemeinde" (Nohl, 1949 S. 184). Das Pädagogische dabei ist aus seiner Sicht, der Jugendhilfe eine „positive Wendung" zu geben. Die „aufbauende Arbeit an unserer Jugend" müsse das Ziel der Jugendhilfe sein. Diese konzentriere sich bisher fälschlicherweise auf die Krankheit, „sie sollte aber auf die Gesundheitserhaltung konzentriert sein, d.h. aber: sie sollte nicht von der Idee des Mitleids, sondern von der pädagogischen Idee aus inneviert sein" (Nohl 1949, S. 183).

Kritische Betrachtung

Die Fokussierung auf die gegebene Erziehungswirklichkeit und deren bloßer Interpretation wurde aber bei einflussreichen Erziehungswissenschaftlern der 60er Jahre des 20. Jahrhunderts als Mangel bewertet. Auf der einen Seite geriet die an Bildung orientierte Geisteswissenschaftliche Pädagogik in die Kritik durch die sog. „realistische Wende" wie sie vom Erziehungswissenschaftler Heinrich Roth (1906-1983) vorgebracht wurde. Pädagogik solle auf den ungenauen Bildungsbegriff und die hermeneutische Auslegung der Erziehungswirklichkeit verzichten und stattdessen mithilfe empirischer Methoden Möglichkeiten der Verbesserung der Praxis ausloten.

Die zweite Kritiklinie wurde theoretisch beeinflusst durch die Kritische Theorie der Frankfurter Schule. Emanzipation des Individuums und Aufdeckung ungerechtfertigter Herrschaftsverhältnisse verbunden mit der Kritik der sog. Konsumindustrie waren hier wesentliche Charakteristika. Kritik, so hatte es Max Horkheimer (1895-1973), einer der Mitbegründer der Kritischen Theorie formuliert, sei nicht mit Nörgeln zu verwechseln, sondern die Konfrontation der Gesellschaft mit ihren besseren Möglichkeiten.

Bildung und emanzipatorische Pädagogik

Diese theoretischen Positionen ließen die Rückbesinnung auf den ursprünglich, emanzipatorischen Gehalt der Bildung als Möglichkeit erscheinen, der Pädagogik weiterhin mit Bildung ein einheitliches normatives Leitbild zu geben.

Klaus Mollenhauer (1928-1998) formulierte 1964, es gehe darum in der heranwachsenden Jugend das Potenzial für die gesellschaftliche Änderung zu erzeugen und entwickelte mit anderen eine emanzipatorische (Sozial-)Pädagogik, in der die Handlungsziele sowohl der schulischen als auch der außerschulischen Bildung sich an Mündigkeit und freier Persönlichkeitsentwicklung orientierten.

Wolfgang Klafki (geb. 1927) begründete eine kritisch-konstruktive Erziehungswissenschaft und auf dieser Grundlage dann auch in den 90er Jahren ein neues Allgemeinbildungskonzept, in dem er explizit an die damaligen Auffassungen des neuhumanistischen Bildungsverständnisses anknüpfte. Aus seiner Sicht könne und müsse diese klassische Vorstellung neu belebt und weitergeführt werden, da eine Gesellschaft ein Konzept von Bildung als Orientierungsrahmen für die Weiterentwicklung des Bildungswesens vom Kindergarten bis zur Erwachsenenbildung brauche.

Ein solcher Entwurf könne nicht alleine aus der Tradition heraus begründet werden, sondern gewinne Legitimation dadurch, sich in pädagogischer und politischer Absicht den Notwendigkeiten, Problemen, Gefahren und Möglichkeiten unserer Gegenwart und der voraussehbaren Zukunft kompetent zu stellen (vgl.Klafki 1990). *Neuakzentuierung Allgemeiner Bildung*

Neues Allgemeinbildungskonzept

Bildung müsse verstanden werden als „selbsttätig erarbeiteter und personal verantwortbarer Zusammenhang dreier Grundfähigkeiten…:

- als Fähigkeit zur Selbstbestimmung jedes Einzelnen über seine individuellen Lebensbeziehungen und Sinndeutungen zwischenmenschlicher, beruflicher, ethischer, religiöser Art; *Bedeutungsgehalte Allgemeiner Bildung*
- als Mitbestimmungsfähigkeit, weil jeder Anspruch, Möglichkeit und Verantwortung für die Gestaltung unserer gemeinsamen kulturellen, gesellschaftlichen und politischen Verhältnisse hat;
- als Solidaritätsfähigkeit, weil der eigene Anspruch auf Selbst- und Mitbestimmung nur gerechtfertigt ist, wenn er mit dem Einsatz für die Menschen verbunden wird, denen Selbst- und Mitbestimmung vorenthalten werden" (Klafki 1990 S.93f).

Darüber hinaus legte er dar, dass Allgemeinbildung bedeute:

- Bildung für alle, d.h. auch Herstellung von Bildungsgerechtigkeit,
- Bildung im Medium des Allgemeinen, d.h. es müssen Inhalte und Fragestellungen darin eingehen, die den Menschen in seiner geschichtlich gewordenen Gegenwart und in Zukunft angehen,
- Bildung als Zusammenspiel von unterschiedlichen Interessen und Fähigkeiten, z.B. auf kognitiver, sozial-emotionaler und handwerklich-gestalterischer Ebene.

Zusammengefasst: „Allgemeinbildung bedeutet in dieser Hinsicht ein geschichtlich vermitteltes Bewusstsein von zentralen Problemen der Gegenwart und – so weit vorauszusehen – der Zukunft zu gewinnen, Einsicht in die Mitverantwortlichkeit aller angesichts solcher Probleme und Bereitschaft, an ihrer Bewältigung mitzuwirken" (Klafki a.a.O., S. 95).

Schlüsselprobleme als Orientierung

Wie Humboldt geht Klafki davon aus, dass sich Bildung nicht selbst hervorbringt, sondern durch die Auseinandersetzung mit kulturell überlieferten Inhalten entsteht.

Nicht ein abstrakter Kanon von Bildungsinhalten, sondern die typischen „Schlüsselprobleme" unserer Zeit böten die inhaltliche Orientierung für Bildungsprozesse. Als Schlüsselprobleme, die geeignet seien, sein normatives Bildungskonzept auch didaktisch umzusetzen, nannte Klafki z.B. die Friedensfrage, die Umweltproblematik, gesellschaftlich produzierte Ungleichheit, Möglichkeiten und Gefahren der Steuerungs-, Informations- und Kommunikationsmedien, individueller Glücksanspruch, zwischenmenschliche Verantwortung und Anerkennung des Anderen.

Diese Liste ist sicher zu ergänzen und den Gegebenheiten von Bildungseinrichtungen anzupassen. Sie verdeutlich aber, dass Bildung auch als Aufgabe von Sozialer Arbeit hervortritt, denn diese Allgemeinbildung ist nicht nur auf Schulen bezogen, sondern betrifft auch die non-formale, außerschulische Bildung, die z.B. in der Jugendbildung und der Politischen Bildung deutliche Bezüge zur Sozialen Arbeit aufweist (vgl. Lindner u.a. 2003; Rauschenbach u.a.2006; Otto/Oelkers 2006)

Bildung als Leitkategorie für Soziale Arbeit

Bildung ist mehr als Wissen

Unsere Gesellschaft wird u.a. auch als Wissensgesellschaft bezeichnet. Bildung ist aber mehr als Wissen, Bildung ist der Kontext, die übergreifende Orientierung, die notwendig ist, um relevante Wissensbestände auswählen und bewerten zu können um das, was man weiß, verantwortungsvoll in die Gesellschaft einzubringen. Der geschichtliche Rückblick machte deutlich, dass Bildung besonders in jenen Gesellschaften als wichtige Ressource gilt, in denen Wissen als Produktivkraft immer mehr an Bedeutung gewinnt. Über die Aneignung von Wissen sollen die Menschen für die Erfordernisse und Anforderungen der Gesellschaft anschlussfähig (gemacht) werden. Bildung gilt als das entscheidende Potenzial für die Fortentwicklung moderner Gesellschaften.

Bildungssystem in der Kritik

Nun haben insbesondere internationale Vergleichsstudien der OECD[1], besonders die sog. PISA-Studie[2] gezeigt, dass das deutsche Bildungswesen bei

---

1   http://www.oecd.org/berlin/dieoecd/ [letzter Zugriff: 28.8.2013]

weitem nicht so gut ist, wie lange angenommen wurde. Besonders das ge-
gliederte und auf frühe Selektion ausgerichtete Schulsystem führt nicht dazu,
dass die vielfältigen Potenziale von unterschiedlichen Kindern und Jugendlichen gefördert werden können. In kaum einem anderen europäischen Land
ist die Koppelung von familiärer Herkunft und Bildungschancen so deutlich
wie in Deutschland. Das heißt auch, dass es keine gleichen Bildungschancen
und keine Bildungsgerechtigkeit gibt (vgl. Brenner 2010). Der Anspruch,
„Bildungserfolg unabhängig von Herkunft und Lebenslage zu ermöglichen, ist
nicht eingelöst" (Bundesministerium 2002, S.152). Die optimale Gestaltung
von Bildungsprozessen sei in der derzeitigen Gesellschaft auch deshalb immer
bedeutsamer für das Aufwachsen von Kindern und Jugendlichen, weil die
Verweildauer in institutionellen Bildungseinrichtungen ansteige.

Aber auch außerhalb von Institutionen nähmen individuelle, informelle und
selbstgesteuerte, nach eigenem Sinn gesteuerte, Bildungsprozesse zu. Deren
Bedeutung müsse in Zukunft stärker auch durch Zertifizierung der erworbenen
Kompetenzen aufgewertet werden. Die Mitglieder der Experten-Kommission
des 11. Kinder- und Jugendberichts gehen von einem Bildungsverständnis aus,
das berufsbefähigende und berufsverwertbare Kompetenzen einschließt, Bildung aber darauf nicht reduziert. „Angesichts der zunehmenden Komplexität
der gesellschaftlichen Verhältnisse und der kulturellen und technischen Entwicklungen, angesichts des mit wachsender Beschleunigung vonstattengehen-
den Wandels von Lebensbedingungen kann Bildung nicht darauf beschränkt
werden, den Nachwachsenden die Kenntnis von Wissensbeständen, Interpretationen und Regeln einer gegenwärtig bestehenden kulturellen Lebensform zu
vermitteln ...Sie muss vielmehr zur Aneignung reflexiver und sozialer Kompetenzen beitragen, die es ermöglichen wohlbegründet, verantwortlich zu handeln. Dazu gehören das Vermögen, Sachverhalte und zusammenhänge in einem
historischen Entstehungsprozess nachvollziehen und einordnen zu können, und
die Kompetenz zur Antizipation der erwünschten und unerwünschten Folgen
einer Entwicklung oder eines Handelns" (Bundesministerium 2002, S. 154).

Ohne Bildung erscheinen der Bestand und die Zukunftsfähigkeit unserer
Gesellschaft gefährdet: „...für die Sicherung ihres Bestandes wie für die Perspektiven ist Gesellschaft auf Bildung angewiesen. Von Bildung als gesellschaftlicher Bildung hängt entscheidend der Bestand demokratischer Kultur,
die Tragfähigkeit des sozialen Zusammenhalts und der gesellschaftlichen Solidarität, die Akzeptanz der zentralen Werte und Regeln der Zivilisation unserer Gesellschaft ab. Nicht allein ‚Wissen', sondern ‚Bildung' in einem
umfassenden Sinn sichert den Standort Deutschland und die Zukunft unserer

(Marginalie: Zertifizierung von Kompetenzen)

---

2   http://www.dipf.de/de/projekte/programme-for-international-student-assessment-2009
    [letzter Zugriff: 28.82013]

Gesellschaft, die ihren Mitgliedern Teilhabe und Selbstbestimmung zugleich sichert" (Bundesjugendkuratorium 2002, S. 162).

Bildung ist mehr als Schule

Die Autor/-innen gehen weiter und unterstreichen, Bildungspolitik greife zu kurz, wenn sie nur in formelle Bildung investiere. In den „Leipziger Thesen" wurde dies mit dem programmatischen Titel „Bildung ist mehr als Schule" auf den Punkt gebracht.[3]

Die verschiedenen Bildungsinstanzen hätten einen je eigenen Bildungsauftrag. Auf der Grundlage der Bedürfnisse der und Interessen von jungen Menschen müssten die Bildungsaufgaben von Familie, Jugendhilfe, Schule und Berufsausbildung neu verbunden werden.

Bildung im Kinder- und Jugendalter sei ein „eigensinniger" Prozess, in dem es um die Befähigung zu eigenbestimmter Lebensführung, Empowerment und um die Aneignung von Selbstbildungsmöglichkeiten gehe. Sie sei zu verstehen als „Anregung aller Kräfte", „Aneignung der Welt" und „Entfaltung der Persönlichkeit" (Bundesjugendkuratorium 2002, S. 164).

Bildung im Kontext von Sozialpolitik

Der 12. Kinder- und Jugendbericht mit dem Titel „Bildung, Betreuung und Erziehung vor und neben der Schule" hat das Thema dann noch deutlicher in der bildungs-politischen und fachlichen Debatte positioniert und Bildung in einen sozialpolitischen Kontext gestellt, indem die gesamtgesellschaftliche Verantwortung für das Gelingen von Bildungsprozessen unterstrichen wurde.[4] Dieser Akzentuierung wird die Notwendigkeit umfassender Investitionen in die frühkindliche Bildung zur Seite gestellt. „Bildung von Anfang an" zielt in individueller Sicht darauf, Kindern möglichst früh Bildungsgelegenheiten zu bieten. Darüber hinaus deutet diese Programmatik auf die gesellschaftlich und ökonomische Dimension, früh in Bildung zu investieren, um alle potenziellen Ressourcen bei Kindern zu fördern und zu nutzen:

Bildung als Investment

„Bildung wird in der aktuellen bildungspolitischen Diskussion als ein Produkt gehandelt, das in Deutschland schlechter hergestellt wird als in anderen Ländern der OECD".[5]

Mit dem erweiterten Bildungsbegriff in pragmatischer Absicht' (Rauschenbach 2009, S. 211) kreuzen sich die bildungstheoretischen Diskurse mit der konzeptionellen Selbstvergewisserung der Sozialen Arbeit in einer ambivalenten Weise. Auf der einen Seite kann sich Soziale Arbeit mit dem Verweis auf die Bedeutung der non-formalen Bildung als wichtiger Akteur in einen gesellschaftlich hoch bewerteten Prozess (gesellschaftliche Innovation durch Bildung) einbringen und dadurch an Reputation gewinnen.

---

3   http://www.bundesjugendkuratorium.de/pdf/1999-2002/bjk_2002_bildung_ist_mehr_als_schule_2002.pdf [letzter Zugriff: 28.08.2013].

4   http://www.bmfsfj.de/doku/Publikationen/kjb/data/download/kjb_060228_ak3.pdf, [letzter Zugriff: 28.8.2013].

5   http://www.bmfsfj.de/doku/Publikationen/kjb/data/download/kjb_060228_ak3.pdf, S. 81). [letzter Zugriff: 28.8.2013].

Soziale Arbeit ist u.a. Bildungsarbeit und erbringt in vielen ihrer Arbeitsfelder einen wichtigen Beitrag für die wissensbasierte, gesellschaftliche Weiterentwicklung. Dies wird auch zunehmend Gegenstand wissenschaftlicher Forschung,[6] z.B. an der Fachhochschule in Köln. Bildung unter ökonomischen Prämissen

Auf der anderen Seite begibt sich Soziale Arbeit damit auch in einen Diskurs, in dem Bildung vornehmlich als Investment verstanden wird und empirisch gesicherte, messbare Dividenden bringen soll. Und dieser Diskurs wird nicht mehr nur national, sondern grenzüberschreitend geführt. Insbesondere Strategien, Initiativen und Programme der Europäischen Union machen deutlich, dass die Investitionen in Bildung unter ökonomischen Gesichtspunkten für eine wissensbasierte Gesellschaft notwendig sind. Bildung wird als Voraussetzung gesehen, um z.B. die Ziele der sog. Lissabon Strategie zu erreichen, nämlich die „EU zum wettbewerbsfähigsten wissensbasierten Wirtschaftsraum der Welt zu machen – einem Wirtschaftsraum, der fähig ist, ein dauerhaftes Wirtschaftswachstum mit mehr und besseren Arbeitsplätzen und größerem sozialen Zusammenhalt zu erzielen". Damit rückt employability – die Berufsbefähigung – zum zentralen Ziel von Bildungsmaßnahmen auf. Bildung soll vor allem als arbeitsmarktgängige Qualifizierung verstanden werden,[7] da es für die Europäische Union von allergrößter Bedeutung sei in der wissensbasierten Wirtschaft bessere Leistungen zu erbringen als ihre Wettbewerber, indem sie mehr und wirksamer in die allgemeine und berufliche Bildung investierte.[8]

In der positiven Einschätzung der SPD-nahen Friedrich Ebert-Stiftung werden damit „Bildung und lebenslanges Lernen … zum Schlüssel für dynamisches Wirtschaftswachstum wie auch zur Sicherung sozialer Gerechtigkeit".[9] Bildung und lebenslanges Lernen

Etwas nüchterner betrachtet geht es insgesamt um die Taxierung persönlicher und fachlicher Kompetenzen, die auf unterschiedlichen Lernwegen erworben und für vielerlei Zwecke anerkannt werden sollen. Es geht um eine strukturelle Koppelung von allgemeiner Bildung, beruflicher Ausbildung und non-formalen Bildungsprozessen und um die klare Unterordnung der Bildungspolitik unter die Wirtschaftspolitik. Damit werden die Koordinaten der bisherigen Diskurse um Aus – und Berufsbildung sowie Studium und Wissenschaft gründlich verschoben. Beispielhaft wird dies in der ESCO- Initiative Wer definiert die Bildungsinhalte?

6   http://www.f01.fh-koeln.de/forschung/schwerpunkte/01037/index.html [letzter Zugriff: 28.8.2013].

7   http://www.bmbf.de/pub/allgemeine_und_berufliche_bildung_2010.pdf [letzter Zugriff: 28.8.2013].

8   http://www.eu-bildungspolitik.de/bildungspolitik_der_eu_4.html). [letzter Zugriff: 28.8. 2013]

9   Friedrich Ebert-Stiftung 2007, S. 12; http://library.fes.de/pdf-files/stabsabteilung/04263. pdf [letzter Zugriff: 28.8.2013].

(European Skills, Competences and Occupation Taxonomy)[10] der Europäischen Union deutlich, in der Wirtschaft und Unternehmen mit definieren
sollen, was passender Weise gelernt werden soll. In diesem Zusammenhang
wird Lebenslanges Lernen zur Pflichtaufgabe aller. Darüber hinaus sollen
Bildung und Bildungsabschlüsse transparent und europaweit nutzbar und
vergleichbar werden. Das zentrale Instrument dafür ist der „Europäische
Qualifikationsrahmens für lebenslanges Lernen" (EQR). Der EQR zielt auf
eine umfassende Neujustierung des Verhältnisses von beruflicher Aus- und
Weiterbildung und akademischer Bildung. Der EQR beschreibt auf acht
‚Referenzniveaus' in operationalisierter Form Lernergebnisse, die Menschen
im Prinzip nach einem Lernprozess vorweisen können sollten.[11] Qualifikationen, die außerhalb formaler Bildung erworben wurden, sollen dabei ebenfalls
berücksichtigt werden.

Validierung von Lernerfolgen außerhalb von Bildungsinstitutionen

Dadurch soll die arbeitsmarktbezogene Mobilität gesteigert werden. Dazu
gehören auch die vielfältigen Bemühungen, Lernerfolge und -ergebnisse zu
erfassen, anzuerkennen und zu validieren, die außerhalb des institutionalisierten Bildungssystems erreicht wurden, z.B. durch Validierungsinstrumente
wie den Youthpass[12] und den EUROPASS[13].

Resümee

Der Bildungsbegriff, der derzeit den öffentlichen Diskurs dominiert, schließt
nicht an den Gehalt der klassischen Bildungsidee der freien, entfalteten Persönlichkeit an. Dieser Grundgedanke – machen wir uns nichts vor – findet
außerhalb der Pädagogik und der Sozialen Arbeit nur eingeschränkte Zustimmung.

Dies auch, weil die öffentlichen Diskussion, insbesondere im Kontext der
Europäischen Union, englischsprachig geführt wird und die in Deutschland
historisch gewachsene Bedeutung des Begriffs nicht übersetzt werden kann.
Ist Bildung gleichbedeutend mit non-formal learning? So bleibt dieser Be-
deutungsgehalt an den Sprachgrenzen hängen und mutiert , seines inhaltlichen
Kerns entledigt, im internationalen Sprachgebrauch zu ‚formal' bzw. ‚non-
formal learning'. Statt als Selbstzweck soll Bildung als Mittel zum Zweck
fungieren. Statt Persönlichkeitsbildung werden Flexibilität, Mobilität und
Anpassungsfähigkeit als Ziele favorisiert, die in einer dynamischen wissensbasierten Gesellschaft von den Marktteilnehmern erwartet werden. Dies ist

---

10   http://joinup. ec.europa.eu/asset/esco/description [letzter Zugriff: 28.8.2013].
11   http://ec.europa. eu/education/lifelong-learning-policy/doc44_de.htm [letzter Zugriff: 28.8.
     2013].
12   http://www.jugend-in-aktion.de/youthpass/ [letzter Zugriff: 28.8.2013]
13   http://www.europass-info.de/ [letzter Zugriff: 28.8.2013]

nicht nur eine semantische Veränderung, sondern betrifft den Kern der klassischen Bildungsauffassung und lässt die Konturen des Bildungsbegriffs weiter verschwimmen. Der emanzipatorische Bildungsbegriff, wie er seit der Aufklärung für den deutschen fachwissenschaftlichen Diskurs weitgehend maßgeblich war, verliert gegenüber einem funktionalistischem Bildungsbegriff, der die Bildungspolitik in Europa bestimmt, an Bedeutung.

Das, was mit Bildung in der politisch-pädagogischen Auffassung gemeint war, nämlich: Bildung als Voraussetzung legitimer gesellschaftlicher Teilhabe für alle zu verstehen und zu unterstützen, bleibt weiterhin eine Aufgabe, der sich auch Fachkräfte Sozialer Arbeit stellen müssen. Der 12. Kinder- und Jugendbericht hat hier perspektivische Maßstäbe gesetzt.

Literatur

Bundesjugendkuratorium (2002): Zukunftsfähigkeit sichern! – Für ein neues Verhältnis von Bildung und Jugendhilfe. In: Münchmeier, R. u.a. (Hrsg.): Bildung und Lebenskompetenz . Kinder- und Jugendhilfe vor neuen Aufgaben. Opladen, S. 159-174.

Bundesministerium für Familie, Senioren, Frauen und Jugend (2002): Elfter Kinder- und Jugendgericht . Bericht über die Lebenssituation junger Menschen und die Leistungen der Kinder und Jugendhilfe in Deutschland. Bonn: Eigenverlag bmfsfj.

Blankertz, H. (1982): Die Geschichte der Pädagogik. Von der Aufklärung bis zur Gegenwart. Wetzlar.

Brenner, P. J. (2010): Bildungsgerechtigkeit. Stuttgart.

Gamm, H.-J. (1979): Allgemeine Pädagogik. Die Grundlagen von Erziehung und Bildung in der bürgerlichen Gesellschaft. Reinbek.

Horlacher, R. (2011): Bildung. Bern.

Humboldt, W. v. (1986): Theorie der Bildung des Menschen. In: Tenorth, H.-E. (Hrsg.) Allgemeine Bildung. Analysen zu ihrer Wirklichkeit, Versuche über die Zukunft. Weinheim, S. 32-38.

Klafki, W. (1990): Abschied von der Aufklärung? Grundzüge eines bildungstheoretischen Gegenentwurfs. In: Krüger, H.-H. (Hrsg.): Abschied von der Aufklärung. Perspektiven der Erziehungswissenschaft. Opladen, S. 91-104.

Lindner, W. u.a. (Hrsg.) (2003): Kinder- und Jugendarbeit als Bildungsprojekt. Opladen.

Nohl, H.(1949): Die neue deutsche Bildung In: ders: Pädagogik aus dreißig Jahren. Frankfurt/Main, S. 9-20.

Nohl, H. (1949): Die pädagogische Idee in der öffentlichen Jugendhilfe. In: ders: Pädagogik aus dreißig Jahren. Frankfurt/Main, S. 182-189.

Nohl, H.(1970): Die pädagogische Bewegung in Deutschland und ihre Theorie. Frankfurt,. 7. Aufl.

Otto. H.-U./Oelkers, J. (Hrsg.) (2006): Zeitgemäße Bildung. München.

Rauschenbach, Th./Düx, W./Saas, E. (Hrsg.) (2006): Informelles Lernen im Jugendalter. Weinheim.

Lernen

Katy Dieckerhoff

Einleitung

„Lernen ermöglichen" – dies stellt nach Giesecke das Ziel pädagogischen Handelns dar (Giesecke 2010, S. 32). Doch – *wie* und *was* soll das Individuum lernen, um den vielfältigen Lebensanforderungen in einer postmodernen, pluralistischen Gesellschaft gerecht zu werden, um sie bewältigen zu können? Und – welchen Beitrag kann Soziale Arbeit hierzu leisten?

Innerhalb der Lernpsychologie gilt Lernen als ein Prozess, der zu Veränderungen im Verhalten aufgrund von Erfahrung führt (vgl. Fröhlich 2012, S. 304). Während „Verhalten" hierbei sämtliche überdauernden Verhaltens- und Denkweisen umfasst und z.B. physische Veränderungen und zeitweilige Änderungen (z.B. durch Drogen oder Ermüdung) ausschließt, meint „Erfahrung" den Austausch zwischen Individuum und Umwelt. Änderungen des Verhaltens durch angeborene Reaktionstendenzen oder Reifungsprozesse gelten also nicht als Lernen, sondern nur solche, die auf Umwelteinflüsse zurückgeführt werden können.

Lernkonzepte im Wandel

Erklärung von
Lernen:
Lerntheorien

Lerntheorien versuchen, das Lernen zu erklären. Je nach theoretischer Position werden andere Bedingungen und Prozesse für das Zustandekommen von Lernen verantwortlich gemacht, so dass sich die Lerntheorien grob in drei Klassen einteilen lassen (vgl. Fröhlich 2012, S. 304f):

- Verhaltsorientierte Lerntheorien – auch sogenannte behavioristische Lerntheorien – gehen von automatischen Wirkungen von Erfahrungen (Reiz-Reaktion) aus. Sie verstehen Lernen als Wirkweise von Mechanismen der biologischen Anpassung, die weitgehend ohne Bewusstseinskontrolle operieren, sondern ausschließlich aufgrund von äußeren Signalen/Reizen (klassische Konditionierung) oder Konsequenzen/Verstärkern (operante Konditionierung) erfolgen. Zentrales Element ist die Idee des Lernens durch äußere Bedingungen.
- Kognitive Lerntheorien gehen über die ausschließliche Betrachtung der äußeren Bedingungen des Lernens hinaus und erachten ergänzend die bewusst (kognitiv) ablaufenden Prozesse im Inneren des Individuums für

relevant. Sie nehmen die Frage in den Blick, ob und innerhalb welcher Grenzen Verstärkungseffekte beim Menschen auf Einsicht beruhen, also inwieweit die bewusste Verarbeitung von Erfahrungen das Lernen beeinflusst. Zentrales Element ist die Idee der Selbststeuerung des Menschen durch Einstellungen und Erwartungen (Konstruktivismus).

- Neurophysiologische Lerntheorien erklären Lernen anhand von Gehirnaktivitäten. Sie befassen sich mit der Funktionsweise des zentralen Nervensystems und seiner synaptischen Verbindungen und sehen in der neuronalen Aktivität und Plastizität Bedingungen für Erfahrungswirkung und Verhaltensorganisation. Ein zentrales Element ist z.B. die Idee der Verstärkungswirkung durch das Limbische System (emotionales Zentrum).

Je nach Grundannahme darüber, wie sich Lernen vollzieht und was als Lernziel favorisiert wird, lassen sich in historischer Rückschau verschiedene Lernkonzepte identifizieren, z.B.: *Lernkonzepte*

- **Das Individuum als Objekt pädagogischer Maßnahmen**
Zur Zeit der Aufklärung (ca.1730-1800) bestimmte die Auffassung von der alleinigen Ursächlichkeit der einwirkenden Umwelt auf die Entwicklung des Individuums die erzieherischen Maßnahmen (exogenistisch). Basierend auf der „Abbildtheorie" – die für den Behaviorismus des 20. Jahrhunderts eine erkenntnistheoretische Grundlage lieferte – galt das Individuum als „tabula rasa", eine „leere Tafel", die passiv-rezeptiv die Eindrücke der Umwelt übernimmt. Dem Individuum brauchte notwendiges Wissen somit nur „eingetrichtert" zu werden. Dementsprechend standen „Belehren" und „Beibringen" im Zentrum pädagogischer Bemühungen, um das Individuum im vorherrschenden Interesse des Gemeinwohls zu brauchbaren und vernünftigen Bürgern zu formen.

- **Das Individuum als Subjekt pädagogischer Maßnahmen**
Die konstruktivistische Idee von einem selbstgesteuerten Lernprozess des Individuums aufgrund vorheriger Erfahrungen wurde nicht zuletzt durch den Entwicklungspsychologen Jean Piaget (1896-1980) forciert. Die ursprüngliche Vorstellung „Gelernt wird, was gelehrt wird" wurde verworfen und das pädagogische Bemühen auf die individuelle Anschlussfähigkeit geprüft.

- **Lernen durch soziale Interaktion**
Das Verständnis von Lernen als ein Prozess der Verhaltens-Änderung durch Erfahrung erfährt insbesondere durch neurowissenschaftliche Erkenntnisse über die nutzungsabhängige Strukturierung des Gehirns eine stärkere Bedeutungszuschreibung der Umwelteinflüsse, bzw. deren Qualität. Gezielte Lernstimuli und gestaltete Lernumgebungen gelten als Qualitäts-Faktoren für Lernen.

Aktuelle Lernkonzepte stellen sowohl die Interaktivität und Sozial-Struktu-
riertheit des Lernens, als auch dessen Individualität durch biografisch erworbene Erfahrungsstruktur in den Mittelpunkt.

Entgrenzung und Lebenslanges Lernen als Bewältigungs-Strategie

Pluralisierung der Lebensstile, Individualisierung der Lebenswege, Flexibilisierung der Arbeit und Globalisierung der Wirtschaft sind die Schlagworte,
die die aktuellen Entwicklungstrends in postindustriellen Gesellschaften bezeichnen. Zur Charakterisierung dieser gegenwärtigen Transformationsprozesse wird in der wissenschaftlichen Diskussion der Begriff „Entgrenzung"
verwendet (vgl. für den erziehungswissenschaftliche Diskurs: Rauschenbach
2009, S. 47, Böhnisch u.a. 2009, S. 97, BMFSFJ 2005, S. 92). Wenngleich
Entgrenzung mit der Silbe „Ent" einen Wegfall, eine Auflösung von Grenzen
vermuten lässt, handelt es sich tatsächlich um Prozesse der Verschiebung von
Grenzen, die mit neuen Begrenzungen einhergehen. Es geht nicht um Auflösung, sondern um die Neuordnung von Grenzen. Mit dem Begriff „Entgrenzung" sollen die sozialen Dynamiken der gegenwärtigen Gesellschaft fassbar
gemacht werden.

Entgrenzungs-
paradigma
    Der 12. Kinder- und Jugendbericht (BMFSFJ 2005, S. 92ff) unterscheidet
hierbei drei Entgrenzungs-Dimensionen:

a) Zeitlich-biografische Entgrenzung
Aufgrund gesellschaftlicher Transformationsprozesse, sowohl auf ökonomischer, als auch sozialer und kultureller Ebene, lockern sich feste Stationen im
Lebenslauf, die Übergänge, die Statuspassagen und die zeitlichen Markie-
rungen innerhalb der Biographie des Individuums flexibilisieren sich, der
Ablauf der Lebensphasen wird heute nicht mehr von starren Mustern bestimmt. Diese Differenzierung der Lebenslagen hat eine Individualisierung
des Lebenslaufs mit sich gebracht. Diese neue Form des Übergangs hat zwei
bestimmende Merkmale: Offenheit und Ungewissheit.

b) Inhaltlich-thematische Entgrenzung
Die gesellschaftlichen Transformationsprozesse der Gegenwart lassen verlässliche Bedingungen für soziale Biografien nicht mehr in gleichem Maße
wie früher definieren. Vor diesem Hintergrund wird die Antwort auf die
Frage, was das Individuum lernen soll, immer weniger eindeutig. Hierbei ist
die Transformation zu einer Wissensgesellschaft auch nicht hilfreich, solange
nicht gefasst werden kann, was genau diese „Ressource der Zukunft" beinhaltet: es herrscht Unklarheit über den Charakter dieses „Wissens". Einigkeit

herrscht darüber, dass Wissen nicht mehr jenes „kulturelle Kapitel" ist, das Bourdieu zufolge gesellschaftliche Strukturen bestimmt und durch immer wiederkehrende Reproduktionsprozesse ihre Persistenz garantiert (vgl. Alheit/ Dausien 2005, S. 570).

c) Örtlich-institutionelle Entgrenzung
In der klassischen Einteilung von Lern- und Bildungsorten lassen sich drei Felder differenzieren, denen jeweils spezifische Aufgaben zugeschrieben werden:

- formale Lernorte: Klassische Bildungsinstitutionen, die in der Regel mit gesellschaftlich anerkannten Zertifikaten abgeschlossen werden. So gilt Schule als formaler Lernort, als öffentlich organisiertes Lernarrangement, an dem Lernen nach vorgegebenen Regeln und vorgefertigten Plänen arrangiert und curricular gestaltet stattfindet. Hier werden formale Bildungsabschlüsse erworben – oder verweigert.
- informelle Lernorte: Orte, in denen Lernen nicht notwendigerweise intendiert ist, sondern als Begleiterscheinung auftritt: gelernt wird meist ungeplant, beiläufig, implizit und unbeabsichtigt. Familie gilt als informeller Lernort.
- non-formale Lernorte: Orte, jenseits der etablierten Bildungseinrichtungen, in denen Lernen nicht unbedingt zum Erwerb eines formalen Abschlusses führt, wie z.B. der Arbeitsplatz, Verbände und Vereine. Auch die Kinder- und Jugendhilfe gilt als non-formaler Lernort.

Vor dem Hintergrund der inhaltlich-thematischen Entgrenzung, also der Ungewissheit über zukünftige Relevanz bestimmter Lerninhalte, verschiebt sich allerdings gegenwärtig auch diese hierarchische Struktur der klassischen Lernorte – es kommt zu einer örtlich-institutionellen Entgrenzung, einer Verlagerung von Zuständigkeiten. Das Exklusivrecht und das Monopol der klassischen Instanzen des Aufwachsens verschwimmen, alle drei Dimensionen gewinnen gleichermaßen Bedeutung für das Aufwachsen von Kindern und Jugendlichen. „Es ist jedenfalls kaum zu bestreiten, dass viele wichtige Themen im Leben eines erwachsenen Menschen gerade nicht in der Schule vermittelt werden" (Richter 1999, zit. n. BMFSFJ 2005, S. 93).

Dieses moderne „entgrenzte" Leben bringt den Individuen enorme Chancen, aber auch Risiken (vgl. Alheit/Dausien 2005, S. 572), die an dieser Stelle analog der Entgrenzungsdimensionen klassifiziert werden:

Herausforderungen für das Subjekt

- Zeitlich-biografisch: Es offenbart sich für das Individuum eine Pluralität an möglichen Lebensmodellen – verbunden sowohl mit mehr Möglichkeiten, aber auch mit größeren Unsicherheiten. Aufgrund der Wahlmöglichkeiten sind die Lebensläufe viel weniger vorhersagbar als in früheren Zeiten. Der Zwang zu immer neuen Entscheidungen und Orientierungen erfordert hohe Flexibilität. Notwendig ist die Vorbereitung auf eine ungewisse Zukunft.

- Inhaltlich-thematisch: Die Tendenz zur Individualisierung des Lebenslaufs, sowie die Unvorhersagbarkeit von erforderlichen Wissensbeständen erfordern vom Individuum flexible Kompetenzstrukturen.
- Örtlich-institutionell: Lern- und Bildungsprozesse finden auch und zunehmend außerhalb von Schule statt. Für das Individuum bedeutet das, dass sich die Ansprüche an die Bewältigung von Selbstbildungsaufgaben erhöhen. Zudem muss das Individuum unvereinbar erscheinende Anforderungen verschiedener Institutionen, Lebens- und Lernbereiche selbsttätig ausbalancieren und selbständig verschiedene Erfahrungs- und Handlungsfelder verknüpfen.

Diesen Herausforderungen der gesellschaftlichen Umbruchprozesse, durch welche z.B. innerhalb einer Generation Wissens- und Kompetenzbestände umgewälzt und entwertet werden, so dass kaum Aussagen darüber möglich sind, was die Individuen in den nächsten Jahren an konkreten Anforderungen erwartet, kann nicht ausschließlich durch den Erwerb tradierter Wissensbestände begegnet werden – diese könnten innerhalb weniger Jahre nutzlos werden. Was gelernt werden soll, kann heute schwer in einem abschließenden Kanon definiert werden. Abverlangt wird dem heutigen Individuum stattdessen die Fähigkeit zur Bewältigung der Gegenwart (Lebensbewältigung) und zur Gestaltung der ungewissen Zukunft (Zukunftsgestaltung) – und diese Lebenskompetenz (vgl. zur Diskussion Münchmeier 2002) bedarf augenscheinlich umfassenderer, elementarerer Kompetenzen.

Bewältigungs-strategie: Lebenslanges Lernen

In engem Zusammenhang mit dem Entgrenzungsparadigma steht das Konzept des Lebenslangen Lernens. Während innerhalb der Lernpsychologie sowie der Hirnforschung lebenslanges Lernen als ein unabdingbarer Prozess des Individuums gilt, wird es in der neueren Bildungs-Diskussion als eine Art Bewältigungsstrategie gefasst – dies aber nicht nur im Verständnis von „Weiterbildung für Erwachsene", sondern weit umfassender: So wird Lebenslanges Lernen z.B. innerhalb der Bund-Länder-Kommission für Bildungsplanung und Forschungsförderung (BLK) als ein übergreifendes Konzept verstanden, mit dem Ziel der Mobilisierung aller Potentiale des Menschen. Lebenslanges Lernen wird hier folgendermaßen definiert:

> „Lebenslanges Lernen umfasst alles formale, nicht-formale und informelle Lernen an verschiedenen Lernorten von der frühen Kindheit bis einschließlich der Phase des Ruhestands. Dabei wird „Lernen" verstanden als konstruktives Verarbeiten von Informationen und Erfahrungen zu Kenntnissen, Einsichten und Kompetenzen" (BLK 2004, S. 13).

Ausgehend vom konstruktivistischen Lernansatz bedeutet lebenslanges Lernen hierbei ein vom Individuum weitgehend selbst verantwortetes Lernen, d.h. ein Lernen, bei dem der Lernende durch ein vielfältiges Netzwerk von Lernangeboten und Lernmöglichkeiten steuert („Selbstgesteuertes Lernen") (vgl. BLK 2004, S. 13). Im Vorlauf hierzu entwickelte die internationale UNESCO-Kommission für „Bildung für das 21. Jahrhundert" in ihrem 1996 veröffentlichten Bericht „Learning: The Treasure Within" ein Konzept zum Lebenslangen Lernen (vgl. Deutsche UNESCO-Kommission 1997, S.73ff): Ein „Vier-Säulen-Modell" soll auf die Bildungsbedürfnisse des 21. Jahrhunderts antworten – Fundament soll eine breit angelegte Grundbildung sein, die vor allem die Fähigkeit zu lebensbegleitendem Lernen vermitteln soll:

1. Lernen, Wissen zu erwerben
Lernen, Wissen zu erwerben, umfasst eine Kombination von einer breiten Allgemeinbildung und den Erwerb technischer Fähigkeiten zum Erlernen von Lernfähigkeit.

2. Lernen, zu handeln
Lernen, zu handeln, schließt berufliche Fertigkeiten und Handlungskompetenz in der Gesellschaft mit ein. Es umfasst die Kompetenz, mit unterschiedlichen, häufig unvorhersehbaren Situationen fertig zu werden.

3. Lernen, mit anderen zu leben
Lernen zusammenzuleben ist wichtig für gegenseitiges Verständnis und Toleranz. Es zielt darauf, Verständnis für die Mitmenschen, für ihre Geschichte, Traditionen und geistigen Werte zu entwickeln sowie interkulturelles und generationenübergreifendes Verständnis zu entwickeln, um Konflikte gemeinsam friedlich zu lösen.

4. Lernen, zu leben
Lernen, zu Leben, beinhaltet die volle Entfaltung der Persönlichkeit durch eigenverantwortliches Handeln. Keines der Talente, die in jedem Menschen wie ein verborgener Reichtum schlummern, soll ungenutzt bleiben.

Eine Erweiterung erfahren diese 4 Kompetenzbereiche, die in anderen Zusammenhängen im Einzelnen auch als „Fachkompetenz", „Methodenkompetenz", „Sozialkompetenz" und „Selbstkompetenz" bezeichnet werden, z.B. durch die Empfehlung des Europäischen Parlaments und des Rates vom 18. Dezember 2006, in denen 8 Schlüsselkompetenzen für lebensbegleitendes Lernen definiert werden (vgl. Europäisches Parlament und der Rat 2006, S. 13).

Herausforderung für die Lernorte der Sozialen Arbeit

Die skizzierten Entgrenzungstendenzen bedingen vielfältige Herausforderungen für das lernende Subjekt. Aber welche Konsequenzen ergeben sich für
die Lernorte und welchen Beitrag kann Soziale Arbeit im Rahmen des Konzeptes von Lebenslangem Lernen zur Ausbildung von Lebenskompetenz
beitragen?

Orientierungs-
ziele
pädagogischen
Handelns

Als Konsequenzen aus den Entgrenzungstendenzen für das pädagogische
Handeln können folgende abgeleitet werden:

- Zeitlich-biografische Entgrenzungen haben die Heterogenität von Lebensphasen zur Folge, bedingt durch deren zeitlichen Ausdehnungen und
  der fließenden Übergänge in die nächsten Phasen. Basis dieser Heterogenität ist hierbei also nicht mehr nur ein bestimmtes Merkmal, wie das
  Geschlecht oder die soziale Herkunft, sondern Heterogenität ergibt sich
  auch aus der jeweils individuellen Lebensbiographie. Im Sinne des Konzeptes von Diversität sind die Lernorte gefordert sich entsprechend auf die
  biografische Unterschiedlichkeit der Individuen einzustellen und diese zu
  berücksichtigen.
- Inhaltlich-thematisch: Angesichts zunehmender Komplexität gesellschaftlicher Verhältnisse und kultureller sowie technischer Entwicklungen und angesichts des beschleunigten Wandels von Lebensbedingungen,
  erscheint die ausschließliche Vermittlung und Weitergabe von festen Wissensbeständen der gegenwärtig bestehenden kulturellen Lebensform wenig hilfreich. Pädagogisches Handeln sollte über die kulturelle Reproduktion hinaus die Individuen im Erwerb anwendbarer Kenntnisse stützen
  und sie hierdurch auf selbstbestimmte Lernprozesse vorbereiten, sie in
  den Stand setzen, auf biografische Anforderungen flexibel zu reagieren.
- Örtlich-institutionell: Lernen und Bildung findet nicht nur in organisierter
  und institutionalisierter Form statt, sondern schließt auch die Gestaltung
  von alltäglichen Erfahrungen ein. Um lernende Subjekte adäquat bei
  diesem Bildungs-Spagat zu unterstützen und die Übergänge anschlussfä-
  higer zu machen, erscheint es von Bedeutung, die vielfältigen Lernorte
  miteinander zu vernetzen.

Zusammenfassend kann also gesagt werden, dass die Orientierungsziele pädagogischen Handelns nicht ausschließlich „die Effektivität des Lehrens,
wirkungsvolle didaktische Strategien und die Konsistenz formaler Curricula
(sein können; Anm.), sondern die Situation und die Voraussetzungen der
Lernenden" (Alheit/Dausien 2005, S. 571). Das schließt die Aufmerksamkeit
für nicht-formale und informelle Lernmöglichkeiten ein. „Die zentrale pädagogische Frage lautet nicht mehr, wie ein bestimmter Stoff möglichst erfolgreich gelehrt werden kann, sondern welche Lernumwelten selbstbestimmte

Lernprozesse am ehesten stimulieren können, wie also das Lernen selbst „gelernt" werden kann" (vgl. ebd). Die Frage, was wann wie und wo gelernt wird, bzw. gelernt werden soll, kann vor dem Hintergrund der heutigen gesellschaftlichen Wandlungen nicht mehr eindeutig beantwortet werden. Deutlich wird jedoch: Zukunftsfähig ist nicht nur eine Art von Wissen und nicht nur eine Art von Lernort – erforderlich erscheint eine Verbindung von curricularem Lernen mit lebensgeschichtlichem Lernen. „Im Horizont einer individualisierten und globalisierten Dienstleistungs- und Wissensgesellschaft erlangen damit die Bereiche und Prozesse der non-formalen und informellen Bildung an Relevanz, da sie nicht mehr trivial sind, nicht mehr einfach durch formale Bildung überlagert oder kompensiert werden können" (Rauschenbach 2009, S. 110). Für die Lernorte stellt sich somit die Anforderung, sich darauf einzustellen und diese Entwicklungen in der Lernpraxis zu berücksichtigen.

Im Rahmen der Sozialen Arbeit und ihrer non-formalen Lernorte zeichnen sich z.B. folgende Möglichkeiten, Chancen und Grenzen ab:

Lernpotentiale der non-formalen Lernorte der Sozialen Arbeit

- Lernort Kindertageseinrichtung: Lernprozessen in der frühen Kindheit wird heute eine größere Bedeutung für die zukünftige Entwicklung der Individuen zugeschrieben, als noch in den 1990er Jahren: „In der Kindheit werden die Weichen für einen chancengerechten Zugang zu Bildung und damit für Lebenschancen gestellt. Gleichzeitig werden hier die Grundlagen für lebenslanges Lernen gelegt" (BMFSFJ 2005, S. 124). Eine Neukonzeptualisierung der Frühpädagogik einschließlich einer Neu-Definition des Bildungsauftrags, berücksichtigt das Bild eines aktiven Kindes, das sich sein Wissen von der Welt selbst konstruiert und unterstützt diese kindliche Aneignungstätigkeit durch soziale Interaktion. Offen bleibt weiterhin die Frage nach dem „Maß" der Unterstützung, die gegenwärtig im Spannungsfeld von „Selbstbildung versus Anleitung" diskutiert wird.
- Lernpotentiale der Kinder- und Jugendarbeit: Kinder- und Jugendarbeit stellt seit dem Ausgang des 19. Jahrhunderts ein wesentliches Feld der nicht-schulischen, außerfamilialen Sozialisation und des non-formalen Lernens dar. Als Leistung des Kinder- und Jugendhilfegesetzes (§§ 11-14 SGB VIII) ist die Kinder- und Jugendarbeit ein von freien und öffentlichen Trägern verantwortetes, vielfältig strukturiertes pädagogisches Handlungsfeld. Aus jugendhilferechtlicher Sicht sollen die Angebote der Jugendarbeit an den Interessen junger Menschen anknüpfen und von ihnen mit bestimmt und gestaltet werden, sie zur Selbstbestimmung befähigen, zu gesellschaftlicher Mitverantwortung und zu sozialem Engagement anregen und hinführen (§ 1, Abs.2 SGB VIII). Gerahmt wird dieses Lernpotential durch die spezifischen Strukturen und das Selbstverständnis der Kinder- und Jugendarbeit: Geboten werden offene, weniger vorbestimmte Lernsettings, sowie eine größere Vielfalt an Arenen und Formen. Dieses Angebot alternativer Lernorte und Lernmodalitäten

lässt die Beteiligung, Mitwirkung, Selbstentfaltung und Selbstbestimmung nicht nur zu, sondern fordert sie geradezu heraus. Zudem setzt
Kinder- und Jugendarbeit stärker an den Erfahrungen, Befindlichkeiten
und Interessen der Kinder und Jugendlichen an, so dass grundsätzlich die
Themen, Aneignungs- und Vermittlungsformen stärker in die Lebenswelt
der Kinder und Jugendlichen eingebunden sind. Die Abgrenzung von den
Ansprüchen eines formalisierten Bildungsverständnisses und die Gefahr
einer Instrumentalisierung der Kinder- und Jugendarbeit für schulische
Kompetenzentwicklung stehen in der Diskussion (vgl. Rauschenbach
2009, S. 193).

- Jugendsozialarbeit als Lernraum: Jugendsozialarbeit richtet sich an junge
  Menschen, die zum Ausgleich sozialer Benachteiligungen oder zur Überwindung individueller Beeinträchtigungen in erhöhtem Maße auf Unterstützung angewiesen sind (vgl. §13 SGB VIII). Hierbei umfassen soziale
  Benachteiligungen z.B. Migrationshintergrund, Armut, soziale Probleme
  in der Herkunftsfamilie, Schulverweigerung oder -müdigkeit, Ge-
  schlechterbenachteiligung – also die sozialen Aspekte, die den betroffenen Kindern und Jugendlichen eine gleichberechtigte Teilhabe erschweren oder verwehren. Mit individuellen Beeinträchtigungen sind subjektive
  „Störungen" gemeint, z.B. Lernbeeinträchtigungen, Verhaltensauffälligkeiten, Drogenabhängigkeit, Delinquenz oder seelische Behinderung. Es
  betrifft Jugendliche, die aus unterschiedlichen Gründen den Anschluss an
  das formale Bildungssystem verloren haben oder ihn zu verlieren drohen.
  Hierbei zielt die Soziale Arbeit auf die Förderung der schulischen oder
  beruflichen Ausbildung, die Eingliederung in die Erwerbsarbeit und die
  soziale Integration.
  Diskutiert wird die Rolle der Jugendsozialarbeit als Reparaturbetrieb zur
  Wiederherstellung der Anschlüsse an Schule, Ausbildung und Arbeitsmarkt (vgl. Rauschenbach 2009, S. 209), als „Ort zur Wiederherstellung
  der Teilnahme an formalen Bildungsprozessen" (ebd.) und ihren eigenen
  Lernpotentialen zur Förderung von Lebenskompetenz.

- Erwachsenenbildung: In der Sozialen Arbeit hat Erwachsenenbildung als
  non-formales Lernangebot in Form von Elternarbeit, Altenbildung und
  Orientierungsangeboten für Menschen in sozialen Umbruchsituationen
  (z.B. Langzeitarbeitslose, Vorruheständler) Bedeutung. Als erweiterte
  Herausforderungen neben möglichen Lernbarrieren und Lernwiderstän-
  den der Adressaten, sollte auch der Kampf um den Stellenwert, die Anerkennung und finanzielle Förderungen gegenüber der formalen, beruflichen Erwachsenenbildung Beachtung finden.

Erfordernis der Vernetzung von Lernräumen – Beispiel Ganztagsschule

Bedingt durch die Entgrenzungstendenzen, also das Aufweichen bislang etablierter Zuordnungen und Zuständigkeiten, kommt das Verhältnis zwischen den Lernorten in Bewegung – eine Neujustierung ihres Zusammenspiels erscheint interessant. Es gilt auszuloten, wie die Lernorte zukünftig zueinander stehen können, wie z.B. schulische und nicht-schulische Themen und Inhalte besser aufeinander abgestimmt werden können, wie curriculares und erfahrungsbasiertes Lernen besser ineinander greifen können (vgl. Rauschenbach 2009, S. 111). Die hieraus erwachsenen Anforderungen zur Vernetzung von Lernräumen, stellen eine neue Herausforderung für die Soziale Arbeit dar. Die Möglichkeiten werden im Folgenden exemplarisch am Beispiel der Ganztagsschule beleuchtet:

Wie verschiedene Studien offenbaren, steht die Schul-Bildungs-Karriere von Kindern und Jugendlichen in deutlichem Zusammenhang mit ihrer sozialen Herkunft. Der Schul-Bildungs-Weg basiert auf ungleichen Ausgangsbedingungen: So kumulieren bei Kindern und Jugendlichen aus sozial benachteiligten Familien schon früh ungünstige Voraussetzungen des informellen und non-formalen Bereichs und üben auch Einfluss auf den formalisierten Bereich der Bildung/des Lernens, der Schule, aus. Mit dem Ausbau der Ganztagsschulen unter Beteiligung der Kinder- und Jugendhilfe ist (auch) die Hoffnung verbunden, diese soziale Ungleichheit zu kompensieren, den Benachteiligungen entgegen zu wirken. Als Hürde könnte sich jedoch hierbei erweisen, dass sowohl die Schule, als auch die sozialen Dienste der Kinder- und Jugendhilfe kulturell dimensioniert sind, also der Geschichte institutioneller Trennung und inhaltlicher Ausdifferenzierung folgen. Gefordert wird vor diesem Hintergrund, das Verhältnis zwischen formalem und informellem Lernen neu zu bestimmen, und dabei im Blick zu halten, dass wohlmöglich ihr Zusammenwirken das Lebenslange Lernen wirksamer anregt und fördert. Die Bestrebungen zur Einführung der Ganztagsschule stellen somit eine neue Herausforderung dar. Sie könnte auf eine einschneidende Veränderung des Verhältnisses zwischen Jugendhilfe und Schule hinaus laufen.

Verhältnis von Schule und Jugendhilfe

Der Ausbau der schulischen Ganztagsangebote ist u.a. mit dem Ziel verbunden, durch die Verzahnung von Unterricht und außerschulischen Lernangeboten eine neue Form der Lehr- und Lernkultur zu ermöglichen. Anvisiert werden hierbei mehr individuelle Förderung aller Schüler und die Umgestaltung der Schule als Lern- und Lebensort. In diesem Sinne soll es im Rahmen der Ganztagsschulentwicklung also nicht darum gehen, den Schulunterricht auf eine Art Ganztagsunterricht auszudehnen, sondern darum, Kindern und Jugendlichen die Möglichkeit zu breitgefächerten Lernangeboten zu bieten.

Anspruch und Ziel von Ganztagsschule

In welchen Formen sich die Kinder- und Jugendhilfe im Rahmen der Ganztagsschule einbringen kann, ist nicht einheitlich geregelt: Die Sachverständigenkommission zum 12. Kinder- und Jugendbericht unterscheidet hinsichtlich der Intensität des Einbezugs außerschulischer Akteure in die Gestaltung des Ganztagsangebots drei Kooperations-Modelle, von denen insbesondere das „integrierte Modell" über ein verbindliches Zusammenspiel von Schule und Jugendhilfe hinaus auch die Gesamtverantwortung beider Akteure betont und Jugendhilfe nicht in die Rolle des Dienstleisters rutscht (vgl. BMFSFJ 2005, S. 326f).

Lernräume müssen sich *bewegen* – sich sollten sich von ihren bisherigen Inhalten, Modalitäten und Orten lösen und in einer „Allianz des Aufwachsens" (vgl. Rauschenbach 2009, S. 234) vielschichtige Lerngelegenheiten bieten, um Kindern und Jugendlichen die Chancen zu ermöglichen, Kompetenzen zu erwerben, die sie zur Bewältigung der Gegenwart und zur Gestaltung der ungewissen Zukunft befähigen.

Literatur

Alheit, P./Dausien, B. (2005): Bildungsprozesse über die Lebensspanne und lebenslanges Lernen. In: Tippelt,R. (Hrsg): Handbuch Bildungsforschung. Wiesbaden, 2. Auflage, S. 565-585.

Böhnisch, L./Lenz, K./Schröer, W. (2009): Sozialisation und Bewältigung. Eine Einführung in die Sozialisationstheorie der zweiten Moderne. Weinheim.

Bundesministerium für Familie, Senioren, Frauen und Jugend (BMFSFJ) (2005): Zwölfter Kinder- und Jugendbericht. Bericht über die Lebenssituation junger Menschen und die Leistungen der Kinder- und Jugendhilfe in Deutschland. Berlin.

Bund-Länder-Kommission für Bildungsplanung und Forschungsförderung (2004): Strategie für Lebenslanges Lernen in der Bundesrepublik Deutschland. Materialien zur Bildungsplanung und zur Forschungsförderung. Heft 115. Bonn. URL: http://www.blk-bonn.de/papers/heft115.pdf, [letzter Zugriff: 30.08.2013].

Deutsche UNESCO-Kommission (Hrsg.) (1997): Lernfähigkeit: Unser verborgener Reichtum. UNESCO-Bericht zur Bildung für das 21. Jahrhundert. Neuwied, Kriftel u. Berlin. (Originalausgabe: Learning: the treasure within).

Europäisches Parlament und der Rat (2006): Empfehlung zu Schlüsselkompetenzen für lebensbegleitendes Lernen. Amtsblatt der Europäischen Union L 394/10 vom 18.12. 2006. URL: http://eur-lex.europa.eu/LexUriServ/LexUriServ.do?uri=OJ:L:2006:394: 0010:0018:de:PDF, [letzter Zugriff: 09.01.2013].

Fröhlich, W. D. (2012): Wörterbuch Psychologie. München.

Giesecke, H. (2010): Pädagogik als Beruf. Grundformen pädagogischen Handelns. Weinheim, 10. Auflage.

Münchmeier, R.. /Otto, H.-U./Rabe-Kleberg, U. (Hrsg.) (2002): Bildung und Lebenskompetenz. Kinder- und Jugendhilfe vor neuen Aufgaben. Opladen.

Rauschenbach, Th. (2009). Die Zukunftschance Bildung. Familie, Jugendhilfe und Schule in neuer Allianz. München.

vLearning

Silke Schranz

Einleitung

Der Begriff des vLearning wird hier verwendet im Sinne von „virtual learning" und ist abzugrenzen von weiteren Verwendungsarten wie „visual learning" oder „video based learning". vLearning steht in diesem Text für virtuelles Lernen.

In Kombination mit dem etablierten Terminus Lernen könnte der Eindruck entstehen, dass *virtuell* sich auf etwas ‚nur scheinbar Vorhandenes' bezieht. Im Folgenden geht es um inhaltliche Klärungen und dies wirft entsprechende Fragen auf.

Was ist vLearning und worin unterscheidet es sich von realem Lernen? Welche lerntheoretischen Modelle sind für die Gestaltung und Organisation virtueller Lernprozesse relevant? Wie hat sich vLearning entwickelt und welche weiteren Entwicklungen deuten sich an? Welche Rolle spielt vLearning für die Soziale Arbeit?

Virtuelles Lernen

Im Kontext pädagogischen Handelns meint virtuelles Lernen – oder vLearning – die Einbindung von Computer und Internet in den Lernprozess. Hierbei ist der Begriff der Virtualität bezogen auf Lernen nicht als Gegensatz zum Realitätsbegriff zu verstehen, sondern auf die Einbindung elektronischer Medien in den, und die Auswirkungen auf den individuellen Lernprozess.

Definition virtuellen Lernens

Der wesentliche Unterschied des virtuellen zum allgemeinen Lernbegriff liegt nach Hölterhof darin, dass Computer und Internet den Lernprozess maßgeblich mitbestimmen und dennoch bleibt Lernen ein realer Prozess. Virtuelles Lernen ist demnach reales Lernen, wobei das Virtuelle eine zweite Seinsweise neben dem Realen darstellt. Die philosophische Begriffsdifferenzierung ist hilfreich für die weitere Auseinandersetzung mit virtuellem Lernen. Das Virtuelle an sich ist ein Phänomen, das mit Computern und Internet an Bedeutung gewonnen hat und insbesondere durch die rasante Entwicklung sozialer Online-Netzwerke wie z.B. Facebook, studiVZ oder Lokalisten auch immer mehr in Lernprozesse eingreifen wird. Hölterhof zeigt in seiner Abhandlung über die Bedeutung des Virtuellen drei unterschiedliche Verwendungsweisen auf, mit denen eine stufenweise Entwicklung von virtuellem Lernen nachvollzogen werden kann:

Verwendungs-
weisen

- Auf der *ersten Stufe* findet sich die rein technische Verwendungsweise, die grundsätzlich den Einsatz von elektronischen Medien im Lernprozess meint. Der Computer unterstützt hier den Lernprozess indem beispielsweise Lernprogramme eingesetzt werden, die dem/der Lernenden Schritt für Schritt den Lernstoff darbieten und über Selbsttests dessen/deren Lernfortschritt abfragen.
- Die internetbezogene Verwendung (*zweite Stufe*) legt den Fokus auf die Einbeziehung des Word Wide Web in den Lernprozess. Inhalte im Internet werden zum Wissenserwerb herangezogen. Recherche und Informationssammlung sowie der Vergleich unterschiedlicher Quellen und die Einbeziehung des Austauschs über den Lernstoff in öffentlichen Foren können hier den Lernprozess vorantreiben. Zudem wird das Lernen in und mit Lernmanagement-Systemen einbezogen, welche Lerninhalte strukturiert bereitstellen und dem Lernenden die Möglichkeit zum Austausch über den Lernstoff anbieten. Hier sind sowohl asynchrone Kommunikationstools, wie z.B. Foren zu nennen, als auch synchrone Tools, wie z.B. der Chat oder der Virtuelle Klassenraum.
- Wird die Lernumgebung noch komplexer und vielschichtiger bezieht sich virtuelles Lernen in der *dritten Stufe* auf Lernen in virtuellen Realitäten. Hiermit sind beispielsweise Lernszenarien in Second Live gemeint. Lernende sowie Lehrende agieren hier als Avatare in einer sogenannten zweiten Welt. Solche Systeme stellen im Bildungsbereich derzeit jedoch noch eine Ausnahme dar (vgl. Hölterhof 2008, S. 1f).

Virtuell vs. Real

Neben Hölterhof beschäftigt sich auch Schulmeister in einer seiner Abhandlungen über virtuelles Lernen mit dem Begriffspaar „real – virtuell", wobei er keinen philosophischen Zugang statt vielmehr einen pädagogisch-didaktischen Zugang wählt. Er versteht die virtuelle Komponente des Lernens in der Methodik, die eingesetzt wird um den Lernprozess zu steuern. Dabei sieht auch er Lernen immer als einen realen Prozess, unabhängig davon, ob klassische Lernmaterialien oder elektronische Medien Einsatz finden. Die Bandbreite an Lernsettings, die er unter virtuellem Lernen subsummiert, erstreckt sich von Drill- and Practice Programmen (Lern-Software mit der durch Wiederholung bestimmte Fähigkeiten trainiert werden, z.B. Vokalen) bis hin zu komplexen digitalen Lernwelten (vgl. Schulmeister S. 1f).

Die Entwicklungsstufen des virtuellen Lernens lassen sich mit Hilfe konkreter lerntheoretischer Ansätze aufzeigen und kategorisieren. Der eLearning-Begriff wird hier als dem Begriff des vLearning übergeordnet eingeführt, da er sowohl den virtuellen Lernprozess des Lernenden als auch die Perspektive der/des Lehrenden mit einbezieht. Gemeint ist hier prinzipiell das Lehren und

Lernen mit elektronischen Medien, wobei der Informations- und Kommunikationsprozess durch spezifische Technologien unterstützt wird, die nicht als Hilfsmittel zu verstehen sind, sondern unmittelbar mit dem Lernprozess verknüpft sind (vgl. Hornbostel 2007, S. 13f).

Die Besonderheiten von eLearning-Prozessen im Vergleich zu Lernprozessen, die ohne den Einsatz elektronischer Medien ablaufen, lassen sich mit vier Dimensionen umreißen.

Dimensionen von E-Learning-Prozessen

- *Multimedialität*: Hierunter ist die Integration verschiedener Medien in eine Lernumgebung zu verstehen.
- *Multicodalität*: Durch die Kombination unterschiedlicher Darbietungsarten (Text, Bild, Ton) werden verschiedene Symbolsysteme verwendet. Während in einem Lehrbuch maximal das verbale und das bildliche System Anwendung finden, bedienen sich virtuelle Angebote immer mindestens zwei Darbietungsformen, in der Regeln wird auch der Ton als dritte Form der Darbietung eingebunden indem z.B. beim Erlernen von Fremdsprachen die korrekte Aussprache durch Tonsequenzen demonstriert wird.
- *Multimodalität*: In engem Zusammenhang mit der Multicodalität steht die Multimodalität, die die Wahrnehmung und Verarbeitung auf unterschiedlichen Sinnesebenen meint. Anders als beim Lernen mit einem Lehrbuch werden neben den Augen in der Regel auch die Ohren angesprochen.
- *Interaktivität*: Hierunter sind die vielfältigen Eingriffs- und Steuerungsmöglichkeiten für Lernende und Lehrende zu verstehen. Darin inbegriffen sind die Formen der Repräsentation von Lehr- und Lerninhalten, die Möglichkeiten der Steuerung des Lernprozesses sowie die Kommunikationstools die den Lehrenden wie auch den Lernenden zum Austausch über den Lernstoff zu Verfügung stehen (vgl. Rey S. 16ff).

Lerntheoretische Ansätze

Seit Ende der 1950er Jahre kann eine Entwicklung von virtuellem Lernen nachgezeichnet werden. Der in der frühen Phase vorherrschende lerntheoretische Ansatz ist der Behaviorismus, dessen Vertreter/-innen von einem passiven, reizgesteuerten Lernprozess ausgehen. Die hier typischen Ansätze virtuellen Lernens setzen auf wiederholte Verstärkung erwünschten Verhaltens durch unmittelbares Feedback. Ein typisches Beispiel hierfür ist ein Vokabel-Lernprogramm. Der bereits erarbeitete Lernstoff wird eingeübt und gesichert. Es gibt bei diesen Programmen wenig Freiheitsgrade und der/die Lehrende wird gewissermaßen durch das Lernprogramm ersetzt. Weiterhin entstehen in dieser Phase erste tutorielle Lernumgebungen, die nach wie vor

Behaviorismus

auf der behavioristischen Grundidee basieren, sprich darauf ausgerichtet sind bestimmte Lernanreize zu setzen, die entsprechende Reaktionen bei der/dem Lernenden erzeugen sollen. Es handelt sich dabei um lehrerähnliche Programme, die in einzelne Lerneinheiten unterteilt sind und in einer festgelegten Reihenfolge angeboten werden. In der Weiterentwicklung werden nach und nach individuelle Lernwege im Rahmen dieser Programme angeboten, die als Überleitung in die nächste Phase zu verstehen sind. Lerntheoretisch fließen hier erstmals kognitionspsychologische Ansätze ein (vgl. Rey 2009, S. 32).

Kognitivistische Lerntheorie

Die kognitivistische Lerntheorie ist prägend für die zweite Phase der Entwicklung virtueller Lernsysteme, wobei hier die Aktivität der/des Lernenden in den Fokus gerückt wird. Lernen wird hier als Informationsverarbeitungsprozess verstanden, wobei soziale und emotionale Prozesse beim Lernenden keine Berücksichtigung finden. Neben den o.g. ausgereifteren tutoriellen Lernprogrammen werden durch die Verbreitung des Internets nun erstmals Hypertext/Hypermedia-Systeme relevant, die auf einer Datenbanksystematik Inhalte bereithalten, die der/die Lernende je nach Vorwissen selbst auswählt (vgl. Rey 2009, S. 33).

Konstruktivistische Didaktik

Die bis heute vorherrschende lerntheoretische Perspektive des Konstruktivismus ist maßgeblich prägend für die letzten 25 Jahre. In der konstruktivistischen Didaktik erfolgt der Wissenserwerbsprozess durch selbstverantwortliche und aktive Lernende (vgl. auch den Beitrag von Blumberg in diesem Band). Dieser Gedanke manifestiert sich insbesondere darin, dass Simulationen, Planspielen und Mikrowelten (simulierte Problemstellungen) in die Lernwelten Einzug halten und Vernetzung und Kooperation den Selbststeuerungsgedanken des Lernenden entscheidend fördern. Die Lernsysteme bilden hier Umweltausschnitte nach, in denen Wissen im Anwendungskontext erworben wird. Der Grad der Individualität und die Selbststeuerung der/des Lernenden solcher Systeme variieren je nach Einsatzfeld und Lerninhalt.

Klassifizierungsansätze

In Anlehnung an Reinmann-Rothmeier können die ersten beiden Phasen unter dem Label „E-learning by distributing" (Verteilung lernrelevanter Informationen) subsummiert werden. Die dritte Phase zeichnet sich durch zwei Strömungen aus, die aufeinander aufbauen. Zunächst ist „E-learning by interacting" (Lernen durch Kommunikation und Interaktion – hier in erster Linie zu verstehen als Kommunikation zwischen Lehrer/in und Lernender/ Lernendem) zu nennen, womit die Präsentation didaktisch aufbereiteter Informationen für den/die Lernenden gemeint ist. Darauf basierend entwickelt sich durch das Label „E-learning by collaborating" (Lernen durch Zusammenarbeit mehrere Personen und Gruppen) virtuelles Lernen immer mehr zu vernetztem und kooperativen Lernen (vgl. Reinmann-Rothmeier 2002, S. 8ff).

Konstruktivistische Didaktik

Die bereits im vorherigen Abschnitt genannten lerntheoretischen Ansätze sind ein möglicher Zugang zur Thematik des virtuellen Lernens. Insbesondere in aktuellen Veröffentlichungen zu diesem Thema ist die konstruktivistische Didaktik nach wie vor maßgeblich. Betrachtet man den Begriff des Virtuellen an sich, so kommt zudem auch die Informatik als Bezugswissenschaft in Frage, insbesondere hinsichtlich technischer Möglichkeiten und administrativer Fragestellungen im Kontext der Umsetzung von virtuellen Lerninhalten. Im Zusammenhang mit pädagogischem Handeln kann dieser Bezug hier jedoch vernachlässigt werden, da es im Schwerpunkt darum gehen soll, wie im Kontext des virtuellen Lernens der Lernprozess funktionieren und im Sinne von pädagogischem Handeln verstanden werden kann. Ganz im Sinne des pädagogischen Handelns als sozialer Prozess zur Ermöglichung von Lernen.

Konstruktivistische Lernräume zeichnen sich vor allem durch authentische Lernsituationen aus. Maßgeblich hierbei ist der Praxisbezug, der über die Abbildung komplexer Problemsituationen hergestellt wird. Mit diesen werden Lernende konfrontiert und dabei animiert sich die Lerninhalte über entdeckendes Lernen zu erarbeiten, ohne dass hierzu Musterlösungen geliefert werden müssen und sollen. Dieser Ansatz führt dazu, dass Lernenden ein hohes Maß an Selbststeuerung abverlangt wird. Aus didaktischer Sicht bedeutet dies, dass Lernziele vorgegeben werden müssen und Selbstbeobachtung sowie Selbstbewertung für den Lernprozess unabdingbar sind. Unterstützend wirkt hierbei auch die Tendenz zur Vernetzung und Kooperation. *(Lernprozess)*

Lernen meint dann im Besonderen gemeinschaftliches Lernen, wodurch der Prozess der Wissenskonstruktion als Interpretation neuer Informationen auf der Basis von bereits vorhandenem Wissen vorangetrieben wird. Die Bandbreite didaktischer Szenarien lässt sich – je nachdem wer am Lernprozess wie beteiligt ist – in drei Kategorien einteilen. *(Wissenskonstruktion)*

- Erstens gibt es eLearning-Settings in denen ein/e Lehrender/e seine/ihre Teilnehmer/-innen unterrichtet, trainiert oder unterstützt. Dabei kann dies sowohl über synchrone (z.B. Chat) als über asynchrone Kommunikation (z.B. Forum) laufen.
- Das zweite Szenario sieht im Lernprozess ausschließlich den/die Lernende/n der/die eigenständig arbeitet.
- Kooperatives Lernen mit gegenseitiger Unterstützung bildet das dritte Szenario (vgl. Rey 2009, S. 33ff).

Maßgeblich für die Veränderung von onlinebasiertem virtuellem Lernen der letzten ca. zehn Jahre ist die Entwicklung von eLearning 1.0 zu eLearning 2.0. eLearning 2.0 setzt auf Web 2.0 Werkzeuge, die vielfältige technische Veränderungen mit sich bringen und die Lernkultur aktuell maßgeblich prägen. *(Web 1.0 vs. Web 2.0)*

Kerres (2005) führt zur Verdeutlichung dieser Entwicklung das Bild einer Insel ein. Im Rahmen von eLearning 1.0 ist die Lernumgebung eine Insel im Internet, die bestimmte Inhalte und Werkzeuge bereithält. Die Lehrperson ist dafür zuständig, alle Ressourcen auf diese Insel zu bringen und die Lernenden nutzen ausschließlich was auf der Insel angeboten wird. Im Zuge von Web 2.0 entfallen reine Insellösungen. Die Lernumgebung ist ein Portal im Netz mit Inhalten und Werkzeugen, die/der Lehrende fungiert als Wegweiser und aggregiert Ressourcen. Die Rolle der/des Lernenden ist im Sinne konstruktivistischer Didaktik aktiv und selbstgesteuert. (vgl. Kerres 2006, S. 6f). Er/Sie konfiguriert seine/ihre persönliche Lern- und Arbeitsumgebung im Humboldt'schen Sinne des „sich-selbst-bildens".

Individualisierte/ persönliche Lernumgebungen

Die weitere Entwicklung von virtuellem Lernen im Kontext der Hochschulausbildung wird begleitet von inhaltlichen und didaktischen Überlegungen, die weg von klassischen Learning Management Systemen (Software zur Bereitstellung/Nutzung von Lerninhalten sowie zur Kommunikation/ Kooperation) gehen und auf Personal Learning Environment (persönliche Lernumgebungen) zielen. Der konstruktivistische Gedanke wird hier weiterentwickelt, indem Selbststeuerung und Individualität weiter ausgebaut und vertieft werden. Personal Learning Environments zeichnen sich im Vergleich zu Learning Management Systemen durch die individuelle Ausgestaltungsmöglichkeit des Lernfeldes durch den/die Lernende/n aus. Eine individuelle Zusammenstellung von Software oder Web-Services gemäß den persönlichen Anforderungen ermöglicht selbstgesteuertes Lernen. Diese Art des virtuellen Lernens erfordert eine hohe Kompetenz im Umgang mit Medien und kommt derzeit überwiegend im Hochschulkontext zum Tragen.

Auch wenn, wie bereits weiter oben aufgezeigt, der Konstruktivismus die derzeit prägende didaktische Richtung im Zusammenhang mit virtuellen Lernangeboten ist, schlagen Kerres et al (2011) vor, bei der konzeptionellen Entwicklung von Lernszenarien nicht an einem bestimmten theoretischen Konstrukt oder einem bestimmten didaktischen Modell festzuhalten und die verschiedenen Ansätze als Fundus zu verstehen. Sie gehen einen Schritt weiter, indem Sie anregen die eindeutig vorherrschende Präferenz für konstruktivistische Didaktik in Frage zu stellen (vgl. Kerres 2010, S. 145ff).

Virtuelles Lernen und Soziale Arbeit

Überall dort, wo im Rahmen Sozialer Arbeit Lernprozesse begleitet werden, kann auch virtuelles Lernen relevant sein oder werden. Im Folgenden soll ein Einblick über die Einflüsse neuer Medien auf die Soziale Arbeit an sich gegeben werden und exemplarisch werden Auswirkungen auf drei Handlungsfelder aufgezeigt, in denen Lernprozesse eine herausragende Rolle spielen.

In ihrem Beitrag zur Sozialen Arbeit im virtuellen Raum spricht Kutscher die grundlegenden Chancen und Risiken neuer Medien an, die für die Soziale Arbeit maßgeblich zutreffend sind. Hier werden die gängigen Risiken benannt, die im Schwerpunkt Datenschutzaspekte, digitale Ungleichheit sowie Onlinesucht umfassen. Darüber hinaus nennt sie auch spezifische Herausforderungen für die Soziale Arbeit wie z.B. die Überforderung von Professionellen sowie Adressaten/-innen, De-Professionalisierungstendenzen sowie die Ökonomisierung des Sozialen. Neben all diesen, durch die immer weiter fortschreitende Mediatisierung der Gesellschaft verstärken Risiken, sieht Kutscher jedoch insbesondere in der Erweiterung von Informations- und Kommunikationsmöglichkeiten zwischen Professionellen und Klienten sowie in der Erweiterung von Vernetzungsmöglichkeiten große Potentiale für die professionelle Soziale Arbeit. Neue Medien und Soziale Arbeit

Im Hinblick auf Bildungs- und Lernprozesse wird die Frage nach der Ermöglichung von Teilhabechancen aufgeworfen, die insbesondere bezogen auf unsere sich immer weiter ausdifferenzierende Wissens- und Informationsgesellschaft als eine Kernaufgabe Sozialer Arbeit ist. Hierunter lassen sich die Zugänglichkeit von Informationen sowie der Erwerb von Kompetenzen zum Umgang mit Medien subsummieren. Dabei ist der virtuelle Raum nicht zu trennen vom realen Raum, sondern vielmehr als Ergänzung zu verstehen. Der reale Raum wird zunehmend durch den virtuellen Raum beeinflusst und ist somit auch im Umgang mit Klienten in unterschiedlichsten Einsatzfeldern Sozialer Arbeit mitzudenken. Kutscher betont in Ihren Ausführungen, dass das Internet mit seinen vielfältigen Möglichkeiten Bildungsteilhabe ermöglichen kann. Im Sinne informeller Bildung wird hier insbesondere selbstgesteuertes Lernen angesprochen. Um die Medienkompetenz von Klienten diesbezüglich zu unterstützen und adäquat fördern zu können, sowie um digitaler Ungleichheit entgegenwirken zu können ist es für Sozialarbeiter/-innen und Sozialpädagogen/-innen unabdingbar, die eigene Medienerfahrung sowie -kompetenz zu hinterfragen (vgl. Kutscher 2011, S. 1302f). Virtueller Raum

Auswirkungen auf exemplarische Handlungsfelder

a. Erwachsenbildung (Aus- und Weiterbildung)

In der Ausbildung von Sozialarbeitern/-innen und Sozialpädagogen/-innen nimmt virtuelles Lernen einen wachsenden Stellenwert ein. In dieser Disziplin haben sich z.B. im Fachbereich Sozialwissenschaften der Hochschule Koblenz in den letzten zehn Jahren berufsbegleitende, berufsintegrierende und duale Studienformate entwickelt, die den Einsatz von eLearning-Szenarien unabdingbar machen und als Nebeneffekt die Medienkompetenz von Studierenden der Sozialen Arbeit fördern. So gelingt es im Hochschulkontext zunehmend, sogenannte Neue Medien und Soziale Arbeit in Theorie und Praxis konzeptionell zusammen zu bringen. Neue Studienformate, die Theorie und Praxis enger miteinander verknüpfen, bedürfen neuer Lernszenarien. Durch Flexibilisierung der Veranstaltungsplanung im Hinblick auf den Einsatz von Lernplattformen und virtuellen Klassenräumen können auch Personen einen akademischen Abschluss absolvieren, die unter Studienbedingungen wie sie in der Präsenzlehre üblich sind, nicht hätten studieren können.

Die medienorientierte Ausrichtung von Studiengängen Sozialer Arbeit kann als doppelt begründet verstanden werden, als Lernziel und als Medium der Ausbildung: Medienkompetenz wird auch in Berufsfeldern von Sozialer Arbeit als selbstverständlich vorausgesetzt, da sie den Berufsalltag durchdringt. Jedoch werden EDV-Kenntnisse bislang in der Regel noch nicht ausreichend durch ein Hochschulstudium vermittelt. Hier kann virtuelles Lernen mittels Einsatz von Learning Management Systemen eine wesentliche Rolle in unterschiedlichen Lernsettings anbieten. So wird Studierenden die Möglichkeit eröffnet, Arbeitsprozesse ohne vorgegebene zeitliche und örtliche Bindung kooperativ zu gestalten. Dieses Vorgehen und entsprechend problemorientierte Zugänge zum Lernen ermöglichen motivierte Lernprozesse.

b) Arbeit mit Kindern und Jugendlichen (schulische sowie außerschulische Bildung)

Insbesondere bei der Arbeit mit Kindern und Jugendlichen müssen Fragen der Identitätsentwicklung heute immer im Kontext des virtuellen Raums gesehen werden, den insbesondere Jugendliche zunehmend zur Identitätskonstruktion und zur Beziehungspflege nutzen. Hier gilt es, die von den Kindern und Jugendlichen oftmals beiläufig und auf informellem Wege erlernten Fertigkeiten im Umgang mit elektronischen Medien aller Art, als Ressource zu verstehen und zu fördern. Dies kann umgesetzt werden, indem die Anwendung vorhandener Medienkompetenzen in schulische sowie außerschulische Lernkontexte integriert wird. Dabei kann ein überlegter Umgang mit Medien und deren Inhalten vermittelt werden und Lernen findet nicht abgekoppelt von den Lebenswelten der Kinder und Jugendlichen statt.

c) Information, Vernetzung, Beratung

Das Internet sowie der Einsatz von Computern sind aus der Sozialen Arbeit genauso wenig wegzudenken, wie aus anderen Berufsfeldern. In Handlungsbereiche wie Beratung, Vernetzung und Kooperation, Selbsthilfe, Dokumentation und Evaluation ist Medien- und Internetnutzung präsent. Somit werden auch Lernprozesse – sowohl von Sozialarbeitern/-innen und Sozialpädagogen/-innen als auch von Klienten zunehmend vom virtuellen Raum tangiert. Aus professioneller Sicht ist es hier unabdingbar, dass einerseits den Klienten Möglichkeiten des virtuellen Lernens eröffnet werden und dass andererseits Sozialarbeiter/-innen und Sozialpädagogen/-innen die eigene Medienkompetenz konsequent weiterentwickeln, um ihre Klienten entsprechend unterstützen zu können.

Resümee

vLearning, ob nun eher formeller oder informeller Natur, ist mit dem Einzug unterschiedlichster Medien in unseren Lebensalltag nicht mehr wegzudenken. Daher erscheint es immer wichtiger zu werden insbesondere Fachkräften der Sozialen Arbeit entsprechende Kompetenzen zu vermitteln, die einerseits die Ausbildung von Medienkompetenz und Reflexion der eigenen Medienbiographie ermöglichen und anderseits dazu befähigen, Klienten bei virtuellen Lernprozessen zu unterstützen. Hier sind künftig auch andere als die oben gennannten Anwendungsbereiche in den Blick zu nehmen. Im Sinne von lebenslangem Lernen sind Klienten jeden Alters, unabhängig von Bildungsniveau und sozialer Herkunft potenzielle Adressaten/-innen von Angeboten, die Medienkompetenz schulen und virtuelle Lernprozesse anstoßen sowie begleiten.

Ermöglicht werden kann dies insbesondere aufgrund der voranschreitenden Vernetzungstendenzen und der daraus entstehenden Kollaboration auf unterschiedlichen Ebenen. In der Literatur wird aufgrund dieser Tendenzen vereinzelt auch ein weiteres Lerntheoretisches Modell für eLearning-Angebote vorgeschlagen, dass genau die mehrfach beschriebene fortschreitende Vernetzung aufgreift.

So sieht z.B. Rey im Konnektionismus einen weiteren lerntheoretischen **Konnektivisumus** Zugang wenn es um die Entwicklung von virtuellen Lernangeboten geht. In den konnektionistischen Modellen werden viele einfache Einheiten miteinander vernetzt, vergleichbar mit der Funktionsweise unseres Gehirns im Sinne eines neuronalen Netzwerks (vgl. Rey S. 34f).

Wichtige Charakteristika solcher Modelle werden auch für virtuelles Lernen immer bedeutsamer. So verteilen sich in solchen Netzen Informationen auf unterschiedlichste Quellen und werden durch Vernetzung und Kooperation vielen Nutzern zugänglich gemacht. Geprägt sind die Systeme außerdem durch ein hohes Maß von Selbstorganisation und Lernfähigkeit. Ein Beispiel für eine Lernwelt im Hochschulkontext nach konnektionistischer Theorie könnte eine bereits weiter oben beschriebene Personal Learning Environment darstellen (vgl. Kerres 2006, S. 6f). Auch wenn Kerres hier überwiegend konstruktivistische Elemente sieht, wird auch die konnektionistische

Perspektive hier sichtbar. Wie jedoch künftige Lernwelten in Schule, außerschulischer Jugend- und Erwachsenenbildung aussehen werden, bleibt abzuwarten, jedoch ist absehbar, dass hier Vernetzungs- aber auch Individualisierungstendenzen maßgeblich für die Gestaltung von Lernwelten sein werden.

Literatur

Hölterhof, T. (2008): Was bedeutet virtuelles Lernen? In: Medienpädagogik – Zeitschrift für Theorie und Praxis der Medienbildung. http://www.medienpaed.com/2008/hoelterhof0805.pdf [letzter Zugriff: 01.11.2013].

Hornbostel, M. H. (2007): E-Learning und Didaktik – Didaktische Innovationen in Online-Seminaren. Boizenburg.

Kerres, M. (2006): Potenziale von Web 2.0 nutzen. In: Hohenstein, A./Wilbers, K.: Handbuch E-Learning, München. Fassung vom 05.08.2006. http://mediendidaktik.uni-due.de/sites/default/files/web20-a_0.pdf [letzter Zugriff 01.11.2013].

Kerres, M. u.a. (2010): Digitale Lernwelten in der Hochschule. In: Hugger, K.-U./Walber, M. (Hrsg.): Digitale Lernwelten Konzepte, Beispiele und Perspektiven. Wiesbaden.

Kutscher, N. (2011): Soziale Arbeit im virtuellen Raum. In: Otto, H.-U./Thiersch, H. (Hrsg.): Handbuch Soziale Arbeit. Grundlagen der Sozialarbeit und Sozialpädagogik. Basel, 4. Auflage.

Reinmann-Rothmeier, G. (2002): Mediendidaktik und Wissensmanagement. In Medienpädagogik – Zeitschrift für Theorie und Praxis der Medienbildunghttp://www.medienpaed.com/Documents/medienpaed/6/reinmann1.pdf [letzter Zugriff: 01.11.2013].

Rey, G. D. (2009): E-Learning – Theorien, Gestaltungsempfehlungen und Forschung. Bern.

Schulmeister, R.: Virtuelles Lernen aus didaktischer Sicht. http://www.zhw.uni-hamburg.de/pdfs/VirtLern.PDF [letzter Zugriff: 01.11.2013].

Wirklichkeit(en)

Nicole Blumberg

Einleitung

> „[…] wir alle haben die merkwürdige Idee, daß die Art und Weise, wie wir die Welt
> sehen, die Welt in ihrem objektiven So-Sein widerspiegelt. Und wir legen uns nicht
> darüber Rechenschaft ab, daß wir es sind, die dieser Welt Bedeutung zuschreiben"
> (Watzlawick 2004, S. 54).

Für den „Alltagsgebrauch" erscheint Watzlawicks Aussage zunächst verun-
sichernd, denn grundsätzlich sind wir davon überzeugt eine klare und solide
Vorstellung von der Wirklichkeit zu haben. Diese Wirklichkeit erscheint uns
als naturgegeben und wird meist nicht hinterfragt. Würden wir dies ständig
tun, wäre ein „normaler" Alltag kaum möglich. Eben indem wir die Welt so
hinnehmen wie sie uns erscheint, können wir Routinen und Rituale entwickeln, was uns wiederum Orientierung und Handlungssicherheit bietet. Indem
wir davon ausgehen, dass andere Menschen die Welt genauso sehen wie wir,
müssen wir uns nicht ständig darüber austauschen und einen kommunikativen
Konsens herstellen. Das erspart uns im Alltag sehr viel Mühe und Zeit. Jedoch
wird diese Vorstellung von der einen Wirklichkeit immer wieder in Frage
gestellt. Umgangssprachlich kommt das in der Formulierung: „Das sehe ich
aber ganz anders", zum Ausdruck.

Bei Unstimmigkeiten in der Familie, mit dem Partner, Arbeitskollegen
müssen wir oft erkennen, dass andere Menschen Situationen und Verhaltensweisen anders interpretieren als wir selbst. Oft stellen wir uns in solchen Situationen die Fragen: Wie kann man diesen Standpunkt nur vertreten? In welcher
Welt lebt unser Gegenüber? Hier findet für uns eine Abweichung von unserer
Wirklichkeit statt und wird als Irritation wahrgenommen. Aus konstruktivistischer Sicht ist dabei die Differenzierung zwischen „Realität" und „Wirklichkeit" bedeutsam. Laut Björn Kraus wird die physikalische Welt dem Begriff
„Realität" zugeordnet, während die subjektiv konstruierte Erlebniswelt mit dem
Begriff der „Wirklichkeit" bezeichnet wird (vgl. Kraus 2002, S. 33). Ähnlich
formuliert dies Manuela Albrecht, indem sie von Realität als subjektunabhän-
giger Welt im Gegensatz zur phänomenal menschlichen Wirklichkeit spricht.
„Neurophysiologischen Forschungen zufolge liefern uns die Sinnesorgane kein
Abbild der Realität. So sind etwa Geräusche und Farben nicht in der realen Welt
enthalten, sondern die Schallwellen und elektromagnetischen Wellen werden
erst im Gehirn als solche interpretiert. „Die Welt ‚an sich' ist bedeutungslos; die
Bedeutung wird ihr erst durch den Menschen zugewiesen. Die sogenannte

Realität und Wirklichkeit

Wirklichkeit ist aus dieser Sicht ein Phänomen" (Albrecht 2005, S. 6). Was man weiß, wird als rationale Organisation unserer Erlebniswelt gedeutet. Es bestimmt unsere Vorstellung von der Wirklichkeit.

Doch wie lässt sich die Pluralität sozialer Wirklichkeiten erklären und wie entstehen diese? Mithilfe der zentralen theoretischen Annahmen des Konstruktivismus werden im Folgenden Wege aufgezeigt werden, wie konstruktiv mit Irritationen und unterschiedlichen Wirklichkeiten in ausgewählten Handlungsräumen der Sozialen Arbeit umgegangen werden kann.

Konstruktivismus – die Konstruktion sozialer Wirklichkeiten

Konstruktivismus – eine interdisziplinäre Denkweise

Der Konstruktivismus ist keine einheitliche Theorie, die allein einer Wissenschaftsdisziplin zugeordnet werden kann. Vielmehr ist er eine Denkrichtung, die sich in den 1960er/70er Jahren entwickelte und in den unterschiedlichsten wissenschaftlichen Disziplinen der Sozial-, Geistes- sowie Naturwissenschaften Einzug fand. „… es existiert eine längst unüberschaubar gewordenen Zahl von Veröffentlichungen, die einzelne Praxis- und Anwendungsfelder (Organisationsberatung, Psychotherapie, Didaktik etc.) aus einer konstruktivistischen Perspektive betrachtet" (Pörksen 2011, S. 14). Das hat zur Folge, dass keine einheitliche Definition von Konstruktivismus existiert, sondern sich stattdessen unterschiedliche Varianten mit verschiedenen Schwerpunktsetzungen herausgebildet haben. Für die Soziale Arbeit ist hier vor allem der systemische, der radikale und der Sozialkonstruktivismus von Interesse. Ergänzend sei ein Ansatz genannt, der unter dem Begriff „Pädagogischer Konstruktivismus" besonders in der Erwachsenenbildung eine beachtliche Bedeutung erlangt hat (vgl. Siebert 1999; Siebert 2008). Diese Spielarten des Konstruktivismus sollen hier nicht als konkurrierende, sondern als sich ergänzende Ansätze verstanden und daher im Folgenden integriert beschrieben werden.

Zwei Ordnungen von Wirklichkeit

Die zentrale Grundlage des radikalen Konstruktivismus ist, „daß die Welt nicht so sein muß, wie wir sie erleben" (von Foerster 2002, S. 53), d.h., dass zwei Ordnungen von Wirklichkeiten existieren. Die Wirklichkeit erster Ordnung ist das, was wir mit unseren Sinnesorganen von unserer Umwelt wahrnehmen. Die Wirklichkeit zweiter Ordnung sind die Bedeutungen und Sinnzuschreibungen, die wir diesen Wahrnehmungen zuordnen (vgl. Watzlawick 2005, S. 142-144 und Watzlawick 2004, S. 53-54). Zum Beispiel sind wir uns darüber einig, dass Gras grün ist (zumindest wenn wir über unsere Sinnesorgane Augen die Farbe Grün wahrnehmen können). Ob Grün nun eine schöne Farbe ist oder ob wir mit Gras ein positives Gefühl verbinden, weil es uns an den Frühling und Sommer erinnert oder ob wir eher an ein lästiges Leid wie Heuschnupfen denken, liegt in unserer eigenen Interpretation.

Der systemische Konstruktivismus, in Anlehnung an die Systemtheorie Systemischer
Luhmanns (vgl. Luhmann 2009), bezeichnet diesen Aspekt als Selbstreferenz Konstruktivismus
bzw. Selbstbezüglichkeit. Ausgangspunkt dafür ist, dass jeder Mensch/jede
menschliche Psyche ein in sich geschlossenes System ist. Dieses System kann
Reize und Informationen von außen durch Sinneswahrnehmungen aufnehmen. Wie jedoch im Inneren des Systems Psyche diese Reize verarbeitet
werden, lässt sich von außen nicht beeinflussen, da es sich als geschlossenes
System immer nur auf sich selbst (seine Erfahrungen, Beobachtungen, Sinneswahrnehmungen etc.) beziehen kann. Das bedeutet, jede von uns ange-
nommene Wirklichkeit ist eine von unserer Psyche konstruierte Wirklichkeit.
„Deshalb bezeichnet der Begriff ‚Objektivität' etwas, was zumindest für uns
bzw. für unsere Wahrnehmung nicht zugänglich ist..." (Kleve 2009, S. 18).

Wir erfassen demnach keine „objektive" Realität, sondern eine von uns Sinn-
interpretierte Wirklichkeit. Unsere Interpretationen der Umwelt beruhen auf zuschreibung
Beobachtungen. Wir beobachten unsere Umwelt und verleihen diesen Beobachtungen einen für uns logischen und bedeutenden Sinn. Die Sinnzu-
schreibung wiederum ermöglicht uns die Verarbeitung von Wahrnehmungen
und reduziert zu gleich deren Komplexität. So nehmen wir unsere Umwelt nie
in ihrer Gesamtheit war, sondern passen sie in von uns vorgefertigte Inter-
pretationsmuster ein. „Sinn strukturiert sowohl die individuelle Konstruktion
von Wirklichkeit als auch die sozialen Interaktionsprozesse, indem er die
psychisch wie sozial nie vollständig erfassbare Komplexität des potentiell
Möglichen auf die verarbeitungsfähige Komplexität des Erfassbaren reduziert" (Kleve 2009, S. 52).

Man könnte nun schlussfolgern, dass es kein Richtig oder Falsch, kein
Wahr oder Unwahr gibt, sondern nur gleichberechtigte Interpretationen der
Welt nebeneinander stehen. Das scheint zunächst absurd, denn wir werden
immer wieder mit Tatsachen konfrontiert werden, die als unveränderbare Realitäten erscheinen und sich nicht den individuellen Vorstellungen und Interpretationen anpassen. Man denke hier als Beispiel nur an die Pflicht Steuern
zu zahlen und eine Steuererklärung abzugeben. Zudem treten uns im Alltag
unsere Umwelt und die Gesellschaft relativ geordnet gegenüber. Diese Ordnung ist auch notwendig, um uns Orientierung und Routinen zu ermöglichen.
Wie entstehen diese Tatsachen und eine soziale Ordnung in einer rein von
subjektiven Interpretationen konstruierten Welt? Wie entstehen vorhersagbare
und verlässliche Routinen und Strukturen? Hierfür bietet der Sozialkonstruktivismus, wie in Berger und Luckmann (2004) beschreiben, eine Erklärung.

Zunächst einmal ist davon auszugehen, dass Individuen aus einem alltags- Sozial-
praktischen Bewusstsein heraus ein soziales Miteinander anstreben und sich an konstruktivismus
bewährten Wahrnehmungs- und Handlungsmustern orientieren. Ein soziales
Netzwerk, in dem wir uns bewegen, bietet Stabilität. Zudem erfinden wir nicht
jeden Tag eine neue Welt für uns, sondern entlasten uns durch Beständigkeit

und funktionierende Routinen. Dabei werden durch regelmäßige soziale Praktiken, in Form von Handeln in Routinen, Anordnungen reproduziert. Mit anderen Worten: Handlungs- und Verhaltensweisen werden institutionalisiert. „Je mehr Verhaltensweisen institutionalisiert sind, desto mehr Verhalten wird voraussagbar..." (Berger/Luckmann 2004, S. 67). Durch die Institutionalisierung bilden sich soziale Strukturen und Systeme aus, die über das individuelle Handeln hinaus von Bestand sind. Diese Institutionen, Strukturen und Systeme sind gesellschaftlich verankert und können somit nicht beliebig neu geschaffen oder abgeschafft werden. Sie entstehen zwar durch soziales Handeln und werden wiederum durch soziales Handeln konstruiert oder auch verändert, aber in ihrem gesellschaftlichen Charakter sind sie überindividuell. Das meint nichts anderes, dass beispielsweise die Wirtschaft als System mit ihren Institutionen und Strukturen erhalten bleibt, auch wenn sich einzelne Menschen entscheiden sich selbst zu versorgen und an diesem System nicht mehr durch Konsum teilnehmen. Auch die Soziale Arbeit bleibt bestehen, wenn Einzelne keine Hilfeleistungen mehr in Anspruch nehmen oder sich einige Sozialarbeiter/-innen für ein anderes Berufsfeld entscheiden.

Gesellschaftlicher Konsens zur individuellen Orientierung

Dennoch können Strukturen und Systeme nicht als statisch aufgefasst werden. Denn sie sind gewordene Strukturen, die sich mit verändernden Rahmenbedingungen auch verändern (können). Als historische Konstituierungen haben sie also einen bewahrenden, gegenständlichen, ebenso wie einen sich verändernden, sich auflösenden Charakter. Es muss jedoch davon ausgegangen werden, dass struktur- und systemverändernde Prozesse langsam verlaufen, da sonst die Strukturen und Systeme selbst ihren Sinn verlieren würden. Denn sie dienen als Orientierungsgrundlage, die durch permanenten Wandel eben keine Orientierung mehr bieten könnten. Das heißt, sie sind ein Produkt der menschlichen Denk- und Wahrnehmungsmuster, eines intersubjektiven Konsens, um Orientierung zu schaffen, der aber auch immer wieder neu ausgehandelt werden muss. Ein gutes Beispiel hierfür sind politische Entscheidungen. Sie bringen Veränderungen und Neuorientierungen, aber stellen (meist) nicht ganze Systeme innerhalb einer Gesellschaft in Frage. Vielmehr wird versucht durch „kleinere" Änderungen das Bestehende zu erhalten. So würde das Hilfesystem der Sozialen Arbeit nicht abgeschafft, sondern durch Gesetzesänderungen Modifikationen herbeigeführt werden. Das bedeutet: einzelne Strukturveränderungen ziehen keine komplett neue Gesellschaftsstruktur nach sich. Oder konstruktivistisch formuliert: Bewährte Wirklichkeiten werden nicht durch gänzlich andere Wirklichkeiten ersetzt. Veränderungen finden also immer auf der Basis des Bestehenden statt.

Soziale Ungleichheiten als gesellschaftlich konstruierte Wirklichkeiten

Jedoch besteht zwischen den unterschiedlichen Systemen und Strukturen einer Gesellschaft nicht immer ein Kongruenzverhältnis. In einer differenzierten Gesellschaft können Strukturen auch nur partielle Gültigkeit haben und in einem Konkurrenzverhältnis zueinander stehen. So können zum Beispiel Maßnahmen und Projekte der sozialen Arbeit an zu geringen finanziellen Mitteln, also wirtschaftlichen Faktoren, scheitern. Darüber hinaus legen die Strukturen der einzelnen Systeme auch unterschiedliche Zugangsmöglichkeiten zu eben diesen fest. Das bedeutet nichts anderes als dass soziale Ungleichheiten entstehen. Systemtheoretisch formuliert lässt sich das exemplarisch anhand des Wirtschaftssystems beschreiben. Wenn mir das Medium Geld fehlt, habe ich keinen Zugang zu dem System, dessen binärer Code Kaufen/Nicht-Kaufen ist. Es bleibt ohne Geld nur die Option Nicht-Kaufen und damit ein Ausschluss aus diesem System. Die sozial konstruierte Wirklichkeit ist also eine gesellschaftliche Ordnung, in der soziale Ungleichheiten, ein Oben und Unten, ein Drinnen und Draußen, festlegt sind. Entscheidend hierbei ist, dass die soziale Ungleichheit nicht als naturgegeben angesehen werden kann, sondern ein Produkt historischer und gesellschaftlicher Prozesse ist, durch die diese erst sozial konstruiert wurde und wird.

An dieser Stelle bleibt festzuhalten, dass in Gesellschaften nicht nur eine Wirklichkeit existiert, sondern heterogene und differierende Wirklichkeiten zu finden sind. Diese stehen aber nicht gleichberechtigt nebeneinander, sondern sind als hierarchisch geordnet zu betrachten. Die individuell konstruierten Lebenswirklichkeiten haben sich der gesellschaftlich konstruierten Wirklichkeit unterzuordnen. Die Pluralität der individuell konstruierten Lebenswelt wird dabei kaum und wenn, dann hauptsächlich als Konflikt für den Einzelnen wahrgenommen. Diese Konflikte treten auf, wenn wir uns in mehreren dominanten Systemen und Strukturen bewegen, die nicht kongruent, nicht aufeinander abgestimmt sind. Hier ließe sich zur Anschauung der Konflikt vieler Eltern bei dem Thema Vereinbarkeit zwischen Berufstätigkeit und Familie anführen. Ebenso ist es für den Einzelnen problematisch, wenn eigene, individuelle Vorstellungen innerhalb der dominanten Strukturen keine Akzeptanz finden, wie zum Beispiel alternative Lebensformen, Drogenkonsum, Erwerbslosigkeit etc.

Konkurrierende Wirklichkeiten

Pädagogischer Konstruktivismus und Lernen

Der Mensch erkennt die Welt nicht, wie sie „wirklich" ist, sondern wie sie ihm erscheint und wie er sie auf der Grundlage seiner Erfahrungen deutet. Diese Einsicht hat mittlerweile auch in der Erwachsenenbildung, die konzeptionell bisher nur wenig mit Sozialer Arbeit in Verbindung gebracht wird (vgl. Miller 2003), deutliche Spuren hinterlassen. Laut Siebert bestätig der Konstruktivismus die Notwendigkeit einer Subjektorientierung der Bildungsarbeit. „Erwachsene lassen sich (in der Regel) nicht belehren oder aufklären, Wahrheiten lassen sich nicht linear vermitteln. Erwachsene haben ihren eigenen Kopf, machen sich ihre eigenen Gedanken, sie denken (aufgrund der Autopoiesis (Fähigkeit sich selbst zu erhalten, wandeln, erneuern zu können) ihres Nervensystems) eigensinnig und eigenwillig. Eine Argumentation ist für den einen plausibel und viabel, für den anderen z.B. aufgrund seiner andersgearteten lebensgeschichtlichen Erfahrungen unverständlich oder indiskutabel" (Siebert 1996, S. 19).

Lernen als individueller Aneignungs- und Interpretationsprozess

In Bezug auf Lernen bedeutet dies: Wissen lässt sich nicht von Lehrenden auf Lernende „übertragen", sondern kann vielmehr nur in konkreten Situationen neu auf dem Hintergrund der eigenen Erfahrungswelt aufgebaut und konstruiert werden. Das Lernen von Individuen gründet auf deren jeweiliger Erfahrungswirklichkeit, also auf ihrem bisher Gelernten. Neues kann demnach nur gelernt werden, wenn es sich an die bisherigen kognitiven Strukturen „anschließen" lässt. Gemäß der Kernthese des Pädagogischen Konstruktivismus sind Menschen autopoietische, selbstreferentielle operational geschlossene Systeme. „Die äußere Realität ist uns sensorisch und kognitiv unzugänglich. Wir sind mit der Umwelt lediglich strukturell gekoppelt, das heißt, wir wandeln Impulse von außen in unserem Nervensystem ‚strukturdeterminiert', das heißt auf der Grundlage biographisch geprägter psychophysischer kognitiver und emotionaler Strukturen, um. Die so erzeugte Wirklichkeit ist keine Repräsentation, keine Abbildung der Außenwelt, sondern eine funktionale, viable Konstruktion, die von anderen Menschen geteilt wird und die sich biographisch und gattungsgeschichtlich als lebensdienlich erwiesen hat. Menschen als selbstreferentielle ‚Systeme' können von der Umwelt nicht determiniert, sondern allenfalls perturbiert, das heißt ‚gestört' und angeregt werden" (Siebert 1999, S. 5f). Wir haben es also bei Lernprozessen und ihren jeweiligen individuellen Ergebnissen mit Deutungen und Wirklichkeitskonstruktionen zu tun, die sich nur schwer an „objektiven" Maßstäben messen und beurteilen lassen (vgl. Arnold/Siebert, 1999).

Anschlussfähigkeit von neuem Wissen an subjektive Wirklichkeit

Das Belehrungsmodell hat ausgedient, stattdessen stehen Aneignungsprozesse des Subjekts im Mittelpunkt der Erwachsenenbildung. Lernende brauchen demnach Unterstützung bei der Aneignung von Wissen und dafür sind geeignete Lernumwelten nötig. Erwachsenenbildung stellt sich als Deutungslernen, d.h. als die systematische, reflexive und auf Selbsttätigkeit verwiesene Auseinandersetzung des Erwachsenen mit eigenen und fremden Deutungen dar. Verfügbare Konstruktionen von Wirklichkeit können und müssen dann, z.B. in der Bildungsarbeit mit Erwachsenen oder mit Langzeitarbeitslosen, artikuliert, miteinander verglichen, auf ihre „Tragfähigkeit" angesichts neuer Situationen überprüft und weiterentwickelt werden. Erwachsenenlernen ist dabei nicht nur Aneignung neuen Wissens, sondern auch die Vergewisserung, Überprüfung und Modifizierung vorhandener Deutungen. Zusammengefasst: Lernen ist aus konstruktivistischer Sicht dann am ehesten möglich, wenn Informationen verarbeitet werden, „vorausgesetzt sie erscheinen

a) relevant, d.h. bedeutsam, sinnvoll
b) viabel, d.h. praktisch, hilfreich, nützlich
c) neu, d.h. nicht redundant
d) anschlussfähig, d.h. in ein vorhandenes kognitives System integrierbar"
    (Arnold/Siebert 1999, S. 113).

Konstruktivismus und Soziale Arbeit

Für Soziale Arbeit, in deren Handlungsfeldern es auch immer um Lernen und
Veränderungen geht, ist der Denkansatz des Konstruktivismus von hoher
Bedeutung für die Entschlüsselung von Interaktion und Kommunikation.
Denn hier gehören unterschiedliche Auffassungen über die Wirklichkeit(en)
zu den konstitutiven Rahmenbedingungen. So werden Sozialarbeiter/-innen
oftmals mit Verhaltensweisen ihrer Klient/-innen konfrontiert, die für sie
kaum nachvollziehbar und verständlich sind. Durch eine Pluralität von Wirklichkeiten, das heißt auch der Wirksamkeit unterschiedliche Wertvorstellungen, Normen und Lebensweisen, werden soziale Phänomen beispielsweise
auch als abweichendes Verhalten erklärt. Die Welt wird von den Beteiligten
individuell anders interpretiert und konstruiert, so dass Kommunikation und
subjektiv interpretierte Hilfeprozesse ins Leere laufen (können).

Wenden wir uns daher der zentralen Frage noch genauer zu: Was kann eine
konstruktivistische Denkweise und Perspektive für die Soziale Arbeit leisten?

Als Erstes lässt sich festhalten, dass der Konstruktivismus vor allem eine
alleingültige Wahrheit ausschließt. Es gibt nicht eine Theorie oder ein Konzept, dass die Universallösung für soziale Probleme und Fragestellungen bereithält. Das gilt sowohl für die Theorie, wie auch für die Praxis der Sozialen
Arbeit. Vielmehr gilt es, sich immer wieder auf Neues einzustellen und nicht
an starren Handlungsmustern festzuhalten. Interventionen und Beratungs-
prozesse, die bei einer Klientin/einem Klienten „zielführend" sind, können bei
einer/einem Anderen bereits in den Ansätzen scheitern. Hieraus lässt eine
weitere Erkenntnis ableiten: Nicht das Scheitern von Beratungs- und Inter-
ventionsprozessen ist ungewöhnlich, sondern deren Gelingen. Als Kommunikation aufgefasst, sind sie Außenreize, die auf den jeweiligen Menschen
einwirken. Wie die von einem selbst ausgesendet Informationen von dem
jeweiligen Gegenüber verarbeitet werden, lässt sich weder voraussagen noch
steuern. Demzufolge können alle Maßnahmen der Sozialen Arbeit immer nur
als Irritationen und Anregungen für die jeweiligen Klient/-innen verstanden
werden, die mögliche neue Wege weisen. „Helfen ist also bestenfalls ein
verstörender Kommunikationsprozess innerhalb eines von Sozialarbeitern und
Klienten sinnhaft konstruierten Problem- bzw. Interventionssystems" (Kleve
2009, S. 100).

*Keine Univer-
sallösungen in
der Sozialen
Arbeit*

Kommunikation
als Austausch
von individuellen
Weltan-
schauungen

Das stellt besondere Anforderungen an die Kommunikation zwischen Sozialarbeitern und Klienten. Kommunikative Prozesse sollten grundsätzlich wertschätzend, empathisch und in der Sprache der Klienten gestaltet sein, um deren Wirklichkeit mit einzubeziehen. Nur so kann eine Problemformulierung, die weiteres Arbeiten ermöglicht, erfolgen. Erst wenn die Klienten ihre jeweiligen Probleme selbst erkennen und formulieren können, ist die Erarbeitung eines Lösungsweges möglich. Das gilt nicht nur, aber insbesondere für Klienten, die unfreiwillig Hilfe in Anspruch nehmen müssen. Ebenso können Lösungswege und Ziele nur sinnvoll sein, wenn sie in die Wirklichkeit der Klienten eingepasst werden können. Wenn diese in keiner Weise mit ihrer Wirklichkeitsauffassung übereinstimmen, er oder sie eventuell nicht einmal ein Problembewusstsein entwickelt hat, können sämtliche Maßnahmen und Interventionen nur in das umgangssprachliche Leere laufen. Denn die Vorstellung darüber, was richtig und was falsch oder was zielführend ist, kann in den unterschiedlichen Wirklichkeiten von Sozialarbeiter/-innen, des Hilfesystems und den Klient/-innen komplett unterschiedlich sein. In diesem Zusammenhang bedeutet Kommunikation nicht nur Austausch von Informationen, sondern vielmehr auch das Erfassen einer anderen Weltsicht. Nur so kann die fast sprichwörtliche „Hilfe zur Selbsthilfe" auch umgesetzt werden. Demnach sollte in der Sozialen Arbeit gelten: „Man braucht in der Tat gar nicht sehr tief in das konstruktivistische Denken einzudringen, um sich darüber klar zu werden, daß diese Anschauung unweigerlich dazu führt, den denkenden Menschen und ihn allein für sein Denken, Wissen, und somit auch für sein Tun, verantwortlich zu machen" (von Glaserfeld 2012, S. 16-17). Für die Praxis der Sozialen Arbeit bedeutet der konstruktivistische Ansatz, dass insbesondere systemischen Ansätze, eine Lebensweltorientierung und der Ansatz des Empowerment zwar einen hohen Anspruch an die Profession setzen, aber wohl auch deren Anforderungen am meisten gerecht werden.

Das Bewusstsein, dass die eigene Auffassung von Wirklichkeit durchaus nicht kongruent mit anderen Wirklichkeitsauffassungen ist, sollte zudem zur Selbstreflexion anregen. Auf diese Weise kann mit Irritationen konstruktiv umgegangen werden und ein Perspektivwechsel stattfinden.

Resümee

Klient/-innen als
Experten ihrer
Lebenswelt

Der Konstruktivismus steht für die Abkehr von dogmatisch vorgetragenem Wissen und fordert die Auseinandersetzung mit den Wirklichkeiten und Wahrheiten der Anderen. Dies kommt in Diversity-Ansätzen der Sozialen Arbeit verstärkt zum Tragen (vgl. den Beitrag von Kniephoff-Knebel in diesem Band). Der Konstruktivismus ist auch als Handlungsaufforderung zu verstehen, da wir doch alle Mitkonstrukteure der sozialen Wirklichkeit sind.

Das bedeutet auch, dass Fachkräfte der Sozialen Arbeit mit dazu beitragen, wie Soziale Arbeit in der Öffentlichkeit und von Klient/-innen wahrgenommen wird. Wir prägen das Bild der Berufsrolle selbst mit. Konstruktivistisch betrachtet kann es in der Sozialen Arbeit nur darum gehen, die Klient/-innen selbst als Expert/-innen ihrer Lebenssituation anzuerkennen, d.h. ihnen die Deutung über ihre Lebenswirklichkeit zu überlassen. Dennoch, so Björn Kraus, bleiben den Fachkräften auch in dieser Perspektive wichtige Aufgaben: Der Sozialarbeiter „kann an der Lebenslage selbst ansetzten und ökonomisch Einfluss gewinnen, er kann durch informative Hilfe die Sicht der Situation erweitern, er kann durch Fragen den Klienten zu neuen Perspektiven anregen und kann schließlich den Klienten selbst zu neuen Fragen führen. In diesen Rollen hat sich der Sozialarbeiter als Experte zu verstehen, in diesen Rollen kann er aus der lebensweltlichen Perspektive des Klienten als Experte wahrgenommen und als Helfender in Anspruch genommen werden" (Kraus 2002, S. 213).

Literatur

Albrecht, M. (2005): Die individuelle und soziale Konstruktion von Wirklichkeit im Hinblick auf die Zeit. Inaugural-Dissertation zur Erlangung des Doktorgrades der Philosophischen Fakultät der Westfälischen Wilhelms-Universität zu Münster (Westf.). (http://d-nb.info/991463617/34) [letzter Zugriff: 16.09.2013].

Arnold, R. /Siebert, H. (1999): Konstruktivistische Erwachsenenbildung. Hohengehren.

Glaserfeld, E. von (2012): Einführung in den radikalen Konstruktivismus. In: Watzlawick, P. (Hrsg.): Die erfundene Wirklichkeit. Wie wissen wir, was wir zu wissen glauben? Beiträge zum Konstruktivismus. München.

Kleve, H. (2009): Konstruktivismus und Soziale Arbeit. Einführung in Grundlagen der systemisch-konstruktivistischen Theorie und Praxis. Wiesbaden.

Kraus, B. (2002): Konstruktivismus, Kommunikation, Soziale Arbeit. Radikalkonstruktivistische Betrachtungen zu den Bedingungen des sozialpädagogischen Interaktionsverhältnisses. Heidelberg.

Luhmann, N. (2009): Soziologische Aufklärung 5: Konstruktivistische Perspektiven. Wiesbaden.

Miller, T. (2003): Sozialarbeitsorientierte Erwachsenenbildung. Neuwied.

Pörksen, B. (2011): Schlüsselwerke des Konstruktivismus. Eine Einführung. In: Pörksen, B. (Hrsg.): Schlüsselwerke des Konstruktivismus. Wiesbaden, S. 13-28.

Siebert, H. (1996): Didaktisches Handeln in der Erwachsenenbildung: Didaktik aus konstruktivistischer Sicht. Neuwied.

Siebert, H. (1999): Pädagogischer Konstruktivismus. Neuwied.

Siebert, H. (2008): Konstruktivistisch lehren und lernen. Augsburg.

Watzlawick, P. (2004): Vom Unsinn des Sinns oder vom Sinn des Unsinns. München.

Watzlawick, P. (2005): Wie wirklich ist die Wirklichkeit? Wahn, Täuschung, Verstehen. München.

Diversity

Anette Kniephoff-Knebel

Einleitung

Diversity Diversity ist inzwischen in vielen gesellschaftlichen Bereichen zur positiv konnotierten Formel für den Umgang mit der Vielfalt an Differenzen, die die Menschen voneinander unterscheiden, geworden. Als programmatisches Schlagwort wird der Begriff in beachtlicher Geschwindigkeit in Politik, Wirtschaft, Wissenschaft und Bildung gleichermaßen aufgegriffen und trotz unterschiedlicher historischer Traditionen, fachwissenschaftlicher Begründungen und politischer Positionen als anschlussfähig an die eigene Konzeptentwicklung angenommen (vgl. Schroeder 2007, S. 2). Ob als positiver Faktor für Gewinnsteigerung in wirtschaftlichen Unternehmen oder als produktives Element gesellschaftlicher Entwicklung in der Politik: nicht mehr Angleichung und Einebnung von Unterschieden, sondern deren Wertschätzung und Förderung steht nun in vielen Bereichen im Fokus der Betrachtung (vgl. Schröer 2012, S. 9).

Unsere Gesellschaft heute zeichnet sich aus durch eine zunehmende Ausdifferenzierung und Pluralisierung an Lebensweisen und Identitätsoptionen. Traditionelle Orientierungsmuster wie Nationalstaat, klassische Geschlechterrollen und traditionelle Erwerbsbiographien verlieren angesichts gesellschaftlicher Dynamiken zunehmend ihre Bedeutung und werden abgelöst durch eine Vielfalt Wahlmöglichkeiten, sein Leben individuell zu gestalten. Der Umgang mit gesellschaftlicher Vielfalt und Heterogenität ist mehr denn je zur selbstverständlichen Herausforderung und Gestaltungsaufgabe der Moderne geworden.

In diesen Gestaltungsauftrag ist die Soziale Arbeit als gesellschaftlicher Akteur konstitutiv mit eingebunden. Auch sie ist angesichts der zunehmenden Pluralisierung und Individualisierung aufgefordert, den Diskurs um Diversity aufzugreifen und einen neuen Blick auf Differenz einzunehmen. Die gesellschaftlichen Veränderungen und Entwicklungen der jüngsten Vergangenheit fordern in der Sozialen Arbeit eine neue Sicht auf Vielfalt und Verschiedenheit (vgl. Schröer 2012, S. 5).

Bisher bewegt sich die Diskussion der Diversity-Perspektive vor dem Hintergrund unterschiedlicher Einflussströmungen. Zum einen werden ökonomisch orientierte Managing-Diversity-Konzepte daraufhin befragt, ob diese als strategischer Ansatz zur Gestaltung von Vielfalt auch für Organisationen der Sozialen Arbeit fruchtbar gemacht werden können (vgl. Stuber 2004, Schröer 2012).

Zum anderen werden in der Sozialen Arbeit verstärkt machtkritische Diversity-Ansätze diskutiert. Diese stehen in der Tradition differenzsensibler, gerechtigkeitsorientierter Konzepte z.B. im Rahmen von Frauen-, Queerforschung, Cultural und Postcolonial Studies (vgl. Lamp 2007, S. 17). Ihnen geht es nicht allein um die Wertschätzung und den Nutzen von Vielfalt an sich, sondern vor allem auch um eine Kritik der gesellschaftlichen Strukturen, die bestimmte soziale Identitäten und Zugehörigkeiten erst hervorbringen und mit unterschiedlichen Ressourcenzugängen verbinden (vgl. Walgenbach 2012, S. 243).

Historische Entwicklung

Der Umgang mit Vielfalt und Differenz ist seit je her Aufgabe von Theorie- und Praxisentwicklung Sozialer Arbeit. Immer schon ist es ihr Auftrag gewesen, das „Andersartige", das Fremde, das von den gängigen gesellschaftlichen Normalvorstellungen abweichende oder Non-konforme aufzufangen, zu beseitigen, umzuformen oder wieder in die „Normalität" zu integrieren. Die Abweichung von der gesellschaftlich gesetzten Norm wurde bisher tendenziell als hinderlich, fremdartig und unpassend – also als defizitär – angesehen. Ziel von Sozialer Arbeit war es vor diesem Hintergrund, Abweichung zu vermeiden, Fremdes in das als „normal" gesetzte Verhalten zu integrieren und damit Anpassung und Assimilation zu befördern (vgl. Maurer 2008, S. 13, Schröer 2012, S. 4).

Soziale Arbeit als „Normalisierungsinstanz"

Der Blick auf die Adressat/-innen Sozialer Arbeit war dabei geprägt durch soziale Gruppenzugehörigkeiten. Ausgehend von den politischen Bewegungen der 1970er Jahre, wie der (zweiten) Frauenbewegung, der Schwulen- und Queerbewegung, der Migrant/-innenselbstorganisationen, etc. wurden vor allem kollektive Differenzen bestimmter gesellschaftlicher Gruppierungen betont, deren Benachteiligung und Diskriminierung thematisiert und politische wie rechtliche Gleichstellung eingefordert. Ziel von Sozialer Arbeit war es u.a., mit der Betonung von Verschiedenheit bezogen auf bestimmte Differenzmerkmale wie ethnische Zugehörigkeit, Gender oder sexuelle Orientierung den Anspruch auf gesellschaftliche Teilhabe geltend zu machen (vgl. Maurer 2008, S. 13).

Defizitorientierung und kollektive Differenzbetonung

Diese Perspektive wirkt sich bis heute auf die Organisation der Angebote der Sozialen Arbeit aus: Sie sind überwiegend ausgerichtet auf spezifische Zielgruppen (Migrant/-innen, Menschen mit Behinderung, Alleinerziehende, Flüchtlinge, etc.), deren gemeinsamer Erfahrungs- und Problemhintergrund zum Ausgangspunkt von Hilfs- und Beratungsangeboten gemacht wird. Das Feld der Beratung wird z.B. entlang von bestimmten Differenzlinien, wie Geschlecht, Zugehörigkeit zu einer nationalen, ethnischen oder sozio-kulturellen Gruppe, körperliche oder geistige Beeinträchtigung, etc. strukturiert, um sicherzustellen, dass Zugangsprobleme identifiziert, spezifische Barrieren beseitigt, und Förderinstrumente geöffnet werden können (vgl. Schroeder 2007, S. 3).

Die Stärke zielgruppenorientierten Ansätze liegt darin, dass sie sich in ihren Inhalten, Konzepten und Methoden zielgerichtet auf Problemlagen einstellen können und dass eine systematische Annäherung an spezifische Lebenslagen möglich wird (vgl. ebd.). Auf der anderen Seite ist damit aber auch der eher unerwünschte Nebeneffekt verbunden, dass die wahrgenommene Differenz zum konstanten, statischen Zuschreibungsmerkmal wird. Die Adressat/-innen Sozialer Arbeit werden einer bestimmten Kategorie (die Migrant/-innen, die Frauen, die Homosexuellen, die Behinderten, etc.) zugeordnet, deren „festgestellte" Differenz zum essentialistischen, naturalisierten und kulturalisierten Merkmal ihrer Identität stilisiert (vgl. z.B. Leiprecht 2008, S. 15).

Defizitorientierung/Problembelastung und eine Homogenisierung sozialer Zielgruppen prägen damit zum Teil bis heute die Sicht auf Vielfalt und Differenz in der Sozialen Arbeit. Durch die Rezeption des Diversity-Konzeptes zeichnet sich allerdings seit einiger Zeit ein Perspektivwechsel ab.

Managing-Diversity-Konzepte

Diversity-Management als Unternehmensstrategie

Ein wichtiger Impuls zur Entwicklung der Diversity-Perspektive ging aus von den gleichstellungspolitischen Debatten in den USA. In den 1950er-Jahren organisierten sich dort diverse soziale Bewegungen und machten gesellschaftlichen Druck: Bürgerrechtsbewegung, Frauenbewegung, Schwarzenbewegung und andere soziale Strömungen skandalisierten Benachteiligung und Diskriminierung und forderten Anerkennung und Gleichbehandlung ein. In der Folge wurde gesetzlich festgeschrieben, niemanden wegen Hautfarbe, Geschlecht, Herkunft oder Religion zu diskriminieren. Im Rahmen von „affirmative action" wurden positive Maßnahmen entwickelt, um Minderheiten gezielt zu fördern oder sogar zu bevorzugen (vgl. Schröer 2012, S. 9). Die Antidiskriminierungspolitik führte u.a. dazu, dass Unternehmen schon allein aus Furcht vor Klagen und Imageverlusten Diversity-Mainstreaming-Konzepte einführten. Die Idee, Vielfalt und Heterogenität konsistent Wert zu schätzen und zum Vorteil aller Beteiligten zu fördern, entwickelte sich zu Diversity-Management, einem Konzept der Unternehmensführung. Dieses hat sich inzwischen auch in Deutschland etabliert, im Rahmen der „Charta der Vielfalt" werden z.B. Unternehmen unter Schirmherrschaft von Bundeskanzlerin Merkel dazu aufgefordert, alle Mitarbeiter/-innen – unabhängig von Geschlecht, Nationalität, ethnischer Herkunft, Religion oder Weltanschauung,

Behinderung, Alter, sexueller Orientierung und Identität – wertzuschätzen und ihnen frei von Vorurteilen zu begegnen (http://www.charta-der-vielfalt.de).

In der Sozialen Arbeit wird Diversity Management inzwischen ebenfalls als strategischer Ansatz zur produktiven Gestaltung sozialer Unternehmen diskutiert. Aus organisationsbezogener Sicht zielt es in sozialen Einrichtungen und im Non-Profit-Bereich darauf, auf allen Ebenen und in allen Entscheidungsprozessen darauf zu achten, die Vielfalt und Kompetenzen aller Beschäftigten optimal in den Leistungsprozess zu integrieren (vgl. Schröer 2012, S. 10). Im Rahmen von Diversity-Teamentwicklung geht es z.B. darum, mit Hilfe bestimmter Diversity-Dimensionen die in heterogenen Teams vorhandenen Potentiale zielorientiert zu nutzen (vgl. das Modell von Lüthi/Oberpriller 2009). Das ist insbesondere in sozialen Einrichtungen, die vor dem Hintergrund einer Vielschichtigkeit an Problemlagen und der oft erforderlichen professionellen Zusammenarbeit unterschiedlichster Berufsgruppen und Disziplinen arbeiten, ein relevanter, bisher aber vernachlässigter Faktor der Organisationsentwicklung.

Diversity-Management in der Sozialen Arbeit

Darüber hinaus können aus organisationsbezogener Sicht Bildungsinstitutionen selbst betrachtet werden, deren homogene bzw. dominante Organisationskulturen verändert werden müssen. Im Zentrum der Aufmerksamkeit stehen dann nicht mehr die Defizite der pädagogischen Zielgruppen, sondern die Frage, inwiefern Bildungsinstitutionen selbst der Heterogenität ihrer Zielgruppen gerecht werden. Statt also Jugendliche mit Migrationshintergrund aufgrund sprachlicher Defizite auf Förderschulen zu verweisen, wird die Institution Schule selbst kritisch befragt, inwiefern sie den Anforderungen einer Einwanderungsgesellschaft gerecht wird (vgl. Walgenbach 2012, S. 247).

Differenzsensible Konzepte

Ein weiterer entscheidender Impuls für eine veränderte Sicht auf Vielfalt und Differenz in der Sozialen Arbeit hat sich aus der Rezeption konstruktivistischer bzw. de-konstruktivistischer Theorietraditionen ergeben. Vor allem die Einsicht in die Notwendigkeit der theoretischen Weiterentwicklung bereits existierender differenzsensibler Konzepte wie Gender- und Queerforschung oder Cultural und Postcolonial Studies (vgl. z.B. Lamp 2007, S. 145) führte in den 1980er Jahren zu einem Perspektivwechsel: In den Fokus der Aufmerksamkeit geriet nun die These von der kulturellen Konstruiertheit von geschlechtlichen, sexuellen, ethnischen u.a. Identitäten.

Differenz als soziale Konstruktion

Grundlage der konstruktivistischen Denkweise ist die Annahme, dass Wissen, Erkenntnisse, Zusammenhänge, Ideen und Vorstellungen vom Menschen konstruiert oder erzeugt werden. Diese sind damit nicht biologisch oder naturgemäß gegeben, sondern werden in sozialen und kulturellen Interaktionen sozusagen erst erfunden. Die Wirklichkeit, also auch gesetzte, binäre Differenzen (männlich – weiblich, inländisch – ausländisch, nicht-behindert – behindert, heterosexuell – homosexuell, etc.) werden dieser Sichtweise zufolge in einer performativen Wiederholung immer wieder neu sprachlich hervorgebracht. Da die zur Sprache gebrachten Erfahrungen und Sachverhalte immer in einem machtförmig strukturierten sozialen Raum verhandelt werden, setzt sich jene Sichtweise/Konstruktion durch, die über die meisten Machtmittel verfügt. In der westlich geprägten Gesellschaft ist dies z.B. das kulturelle System der Zweigeschlechtlichkeit (vgl. Lamp 2007, S. 150).

Aus konstruktivistischer Sicht gibt es weder ein „natürliches" soziales Geschlecht (Gender), noch eine „angeborene" Ethnizität oder einen „normalen" Körper. Das, was darunter gefasst wird, ist immer wieder und von Situation zu Situation auszuhandeln bzw. wird als ausgehandelte und machtimprägnierte Konstruktion zur Verfügung gestellt und erwartet (vgl. Allemann-Ghionda/Bukow 2011, S. 9).

Kulturelle Zugehörigkeit, Geschlecht oder sexuelle Orientierung werden damit nicht als homogene, unveränderbare und eindeutige Kategorien gedacht, sondern als wirkungsmächtige soziale Konstruktionen begriffen.

Diese Sichtweise eröffnet zum einen eine kritische Sicht auf existierende gesellschaftliche Machtverhältnisse und Ausgrenzungsmechanismen bezogen auf die Wahrnehmung und Bewertung von Differenzverhältnissen. Zum anderen ergibt sich in der Dekonstruktion der diesen Mechanismen zugrundeliegenden Diskurse die Option der Veränderung: Wenn bestimmte Zuschreibungen und Bewertungen das Ergebnis sozialer Interaktionen sind, sind sie damit auch gestalt- und veränderbar.

Anerkennung von Differenz als Ressource

Differenz kann aus dieser Perspektive nicht mehr nur als Defizit, als Abweichung von einer normativ gesetzten Normalität interpretiert werden, sondern als gleichberechtigte und anerkannte Möglichkeit, sein Leben individuell zu gestalten.

Der Begriff der Anerkennung wird damit zur zentralen Prämisse differenzorientierter Konzeptentwicklung. Angelehnt z.B. an von Nancy Fraser und Axel Honneth vorgelegte Konzeptionen liefert er der Sozialen Arbeit die Möglichkeit, bisherige Perspektiven wie Ausgleich, Normalisierung und Kompensation aufzugeben und Begriffe wie Anerkennung, Ressourcenorientierung und Wertschätzung in den Blick zu nehmen. Der Begriff der Anerkennung bietet sich für Theorie und Praxis Sozialer Arbeit an, Fragen sozialer Gerechtigkeit, individueller und kollektiver Statuspositionierung, Autonomie und Handlungsfähigkeit professionell neu zu bearbeiten (vgl. Heite 2011, S. 48).

Anstatt den Fokus auf die Kompensation von Benachteiligung aufgrund bestimmter sozialer Gruppenzugehörigkeiten zu richten, wird die Anerkennung von Ressourcen, die sich aus der Verschiedenheit der Individuen ergibt, zur zentralen Prämisse von Diversity-Ansätzen in der Sozialen Arbeit. Vielfalt und Heterogenität werden nicht mehr als Bedrohung oder Belastung wahrgenommen, sondern können als Chance gesehen werden. Die Anerkennung bzw. Wertschätzung von Diversity geht somit über Konzepte von Toleranz, Assimilation oder Multikulturalität hinaus (vgl. Walgenbach 2012, S. 249).

In der pädagogischen und sozialen Praxis zeigen sich die neuen Perspektiven in einer veränderten Konzeptentwicklung: Gender-Mainstreaming Ansätze in der Geschlechterpädagogik, die interkulturelle Orientierung und Öffnung Sozialer Dienste, Inklusionsansätze in der Arbeit mit behinderten Menschen oder die Wahrnehmung und Enttabuisierung gleichgeschlechtlicher Lebensweisen (vgl. Schröer 2012, S. 8) verweisen auf den Wandel weg von einer tendenziell defizitorientierten Sichtweise hin zu einem ressourcenorientierten Blick auf die Adressat/-innen.

Differenz und Identität

Bisher überwiegt in der Sozialen Arbeit die Tendenz, bestimmte Problematiken anhand eines einzelnen Differenzmerkmals zu bearbeiten: hier der Diskurs über soziale Klassen, Schichten und Milieus, dort die Genderdebatte, wieder anderswo ethnische und kulturelle Unterschiede, ferner die Debatte über ability und disability oder der Diskurs über sexuelle Orientierung (vgl. Allemann-Ghionda 2011, S. 24-25).

Im heutigen sozialwissenschaftlichen Verständnis setzen sich Differenz und Diversität dagegen aus individuellen und gruppenbezogenen Merkmalen zusammen, die teilweise angeboren sind, teilweise individuell erworben werden, teilweise durch Gesetze und institutionelle Praxis entstehen. Zu diesen Merkmalen zählen laut Allemann-Ghionda:

Intersektionalität

• Der sozioökonomische Status (mit dem Bildungsniveau verknüpft)
• Die Ethnie oder soziokulturelle Zugehörigkeit
• Nationalität bzw. Staatsangehörigkeit
• Geschlecht bzw. Gender
• Sexuelle Orientierung
• Alter
• Ability/disability bzw. Gesundheit im körperlichen oder seelischen Sinne
• Hautfarbe und andere sichtbare körperliche Merkmale
• Religion bzw. Glaube oder Spiritualität

Allen Merkmalen der Differenz ist nach dieser Sichtweise gemeinsam, dass sie nicht isoliert, sondern kombiniert und kumuliert auftreten, dass der Begriff der Minderheit dementsprechend komplex und fließend ist und dass Zugehörigkeiten und Differenzen durch persönliche Identitätsbildung, durch soziale Interaktion sowie durch die Praxis der Institutionen zum Thema gemacht

werden (vgl. Allemann-Ghionda 2011, S. 25). Die Perspektive, dass bestimmte Merkmale bzw. Differenzen nie isoliert auftreten, sondern immer als
sich vermischende oder kreuzende Differenzlinien, wird mit dem Konzept der
Intersektionalität theoretisch begründet (vgl. z.B. Winkler/Degele 2009).

Im Hinblick auf die Interpretation von sozialen Problemlagen eröffnet
sich daraus für die Soziale Arbeit eine mehrdimensionale Herangehensweise:
Sie nimmt verstärkt in den Bick, dass der Umgang mit Verschiedenheit ver-
engt ist, wenn man ihn nur auf ein einzelnes Identitätsmerkmal reduziert bzw.
eine einzelne Kategorie als Erklärungsmuster für soziale Probleme heranzieht.
Diversity als soziale und pädagogische Perspektive zielt auf einen angemessenen Umgang mit dem Zusammenwirken vielfältiger Identitäts- und Zuge-
hörigkeitspositionen (vgl. Mecheril/Vorrink 2012, S. 92).

Diversity-
Education

Der Ansatz, soziale Gruppenzugehörigkeiten wie Ethnizität, sexuelle
Orientierung oder Geschlecht nicht mehr voneinander isoliert zu behandeln,
sondern in einem Konzept zusammenzuführen, wird im Bereich der Erziehungswissenschaften unter dem Begriff Diversity-Education diskutiert (vgl.
Walgenbach 2012, S. 244). Dabei geht es darum, nicht mehr ein einzelnes und
isoliertes Gruppenmerkmal in den Mittelpunkt der Analyse zu stellen (z.B. die
andere Kultur), sondern zunächst nach dem sozialen Kontext (z.B. schulischer
Bildungskontext) zu fragen, indem ein bestimmtes Ensemble von Differenzlinien eine Rolle spielen könnte (vgl. Leiprecht 2008, S. 17).

Resümee

Anerkennung
und
Umverteilung

1. Die Diversity-Perspektive bietet der Sozialen Arbeit die Option eines po-
sitiv bejahenden und wertschätzenden Umgangs mit Vielfalt und Differenz.
Auch wenn die Idee der gleichberechtigten gesellschaftlichen Teilhabe und
Anerkennung unterschiedlichster Identitätskonzepte und Lebensformen dabei
sicher noch als utopische-überschreitende Vision daherkommen mag (vgl.
Maurer 2008, S. 14) bietet sie doch die Möglichkeit, die bisher in Theorie und
Praxis vorherrschende homogenisierende und defizitorientierte Sicht auf die
Adressat/-innen kritisch zu reflektieren und den Blick ressourcenorientiert zu
richten auf die individuellen und pluralisierten Lebensentwürfe der Menschen.

Allerdings haben sich allein mit dem Bewusstsein von Diversität bzw. mit
dem Blick auf den Binnenraum sozialer Gruppierungen die Probleme sozialer
Ungleichheit oder die Erfahrung von Diskriminierung noch lange nicht erledigt (vgl. ebd.). Bestimmte Kategorien und Einteilungen bestimmen nach wie
vor ein regulatives Prinzip, das die Zugehörigkeit/Nicht-Zugehörigkeit, In-
oder Exklusion, Mehrheit oder Minderheit definiert. Die Diskussion um Diversity als anerkennungsorientiertes Konzept im Einsatz für soziale Gerechtigkeit darf demnach nicht von den bisherigen zentralen Fragen um soziale

Ungleichheitsverhältnisse abgespalten werden. Zu einer umfassenden Konzeption von Gerechtigkeit in der Sozialen Arbeit gehören beide Perspektiven: die Perspektive der Anerkennung und die Perspektive der Umverteilung (vgl. Lamp 2007, S. 18).

2. Diversity als handlungsorientierte Perspektive der Sozialen Arbeit bedarf der inhaltlichen und konzeptionellen Weiterentwicklung. Zentrale Begrifflichkeiten und Kernelemente müssen für den Kontext Sozialer Arbeit konturierter geklärt und damit zu anderen Diskursen (z.B. den rein ökonomisch orientierten Managing-Diversity-Konzepten) abgrenzbar werden.

Konzeptionelle Weiterentwicklung

Im Hinblick auf den Ressourcenbegriff finden sich z.B. bisher wenige Auseinandersetzungen darüber, welche Ressourcen genau gemeint sind und wie diese in den gegebenen strukturellen Rahmenbedingungen überhaupt nutzbar gemacht werden können (vgl. Walgenbach 2012, S. 150). Gleiches gilt für den Begriff der Anerkennung. Axel Honneth systematisiert mit dem Blick auf Subjekte und deren Gruppenzugehörigkeiten drei Anerkennungsebenen: Liebe/Fürsorge, Leistung und Recht (vgl. Honneth 2003 zit. in Heite 2012, S. 48). Konkrete Perspektiven für die Theoriebildung und Praxis Sozialer Arbeit sind daraus aber erst noch zu abzuleiten.

Zukünftig gilt es also, genaue Vorstellungen darüber zu entwickeln, was nun eigentlich die konkreten Herausforderungen des Konzeptes sind und wie die entstandenen Ansätze für die Soziale Arbeit so konkretisiert werden können, dass sie nicht bald wieder versanden oder zu einer reinen Floskel mit Marketingeffekt verblassen (vgl. Allemann-Ghionda/Bukow 2011, S. 9). In diesem Sinne beginnt die Soziale Arbeit erst allmählich, die unterschiedlichen Diskussionsstränge zusammenzuführen und im Sinne eines kritisch-reflexiven Ansatzes (Mecheril/Vorrink 2012, S. 92) weiterzuentwickeln.

3. Das Diversity-Konzept bietet als Gesamtstrategie eine wichtige Ergänzung, aber keinen Ersatz für die bisherige Konzeptentwicklung, die soziale Ausgrenzung und Benachteiligung vorrangig aufgrund eines einzelnen Differenzmerkmals bearbeitet hat. Eine solche Gesamtstrategie bedarf immer der Ergänzung durch differenzierte und profilierte Einzelstrategien für die jeweiligen Dimensionen von Vielfalt, die einander ergänzen, aber nicht ersetzen (vgl. Schröer 2012, S. 15). Gender-Mainstreaming, Interkulturelle Orientierung und Öffnung oder der Einsatz für die Akzeptanz gleichgeschlechtlicher Lebensweisen bleiben nach wie vor relevante, politisch motivierte Strategien zum Ausgleich von Benachteiligung und Diskriminierung bestimmter gesellschaftlicher Gruppierungen.

4. Die Vermittlung von Diversity-Kompetenz gehört heute zu einem wesentlichen Kernbereich des Studiums der Sozialen Arbeit. Studierende müssen die unterschiedliche theoretischen Diskurse um Vielfalt und Differenz, gerade auch in ihrer historischen Entwicklung, verstehen und nachvollziehen können.

Diversity-Kompetenz

Entsprechende Kenntnisse über unterschiedliche Differenzdiskurse, die die Gesellschaft strukturieren (Ungleichheit und Ausgrenzung, Abweichung und Normalität, u.a.) müssen nachgezeichnet werden können und auch in ihrer Konstruiertheit und Veränderbarkeit erkannt werden (vgl. Lamp 2007, S. 206).

Weiterhin geht es um die Ausbildung einer differenzreflexiven Grundhaltung. Studierende sind zu einem Reflexionsprozess über die eigenen Vorannahmen, Ordnungssysteme, Stereotypen oder Hierarchisierungen anzuregen, die in die alltägliche pädagogische Arbeit einfließen und diese auch fort- und festschreiben können. Daraus folgt, den Blick auf die Adressat/-innen so zu öffnen, dass diese die Chance bekommen, sich von (konstruierten) Zuschreibungen zu distanzieren, die mit bipolaren, hierarchisierenden Ordnungsmustern transportiert werden und die im individuellen Fall als belastend empfunden werden können (vgl. ebd., S. 155).

Und nicht zuletzt geht es um die Vermittlung anwendungsorientierter Konzepte und Strategien, um in der späteren Praxis fachlich begründet Veränderungen bewirken und Diversity-Ansätze produktiv implementieren zu können.

Literatur

Allemann-Ghionda, C./Bukow, W.-D. (2011): Orte der Diversität. Formate, Arrangements und Inszenierungen. Wiesbaden.

Allemann-Ghionda, C. (2011): Orte und Worte der Diversität – gestern und heute. In: Allemann-Ghionda/Bukow (Hg.) a.a.O., S. 15-34.

Heite, C. (2011): Anerkennung. In: Otto, H.-U./Thiersch, H. (Hrsg.) (2011): Handbuch Soziale Arbeit. Grundlagen der Sozialarbeit und Sozialpädagogik. München u. Basel, S. 48-56.

Lamp, F. (2007): Soziale Arbeit zwischen Umverteilung und Anerkennung. Der Umgang mit Differenz in der sozialpädagogischen Theorie und Praxis. Bielefeld.

Leiprecht, R. (2008): Diversity Education und Interkulturalität in der Sozialen Arbeit. In: Sozial Extra 11/12, S. 15-19.

Lüthi, E./Oberpriller, H. (2009). Teamentwicklung mit Diversity Management. Bern, Stuttgart u. Wien.

Maurer, S. (2008): Sich verlieren im unendlich Verschiedenen? Ungleichheit – Differenz – Diversity. In: Sozial Extra 11/12, S. 13-14.

Mecheril, P./Vorrink, A. (2012): Diversity und Soziale Arbeit: Umriss eines kritisch-reflexiven Ansatzes. In: Archiv für Wissenschaft und Praxis der sozialen Arbeit 1/2012, S. 92-101.

Schroeder, J. (2007): „Diversity" und ihre Grenzen. Anforderungen, Probleme und Konzepte lebenslagenorientierter Beratung von Flüchtlingen und Migrant/-innen in Deutschland. http://www.themenpool-migration.eu/download/themen_diversity-deutsch.pdf [Letzter Zugriff 01.12.2012].

Schröer, H. (2012): Diversity Management und Soziale Arbeit. In: Archiv für Wissenschaft und Praxis der sozialen Arbeit 1/2012, S. 4-16.

Stuber, M. (2004): Diversity. Das Potential von Vielfalt nutzen – den Erfolg durch Offenheit steigern. München.

Unternehmensinitiative „Charta der Vielfalt e.V." (Hg.): Charta der Vielfalt: http://www.charta-der-vielfalt.de/startseite.html [Letzter Zugriff: 01.12.2012].

Walgenbach, K. (2012): Diversity Education – eine kritische Zwischenbilanz. In: neue praxis 3/12, S. 242-255.

Winker, G./Degele, N. (2009): Intersektionalität. Zur Analyse sozialer Ungleichheiten. Bielefeld.

Gesundheit

Peter Franzkowiak

Einleitung

Das Gesundheitssystem wird definiert als die Gesamtheit des gesellschaftlich organisierten Handelns zur Abwehr gesundheitlicher Gefahren und als Reaktion auf das Auftreten von Krankheit und chronischer gesundheitlicher Einschränkung (vgl. Busse/Schreyögg/Tiemann 2010). Es umfasst alle Personen, Organisationen, Einrichtungen, Regelungen und Prozesse, deren Aufgaben sind:

- Förderung und Erhaltung der (primär somatischen, aber auch psychischen) Gesundheit;
- Einschätzung und Früherkennung gesundheitlicher Risiken;
- Krankheitsvorsorge, Krankheitsbehandlung und -bewältigung;
- Rehabilitation und gesellschaftliche Teilhabe von Menschen mit chronischen Einschränkungen.

Medizinische Dominanz

Im deutschen Gesundheitssystem dominieren historisch, rechtlich, definitorisch und praktisch-institutionell die ärztlich-medizinischen Perspektiven und Dienstleistungen. Orientierend ist von einer groben dreiteiligen Gliederung auszugehen: (i) Stationäre Versorgung in Krankenhäusern (incl. Einrichtungen der Vorsorge und Rehabilitation); (ii) ambulante ärztliche Versorgung; (iii) Integrierte Versorgung über beide Sektoren hinweg.

Das Gesundheitswesen i.e.S. umfasst die Gesamtheit der vom Staat geschaffenen Einrichtungen zur Erhaltung, Förderung oder Wiederherstellung der Gesundheit der Bevölkerung. Zu den sowohl hoheitlichen als auch fürsorglichen Aufgaben gehören hier die allgemeine Gesundheitsvorsorge und -erziehung sowie die bevölkerungsbezogene Abwehr gesundheitlicher Gefahren. Besonderer Schwerpunkt ist die Aufsicht über rechtliche Schutzbestimmungen mit Gesundheitsbezug (z.B. Infektionsschutz, Arznei- und Lebensmittelsicherheit, Arbeitsschutz). Träger der Aufgaben im Gesundheitswesen sind an erster Stelle die staatlichen Gesundheitsämter der Länder und Kreise.

Doppelcharakter sozialarbeiterischer Fachlichkeit

In einer Vielzahl von Einrichtungen und Handlungsfeldern des Gesundheitssystems wie des Gesundheitswesens agieren Fachkräfte der Sozialen Arbeit professionell: beratend, betreuend, unterstützend, aktivierend, vermittelnd, interprofessionell und institutionell kooperierend. In der gesundheitlichen Versorgung bleiben sie zwar überwiegend noch einer biomedizinischen

Hegemonie unterworfen, doch agieren sie auch professionell eigenständig in vielen Bereichen der Prävention und Gesundheitsförderung, der Betreuung, Vermittlung und im intersektoralen Schnittstellenmanagement. Nach der Jugendhilfe ist der Gesundheitsbereich zum wichtigsten Berufsfeld geworden, mit derzeit geschätzt zwischen einem Viertel bis zu einem Drittel aller Beschäftigungsformen und -verhältnisse für Sozialarbeiter/-innen und Sozialpädagogen/-innen.

Zur Systematik gesundheitsbezogener Sozialer Arbeit

In allen Gesellschaften besteht ein sozialer Gesundheitsgradient, d.h., ein weitgehend linearer Zusammenhang zwischen sozialer Lage, sozialer Ungleichheit und ihren Auswirkungen auf die jeweiligen Gesundheitschancen, Krankheits-, Behinderungs- und Sterblichkeitsrisiken der unterschiedlich betroffenen Bevölkerungsgruppen. Sozialhistorisch wie sozialepidemiologisch ist dieser Konnex global wie national stabil und wird immer neu nachgewiesen. Der Gesundheitszustand umschriebener Gruppen und Teilkulturen ist damit bis heute ein gewichtiger Indikator für soziale Benachteiligung, ein Seismograf für soziale Problemlagen. *sozialer Gesundheitsgradient*

Der Konnex spielt auch eine gewichtige professionshistorische Rolle. Die Soziale Arbeit bezog sich von Beginn ihrer Berufsgeschichte an eng auf gesundheitliche Belange und Belastungen im Kontext sozialer Probleme. Die so genannte Gesundheitsfürsorge war zum Anfang des 20. Jahrhunderts die dritte Säule in der Entwicklungsgeschichte der Sozialen Arbeit (vgl. Homfeldt/Sting 2006 und 2011). Gesundheit ist somit ein grundlegendes Thema aller Sozialen Arbeit.

Von gesundheitsbezogener Sozialer Arbeit spricht man, wenn Gesundheit und Krankheit zum Schwerpunkt der sozialberuflichen Tätigkeit werden. Sie umfasst „alle sozialprofessionellen Eingriffe und Unterstützungsmaßnahmen, die zur Vorbeugung, Minderung und Bewältigung persönlicher, kollektiver und sozialer Gesundheitsrisiken, gesundheitlicher Problemlagen und daraus folgender Benachteiligungen und Notstände beitragen. Sie tritt in Aktion, wenn Betroffene ihre Probleme aus eigener Kraft nicht bewältigen können, und die Gesellschaft entsprechende institutionelle bzw. rechtliche Bewältigungshilfen bietet" (Franzkowiak 2009, S. 66). *Gesundheitsbezogene Soziale Arbeit*

Immer wird die soziale Dimension und Determination von Gesundheit und Krankheit betont: in Komplementarität, oftmals auch in Gegenposition zur naturwissenschaftlich-medizinischen Perspektive auf Körper, Entwicklung, Gesundheit, Krankheit und Tod: „Soziale Arbeit betont die soziale Funktion von Gesundheit und Krankheit in spezifischer Weise. Zentral sind Fragen der Einschränkung bzw. (Wieder-)Gewinnung von Autonomie der

Lebenspraxis und die (Un-)Möglichkeit sozialer Teilhabe. Ihre Integrationsaufgabe versteht sie nicht als Unterwerfung der Subjekte unter gesellschaftliche Zwecke, sondern als Vermittlungsleistung zwischen (kranker) Person, Gemeinschaft und Gesellschaft" (Filsinger/Homfeldt 2001, S. 713).

komplementäre Handlungsfelder

Gesundheitsbezogene Soziale Arbeit wird gemeinhin in zwei komplementäre Komponenten und Handlungsfelder unterschieden (vgl. Ortmann/ Waller 2005; Waller 2007; Homfeldt/Sting 2011; Franzkowiak/Homfeldt/ Mühlum 2011):

- Soziale Arbeit im Gesundheitswesen: in Tätigkeitsfeldern etablierter wie neuer Gesundheitsdienste, etwa in Gestalt „integrierter Versorgung" im Krankenhaus, in Rehabilitationseinrichtungen, in der Suchtkrankenhilfe, im Öffentlichen Gesundheitsdienst, in der ambulanten und komplementären psychiatrischen Versorgung, in der Frühförderung/Sozialpädiatrie, z.T. auch in der Pflege – Sozialstationen/Pflegestützpunkte, Betreutes Wohnen – und in Hospizdiensten;
- Gesundheitsarbeit im Sozialwesen: durch intentionale, aktive Berücksichtigung gesundheitlicher Aspekte in etablierten Feldern Sozialer Arbeit wie der Familienhilfe, Kinder- und Jugendarbeit, Sucht- und Gewaltprävention, Gemeinwesenarbeit, Behinderten- und Altenhilfe und ihren entsprechenden Beratungs- und Förderstellen; hinzu tritt die (sozialpädagogische) Gesundheitsförderung in der Gemeinwesen- und Netzwerkarbeit, durch Empowerment von einzelnen und Gruppen, als Entwicklung neuer Strategien und Handlungskonzepte in der schulischen und außerschulischen Prävention, als sozialprofessioneller Beitrag zur Gesundheitsförderung in Betrieben und Organisationen.

Die doppelte Verortung der Sozialen Arbeit in Gesundheits- und Krankheitskontexten ist vorrangig pragmatisch angelegt. Sie kann aus systematischer Sicht keinesfalls zufriedenstellen, ist zum jetzigen Stand aber auch noch nicht weiter auflösbar.

Soziale Arbeit im Gesundheitswesen

Gesundheitsdienste als sekundäre Settings

Soziale Arbeit in der gesundheitlichen Versorgung ist der historisch früheste und am breitesten ausgebaute Bereich der gesundheitsbezogenen Sozialen Arbeit. Heute findet sie sich in einer Vielzahl ambulanter, teilstationärer und stationärer Einrichtungen, zumeist im Kontext von Armut, Krankheit, Gefährdung, sozialer Benachteiligung oder Behinderung. Homfeldt sieht Gesundheitsdienste als für die Soziale Arbeit sekundäre Settings, da sie vorrangig krankenversorgend oder pflegebezogen sind. Soziale Arbeit im Gesundheitswesen „wird tätig bei kranken Menschen, die aus ihren lebensweltlichen

Bezügen gerissen wurden und die in Bezug auf den Wiedergewinn alltags-
bezogener Balance zu unterstützen sind: sozial, ökonomisch, rechtlich, ver-
waltungsbezogen" (Homfeldt 2011, S. 489).

Sozialarbeit im Gesundheitswesen entstand und ist bis heute gesellschaftlich legitimiert, um das mit Krankheit verbundene Risiko einer sozialen,
beruflichen und finanziellen Benachteiligung zu vermeiden bzw. im Sinne der
tertiären Prävention abzumildern. Der Krankenhaussozialdienst (historisch:
Gesundheitsfürsorge) zählte zu den ersten anerkannten Handlungsfeldern der
Sozialen Arbeit überhaupt.

Gesellschaftlicher Auftrag und methodischer Kern von Sozialarbeit im
Akutkrankenhaus und in der Rehabilitation ist die Bearbeitung sozialer Folgeprobleme von Krankheit, Krisen oder dauerhafter Einschränkung. Dies
umfasst:

Bearbeitung sozialer Folgeprobleme von Krankheit

- psychosoziale Beratung der Klienten/-innen und Patienten/-innen;
- Erkennen und Klärung von Schnittstellenproblemen im sequenziellen
  Krankheits(versorgungs)prozess zwischen stationären und ambulanten
  Settings;
- Unterstützung von Klienten bei der Bewältigung sozialer und beruflicher
  (Re-)Integrationsprobleme;
- Sicherung und Erhöhung ihrer gesellschaftlicher Teilhabe nach Krankheit
  und Krise oder im Angesicht einer fortdauernden gesundheitlichen Ein-
  schränkung.

Damit trägt diese Soziale Arbeit zur Minimierung krankheitsbedingter sozialer Ungleichheit bei.

Im stark reglementierten, professionell wie institutionell fremdbestimm-
ten Gesundheitswesen übernimmt die Soziale Arbeit nicht nur klassische soziale Hilfe- und Versorgungsaufgaben oder Teilaspekte sozialstaatlicher
Kontrolle. Im Einklang mit dem professionellen Wertekanon und ihrer Ethik
orientieren sich die Fachkräfte, wo immer möglich, an Empowerment und
Befähigung, fördern Netzwerkarbeit, sind ihrer Sozialraum- und Lebensweltorientierung verpflichtet und sind hoch aufmerksam gegenüber den sozialen Determinanten von Gesundheit (vgl. Bals/Hanses/Melzer 2008; Kick-
busch/Engelhardt 2009). Soziale Arbeit versteht sich gerade auch in ihren
Sekundärsettings wie dem Krankenhaus, der Rehabilitation, im Rahmen psy-
cho- und sozioedukativer Interventionen bei und mit ihren Klienten als „Be-
fähigungs- und Bewältigungshilfe, um Personen darin zu unterstützen, ihre
eigenen Belange besser erkennen und gestalten zu können – auch in gesundheitlicher Hinsicht" (Franzkowiak/Homfeldt/Mühlum 2011, S. 139).

Empowerment, Befähigungs- und Bewältigungshilfe

Gesundheitsarbeit und Gesundheitsförderung im Sozial- und Bildungswesen

Gesundheit und Krankheit sind nicht nur in der Krankenversorgung, sondern in allen Feldern der Sozialen Arbeit ein potenzielles Thema. Homfeldt/Sting (2011) sprechen von einer „Profilierung" tradierter und etablierter Interventionen in Familienhilfe, Jugendarbeit und Gemeinwesenarbeit durch gesundheitsbezogene Wahrnehmung und Reflexion. Der Fokus liegt auf der gesundheitsbezogenen Sensibilität in bestehenden Handlungsfeldern und Arbeitsweisen der Sozialen Arbeit.

implizite Gesundheitsarbeit Diese Arbeitsfelder und Sozialen Dienste sind systemisch zwar nicht primär auf Krankheitsprävention, Gesundheitsförderung, Kuration oder Rehabilitation ausgerichtet. Gleichwohl weisen sie – zumindest implizit – einen hohen Anteil von Tätigkeiten und Wirkungen auf, die Merkmale einer präventiven, begleitenden oder nachsorgenden Gesundheitsarbeit sind. Beispiele für entsprechende Umsetzungen finden sich in den sozialräumlichen Ansätzen, im Aufbau kommunaler Präventionsketten, in allen sozialarbeiterischen Beiträgen zu einer für Menschen wie Organisation gleichermaßen „guten gesunden Schule", nicht zuletzt in der präventiven Kinder- und Jugendhilfe. Dauerhafte Herausforderung für die Gesundheitsarbeit im Sozialwesen ist jedoch das praktisch unausgewogene und in der Regel konzeptionell noch unvollständig systematisierte Verhältnis (noch wenig) expliziter zu (einer Vielzahl) impliziter Gesundheitsbezüge und entsprechender Gesundheitsförderung.

Praxisfelder und Interventionssettings Exemplarische Praxisfelder und institutionelle Settings von Gesundheitsarbeit im Sozialwesen mit ausgeprägten Anteilen von sozialpädagogischer Gesundheitsbildung und -förderung sind (vgl. Franzkowiak 2009):

- sozialräumliche und gemeinwesenorientierte Soziale Arbeit und Netzwerkbildung in lokalen Lebensräumen, Wohnquartieren, Nachbarschaften; Aktivierung und Empowerment von z.T. marginalisierten Bevölkerungsgruppen;
- Beratung, Unterstützung und Vernetzung in Allgemeinen Sozialen Diensten der Kommunen, Sozialstationen, Allgemeine Hilfe Zentren, Integrationsämtern;
- Beratung und Koordinierung in Pflegestützpunkten;
- kultursensible Sozialarbeit, Alltagsberatung und direkte (auch gesundheitliche) Hilfen bei Migranten/-innen, Aussiedlern, Zuwanderern und Menschen mit unsicherem Aufenthaltsstatus;
- Kinder- und Jugendhilfe, kommunaler Kinder- und Jugendschutz und Frühe Hilfen, Schulsozialarbeit, Jugendsozialarbeit, Sozialpädagogische Familienhilfe sowie Ehe-, Familien-, Konflikt- und Lebensberatung;
- gendersensible Soziale Arbeit, z.B. Mädchenarbeit, Jungen- und Männerarbeit;

- aufsuchende Hilfen und Streetwork mit unterschiedlichen Klienten/-innengruppen, z.B. Wohnungslosen;
- Beratung und Betreuung von Klienten/-innen und Betroffenen von Gewalt im Geschlechterverhältnis oder im sozialen Nahraum;
- Initiativen gegen Armut, Ausgrenzung und soziale Benachteiligung.

Waller (2007) betont die besondere Relevanz der genuin sozialarbeiterischen Professionalität und ihrer Interventionsansätze für die Prävention und Gesundheitsförderung mit sozial benachteiligten Bevölkerungsgruppen. Er bezieht sich auf all jene für klassische Gesundheitserziehung oder medizinische Therapie-Compliance schwer zu erreichenden und aufzuschließenden Problemklienten und -gruppen. Eigenständige Praxen zeigen sich gerade hier in der zielgruppenspezifischen Ansprache und lebenslagensensiblen Motivierung, der Informationsvermittlung und (Gesundheits-)Bildung, der Reduzierung ungesunder Lebensstile und einer Entwicklung und Umsetzung kompensatorischer Gesundheitshilfen.

Professionalität und Zielgruppenansprache

Exkurs: Klinische Sozialarbeit

Einen dritten, in die pragmatisch-duale Systematik gewissermaßen quer hineinragenden Professionalisierungs- und Handlungsraum bildet die Klinische Sozialarbeit. Angeregt von der US-amerikanischen clinical social work hat sie sich in den letzten zwei Jahrzehnten auch in Deutschland als Fachsozialarbeit und Ausbildung auf BA- und MA-Niveau entwickelt und etabliert.

Die Sektion Klinische Sozialarbeit in der Deutschen Gesellschaft für Sozialarbeit definiert zusammenfassend: „Von Klinischer Sozialarbeit wird gesprochen, wenn die Soziale Arbeit in Behandlungskontexten erfolgt und eigene Beratungs- und Behandlungsaufgaben wahrnimmt. Ausgehend von einem bio-psycho-sozialen Grundverständnis von Gesundheit, Störung, Krankheit und Behinderung liegt ihr Fokus auf der psychosozialen Diagnostik, Beratung und Behandlung von Personen im Kontext ihrer Lebenswelt. Ihre Adressaten sind Klienten und Patienten, deren Belastung reduziert und deren Bewältigungsverhalten durch methodisch geleitete Einflussnahme verbessert werden soll. Auch wenn die Trennschärfe zur allgemeinen Sozialarbeit nicht immer eindeutig ist, bemisst sich die Notwendigkeit und Eigenart klinisch-sozialen Handelns zum einen an der Indikation (z.B. schwer zugängliche Person), zum anderen an der Vorgehensweise und Intensität der personalen Einflussnahme (z.B. Therapieverfahren) sowie insgesamt am Nutzen für die behandelten Patienten und ihre soziale Umgebung (z.B. verringerter Leidensdruck)" (vgl. SKS-DGSA 2013).

Umrisse Klinischer Sozialarbeit

Eigenständigkeit klinischer Diagnose und Intervention

Entscheidend ist, dass die Klinische Sozialarbeit eigene Beratungs-, Kriseninterventions- und Behandlungsaufgaben wahrnimmt – mit Fokus auf die bereits angesprochenen „hard-to-reach"-Personen und soziokulturell, ethnisch oder gesundheitlich marginalisierte Gruppen. Auf Basis einer umfassenden psycho-sozialen Diagnose (mit kategorialer, biographischer und lebensweltbezogener Problem- und Ressourcenanalyse) werden Klienten/-innen mittels Case-Management darin unterstützt, ihren durch Gesundheitsstörungen, dauerhafte Einschränkungen und deren soziale Folgen prekär gewordenen Alltag produktiv zu bewältigen. Klinische Sozialarbeit ist somit keine „Zuarbeit" (mehr) für eine hegemoniale Medizin, nicht identisch mit Sozialer Arbeit im Krankenhaus, nicht an tradierte Krankheitsdefinitionen gebunden (vgl. Homfeldt 2011, S. 492ff; Franzkowiak/Homfeldt/Mühlum 2011, S. 181ff).

Verankerungen und Potenziale

Sozialarbeit im Gesundheitswesen beansprucht, die Risiken krankheitsbedingter sozialer Benachteiligung zu vermindern. Gesundheitsarbeit im Sozialwesen und Gesundheitsförderung zielen darauf, die Gefahren sozial bedingter gesundheitlicher Benachteiligung zu vermeiden. Handlungsführend, professionell weitgehend autonom bzw. gleichberechtigt im medizinisch hegemonial bestimmten Gesundheitssystem ist die Soziale Arbeit bislang in wenigen Teilsektoren: in der Suchtprävention und Suchtkrankenhilfe, der gesundheitlichen Bildung im Kontext von Kinder- und Jugendhilfe, in der gemeinde- und sozialpsychiatrischen Beratung und Vermittlung, zunehmend auch in der Altenhilfe im Kontext Sozialer Gerontologie.

Sozialräumliche und netzwerk-stärkende Gesundheits-förderung

Vor allem in den sozialräumlichen und netzwerkfördernden Ansätzen der Gemeinde- und Stadtteilentwicklung ist die gesundheitsfördernde Soziale Arbeit verankert: „Die AdressatInnen werden in ihren realen, komplexen Settings und Lebenswelten unterstützt und aktiviert. Ziele sind verbesserte Lebensführung und Lebensbewältigung sowie Belastungssenkung und Ressourcenstärkung unter schwierigen Bedingungen oder in prekären Lebenslagen. Das gesundheitsbezogene Handeln von Menschen – ob individuell oder in Gruppen- und Kulturzusammenhängen – kann eben nicht, wie in der biomedizinischen Prävention geläufig, von den persönlichen und gesellungsgeprägten Lebensweisen und Lebenspraxen abgespalten werden. Sozialräumliche und soziallagenbezogene Sozial- und Gemeinwesenarbeit (mit und ohne expliziten Gesundheitsbezug) betonen daher Befähigung, Vernetzung und gemeindebezogenes Empowerment ... In allen sozialräumlich aktivierenden Ansätzen liegen immer auch genuin gesundheitsförderliche Wirkungen, Handlungsfelder und Praxisstärken Sozialer Arbeit" (Franzkowiak/Homfeldt/Mühlum 2011, S. 231).

Gesundheitsförderung und Soziale Arbeit haben eindeutige Gemeinsamkeiten. Beide sind psychosoziale und sozialpolitische Aktivierungsstrategien, die auf Erschließung von Teilhabechancen und die Mobilisierung sozialer Ressourcen abzielen. Sie intervenieren für die Entfaltung und Erhöhung individueller Kompetenzen sowie eine Erweiterung von „Lebenskohärenz" und selbstkontrollierten Handlungsmöglichkeiten. Damit zielen sie auf autonome Lebensführung und weitestgehende Selbstbestimmung. Eine ethisch-konzeptionelle Gemeinsamkeit ist die Befähigungsgerechtigkeits- und Menschenrechtsperspektive in der Wahrnehmung, Anprangerung und angestrebten Aufhebung sozialer und gesundheitlicher Ungleichheiten oder Ungleichbehandlungen. Gesundheitsförderung enthält in Konzeption und Umsetzungsstrategien etliche sozialarbeitsaffine Anteile – gleichermaßen sind jeder Sozialen Arbeit beiläufige oder intentionale gesundheitsförderliche Wirkungen zu attestieren. In der Leitorientierung einer Einheit von Belastungssenkung und Ressourcenerhöhung trifft sich die Gesundheitsförderung mit der lebensweltorientierten Sozialen Arbeit.

(Randnotiz: Gemeinsamkeiten Sozialer Arbeit und Gesundheitsförderung)

Problemfelder und Zukunftsaufgaben

Wichtiges Ziel in der kontinuierlich fortschreitenden Etablierung und Professionalisierung der Sozialen Gesundheitsarbeit bleibt, dass eine Mitwirkung der Sozialen Arbeit sich nicht „auf die Rolle des Türöffners zu schwer erreichbaren Zielgruppen beschränkt, während der individualisierende und medizinische dominierte Blick auf Gesundheitsprobleme unhinterfragt bestehen bleibt" (Homfeldt/Sting 2011, S. 586).

Die gesundheitsbezogene Soziale Arbeit sieht sich – nach Homfeldt/Sting (2011), Homfeldt (2013), Gahleitner (2013) – gegenwärtig und zukünftig mit vier komplexen Problemfeldern konfrontiert:

(Randnotiz: Problemfelder und Herausforderungen)

- die Weiterentwicklung eigener Wirkungsforschung, Qualitätsermittlung und Qualitätssicherung (s. auch die „What Works?"-Debatte) – ohne Unterwerfung unter das abschnürende Dogma der Evidenzbasierung der Medizin, vielmehr in „selbstbewusster Positionierung" (Gahleitner) in der Wirkungsforschung mit eigener guter Praxis und im Kontext partizipativer Qualitätsentwicklung;
- eine Rekonstruktion und analytische Vertiefung ihres körper-, gesundheits- und störungsbezogenen Blicks – mit Konzeptionierung von Körper und Körperwelten als sozialen, sozioökomisch determinierten und je (sub-) kulturell hergestellten Wirklichkeiten, einschließlich einer (Selbst-)Reflexion der bisherigen Leib- und Körperferne Sozialer Arbeit als Wissenschaft sowie Profession;

- die Ausformulierung eigener Theorien und Praxeologien zum Zusammenhang von Lebenswelt und Lebensverlauf – mit der Identifizierung von komplexen Belastungs- und Risiko-, aber auch von Bewältigungs- und Befähigungs-„Ketten" sowie einer Vertiefung der biographischen und „Körperwelten-"Orientierung in der Arbeit mit Klienten/-innen in spezifischen Handlungsfeldern;
- die Netzwerkbildung und interprofessionelle Kooperation – im Rahmen systemübergreifender, intersektoraler Vernetzungen, primär auf Gemeinwesen- und Quartiersebene, mit erstem Schwerpunkt auf sozialräumlicher Prävention und Gesundheitsförderung.

Resümee

Ganzheitliche Praxeologie Auch in Würdigung dieser noch offenen Aspekte zeichnet sich die Soziale Gesundheitsarbeit – zusammenfassend betrachtet – vor anderen Professionen im Gesundheitssystem und Gesundheitswesen durch ihre komplexe, nicht- reduktionistische, interprofessionelle, also im besten Sinn ganzheitliche Praxeologie aus. Nach Franzkowiak/Homfeldt/Mühlum (2011, S. 129ff) vereinigt sie:

- die bio-psycho-soziale Dimensionierung von Gesundheit und Krankheit, mit diagnostischem und interventivem Schwerpunkt auf den sozialen Determinanten;
- ein komplexes Verständnis von Gesundheit, Risiko und Krankheit als immer auch sozialhistorisch gewordene und determinierte, sich verändernde gesellschaftliche Konstrukte;
- eine Bewusstheit gegenüber dem Doppelcharakter von (Gesundheits-) Verhalten und Verhältnissen sowie individueller und öffentlicher Gesundheit in Gerechtigkeits- und Agency-Perspektive;
- eine Multiproblemperspektive in Diagnose, Handlungsplanung, Intervention und Ergebnissicherung;
- die eigenständige, besonders in Problem- und Risikokonstellationen hoch wirkungsmächtige Sozialraum- und Lebensweltorientierung;
- Gender- und Diversitysensibilität und Interkulturalität;
- die Praxis und Methodik von Befähigungshilfe und sozialer Aktivierung;
- das Streben nach gleichwertiger Multiprofessionalität, Kooperation und Koordination im Gesundheitswesen; eine Offenheit für transdisziplinäre Erkenntniswege und Handlungsrationalitäten.

Mit Homfeldt lässt sich resümieren: „Die gesundheitsbezogene Soziale Arbeit hat eine zentrale Funktion in der Bekämpfung einer sich zunehmend mit der Verschärfung sozialer Ungleichheit gleichermaßen zuspitzenden gesundheitlichen Ungleichheit" (2013, S. 31).

Literatur

Bals, T./Hanses, A./Melzer, W. (2008) (Hrsg.): Gesundheitsförderung in pädagogischen Settings. Weinheim u. München.

Busse, R./Schreyögg, J./Tiemann, O. (Hrsg.): Management im Gesundheitswesen. Heidelberg.

Filsinger, D./Homfeldt, H. G. (2001): Gesundheit und Krankheit in der Perspektive Sozialer Arbeit. In: Otto, H.-U./Thiersch, H. (Hrsg.): Handbuch Sozialarbeit/Sozialpädagogik, 2. völlig überarb. Auflage. Neuwied u. Kriftel, S. 705-715.

Franzkowiak, P. (2009): Soziale Gesundheitsarbeit und Gesundheitsförderung – Standortbestimmung und Praxisübersicht. In: Prävention, 32. Jg./Heft 3, S. 66-69.

Franzkowiak, P./Homfeldt, H. G./Mühlum, A. (2011): Lehrbuch Gesundheit. Weinheim u. Basel.

Gahleitner, S. B. (2013): Forschung „bio-psycho-sozial": Bestandsaufnahme und Perspektiven aus Sicht der Sozialen Arbeit. In: Schneider, A. et al. (Hrsg.): Soziale Arbeit – Forschung – Gesundheit. Leverkusen-Opladen, S. 49-66.

Homfeldt, H. G. (2011): Soziale Arbeit im Gesundheitswesen und in der Gesundheitsförderung. In: Thole, W. (Hrsg.), Grundriss Soziale Arbeit. Ein einführendes Handbuch, Wiesbaden, S. 489-503.

Homfeldt, H. G. (2013): Forschungsfacetten einer gesundheitsbezogenen Sozialen Arbeit. Orientierungspunkte – Einblicke – Aufgaben. In: Schneider, A. et al. (Hrsg.): Soziale Arbeit – Forschung – Gesundheit. Leverkusen-Opladen, S. 15-33.

Homfeldt, H. G./Sting, S. (2011): Gesundheit und Krankheit. In: Otto, H.-U./Thiersch, H. (Hrsg.), Handbuch Sozialarbeit/Sozialpädagogik, 4. überarb. Aufl. München u. Basel, S. 577-589.

Kickbusch, I./Engelhardt, K. (2009): Das Konzept der Gesundheitsdeterminanten. In: Meyer, K. (Hrsg.): Gesundheit in der Schweiz. Nationaler Gesundheitsbericht 2008. Bern, S. 19-33.

Ortmann, K./Waller, H. (Hrsg.) (2005): Gesundheitsbezogene Sozialarbeit. Eine Erkundung der Praxisfelder. Hohengehren.

SKS-DGSA (2013): Sektion Klinische Sozialarbeit in der DGSA – Inhalt. http:// dgsainfo.de/sektionen/klinische_sozialarbeit/inhalt.html [letzter Zugriff: 02.09.2013].

Waller, H. (2007): Der Beitrag der Sozialen Arbeit zur Prävention gesundheitlicher Benachteiligung. In: Jahrbuch für Kritische Medizin 43, S. 74-85.

Inklusion

Marion Felder

Einleitung

Realität und Visionen einer inklusiven Gesellschaft

Das Recht auf inklusive Bildung ist Menschenrecht. Die Bundesrepublik Deutschland hat die Behindertenrechtskonvention der UN (2009) unterzeichnet, die eine veränderte Perspektive im Hinblick auf das gesellschaftliche Zusammenleben von Menschen mit und ohne Beeinträchtigungen entwirft und auch rechtlich verankert. Inklusion ist ein Leitideal und verpflichtet die Unterzeichnerstaaten, eine inklusive Gesellschaft in allen gesellschaftlichen Bereichen herbeizuführen. Die Realität der Umsetzung und die Visionen, die mit Inklusion verbunden sind – eine Gesellschaft, in der alle Kinder, Jugendlichen und Erwachsenen am gesellschaftlichen Leben partizipieren – klaffen allerdings oftmals auseinander (vgl. Wocken 2011a, o.S.).

Probleme der Umsetzung von Inklusion

Die Gründe dafür sind vielfältig; es scheitert am Willen aller Beteiligten, am Wissen um didaktische Konzepte, wie man wirklich – besonders auf den Bereich Schule bezogen – alle Kinder in ihrer Vielfalt und dennoch in ihrer Individualität in einen gemeinsamen Unterricht, bzw. in Aktivitäten einbezieht und schließlich an den finanziellen Ressourcen, Inklusion auch umzusetzen. Inklusion erfordert systematisches Umdenken und Umstrukturieren gesellschaftlich scheinbar unumstößlicher Gebilde – wie z.B. das dreigliedrige Schulsystem, dem zu Recht vorgeworfen werden kann, dass Kinder aus sozial oder ethnisch benachteiligten Gruppen in ihm weitaus geringere Bildungs- und Berufschancen haben. Inklusion bedeutet die Absage an homogene Lerngruppen und Freizeitaktivitäten, homogene Wohngebiete und Arbeitsplätze. Sie ist unbequem, da sie vieles in Frage stellt, was sich lange Zeit als scheinbar sicher erwies.

Frage nach der Aufgabe Sozialer Arbeit

Für die Soziale Arbeit stellt sich in diesem Zusammenhang die Frage nach ihrer spezifischen Aufgabe. Die Vision einer inklusiven Gesellschaft berührt alle Arbeitsfelder der Sozialen Arbeit und hat Auswirkungen auf die Aus- und Weiterbildung von Sozialarbeiter/-innen sowie auf ihr professionelles Selbstverständnis und ihre gesellschaftliche Verortung (vgl. Mertens/Scherr 2004).

Debatten und Klärungen

Auch innerhalb des Fachdiskurses wird die Debatte um die Möglichkeiten der Verwirklichung von Inklusion insbesondere im Hinblick auf Kinder und Jugendliche mit Behinderungen kontrovers geführt. Dies wird an der Diskussion um die Kategorisierung von Behinderungsarten deutlich. Hier plädiert Wocken (2011b, o.S.) für eine Abschaffung der Kategorien – besonders von Verhaltens- und Lernbehinderungen – da sie zu Stigmatisierungen führen. Andere Wissenschaftler hingegen stellen heraus, dass die Abschaffung gerade dieser Kategorien zu einem Nicht-Beachten der besonderen Bedürfnisse dieser Kinder und zur Einschränkung von Unterstützungsangeboten führen könnte (vgl. Ahrbeck 2011). Ahrbeck macht darauf aufmerksam, dass eine mögliche Dekategorisierung unter Umständen dazu führt, dass diese Kinder nicht mehr die notwendige Diagnostik und Förderung erhalten (vgl. Ahrbeck 2011, S.68ff) *Kontroverse Diskussionen im Hinblick auf Kinder und Jugendliche mit Behinderungen*

Ahrbeck kritisiert ebenfalls die alleinige Fokussierung auf einen Ressourcenansatz, der sich ausschließlich auf die Stärken der Kinder und Jugendlichen bezieht, ohne deren Defizite anzuerkennen. Damit warnt er vor einem einseitigen Blick auf das Kind, der dessen Bedürfnisse und das Angewiesensein auf Andere verleugnet (vgl. Ahrbeck 2011, S. 93).

Eine weitere Debatte richtet sich auf die Begriffe und stellt die Frage, worin der eigentliche Unterschied zwischen „Integration" und „Inklusion" liege. Vieles von dem, was mit Inklusion heute gemeint ist, z.B. eine Schule für alle Kinder, heterogenes Lernen, zieldifferenziertes Lernen, eine Gesellschaft, die sich gegen Marginalisierung und Diskriminierung wendet (vgl. Hinz 2012, S. 34), wurde auch schon in den 80er Jahren von einigen Vertretern einer kritischen Behindertenpädagogik unter dem Begriff der Integration vertreten (vgl. Stein 2012, S. 79). Bei dieser Definition von Integration ging es auch immer um grundsätzliche Veränderungen des Bildungs- und Erziehungssystems. Integration ist in diesem Sinne bisher nicht verwirklicht. So sind in der Bundesrepublik nur 12% aller Schüler/-innen mit Förderbedarf in Regelschulen integriert (vgl. Stein 2012, S. 88). Stein (2002, S. 81) führt weiter aus, dass der Begriff „Inklusion" unter Umständen auch davon ablenken kann, warum Integration nicht verwirklicht worden ist. Auch bezweifelt sie, dass der neue Begriff tatsächlich die notwendigen gesellschaftlichen Veränderungen herbeiführt. Stein plädiert für eine sozial- und gesellschaftspolitische Analyse des Ausschlusses von Menschen und schreibt: „Eine solche Analyse muss die konkreten ökonomischen und sich daraus ergebenden (z.B. auch bildungs-)politischen Rahmenbedingungen und Realisierungsmöglichkeiten einer inkludierenden Gesellschaft umfassen. Dazu gehört auch, die ‚notwendigen' strukturellen Veränderungen der ‚Institutionen des Ausschlusses' vorzunehmen" (Stein, 2012, S. 82). Auch Dannenbeck (2012, S. 107) *Diskussionen um Definitionen von Inklusion/Integration* *Strukturelle Veränderungen der Institutionen des Ausschlusses* betrachtet die überaus optimistischen Inklusionsdiskurse aus dem pädagogischen Feld eher skeptisch. Er weist darauf hin, dass aus systemtheoretischer Sicht Inklusion und Exklusion konstitutive Elemente funktional ausdifferenzierter Gesellschaften darstellen (vgl. dazu auch Merten/Scherr 2004). Nach Dannenbeck geht es bei der UN-Konvention um den Abbau bestehender Teilhabebarrieren und zugleich um die Reflexion sich neu konfigurierender Exklusionsprozesse. Er hält es für bedeutsam, neben der Integration marginalisierter Gruppen auch immer soziale Ungleichheitsdynamiken einer Gesellschaft zu beachten (vgl. Dannenbeck 2012, S. 110).

Grenzen des pädagogisch Möglichen

Feuser weist auf die Grenzen des pädagogisch Möglichen vor dem Hintergrund dieser Dynamiken hin, indem er sagt: „Zu gewinnen wäre auch die Erkenntnis, dass es nicht für alle pädagogisch relevanten Fragen auch pädagogisch umsetzbare Antworten gibt. Viele Antworten sind gesellschaftspolitischer und ökonomischer Natur. Dem folgt das Erfordernis, dass die, die wissenschaftliche Erkenntnisse generieren und entsprechende Einsichten gewonnen haben, sich auch politisch engagieren müssen" (Feuser 2012, S. 291). Stein verbindet die Realisierung von Inklusion ebenfalls damit, wie Verantwortung für alle Mitglieder einer Gesellschaft an ein Gemeinwesen abgegeben werden kann. Sie plädiert dafür, dass sich politisch verstehende Gemeinwesen-konzepte ausgehend von der amerikanischen Bürgerrechtsbewegung (Community Organizing, Community Living/Building Konzepte) auf ihre Bedeutung für die Herstellung inklusiver Gesellschaftsstrukturen neu untersuchen lassen (vgl. Stein 2012, S. 85).

Inklusion bedeutet mehr als gemeinsamer Unterricht behinderter und nicht-behinderter Kinder

Immer wieder wird darauf hingewiesen, dass Inklusion nicht nur verkürzt als Inklusion von Menschen mit Behinderungen in Schulen verstanden werden kann (vgl. Booth 2011, S. 6). Es geht vielmehr um eine andere Gesellschaft, die Heterogenität schätzt und die Verschiedenartigkeit von Menschen anerkennt. Inklusion wird damit auch zu einem Vehikel einer gerechteren Gesellschaft, die „Gerechtigkeit in der Bildung und durch die Bildung" (Prengel 2012, S. 16) herstellen soll. Inklusion betrifft alle Lebens-bereiche, in denen Menschen gebildet und ausgebildet werden, in denen sie wohnen und arbeiten und ihre Freizeit verbringen (vgl. Booth 2012, S. 71). Sie ist damit ein gesellschaftlicher Gesamtentwurf, in den sich Sozialarbeiter/-innen auch durch besondere sozialräumliche Konzepte (Gemeinwesenarbeit, Community Organization) einbringen können.

Problemfälle und Herausforderungen inklusiver Bildung und Erziehung

Im Folgenden werden beispielhaft bestimmte Problemfälle und Herausforderungen inklusiver Bildung und Erziehung dargestellt. Dazu wurden die Bereiche „Verhalten" und „Curriculum" (verstanden als die Summe von Lernmöglichkeiten und Bildungsinhalten) ausgewählt. Beiden Bereichen müssen sich Professionelle (Lehrer/-innen, Therapeut/-innen, Sozialarbeiter/-innen) widmen, um eine Schule zu verwirklichen, in der alle Zugang zu diesem Curriculum haben und ihre ganz individuellen Lernstile zur Geltung kommen.

Verhalten und Curriculum

Verhaltensprobleme von Kindern und Jugendlichen können Bildungsprozesse in heterogenen Gruppen erschweren. Diese These scheint bisher in Bezug auf die Inklusionsdebatte noch nicht genug Beachtung erfahren zu haben (vgl. Hoffmann 2011, o.S.). Dabei nehmen Verhaltensauffälligkeiten grundsätzlich zu und stellen Lehrer/-innen in Regelschulen mit einer eher homogenen Schülerschaft schon jetzt vor große Probleme (vgl. Spiewack 2010, o.S.). Bei den Verhaltensproblemen handelt es sich um Verhaltensweisen, die das gemeinsame Lernen beeinträchtigen. Dazu gehören z.B. Aufmerksamkeitsprobleme, verbale „Ausfälle" wie Beschimpfungen, Schreien, Aggressionen gegen sich selbst, andere oder Gegenstände. Bedeutung des Themas ‚Verhalten' im inklusiven Unterricht

Im Zuge der Inklusion ist davon auszugehen dass das Thema „Verhalten" an Regelschulen noch größere Bedeutung erfährt. Es ist eine Sache, mit Kindern des Förderschwerpunktes sozial-emotionale Entwicklung an Sonderschulen in kleinen Gruppen umzugehen und eine andere, dies in einer Klasse mit dreißig Kindern zu vollziehen. Immer müssen die Gründe für problematisches Verhalten erfasst und systematisch angegangen werden.

Wievelswiep (2012, S.378) stellt heraus, dass das System Schule bestimmten Regeln folgt, deren Nichtbeachtung zum Schul-Ausschluss führen kann. Wenn verhaltensauffällige Kinder nicht mehr als „behindert" kategorisiert werden, bestehe auch keine Notwendigkeit mehr, sie zu fördern oder bestimmte Zugeständnisse zu machen. Der Weg zur Exklusion werde damit geebnet wie dies in den USA durch eine ‚zero-tolererance-law' gegenüber Gewalt an Schulen schon geschehe (a.a.O., S. 375). Schul-Ausschluss als mögliche Konsequenz von Verhaltensproblemen

Es muss auch die Frage gestellt werden, ob immer alle Kinder in der Lage sind, sich in einer Gruppe angemessen zu entfalten und zu partizipieren. Menschen mit all ihren Bewegungen, Gerüchen, Geräuschen tolerieren, stellt für einige Kinder hohe Anforderungen dar. Manchmal dauert es viele Jahre oder sogar ein Leben lang, ehe diese Grundfähigkeiten, die für die meisten Menschen als selbstverständlich erachtet werden, aufgebaut werden. Einige Kinder und Jugendliche mit Hirnschädigungen, intellektuellen Beeinträchtigungen und auch Menschen mit Autismusspektrumsstörungen (ASS) haben oft Probleme mit dem Verarbeiten von Reizen. Oftmals gelingt Inklusion für Menschen mit schweren sensorischen Beeinträchtigungen nur dann, wenn neben dem intensiven Aufbau von Copingstrategien auch Schonräume aufgebaut werden, die einen Rückzug, bzw. wenn notwendig einen ‚heaven' erlauben (Jordan 2008, S. 13). Dies muss nicht außerhalb der Regelschule geschehen, es muss jedoch innerhalb dieser gewährleistet sein (vgl. Jordan 2008, S. 13).

Ziel sollte es auch sein, Kinder und Jugendliche zu ermutigen, es zu kommunizieren, wenn sie sich der Situation entziehen müssen *bevor* eine Situation eskaliert. Solche Prozesse müssen aber durch eine systematische Systematische Verhaltensanalyse und Intervention

Verhaltensanalyse sowie durch Intervention und Verlaufsdokumentation von Verhalten in inklusiven Einrichtungen professionell angegangen und begleitet werden, ansonsten besteht die Gefahr, dass Kinder mehr Zeit außerhalb als innerhalb des Klassenzimmers verbringen und somit stärker *segregiert* werden als in einer Sonderschule. Es müssen bindende Strategien (z.B. Kriseninterventionsprogramme) entworfen werfen, die auch im Falle einer Eskalation zum Tragen kommen. Daneben müssen Situationen eingeübt werden, die für alle die größtmögliche Sicherheit bieten. Wenn dies nicht gewährleistet ist, werden sich Menschen nur schwer für Inklusion begeistern können. Lernen wird nur dann möglich, wenn Sicherheit und Aufmerksamkeit aller Kinder und Erwachsenen gewährleistet sind.

Besonderheiten in Bildung und Erziehung behinderter Kinder und Jugendlichen

Im Folgenden werden beispielhaft curriculare Besonderheiten in der Bildung und Erziehung von Kindern und Jugendlichen mit Behinderungen dargestellt, die in inklusiven Einrichtungen berücksichtigt werden müssen.

Expanded Core Curriculum

In der Erziehung und Bildung blinder und sehbehinderter Kinder besteht zusätzlich zu dem regulären Lehrplan auch ein sogenanntes „Expanded Core Curriculum", d.h. ein ganzer Zusatz-Kanon an Fächern und Lern-Inhalten (z.B. Punktschrift, Orientierungs- und Mobilitätstraining, Lebenspraktische Fähigkeiten, Sehtraining, Einführung in technische Hilfsmittel, Anleitung zur Berufsfindung, Entwicklung kompensatorischer Fähigkeiten), die die Kinder meistern müssen, um am schulischen und gesellschaftlichen Leben teilhaben zu können (vgl. Huebner et al. 2004). Dies muss innerhalb des Schulalltages erfolgen und erfordert hohen organisatorischen und personellen Aufwand sowie die Berücksichtigung der psychischen und sozialen Situation blinder Kinder innerhalb einer regulären Schule.

Schulische Inklusion und spätere Berufstätigkeit

Eine jüngste Studie aus Dänemark untersuchte die Situation von Menschen mit Sehbehinderung, die in den letzten 30 Jahren inklusiv beschult wurden (vgl. Rodney 2011a, o.S.). Rodney kommt zu dem ernüchternden Schluss, dass die meisten der inklusiv beschulten Kinder und Jugendlichen als Erwachsene von einer Rente oder Sozialhilfe abhängig sind und somit den Schritt in die Berufstätigkeit trotz Inklusion im Kindesalter nicht geschafft haben. Die Teilnehmer/-innen der Studie hätten durchaus das Potenzial zur Berufstätigkeit gehabt, sie fühlten sich dazu jedoch nicht in der Lage. Rodney stellt heraus, dass Dänemark mit 85% die höchste Arbeitslosenquote blinder und sehbehinderter Menschen in Europa aufweist (vgl. Rodney 2011a, o.S.). Haupthindernisse für eine Berufstätigkeit der sehbehinderten Menschen sieht Rodney in psycho-sozialen Faktoren wie insbesondere Angst und Besorgnis, ein geringes Selbstwertgefühl und geringe Motivation. Die Beziehungen zu der Peer-Group in den Schulen und die sozialen Fähigkeiten waren oft gering ausgeprägt. Rodney geht keinesfalls davon aus, dass Inklusion gescheitert ist. Um jedoch eine vollständige Partizipation in der Gesellschaft zu erreichen, muss seines Erachtens noch viel getan werden. Er stellt fest, dass Inklusion keine Methode ist, Geld zu sparen. Im Gegenteil: Gelungene Inklusion ist oftmals teurer als das Beibehalten segregierter Bildungseinrichtungen (vgl. Rodney 2011b, o.S.).

Für einige Kinder und auch Jugendliche sind Alltagsfertigkeiten wie z.B. sich einen Mantel anzuziehen oder zur Toilette zu gehen ganz wichtige Bildungsziele, welche sie nicht unbedingt mit anderen Kindern der Klasse teilen. Lebenspraktische Fähigkeiten müssen auch in einem immer stärker auf Wissensvermittlung ausgerichteten Unterricht ihren Platz haben und systematisch unterrichtet werden

Notwendigkeit des Unterrichts in lebenspraktischen Fähigkeiten und Kommunikation

Es gibt einige weitere unerlässliche Bildungsziele für Kinder und Jugendliche mit Beeinträchtigungen, die zusätzlich zu einem allgemeinbildenden Curriculum erlernt werden müssen. Dazu gehören z.B. unterstützende Kommunikationssysteme bei autistischen und körperlich beeinträchtigten Kindern und Jugendlichen, welche die Grundlage von partizipativen Prozessen in Klassenzimmern sind. Lagerungs- und Sitztechniken sowie Materialien, die es körperbehinderten Kindern ermöglichen, am Unterricht teilzunehmen, sind unverzichtbar. All diese Unterstützungsformen müssen bekannt und systematisch von all jenen erlernt werden, die mit dem Kind in Kontakt sind. Keine Lösung ist, dass das Kind den ganzen Tag mit einem Inklusionshelfer verbringt und sich Parallelwelten im Klassenzimmer entwickeln. Auch dies würde für behinderte Kinder eine größere Segregation als die in einer Sonderschule bedeuten. Stattdessen müssen alle Beteiligten – Eltern, Lehrer/-innen, Therapeut/-innen, Sozialarbeiter/-innen – den Alltag der Kinder so organisieren und so strukturieren, dass bedeutungsvolle Interaktionen der Kinder untereinander möglich sind und dass Bildungsziele aller Kinder systematisch und individuell verfolgt werden können.

Schwerstmehrfachbehinderte Kinder, die sehr intensive medizinische und therapeutische Bedürfnisse haben, brauchen in der Inklusionsschule professionelles Personal (z.B. Gesundheitspfleger/-innen, Ergotherapeut/-innen, Physiotherapeut/-innen, Sprachtherapeut/-innen). Wenn dieses Personal nicht vorhanden ist und elementare, lebenswichtige Leistungen für die Kinder nicht verlässlich erbracht werden können, werden sich Eltern eher nicht dazu entscheiden, ihr Kind in eine inklusive Schule zu schicken. Auch hier besteht die Gefahr, dass wenn keine anderen Bildungsoptionen mehr existieren, die Kinder zu Hause bleiben und damit von jeglichem Unterricht ausgeschlossen, also von Exklusion bedroht werden.

Schwerstmehrfachbehinderte Kinder und Jugendliche

Diese Beispiele zeigen auf, wie komplex die besonderen Bedürfnisse von Kindern mit Beeinträchtigungen sein können. Es muss immer wieder kritisch reflektiert werden, ob die Bedürfnisse der Kinder in inklusiven Einrichtungen erfüllt werden und ob sich nicht gerade dort Ausschlusspraktiken vorfinden, wo sie vorgeblich nicht existieren.

Aufgaben von Sozialarbeiter/-innen in inklusiven Bildungseinrichtungen

Besondere Herausforderungen liegen für inklusive Schulen wie oben exemplarisch aufgezeigt im Bereich des Verhaltens und der Entwicklung eines Curriculums, das zieldifferenziert alle Kinder einbezieht. Kinder mit Beeinträchtigungen erfordern je nach ihren Bedürfnissen andere Zugänge zum Curriculum (z.B. Bücher in der Punktschrift) und manchmal auch andere oder zusätzliche Schwerpunkte im Curriculum. Soziale Arbeit muss sich verstärkt diesen Aspekten inklusiver Schulen annehmen und aktiv an der Herstellung von Konzepten und Modellen mitwirken, welche die Kinder in die Gesellschaft und in Bildungsprozesse einbinden. Dafür sind besondere Qualifikationen notwendig.

Notwendige Kompetenzen von Sozialarbeiter/-innen

Sozialarbeiter/-innen müssen Kompetenzen in Kompensationsmethoden und speziellen Bildungsansätzen für Kinder und Jugendlichen mit Behinderungen erwerben. Sie müssten in der Lage sein, heterogene Gruppen und Lernstile zu managen. Sie brauchen Fähigkeiten , um an Beziehungen zu arbeiten, z.B. am Verhalten der Familie behinderter Kinder (die Selbstständigkeit fördern oder verhindern kann), an der Rolle von Beratungs- und Integrationslehrkräften, an der Einstellung der Eltern der Mitschüler/-innen und an der Darstellung von behinderten Menschen in der Öffentlichkeit (vgl. Rodney, 2011b, o.S.). Rodney bezieht diese Funktionen speziell auf blinde und sehbehinderte Kinder, doch sollten sie generell für die Arbeit mit Kindern und Jugendlichen mit Behinderungen gelten. Bretländer (2012, S. 245) weist darauf hin, dass die psychosoziale Entwicklung der behinderten Schüler/-innen und die Konfliktpotentiale, die unter Schüler/-innen und zwischen Schüler/-innen und Lehrkräften entstehen können, gezielt erforscht werden müssen. Bretländer (2012, S. 245) stellt ebenfalls heraus, dass Best Practice Beispiele in der inklusiven Schulsozialarbeit aufgezeigt werden müssen. Schulsozialarbeit muss fest im Profil einer Inklusions-Schule verankert sein.

Anwaltschaft für Kinder und Jugendliche mit Beeinträchtigungen

Sozialarbeiter/-innen sollten eine Anwaltschaft für beeinträchtigte Kinder übernehmen, die vormals von allgemeinbildenden Schulen ausgeschlossen wurden. Es muss Sorge dafür getragen werden, dass die Bildungsbedürfnisse dieser Kinder auch in Regelschulen erfüllt werden, dass ihre Eltern sich angenommen und in ihrer besonderen Situation gehört und unterstützt fühlen. Angesichts der Notwendigkeit einer Vielzahl von Spezialisten, die sich um die Kinder bemühen, sollten sie zur Schlüsselperson für diese Kinder werden. Sozialarbeiter/-innen an inklusiven Schulen müssen optimal mit außerschulischen Institutionen der Jugendhilfe vernetzt sein. Behinderte Kinder und deren Eltern sollten auch die Möglichkeit des Kontaktes zu anderen Familien haben, die sich in ähnlichen Situationen befinden.

Resümee

Besondere Kompetenzen im Bereich Verhalten in heterogenen Gruppensituationen

In Bezug auf Verhalten müssten die Fachkräfte der Sozialen Arbeit um psychische Erkrankungen im Kindes- und Jugendalter wissen. Sie brauchen die Kompetenz, mit Interaktionsprozessen und Verhaltensproblemen in heterogenen Gruppensituationen umzugehen. Hier muss auch eine Vernetzung mit entsprechenden Einrichtungen (z.B. Kinder- und Jugendpsychiatrie und ambulante Dienste) erfolgen. Bretländer macht darauf aufmerksam, dass auch die Emotionen und das Erleben von Lehrkräften erforscht werden müssen, die im Umgang mit Schüler/-innen an die Grenze ihrer emotionalen und didaktisch-methodischen Kapazitäten kommen. Wie sehen die Bewältigungsstrategien aus, welche Unterstützung sollte sie erfahren? (vgl. Bretländer, 2012, S.245) Schließlich muss gewährleistet sein, dass es Bildungsorte für Kinder und Jugendliche gibt, die am zieldifferenzierten Unterricht einer inklusiven Schule nicht oder nur begrenzt teilnehmen können. Hier muss das Recht auf Bildung gesichert bleiben – unabhängig davon, wo diese Bildung stattfindet.

Inklusion ist kein Ist-Zustand

Inklusion ist Menschenrecht und kann nicht an das Vorhandensein von Ressourcen gekoppelt werden (vgl. Wocken, 2011a, o.S.). Ein Staat, der die UN Konvention unterschrieben hat, muss sicherstellen, dass die organisatorischen, finanziellen und fachlichen Rahmenbedingungen geschaffen und ausgebaut werden, damit Kinder und Jugendliche ihre Lernmöglichkeiten ausschöpfen können. Inklusion im hier beschrieben Sinne ist noch kein Ist-Zustand. Vieles ist noch zu tun „um ausgrenzenden Kräften in Erziehung und Bildung, in der Gesellschaft und vor allem in uns selbst zu widersprechen" (Booth, 2011, S. 3).

Literatur

Ahrbeck, B. (2011): Der Umgang mit Behinderung. Stuttgart.

Booth, T. (2012): What really matters in education and childcare? Education and childcare as inclusive values in action. In: Seitz, S./Finnern, N.-K./Korff, N./Scheidt, K. (Hrsg.): Inklusiv gleich gerecht? Inklusion und Bildungsgerechtigkeit. Bad Heilbrunn, S. 71-86.

Booth, T. (2011): Wie sollen wir zusammen leben? Inklusion als wertebezogener Rahmen für die pädagogische Praxis. Frankfurt/Main.

Bretländer, B. (2012): Integrative/Inklusive Schulen brauchen Schulsozialarbeit. In: Seitz, S./Finnern, N.-K./Korff, N./Scheidt, K. (Hrsg.): Inklusiv gleich gerecht? Inklusion und Bildungsgerechtigkeit. Bad Heilbrunn, S. 241-245.

Dannenbeck, C. (2012): Inklusion reflexiv – ein Immunisierungsversuch gegen politische Umarmungsversuche. In: Seitz, S./Finnern, N.-K./Korff, N./Scheidt, K. (Hrsg.) (2012): Inklusiv gleich gerecht? Inklusion und Bildungsgerechtigkeit. Bad Heilbrunn, S. 107-115.

Feuser, G. (2012): 25 Jahre Integrations-/Inklusionsforschung: Rückblick-Ausblick. Eine kurze, kritische Analyse. In: Seitz, S./Finnern, N.-K./Korff, N./Scheidt, K. (Hrsg.) (2012): Inklusiv gleich gerecht? Inklusion und Bildungsgerechtigkeit. Bad Heilbrunn, S. 289-295.

Hinz, A. (2012): Inklusion – historische Entwicklungslinien und internationale Kontexte. In: Hinz, A./Körner, I./Niehoff, U. (Hrsg.): Von der Integration zur Inklusion. Grundlagen, Perspektiven, Praxis. Marburg, S. 33-53.

Hoffman, I. (2011): Inklusion auch für „böse" Jungs? Zeitschrift für Inklusion (Online), Nr. 4, 2011, o.S. http://www.inklusion-online.net/index.php/inklusion/article/viewArticle/95/97 [letzter Zugriff: 23.12.2012].

Huebner, K. M./Brunhilde, M.-A./Stryker, D./Wolffe, K. (2004): The national agenda for the education of children and youths with visual impairments, including those with mulitple disabilities. New York.

Jordan, R. (2008): Autistic spectrum disorders: a challenge and a role model for inclusion in education. British Journal of Special Education, Vol. 35, Nr. 1, 2008, S. 11-15.

Mertens, R./Scherr, A. (Hrsg.) (2004): Inklusion und Exklusion in der sozialen Arbeit. Berlin.

Prengel, A. (2012): Kann inklusive Pädagogik die Sehnsucht nach Gerechtigkeit erfüllen? – Paradoxien eines demokratischen Bildungskonzepts. In: Seitz, S./Finnern, N-K./Korff, N./Scheidt, K. (Hrsg.): Inklusiv gleich gerecht? Inklusion und Bildungsgerechtigkeit. Bad Heilbrunn, S. 16-32.

Rodney, P. (2011a): Stolpersteine auf dem Weg zur Inklusion – 30 Jahre Inklusion blinder und sehbehinderter Schülerinnen und Schüler in Dänemark: Ein Erfolgsmodell? (Teil 1). DVBS-Online, o.S. http://www.dvbs-online.de/horus/2012-1-5018.htm [letzter Zugriff: 23.12.2012].

Rodney, P. (2011b): Stolpersteine auf dem Weg zur Inklusion – 30 Jahre Inklusion blinder und sehbehinderter Schülerinnen und Schüler in Dänemark: Ein Erfolgsmodell? (Teile 2,3 und 4). DVBS-Online, o.S. http://www.dvbs-online.de/horus/2012-2-5067.htm [letzter Zugriff: 23.12.2012].

Spiewack, M. (2010): Verhaltensauffällige Kinder. „Die Not ist riesengross" DIE ZEIT-Online, Nr. 45, 4.11.2010 http://www.zeit.de/2010/45/Inklusion-Schule-Kinder [letzter Zugriff: 23.12.2012].

Stein, A. (2012): Die Bedeutung des Inklusionsgedankens – Dimensionen und Handlungsperspektiven. In: Hinz, A./Körner, I./Niehoff, U. (Hrsg.): Von der Integration zur Inklusion. Grundlagen, Perspektiven, Praxis. Marburg, S. 74-91.

Wocken, H. (2011a): Über die Entkernung der Behindertenrechtskonvention. Ein deutsches Trauerspiel in 14 Akten, mit einem Vorspiel und einem Abgesang. Zeitschrift für Inklusion (Online), Nr. 4, 2011, o.S. http://www.inklusion-online.net/index.php/inklusion/article/view/139/135 [letzter Zugriff: 23.12.2012].

Wocken, H. (2011b): Rettet die Sonderschulen? Rettet die Menschenrechte! Ein Appell zu einem differenzierten Diskurs über Dekategorisierung. Zeitschrift für Inklusion (Online), Nr. 4, 2011, o.S. http://www.inklusion-online.net/index.php/inklusion/article/view/141/136 [letzter Zugriff: 23.12.2012].

Wevelsiep, C. (2012): Zur konstruktiven Kritik der inklusiven Pädagogik. NP, Nr. 4, 2012, S. 372-385.

Sanktionen

Annemarie Kuhn

Einleitung

In Printmedien und Talkshows wird reißerisch eine zunehmend brutaler werdende Gewalt junger Menschen angeprangert. Als Belege werden einige
brutale Überfälle im öffentlichen Raum durch junge Täter an ihnen unbekannten Opfern immer wieder geradezu „lustvoll" ausgebreitet. Quintessenz
ist dann ein Ruf nach staatlichen Eingriffen, Verschärfung des Jugendstrafrechts, Zurückdrängen von „Kuschelpädagogik" zugunsten von harten, rigorosen und vergeltenden Sanktionen. Als aktuelles Beispiel können Leserbriefe
herangezogen werden, die nach einem Artikel über einen der Hauptverdäch-
tigen einer tödlichen Prügelei am Berliner Alexanderplatz in *Der Spiegel*
veröffentlicht wurden: „Es sollte endlich Schluss damit sein, bei 18- bis
21-Järigen (und damit Volljährigen) das Jugendstrafrecht anzuwenden. Die
erzieherische Wirkung von konsequenter Strafe sollte nicht unterschätzt
werden" (Nr.44/2012, S. 12); ein anderer Leserbrief ereifert sich: „Es muss
endlich gehandelt werden, sowohl präventiv als auch mit harten Konsequenzen" (ebd.). Insgesamt wird „die Jugend" undifferenziert unter einen Gene-
ralverdacht der Bedrohlichkeit, Verrohung, Disziplinlosig- und Gefährlichkeit
gestellt, dem es massiv entgegenzuwirken gilt (vgl. Spiess 2012, S. 15). Man
könnte dies eher gelassen betrachten und die einseitige, dramatisierende Berichterstattung als „wellenförmig" auflaufenden Boulevardjournalismus einstufen, dessen sensationsheischende Themen schnell wieder in der Versen-
kung verschwinden, wenn nicht auch in der Fachwelt eine insgesamt zunehmende „Punitivität" befürchtet werden müsste. Es betrifft neuerdings nicht
„lediglich" eine medial beeinflusste Bevölkerung, die sich in einer „Lust am
Strafen" ergeht, sondern diese Haltung findet offensichtlich analog, oder zumindest in abgeschwächter Form, ihren Widerhall in Justiz, Pädagogik und
Sozialer Arbeit.

In diesem Beitrag werden ausgewählte Facetten der Punitivitätsdebatte,
wie sie derzeit in Fachveröffentlichungen der Jugendstrafrechtspflege vorgetragen werden, zusammengestellt und in Bezug auf Konsequenzen für die
Soziale Arbeit kommentiert. Das Leitthema lautet: Strafe und Disziplinierung
- (wieder-)erstarken punitiver Tendenzen in der Jugendstrafrechtspflege?

Marginalien: Medial konstruierte Wirklichkeit; Leitfrage

Begrifflichkeit „Punitivität"

Begriff:
Punitivität

Unter „Punitivität" (Poena: Strafe; punitiv: strafend) wird in erster Linie eine Grundeinstellung verstanden, strafende, vergeltende Reaktionen gegenüber solchen, die eher restitutiv, resozialisierend und versöhnend sind, vorzuziehen (vgl. Lautmann/Klimke 2004, S. 1). Diese Haltung kann auf einem Kontinuum von stark bis schwach, je nach kulturellen, milieuspezifischen und zeithistorischen Gegebenheiten eingeordnet werden. Derzeit wird damit die Tendenz bezeichnet, die dem Ruf nach härteren, längeren und eingriffsstärkeren Strafen für Normabweichler folgt (ebd., S. 2). Geht man tiefer in die sozialwissenschaftliche Deutung dieses Konstrukts, finden sich viele Differenzierungen, sowohl auf der theoretisch-analytischen als auch auf der empirisch-beschreibenden Ebene, die ein komplexes, ambivalentes Bild mit unterschiedlichen Dimensionen und mit jeweils verschiedenen Akteuren zeichnen (ebd. S. 2). Aktuelle punitive Strömungen lassen sich auf unterschiedlichen Ebenen identifizieren:

Punitive
Strömungen

- die Ebene der Öffentlichkeit mit der entsprechenden medialen Berichterstattung, die „Dramatisierung des Kriminalgeschehens" betreibt und durch Emotionalisierung einen Handlungsdruck aufbaut;
- die Ebene der Bevölkerung mit einer u.a. durch Medien geprägten und beeinflussten Haltung zu Verbrechensfurcht (angestiegenes Angstniveau) und Strafforderungen, die eine Verschiebung von Erziehung und Unterstützung hin zu Vergeltung und Sühne nahelegen. Große Teile der Bevölkerung, die sichtlich Fehleinschätzungen über Umfang, Art und Schwere der (Gewalt-)Kriminalität junger Menschen aufsitzen, fordern Härte. Diese Neigung ist signifikant, auch wenn je nach Forschungsdesign, d.h. ob Meinungen und Werthaltungen pauschal-allgemein oder exemplarisch-konkret abgefragt werden, qualitative Abstufungen zu finden sind;
- die Ebene der politischen und gesetzgeberischen Institutionen, auf der man, zumindest in konservativen Kreisen, einen deutlich verstärkten Trend zu punitiven gesetzgeberischen Reformbestrebungen ausmachen kann;
- die Ebene der Justiz bewahrt derzeit noch Zurückhaltung im Hinblick auf ein intensiveres Ausschöpfen des Sanktionskatalogs. Die konkreten Reaktionen der Strafjustiz führen bisher nur bei der kleinen Gruppe besonders belasteter Straftäter im Bereich der freiheitsentziehenden Sanktionierung und deliktsspezifisch bei Gewalt- und Sexualstraftaten zu geringfügigen Verschärfungen (vgl. Heinz 2011, S. 26f). Ansonsten, so fasst Heinz seine Auswertung von Aggregatsdaten der Strafrechtspflege zusammen, ist „die deutsche Sanktionierungspraxis dem punitiven Trend weitestgehend nicht erlegen" (ebd. S. 27). Allerdings zeigen andere Autoren Änderungen des Grades und der Gestalt gegenwärtiger Strafmenta-

lität bei Juristen auf (vgl. Kessl 2011, S 131f). In zeitlichen Abständen wiederholte Befragungen von angehenden Juristen und „Justizjuristen" zum Beispiel weisen eine wachsende Rigidität, d.h. einen deutlichen Trend weg von resozialisierender zur strafender und strafverschärfender Haltung nach (vgl. Streng 2012, S.155f);

- die Ebene der kriminologischen Fachöffentlichkeit, vertreten u.a. durch die DVJJ und die kriminologischen Forschungsinstitute, reagiert ablehnend auf die punitiven Strömungen und entkräftet mit wissenschaftlich aufgearbeiteten Fakten und fachspezifischen Erkenntnissen die Sinnhaftigkeit und Effektivität verschärfter Reaktionsweisen für die Jugendstrafrechtspflege;

- die Ebene der Sozialen Arbeit, u.a. der mit Prävention und Bearbeitung von Jugendkriminalität betrauten Jugendhilfe, ist ebenfalls tangiert. Es kann derzeit eine ambivalente Entwicklung ausgemacht werden, so finden sich – neben der Stärkung sozial integrativer Ansätzen – in diversen Bereichen der Jugendhilfe nicht unbeträchtliche Strömungen, die vermehrt rigide, eingriffsstarke und repressive Maßnahmen für ihre Klientel auf- und verstärkt kontrollierende Haltungen einnehmen wollen (vgl. Lutz 2012; Dollinger 2010).

Verschiedene altbekannte und neue Konsequenzen werden gefordert und zum Teil bereits umgesetzt, die sich auf das Jugendstrafrecht und dessen Anwendung im weitesten Sinne beziehen: „Warnschussarrest", der bei einer Jugendstrafe auf Bewährung mit verhängt wird, Anwendung des Erwachsenenstrafrechts für Heranwachsende als Regelfall, Fahrverbot als eigenständige Sanktion im Jugendstrafrecht, vermehrte Anordnung von U-Haft ohne Alternativen, Anhebung der maximal möglichen Inhaftierung von Jugendlichen auf 15 Jahre, Absenkung des Strafmündigkeitsalters, Sicherungsverwahrung auch für Heranwachsende und Ausweisung von (jungen) Ausländern bereits bei einer Freiheitsstrafe von mindestens einem Jahr ohne Bewährung, intensives und schnelles Ausschöpfen des Strafrahmens (vgl. Schöch 2009, S. 13). Werden Veränderungsvorschläge gesetzgeberisch ins Jugendgerichtsgesetz aufgenommen, so zeigt die Erfahrung, dass diese immer längerfristige Zeiträume überdauern, neuerliche Reformen nur schwer anzustoßen sind und eventuell unzureichend geprüfte, unwirksame oder gar schädliche Bestimmungen auf unabsehbare Zeit festgeschrieben bleiben. Das bedeutet aber, vor einer Reformierung müssen der Gehalt und die Wirkungsweise der Modifizierungen sehr genau überprüft werden.

Punitiver Forderungskatalog

An die Vertreter von Sozialer Arbeit und Pädagogik wird der Wunsch nach einem autoritativen Erziehungsstil mit rigorosen Erziehungsmaßnahmen in Form von konfrontativer Pädagogik, Disziplinierung, Drill, rigoroser Überwachung, Grenzen setzen und aufzeigen herangetragen. Dazu gehören Anliegen wie Erziehungscamps mit hohem disziplinierendem Anteil zu entwickeln und anzubieten oder vermehrt geschlossene Abteilungen und Zwangselemente in stationären Erziehungshilfeangeboten vorzuhalten; Kessl spricht von einer vehementen „Relegitimierung von Strafmaßnahmen als pädagogische Strategien und Maßnahmen" (Kessl 2011, S. 132). Das meiste wird von der Öffentlichkeit und Politik fast unwidersprochen akzeptiert, nur extremste Forderungen werden etwas distanzierter betrachtet (vgl. Schöch 2009, S.13).

Haltungsänderung in der Sozialen Arbeit

Hassemer gab 2000 bereits erste Hinweise auf ein sich verändertes „Klima", auf eine „Straflust" im Umgang mit der Klientel Sozialer Arbeit. Zwischenzeitlich erschien weitere Fachliteratur, die sich diesem Thema annimmt (vgl. u.a. Dollinger 2010; Lutz 2010; Lutz 2012; AGJ 2012; Kessl 2011). Die Autoren stellen dabei keine unmittelbaren Bekenntnisse zum „reinen" Strafen und Vergelten in der Sozialen Arbeit bzw. Jugendhilfe fest, allerdings wird eine Tendenz deutlich, dass das altbekannte strukturelle Spannungsfeld zwischen Hilfe und Kontrolle neu, in Richtung Kontrollaspekt, austariert wird. Lutz kann vier verschiedene Typen von Praktikern in der Sozialen Arbeit kategorisieren. Zwei Typen zeigen den deutlichen Einschlag in ihrem Hilfeverständnis mehr Zwang und Kontrolle praktizieren zu wollen. Bei allen lassen sich eine veränderte Grundeinstellung in Richtung des Jugendbildes als gefährlich und bedrohlich nachweisen (Lutz 2012, S. 159).

Verhältnis Hilfe und Kontrolle Offensichtlich gibt es ihn, den „Ruck", wenn auch nicht völlig bruch- und widerspruchslos, für einen nicht geringen Teil von Sozialarbeitern/-innen in Richtung punitiver Haltungen. Lutz spitzt noch zu: „Es geht nicht mehr um das „ob", sondern nur noch um das „wie" (a.a.O., S. 158). Dollinger vermutet mit Brumlik eine „zunehmende Punitivität im Umgang mit sozialer Ausgrenzung" (Dollinger 2010, S. 7) und schlussfolgert: „Es mehren sich die Zeichen einer punitiv gewendeten Sozialen Arbeit, die ihre positiven Ressourcen sukzessive auf diejenigen konzentriert, die aktiv, leistungsbereit und ihrer „würdig" zu sein scheinen" (ebd., S.7f).

Nun wäre ein berufsethischer Diskurs, der den bisherigen kritischen „Impetus" von Hilfe und Kontrolle, bzw. die „sanktionskritischen Haltungen" auf den Prüfstand hebt und eine Reformulierung der Positionierung vornimmt, nicht per se abzulehnen. Eine Neujustierung der Standorte und ein daraufhin neu ausgerichtetes professionelles Handeln sind aber nur dann angemessen, wenn entweder die bisherige Praxis und deren Grundannahmen sich als falsch oder zumindest als reformbedürftig erweisen und/oder sich der Adressatenkreis und deren Lebenslagen, d.h. die Jugend und in unserem Zusammenhang die „straffälligen Jugendlichen", einer Neubewertung unterzogen werden müssten.

Strafe in der Erziehung

Wenden wir uns deshalb als Erstes dem Strafen in der erziehungswissenschaftlichen Theorie zu. Bereits 1991 veröffentlichte Siegfried Müller unter
dem Titel „Erziehen, Helfen, Strafen" einen Grundlagenartikel, der sich
prägnant mit dem Erziehungsbegriff, speziell auch im gerichtsnahen Arbeitsfeld, auseinandersetzt. Abgeleitet aus den klassischen erziehungswissenschaftlichen und rechtsphilosophischen Diskursen macht er deutlich, dass
eine Erziehung durch Strafe ein recht untaugliches Mittel darstellt, die Entwicklung und das Verhalten junger Menschen positiv in Richtung autonom
handlungsfähiger und mündiger Subjekte zu beeinflussen, denn „Strafen erzeugen Angst vor Bestrafung und steuert damit – wenn überhaupt – das Verhalten auf der untersten Stufe der Moralität" (Müller 1991, S. 137). Des
Weiteren beruft sich Müller auf den Pädagogen Andreas Flitner, der Strafen
in der Erziehung höchstens dann pädagogisch als gerechtfertigt ansieht,
wenn sie in einer stabilen, stützenden Beziehung eingesetzt werden und
wenn sie darüber hinaus „eine aufbauende Komponente haben, mit der sich
die Verletzung der Grenze und die Verletzung der Beziehung überwinden
lässt. Sie müssen auf das Wiedergutmachen, Wieder-in-Ordnung bringen der
Situation verweisen (…) Strafe als Sühne, als Rache, als Schadenzufügung,
als Abschreckung – sie alle haben in der Erziehung keinen Ort" (Flitner
1982, zit. in Müller 1991, S. 137).

(Randnotiz: Strafe als ungeeignetes Erziehungsmittel)

Einstellungs- und Haltungsänderungen durch zwangsdisziplinierende
Maßnahmen, die von ihren Ausgangspunkten her unfreiwillig, von einer
anonymen Instanz verordnet sind, sind eher zufällig und sicher selten ein
Ausgangspunkt für eine gelingende helfende und unterstützende persönliche
Beziehung und Begleitung eines gefährdeten jungen Menschen durch einen
Erwachsenen, die zur Selbständigkeit, Lebensbewältigung und Legalbewährung führen soll. Dieser Argumentation wird auch derzeit in der einschlägigen Fachwelt der Erziehungswissenschaften nicht widersprochen, sondern
sie gilt weithin als allgemein geteilter Wissensfundus. Des Weiteren gelten
als Standards der sozialarbeiterischen Praxis, dass sie ressourcenorientiert
arbeitet und unter Berücksichtigung von Mitwirkungs- und Gestaltungsrechte
der Klientel gerade positive, verinnerlichte Werthaltungen sowie sozialadä-
quates Verhalten einüben soll, in dem sie kommunikative Basis- und Handlungskompetenzen fördert, gesellschaftliche Teilhabe ermöglicht und Ausgrenzung entgegenwirkt (vgl. AGJ 2012, S. 9), was kaum durch außen geleitete Disziplinierung und Absonderung erreichbar ist.

Als Quintessenz bleibt festzuhalten: Es gibt keine erkenntnisleitenden
Grundlagen, die es als erzieherisch wirkungs- und sinnvoll rechtfertigen, eine
fundamentale Umorientierung in Richtung „mehr und härteren Strafens"
vorzunehmen.

Veränderte Jugenddelinquenz

Hat sich als Zweites nun der Adressatenkreis, die jungen Menschen und mit
ihnen „ihr" Kriminalgeschehen in den letzten Jahren so massiv verändert, dass
eine punitive Antwort notwendig und richtig erscheint? Die folgenden Ausführungen beschränken sich im Wesentlichen auf Erkenntnisse der kriminologischen Forschung zu Ausmaß und Struktur von Jugendkriminalität und
Täterprofilen. Am Rande sei als weitere relevante Quellen auf aktuelle ju-
gendsoziologische Studien hingewiesen, die ein konstruktives Bild der gegenwärtige Jugend als leistungsbereit, zukunftsoffen und sozial engagiert
ausweisen und feststellen, dass trotz „Wertepatchwork" Jugendliche – über
alle Lebenswelten hinweg – auf „traditionelle" Werte wie Sicherheit,
Pflichtbewusstsein, Familie und Freundschaft setzen (Sinus-Jugendstudie
2012, S. 6).

Age-Crime-Kurve   Wie steht es nun um die Delinquenz dieser Jugend? Die Alterskurve der
Kriminalitätsbelastung (age-crime-Kurve) lässt sich seit vielen Jahrzehnten
und länderübergreifend in ihrem Verlauf und Grundstruktur fast identisch
visualisieren und besitzt eine historisch und kulturell gleichbleibende Gültigkeit (vgl. Heinz 2008, S. 1). Delinquenz steigt ab dem frühen Jugendalter –
meist mit einem bagatellhaften und spontanen Deliktspektrum – steil an, bis
sie im Alter von ca. 18/19 Jahren ihren Gipfel erreicht, um dann mit dem
Hinauswachsen aus der jugendlichen Entwicklungsphase wieder stark abzu-
sinken.

Jugendtypische   Trotz gefühlt ansteigender Bedrohung in der öffentlichen Wahrnehmung
Alltags-   gelten die relativierenden Erkenntnis zur allgemeinen Jugendkriminalität, die
kriminalität   seit den 70er Jahren des letzten Jahrhunderts immer wieder durch empirische
Hell- und Dunkelfeld-Studien bestätigt werden konnten, weiterhin: Abweichendes Verhalten heranwachsender junger Menschen – d.h. Normverstöße
auch und gerade im Bereich der Strafrechtsnormen – sind Phänomene, die
die Unregelmäßigkeiten und Reifungsprozesse der Entwicklungsphasen ty-
pischerweise begleiten und stellen kein Indiz für erzieherische Defizite dar
(vgl. Heinz 2005, S. 1). Jugendkriminalität erweist sich als „ubiquitär" – sie
kommt überall und allgemein verbreitet vor, als „episodenhaft und passager"
– sie bleibt auf eine bestimmte Altersphase beschränkt, als „spontanbewäh-
rend" – sie endet meist ohne sanktionierenden Eingriff formeller Instanzen.
Jugendkriminalität kann demnach erfahrungsgemäß weder auf eine Störung
in der Persönlichkeit noch auf eine fehlgelaufene Sozialisation zurückgeführt
werden, was massive Interventionen von Justiz und Sozialer Arbeit rechtfertigen würde.

Bei der alltäglichen, „normalen" Jugendkriminalität kann keine eindeutige und dramatische Zunahme, auch keine zunehmende Brutalisierung festgestellt werden. Zwar lassen sich in den polizeilichen Kriminalitätsstatistiken

in einzelnen Deliktsbereichen gelegentlich ansteigende Registrierungen aufzeigen, derzeit bei den „einfachen" Gewalt- und Sexualdelikten, dies ist aber
vor allem einer Individualisierung und Anonymisierung der Gesellschaft, einer geänderten Sensibilität in der Bevölkerung und einem damit einhergehenden veränderten Anzeigeverhalten – u.a. gegenüber Migranten – (vgl.
Spieß 2012, S. 37) sowie einer erhöhten Kontrollintensität (ebd. S. 15) geschuldet.

Bei gefährlicher und schwerer Kriminalität hat das Kriminologische
Forschungsinstitut Niedersachsen (KFN) zum Teil gerade da erhebliche Rück-
gänge feststellen können, wo die Bevölkerung im Gegenzug einen sehr starken Anstieg vermutete (vgl. Windzio u.a 2007, S. 65). Es muss von einer beträchtlichen Fehleinschätzung zwischen gefühlter Bedrohung und den tatsächlichen Verhältnisse ausgegangen werden. Grundsätzlich wäre es gesellschaftlich, pädagogisch und sozial verhängnisvoll, wegen einzelner brutaler Ex-
tremtaten und -tätern, die „Jugend" zu kriminalisieren und sie tendenziell insgesamt mit Überwachung, vermehrter Sanktionierung oder mit „vorsorglich
fürsorglichen" sozialpädagogischen Interventionen zu überziehen.

Aber es gibt sie, die Intensivtäter, darunter auch diejenigen, mit den me- Intensivtäter
dial aufgegriffenen Gewalttaten, die mitursächlich für die Aufgeregtheit der
Bevölkerung und den damit einhergehenden verschärften Vergeltungsbe-
strebungen sind. Ein großer Teil der „harten", intensiven Delinquenz mit
wiederholten, schwerwiegenden Straftaten konzentriert sich auf wenige
Mehrfachtäter – ca. „5% der jungen Straffälligen" sind „für 50 bis 60 % aller
Straftaten" verantwortlich (Schöch 2009, S. 18). Erkenntnisleitende, signifikante Faktoren für die besonders belastete Gruppe sind sowohl im Hinblick auf
deren Früherkennung als auch im Hinblick auf erfolgversprechendes Einwirken
schwer zu identifizieren. Als gesicherte Erkenntnis kann lediglich gelten, dass
Mitglieder von sozial benachteiligten Bevölkerungsgruppen – Konglomerat aus
Randständigkeit, wirtschaftlicher Not, fehlenden Perspektiven in Bildung und
Beruf mit gehäuft ungelösten Integrationsproblemen – in der Gruppe der Mehr-
fachregistrierten deutlich überrepräsentiert sind (vgl. Spiess 2012, S. 39f) und
Gewalttäter meist selbst Gewalt in der Familie erleiden mussten. Darüber hinaus
können keine kriminorelevanten Indikatoren für kriminelle Karrieren festgestellt
werden, die in einem monokausalen Zusammenhang stehen. Weder der Zeitpunkt der ersten Registrierung, die Deliktsart und -schwere, noch persönlich-
keitsspezifische Faktoren erlauben zuverlässige Prognosen. Somit gibt es weder
eindeutigen Möglichkeiten zukünftige junge Intensivtäter exakt vorab zu identifizieren, noch zu bestimmen, wann und warum bestehende „Karrieren" abgebrochen werden (Schöch 2009, S. 19). Auch bei dieser Gruppe ist „nach einer
Phase intensiver Auffälligkeit, abhängig insbesondere von den Möglichkeiten sozialer und beruflicher Integration, das Abklingen der Auffälligkeit eher
der Regelfall als die Fortsetzung im Erwachsenenalter" (Spiess 2012, S. 39).

Das bedeutet aber – so sehr man es sich auch wünschen mag –, dass nicht einzelne, gut spezifizierbare Merkmale die Ursache für massiv delinquentes Verhalten darstellen. Als ernüchterndes Ergebnis bleibt bezüglich präventiver Maßnahmen für Intensivtäter die Empfehlung, kumulierten sozioökonomischen und sozialen Mängellagen und prekären Lebensbedingungen gesellschaftlich bzw. sozialpolitisch besonders früh und gezielt entgegenzuwirken. Im Hinblick auf gelingende individuelle Einwirkung erweisen sich bei dieser Tätergruppe sowohl die helfenden als auch die sanktionierenden Instanzen als recht hilflos (vgl. Viehmann 2010).

Intensivtäter als Adressaten punitiver Maßnahmen

Wenn sich die jungen Intensivtäter den sozialpädagogisch-erzieherischen Maßnahmen entziehen oder „nothing works" beklagt wird, sollte man dann „wenigstens" diese Klientel „ordentlich" strafen, „tough on crime" und „Null-Toleranz" üben – wie dies seit einigen Jahren in Amerika praktiziert wird?

Erziehungs-
gedanke als
Verpflichtung

Bei ihrem Umgang mit der Jugendkriminalität – auch bei den Intensivtätern – ist die Jugendstrafrechtspflege dem Erziehungsgedanken bzw. der Spezialprävention verpflichtet. Dabei sind eingriffsschwächere, mildere Maßnahmen bei gleichem Erfolg immer den eingriffsintensiveren vorzuziehen. Dieser, dem Verhältnismäßigkeitsprinzip folgenden Haltung unterliegen die jugendstrafrechtlich-sanktionierend ebenso wie die sozialpädagogisch-erziehend ausgerichteten Reaktionen. Es muss also – um die oben aufgeführten punitiven Strömungen und deren Vorschläge rechtfertigen zu können – der Nachweis geführt werden, dass diese erfolgversprechender im Hinblick auf Legalbewährung und (Persönlichkeits-)Entwicklung der damit belasteten jungen Menschen sind. Der geforderte Nachweis kann aber nicht erbracht werden.

Strafver-
schärfung als
kontraproduktiv

Im Gegenteil – auch da kann man auf eine ganze Reihe an wissenschaftlich abgesicherten Daten und Fakten im In- und Ausland zurückgreifen – eine sanktionsverschärfende Haltung wird als kontraproduktiv überführt. Die geforderte frühzeitige, rigorose Verfolgungspraxis weist ebenfalls kein positives Wirkspektrum auf (Heinz 2008, S. 4) und in keinem Fall wird an den Ursachen der multiplen Benachteiligung etwas geändert. Unter anderem zeigen immense Rückfallraten die erheblichen negativen Effekte auf die Legalbewährung bei den mit Inhaftierung – sei es Arrest, sei es Jugendstrafe – überzogenen jungen Menschen. Im 2. Periodischer Sicherheitsbericht der Bundesregierung 2006, der unter Beteiligung von renommierten Kriminologen wie Eckert. Heinz, Kerner, Schumann und Wetzels erstellt wurde, wurden diese Erkenntnisse prägnant zusammenfasst: „Entgegen einer weit verbreiteten Alltagsmeinung erscheinen nach dem gegenwärtigen Stand der kriminologischen Forschung die Abschreckungswirkungen (negative Generalprävention) von Androhung, Verhängung oder Vollzug von Strafen eher gering. Für den Bereich der leichten bis mittelschweren Kriminalität jedenfalls gilt grundsätzlich, dass Höhe und Schwere der Strafe keine messbare Bedeutung haben. Lediglich das wahrgenommene Entdeckungsrisiko ist – allerdings nur bei einer Reihe leichterer Delikte – etwas relevant. (…) Wenn es eine Tendenz gibt, dann die, dass nach härteren Sanktionen die Rückfallrate bei vergleichbaren Tat- und Tätergruppen höher ist. Insbesondere gibt es bis heute keine Gruppe von Straftätern, für die – in spezialpräventiver Hinsicht – eine Überlegenheit von Jugendarrest oder (unbedingter) Jugendstrafe im Vergleich zu ambulanten Reaktionen empirisch belegt worden wäre" (BMI/BMJ 2006, S. 665f). Dieses Ergebnis kann ganz aktuell Heinz durch seine empirischen Studien bekräftigen: „Es gibt keinen empirisch gestützten Beleg dafür, dass durch härtere Sanktionen die Rückfallwahrscheinlichkeit oder die generalpräventive Wirkung des Strafrechts messbar positiv beeinflusst werden könnte" (Heinz 2012, S. 147). Daneben kann erstens nachgewiesen werden, dass die Anwendung von Jugendstrafrecht gegenüber einer Regeleinbeziehung von Heranwachsenden ins allgemeine Strafrecht meist eine personenspezifische, nicht aber mildere Reaktionsweise nach sich zieht (vgl. Heinz 2012, S. 337f) und eine frühe und konsequente Bestrafung nicht zum Abbruch, sondern eher zu einer Stabilisierung und Verlängerung der kriminellen Karriere führt (vgl. Heinz 2008, S. 4).

Die Annahmen, dass mit dem favorisierten Warnschuss-Arrest oder durch frühe kurzfristige Inhaftierung, Erziehungscamps mit militärischem Drill u.a messbar bessere und dauerhafte Legalbewährung zu gewährleisten wäre, ist widerlegt. Im Gegenteil es ist zu befürchten, dass die Rückfallrate – analog zum daraufhin gut erforschten Zuchtmittel des Arrests – dadurch eher zunehmen wird. Viehmann bezeichnet die punitiven Forderungen nach härterem Durchgreifen, die den oben genannten kriminologischen Erkenntnissen zuwiderlaufen, treffend „als Luftnummern im politischen Showbusiness" (Viehmann 2010, S. 360). Wenn punitive Maßnahmen – u.a. als ultima ratio – eingesetzt werden, sind sie in erster Linie Vergeltung, Buße und „Übelzufügung", sollten als solches geradeheraus benannt werden und dürfen nicht unter dem Deckmantel von Erziehung und sozialer Wirkmächtigkeit firmieren.

Arrest wirkt nicht

Resümee

Es wird deutlich, wie sehr die Wahrnehmung von Problemen und deren Bewertung als gravierend von der herrschenden (Medien-)Meinung und gesellschaftspolitischen Konstellationen abhängig ist, so dass von einer „medial

konstruierten Wirklichkeit" gesprochen werden kann. Kontroll- und Disziplinierungsaspekte werden offensichtlich auch „salonfähig" in der Sozialen Arbeit
und vermehrt mit erheblich weniger Kritik und „schlechtem Gewissen" als
Handlungsoption akzeptiert (vgl. u.a Widersprüche 2009). Teile der Sozialarbeiter greifen verunsichert zu unrichtigen Alltagstheorien, deshalb ist eine klare
Positionierung der Fachverbände unerlässlich.

Zurückhaltung und Achtsamkeit

Vor der Überbewertung einzelner Gewaltakte muss gewarnt werden, noch
mehr vor den gebetsmühlenartig wiederholten Konsequenzen in Richtung har-
ter und unnachgiebiger Sanktionierung. Eine Befriedigung populistischer Be-
strafungswünsche wäre geradezu verantwortungslos und ein kriminalpoliti-
scher Paradigmenwechsel darf nicht zurück in Richtung punitiver, übelvergel-
tender Haltungen und Aktionen erfolgen. Wissenschaftlich gut belegt sind seit
langem die Schädlichkeit und erzieherische Unwirksamkeit punitiver Aktionen
sowohl bei der alltäglichen, eher bagatellhaften Jugendkriminalität als auch bei
intensiver krimineller Auffälligkeit junger Menschen. Trotz „Gegenwind" sollte
sich die Jugendstrafrechtspflege weiterhin einem achtsamen Umgang mit individuell zugeschnittenen, lebensweltnahen, beziehungsgestützten Reaktions-
formen sowie einer Befriedung durch konstruktive Tatverarbeitung und Ausgleich der Tatfolgen (vgl. Kleinert 2006, S. 420ff) verpflichtet fühlen.

Sozial-pädagogische Maßnahmen aufwerten

Kritisch muss angemerkt werden, dass der sozialpädagogische Auftrag
bisher nicht in ausreichendem Umfang angenommen wurde und die sozialpädagogischen Maßnahmen in Ausmaß und Spektrum bei weitem nicht ausgeschöpft sind (vgl. AGJ 2012, S.25). Diese Zurückhaltung ist unnötig. Qualitativ gute sozialpädagogisch-erzieherische Maßnahmen, gerade auch Alternativen zum Arrest, Jugendstrafvollzug und zur Untersuchungshaft, liegen
vor, werden aber oft nach der Projektphase – meist aus Kostengründen –
wieder eingestellt oder nur in fachlich unzulässig reduzierter Form weitergeführt. Im Umgang mit Intensivtätern müssen flächendeckend, neben präventiven sozialpolitischen Maßnahmen auf der gesellschaftlichen Makro-Ebene,
auf der Mikro-Ebene der Klienten anspruchsvolle, personalintensive, teilweise langwierige und individuell zugeschnitten Angebote (wieder) etabliert
oder ausgeschöpft werden. Diese können nur mit großem persönlichem,
fachlichem und finanziellem Engagement durchgeführt werden und müssen
auch dementsprechend von offizieller Seite – u.a. den Kostenträgern – wert-
geschätzt und gefördert werden.

Die Landschaft der ambulanten Maßnahmen sollte von „Billigangeboten"
entrümpelt werden. „Dürftige" ambulante Maßnahmen, die mit überzogenen
konzeptionellen Versprechungen über erzieherische Zielerreichung und
Lerninhalte „verkauft" werden, schüren unrealistische Erwartungen und machen unsere sozialpädagogischen Kompetenzen unglaubwürdig. Nicht selten
werden solche Maßnahmen als „nettes, pädagogisches Obendrein" von Ju-
gendstaatsanwälten und -richtern aufgegriffen, obwohl z.B. Verfahrensein-

stellung mit Reaktionsverzicht für die ubiquitäre, jugendtypische Alltagskriminalität genügt hätte.

Insgesamt muss die professionelle Praxis offensiver vertreten werden, man darf sich auch unter dem Diktat eines Sparzwangs die Spielräume nicht so sehr einengen lassen, dass die eigenen professionellen Standards nicht mehr einzuhalten sind. Die Kritik am zum Teil bescheidenen oder schwer messbaren Erfolg von sozialarbeiterischen Maßnahmen kann durch den Hinweis auf die fatale Wirkung von Strafen, Zwang, Isolation und Inhaftierung ausgehebelt werden. Lassen wir uns nicht weiter verunsichern, es wird auch zukünftig keine befriedigenden und wirksamen punitiven Lösungen geben.

Fachliche Standards offensiv vertreten

Literatur

AGJ (Arbeitsgemeinschaft für Kinder- und Jugendhilfe) (2012): Jugenddelinquenz: Zum Umgang mit straffällig gewordenen jungen Menschen in der Kinder- und Jugendhilfe und der Jugendgerichtsbarkeit. (http://www.agj.de/fileadmin/files/positionen/2012/Jugenddelinquenz.pdf) [Zugriff: 13.09.2013].

BMI/BMJ (2006): Zweiter Periodischer Sicherheitsbericht. (http://www.bmi.bund.de/SharedDocs/Downloads/DE/Veroeffentlichungen/2_periodischer_sicherheitsbericht_langfassung_de.pdf?__blob=publicationFile) [Zugriff: 13.09.2013].

Dollinger, B. (2010): Wie punitiv ist die soziale Arbeit? Anmerkungen zu einer Debatte. In: SozialExtra, 7/8 2010, S. 6-10.

Heinz, W. (2005): Ambulante Sanktionen im Jugendstrafverfahren – aktuelle Konzeptionen und empirische Befunde in 14 Thesen; Vortrag gehalten auf der Fortbildungsveranstaltung des Justizministeriums Nordrhein-Westfahlen, 7.11.2005. (http://www.unikonstanz.de/rtf/kis/HeinzAmbulanteSanktionenimJugendstrafverfahrenThesen.htm) [Zugriff: 13.09.2013].

Heinz, W. (2008): Stellungnahme zur aktuellen Diskussion um eine Verschärfung des Jugendstrafrechts. (www.uni-konstanz.de/FuF/Jura/heinz/ResolutionHeinz.pdf) [Zugriff: 13.09.2013].

Heinz, W. (2011): Neue Straflust – Realität oder Mythos? In: NK (Neue Kriminologie) 1/2011, S.14-27 (http://www.scm.nomos.de/fileadmin/nk/doc/Aufsatz_NK_11_01.pdf) [Zugriff: 13.09.2013].

Heinz, W. (2012): Jugendstrafrechtliche Sanktionierungspraxis auf dem Prüfstand. In: ZJJ 2/2012, S. 129-148.

Kessl, F. (2011): Punitivität in der Sozialen Arbeit – von der Normalisierungs- zur Kontrollgesellschaft. In: Dollinger, B./Schmidt-Semisch, H. (Hrsg.): Wohlfahrtsproduktion und die neue Lust am Strafen. Leverkusen, S. 131-144.

Kleinert, U. (2006): Soziale Arbeit im Bereich der Justiz – Gelingendes Leben im Konfliktfeld von staatlichem Strafrecht, Resozialisierungsanspruch und Klientenkompetenz. In: neue praxis 4/2006, S. 414-434.

Lautmann, R./Klimke, D. (2004): Punitivität als Schlüsselbegriff für eine Kritische Kriminologie, S. 1-15 (http://www.lautmann.de/Kriminalitat_und_Recht/Punitivitat/punitivitat.html) [Zugriff: 13.09.2013].

Lutz, T. (2012): Straf- und Sanktionsmentalität in der Sozialen Arbeit. Soziale Arbeit zwischen Hilfe und Kontrolle: neue Qualität im alten Spannungsfeld? In: ZJJ 2/12, S. 157-162.

Müller, S. (1991): Erziehen, Helfen, Strafen – Zur Klärung des Erziehungsbegriffs im Jugendstrafrecht aus pädagogischer Sicht. In: DVJJ-Journal 2/1991, S. 344-351.

SINUS-Jugendstudie u18 (2012): Wie ticken Jugendliche? Lebenswelten von Jugendlichen im Alter von 14 bis 17 Jahren in Deutschland. (http://www.dkjs.de/fileadmin/bilder/ Aktuell/pdfs/2012_03_28_Ergebnisse.pdf) [Zugriff: 13.09.2013].

Spiess, G. (2012): Jugendkriminalität in Deutschland – zwischen Fakten und Dramatisierung. Kriminalstatistische und kriminologische Befunde. Universität Konstanz. (http:// www.uni-konstanz.de/rtf/gs/G.Spiess-Jugendkriminalitaet-2012.pdf) [Zugriff: 13.09. 2013].

Streng, F. (2012): Punitivität bei Justizjuristen. Ergebnisse von Befragungen und aus der Rechtspflegestatistik. In: ZJJ 2/12, S.148-157.

Schöch, H. (2009): Neue Punitivität in der Kriminalpolitik? In: Bundesministerium der Justiz (Hrsg.): Das Jugendkriminalrecht vor neuen Herausforderungen, Jenaeer Symposium, S. 13-27.

Viehmann, H. (2010): Die große Illusion. In: ZJJ 4/10, S. 357-362.

Widersprüche (2009): Grenzen des Zwangs? Soziale Arbeit im Wandel. Heft 113.

Windzio, M./Simonson, J./Pfeiffer, Ch./Kleimann, M. (2007): Kriminalitätswahrnehmung und Punitivität in der Bevölkerung – Welche Rolle spielen die Massenmedien? Ergebnisse der Befragungen zu Kriminalitätswahrnehmung und Strafeinstellungen 2004 und 2006. In KFN (Hrsg), Forschungsbericht 107 (http://www.kfn.de/versions/kfn/ assets/fb103.pdf) [Zugriff: 13.09.2013].

Strafen

Winfried Hetger

Einleitung

Strafrechtliche Sanktionierungssysteme sind Merkmal entwickelter Gesellschaften und ihre sachgerechte Funktion hängt wesentlich mit Sozialer Arbeit zusammen.

Um die Grundlage des heutigen Strafrechts zu verstehen, bedarf es zunächst der Darlegung der Entwicklung des Strafrechts und zudem müssen die dem heutigen Strafrecht zugrunde liegenden wissenschaftlichen Ansätze erläutert werden.

Entwicklungen

Die Jäger und Sammler der Vorzeit bedienten sich des Faustrechts und der Selbstjustiz, um dem Recht Geltung zu verschaffen. Die Stammesgesellschaften der Germanen kannten kein staatliches Strafrecht. Wurde zum Beispiel das Mitglied einer Sippe vom Mitglied einer anderen Sippe getötet, musste ein Schadensersatz als sogenanntes Wergeld von der Tätersippe gezahlt werden. Es fand mithin ausschließlich ein zivilrechtlicher Ausgleich statt.

Das römische Recht kannte als crimen (Straftat) Mord, Hochverrat und Amtsdelikte.[1] Es gab allerdings keine Staatsanwaltschaft, die als Vertreterin der Staatsgewalt Anklagen zum Gericht erhob, vielmehr wurden entsprechende Klagen durch die Bürger oder deren Anwälte erhoben. In der Spätantike und im Mittelalter wurde die Strafgewalt von den jeweiligen Landesfürsten als Gerichtsherren ausgeübt. Mit dem Erstarken der Stellung der Kirche trat daneben noch das Kirchenrecht, wobei für die Verfolgung von Straftaten die Inquisition zuständig war, welche im späteren Verlauf im Rahmen der Hexenverfolgung unrühmliche Bekanntheit erlangte. Religiös tradierte Rechtsprechung existiert noch heute in verschiedenen islamischen Ländern in Form der Scharia-Gesetzgebung.

Eine der größten Errungenschaften der französischen Revolution ist das noch heute gültige Prinzip der Gewaltenteilung in Legislative, Exekutive und Judikative. Damit wurden erstmals die Gerichte völlig weisungsunabhängig

---

1 Hausmaninger/Selb (2001): Römisches Privatrecht. Wien, S. 276 ff.

von den Regierungen, Parlamenten oder Beamten. Der Staatsanwalt als Vertreter der Staatsgewalt erhielt das Anklagemonopol. Das materielle Strafrecht wurde kodifiziert, in Deutschland 1871 nach der Reichsgründung als einheitliches Strafgesetzbuch (StGB) für das Deutsche Reich.

Das Strafgesetzbuch war im Laufe der Zeit bis heute mannigfaltigen Änderungen unterworfen und spiegelte die gesellschaftlichen Zustände seiner jeweiligen Zeit:

- Im 19. Jahrhundert existierte noch ein Kapitel „Zweikampf", in dem für verbotene Duelle eine Festungshaft angedroht war.[2]
- Während der Nazi-Diktatur wurde das schon im römischen Recht verankerte Rückwirkungsverbot (nulla poena sine lege) außer Kraft gesetzt, womit die rückwirkende Anwendung von neu geschaffenen Straftatbeständen möglich wurde.[3]
- Die Europäische Menschenrechtskonvention vom 4.11.1950 sieht zwar in Artikel 2 die Todesstrafe noch vor, sie wurde aber später durch das 6. und 13. Fakultativprotokoll endgültig abgeschafft. Laut Artikel 102 unseres Grundgesetzes aus dem Jahr 1949 ist die Todesstrafe in Deutschland abgeschafft und im Strafgesetzbuch nicht mehr als Sanktion aufgeführt.[4]
- Noch bis 1969 war Ehebruch auf Antrag des betrogenen Ehepartners mit der Verhängung einer Geldstrafe bedroht.[5]
- Erst in den siebziger Jahren des letzten Jahrhunderts wurde die Strafbarkeit für homosexuelle Kontakte zwischen Erwachsenen aufgehoben.[6] Auch die Abtreibung, welche früher grundsätzlich strafbar war, wurde bei Einhaltung bestimmter Vorschriften straffrei gestellt.[7]

Der Weg zum heutigen StGB Das Strafgesetzbuch in der heute gültigen Fassung enthält immer noch einige gesetzgeberische Wertungen, die aus dem vorletzten Jahrhundert stammen. Hierzu zählt die als besonders strafwürdig eingestufte Bedeutung von Vermögensdelikten. So beträgt die Mindeststrafe für einen schweren Raub mit Verwendung von Waffen (§ 250 StGB) 5 Jahre, ebenso wie die Mindeststrafe von 5 Jahren für Totschlag (§ 212 StGB), wohingegen eine Vergewaltigung (§ 177 StGB) eine Strafuntergrenze von 2 Jahren hat. Ein Diebstahl (§ 242 StGB) ist ein sogenanntes Offizialdelikt, d.h. er muss von der Staatsanwaltschaft von Amts wegen verfolgt werden, während die einfache Körperverletzung (§ 223 StGB) in der Regel nur auf einen Strafantrag des Geschädigten hin verfolgt wird. Die vorgenannten Beispiele zeugen von der noch heute vorhandenen

---

2   §§ 201 – 210 StGB (Strafgesetzbuch) i.d.F. vom 15.5.1871
3   § 1 StGB, Art. 103 Abs. 2 GG (Grundgesetz)
4   Meyer-Goßner (2013): Kommentar zur StPO (Strafprozessordnung). München, S. 2039 ff
5   § 172 StGB i.d.F. bis 1.9.1969
6   § 175 StGB in der bis 1973 gültigen Fassung
7   § 218 StGB in der seit 1.10.1995 gültigen Fassung

Grundkonzeption, wonach das Eigentum als höherrangigeres Rechtsgut gegenüber der körperlichen Unversehrtheit angesehen wird.

Das Strafprozessrecht ist in seiner seit 1877 geltenden Grundkonzeption
von den Ideen der Französischen Revolution beeinflusst. Das Anklagemonopol steht dem Staat zu. Es wird ausgeübt durch den Staatsanwalt. Dieser
unterliegt dem Offizialprinzip. Dieses Prinzip, auch als Ermittlungsmaxime
bezeichnet, heisst, dass der Staatsanwalt alle ihm bekannt gewordenen Straftaten von Amts wegen zu verfolgen hat.

Historie des Strafprozesses

Das Gegenteil hiervon ist das Opportunitätsprinzip, wie es im Ordnungs-
widrigkeitenrecht herrscht. Danach kann die zur Verfolgung von Ordnungswidrigkeiten zuständige Verwaltungsbehörde entscheiden, ob die Verfolgung
opportun ist, oder ob von einer Verfolgung abgesehen wird.

Urteile ergehen „Im Namen des Volkes". Auch dies ist eine Ausprägung
des Gedankenguts der Französischen Revolution. Damit die unabhängige und
nicht weisungsgebundene Judikative mit ihren Richtern auch demokratisch
legitimiert ist, sind an den erstinstanzlichen Gerichten (Amtsgericht, Landgericht) sogenannte Schöffen tätig. Dies sind juristische Laien, die mit gleichem Stimmrecht wie der Berufsrichter an der Urteilsfindung mitwirken. Sie
werden aus dem Kreis der Bevölkerung des Gerichtsbezirkes für eine Amts-
periode von 5 Jahren durch Schöffenwahlausschüsse gewählt. Es handelt sich
um ein Ehrenamt. Diese Volksbeteiligung ist bewusst so ausgestaltet, dass die
Schöffen in der Regel dazu in der Lage sind, den oder die Berufsrichter bei der
Urteilsberatung zu überstimmen.

Im Bereich des Jugendstrafrechts sind Jugendschöffen als Laienrichter
tätig. Diese in der Erziehung erfahrenen Personen werden von den Jugend-
hilfeausschüssen der Kommunen des Gerichtsbezirks gewählt.

Im Strafprozessrecht sind auch heute noch Elemente des Römischen
Rechts lebendig:

- „Nemo tenetur se ipsum accusare" bedeutet, dass niemand verpflichtet ist,
  sich selbst zu bezichtigen, eine Straftat begangen zu haben. Dies ist im
  Aussageverweigerungsrecht des Beschuldigten (§ 136 StPO) gesetzlich
  normiert.
- Der Grundsatz „ne bis in idem" statuiert das Verbot der Doppelbestrafung.
  Niemand darf wegen derselben Tat auf Grund der Strafgesetze mehrmals
  bestraft werden, Art. 103 Abs. 3 des Grundgesetzes.

Diese beispielhaft angeführten allgemeinen Rechtsgrundsätze spiegeln seit
2000 Jahren gültige Rechtsauffassungen wieder und finden sich auch in den
Rechtsordnungen aller europäischen Staaten.

Wissenschaftliche Ansätze im Strafrecht

Die Idee des Strafrechts beruht auf dem Gedanken, dass gesellschaftlich unerwünschte Verhaltensweisen nicht toleriert und mit Sanktionen belegt werden. Die delinquenten Verhaltensweisen werden als Straftatbestände im Strafgesetzbuch und zahlreichen anderen Nebengesetzen definiert und mit einer Strafandrohung versehen. Für die Verfolgung dieser Straftaten ist die Staatsanwaltschaft zuständig. Ordnungswidrigkeiten stellen als Übertretungen geringerer Art keine echten Straftaten dar. Mit ihrer Verfolgung ist die jeweils zuständige Verwaltungsbehörde befasst. Das nähere Verfahren ist im Ordnungswidrigkeitengesetz (OWiG) geregelt.

Strafen in früherer Zeit
Frühere Strafrechtssysteme beruhten auf dem reinen Vergeltungsprinzip. Dies kam besonders durch sogenannte „spiegelnde Strafen" zum Ausdruck, wie sie heute noch gelegentlich im islamischen religiösen Recht der Scharia anzutreffen sind. So wurde Dieben die Hand abgehackt, Sexualstraftäter wurden zwangskastriert, Mörder und Totschläger wurden der Todesstrafe zugeführt.[8]

Besonders in der NS-Zeit wurde der Straftäter als Person angesehen, die Treue- und Pflichtverletzungen gegenüber der Volksgemeinschaft begangen habe. Der Täter war ein Feind des Volkes, den es unschädlich zu machen galt, ggf. durch „Ausmerzung" unter Verhängung der Todesstrafe.[9]

Später trat der Gedanke des Ausgleichs mehr in den Vordergrund. Das Prinzip „Schuld und Sühne" bedeutete, dass ein Ausgleich für das vom Täter begangene Unrecht durch die strafrechtliche Sanktion geschaffen werden sollte.[10]

Strafzwecke
Nach heutigem Verständnis erfüllt das Strafrecht hauptsächlich zwei Zwecke:

- Generalprävention bedeutet, dass die Bestrafung potentiell in der Gesellschaft vorhandene Täter von der Begehung strafbarer Handlungen abhalten soll. Die Bestrafung hat insoweit einen Abschreckungseffekt (sogenannte „negative Generalprävention"). Zugleich soll das Vertrauen in die Durchsetzungskraft strafrechtlicher Normen hervorgerufen und die Rechtstreue der Bevölkerung gestärkt werden.
- Spezialprävention bedeutet, dass die strafrechtliche Sanktion auf den konkreten Täter und seine strafrechtliche Schuld ausgerichtet werden soll mit dem Ziel der Resozialisierung, hier mit dem besonderen Ziel, ihn in Zukunft von der Begehung weiterer strafbarer Handlungen abzuhalten.

---

8   Ch. Hinkeldey (Hrsg.)(1984): Justiz in alter Zeit. (Schriftenreihe des mittelalterlichen Kriminalmuseums Rothenburg ob der Tauber, Band VI). Rothenburg o.d.T.

9   Keller, B. (2007): Zur Legitimität von Gesinnungsmerkmalen im Strafrecht. Eine strafrechtlich-rechtsphilosophische Untersuchung. Frankfurt am Main

10   § 46 StGB

Die Strafe ist nach Auffassung des Bundesverfassungsgerichts eine „missbil-
ligende hoheitliche Reaktion"[11] anknüpfend an ein „sozialethisches Unwert-
urteil"[12].

Die Höhe der Bestrafung richtet sich nach dem Maß der Schuld des Täters.[13]

Das Maß der Schuld orientiert sich an der individuellen Vorwerfbarkeit   Delinquenz und
des inkriminierten Verhaltens. Im Strafrecht wird also nur individuell vor-   Vorwerfbarkeit
werfbares Verhalten sanktioniert. Dieses setzt voraus, dass der Täter für sein
Verhalten verantwortlich und damit schuldfähig ist. Schuldunfähige Täter
(z.B. Geisteskranke, § 20 StGB) können folglich nicht bestraft werden. Sie
werden bei Vorliegen von Allgemeingefährlichkeit nach § 63 StGB in ein
geschlossenes psychiatrisches Krankenhaus eingewiesen.

Individuelle Vorwerfbarkeit setzt somit voraus, dass sich der Täter infolge
einer freien Willensentschließung zur Begehung der Straftat entschieden hat.
Dies bedeutet, dass er auch anders hätte handeln können. Neuere Forschungen
auf dem Gebiet der Neurobiologie und Hirnforschung[14] weisen darauf hin,
dass die Entschlüsse des Menschen, eine Handlung zu begehen, möglicherweise nicht dem „freien Willen" entspringen, sondern das Ergebnis che-
misch-physikalischer Prozesse in Rahmen neuronaler Verschaltungen in
Körper und Gehirn sind. Damit würde das Konzept des Strafrechts als Bestrafung individuell vorwerfbaren Verhaltens infrage gestellt, ebenso auch
andere Konzepte der Sozialen Arbeit, Politik, Medizin, Religion (Seele) u.ä.,
die auf der Vorstellung eines freien Willens basieren. Danach hätten auch
präventive Strategien der Sozialen Arbeit zur Herbeiführung bestimmter
Verhaltensweisen keine Grundlage mehr, wenn freie Willensentschließungen
nur Fiktion sind, da jegliches Verhalten biologisch determiniert wäre. Diese
Forschungsansätze der Neurobiologie sind jedoch erst in den Anfängen und
haben deshalb auch noch nicht zu einer Änderung des Anknüpfungspunktes
für das „Maß der Schuld" des Täters geführt.

Besondere Bedeutung hat das Jugendstrafrecht. Hierbei handelt es sich   Jugendliche und
um ein Sonderstrafrecht für junge Täter, die sich im Übergangsstadium zwi-   heranwachsende
schen Kindsein und Erwachsenenalter befinden.   Straftäter

Kinder unter 14 Jahren können nicht bestraft werden.[15] Die insoweit gültige Strafmündigkeitsgrenze ist im europäischen Vergleich in etwa entsprechend. Sie beruht auf der Erkenntnis, dass Kinder erst ab einem gewissen
Alter in der Lage sind, Einsicht in begangenes Unrecht zu entwickeln.

---

11   Urteil v. 20.3.2002, 2 BvR 794/95
12   Beschluss v. 9.7.1997, 2 BvR 1371/96
13   § 46 StGB
14   Stompe, T./Schanda, H. (Hrsg.) (2010): Der freie Wille und die Schuldfähigkeit in Recht,
     Psychiatrie und Neurowissenschaften (Wiener Schriftenreihe für Forensische Psychiatrie).
     Berlin
15   § 19 StGB

Schon früh reifte die Erkenntnis, dass man strafmündige Personen ab 14 Jahren bis zum Eintritt der Volljährigkeit nicht dem für Erwachsene geltenden Strafrecht unterwerfen darf. Bereits 1908 wurde in Deutschland ein erstes Jugendgericht eingerichtet.[16] Vier Jahre später wurde ein erstes Jugendgefängnis eröffnet. Das Jugendgerichtsgesetz trat 1923 erstmals in Kraft. Es galt für 14- bis 18-jährige Jugendliche. Später wurden auch die sogenannten „Heranwachsenden" von 18-21 Jahren in den Geltungsbereich des Jugendgerichtsgesetzes einbezogen.[17] Dieser noch heute gültige Anwendungsbereich führt dazu, dass nach dem Zivilrecht volljährige Personen über 18 Jahren im strafrechtlichen Bereich bei Vorliegen bestimmter Voraussetzungen (zum Beispiel Reifeverzögerungen) noch nach dem Jugendstrafrecht behandelt werden, welches im Vergleich zum Erwachsenenstrafrecht in der Regel mildere Sanktionen vorsieht. So ist im Jugendstrafrecht die Höchststrafe auf zehn bis maximal 15 Jahre Jugendstrafe beschränkt[18], während im Erwachsenenstrafrecht die lebenslange Freiheitsstrafe beispielsweise für Mord vorgesehen ist.[19]

Erziehungsstrafrecht

Im Gegensatz zum Erwachsenenstrafrecht ist das Jugendstrafrecht vom Erziehungsgedanken geprägt.[20] Insbesondere generalpräventive Erwägungen dürfen bei der Festsetzung von Sanktionen keine Rolle spielen. Als Sanktionsformen sind Erziehungsmaßregeln, Zuchtmittel und Jugendstrafe vorgesehen. Selbst eine zu verbüßende Jugendstrafe soll erzieherischen Charakter haben. Entsprechend sind einzelne Jugendstrafanstalten eingerichtet, die Schulbesuch mit Schulabschlüssen und die Absolvierung von Berufsausbildungen anbieten. Im Gegensatz zum Erwachsenenstrafrecht richtet sich die Höhe der Jugendstrafe nicht nach dem Maß der Schuld des Täters, sondern nach der erforderlichen Zeit zur erzieherischen Einwirkung.[21]

Tätigkeitsprofile Sozialer Arbeit im Bereich des Strafrechts

Soziale Arbeit im Strafrecht ist von hohen Anforderungen geprägt und mit großer Verantwortung verbunden.

Jugendgerichtshilfe

Ein Jugendstaatsanwalt muss im Monat 200 Ermittlungsverfahren (das sogenannte „Pensum") abschließen. Er muss also entscheiden, ob er ein Verfahren bspw. wegen Geringfügigkeit einstellt, gegebenenfalls unter Anord-

---

16   Hubert, H.: 100 Jahre Jugendgerichte und Jugendgerichtshilfen. Zur Gründung des Frankfurter Jugendgerichtes im Jahre 1908, in: Jugendhilfe, 46 (2008) 1, S. 38-44
17   § 105 JGG (Jugendgerichtsgesetz)
18   §§ 18, 105 JGG
19   § 211 StGB
20   § 2 Abs. 1 JGG
21   § 18 Abs. 2 JGG

nung von Auflagen, oder ob er Anklage zum Gericht erhebt. In aller Regel bekommt er keinen der von dem Ermittlungsverfahren betroffenen Jugendlichen oder Heranwachsenden je zu Gesicht. Er ist auf die Herausarbeitung der Täterprofile durch die Jugendgerichtshilfe angewiesen, die nach persönlichem Kontakt mit dem Jugendlichen oder Heranwachsenden dem Staatsanwalt einen Vorschlag zur Beendigung des Ermittlungsverfahrens unterbreitet. Da der Staatsanwalt wie beschrieben keine näheren Erkenntnisse über den Täter hat außer der ermittelten Straftat, wird er in aller Regel den Vorschlägen der Jugendgerichtshilfe folgen.

Die Jugendgerichtshilfe schlägt der Staatsanwaltschaft oder dem Gericht erzieherische Maßnahmen nach dem Jugendgerichtsgesetz vor. Jugendstrafverfahren richten sich gegen Jugendliche im Alter zwischen 14 und 18 Jahren und Heranwachsende zwischen 18 und 21 Jahren. Auf die letztgenannten können unter bestimmten Voraussetzungen[22] noch Maßnahmen nach dem Jugendrecht verhängt werden, welches in der Regel mildere Sanktionen als das Erwachsenenstrafrecht hat.

Auch im so genannten Diversionsverfahren[23] wird die Jugendgerichtshilfe tätig. Dabei handelt es sich um eine informelle Erledigung eines Ermittlungs- oder Strafverfahrens, ohne dass es zu einer Gerichtsverhandlung kommt. Die Jugendgerichtshilfe schlägt bestehende Maßnahmen erzieherischen Charakters vor, zum Beispiel die Durchführung eines Täter-Opfer-Ausgleichs oder die Teilnahme an einem sozialen Trainingskurs und organisiert die Durchführung dieser Maßnahmen. Ein Ermittlungsverfahren wird danach eingestellt.

Aber auch wenn ein Jugendstrafverfahren vor Gericht verhandelt wird, ist die Jugendgerichtshilfe entscheidend beteiligt. Sie ist in der Verhandlung anwesend und gibt einen Sanktionierungsvorschlag ab. Auch hier wird der Richter mangels eigener besserer Erkenntnisse in aller Regel den Vorschlägen der Jugendgerichtshilfe folgen.

Ähnliches gilt für den Richter, der eine Bewährung zu überwachen hat. Er hat den Straftäter lediglich anlässlich dessen Verurteilung kennen gelernt und weder vorher noch nachher zu ihm näheren Kontakt. | Bewährungshilfe

Während der Bewährungszeit ist er auf die Berichterstattung durch die Bewährungshilfe angewiesen. Auch dieser Richter wird in aller Regel mangels eigener Erkenntnisse den Vorschlägen der Bewährungshelferinnen und Bewährungshelfer Folge leisten im Hinblick auf die Ausgestaltung der Bewährungszeit oder zu treffende weitere Sanktionen bis hin zu einem möglichen Widerruf der Bewährung.

Methodisch leistet die Bewährungshilfe soziale Einzelfallhilfe als auch soziale Gruppenarbeit. Soweit möglich, wird das soziale Umfeld der Pro-

---

22   § 105 JGG
23   §§ 45, 47 JGG

banden in die Arbeit einbezogen. In der Regel ist es auch erforderlich, eng mit anderen Fachdiensten zusammenzuarbeiten, etwa Drogenberatungsstellen, Jugend- und Sozialämtern, Agenturen für Arbeit, Schuldnerberatungsstellen, Verbänden und Vereinen.

Die sozialpädagogischen Interventionen sollen dem Probanden lebenspraktische Hilfe bieten. Er wird durch gezielte Gesprächsführung motiviert, eigene Fähigkeiten, Stärken und Schwächen zu überdenken und Verantwortung für sich selbst und Verantwortung gegenüber der Gesellschaft zu entwickeln und zu einer realistischen Lebensplanung zu gelangen. Die Bewährungshilfe arbeitet mit dem Probanden auch die Hintergründe auf, die zur Begehung der strafbaren Handlung geführt haben. Ziel ist es hierbei, eine Rückfallprophylaxe zu entwickeln. Die Probanden sollen erkennen, in welchen Situationen sie in die Gefahr geraten, erneut straffällig zu werden und dabei gezielt die Risikofaktoren minimieren.

Die Bewährungshilfe ist bei den Landgerichten angesiedelt und damit Teil des öffentlichen Dienstes. Die Bewährungshelfer unterstehen der Führungsaufsichtsstelle des Landgerichts. Sie müssen sich regelmäßig fortbilden, damit eine qualitativ hochwertige Arbeit der Bewährungshilfe gewährleistet ist. Zur Qualitätssicherung gehören auch kollegiale Fallbesprechungen und Supervisionen.

Gerichtshilfe
Im Bereich des Erwachsenenstrafrechts sind Gerichtshelfer tätig, die der Staatsanwaltschaft und dem Gericht zuarbeiten im Hinblick auf die Aufklärung persönlicher Lebensumstände des Täters, die für eine Sanktionierung von Bedeutung sind, beispielsweise im Fall von Anzeigen wegen Unterhaltspflichtverletzung. Die Gerichtshilfe kann aber auch eingesetzt werden, wenn es erforderlich ist, die persönlichen Umstände des Opfers einer Straftat zum Beispiel hinsichtlich der Tatfolgen zu beleuchten. Unabhängig von einem Auftrag der Staatsanwaltschaft oder der Gerichte können die Täter auch selbst Kontakt zur Gerichtshilfe aufnehmen. Gerichtshilfe ist jedoch keine Rechtsberatung. Die Zusammenarbeit mit der Gerichtshilfe ist freiwillig. Gerichtshelfer berichten der Staatsanwaltschaft oder dem Gericht über das Ergebnis ihrer Arbeit. Sie begleiten Täter oder Opfer zu Gerichtsterminen.

Auch in Vollstreckungsverfahren leistet die Gerichtshilfe wertvolle Arbeit, z.B. bei der Ermittlung der Leistungsfähigkeit von zur Schadenswiedergutmachung verurteilter Personen.

Freie Straffälligenhilfe
Im Bereich der Täter-Arbeit ist insbesondere der präventive Charakter hervorzuheben, um potentielle Straftäter von der Begehung strafbarer Handlungen abzuhalten.

Soziale Arbeit im Bereich der Freien Straffälligenhilfe bedeutet die Organisation und Überwachung ambulanter Maßnahmen, z.B. Täter-Opfer-Ausgleich, Organisation von sozialen Trainingskursen und allgemeine Sozialberatung. Hinzu kommen Angelegenheiten der Allgemeinen Sozialberatung

(Schuldnerberatung im Sozialhilferecht, Wohnungsangelegenheiten). Ange-hörigenarbeit und die Durchführung von Partnerseminaren sind ebenfalls dem präventiven Bereich zuzurechnen.

Sofern bereits Delinquenz stattgefunden hat, kann die Freie Straffälligenhilfe gemeinnützige Arbeit vermitteln, um eine Einstellung des Ermittlungsverfahrens gegen eine entsprechende Auflage zu erreichen. Hierzu zählt auch der bedeutsame Täter-Opfer-Ausgleich. Hierfür sind spezielle Beratungsstellen flächendeckend eingerichtet. Soweit freiheitsentziehende Maßnahmen gegen den Täter verhängt wurden, zeigt die Freie Straffälligenhilfe Alternativen zur Untersuchungshaft auf oder betreut die Täter in der Haft oder während eines Jugendarrestes.

Im Bereich des Strafvollzugs findet Soziale Arbeit in allen Vollzugsformen statt. Sozialpädagogische Betreuungsmaßnahmen in Jugendarrestanstalten und Jugendstrafanstalten sind besonders auf jugendliche Straftäter ausgerichtet. In Justizvollzugsanstalten für Erwachsene werden im Rahmen der Resozialisierung entsprechende Angebote von Sozialarbeitern entwickelt. Sozialpädagogische Betreuung gibt es bis hin in den Bereich der Sicherungsverwahrung. Mannigfaltige Angebote werden in sozialtherapeutischen Anstalten vorgehalten, hierbei handelt es sich um besondere Einrichtungen im Strafvollzug. *Strafvollzug*

Suchttherapie ist ohne Soziale Arbeit schlechterdings vorstellbar. Einsatzmöglichkeiten kommen in Betracht im präventiven und ambulanten Bereich, zum Beispiel in Drogenberatungsstellen. Ein besonderes Einsatzgebiet liegt im Bereich stationärer Langzeittherapieeinrichtungen. *Suchttherapie*

Drogenberatungsstellen werden von öffentlichen und von Freien Trägern unterhalten. Für Freie Träger ist eine Anerkennung notwendig, damit Drogentherapiemaßnahmen im Rahmen des Prinzips "Therapie statt Strafe" des Betäubungsmittelgesetzes (BtMG) Berücksichtigung finden können.[24]

Drogenberatungsstellen decken entweder das gesamte Spektrum von Abhängigkeiten (z.B. Alkohol, Medikamente, Spielsucht) ab oder haben sich auf illegalen Drogenmissbrauch spezialisiert.

Zu unterscheiden sind weiter ambulante Drogenberatungsstellen oder stationäre Therapieeinrichtungen.

Inhaltlich bietet die Drogenberatung Angebote der allgemeinen Beratung, Aufklärung und Information zur Suchtproblematik sowie Gesundheits- und AIDS-Beratung. Ambulante Drogenberatungsstellen vermitteln ihre Klienten in stationäre Entgiftungsbehandlungen oder begleiten und betreuen sie während der Übergangsphase in eine stationäre Therapiemaßnahme. Soziale Arbeit in der Drogenberatung bedeutet auch die Entwicklung von Anschlussperspektiven sowie die Vermittlung in interne und externe weiterführende Angebote.

---

24   § 35 BtmG

**Sozial-
therapeutische
Anstalt**

Sozialtherapeutische Anstalten sind nach §§ 9 ff. des Strafvollzugsgesetzes (StVollzG) eingerichtet. Hierbei handelt sich um eine spezielle Unterbringungsform im Strafvollzug. Sexualstraftäter mit Verurteilungen zu mehr als zwei Jahren Freiheitsstrafe sind in der Regel in eine sozialtherapeutische Anstalt zu verlegen, um dort nach dem Gesetzeswortlaut „behandelt" zu werden. Das Erarbeiten einer Rückfallprophylaxe ist bei diesem Täterkreis auch deshalb von besonderer Bedeutung, weil eine vorzeitige Entlassung auf Bewährung nur möglich ist, wenn Gründe der öffentlichen Sicherheit einer vorzeitigen Entlassung nicht entgegenstehen. Das Gericht, welches über eine solche Entlassung auf Bewährung entscheidet, hat zu dieser Frage ein Sachverständigengutachten einzuholen.[25] Auch in der nachgehenden Betreuung sind Fachkräfte der sozialtherapeutischen Anstalt eingebunden.[26]

Maßregelvollzug

Schließlich findet Soziale Arbeit im Maßregelvollzug statt, beispielsweise der geschlossenen Unterbringung von Straftätern in einem psychiatrischen Krankenhaus (sogen. Forensische Psychiatrie). Die Arbeit mit psychisch kranken Straftätern bedeutet für den Sozialarbeiter und Sozialpädagogen auch eigene besonders hohe psychische Belastungen.

Maßregelvollzug bedeutet

- Unterbringung in der Sicherungsverwahrung (§ 66 StGB),
- Unterbringung in einem psychiatrischen Krankenhaus (§ 63 StGB)
- Unterbringung in einer Entziehungsanstalt (§ 64 StGB).

**Sicherungs-
verwahrung**

Die Unterbringung in der Sicherungsverwahrung stellt die härteste Maßnahme dar, die das Strafgesetzbuch vorsieht. Der Täter wird nach Verbüßung seiner Strafe nicht entlassen, sondern in spezielle Einrichtungen zum Vollzug der Sicherungsverwahrung verlegt. Die Dauer der Sicherungsverwahrung ist unbefristet. Alle zwei Jahre findet eine gerichtliche Anhörung und Überprüfung statt, ob der Täter auf Bewährung entlassen werden kann. In der Sicherungsverwahrung sieht sich Soziale Arbeit mit Tätern konfrontiert, die eine lange kriminelle Karriere hinter sich haben. Zahlreiche Gefängnisaufenthalte haben nichts gefruchtet. Die Verurteilten sind in der Regel ohne jegliche Perspektive, hinzu kommt die Ungewissheit über die tatsächliche Dauer der Sicherungsverwahrung. Entsprechend hoch sind die Hürden, die Soziale Arbeit zur Motivation dieses Täterkreises zu überwinden hat.

Psychiatrie

Die Unterbringung in einem psychiatrischen Krankenhaus (forensische Psychiatrie) oder einer Entziehungsanstalt wird in speziellen geschlossenen Kliniken in öffentlicher oder privater Trägerschaft durchgeführt. Soziale Arbeit bedeutet hier interdisziplinäre Zusammenarbeit in multiprofessionellen Teams zur Entwicklung und Implementierung sozialer Rehabilitation und entsprechender Konzepte für Maßregelvollzugspatienten. Sozialarbeiter sind

25   § 454 Abs. 2 StPO
26   § 126 StVollzG

in geschlossenen Stationen, Außenwohngruppen und in der Nachsorge der Klinik-Ambulanzen zu finden. Die Erarbeitung einer Rückfallprophylaxe für psychisch kranke Straftäter gestaltet sich in aller Regel schwierig. Zunächst ist die oftmals nicht vorhandene Krankheitseinsicht beim Patienten zu fördern. Soweit neben der psychotherapeutischen Betreuung eine medikamentöse Behandlung erforderlich ist, muss mit dem Patienten eine so genannte Medikamentencompliance entwickelt werden. Dies ist insbesondere in der Nachsorgephase von Bedeutung, da Psychopharmaka oftmals starke Nebenwirkungen hervorrufen. Wenn ein Patient nach seiner Entlassung die Medikation deshalb absetzt, stellt dies einen gravierenden Risikofaktor dar.

Behandlungen im Maßregelvollzug dauern oftmals viele Jahre. Im Rahmen der Entlassungsvorbereitungen wird der Patient behutsam an die Anforderungen der Außenwelt herangebracht, zunächst in Außenwohngruppen und danach in betreuten Wohneinrichtungen oder Heimen. Auch die Organisation von Arbeitsgelegenheiten gehört zur Sozialen Arbeit im Maßregelvollzug. Der Patient wird oftmals zunächst in Behindertenwerkstätten beschäftigt, letztes Ziel ist die Vermittlung in den ersten Arbeitsmarkt.

Die Unterbringung in einer Entziehungsanstalt bezweckt die Behandlung aller stoffgebundenen Süchte. Hierzu zählen Alkohol, Medikamente und illegale Drogen. Für den Bereich der illegalen Drogen existieren daneben stationäre Langzeittherapieeinrichtungen nach § 35 des Betäubungsmittelgesetzes. Soziale Arbeit leistet hier zunächst Motivationsarbeit bei den Patienten, um die Langzeittherapie erfolgreich abschließen zu können. Oftmals hat man mit besonderen Bedingungen zu kämpfen, beispielsweise fehlende Sprachkenntnisse, langjährige parallel verhängte Haftstrafen oder drohende Abschiebung von Ausländern. Hohe Anforderungen stellt auch die Nachsorgephase nach einer Entlassung, um den Patienten vor einem Rückfall in die Sucht zu bewahren.

*Entziehungs-
anstalt*

Resümee

Wie dargestell, ist Soziale Arbeit essenzieller Bestandteil moderner Strafrechtssysteme. Sie ist in jedem Stadium eines Strafverfahrens anzutreffen. Für die Absolventen des Studiengangs ergeben sich zahlreiche Berufsfelder, so dass die Thematik Strafrecht und Strafprozessrecht unter besonderer Berücksichtigung des Jugendstrafrechts im Studium einen fest verorteten Platz haben muss.

Literatur

Hetger, W. A. (2004): Strafrecht in der Sozialen Arbeit. Koblenz.

Nix, C., Möller, W., Schütz, C. (2011): Einführung in das Jugendstrafrecht für die Soziale Arbeit. Stuttgart.

Ostendorf, H. (2011): Jugendstrafrecht. Baden-Baden.

Schott, T., Möllers, M. (2005): Strafrecht in der Sozialarbeit. Regensburg.

II. Anlässe und Kontexte

Praxisorientierung

Heike Strohe/Bettina Wardelmann

Einleitung

Vor rund 20 Jahren erschien das Buch ‚Soziale Arbeit als Wissenschaft' von Ernst Engelke (1992), das sicherlich mittlerweile als ‚Klassiker' zu bezeichnen ist. Engelke ging es bei diesem Buch in erster Linie um eine wissenschaftliche Grundlegung einer eigenständigen Wissenschaft der Sozialen Arbeit. In der Einleitung des Buches deutet er darauf hin, dass aus der Sicht vieler Studierender und Praktiker/-innen Theorien und Praxis nichts miteinander zu tun hätten. Theorien und Praxis würden als getrennte Welten wahrgenommen und zuweilen Theorien als störend empfunden. Engelke stellt aber unmissverständlich klar, dass Soziale Arbeit wie andere Hochschuldisziplinen auch, inhaltlich und formal in unterschiedliche Bereiche aufzuteilen sei, die zusammen das Ganze ausmachten: Soziale Arbeit als Wissenschaft, Soziale Arbeit als Beruf (Praxis) und Soziale Arbeit als Ausbildung (Lehre). Jeder Bereich habe seine je spezifischen Aufgaben, beziehe sich aber auf denselben Gegenstand Sozialer Arbeit „und ist zugleich mit den anderen Bereichen zirkulär verbunden … Soziale Arbeit als Wissenschaft ist reflexive und Soziale Arbeit als Praxis ist tätige Antwort auf soziale Probleme. Soziale Arbeit als Ausbildung unterrichtet das reflexive und tätige Antworten auf soziale Probleme" (Engelke 1992, S. 10f).

Damit verweist Engelke auf ein grundlegendes Verhältnis der modernen Sozialen Arbeit, wie sie sich seit über hundert Jahren in Deutschland und anderen europäischen Ländern entwickelt hat: Soziale Arbeit existiert als Praxis und als Theorie, als Profession und wissenschaftliche Disziplin. Insbesondere an (Fach-)Hochschulen ist der Zusammenhang *einer praxisorientierten Ausbildung auf wissenschaftlicher Grundlage* zum Markenkern der Studiengänge geworden, was im Folgenden verdeutlicht wird.

Entstehung und Entwicklung

Es besteht weitgehend Einigkeit, dass ein grundlegendes Studium der Sozialen Arbeit generalistisch ausgerichtet sein soll. Tiefergehende Spezialisierungen werden als Aufgabe für Weiterbildungen und Zusatzstudien gesehen. Die Ausbildungsgeschichte von Helfertraining und Akademisierung" hat Wolf

Anfänge der Ausbildung Sozialer Arbeit

Rainer Wendt nachgezeichnet (Wendt 2002, S. 799ff) und dabei die als erforderlich erachteten Kompetenzen der Fachkräfte besonders herausgestellt.

Die Anfänge der Ausbildung für Soziale Arbeit reichen in Deutschland bis 1893 zurück, als Jeanette Schwerin den Kurs „Mädchen und Frauengruppen für soziale Hilfsarbeit" initiierte und waren von Beginn an auf die Praxis bezogen und die Praxis wirkte auf die Inhalte der theoretischen Fächer. Alice Salomon führte diese Entwicklung weiter und gründete nach einigen Zwischenetappen 1908 die erste „Soziale Frauenschule" in Berlin-Schöneberg, die eine zweijährige Ausbildung zur Sozialarbeit anbot. Träger waren die Mädchen- und Frauengruppen für soziale Hilfsarbeit und der Berliner Verein für Volkserziehung. Ca. 80 Schülerinnen zählte der erste Jahrgang.

Anlässlich der Eröffnung der „Sozialen Frauenschule" sagte die Gründerin:

> „Wenn der *theoretische Unterricht* die sozialen Probleme unserer Zeit vor Ihnen aufrollt, wenn Sie in die großen Zusammenhänge des Gemeinschaftslebens eingeführt werden, wenn sich Ihnen die unlösbaren Beziehungen zeigen, die besitzende und nichtbesitzende Klassen verbinden, wenn Sie einen Einblick tun in die wirtschaftliche und geistige Entwicklung unseres Volkes und die Verknüpfung von Not und Schuld erkennen lernen, dann muß in Ihnen die Überzeugung lebendig werden, daß Sie Aufgaben zu erfüllen haben, daß Ihre Kraft gebraucht wird. {S. 3} Und in der *praktischen Arbeit* sollen Sie den Reflex dessen, was Sie in der Theorie als Problem der Gesellschaft kennen lernen, als Not und Hilfsbedürftigkeit des einzelnen erleben. Sie sollen sehen, daß in unserer Zeit nicht nur die Schuld, sondern auch die Not der Eltern heimgesucht wird an den Kindern, daß sie die Kinder gefährdet, auf denen die Zukunft unseres Volkes beruht."[1]

Ausbildungsreformen

Zwischen den Anfängen mit Alice Salomon und der heutigen Zeit liegen eine Reihe von Ausbildungsreformen, die sowohl struktureller als auch inhaltlicher Art waren – und in deren Begleitung auch immer wieder Fragen von Laufbahn-Berechtigungen, Ämtern, Funktionen, letztlich auch tarifliche Forderungen zu klären waren und sind.

Insgesamt lässt sich a) eine stärkere wissenschaftliche Orientierung feststellen und b) ist eine Hinwendung zum sozialwissenschaftlichen Paradigma klar erkennbar. Die Ausbildungsstätten haben sich kontinuierlich von privaten, nicht institutionalisierten Schulen bis hin zu integrierten Bestandteilen des tertiären (Hochschul-)Bereiches entwickelt.

Auf der inhaltlichen Ebene zeigt sich, dass die frühere curriculare Orientierung an Fächern/Wissenschaftsdisziplinen wie z.B. Pädagogik, Psychologie, Recht und Sozialpolitik sich über sog. Lernbereiche (z.B. rechtliche und organisatorische Rahmenbedingungen oder humanwissenschaftliche Grundlagen) zugunsten einer Modulstruktur entwickelt hat. Seit der sog. Bologna-Reform haben sich die Koordinaten deutlich verschoben und das Studium

---

1   http://www.alice-salomon-archiv.de/pdfs/A_SalomonZur-Eroeffnung-der-Sozialen-Frauenschule. pdf [letzter Zugriff 05.01.2013]

der Sozialen Arbeit wird an (Fach-)Hochschulen modularisiert und meist mit 210 Credits, inklusive der staatlichen Anerkennung, angeboten.

Didaktisch ist die In-Put-Orientierung einer Out-Put-Orientierung gewichen. Die Modulbeschreibungen müssen deutlich machen, was als Kompetenzgewinn bei den Studierenden erwartet werden kann. Im neuen gestuften Studienformat (Bachelor, Master, Promotion) ist der Bachelor der erste grundständig berufsqualifizierende Hochschulabschluss, der in Studiengängen der Sozialen Arbeit in der Regel die sog. staatliche Anerkennung einschließt.

Der sich fakultativ anschließende Masterabschluss eröffnet Zugänge zum höheren Dienst und qualifiziert für gehobene Planungs-, Führungs- wie auch Leitungspositionen. Auf die geänderten gesellschaftlichen Bedingungen wie auch die Lebenslagen und -bedürfnisse der Studierenden wird zunehmend dadurch eingegangen, dass Studiengänge sowohl als Vollzeitstudium wie auch berufsbegleitend und als Online-Studium angeboten werden, sodass Studierende ihr Studium zeitlich und organisatorisch individuell flexibel gestalten können. Viele Bachelorabsolventen/-innen nutzen diese erweiterten Studien- und Qualifizierungsmöglichkeiten und können damit hochqualifizierte Stellen einnehmen, die ehemals nur den Universitätsabsolventen/-innen vorbehalten waren. Der erleichterte Zugang zur Promotion schließt zudem die Perspektive ein, dass zukünftig der eigene wissenschaftliche Nachwuchs gefördert wird, in der Lehre ein höherer Anteil von Fachvertretern/-innen anzutreffen ist und dass darüber hinaus die Fachwissenschaft der Sozialen Arbeit neue Impulse erhält.

Bachelorstudiengänge „Soziale Arbeit" bieten mit ihren integrierten theoriegestützten Praxisphasen eine solide Grundlage für das berufliche Handeln als Sozialarbeiter/-in bzw. Sozialpädagoge/-in.

Das Studium soll auf die berufliche Praxis vorbereiten, dafür brauchen die Studierenden entsprechende Kompetenzen, Kenntnisse und Einstellungen. Dies erfolgt auf der Grundlage von theoriebasierten Wissensbeständen verbunden mit der Absicht, Transformationen zwischen wissenschaftlichen Theorien und Berufspraxis zu ermöglichen.

Praxisbezug im Studium

Mit der Vorstellung eines praxisbezogenen Studiums sind ganz konkrete Erwartungen über Kenntnisse für einen praktischen Beruf verbunden (vgl. Grohall 1997). Praxisbezug, so Grohall weiter, beinhalte auch die Voraussetzung „als Person im Beruf handeln zu können, eine berufliche Identität zu haben. Die Erfüllung des Praxisauftrages des Studiums umfasst also das gesamte Studium. Er kann nicht an die Praktika oder anderen Elemente des Studiums übertragen werden und dort ein Eigenleben führen" (ebd., S. 170).

Bis vor wenigen Jahren existierte eine Rahmenprüfungsordnung, die bundesweit die Inhalte und Struktur von Studiengängen, allerdings sehr allgemein gefasst, vorgab. Nun sind die einzelnen Hochschulen und Fachbereiche befugt, ihr individuelles Studienprogramm zu entwickeln und dabei auch spezifische

Akzente zu setzen. Als qualitätssichernde Maßnahme gibt es nun Akkreditie-
rungsverfahren, die auf einem Beschluss der Kultusministerkonferenz vom 04.
02.2010 beruhen. In diesen sog. „Ländergemeinsame Strukturvorgaben gemäß §
9 Abs. 2 HRG für die Akkreditierung von Bachelor- und Masterstudiengängen"
heißt es: „In Bachelorstudiengängen werden wissenschaftliche Grundlagen,
Methodenkompetenz und berufsfeldbezogene Qualifikationen vermittelt."[2],
womit die Praxisorientierung einen prominenten Platz erhält.

Als Leitlinie für die Vergleichbarkeit, Niveaustufen und Strukturierung der
Studiengänge wie auch für die Inhalte der Modulbeschreibungen dient auch der
Qualifikationsrahmen für Soziale Arbeit (QRSArb) – der vom Fachbereichstag
Soziale Arbeit, beschlossen wurde und den Fachbereichen und Fakultäten als
Orientierung gilt.[3]

Dies ist im Kontext der europäischen Entwicklung zu sehen, die die
Schaffung eines einheitlichen europäischen Hochschulraums anstrebt. Dies
geht einher mit der Einführung von Ordnungskategorien zur Vergleichbarkeit
der Kompetenzen und Qualifikationen der jeweiligen Fachkräfte.

Qualifikations-
rahmen für
Soziale Arbeit

„Dieses Ziel wird durch einen europäischen Qualifikationsrahmen (EQR),
welchem sich die einzelnen EU-Mitgliedsländer mittels nationaler Qualifikationsrahmen zuordnen, umgesetzt" (Roth/Gabler 2012, S. 24). Der Qualifikationsrahmen für Soziale Arbeit (QRSArb), der vom Fachbereichstag jenen
Vorgaben gemäß konkretisiert wurde, dient als Grundlage für die Ausrichtung
und Akkreditierung der Studiengänge wie auch nachfolgend für die Inhalte
der Modulbeschreibungen. Wesentliche Zielvorgaben bei der Umsetzung sind
dabei eine hinreichende wissenschaftliche Befähigung und eine Orientierung
im Studium auf die Berufsfähigkeit (vgl. BAG 2006, S. 3). Das Gesamtsystem
der Sozialen Arbeit hat sich infolge der oben beschriebenen Entwicklungen
immensen Herausforderungen zu stellen – die Handlungsfelder, die Trägerstrukturen wie auch die Hochschulausbildung betreffend. Dies muss bei
einer praxisorientierten Ausrichtung des Studiums berücksichtigt werden,
denn diese „interne Differenzierung beschreibt die Entwicklung zu höherer
Spezialisierung in den Hilfsangeboten aufgrund eines differenzierten Verständnisses von den Ursachen, Folgen und Problemlösungsstrategien im
Umgang mit sozialen Problemen (…) Dieser enorme quantitative und qualitative Ausbau der Sozialen Arbeit ging *im Weiteren* einher mit umfassenden
Professionalisierungsprozessen, begleitet von einer Verrechtlichung und
Versozialwissenschaftlichung der Tätigkeiten und Aufgabenbereiche" (Chassé/
von Wensierski 2008, S. 8). Die gesellschaftlichen Entwicklungen der Individualisierung und Pluralisierung hatten somit zur Folge, dass Angebote So-

---

2   http://www.kmk.org/fileadmin/veroeffentlichungen_beschluesse/2003/2003_10_10-
    Laendergemeinsame-Strukturvorgaben.pdf [letzter Zugriff: 06.01.2013]
3   http://www.fbts.de/fileadmin/fbts/Aktuelles/QRSArb_Version_5.1.pdf [letzter Zugriff 06.01.
    2013]

zialer Arbeit sich „entstandardisieren" müssen: Vielfältige, individuell zuge-
schnittene Hilfeformate werden benötigt.

In der Regel sind in allen Studiengängen Sozialer Arbeit human- und sozialwissenschaftliche, gesellschaftspolitische und ökonomische wie auch
rechtliche Inhalte zu finden Das methodisch-professionelle Handeln, der Erwerb medialer Kompetenzen, handlungsfeldbezogene Studienschwerpunkte
sowie praxisbezogene Veranstaltungen werden in unterschiedlichem Umfang
ausgewiesen. Leitlinien sind neben der Wissenschaftsbasierung, der berufs-
ethischen Ausrichtungen insbesondere auch die fachgerechte Verknüpfung
von Lehre mit dem Lernort Praxis. Diese Struktur muss im Hinblick auf
Veränderungen der Praxis immer wieder neu justiert werden.

Veränderungen

Klar ist, dass der sozioökonomische und gesellschaftliche Wandel der letzten
Jahrzehnte zu Modernisierungsprozessen geführt hat, der auch Auswirkungen
auf Soziale Arbeit in Deutschland hatte.

Mit dem Übergang ins 21. Jahrhundert deutete sich eine Wende im sozialstaatlichen Sicherungssystem an. Die zunehmende Ökonomisierung erreichte
mit Einführung der Pflegeversicherung 1995 auch die Soziale Arbeit. Und im
Handlungsfeld der Altenhilfe gibt es mittlerweile mehr private Träger als öffentliche Anbieter sozialer Dienstleistungen. Marktwirtschaftlich ausgerichtete Leistungsanbieter nehmen auch in anderen Handlungsfeldern der Sozialen
Arbeit zu und etablieren sich neben den öffentlichen (staatlichen) Trägern und
den gemeinnützig ausgerichteten freien Trägern wie den verschiedenen Wohlfahrtsverbänden, Jugendverbänden und Selbsthilfeinitiativen im Trägersystem
der Sozialen Arbeit. Im Sinne einer Konkurrenzfähigkeit unter diesen markt-
wirtschaftlichen Bedingungen wie auch im Sinne einer verstärkten Kunden-
orientierung und Effektivierung der Leistungen fanden nachfolgend auch bei
den öffentlichen und freien Trägern Strukturreformen statt. Die marktwirtschaftlich ausgerichteten vertraglichen und finanziellen Reglements zwischen
öffentlichen Trägern einerseits, den freien gemeinnützigen bzw. privaten
Trägern andererseits fanden und finden ihren Ausdruck in Fachleistungsstunden, Pflegesatz, Persönliches Budget, Teilhabeplanung etc. Zum Nachweis
der jeweils erbrachten Leistungen werden Instrumentarien wie spezifische
Leistungsdokumentationen, Qualitätssicherungsprogramme wie auch Evalu-
ierungen eingesetzt. Die Bewertung dieser Entwicklung ist sehr unterschiedlich, aber die Ausbildung an Hochschulen muss durch entsprechende Angebote, z.B. zur Qualitätssicherung und Sozialwirtschaft (vgl. den Beitrag von
Schneiders in diesem Band), darauf reagieren.

*Ökonomisierung
der Sozialen
Arbeit*

Professionelles Handeln im Spannungsfeld zwischen Theorie und Praxis

Theoretisches Wissen und Erfahrungswissen

Der gesellschaftliche und technologische Wandel hat dazu geführt, dass sich die Qualitätsanforderungen an das berufliche Handeln in der Sozialen Arbeit verändert haben. Die Nachfrage nach wissenschaftlich ausgebildeten Fachkräften stieg in den sozialen Dienstleistungsbereichen stetig an. Seit den 1990er Jahren wird auch die Frage nach der Qualität sozialberuflichen Handelns verstärkt in den Vordergrund gerückt. Die sogenannte „Wissenschaftsverwendungsforschung" (Dewe 2000, Böhmer et al. 1989) beschäftigt sich mit der Frage, inwieweit Berufspraktiker/-innen ihre erworbenen wissenschaftlichen Erkenntnisse in ihrem Arbeitsfeld tatsächlich anwenden können. Die Phänomene „Praxisschock", „Identitätskrise" und „Burnout" veranschaulichen recht deutlich das Dilemma, in dem sich Fachkräfte der Sozialen Arbeit hinsichtlich ihres beruflichen Handelns oft befinden. Denn nicht immer gelingt der Spagat, das erworbene wissenschaftliche Wissen mit dem Erfahrungswissen aus der Praxis zu verknüpfen. Darüber hinaus muss die notwendige Sensibilität und Empathie für den jeweiligen „Fall" entwickelt werden. Das sogenannte „doppelte Mandat", bei dem die Interessen der Klienten/-innen mit dem institutionellen Auftrag in Einklang zu bringen sind, bewirkt häufig Überforderungen. Professionelle Arbeit bedeutet, institutionelle und rechtliche Vorgaben mit der Achtung und dem Respekt vor dem Lebensentwurf der Klienten/-innen und deren Problemlösekompetenzen zu verknüpfen (Ressourcen- und Lösungsorientierung). Professionelles sozialberufliches Handeln vollzieht sich im Dialog zwischen Theorieverständnis (theoretisches Wissen, methodisches Wissen) und Fallverständnis (klientenbezogenes Verständnis bzw. Verstehen). Dewe et al. postulieren in diesem Zusammenhang, dass somit berufliches Handeln in der Sozialen Arbeit immer situativ ist und daher nicht pauschal und auf Dauer erreicht werden kann (vgl. Dewe et al. 2001, S. 37). Eine Fähigkeit zur kritischen (Selbst-)Reflexion sichert die notwendige Distanz der sozialpädagogischen/sozialarbeiterischen Fachkraft im Interaktionsprozess mit den Klienten/-innen und setzt sich mit der eigenen Handlungslogik auseinander (vgl. ebd., S. 38). „Sozialwissenschaftliches Wissen, z.B. über die historische Entwicklung und gesellschaftliche Funktion sozialer Arbeit, über Entstehungs- und Reproduktionsprozesse sozialer Probleme, über klassen-, schicht- oder milieuspezifische Verarbeitungsformen lebensgeschichtlicher Problemsituationen, ist als Anleitung für praktisches Handeln untauglich, jedoch als Reflexionswissen für die Deutung der je eigenen beruflichen Praxis unverzichtbar" (ebd., S. 100). Professionalität sozialberuflichen Handelns ist bestimmt durch das Verhältnis von Wissen, Können und Reflexion zueinander (vgl. ebd., S. 11).

Schlüsselkompetenzen für sozialberufliches Handeln

Das Studium der Sozialen Arbeit soll den Erwerb von Schlüsselkompetenzen sicherstellen, die sich im beruflichen Handeln dann weiter verfestigen und als unabdingbar für das professionelle Handeln eines/r Sozialarbeiters/-in oder eines/r Sozialpädagogen/-in gelten.

Die Orientierung an Kompetenzen wird z.B. in den Modulhandbüchern deutlich, die es mittlerweile für jeden Studiengang geben muss. Dies ist Bestandteil des notwendigen Akkreditierungsverfahrens. Ein solches Verfahren muss erfolgreich überstanden werden, sonst gibt es keine Genehmigung für das Studienangebot. In den Verfahrensanträgen, in den studiengangsspezifischen Modulhandbüchern wie auch in den Akkreditierungsgesprächen ist eine Systematik differenzierter und logisch aufeinander aufbauender praxisbezogener Studienanteile nachzuweisen. Ein besonderes Augenmerk wird bei Bachelor-Studiengängen auf die ‚Beschäftigungsfähigkeit' (employability) der Absolventen/-innen gelegt. Diesem Anspruch auf Beschäftigungsfähigkeit, d.h. die Eignung und Befähigung wird durch Einbettungen von praxisbezogenen Studienelementen in den Studiengängen in unterschiedlichem Ausmaß Rechnung getragen. Sie werden auch dadurch – im Verhältnis zu den theorieorientierten Modulen – aufgewertet, indem sie gleichermaßen mit ECTS- Punkten ausgewiesen werden (vgl. Roth/Gabler 2012, S. 25).

Mehrere Kompetenzdimensionen werden dabei unterschieden (vgl. Maus et al. 2011):

Kompetenz-
erwerb

- Die *Reflexionskompetenz* kann an beiden Lernorten – Hochschule und Praxis – vermittelt werden. Eine möglichst wertneutrale empathische Einstellung im Umgang mit Klienten/-innen entwickelt sich nicht zuletzt durch die Reflexion der eigenen, durch die Lebensbiografie vermittelten Werte und Normen und setzt sich in Bezug zu den Werten und Normen der Klienten/-innen. Sensible und differenzierte Selbst- und Fremdwahrnehmung führen zum Erkennen von Konsequenzen des eigenen beruflichen Handelns und somit zum bewussteren Umgang mit den beruflichen Kontexten. Zusätzlich erfolgt eine Auseinandersetzung mit den fachspezifischen Systemen und den beruflichen Rollenträgern/-innen, wie z.B. Kollegen/-innen und Vorgesetzte. Die Abgrenzung der Rolle der Fachkräfte der Sozialen Arbeit zu anderen Berufsrollen erfordert eine Standortbestimmung der eigenen Berufsidentität und daraus abzuleitender fachlicher Standards und Handlungsmodelle.
- *Fachkompetenz* wird ebenfalls an beiden Lernorten erworben und beinhaltet Kenntnisse und Fähigkeiten hinsichtlich gesellschaftlicher und rechtlicher Rahmenbedingungen Sozialer Arbeit. Durch die Fähigkeit zur Deutung sozialer Probleme mit Hilfe anamnestischer und diagnostischer Kenntnisse werden lösungs- und zielorientierte Vorgehensweisen entwi-

ckelt. Fachkompetenz bedeutet aber auch konzeptionelle Weiterentwicklung sozialer Dienstleistungen anzustoßen oder auch im Bereich der Öffentlichkeitsarbeit Seminarangebote seitens der Hochschulen zu unterbreiten und somit die öffentliche Thematisierung sozialer Probleme aus
dem Handlungsfeld Sozialer Arbeit heraus weiterzuführen.

- Unter *Methodenkompetenz* versteht man die Fähigkeit zur Planung und Reflexion des eigenen professionellen Handelns im Hinblick auf die Zuordnung und Anwendung gewählter Methoden. Durch die zunehmende Ökonomisierung der Sozialen Arbeit sind die Fachkräfte gefordert, nicht nur die
Komplexität der jeweiligen sozialen Problemlage sondern auch Zeit- und
Finanzaspekte bei der Wahl der Methode mit in Betracht zu ziehen.

- Die *Sozialkompetenz* einer Fachkraft vereinigt personale und kommunikative Fähigkeiten. Beim Aufbau einer empathischen professionellen
Beziehung zur Klientel ist das Postulat „Hilfe zur Selbsthilfe" zu berücksichtigen. Kommunikations- und Konfliktfähigkeit sind Voraussetzungen
zum Beziehungsaufbau mit Klienten/-innen und im Umgang mit Kollegen/-innen und Vorgesetzten.

Curriculare Umsetzung des Theorie-Praxis-Transfers

Verzahnung von Theorie und Praxis im Studium

Praxis und Theorie stehen nicht für sich, sondern sind in der Sozialen Arbeit
aufeinander bezogen, was z.B. im Bachelor Studiengang Soziale Arbeit an der
Hochschule Koblenz durch die Benennung der entsprechenden Module in
„Theorie-Praxis-Einheiten" unterstrichen wird (vgl. Friesenhahn/Strohe/
Szmalec 2006). Diese Theorie-Praxis-Einheiten sind an unterschiedlichen
Stellen des Studienplans platziert und beinhalten inhaltlich und zeitlich gestufte konkrete Einblicke und Mitarbeit der Studierenden in Praxisstellen. So
können erste berufliche Erfahrungen gemacht werden. Die Studierenden können und müssen sich in die Teamstruktur der Praxisstellen einpassen, sie lernen
die Adressaten/-innen in konkreten Handlungssituationen mit unterschiedlichen Ansprüchen kennen, sie können und müssen die institutionellen Rahmenbedingungen der Arbeit mit Zielen Sozialer Arbeit in Verbindung bringen
und ihre berufliche Rolle auch in Auseinandersetzung mit hierarchisch gefassten Organisationsformen finden. Inwieweit exemplarisches Lernen und
damit auch eine Übertragbarkeit auf andere Handlungsfelder dabei stattfindet,
ist nicht immer klar. Moch betont, dass „in der Regel erst eine gewisse Dauer
und Wiederholung von Praktiken und deren (schrittweise weiterführende) Reflexion eine Veränderung des Handlungswissens bewirken. Dementsprechend
muss das Praktikum nicht nur so langfristig angelegt sein, dass Routinebildung
möglich ist, sondern es muss einen wiederholten Wechsel von Praxis und Reflexion im Studienverlauf institutionalisieren" (Moch 2006, S. 542).

Die praxisbezogenen Studienelemente bedürfen der fachlichen Begleitung. Reflexionsfähigkeit, Zugänge zur beruflichen Identität, Ausloten von
Handlungsoptionen und Entwicklung neuer Positionen sowie Austausch mit
Praktiker/-innen und Kommilitonen/-innen sind in diesem Kontext wichtige
Themenfelder. In der Summe führen die praxisbezogenen Studienelemente
und die dazugehörigen Prüfungen zur sog. staatlichen Anerkennung. Dieses
formale Gütesiegel wird weiterhin nur im Rahmen der (Fach-)Hochschulstu-
diengänge verliehen und bestätigt neben der fachlichen auch die persönliche
Eignung für eine professionelle Soziale Arbeit.

Die mit der Praxisanleitung betrauten Personen benötigen neben professionellen Qualifikationen und langjähriger Berufstätigkeit auch die Fähigkeit,
zur spezifischen sozialarbeiterischen Profilbildung beitragen zu können. Dafür brauchen sie jedoch – über die beispielgebende Selbstreflexion hinaus –
die Fähigkeit, solche Prozesse beim/bei der Studierenden anzuregen und im
Praxisfeld zu initiieren und eine diesbezügliche eigene (Weiter-) Qualifikation
(vgl. Moch 2006, S. 543).

Resümee

Alltags- und Erfahrungswissen müssen nicht zwangsläufig im Gegensatz zur
wissenschaftlichen Theorie stehen, im Studium und in der Lehre müssen beide
Anteile ihren Platz finden. Praxisbegleitende Lehrveranstaltungen können
eine Überprüfung der Praxisrelevanz wissenschaftlicher Theorien begünstigen
und sind somit ein Bindeglied zwischen den beiden Lernorten Theorie und
Praxis. Die Studierenden lernen ihre Praxisthemen selbstreflexiv zu bearbeiten, aber auch als Input in Theorienseminare einzubringen.

Die weitergehende Professionalisierung und Akademisierung erfordert eine   Reflexion von
ständige Reflexion von Praxis, die auch nach Abschluss eines Bachelor- bzw.   Praxis
Masterstudiums durch entsprechende Fortbildungs- und Weiterbildungsangebote möglich wird. Fachtagungen zu relevanten sozialen Themen bieten in
diesem Zusammenhang zusätzlich einen Rahmen, um die Berufspraxis wieder
mehr in die Hochschule einzubinden und von und miteinander zu lernen.

Ergänzende und zunehmend wichtiger werdende Elemente der Praxis-   Praxisforschung
orientierung sind Praxisforschung und Evaluation. Hier kann sowohl die   und Evaluation
Hochschule Forschung und Evaluation anbieten, als auch die Praxis kann
umgekehrt entsprechende Anliegen und Ansprüche formulieren. Praxisorientierung bedeutet somit auch, im Studium die Themen Forschung, Konzeptentwicklung und Evaluation in ihrer Bedeutung für Theorie und Praxis Sozialer Arbeit aufzunehmen, sodass die Studierenden als Fachkräfte mit ihrem
theoriegeleiteten Erfahrungswissen eine fortlaufend kritisch-bewusste Steuerung des eigenen professionellen Handelns durchführen können.

Literatur

BundesArbeitsGemeinschaft der Praxisämter/-referate an Hochschulen für Soziale Arbeit (BAG) & Deutscher Berufsverband für Soziale Arbeit e.V. (DBSH)/Fachbereichstag Soziale Arbeit (FBTS) (2003): Praxisorientierung im Studium der Sozialen Arbeit – Empfehlungen zur Praxisanleitung. Essen.

BundesArbeitsGemeinschaft der Praxisämter/-referate an Hochschulen für Soziale Arbeit (BAG) (2006): Strukturhilfen zur Implementierung und zum Ausbau von Praxisämtern/Praxisreferaten an Hochschulen, Fachbereichen, Fakultäten oder Studiengängen Soziale Arbeit. Essen.

Chassé, K. A./Wensierski, H.-J. von (Hrsg.) (2008): Praxisfelder der Sozialen Arbeit – Eine Einführung. Weinheim u. München, 4. Auflage.

Deutsche Gesellschaft für Sozialarbeit (DGfS) (2005): Kerncurriculum Soziale Arbeit/Sozialarbeitswissenschaft für Bachelor- und Masterstudiengänge in Sozialer Arbeit. Sersheim. http://www.webnetwork-nordwest.de/dokumente/kerncurriculum.pdf [letzter Zugriff: 28.01.2013].

Dewe, B./Ferchhoff, W./Scherr, A./Stüwe, G. (2001): Professionelles soziales Handeln – Soziale Arbeit im Spannungsfeld zwischen Theorie und Praxis. Weinheim u. München, 3. Auflage.

Engelke, E. (1992): Soziale Arbeit als Wissenschaft. Freiburg.

Flock, W./Willgeroth, B. (2012): Die Bedeutung der berufspraktischen Ausbildung – Zentrale Ergebnisse einer bundesweiten Absolventinnen- und Trägerbefragung zur Berufseinmündung. In: Sozial Extra 1/2 '12, S. 29-33.

Friesenhahn, G. J./Strohe H./Szmalec, A. (2007): Bachelor Soziale Arbeit. Professionell, kompakt flexibel. In: Die neue Hochschule 6 /2007, S. 32-36.

Grohall, K.-H. (1997): Studienreform in den Fachbereichen für Sozialwesen. Materialien, Positionen, Zielsetzungen. Freiburg.

Maus, F./Nodes, W./Röh, D. (2011): Schlüsselkompetenzen der Sozialen Arbeit. Schwalbach/Ts., 3. Auflage.

Moch, M. (2006): Wissen – Verstehen – Können – Kompetenzerwerb durch reflexive Praxisanleitung im Studium der Sozialen Arbeit. In: neue praxis 5/2006, S. 532-544.

Moch, M. (2009): Kompetenzerwerb im Praxisstudium – Handlungskonstruierende Merkmale in „lehrreichen" Situationen. In: neue praxis 6/2009, S. 620-629.

QR SArb (2008): Qualifikationsrahmen Soziale Arbeit (QR SArb) Version 5.1. Verabschiedet vom Fachbereichstag Soziale Arbeit in Lüneburg am 4. Dezember 2008. http://www.fbts.de/fileadmin/fbts/Aktuelles/QRSArb_Version_5.1.pdf [letzter Zugriff: 28.01.2013].

Reitemeier, U./Frey, C. (2012): Dass man erst mal sieht, wie arbeitet man wirklich – Das Praktikum in der Sozialen Arbeit in der Erfahrungsperspektive der AbsolventInnen. In: Sozial Extra 1/2 '12, S. 34-38.

Roth, A./Gabler, H. (2012): Praxisorientierung im Studium – Aspekte zur Komplementarität der Lernorte (Fach-) Hochschule und Berufspraxis im Bachelorstudiengang Soziale Arbeit. In: Sozial Extra 1/2 '12, S. 24-28.

Scherpner, M./Richter-Markert, W./Sitzenstuhl, I. (1992): Anleiten, beraten und lehren: Prinzipien sozialarbeiterischen Handelns: Anregungen für die Praxisanleitung und Beratung von Mitarbeiterinnen. Frankfurt/Main.

Wendt, W. R. (2010): Helfertraining und Akademisierung. In: Thole, W. (Hrsg.): Grundriss Sozialer Arbeit. Wiesbaden, 3. Auflage, S. 1027-1044.

Lebensläufe

Martin Schmid

Einleitung

Bei dem Begriff Lebenslauf denkt man zunächst an ein mehr oder weniger formalisiertes Schriftstück, in dem zentrale biographische Daten, Schul- und Ausbildungsabschluss sowie Angaben zur bisherigen Erwerbsarbeit aufgelistet werden. In den Sozialwissenschaften geht es beim Lebenslauf und der darauf bezogenen Forschung um mehr. Die sozialwissenschaftliche Lebenslaufforschung analysiert Lebensläufe als „zeitliche Abfolge von Ereignissen und Handlungen von der Geburt bis zum Tod im Rahmen von gesellschaftlichen Lebensbereichen und Institutionen" (Heinz 2007, S. 182). Dabei ist die Lebenslaufforschung insbesondere an dem Einfluss der Gesellschaft auf die individuellen Lebensläufe interessiert.

Im Lebenslauf verknüpfen sich die Mikroebene des individuellen Handelns (z.B für welche Ausbildung oder für welche Lebensformen Menschen sich entscheiden) mit der Mesoebene der Institutionen und Organisationen (wie z.B. Familie, Schule, Betrieb, Jobcenter) und der Makroebene der Sozialstruktur und der Sozialpolitik wie etwa der Einkommensverteilung, der Bildungspolitik, der Familienpolitik und der sozialen Sicherungssysteme. Durch diese Verknüpfung können der Einfluss der Gesellschaft und gesellschaftlicher Veränderungen auf individuelle Lebensläufe analysiert werden. Dabei werden insbesondere die Dimensionen Zeit und Altern berücksichtigt. Gesellschaftliche Strukturen und Institutionen verändern sich über die Zeit und beeinflussen damit auch den individuellen Prozess des Alterns, das sich als Abfolge zwischen verschiedenen Lebensphasen und Übergängen zwischen diesen Lebensphasen beschreiben lässt.

Mikro-, Meso- und Makroebene

Unterschieden werden kann zwischen Alterseffekten (Veränderungen auf der individuellen Zeitachse wie z.B. der Übergang von der Jugend in das Erwachsenenalter), Periodeneffekten (historischen Ereignissen wie z.B. der Finanzkrise) und Kohorteneffekten (wie z.B. der Einführung von Bachelor- und Masterstudiengängen, die sich ab einer bestimmten Geburtskohorte auswirken).

In diesem Beitrag werden zunächst konzeptionelle Grundlagen und einige zentrale Erkenntnisse der Lebenslaufforschung dargestellt. In einem zweiten Schritt wird kurz auf die einzelnen Phasen des Lebenslaufs und deren Veränderungen eingegangen. Abschließend wird die Bedeutung des Lebenslaufkonzepts für die Soziale Arbeit diskutiert.

Sozialwissenschaftliche Lebenslaufforschung

Institutiona-
lisierung

In der Soziologie hat sich die Lebenslaufforschung vor allem in den letzten 40 Jahren etabliert (vgl. Sackmann 2007, Heinz 2007, Heinz et al. 2009). Die deutschsprachige Lebenslaufforschung ist eng verbunden mit den Arbeiten von Martin Kohli und dessen Theorie der Institutionalisierung des Lebenslaufs (Kohli 1985). Kohli versteht diese Institutionalisierung in einem doppelten Sinn. Zum einen beeinflussen in modernen Gesellschaften Institutionen wie Schule, Arbeitsmarkt und die Sozialversicherungen die Lebensläufe stärker als in vormodernen Gesellschaften, wodurch es zu einer Dreiteilung des Lebenslauf kommt. Kindheit und Jugend werden dominiert vom Schul- und Bildungssystem und dienen der Vorbereitung auf die Erwerbstätigkeit. Für das Erwachsenenalter ist die Erwerbsarbeit der zentrale Bezugspunkt. Der Ruhestand und die Lebensphase Alter wären ohne die Rentenversicherung nicht denkbar.

Diese Strukturierung des Lebenslaufs hat darüber hinaus dazu geführt, dass der Lebenslauf selbst zu einer Institution geworden ist: In modernen Gesellschaften wird erwartet, dass sich der individuelle Lebenslauf an dieser Abfolge orientiert.

Wohlfahrtsstaat

In unserer Gesellschaft sind es insbesondere die Institutionen des Wohlfahrtsstaates, die den individuellen Lebenslauf strukturieren. Von der Kindheit in Kindertagesstätte und Schule über die Jugend in Schule und Ausbildung bis hin zur Pflege im Alter in ambulanten oder stationären Pflegeeinrichtungen stehen die Einrichtungen des Sozialstaates den Individuen helfend und überwachend zur Seite. An den Übergängen im Lebenslauf (wie z.B. zwischen Schule und Beruf) treten gehäuft spezifische Risiken auf, die wiederum abgemildert und reguliert werden durch besondere Angebote des Sozialstaates (wie z.B. Qualifizierungsmaßnahmen der Bundesagentur für Arbeit).

Frauen und
Männer

An Kohlis Konzept des dreigeteilten, auf den Arbeitsmarkt zugeschnittenen Lebenslaufs ist vor allem aus der Genderperspektive Kritik geübt worden, da es die Beziehungen zwischen den Geschlechtern und zwischen den Generationen ausklammert. Damit rücken Unterschiede zwischen männlichen und weiblichen Lebensläufen und die Familie als die zentrale Institution, in der die Arrangements zwischen den Geschlechtern und den Generationen abgestimmt werden, in den Fokus (Born, Krüger 2001). So wirken sich Familiengründung, die Geburt von Kindern oder auch Ehescheidungen sehr unterschiedlich auf Lebensläufe (und Erwerbsbiographien) von Männern und Frauen aus.

Individua-
lisierung

Einerseits haben Schulpflicht, verlängerte Ausbildungszeiten, formalisierte Zugänge zu vielen Berufen und Positionen, Sozialpolitik und die Sozialversicherungssysteme mit ihrem dichten Regelwerk zu einer Institutionalisierung des Lebenslaufs geführt. Auf der anderen Seite gilt aber auch: Während in vormodernen Gesellschaften für viele Menschen Berufswahl, Partnerwahl und insgesamt weite Bereiche der Lebensführung vorgegeben und einer individuellen Entscheidung entzogen waren, sind die Menschen heute mehr denn je Planer und Architekten ihrer eigenen Biographie, die sich immer wieder zwischen vielfältigen Alternativen entscheiden können und müssen. Dieses Merkmal moderner Gesellschaften wird in den Sozialwissenschaften üblicherweise mit dem Begriff der Individualisierung bezeichnet. Ob die aktuellen Veränderungen der Lebensläufe in modernen Gesellschaften eher in Richtung Institutionalisierung oder Individualisierung zu interpretieren sind, ist dabei schwer zu entscheiden, da sich Beispiele für beide Entwicklungen finden lassen. Einerseits sind Institutionen und Organisationen, die den Lebenslauf strukturieren, neu entstanden (z.B. die neue Institution der eingetragenen Lebenspartnerschaft oder die Pflegeversicherung) oder haben an Bedeutung hinzugewonnen (wie etwa der Ausbau der Kinderbetreuungseinrichtungen). Andererseits hat sich in vielen Bereichen eine Vielfalt an Wahlmöglichkeiten entwickelt (z.B. zwischen unterschiedlichen Formen von Familien und anderen Lebensformen) und sind Lebenslaufmuster aufgeweicht (wie z.B. die klassische männliche Erwerbsarbeitsbiographie mit einer festen und bis zur Rente andauernden Vollzeitbeschäftigung).

Methodisch ergänzen sich in der Lebenslaufforschung die eher qualitativ orientierte Biographieforschung und quantitativ ausgerichtete Ansätze der Lebenslaufanalyse (vgl. Kluge, Kelle 2001, Sackmann 2007). Durch die Längsschnittorientierung gewinnt diese Perspektive einen grundsätzlich dynamischen Charakter. In der Lebenslaufforschung interessiert nicht die Analyse eines Zustandes, sondern Veränderungen, Statuspassagen und die Prozesshaftigkeit des Alterns stehen im Mittelpunkt. Damit ergibt sich auch für viele klassische sozialwissenschaftliche Fragestellungen eine Perspektivveränderung: Wie wirken sich Phasen der Arbeitslosigkeit auf Erwerbsbiographien aus? Wie verläuft die Integration von Migranten über längere Zeiträume? Damit werden auch soziale Probleme nicht länger zu einer Zustandsbeschreibung und einem Etikett für die davon Betroffenen, sondern können als Sequenzen, Verläufe und Übergänge analysiert werden.

Lebenslaufforschung

Phasen des Lebenslaufs

Die Strukturierung des Lebenslaufs als Abfolge von Altersphasen hat sich in den letzten einhundert Jahren in mehrfacher Hinsicht verändert (vgl. Hurrelmann, Quenzel 2012, S. 15f). Am auffälligsten ist die Verlängerung der Lebensdauer. Während 1910/11 die durchschnittliche Lebenserwartung für männliche Neugeborene unter 50 Jahren und für weibliche Neugeborene zwischen 50 und 51 Jahren lag, war sie für zwischen 2008 und 2010 Geborene bereits auf über 77 Jahre für Jungen und 82 Jahre für Mädchen angestiegen (Statistisches Jahrbuch 2012, S. 38). Wichtige Lebensereignisse, die Status-

Demografischer Wandel

passagen im Lebenslauf markieren, haben sich verschoben. Bei der Geburt des
ersten Kindes sind die Mütter in den alten Bundesländern heute im Durchschnitt knapp 29 Jahre alt (Statistisches Bundesamt 2012, S. 36).

In den 1960er Jahren war die Geburtenziffer in Deutschland auf über 2,5
Kinder je Frau angestiegen. Diese Geburtskohorten werden heute als die ge-
burtenstarken Jahrgänge bezeichnet. In den 1970er Jahren ging die Geburtenziffer stark zurück und schwankt seither um 1,4 Kinder je Frau. Dadurch
hat sich auch die zahlenmäßige Relation zwischen den Generationen verschoben. Der Anteil der unter 21-Jährigen, der 1960 noch bei 30% lag, ist auf
knapp 20% gesunken. Umgekehrt hat der Anteil der über 65-Jährigen in diesem Zeitraum von 11,5% auf 20% zugenommen.

Zugleich ist der Anteil der Verheirateten und der Anteil der Männer und
Frauen mit Kindern zurückgegangen, während die Gruppen der Alleinleben-
den, der Alleinerziehenden oder der nichtehelichen Lebensgemeinschaften
zugenommen haben.

**Ausdifferen-
zierung des
Lebenslaufs**
Insgesamt lässt sich neben der Verlängerung des Lebenslaufs auch eine
Ausdifferenzierung des Lebenslaufs in mehrere Phasen beobachten. So sind
die Lebensphasen Jugend und Seniorenalten vergleichsweise neue Errungenschaften. Parallel dazu sind die Übergänge zwischen den Lebensphasen im
Zuge der Individualisierung unklarer geworden und erstrecken sich über eine
größere Altersspanne, so dass die Unterschiedlichkeit bei der Ausgestaltung
der Lebensläufe insgesamt zugenommen hat.

Kindheit

**Entwicklungs-
aufgaben**
Kindheit als behütete eigenständige Lebensphase, bei der Entwicklung, Kindeswohl und Erziehung im Vordergrund stehen und in der Kinder über un-
veräußerliche Rechte verfügen, ist eine eher moderne und keineswegs überall
auf der Welt geteilte Vorstellung (Honig 2008, Bühler-Niederberger 2011).
Prägend für unsere Verständnis von Kindheit sind zum einen entwicklungspsychologische Theorien und zum anderen sozialisationstheoretische Konzepte. Unter Entwicklungsaufgaben werden heute allgemein geteilte Erwartungen der Gesellschaft verstanden, die üblicherweise zu einem bestimmten
Alter erfüllt sein sollen, und denen sich kaum jemand völlig entziehen kann.
Dazu gehören für die Kindheit u.a. der Aufbau eines emotionalen Grundver-
trauens, die Entwicklung von motorischen und sprachlichen Fähigkeiten sowie die Entwicklung grundlegender sozialer Kompetenzen (vgl. Hurrelmann,
Quenzel 2012, S. 41).

Sozialisation
Die Familie ist nach wie vor für Kinder der wichtigste Ort und die primäre
Sozialisationsinstanz. Veränderungen der Familienstruktur betreffen dadurch
immer auch und in erster Linie Kinder. Die aktuellen Diskussionen um den

Ausbau der Betreuungsmöglichkeiten für Kinder verdeutlicht die Bedeutung sozialstaatlicher Institutionen für die Sozialisation und die Lebensläufe von Kindern, aber auch für die Lebensläufe ihrer Eltern und verweist auf die intergenerationellen Verflechtungen der Lebensläufe. Die Schule ist nicht nur Sozialisationsinstanz, sondern trägt – mit den Kindertagesstätten, anderen Betreuungsformen und weiteren Organisationen – zur Entwicklung spezifischer Räume und Lebenswelten für Kinder bei. Damit wächst die Bedeutung der Gleichaltrigen, der Peers, als Sozialisationsinstanz. Immer wieder heftig diskutiert wird die Bedeutung der Medien für die Sozialisation in der Lebensphase Kindheit.

In den letzten Jahren hat sich der Schwerpunkt der Kindheitsforschung und der Sozialisationstheorie verschoben. Kinder werden nicht mehr nur als Objekt von Sozialisationsinstanzen verstanden, sondern als kreative Aneigner ihrer Umwelt. Damit hält die Individualisierungsthese Einzugs in die Lebensphase Kindheit.

Aus einer Lebenslaufperspektive ist auch die soziale Platzierungsfunktion der Familie interessant. Durch die Familie werden Kinder im Oben und Unten der Sozialstruktur platziert. Berücksichtigt man, dass das Armutsrisiko in Deutschland für kinderreiche Familien und für Alleinerziehende besonders hoch ist, so wird deutlich, wie ungleich die Chancen am Beginn des Lebenslaufs verteilt sind. Spätestens seit den PISA-Studien ist auch bekannt, dass die Schule daran nur wenig zu ändern vermag. *Soziale Platzierung*

Eine ganze Reihe weiterer sozialstaatlicher Institutionen hat die Aufgabe, Kinder zu unterstützen und ihre Entwicklung zu fördern. Dazu gehören insbesondere die Jugendämter, aber auch Beratungsstellen oder Einrichtungen des Gesundheitssystems. Gerade in der Lebensphase Kindheit sind die altersspezifische Regelungs- und Erwartungsdichte besonders hoch und die institutionellen Arrangements besonders ausdifferenziert. Die Fachkräfte der Sozialen Arbeit sind mit ihren spezifischen Kompetenzen in diesem gesellschaftlichen Segment besonders gefragt. *Soziale Arbeit*

Der Übergang von der Lebensphase Kindheit zur Jugendphase ist nicht eindeutig, wird aber im Allgemeinen mit dem Beginn der Pubertät angesetzt. Da die Pubertät heute in allen modernen Gesellschaften früher einsetzt, ist die Lebensphase Kindheit kürzer geworden.

Jugend

In vormodernen Gesellschaften folgte auf die Kindheit das Erwachsenenalter: Mit der Geschlechtsreife wurden aus Kindern zeugungs- und arbeitsfähige Erwachsene. Die funktionale Ausdifferenzierung der Gesellschaft und der steigende Bedarf an schulischer und beruflicher Qualifikation verlängerte die *Statuspassage*

Statuspassage von der Kindheit ins Erwachsenenalter und ließ die Lebensphase Jugend erst entstehen. In der heutigen Gesellschaft hat sich dieser Qualifikationsbedarf soweit ausgedehnt, dass der Berufseinstieg z.B. für Studierende erst weit nach der Volljährigkeit erfolgt. Lässt sich der Beginn der Lebensphase Jugend noch einigermaßen klar mit der Pubertät markieren, so ist das Ende dieser Lebensphase weniger deutlich abgrenzbar (vgl. Abels 2008, Hurrelmann, Quenzel 2012).

Entwicklungs-aufgaben

Hurrelmann und Quenzel sehen die Entwicklungsaufgaben in der Lebensphase Jugend vor allem in der Qualifizierung für den Arbeitsmarkt, im Aufbau der eigenen Geschlechtsrolle und Bindungsfähigkeit an Partner/Partnerin, in der Entwicklung von Kompetenzen zur Nutzung des Geld- und Warenmarktes sowie in der Entwicklung von Wertorientierung und politischer Beteiligung. Die Statuspassage in das Erwachsenenalter wäre dann vollzogen, wenn eine Berufsrolle gefunden, eine Partnerschaft und Familiengründung erfolgt, die eigenständige und eigenverantwortliche Konsumentrolle und die politische Bürgerrolle eingenommen ist (Hurrelmann, Quenzel 2012, 41). Während aber die Konsumentenrolle und auch die politische und gesellschaftliche Rolle heute schon früh übernommen werden, hat sich die Partnerschaftrolle von der Familienrolle gelöst. Erfahrungen mit Partnerschaft, Sexualität und Liebe machen Jugendliche schon früh, während Elternschaft und Familiengründung weit hinausgeschoben werden. Da auch der Berufseinstieg oft erst sehr spät erfolgt, sehen Hurrelmann/Quenzel in dieser Statusinkonsistenz ein spezifisches Strukturmerkmal der Lebensphase Jugend.

Jugendkulturen

Die Ablösung vom Elternhaus geht einher mit einem Bedeutungszuwachs für die Peers. Auch räumlich verlagern sich viele Aktivitäten aus dem Elternhaus in Räume, die mit Gleichaltrigen geteilt werden. Während von Kinderkultur erst zögerlich gesprochen wird, nimmt die Analyse von Jugendkulturen seit Jahrzehnten einen zentralen Platz in der sozialwissenschaftlichen Forschung ein. In diesem Kontext nehmen Medien eine bedeutende Orientierungs- und Sozialisationsfunktion ein. In den sozialen Netzwerken im Internet ergänzen sich die Bedeutung von Peers und modernen Medien.

Soziale Ressourcen

Hurrelmann und Quenzel (2012) deuten einen Großteil individueller und sozialer Probleme, die für die Lebensphase Jugend typisch sind, als Probleme bei der Bewältigung der verschiedenen Entwicklungsaufgaben. Da es in den modernen individualisierten Gesellschaften keine vorgegebenen Lösungen für diese Entwicklungsaufgaben mehr gibt, müssen Jugendliche individuelle Wege suchen, diese Aufgaben für sich zu lösen und die damit verbundenen Risiken zu meistern.

Neben den personalen Ressourcen werden dazu soziale Ressourcen gebraucht. Dabei ist zunächst an die Familie, an die Peers und persönliche soziale Netzwerke zu denken, darüber hinaus aber auch an unterstützende Systeme und Institutionen. Dazu gehören beispielsweise Jugendberatungsstellen, Drogenberatungseinrichtungen, Schulsozialarbeit, Fanprojekte im Fußball, Jugendverbände, Projekte zum Übergang Schule-Beruf und nicht zuletzt wiederum das Jugendamt und die Jugendhilfe.

Für einen Teil der Jugendlichen schiebt sich zwischen die Jugendphase und die Erwachsenenphase eine weitere Lebensphase, die als Postadoleszenz bezeichnet wird, sich weit in das dritte Lebensjahrzehnt erstreckt und durch die Gleichzeitigkeit von soziokultureller Autonomie und wirtschaftlicher Unselbständigkeit gekennzeichnet ist (Abels 2008, 133). Zum Teil ist ein solcher nach-jugendlicher Lebensstil selbstgewählt (etwa in manchen studentischen Milieus), zum Teil aber auch sozialstrukturell erzwungen. In den Ländern, die von der Finanzkrise besonders betroffen sind und unter hoher Jugendarbeitslosigkeit leiden, verzögern sich Berufseinstieg und die wirtschaftliche Unabhängigkeit immer weiter.

Postadoleszenz

Erwachsenenalter und die mittleren Jahre

Trotz aller Verlängerungen der Lebensphase Jugend stehen irgendwann im jungen Erwachsenenalter doch Entscheidungen über den künftigen Status in Beruf, Partnerschaft, Elternschaft, Ehe, Wohnort, Wohnform und Lebensstil an. Auch die Verweigerung bewusster Entscheidungen führt durch den enger werdenden Möglichkeitsspielraum zu de-facto-Entscheidungen: Der Markt für Beziehungspartner wird enger, Schulabschlüsse lassen sich nur begrenzt nachholen und Berufsfelder nicht umstandslos wechseln. Wie turbulent das Erwachsenenalter sein kann, wird klar, wenn man bedenkt, dass dennoch viele Menschen von Ehescheidungen, auseinanderbrechenden Beziehungen (und neuen Beziehungen), Arbeitsplatzverlust und -wechsel und neuen Statusentscheidungen betroffen sind. Die mittleren Lebensjahre sind dann die Lebensphase, in der oft auch erste gesundheitliche Beeinträchtigungen und gesellschaftliche Beschränkungen bemerkt werden, biographische Festlegungen verstärkt hervortreten und sich die „Gelegenheitsstrukturen" negativ verändern (Sackmann 2007, 94).

Biographische Festlegungen

Im Erwachsenenalter müssen Arrangements gefunden werden, wie die Lebensbereiche Arbeit, Partnerschaft und Elternschaft miteinander verbunden werden können. Da Kindererziehung und Familienarbeit in unserer Gesellschaft nach wie vor überwiegend Frauen zugeschrieben werden, spricht vieles dafür, dass diese Arrangements von Frauen und Männern unterschiedlich gestaltet werden und sich somit die Lebensläufe von Männern und Frauen im Erwachsenenalter unterscheiden. Empirisch deutet alles darauf hin, dass allen Veränderungen im Geschlechterverhältnis zum Trotz nach wie vor männliche Lebensläufe primär durch die Erwerbsarbeit strukturiert werden, während

Lebensläufe von Frauen und Männern

weibliche Lebensläufe sich in Abhängigkeit von Mutterschaft, Familie und Beruf entwickeln (Born, Krüger 2001).

Sozialstaat   Auch die Lebensphase Erwachsenenalter wird gerahmt und kontrolliert durch Institutionen des Sozialstaates, die vor allem bei individuellen Krisen einspringen. Bei Arbeitslosigkeit ist zunächst die Bundesagentur für Arbeit und später das Jobcenter mit seinem ganzen Repertoire von Fördern und Fordern zuständig. Auf abweichendes Verhalten in Form von Kriminalität reagiert der Sozialstaat mit Strafe und Resozialisierungsangeboten. Bei Krankheit hilft das Gesundheitssystem, bei chronischen Erkrankungen und Behinderungen die Rehabilitation und die Eingliederungshilfe, bei zu starkem Alkoholkonsum die Suchthilfe, und bei Problemen in der Partnerschaft die Eheberatung. Der Übergang in die Lebensphase Ruhestand und Alter wird meist mit der Verrentung gleichgesetzt.

Alter

Rente   Die Lebensphase Alter und Ruhestand wäre für die allermeisten Menschen ohne die sozialstaatliche Institution der Rentenversicherung (oder vergleichbarer Sicherungssysteme) nicht denkbar. Die Altersgrenze zum Übergang in den Ruhestand ist in den letzten Jahren durch Frühverrentungen und Vorruhestandsregelungen deutlich unter 65 Jahre gesunken. Noch ist unklar, ob es mit der Heraufsetzung des Rentenalters auf 67 tatsächlich gelingt, die Phase der aktiven Erwerbstätigkeit zu verlängern oder ob viele Renterinnen und Rentner trotz Abschlägen früher in den Ruhestand wechseln werden.

Aktives Alter   Für viele Menschen folgt auf den Rentenbeginn eine Phase des aktiven Alters, in der sie in vielen Lebensbereichen partizipieren und vor allem auch im intergenerationellen Austausch ihre Kinder und Enkel unterstützen. Noch ist Altersarmut eher die Ausnahme. Eine Zunahme von Altersarmut zeichnet sich indes für die Generationen ab, deren Erwerbsbiographien aktuell massiv von der Normalerwerbsbiographie abweichen. Erst wenn diese Generationen in die Ruhestandsphase wechseln, wird man genauer erkennen können, wie sich Veränderungen in den Erwerbsbiographien, die Pluralisierung der Lebensstile und die Auflösung formeller Partnerschaften auf die finanzielle Situation im Alter auswirken. Die Lebensphase Alter kann sehr unterschiedlich verlaufen, wobei sich Auswirkungen früherer Entscheidungen, Verhaltensweisen und Statusgewinne und -verluste auswirken (Backes, Clemens 2013). Wegen der längeren Lebenserwartung von Frauen steigt mit zunehmendem Alter der Frauenanteil.

Pflege   Auf die Phase des aktiven Alters folgen bei vielen Menschen Phasen zunehmender Krankheit, Pflegebedürftigkeit, Mobilitätsverlust und Autonomieverlust. Bei weiter steigender Lebenserwartung wird auch die Zahl der

Pflegebedürftigen weiter steigen. Auch die Zahl der Demenzerkrankungen wird weiter zunehmen, die Erkrankte, Familien und die Gesellschaft insgesamt vor große Herausforderungen stellt. Wiederum wird die Bedeutung intergenerationeller Arrangements ersichtlich: Die meisten Pflegebedürftigen werden zu Hause von – meist weiblichen – Familienangehörigen gepflegt. Eine zentrale Rolle kommen der erst 1995 eingeführten Pflegeversicherung und allen in ihrem Umfeld entstandenen Institutionen und Organisationen zu, ohne die die Versorgung alter Menschen deutlich schlechter wäre.

Am Ende des Lebenslaufs steht der Tod, und auch zu dessen Bewältigung gibt es Institutionen und Organisationen vom Hospiz über die Bestattung bis zur Trauerbegleitung für Hinterbliebene.

Resümee

Viele Organisationen der Sozialen Arbeit richten sich an Menschen in einer bestimmten Lebensphase, und die Soziale Arbeit insgesamt macht Angebote über alle Phasen des Lebenslaufs. Trotzdem beziehen sich nur wenige Theorien der Sozialen Arbeit und Sozialpädagogik explizit auf die Lebenslaufperspektive (vgl. z.B. Böhnisch 2012). Dabei ist die Lebenslaufperspektive für die Soziale Arbeit gleich aus mehreren Gründen ertragreich: erstens arbeiten Sozialarbeiterinnen und Sozialarbeiter häufig in genau den Organisationen und Einrichtungen, die den Lebenslauf strukturieren und den Individuen bei der Bewältigung der mit Übergängen und Verläufen im Lebenslauf verbundenen Risiken helfen sollen. Zweitens kann die Verbindung von Mikro-, Meso- und Makroebene in der Analyse des Lebenslaufs auch für das Verständnis der Handlungen der Klientinnen und Klienten der sozialen Arbeit hilfreich sein. Und drittens werden in der Lebenslaufperspektive ansonsten statisch wahrgenommene soziale Probleme wie Armut, Arbeitslosigkeit, Delinquenz oder Drogenkonsum plötzlich in ihrer Dynamik erst erkennbar. So zeigt sich z.B. bei vielen Jugendlichen, dass Delinquenz oder Drogenkonsum Sequenzen darstellen, und die Übergänge zwischen unterschiedlichen Sequenzen die eigentlich interessanten Phänomene sind.

Lebenslaufperspektive

In vielen Organisationen sind Sozialarbeiterinnen und Sozialarbeiter an der institutionellen Regulierung von Lebensläufen beteiligt. Dabei kommt ihnen oft die Funktion eines Gatekeepers (Struck 2001) zu, der über die Zuteilung von Ressourcen, über die Gewährung von Hilfen oder über die Aufnahme in Programme etc. entscheiden. Reflektiertes Handeln bedeutet auch, sich über diese Rolle klar zu sein.

Gatekeeper

Literatur

Abels, H. (2008): Lebensphase Jugend. In: Abels et al. (Hrsg.): Lebensphasen. Eine Einführung. Wiesbaden, S. 77-157.

Abels, H./Honig, M./Saake, I./Weymann, A. (2008): Lebensphasen. Eine Einführung. Wiesbaden.

Backes, G. M./Clemens, W. (2013): Lebensphase Alter: Eine Einführung in die sozialwissenschaftliche Alternsforschung. 4., überarb. und erw. Auflage. Weinheim u. Basel.

Böhnisch, L. (2012): Sozialpädagogik der Lebensalter: Eine Einführung. Weinheim u. Basel, 6., überarb. Auflage.

Born, C./Krüger, H. (Hrsg.) (2001): Individualisierung und Verflechtung. Geschlecht und Generation im deutschen Lebenslaufregime. Weinheim u. München.

Bühler-Niederberger, D. (2011): Lebensphase Kindheit. Theoretische Ansätze, Akteure und Handlungsräume. Weinheim u. München.

Heinz, W. R. (2007): Der Lebenslauf. In Joas, H. (Hrsg.): Lehrbuch der Soziologie. 3., überarb. und erw. Auflage. Frankfurt/Main, S. 159-182.

Heinz, W. R./Huinink, J./Weymann, A. (eds.) (2009): The Life Course Reader. Individuals and Societies Across Time. Frankfurt/Main u. New York.

Honig, M. (2008): Lebensphase Kindheit. In: Abels et al. (Hrsg.): Lebensphasen. Eine Einführung. Wiesbaden, S. 9-76.

Hurrelmann, K./Quenzel, G. (2012): Lebensphase Jugend. Eine Einführung in die sozialwissenschaftliche Jugendforschung. Weinheim u. Basel.

Kluge, S./Kelle, U. (Hrsg.) (2001): Methodeninnovation in der Lebenslaufforschung. Integration qualitativer und quantitativer Verfahren in der Lebenslauf- und Biographieforschung. Weinheim u. München.

Kohli, M. (1985): Die Institutionalisierung des Lebenslaufs. In: Kölner Zeitschrift für Soziologie und Sozialpsychologie 37: 1-29.

Sackmann, R. (2007): Lebenslaufanalyse und Biografieforschung: Eine Einführung. Wiesbaden.

Struck, O. (2001): Gatekeeping zwischen Individuum, Organisation und Institution. In: Leisering, L./Müller, R./Schumann, K. F. (Hrsg.): Institutionen und Lebensläufe im Wandel. Institutionelle Regulierung von Lebensläufen. Weinheim u. München, S. 29-54.

Demografie

Julian Vazquez

Einleitung

Die Bundesrepublik wird alt. Welche Konsequenzen sind damit verbunden? Querschnitts-aufgabe Was bedeutet diese Entwicklung für den Handlungsrahmen Sozialer Arbeit und wie ändern sich Handlungsbedingungen? Im Folgenden wird eine begriffliche Verortung von Demografie vorgenommen, bevor eine Vorstellung der aktuellen demografischen Entwicklung in Deutschland erfolgt. Anschließend wird dargestellt, dass eine defizitorientierte Betrachtung des demografischen Wandels mit dem Fokus auf ältere Menschen unzureichend ist. Die demografische Entwicklung betrifft eine Querschnittsaufgabe über alle Generationen hinweg. Nach Betrachtung der Demografiestrategie der Bundesregierung und dem Bericht „Starke Familie" der Robert Bosch Stiftung werden strukturelle Folgen der demografischen Entwicklung aufgezeigt. Anschließend wird mit Blick auf unterschiedliche Handlungsfelder exemplarisch die Relevanz der demografischen Entwicklung für die Soziale Arbeit herausgearbeitet. Der Beitrag schließt mit der Feststellung ab, dass die Bewältigung und der Umgang mit der demografischen Entwicklung als zentrale Herausforderungen für die Gesellschaft und für die Soziale Arbeit an Bedeutung stark gewonnen haben und weiterhin gewinnen werden.

Einordnung

Die Demografie als wissenschaftliche Disziplin beschäftigt sich mit Statistik Negative begriffliche Konnotation und Theorie der Bevölkerungsentwicklung. Der Begriff der demografischen Entwicklung hat angesichts einer kontinuierlichen Alterung der bundesdeutschen Bevölkerung seit den 1970er Jahren Eingang in die Alltagssprache gehalten. Der demografische Wandel in Deutschland ist unter anderem von Schlagworten wie Alterszentrierung, Geburtenrückgang, Finanzierungsschwierigkeiten der sozialen Sicherungssysteme und Fachkräftemangel in unterschiedlichen Branchen geprägt. Es wundert daher nicht, dass mit dem Begriff eher negative Konnotationen verbunden sind. Unklar bleibt vielen auch, wie die demografische Entwicklung gestaltet werden kann. Nach Allmer (2012) zeigen verschiedene Statistiken und Prognosen übereinstimmende Aussagen im Hinblick auf die Veränderungen der Bevölkerungsstruktur:

- Ein Rückgang der Bevölkerung. Zwischen 2010 und 2050 wird ein Rückgang von ca. 81 Mil. Einwohnern auf ca. 75 Mil. Einwohnern in der Bundesrepublik erwartet.
- Eine Erhöhung der durchschnittlichen Lebenserwartung: Im Jahr 2050 bei Männern von heute ca. 77 auf ca. 83 Jahren und bei Frauen von heute ca. 82 auf ca. 88 Jahren.
- Eine Alterszentrierung der Bevölkerung: Nach einer Vorausberechnung des Statistischen Bundesamtes werden sich die Bevölkerungsanteile eindrucksvoll verschieben: Während sich die Anteile der 0- bis 20-Jährigen und der 20- bis unter 65-Jährigen verringern, nehmen die Anteile der 65- bis 80-Jährigen und der 80-Jährigen und Älteren zu. Bis schließlich im Jahr 2060 mehr als die Hälfte der Einwohner über 52 Jahre alt sein wird. 14% werden dann über 80 Jahre alt sein – das entspricht jedem 7. Bürger (vgl. Statistisches Bundesamt 2009, S.16). Diese Veränderung der Altersstruktur in der Bevölkerung wird auch mit dem Wandel der Alterspyramide (weniger Alte als Junge) hin zum Alterspilz (mehr Alte als Junge) illustriert (vgl. Allmer 2012, S. 6).

Entwicklung als lebenslanger Prozess

Austausch-prozesse und Umwelt-bedingungen älterer Menschen

Ein Grund für die bisher eher defizitorientierte Betrachtung der demografischen Entwicklung liegt in der Grundannahme begründet, wonach bestimmte physische und psychische Fähigkeiten im Alter abnehmen. Entwicklungsbedingte Leistungseinbußen der Fähigkeiten basieren auf biologisch gesteuerten Abbauprozessen, die als unvermeidbar und unveränderbar angesehen werden. Diese Annahme ist zwar weit verbreitet, jedoch kaum haltbar, denn es hat sich herausgestellt und als tragfähige Erkenntnis verfestigt, dass sich erworbene Fähigkeiten mit dem Alter zwar verändern, diese in der Regel jedoch nicht verloren gehen. Die Entwicklung eines Menschen, der Erwerb von Kenntnissen und Fertigkeiten ist als lebenslanger Prozess zu betrachten und nicht mit einem bestimmten Alter abgeschlossen. Zumal individuelle Veränderungen nicht an bestimmte Lebensabschnitte gebunden sind, sondern

Plastizität

zu verschiedenen Zeitpunkten eines Lebenslaufes auftreten können (Plastizität). Und zu allen Zeitpunkten des Lebenslaufes stellen Entwicklungen dynamische Beziehungen von Aufbau- und Abbauprozessen dar, wodurch sich abhängig von der individuellen Entwicklung eines Menschen auch höchst unterschiedliche Alternsverläufe ergeben. Ob und wie sich Kompetenzen von älteren Menschen erweitern, erhalten oder neu entwickeln hängt im Wesentlichen von den individuellen Erfahrungen und Entwicklungen sowie den sozialen Umweltbedingungen ab. Grundsätzlich von einem Abbau im Alter auszugehen, führt in die Irre. Stattdessen ist die Frage zu stellen, wie

Austauschprozesse und Umweltbedingungen älterer Menschen gestaltet werden können, um möglichst gute Voraussetzungen für den Kompetenzerhalt und die Kompetenzentwicklung zu schaffen. Bei der Betrachtung der Entwicklung als lebenslangen Prozess greift jedoch die ausschließliche Betrachtung einer Gruppe von älteren Menschen zu kurz. Vielmehr ist darüber hinaus der Frage nachzugehen, wie Lebensläufe von Menschen insgesamt gestaltet werden können, um eine bestmögliche Potentialentfaltung in jeder Altersphase zu erreichen (vgl. den Beitrag von Schmid in diesem Buch). Der Bezug zur Sozialen Arbeit wird hier deutlich, da Soziale Arbeit sich auch mit Austauschbeziehungen zwischen Menschen und Umwelt beschäftigt. Beispiele für die Betrachtung von Umweltbedingungen sind etwa die Berücksichtigung systemischer Aspekte (Luhmann 1984; Parsons 1937) in der Sozialen Arbeit. Der Einbezug gesamter Lebensläufe findet beispielsweise in der salutogenetischen Sichtweise (Antonovsky 1979) statt, die sich insbesondere mit der Entwicklung von Widerstandsfähigkeit und der Erhaltung von Gesundheit beschäftigt. Die Übertragung dieser Perspektiven und Erkenntnisse auf den demografischen Wandel bedeutet eben auch, Auswirkungen in anderen Altersgruppen und in Strukturen der Gesellschaft in den Blick zu nehmen.

„Jedes Alter zählt"

Dass es bei der Betrachtung und Bewältigung des demografischen Wandels nicht ausschließlich um die Älteren geht, ist auch an der Demografiestrategie der Bundesregierung erkennbar, die unter der Überschrift „Jedes Alter zählt" firmiert. Sie verfolgt den Anspruch, eine Politik für alle Generationen zu realisieren. Zentrale Fragestellungen werden hier in der Finanzierung der sozialen Sicherungssysteme, Vereinbarkeit von Familie und Beruf und der Erhaltung von Gesundheit gesehen. Ziel dieser Strategie ist vor allem eine lösungsorientierte Herangehensweise: nicht um das „Problem der Alterung" soll es gehen, vielmehr wird dazu aufgerufen, die demografische Entwicklung als Chance zu begreifen. Die Demografiestrategie widmet sich einer chancenorientierten Herangehensweise an die demografische Herausforderung und den Fragen zum demografischen Wandel. Sie teilt sich dazu in sechs Themenfelder auf, die nachfolgend um eine Auswahl an Stichwörtern aus der Langfassung der Strategie ergänzt sind (vgl. Bundesministerium des Innern 2012):

(Randnotiz: Politik für alle Generationen)

1) Familie als Gemeinschaft stärken
   Stichworte: familienfreundliche Arbeitswelt, Familienorientierung bei Studiengängen, Ausbau der Kinderbetreuungsangebote
2) Motiviert, qualifiziert und gesund arbeiten
   Stichworte: Gesundheit erhalten, Qualifizierung ausbauen, Alternsgerechtes Arbeiten

3) Selbstbestimmtes Leben im Alter
   Stichworte: Qualitätsvolle und bedarfsgerechte Pflege und Betreuung sichern, gesellschaftliche Teilhabe im Alter
4) Lebensbedingungen auf dem Land und in Städten
   Stichworte: bedarfsgerecht Mobilität und Kommunikation in ländlichen Räumen, lebenswerte Städtegestaltung
5) Grundlagen für nachhaltiges Wachstum und Wohlstand sichern
   Stichworte: Bildungspotentiale ausschöpfen, Zuwanderung sichern, Forschungs- und Innovationssystem stärken
6) Handlungsfähigkeit des Staates erhalten
   Stichworte: Tragfähigkeit öffentlicher Finanzen, Verwaltungsmodernisierungen

Dialog zwischen Generationen Bei der Vorstellung der Demografiestrategie im April 2012 forderte der damalige Bundesinnenminister Hans-Peter Friedrich dazu auf, „neu zu denken". Die Strategie will in diesem Sinne vor allem Vorschläge zur Potentialnutzung des demografischen Wandels liefern. Die Initiierung von Mehrgenerationenhäusern, familienfreundliche Arbeitsplätze mit flexiblen Dienstzeiten, mobile Arztpraxen für strukturschwache Regionen und das Lebensmodell „Studium und Kind", sind solche Vorschläge für neue Denkansätze. Insgesamt fällt dabei auf, dass es um einen Dialog zwischen den Generationen geht. Diese Maxime ist auch dem Bericht „Starke Familie" im Auftrag der Robert Bosch Stiftung zu entnehmen, in dem Biedenkopf u.a. (2005) bemerken, dass sich gesamtgesellschaftlich negative Konsequenzen ergeben, wenn die einen im höheren Lebensalter Kosten verursachen, während die anderen nicht für genügend Nachkommen sorgen, um die Kosten zu tragen (vgl. Biedenkopf u.a. 2005, S. 36).

Der Generationenvertrag – ein Auslaufmodell?

Sinkende Fertilitätsrate Nicht nur die Altersstruktur der Gesellschaft ändert sich, sondern auch die Familiengröße. Die sogenannte Fertilitätsrate sinkt, das bedeutet, dass die Frauen immer weniger Kinder bekommen. In modernen Gesellschaften mit geringer Kindersterblichkeit geht man davon aus, dass statistisch jede Frau 2,1 Kinder zur Welt bringen sollte, um den Bevölkerungsstand ohne Zuwanderung konstant zu halten. Die Fertilitätsrate in Deutschland sinkt seit Jahren kontinuierlich von im Durchschnitt 1,46 Geburten pro Frau im Jahr 1990 bis zu 1,35 Geburten im Jahr 2011 (vgl. Statista 2013).

„Versorgungslücken" Diese Entwicklung hat erhebliche Auswirkungen auf die Beziehungen der Generationen untereinander. Im Grunde fußt das deutsche Rentensystem auf einem sogenannten Generationenvertrag und meint die Verpflichtung der jüngeren Generation gegenüber der Älteren. Jede Generation erhält demnach ihre Rente aus den Beiträgen, die die jüngere Generation aktuell in die Rentenkassen einzahlt. Die aufgezeigte demografische Entwicklung lässt aber keinen Zweifel mehr daran, dass dieses Modell an seine Grenzen gekommen ist. Die Zahl der Beitragszahler wird weiter sinken, die der Rentenbezieher und die Bezugsdauer der Renten werden sich erhöhen, sodass in Zukunft die Höhe der Beitragszahlungen der Jüngeren prozentual ansteigen wird und trotzdem bei den einzelnen Rentnern immer weniger ankommen wird. Damit sind gesellschaftliche Konflikte vorprogrammiert. „Versorgungslücken" lautet in dem Zusammenhang das Stichwort, das auf einen wachsenden Markt von Versicherungen zur privaten Altersvorsorge verweist, die, so lautet die entsprechende Werbung, offenbar zwingend notwendig wird.

Diese Einschätzung ist sicherlich nachvollziehbar, aber man sollte sich dadurch den Blick nicht auf andere Aspekte des Diskurses verstellen lassen. Christoph Butterwegge unterstreicht z.B., die Rede von demografischen Wandel und die vermeintliche Tendenz zum Bevölkerungsrückgang werde dramatisiert und instrumentalisiert, „um durch eine (Teil-)Privatisierung der Altersvorsorge bzw. der Umstellung der Altersvorsorge auf Kapitaldeckung, einen riesigen Markt für Finanzdienstleister, Großbanken und Versicherungskonzerne zu schaffen" (Butterwegge 2012, S. 612). Er stellt fest, die Debatte um mehr „Generationengerechtigkeit" lenke vom eigentlichen Problem ab. Gerechtigkeit werde fälschlicherweise nur noch horizontal und temporal gedacht, aber nicht mehr vertikal im Sinne der notwendigen Umverteilung von oben nach unten. Damit gerate auch die vermehrte Ungleichheit innerhalb jeder Generation aus dem Blick. Gründe für den Druck, unter denen die Rentensicherung stünde, seien vor allem die sinkende Lohnquote, Massenerwerbslosigkeit, Niedriglöhne und prekäre Beschäftigungsverhältnisse. „Das jeweilige Rentenniveau ist keine Frage der Biologie (‚Wie alt ist die Bevölkerung?') vielmehr eine Frage der Ökonomie (‚Wie groß ist der Reichtum, den die Gesellschaft erwirtschaftet?') und eine Frage der Politik (‚Wie wird der gesellschaftliche Reichtum auf die einzelnen Klassen, Schichten und Altersgruppen verteilt?') " (a.a.O., S. 614).

Nicht nur der Generationenvertrag kommt ins Wanken, sondern auch die sozialen Beziehungsmöglichkeiten von Kindern verändern sich. Immer mehr Kinder wachsen ohne Geschwister auf. Die Bundeszentrale für Politische Bildung veröffentlichte im Dezember 2012 Daten zur sozialen Situation der Familien und stellte heraus: „Im Jahr 2011 waren mehr als die Hälfte aller Familien Ein-Kind-Familien. Zwei Kinder fanden sich in gut einem Drittel aller Familienhaushalte. In nur 0,6 Prozent aller Familien lebten fünf oder mehr Kinder." (Bundeszentrale für politische Bildung 2012).

(Randnotiz: Vertikales Gerechtigkeitsdenken)

Land der Armen und Stadt der Reichen

Negativspirale

Bevölkerungs-
rückgang in
wirtschaftlich
schwächeren
Regionen

Ohnehin schon dünn besiedelte ländliche Regionen sind von der demografischen Entwicklung besonders betroffen. Die Versorgung mit Einrichtungen der sozialen und technischen Infrastruktur, private Dienstleistungen und Handelsangebote sowie die ärztliche Versorgung unterschreiten zunehmend übliche Mindeststandards und gelangen somit unter die Tragfähigkeitsgrenze (vgl. Back u.a. 2006, S. 3f). Es ergibt sich daraus die Gefahr einer Negativspirale: Wenig Bevölkerung lässt ländliche Regionen für Unternehmen uninteressant erscheinen. Für eine Investition in den Standort „Land" fehlt die Kaufkraft, damit sich die Rentabilität einer Unternehmung einstellt. Daraus folgen zum einen weniger Arbeitsplätze, weswegen wiederum weniger Menschen auf dem Land wohnen bleiben bzw. dorthin ziehen. Zum anderen fehlt den Kommunen ohne Gewerbesteuereinnahmen das Geld, das zur Finanzierung der öffentlichen Infrastruktur, wie z.B. Schulen, Kindergärten, Ausgestaltung des öffentlichen Personennahverkehrs und aktive Seniorenpolitik aufzuwenden ist (vgl. Gebert u.a. 2009, S. 151). Insgesamt verliert der „Wohnraum Land" an Attraktivität. Dass die Herstellung von gleichwertigen Lebensverhältnissen angesichts dieser Entwicklungstendenzen nicht nur ein wünschenswertes Ziel ist, drückt sich auch im Grundgesetz aus. Art. 72 Abs. 2 GG gibt dem Bund ein Gesetzgebungsrecht, soweit dies zur „Herstellung gleichwertiger Lebensverhältnisse" erforderlich ist. So greift auch die Bundesregierung im Rahmen der Demografiestrategie diese Thematik auf. In dem Bericht zur Strategie wird auf den Bevölkerungsrückgang in wirtschaftlich schwächeren Regionen hingewiesen. Weil vor allem Jüngere das Land und strukturschwache Städte verlassen, ergibt sich in diesen Regionen eine überdurchschnittliche Bevölkerungsabnahme und ein schnellerer Anstieg des Anteils älterer Menschen. Die wohnortnahe Daseinsvorsorge wird erschwert und die Beschäftigungs- und Einkommenssituation verschlechtert sich (vgl. Bundesministerium des Innern, S. 38). Eine Fortsetzung dieser Entwicklung steuert auf eine regionale Unterteilung von Arm und Reich zu, die sich in einer sozialen Ungerechtigkeit niederschlägt. Nachfolgende Szenarios stellen dies dar:

Szenario „reiche Städte"

„Standort Stadt"

Aufgrund der kulturellen Angebote und der guten Infrastruktur ist die Stadt eine attraktive Wohngegend. Mehr Menschen ziehen in die Stadt, die gesteigerte Nachfrage erhöht die Immobilienpreise auf dem Wohnungsmarkt. Mit den ansteigenden Preisen können sich zunehmend nur Besserverdienende Wohnraum in der Stadt leisten. Aufgrund der Entstehung einer hohen Kaufkraft der Bevölkerung investieren Betriebe in den „Standort Stadt". Durch die steuerlichen Abgaben der Betriebe und die Steuerabgaben der Bürgerinnen und Bürger erhalten die Städte Einnahmen, welche wiederum in öffentliche Infrastruktur und Versorgungseinrichtung investiert werden können. Familien in der Stadt haben einen guten Zugang zu ärztlicher Versorgung, Bildung und gesellschaftlicher Teilhabe.

Szenario „armes Land"

Die Wohnraumpreise in der Stadt sind so stark gestiegen, dass sich Personengruppen mit niedrigem Einkommen dort keinen Wohnraum leisten können. Sie weichen auf das Land aus, wo günstiger Wohnraum zur Verfügung steht, jedoch auch eine schlechtere infrastrukturelle Versorgung vorhanden ist. Betriebe befinden sich auf dem Land kaum noch. Das bedeutet tägliches kostenintensives Pendeln zur bezahlten Arbeitsstelle in einer größeren Stadt. Die Kommunen in ländlichen Regionen haben aufgrund geringer Steuereinnahmen nur wenig finanzielle Mittel zur Verfügung, was zu dem stark ausgedünnten Netz an öffentlichen Einrichtungen führt. Die Konsequenzen für Familien auf dem Land sind weite Anfahrtswegen zu öffentlichen Versorgungspunkten, wie z.B. der Tagesbetreuung für Kinder, Schulen und Ämtern und Behörden (vgl. den Beitrag von Voigt in diesem Buch). Wirtschaftsbetriebe und Arztpraxen schließen nach und nach. Auch hieraus ergeben sich strukturelle Versorgungsnachteile auf dem Land. Familien auf dem Land haben in diesem Szenario im Ergebnis einen schlechteren Zugang zu ärztlicher Versorgung, Bildung und gesellschaftlicher Teilhabe. Angesichts einer (drohenden) sozialen Ungerechtigkeit in Form von Teilhabemöglichkeiten an Bildung und der Verteilung von Reichtum entstehen konkrete Aufträge an die Soziale Arbeit.

Weite Anfahrtswege

Die demografische Entwicklung: Ein Thema der Sozialen Arbeit

Dabei beschränkt sich die Herausforderung der demografischen Entwicklung nicht auf einzelne Handlungsfelder der Sozialen Arbeit. Vielmehr finden sich die mit der demografischen Entwicklung verbundenen Aufträge in sehr unterschiedlichen Arbeitsfeldern wieder und erstrecken sich von der Frühpädagogik bis hin zur Altenhilfe. Nachfolgend wird die Relevanz der demografischen Entwicklung exemplarisch an diesen beiden Arbeitsfeldern verdeutlicht und aufgezeigt, dass im Rahmen demografiebewusster betrieblicher Personalarbeit insbesondere die Bindung von Mitarbeitenden einen zentralen Stellenwert einnimmt.

Arbeitsfeldübergreifende Aufträge

Frühpädagogik

Die Frühpädagogik ist als Teil der Sozialen Arbeit mehrfach von der demografischen Entwicklung betroffen. Sowohl der Fachkräftemangel, als auch der Rückgang der Geburtenquote beeinflussen das Arbeitsfeld. Der Rückgang der Geburtenquote wird mittelfristig dazu führen, dass Einrichtungen und Dienste der Frühpädagogik weniger frequentiert werden. Statt eines quantitativen Betreuungsproblems ist zu erwarten, dass qualitative Aspekte von frühpädagogischen Leistungen stark in den Fokus treten und die Professionalisierungsdebatte in der Frühpädagogik neuen Auftrieb erhält. Das Kind wird in unserer Gesellschaft zum „knappen Gut". Dementsprechend wird eine verantwortungsvolle Gesellschaft und Bildungspolitik ihre Bemühungen daran ausrichten, Kinder bestmöglich zu fördern. Bildungsqualität avanciert dann zu „harten Standortfaktoren" für Familien und Unternehmen (vgl. Gebert u.a. 2009, S. 152). Nicht allein auf die Betreuungsmöglichkeiten von Kindern wird es ankommen, vielmehr werden Konzepte der nachhaltigen Bildung und Förderung nachgefragt.

Altenhilfe

Alternsgerechtes
Arbeiten

Soziale Arbeit findet u.a. in Altenheimen, in der ambulanten Pflege, in Hospizen, in Krankenhäusern, kommunaler Altenarbeit wie z.B. Seniorentreffs u.v.m statt. Aufgrund einer Erhöhung des Anteils der älteren Bevölkerung ist davon auszugehen, dass die Nachfrage an diesen Einrichtungen und Diensten stark ansteigen wird. Darüber hinaus ist alternsgerechtes Arbeiten eine Herausforderung, der sich Betriebe angesichts eines zunehmenden Fachkräftemangels stellen müssen. Gesundheit am Arbeitsplatz gewinnt in diesem Zusammenhang an Bedeutung (vgl. Gebert 2009, S. 154). Um die Gesundheit und Leistungsfähigkeit von Mitarbeitenden zu erhalten, setzen bereits heute einige größere Arbeitgeber Sozialarbeiter/-innen zur psychosozialen Beratung der Mitarbeitenden ein.

Beschäftigungs-
fähigkeit sichern

Aufgabe von „demografiebewussten" Unternehmen ist es in diesem Zusammenhang, die Mitarbeitenden zu fördern und die Beschäftigungsfähigkeit zu sichern. Die betriebliche Personalarbeit konzentriert sich neben einer Gewinnung von Mitarbeitenden insbesondere auf deren Bindung. Nach einer Studie von Loffing & Loffing (2009) gehen beispielsweise Geschäftsführer und Personalverantwortliche von Pflegeunternehmen davon aus, dass das Thema Mitarbeiterbindung als Nummer-eins-Thema einen „besorgniserregend" hohen Stellenwert einnehmen wird (vgl. Loffing & Loffing 2010, Vorwort der Autoren). Somit stellt auch die betriebliche Personalarbeit vor dem Hintergrund der demografischen Entwicklung sowohl innerhalb der Sozialwirtschaft, als auch branchenübergreifend ein Handlungsfeld für die Soziale Arbeit dar.

Resümee

Die demografische Entwicklung ist ein gewichtiges Thema in der Sozialen Arbeit und zieht sich durch alle Handlungsfelder, vom Ausbau der Kinderbetreuung, über die Berufsintegration von Jugendlichen, der Unterstützung junger Familien bis zur Verwandtenpflege und Altersarmut. Weil sich die Soziale Arbeit mit Lebensbedingungen und Lebensbewältigung von Menschen befasst, sind die alternde Bevölkerung und die damit verbundenen demografischen Konsequenzen und Herausforderungen ein dringliches Thema für die Fachkräfte der Sozialen Arbeit und es bedarf einer entsprechenden Verankerung im Studium und in der Weiterbildung. Die Platzierung des Themas im grundständigen Studium eröffnet die Möglichkeit, dass die angehenden Fachkräfte der Sozialen Arbeit die Zusammenhänge um die demografische Entwicklung als Handlungsräume erkennen und sich mit ihren Kompetenzen einbringen können.

Darüber hinaus sollte es sowohl auf Bachelor-, wie auch auf Masterniveau Möglichkeiten zur Schwerpunktsetzung für das Themenfeld demografische Entwicklung geben. Die mit der demografischen Entwicklung verbundenen Aufgaben sind so vielfältig, dass es neben fundiert ausgebildeten „Generalisten" auch „Demografieexperten" der Sozialen Arbeit bedarf. Wie umfangreich die Herausforderungen sind, lässt sich bereits aus der Demografiestrategie der Bundesregierung ablesen, die in sechs Haupt-Themenfelder unterteilt; jedes Themenfeld für sich hält dabei weitere Ausdifferenzierungen bereit.

Die demografische Entwicklung ist eine der zentralen Herausforderungen unserer Gesellschaft für die nächsten Jahrzehnte. Damit diese Herausforderung gemeistert werden kann, bedarf es einer umfassenden, aufeinander abgestimmten Demografiestrategie, die neben der Politik auch Akteure aus der Wirtschaft und aus Sozialverbänden mittragen. In diesem Kontext werden sich neue Berufsfelder und Handlungsräume für Soziale Arbeit öffnen.

Demografie: Ein Thema der Sozialen Arbeit

Demografie studieren

Literatur

Allmer, H./Becker, R. (Hrsg.) (2012): Demographischer Wandel. Grundlagen, Ergebnisse, Maßnahmen. Betriebliches Gesundheitsmanagement und Prävention arbeitsbedingter Gesundheitsgefahren. Band Nr. 36. Bremerhaven.

Back, H.-J. (Hrsg.) u.a. (2006): Räumliche Konsequenzen des demographischen Wandels. Teil 7. Konsequenzen aus der demographischen Entwicklung für Regionen in Nordwestdeutschland. Hannover.

Biedenkopf, K. u.a. (2005): Starke Familie. Bericht der Kommission „Familie und demographischer Wandel" Im Auftrag der Robert Bosch Stiftung. Stuttgart.

Bundesministerium des Innern (2012): Jedes Alter zählt. Die Demografiestrategie der Bundesregierung.

Butterwegge, C. (2012): Rentenkürzungen und steigende Altersarmut – unausweichliche Folgen des demografischen Wandels? In: neue praxis 6/2012, S. 611-615.

Bundeszentrale für politische Bildung (2012): Die soziale Situation in Deutschland. Familienhaushalte nach Zahl der Kinder. Online: http://www.bpb.de/nachschlagen/zahlen-und-fakten/soziale-situation-in-deutschland/61597/haushalte-nach-zahl-der-kinder [letzter Zugriff: 03.04.2013].

Gebert, J./Starmann, C. G./Klug, P./Vollmer, J. (2009): Daten für Diskussionen in Stadt und Land: Der Wegweiser Kommune. In: Bertelsmann Stiftung (Hrsg.) (2009): Wer, wo, wie viele? – Bevölkerung in Deutschland 2025. Praxiswissen für Kommunen. Gütersloh.

Loffing, D./Loffing, C. (2010): Mitarbeiterbindung ist lernbar. Praxiswissen für Führungskräfte in Gesundheitsfachberufen. Berlin u. Heidelberg.

Statista (2013): Entwicklung der Fertilitätsrate in Deutschland von 1990 bis 2011. Online: http://de.statista.com/statistik/daten/studie/36672/umfrage/anzahl-der-kinder-je-frau-in-deutschland/ [letzter Zugriff: 03.04.2013].

Statistisches Bundesamt Deutschland (2009): Bevölkerung Deutschlands bis 2060. 12. Koordinierte Bevölkerungsvorausberechnung. Wiesbaden: Begleitmaterial zur Pressekonferenz am 18. November 2009 in Berlin.

Weymann, A. (1998): Sozialer Wandel. Theorien zur Dynamik der modernen Gesellschaft. Weinheim u. München.

Lebensräume

Detlef Baum

Einleitung

Im Zuge einer zunehmenden Verstädterung in den letzten 50 Jahren haben sich die Unterschiede zwischen städtischen und ländlichen Wohn- und Lebensformen verkleinert. Und es haben sich Wohnagglomerationen herausgebildet, die weder Stadt oder urban sind noch wirklich dörflich genannt werden können – Ansiedlungen, die am Rande der Großstädte eine lockere gartenstadt-ähnliche Bebauung bieten, aber dennoch das nicht haben, was das Dorf normalerweise ausmacht: einen Dorfplatz mit einer Kirche und einem Rathaus, mit Geschäften und Wirtshäusern, die zunächst auch einen öffentlichen Charakter eines Platzes ausmachen und oft den Mittelpunkt des Dorfes bilden.

Weiter erleben wir so etwas wie die „Urbanisierung des Dorfes", ein neuer Lebensstil kehrt ein, der auch den Charakter des Dorfes verändert. Solche Prozesse finden wir in stadt-zugewandten Dörfern im Einzugsgebiet von Großstädten und Metropolen, wo Menschen meistens in der Stadt arbeiten und auf dem Dorf wohnen und einen urbanen Lebensstil mitbringen. Urbanisierung des Dorfes

Und es gibt immer auch noch das traditionelle Dorf: das Dorf, das sich in der Art der Integration durch Vergemeinschaftung seit der vorindustriellen Zeit nicht stark verändert hat und das trotz des gesellschaftlichen Wandels durch die Industrialisierung und Urbanisierung dennoch eine „Einheit des Ortes" (Bausinger 1986/1961) geblieben ist, über die hinaus selten gedacht und gehandelt wird. Diese Dörfer besitzen ihre eigene Geschichte und Struktur, die sie von jedem anderen Dorf unterscheidet und sogar abgrenzt, aus denen sich spezifische Traditionen ableiten lassen, die nur hier gelten und die integrationssichernd und identitätsstiftend sind und aus denen sich ein kollektives Gedächtnis speist. Traditionelles Dorf

Solche Dörfer liegen nicht nur in den entlegenen und stadt-abgewandten Regionen Deutschlands wie in Mecklenburg-Vorpommern oder in Niederbayern, sondern auch in unmittelbarer Nähe von Großstädten und Oberzentren, deren Einzugsgebiete ländlich geprägt sind oder in metropolitanen Regionen wie der Rhein-Neckar-Raum, das Rhein-Main-Gebiet oder das Ruhrgebiet. Sie entziehen sich aber dennoch deren Einfluss in diesen zentralen Fragen ihrer historisch abgeleiteten Identität.

Vergemeinschaftung

Soziale Arbeit nimmt u.a. Vergesellschaftungs- und Vergemeinschaftungs-prozesse in den Blick, in denen es um den Aufbau von sozialen Beziehungen und wechselseitig aufeinander bezogene Interaktionen in bestimmten sozialen Räumen geht. Aus dieser Perspektive gewinnen Unterschiede zwischen Stadt und Dorf an Bedeutung, sowohl für die Analyse von sozialräumlichen Strukturen, in die sozialen Beziehungen eingebettet sind als auch für angemessene sozialarbeiterische Interventionen, die in solchen sozialräumlichen Kontexten einen spezifischen Charakter annehmen müssen.

Integration in das Dorf

Die Stadt integriert anders als das Dorf. Im Unterschied zur Stadt integrierte das traditionelle Dorf der vorindustriellen Epoche jemanden vollständig. Selbst in der Phase der Industrialisierung bis in die 60er Jahre des vorigen Jahrhunderts finden wir diese Form dörflicher Vergemeinschaftung.

Soziale Verortung

In einem solchen traditionellen Dorf konnte sich jemand in der Regel soweit sozial verorten, dass er mit seiner Gesamtpersönlichkeit wahrgenommen und anerkannt wurde und sich dazugehörig fühlen konnte. Die Kehrseite dieses Prozesses ist, dass jemand, der nicht dazu gehörte, nicht anerkannt wurde und fremd blieb, sich auch nicht sozial verorten konnte und nicht vollständig integriert war. Im Dorf war man in seiner Identitätssicherung davon abhängig, dass man auf diese Weise dazu gehörte.

Integration in die Stadt

In der Stadt braucht man die vollständige Integration nicht, um seine Identität zu sichern. Es ist sicher auch eine alltägliche Erfahrung für den Städter: In der Stadt ist jeder jedem andern fremd, man ist nur soweit integriert wie es notwendig ist, im öffentlichen Raum sich zu bewegen, sich zu präsentieren und die für den öffentlichen Raum typische Kommunikation zu pflegen. Unvollständige Integration ist ein konstitutives Merkmal städtischen Lebens. Bereits Georg Simmel macht bereits 1908 in seinem Aufsatz „Die Großstädte und das Geistesleben" auf dieses Phänomen aufmerksam. Der Städter sei blasiert, reserviert und intellektuell und für Simmel sind das die Schutzmechanismen, mit denen sich der Städter vor „Übergriffen" der anderen im öffentlichen Raum schützt (Simmel 2008).

Vergemeinschaftung

Im Unterschied zur Stadt integriert das traditionelle Dorf über Vergemeinschaftungsprozesse. Vergemeinschaftungsprozesse zielen darauf ab, dass man als gemeinsamen Identifikationspunkt das Dorf hat, es in allen seinen Facetten kennt und den gesamten sozialräumlichen Kontext kennt. Es geht eher um assoziative Vernetzung von Menschen der gleichen Lebenslage, gleicher Interessen und Lebensstile.

Vergemeinschaftung meint auch, dass jeder jeden kennt und gleichsam jeder vor jedem anderen den nötigen Respekt wahrt.

In der Stadt ist man darauf angewiesen, dass man über gesellschaftliche Mechanismen der Statuszuweisung integriert wird. Nicht eine Gemeinschaft integriert, sondern man gehört im Wohngebiet dazu und ist anerkannt über gesellschaftliche Positionen, die man einnimmt. Und: man muss sich nicht mit der Stadt identifizieren, um trotzdem dazu zu gehören. Dass man trotzdem in ein Stadtviertel integriert ist, kommunikativ vernetzt ist, mag zusätzlich auch wichtig sein, aber nur im Stadtviertel vernetzt zu sein, ohne einen gewissen sozialen Status zu haben reicht zur Identitätssicherung nicht aus. Stadt ist Gesellschaft.

Anders als in der Stadt lebt der Bewohner des Dorfes eingebettet in seine Geschichte, in die Geschichte des Dorfes und seiner Traditionen. Der Dörfler interpretiert seine Gegenwart im Lichte des Vergangenen. Er leitet seine Identität hauptsächlich davon ab, dass er nicht nur in einem Dorf, sondern mit *dem* Dorf lebt. Veränderungen, die sich im Dorf vollziehen, können ihn auch verunsichern. So entwickelt das Dorf ein kollektives Gedächtnis, das auch Grundlage eines kollektiven Bewusstseins und die Basis einer kollektiven Identität ist, aus der sich die Traditionen und Rituale speisen. *(kollektives Gedächtnis)*

Der Städter braucht das nicht. Er braucht die Geschichte seiner Stadt nicht, um sich mit anderen zu verständigen, zu kommunizieren, sich im öffentlichen Raum zu präsentieren und seine Identität dort zu sichern. Er braucht ihre Traditionen nicht, um sich in ihr sozial zu verorten.

Veränderungen

Dörfliches Leben war geprägt durch die Einheit von Arbeit und Leben. Der Bauernhof war Produktionsstätte, Wirtschaftsbetrieb und Lebensraum zugleich. Es gab keine Trennung von Arbeit und Leben. Unter dem Dach des Hauses kam es zu einer Form der Vergemeinschaftung, in der Leben und Arbeiten, Produktion und Reproduktion nicht genau geschieden waren. *(Einheit von Arbeit und Leben)*

Wir beobachten, dass das Dorfleben nicht mehr durch die Gemeinsamkeit von Leben und Arbeiten, von Produktion und Reproduktion des Lebens gekennzeichnet ist, sich auch diese Sphären trennen. Wenn wir also nach Ursachen für die Herausbildung eines öffentlichen Raumes suchen, der sich vom Privaten trennt, dann finden wir in der Trennung von Arbeit und Leben, von Wohnen und Arbeiten auch einen Grund für diesen Prozess.

Dieser Prozess hat mit vielen ökonomischen und sozialen Veränderungen im Zuge der industrie-kapitalistischen Entwicklung zu tun, aber auch mit Veränderungen der Zusammensetzung der Bewohnerschaft in den Dörfern und mit dieser Veränderung der Zusammensetzung der Bevölkerung ändert sich auch der Integrationsmodus, also die Art und Weise, wie eine einheimische Bevölkerung mit den Fremden umgeht, die nunmehr zuziehen und wie die Zugezogenen mental zur Dorfgemeinschaft stehen. *(Strukturelle Veränderungen)*

Für viele der Zugezogenen reicht eine bestimmte Form einer unvollständigen Integration im Dorf aus, die nicht auf einem gemeinsamen Werte- und Traditionssystem beruht, auch nicht Identifikation bedeutet. Man ist integriert, wenn und indem man Regeln einhält, die ein gedeihliches Zusammenleben im Dorf ermöglichen und sich gegenseitig in seinem jeweiligen Anderssein respektiert.

Wissenschaftliche Verortung des Themas

Die Stadt und das Dorf waren schon immer Gegenstand der Soziologie. Seit der Entwicklung der Chicagoer Schule – eine der prägenden soziologischen Schulen – ist für die Stadtsoziologie die Stadt eine soziale Organisationsform, in der sich Gesellschaft widerspiegelt.

Community Studies der Chicagoer Schule
Auch mit den Community Studies der 40er Jahre des vorigen Jahrhunderts entwickelte sich in Amerika ein Forschungszweig, der vor allem die Gemeinde als „sozialen Zusammenhang" erforschte und theoretisch reflektierte. So wie in Europa die „Gemeinde" die Grundlage eines gemeindlichen Zusammenlebens bildete und eine eigene Verfasstheit ausbildete, so kann auch mit dem Begriff der community im angelsächsischen Raum ein Sozialzusammenhang umschrieben werden, der Gemeinsamkeit der Interessen, der Bedürfnisse und des gemeinsamen Wertesystems innerhalb eines begrenzten Siedlungsraums signalisierte.

Gemeinde wurde eben nicht als Gebietskörperschaft innerhalb ihrer Grenzen verstanden, sondern als Siedlungsgebiet, das zu einer Bindung und sozialer Verortung ihrer Bewohnerschaft und deren soziale Interaktionen beiträgt.

Die Studien waren von der Frage geprägt, wie sich ortsbezogene und milieuspezifische Wirklichkeitskonstruktionen der Gemeindemitglieder interpretieren lassen und sich ins Verhältnis setzen lassen zu den strukturellen Bedingungen des Raumes, zur Strukturgeschichte der Gemeinde, der Zusammensetzung der Bewohnerschaft und den institutionellen Bedingungen des Lebens in einer Gemeinde. Es geht um die dialektische Beziehung der Lebensbedingungen und Strukturen eines gemeinsam bezeichneten Ortes und den Milieus, die sich nur dort und nur in diesem Kontext entwickeln können.

Gemeindestudien in Deutschland
Es gab in Deutschland in den 50er Jahren eine ganze Reihe von Gemeindestudien, die allerdings in Vergessenheit gerieten. Für die Soziologie des ländlichen Raumes prägend waren eine Reihe von Gemeindestudien in der Nachkriegszeit wie z.B. die Wolfsburg-Studie von Ulf Herlyn (1962), eine Dorfstudie von René König (1956), die Dortmund-Studie von Rainer Mackensen u.a. (1958) oder die Euskirchen-Studie von Renate Mayntz (1958). Prominent – weil an der Chicago-School orientiert – wurde die Darmstadt- Studie des UNESCO-Instituts unter Nels Anderson und Christian von Ferber (1956).

Neuerdings beschäftigen wir uns wieder mit dem ländlichen Raum und der Gemeinde. M. Löw nennt einige Gründe, die in neuster Zeit für eine neue Perspektive moderner Gemeindestudien sprechen.

Einmal haben im Zuge der Globalisierung lokale und milieubezogene Wissensbestände und Handlungsmuster wieder eine größere Bedeutung für die soziale Verortung von Menschen. Wo der Globalisierungsprozess vereinheitlicht, gewinnt das lokalspezifisch Differente an Bedeutung.

Zum zweiten gewinnt der soziale Wandel als ein konfliktbehafteter und schnell voranschreitender Prozess wieder eine Bedeutung, die ja auch die Studien der Chicagoer Schule haben: Gruppenspezifische Interessenkonstellationen in ihrer Ortsbezogenheit geraten auf dieser Ebene in Konflikte, gesellschaftliche Problemlagen manifestieren und kristallisieren sich auf kommunaler Ebene heraus (Löw 2001, 122ff).

Relevanz für die Soziale Arbeit

Soziale Prozesse in städtischen Kontexten sind für Soziale Arbeit, die sich als Teil einer kommunalen Sozialpolitik verstehen muss, von wachsender Bedeutung. Historisch betrachtet liegen dort auch die Wurzeln Sozialer Arbeit als Antwort auf die sozialen Probleme, die im Zuge der Industrialisierung und einer massiven Land-Stadt-Wanderung Mitte des 19. Jahrhunderts entstanden. Dass sich daraus eine kommunale Sozialpolitik entwickeln konnte, liegt einmal im Charakter der europäischen Stadt. *(Soziale Arbeit in der Stadt)*

Die europäische Stadt war schon immer und zum Unterschied zu anderen Städten dieser Welt sozialstaatlich verfasst. Es gehörte immer schon zu ihrem Selbstverständnis, sich um die zu kümmern, die sich nicht selbst helfen konnten. Das hat ja die Bürgerstadt der Frühen Neuzeit schon ausgemacht und die Anfänge der Sozialen Arbeit in den Industriestädten des 19. Jahrhunderts geprägt. *(Europäische Stadt)*

Eine zweite Entwicklungslinie liefert auch die Geschichte der Gemeinwesenarbeit in den Anfängen der Settlement-Bewegung in Großbritannien und den USA.

Die mit Samuel und Henriette Barnett verbundene Arbeit im Londoner Osten mit ihrer Toynbee Hall und die sich anschließend in den USA entwickelnde Settlement Bewegung, belegen, dass wir es damals bereits mit spezifischen und für die Stadt typischen sozialen Problemen zu tun hatten, die mit der Dynamik und Struktur der Stadtentwicklung verbunden waren. *(Settlementbewegung)*

Es waren vor allem die Folgen der industrie-kapitalistischen Produktionsweise, schnelles Wachstum und damit einhergehender sozialen Wandel, die als Desorientierungsprobleme und soziale Integrationsprobleme der Städter wahrgenommen wurden und auf die die entstehende Soziale Arbeit reagierte. Die Barnetts wollten z.B. mit ihrer Arbeit milde Gaben durch Bildung ersetzen.

Auf dem Land haben sich derartige Probleme nie in diesen Ausprägungen entwickelt und deshalb hat sich diese Form der Sozialen Arbeit nie in dieser institutionellen Ausprägung ergeben. Hier galten eher assoziative Netzwerke gegenseitiger Unterstützung, aber auch Formen sozialer Kontrolle. Die Menschen in den Dörfern mussten ihre Probleme selbst lösen. Und viele soziale Probleme blieben und sind bis heute dem Dorf fremd.

Problemkonstellationen

Hier sollen nur drei charakteristische, für die Stadt typische und für die Soziale Arbeit relevante Probleme skizziert werden, die auf dem Dorf so nicht entstehen oder sich entwickeln können, weil sie aus den spezifischen Strukturbedingungen und der Dynamik städtischen Lebens heraus erwachsen.

a) Benachteiligte Quartiere

Benachteiligte
Wohngebiete

In fast jeder Stadt führt die Verteilungsdynamik der Bevölkerung nach der Logik sozioökonomischer Möglichkeiten zu unterschiedlich ausgestatteten homogenen Quartieren, also auch zu benachteiligten Quartieren, wo eine Bewohnerschaft entweder sich nur diese Wohnung leisten kann oder mit Hilfe der Stadt dort eine Wohnung erhält. Meistens sind diese Quartiere infrastrukturell nicht gut ausgestattet, schlecht verkehrstechnisch angebunden, öffentliche Räume sind entweder nicht vorhanden oder ihre Aufenthaltsqualität ist unattraktiv und der Ruf des Quartiers in der Stadt ist diskreditierend.

Auf dem Dorf kennt man benachteiligte Familien, Nachbarschaften, vielleicht auch kleinere Quartiere, die aber keine eigene Struktur und Dynamik der Ausgrenzung entwickeln. Das tun städtische Quartiere ab einer bestimmten Größenordnung.

b) Wohnungslosigkeit als ein urbanes Phänomen

Wohnungs-
losigkeit

Seine Wohnung verlieren kann man überall. Was wir aber mit Wohnungslosigkeit verbinden, ist mittlerweile, dass Menschen auch verlernen zu wohnen, weil sie keinen Zugang mehr haben zum Wohnungsmarkt, auch nicht zu sozialen Sicherungs- und Unterstützungssystemen – aus welchen Gründen auch immer. Inzwischen können wir auch feststellen, dass Wohnungslose unter den Folgeproblemen von Wohnungslosigkeit mehr leider als unter der Tatsache, dass sie keine Wohnung haben.

Wohnungslose treffen wir eher in der Stadt als auf dem Land. Die Anonymität der Großstadt, ihre ökonomische „Basis" und die Möglichkeiten des öffentlichen Raums ziehen wohnungslose Menschen eher an.

c) Altern und Alter in der Stadt

Auch auf dem Dorf werden Menschen alt und dennoch gestalten sich der Alterungsprozess und das Altsein auf dem Land noch einmal anders als in der Stadt (vgl. den Beitrag von Vazquez in diesem Band).

Auf dem Land ist der Alterungsprozess eher eingebunden in nachbarschaftliche und verwandtschaftliche Hilfe- und Unterstützungssysteme. Wo wir in der Stadt eher auf institutionelle Kontexte der Hilfen stoßen, sind es im ländlichen Raum gemeinschaftliche Netzwerke, die den Alterungsprozess begleiten. Mittlerweile werden diese gemeinschaftlichen Netzwerke durch Institutionen unterstützt.

Wir müssen uns in der Sozialen Arbeit verstärkt genau mit diesen Strukturbedingungen des ländlichen Raums auseinandersetzen, die ja auch den Rahmen des Handelns abgeben, unter denen Menschen auf dem Land aufgewachsen sind, alt werden, unter diesen Bedingungen handeln können und müssen und auch die Soziale Arbeit nur handeln kann.

(Randnotiz: Alter und Altern)

Konsequenzen für die Soziale Arbeit

Ziel der Sozialen Arbeit ist, Klienten zu Akteuren zu machen, die ihr Leben ins Verhältnis setzen können zu einem Gemeinwesen, als dessen Teil sie sich identifizieren können. Über Gemeinwesenarbeit müssen Bewohnerinnen und Bewohner das Gefühl entwickeln können, das Gemeinwesen mitgestalten zu können die erfolgreich nach sozialer Anerkennung und Zugehörigkeit ringen und die in der Lage sind, mit den aus der kulturelle Heterogenität erzeugten Konflikte umgehen zu können.

(Randnotiz: Ziel Sozialer Arbeit)

Was müssen Sozialarbeiter und -arbeiterinnen heute von der Stadt, von ihrer ökonomischen, kulturellen und sozialen Kerndynamik wissen, um die Probleme von Individuen in der Stadt auch als Probleme diagnostizieren können, die in der Stadt und durch sie entstehen?

Und was müssen sie von den Strukturbedingungen des ländlichen Raums wissen, um verstehen zu können, dass die durch den ländlichen Raum vorgegebenen Handlungs- und Denkmuster, Integrations- und Ausgrenzungsbedingungen und infrastrukturelle Schwächen einerseits auf eine spezifische Art integrieren, andererseits aber auch zu Benachteiligungen führen, die Individuen den Zugang zu Institutionen, Rechten und Märkten erschweren oder gar verhindern, die aber für die Sicherung der Identität und der Integration uner-

(Randnotiz: Kompetenzen in der Sozialen Arbeit)

lässlich sind? Es steht außer Frage, dass bestimmte soziale Settings ein bestimmtes Verhalten und Bewusstsein erzeugen, und deshalb müssen wir auch zu den sozialräumlichen Kontexten kommen, in die solche Settings eingebunden sind. Und das sind Dorf und Stadt als Lebensräume.

Wir brauchen deshalb auch eine andere Begründung sozialraumorientierter Sozialer Arbeit in der Stadt und auf dem Land. Strukturelle Benachteiligungen des ländlichen Raums, die den Zugang von Individuen zu Institutionen, Rechten und Handlungschancen behindern, zwingen zu einem Selbstmanagement der sozialen Probleme und Benachteiligungen auf dem Dorf. Strukturelle Erfordernisse, die den Zugang zu Institutionen und Handlungsfeldern erleichtern oder erst überhaupt ermöglichen, sind sehr stark mit dem spatial setting verbunden, in das sie eingebunden sind.

Resümee und Perspektiven

Systematische und theoretische Zugänge Diese Fragen berühren eine grundsätzliche Auseinandersetzung mit den spezifischen systematischen und theoretischen Zugängen der Sozialen Arbeit zur Stadt und zum Dorf als Lebensräume, um soziale Probleme zu bearbeiten, die durch städtische Bedingungen und Strukturen erzeugt werden oder dadurch, dass der ländliche Raum und das Dorf bestimmte Strukturbedingungen haben, aus denen sich bestimmte Probleme ergeben. Da gibt es wissenschaftlichen und praktischen Aufholbedarf, wo bisher die Stadt und die in ihr spezifisch herrschenden Strukturbedingungen des Lebens und Handelns allenfalls dort reflektiert werden, wo die für die Stadt typischen Formen kultureller Vielfalt und Heterogenität auch zu sozialen Ungleichheiten und sozialräumlichen Disparitäten führen, die mit ungleichen Handlungschancen verbunden werden. Dies auszugleichen wird dann Sozialer Arbeit zur Bearbeitung übergeben.

Soziale Arbeit im ländlichen Raum Und im ländlichen Raum werden sozialstrukturelle Fragen des Zugangs zu öffentlichen Räumen, Rechten, Institutionen und Diskursen dann diskutiert, wenn sie zu Benachteiligungen des Aufwachsens, des Lebens oder der Bildung führen.

Dass diese Prozesse einer strukturellen Integrations- und Ausgrenzungslogik geschuldet sind, wird dann weniger reflektiert und hat in der Theorie und in den Methoden der Sozialen Arbeit keine systematische Bedeutung.

Zwar werden Lebensweltbezüge und Sozialraumorientierung immer auch als Bedingungen genannt und diskutiert, aber eben nicht unter dem Gesichtspunkt ihrer jeweiligen spezifischen Struktur als städtisches Quartier, als Dorf oder als Quartier innerhalb einer Metropole oder mittleren Großstadt. Soziale Probleme, die die Soziale Arbeit in diesem Zusammenhang bearbeitet, werden zwar als Probleme der Individuen in der Stadt wahrgenommen, aber nicht als durch die Stadt erzeugte Probleme gesehen, die sich lediglich an den Individuen als individuelle Leiden manifestieren.

Städtebauförderungs- und Dorfentwicklungsprogramme des Bundes und der Länder stellen die Beteiligung der Bevölkerung an den Entscheidungs- und Entwicklungsprozessen ihres Stadtteils oder ihrer Kommune in den Mittelpunkt. *Programme und Politik*

Für die Städtebauförderung wurde das Bund-Länder-Programm „Stadtteile mit besonderem Entwicklungsbedarf – die soziale Stadt" zum Vorreiter eines Paradigmenwechsels in der Frage, ob überhaupt und wenn, wie die Bevölkerung in Planungs- und Gestaltungsprozesse mit eingebunden werden sollte.

In Stadtteilkonferenzen und Runden Tischen werden im Rahmen von Moderationsprozessen inzwischen viele Fragen der Gestaltung eines Quartiers diskutiert Ziel einer solchen Moderation ist, die Menschen in solchen Quartieren zu Akteuren zu machen, die sich als Teil einer res publica verstehen können und deshalb auch ein Interesse an ihrer Gestaltung entwickeln können.

Auch das rheinland-pfälzische Programm zur Dorferneuerung setzt auf Moderationsprozesse, in denen eine Dorfgemeinschaft über einen Moderationsprozess ein Integriertes Handlungskonzept entwickelt und ein Leitbild formuliert, wie sich die Gemeinde zukünftig verstehen und entwickeln will.

Integrierte Handlungs- oder Entwicklungskonzepte dienen der Konstruktion von Gestaltungsprozessen, die vorher erarbeitete Ziele verfolgen und Prozesse einleiten, die auf die Ausgestaltung des Gemeindelebens und seiner Struktur ausgerichtet sind. *Integrierte Handlungskonzepte*

Von Integrierten Handlungskonzepten dürfen wir erwarten, dass sie in der Lage sind, die unterschiedlichen Bevölkerungsgruppen durch Anerkennung einzubinden in entsprechende Beteiligungsformen und ihnen die Chance geben, ihre Interessen einzubringen und zu artikulieren.

Ein Leitbild soll deutlich machen, wie man auf die gesellschaftlichen Veränderungen reagieren möchte und wie man sich das Zusammenleben in einer Gemeinde in der Zukunft vorstellt. Im Prinzip geht es darum, in einer zeitlichen Dimension die Geschichte des Dorfes mit den zukünftigen Anforderungen und Erwartungen zusammenzubringen, auf einer sachlichen Ebene in einem überparteilichen Diskurs die Themen auszuhandeln, die diskutiert werden sollen und auf einer sozialen Ebene die Integrationspotentiale auszumachen und die Konfliktlinien transparent zu machen, die das Gemeindeleben konstruktiv weiterbringen. *Leitbild*

Leitbilder sind also so etwas wie die Philosophie des Gemeindelebens, der Gestaltung des Sozialen und Kulturellen, der sozialräumlichen Bedingungen des Lebens, der lokalen Ökonomie und der Infrastruktur.

Der Moderationsprozess soll es den Gemeindemitgliedern ermöglichen, ihre Interessen und Bedürfnisse so zur Geltung zu bringen, dass daraus ein *Moderationsprozesse*

Diskurs unter Gleichen entsteht mit dem Ziel der Aushandlung von Interessen und Bedürfnissen. In konkreten Schritten werden in Arbeitsgruppen bestimmte Themen verhandelt und Projekte entwickelt, die dann an die Politik oder die Dorfgemeinschaft herangetragen werden bzw. von der Dorfgemeinschaft realisiert werden. Sowohl in Stadtteilen als auch auf dem Land führen derartige Aushandlungsprozesse immer mehr zu tragfähigen und von allen akzeptierten Problemlösungsstrategien und deshalb wird die Methode der Dorf-Moderation für die Soziale Arbeit immer wichtiger.

In mehreren Gemeindestudien konnten wir feststellen, dass die Interessenartikulation bestimmten Macht- und Interessenkonstellationen folgt, die es im Moderationsprozess transparent zu machen gilt oder gar aufzubrechen sind. Auch stellen wir fest, dass bestimmte Interessen nicht zum Zuge kommen, weil sie nicht artikuliert werden können oder dürfen.

Soziale Arbeit hat hier eine moderierende und integrative Funktion.

Moderations- und Integrationsfunktion Sozialer Arbeit

Für Soziale Arbeit geht es inzwischen auch darum, ihren Beitrag zur sozialen Integration zu leisten und damit auch zur Integration des Ganzen beizutragen. Wenn wir Steuerung verstehen wollen als die Konstruktion von Gestaltungsprozessen, kommt der Sozialen Arbeit bei dieser Gestaltung die Rolle zu, sich einzumischen.

Das setzt aber zunächst zwei Erkenntnisse voraus.

Strukturveränderungen

Einmal geht es um die Einsicht, dass man Handeln und Verhaltensweisen nur dann wirklich verändern kann, wenn man die Strukturbedingungen des Handelns und Verhaltens auch verändern kann.

Politische Funktion Sozialer Arbeit

Zum anderen geht um das notwendige Verständnis von Sozialer Arbeit in ihrer politischen Funktion, nämlich zusammen mit ihrer Klientel in der Gemeinwesenarbeit oder auch außerhalb des Rahmens Sozialer Arbeit das Soziale politisch mit gestalten zu sollen.

Literatur

Baum, D. (Hrsg.) (2007): Die Stadt in der Sozialen Arbeit. Ein Handbuch für soziale und planende Berufe, Wiesbaden.

Baum, D. (2012): Soziale Arbeit. In: Eckardt, F. (Hrsg.): Handbuch Stadtsoziologie, Wiesbaden, S. 571-592.

Bausinger, H. (1986/1961): Volkskultur in einer technischen Welt. Frankfurt/Main.

Brauer, K. (2005): Community Studies & Gemeindesoziologie. In: Beetz/Brauer/Neu (Hrsg.): Handwörterbuch zur ländlichen Gesellschaft. Wiesbaden, S. 32-40.

Löw, M. (2001): Gemeindestudien heute: Sozialforschung in der Tradition der Chicagoer Schule? In: Zeitschrift für qualitative Bildungs-, Beratungs- und Sozialforschung 1/2001, S. 111-131.

Simmel, G. (2008): Die Großstädte und das Geistesleben (1908). In: Simmel G.: Philosophische Kultur. Neu-Isenburg, S. 905-916.

Europa

Günter J. Friesenhahn

Einleitung

Ohne Zweifel steht derzeit die Europäische Union mit ihren Institutionen und den nicht immer leicht zu durchschauenden Entscheidungsstrukturen in der Kritik und das Thema Europa liegt fern ab jeder Feierstimmung. Die Menschen in Europa erleben ja gerade das Versagen des Optimismus und der Versprechen von Sicherheit, Stabilität und Wohlstand für alle, die als Leitperspektiven mit der Europäischen Union und ihren Vorgängerstrukturen (Montanunion, Europäische Wirtschaftsgemeinschaft – EWG, Europäische Gemeinschaft – EG) von den Römischen Verträgen (1955) bis zur ‚Europa 2020 Strategie' (http://ec.europa.eu/europe2020/index_de.htm) [letzter Zugriff: 27.8.2013] fest verbunden waren. Die großen Hoffnungen werden angesichts der evidenten Finanz- und Wirtschaftskrisen immer fragiler. Statt fortschreitender Integration erleben wir ein Auseinanderdriften zwischen armen und reichen EU-Ländern. Nationalistischer Populismus und Rassismus sind die negativen Begleiterscheinungen. Solange Europa ökonomischen Zugewinn für Viele versprach, konnte eine hinreichende Selbstlegitimierung erzeugt werden. Dies scheint vorbei zu sein. „Europa wird mit Entbehrungen und Problemen assoziiert" (Hamburger 2013, S. 84).

Europa in der Kritik

Die Europäische Union fußt auf ökonomischen Prinzipien, deren Gestaltung sie selbst nicht mehr im Griff hat. Problemlagen wie wachsende Armut und Arbeitslosigkeit auf hohem Niveau verlangen aus der Sicht der Sozialen Arbeit nicht nur fachliche Hilfeleistungen, sondern veränderte sozialpolitische Rahmungen, die ein menschenwürdiges Leben ermöglichen. Dies kann aber nicht mehr für alle gewährleistet werden.

Trotz oder gerade wegen der berechtigten Kritik an Entwicklungen in und durch die Europäische Union, muss sich Soziale Arbeit mit dem vielschichtigen Thema Europa beschäftigen.

Aber, wir müssen differenzieren, wenn von „Europa" gesprochen wird. Europa als Kontinent hat andere Konturen als das Europa des Europarates (47 Mitgliedsstaaten), der Europäischen Union (28 Mitgliedsstaaten), des Schengenraums (alle EU-Staaten außer Großbritannien, Irland, Zypern, Bulgarien und Rumänien, dafür aber inklusive den Nicht-EU-Staaten Norwegen, Island, die Schweiz und Liechtenstein) oder der EURO-Staaten (17 Mitgliedsstaaten). Die unterschiedlich formierten transnationalen Räume priorisieren unterschiedliche Werte und politische, soziale, ökonomische sowie bildungsbe-

Welches Europa?

zogene Strategien. Dies gilt insbesondere im Hinblick auf wohlfahrtsstaatliche Arrangements, die angesichts der Finanz- und Wirtschaftspolitik innerhalb der Euro-Staaten der Europäischen Union zum Teil mit dramatischen Konsequenzen umgebaut werden. Die Folgeschäden sind verheerend und haben auch Auswirkungen auf neue Formen und Bewertungen von Mobilität und Migration (vgl. Friesenhahn 2013).

Entwicklungen

Soziale Arbeit als nationalstaatliches Projekt

Soziale Arbeit als Beruf hat sich in Europa im Wesentlichen als nationalstaatliches Projekt entwickelt. Sie ist ein institutionalisierter Teil des wohlfahrtstaatlichen Arrangements geworden in dem professionell ausgebildete Fachkräfte Dienst- und Hilfeleistungen in einem als weitgehend homogen unterstelltem nationalen Kontext erbringen. Insofern war und ist Soziale Arbeit seit der Industrialisierung im 19. Jahrhundert traditionell eingebunden in gesellschaftliche, politische und ökonomische Entwicklungen, die weitgehend territorial aufgefasst und interpretiert wurden. Ihr sozialpolitischer Auftrag besteht seitdem darin, für die Förderung und Stabilisierung von menschenwürdigen Lebensverhältnissen zu sorgen und Teilhabe zu ermöglichen. Der jeweilige poltisch-ökonomische Rahmen und die darin favorisierten Normalitätsvorstellungen bestimmen in weiten Teilen das professionelle und disziplinäre Selbstverständnis der Sozialen Arbeit.

Es ging schon damals nicht nur um Interventionen gegen psychosoziale Notlagen, sondern auch um die Bewältigung erzieherischer Aufgaben außerhalb von Familie und Schule durch die Gesellschaft (vgl. Hamburger 2008).

Insofern ist Soziale Arbeit eben auch immer auf die Gestaltung des Sozialen gerichtet. Angebote und Leistungen der Sozialen Arbeit sollten dazu dienen, die Klassengegensätze, die die kapitalistische Gesellschaft hervorgebracht hatte, zu überdecken und letztendlich die Loyalität der Bürger gegenüber dem Staat zu sichern. Soziale Arbeit nahm damit als Profession funktional an gesellschaftlicher Bedeutung zu und erzeugte wissenschaftlich fundierte Wissensbestände, die für die Entwicklung als akademische Disziplin und für die professionelle Ausgestaltung der Handlungsbereiche gebraucht wurden.

Gerade wegen der verständlichen nationalen Einbindung ist aber auch daran zu erinnern, dass Soziale Arbeit seit ihrer Entstehung als Beruf immer auch schon den nationalen Handlungsraum überschritten hat, was sowohl für die Disziplin als auch für die Profession bedeutsam war, aber das Selbstverständnis nur begrenzt prägte.

Internationale Perspektiven

Die prominenten Akteure der Sozialen Arbeit des 19. Jahrhunderts waren in ihrer internationalen Kooperationen nicht auf Europa beschränkt und nutzten ihre Netzwerke, um sich über die Entwicklungen in anderen Ländern zu informieren und darüber die nationalen Reformbestrebungen voranzubringen. Vor allem die im 19. Jahrhundert wirkenden sozialen Bewegungen (Arbeiterbewegung Frauenbewegung, die Friedensbewegung und, etwas später, die Jugendbewegung) standen von Beginn an in internationalen Kommunikationszusammenhängen und begründeten ihre Aktivitäten mit einem universalistischen Geltungsanspruch ihrer Ideen und Programmatiken. Durch sie wurde u.a. das „Universale" im Berufsverständnis geprägt, nämlich die Einsicht, dass Soziale Arbeit sich grenzüberschreitend positionieren müsste (vgl. Kniephoff-Knebel 2006).

Zudem brachten die Industrialisierung und die Verbreitung kapitalistischer Marktbedingungen soziale Probleme mit sich, die entsprechend gleichförmig strukturiert waren und vergleichbare Vergesellschaftungsmuster und Lebenslagen hervorbrachten. Soziale Not und ihre Ursprünge ließen sich nicht auf nationale Grenzen beschränken, wenn auch die Bekämpfung meist auf nationale Maßnahmen verkürzt wurde. Die in den 1920/30er Jahren gegründeten und bis heute weltweit agierenden Organisationen

- International Association of Schools of Social Work – IASSW,[1]
- Internationale Federation of Social Workers IFSW[2] und
- International Council on Social Welfare – ICSW[3]

systematisierten die grenzüberschreitenden Aktivitäten, so z.B. über die Initiierung von Austausch und Kooperation zwischen den Mitgliedsschulen, über die Durchführung international vergleichender Studien und die Sammlung und Zentralisierung von Informationen zum Stand und zur Entwicklung der unterschiedlichen Ausbildungssysteme sowie die Initiierung internationaler wissenschaftlicher Studien, um die bis dahin vorrangig am nationalen Rahmen orientierten Ausbildungen für internationale Perspektiven und Entwicklungen zu öffnen und fachlich weiterzuentwickeln.

Darüber hinaus sollte über die internationale Diskussion und Aushandlung wesentlicher wissenschaftlich-theoretischer wie organisatorisch-struktureller Basisstandards der sozialen Berufsausbildung ein universales Profil verliehen werden (vgl. Kniephoff 2006, S. 135). Dieses ist heute zumindest programmatisch eingelöst, in dem mit den Global Standards for Education and Training of the Social Profession[4] seit 2004 ein Rahmen für die Essentials der Ausbildung von Fachkräften vorliegt. Mit der 2012 veröffentlichten Global

Orientierung an den Menschenrechten als verbindendes Professionsmerkmal

---

1   (http:// www.iassw-aiets.org/ [letzter Zugriff: 28.08.2013]
2   (http://ifsw.org/) [letzter Zugriff: 28.08.2013]
3   (http://www.icsw.org/) [letzter Zugriff: 28.08.2013]
4   (http://cdn.ifsw.org/assets/ifsw_65044-3. pdf) [letzter Zugriff: 28.008.2013]

Agenda for Social Work and Social Development[5] (Friesenhahn/Thimmel 2012) liegt ein ‚mission statement' vor, welches unterstreicht, dass Soziale Arbeit sich in ihrem Selbstverständnis als eine internationale Menschenrechtsprofession versteht und das bedeutet, dass Fachkräften der Sozialen Arbeit im Kampf um die Durchsetzung der Menschenrechte eine besondere Rolle und damit Verantwortlichkeit zugewiesen wird. Darin heißt es:

> „We commit ourselves to supporting, influencing and enabling structures and systems that positively address the root causes of oppression and inequality. We commit ourselves wholeheartedly and urgently to work together, with people who use services and with others who share our objectives and aspirations, to create a more socially-just and fair world that we will be proud to leave to future generations".

Die Forderung nach sozialer Gerechtigkeit und das Eintreten für eine selbst bestimmte Lebensführung unter demokratischen Bedingungen für alle sowie das Eintreten für Menschrechte sind Grundkoordinaten der Sozialen Arbeit.

Ob dies eine realistische Funktionsbeschreibung ist oder ob sie damit nicht überfordert ist, wird derzeit in Fachzeitschriften kontrovers diskutiert (vgl. z.B. die Beiträge, die in der Zeitschrift International Social Work veröffentlicht wurden).[6]

Einbettungen

Sozialstaatliche Sicherung

Hartmut Dießenbacher hat vor rund 30 Jahren sinngemäß formuliert, die Hauptaufgabe Sozialer Arbeit bestehe immer schon im Verteilen, nämlich Geld und gute Worte. Das sei auch die einfachste Antwort auf die Frage, was Soziale Arbeit im Kern ausmache (vgl. Dießenbacher 1984).

Aus dieser ironisch inspirierten Analyse spricht der Geist der – aus deutscher Sicht – sozialpolitisch vergleichsweise ruhigen 1980er Jahre, in denen, so formulieren es Böhnisch und Schröer, sich innerhalb der Bevölkerung eine „kollektive Identität sozialstaatlichen Gesichert-Seins" hatte entwickeln können. Da gab es offensichtlich noch etwas zu verteilen. Diese Grundannahme betrifft die funktionale Ebene der Sozialpolitik, deren Kernaufgaben in der Vermeidung sozialer Risiken, Reduzierung von Armut und Ungleichheit und der Integration von sozial benachteiligten Gruppen gesehen werden kann.

Die Sozialpolitik „ist somit – modern formuliert – zur Umverteilungs- und Inklusionspolitik geworden" (Böhnisch/Schröer 2012, S. 10). Bislang habe man noch von einer relativ eigenständigen Stellung der Sozialpolitik im System der Politiken ausgehen können. Der neuere Ökonomisierungs-Diskurs

---

5   http://ifsw.org/get-involved/agenda-for-social-work/; [letzter Zugriff: 28.08.2013]
    http://isw.sagepub.com/content/55/4/454.abstract [letzter Zugriff: 28.08.2013]
6   http://isw.sagepub.com/content/by/year.) [letzter Zugriff: 28.08.2013]

sehe aber die Sozialpolitik eingebunden in die Wachstums-, Beschäftigungs- und Standortpolitik im Spannungsfeld der Globalisierung. Damit dringen die Markprinzipien des Wettbewerbs und der Effizienz stärker in die Sozialpolitik ein und lässt ihre historisch gewachsene nationalstaatliche Souveränität fragwürdig erscheinen (vgl. Böhnisch/Schroer 2012, S. 10 und S. 238).

Das verändert dann auch die Rolle und Funktion von Sozialer Arbeit. Zwar weisen, so Böhnisch und Schröer weiter, die „wohlfahrtssystematischen Kerne in ihren Grundstrukturen eine relative Stabilität und Kontinuität auf" (a.a.O., S. 239), obwohl sie durchaus schon einen Teil ihrer Souveränität ab-gegeben haben. Man kann der Erkenntnis kaum noch ausweichen, dass professionelles Handeln in der Sozialen Arbeit nicht mehr nur von nationalen bzw. länder- und kommunalspezifischen Strategien gestaltet, sondern von europäischen und darüber hinausreichenden Rahmenbedingungen formiert wird. Dadurch werden die ‚Transnationalisierung der sozialen Welt' und ‚Sozialräume jenseits von Nationalgesellschaften' (Ludger Pries) für Fach-kräfte der Sozialen Arbeit bedeutsam. Soziale Netzwerke und „ursprünglich an nationalstaatliche Realitäten gebundene Wissens- und Handlungsformen verlaufen zunehmend stärker quer zu nationalstaatlichen und gesellschaftli-chen Grenzen" (Reutlinger 2009, S. 73).

Zu beachten ist, dass EU-Politiken dabei wesentliche Eckpunkte markie-ren, z.B. wenn es um Flüchtlinge, Arbeitsmarkt oder die Erbringung sozialer Dienstleistungen geht, wie ein Blick auf die Dienstleistungsrichtlinie zeigt,[7] in der geregelt wird, unter welchen Bedingungen in Europa soziale Dienst-leistungen, wie z.B. Altenpflege, angeboten werden können.

In den sozialarbeiterischen Arbeitsfeldern im Kontext z.B. von (Arbeits-) Migration, Flucht, Armut, Katastrophenhilfe, Menschenhandel, Gesundheits-versorgung sowie Entwicklungszusammenarbeit wird das Transnationale in Disziplin und Profession zunehmend diskutiert (Homfeldt/Schröer/Schweppe 2008) und als grenzüberschreitender sozialer Zusammenhang gesehen, in dem Menschen ihr Leben nicht mehr an *einen* Ort gebunden führen.

Grenzüberschreitender Austausch über die Bewältigung von Problemla-gen und neuen Herausforderungen und angemessene Lösungen zu finden wird als elementarer Teil der Fachlichkeit gesehen. „Ins Zentrum rückt die Frage, *wo* man bei der Bearbeitung der Sozialen Frage überhaupt agieren kann und soll" (Reutlinger 2009, S. 76).

Transnationalität gewinnt an Bedeutung

Der Handlungsraum Sozialer Arbeit muss sich erweitern – auch um einem methodischen Nationalismus zu entgehen, der sich u.a. in einer Überbetonung territorialer Grenzen für die Analyse sozialer Wirklichkeiten, Prozesse und Handlungen zeigt. Der Nationalstaat und seine Institutionen werde in dieser Verengung zum unhinterfragbaren Analyserahmen der Sozialen Arbeit und

---

7   (http://eur-lex.europa.eu/LexUriServ/LexUriServ.do?uri=OJ:L:2006:376:0036:0068:DE: PDF) [letzter Zugriff: 28.08.2013]

gelte als quasi natürlicher bzw.naturalisierter Rahmen für die Theorieentwicklung (vgl. Köngeter 2009).

Konturen

Begleitend zu diesen Entwicklungen entstehen und verdichten sich sozialarbeitsrelevante Diskurse (vgl. z.B. Lorenz, 2006; Kniephoff-Knebel 2006,
Seibel/Otto/Friesenhahn 2007, Friesenhahn/Kniephoff-Knebel 2011, Erath
2012, Walther 2012), bilden sich grenz- und disziplinübergreifende, for-
schungsorientierte Netzwerke (vgl. European Centre for Community Education – ECCE[8]; The international 'Social Work & Society' Academy (TiSSA);[9]
European Research Institute for Social Work – ERIS[10] sowie professions-
übergreifende internationale Zusammenschlüsse, wie z.B. das European
Network for Social Action – ENSACT[11].

Netzwerke und wissenschaftliche Fundierung   Dies sind Beispiele, wie die als notwendig erachtetet europabezogene
Soziale Arbeit auch wissenschaftlich fundiert werden kann und wie auf prak-
tischer Ebene für die Verbesserung der Lebensbedingungen der Menschen
gestritten wird. Dies schließt auch die kritische, wissenschaftliche Analyse der
gesellschaftlichen, politischen und ökonomischen Rahmenbedingungen ein.

Andreas Walter sieht zusammenfassend unterschiedliche, kaum aufeinander bezogene Begründungsfiguren für Soziale Arbeit in Europa die auch
weiterhin die Entwicklungsstrategien für Disziplin und Profession prägen:

- Die älteste Argumentationsfigur betreffe die Europäisierung und Angleichung der Ausbildung- und Professionalisierungsprofile Sozialer Arbeit.
- Globalisierung und Transnationalisierung, so ein weiterer Argumentati-
onsstrang, betonten die zunehmenden Zusammenhänge zwischen lokaler
und grenzüberschreitender Hilfebedarfe weswegen das Selbstverständnis
und die Handlungsmöglichkeiten Soziale Arbeit um die Dimension In-
ternationalität zu erweitern seien.
- International vergleichende Forschung, so ein weiterer Aspekt, sei die
Voraussetzung, Soziale Arbeit aus ihrer engen nationalstaatlichen Perspektive zu befreien. Fragestellungen in diesem Kontext, „wären etwa
das Verhältnis zwischen Sozialer Arbeit und Wohlfahrtstaat, besonders
das sich daraus ableitende Paradigma von Hilfe und Kontrolle im Vergleich von Konstellationen Sozialer Arbeit in unterschiedlichen Wohl-

---

8   http://www.ecce-net.eu/buepr_en.html, [letzter Zugriff: 28.08. 2013]
9   http:// www.tissa.net/about.htm; [letzter Zugriff: 28.08.2013]
10   http://eris.osu.eu/index.php?Kategorie =35165) [letzter Zugriff: 28.8.2013]
11   (http://www.ensactistanbul.org/en/about-ensact/) [letzter Zugriff: 28.08.2013]

fahrtsstaaten; das Verhältnis zwischen Bildung, Erziehung und Hilfe, das für das deutsche Selbstverständnis Sozialer Arbeit konstitutiv ist, im Zuge der Transformation spätmodernen Gesellschaften zu Wissensge-sellschaften und der notwendigen Einbettung und Unterfütterung von Bildungsprozessen ... an Relevanz gewinnt oder die Fragen nach Leit-konzepten und Theorietraditionen Sozialer Arbeit" (Walther 2012, S. 23f).

Dabei gibt es den erkennbaren Trend, jedweder Idee einer Gleichschaltung, Vereinheitlichung oder Harmonisierung Sozialer Arbeit eine Absage zu er-teilen. Stattdessen wird die Notwendigkeit der ,Kontextualisierung' betont und ein neuer Umgang mit Differenz eingefordert. Wir können davon aus-gehen, dass die Unterschiede in den Erscheinungsformen der Sozialen Arbeit in unterschiedlichen Ländern eher zu- als abnehmen werden. Im Grunde bleibt die Vielfalt das Entscheidende und zwar im Hinblick auf Praxismodelle, Studiengänge und Berufsbezeichnungen. Zwar bleibt die „Wohlfahrtsstaats-idee als gemeinsamer normativer Bezugsrahmen" (Erath 2012, S. 40) beste-hen, zwar erfüllt Soziale Arbeit in unterschiedlichen Ländern äquivalente Funktionen, wie z.B. Exklusionsbearbeitung, Hilfen bereitstellen, Unterstüt-zung und Erklärungen anbieten. Aber ihre „je spezifische nationale Auspräg-ung wird ... vor allem von der Entwicklung des jeweiligen Wohlfahrtssys-tems und dem sich daraus ableitenden Welfare Mix bestimmt" (Erath 2012, S. 36). Völlig gleiche Handlungsmuster werde es nicht geben, dies stelle aber insofern kein Problem dar, als es der Sozialen Arbeit nie um die Suche nach Ideallösungen gehe, sondern um die je aktuelle Bearbeitung von Problemen und Dilemmata (vgl. a.a.O., S. 55).

Kontextuali-sierung statt Harmonisierung

Soziale Arbeit als wissenschaftliche Disziplin muss selbstreflexiv sein, d.h. sie muss sich selbst, ihre Ziele und ihre Möglichkeiten zum Gegenstand kritischer Analyse machen. Soziale Arbeit muss sich klarwerden, was sie unter den gegebenen Bedingungen ändern kann und will. Es stellt sich die Frage, wie und mit welchen Funktionen, Bewertungen und mit welchem Selbstverständnis sich Soziale Arbeit in Europa hier einordnen kann. Erath sieht hier ambivalente Entwicklungen.

Während in einigen Ländern wie Finnland oder Norwegen die Profes-sionalisierung weiter voranschreite, werde sie in anderen Ländern wie England, Deutschland und Frankreich eingedämmt. An die Stelle von Fachkräften der Sozialen Arbeit träten Ehrenamtliche und Selbsthilfeinitia-tiven (z.B. in Tee- und Wärmestuben, Suppenküchen und Lebensmittel-ausgaben). „Europäisch betrachtet ist dieser Prozess der ,Voluntarisierung' und ,Marginalisierung' Sozialer Arbeit von hoher Bedeutung, stellt er doch eine massive Bedrohung der professionellen Sozialarbeit dar, mit möglich-erweise gravierenden Folgen für die Gesellschaft. Denn werden erst mal die Folgeprobleme von Exklusion-Prozessen privatisiert, dann droht das Soziale

Vergleiche sind erforderlich

nicht nur abgewertet zu werden, sondern insgesamt zu verschwinden" (Erath 2010. S. 232, vgl. auch Seibel/Otto/Friesenhahn 2007).

Diese Hinweise machen auch deutlich, dass trotz und gerade wegen der zunehmenden Transnationalisierung nationale Strukturen und Rahmenbedingen nicht vernachlässigt werden dürfen. Dies erfordert als Forschungsaufgabe für Soziale Arbeit in Europa, diese Entwicklungen vergleichend zu untersuchen. „Dem Vergleich könnte in dieser Perspektive deshalb die Funktion der Analyse sozialen Wandels zukommen: Wo sind nationalstaatliche Strukturen noch wirksam, wo nicht. Und wie wirkt sich sozialer Wandel in unterschiedlichen Kontexten aus?" (Walther 2012, S. 22; vgl. auch Friesenhahn/Kniephoff-Knebel 2011, S. 35ff).

Grenzüberschreitungen

Für Soziale Arbeit und die damit verbundene Ausbildung ist auch der sogenannte europäische Hochschulraum von Bedeutung, der mit dem Bologna-Prozess[12] und mit Mobilitätsprogrammen wie ERASMUS[13] verbunden ist und es Studierenden ermöglichen soll, einen Teil ihres Studiums oder ein Praktikum in einem anderen Land zu absolvieren und damit neue fachliche und interkulturelle Kompetenzen zu erwerben.

Harmonisierung von Strukturen

Mit dem 1999 angestoßenen Bologna-Prozess haben die Initiatoren neue Akzente im Hinblick auf eine strukturelle Vereinheitlichung der Studienstrukturen in Europa gesetzt, was insbesondere durch die nun in 47 Staaten eingeführte Stufung in Bachelor-, Master-, und Promotionsstudiengänge und die Einführung eines einheitlichen European Credit Transfer System – ECTS zum Ausdruck kommt.[14] Durch diesen Prozess sind die Ausbildungsstrukturen neu vermessen und aneinander angeglichen worden. Ziel dabei ist neben der erhofften Erhöhung von Mobilität auch eine verbesserte Anerkennungspraxis von im Ausland erworbenen Leistungen zu erreichen. Dies wird jetzt durch die Lissabon Konvention unterstrichen, die in Deutschland seit 2007 in Kraft ist.[15]

Die Konvention geht von der grundsätzlichen Anerkennungsfähigkeit aller an einer Hochschule im Ausland erbrachten Leistungen aus. Nicht mehr die Studierenden müssen belegen, dass das im Ausland Gelernte kompatibel

---

12 (http://www.bmbf.de/de/3336.php) [letzter Zugriff: 28.08.2013]
13 (http://ec.europa.eu/education/lifelong-learning-programme/erasmus_de.htm) [letzter Zugriff: 28.08.2013]
14 (http://www.bmbf.de/pubRD/bologna_deu.pdf) [letzter Zugriff: 28.08.2013]
15 (http://www.anerkennung-in-deutschland.de/html/de/lissabon_konvention.php) [letzter Zugriff: 28.08.2013]

ist, sondern die Hochschulen müssen ggf. nachweisen, warum sie eine Leistung als nicht gleichwertig einstufen.

Der Vereinheitlichungstendenz auf der Strukturebene steht in europäischen Ländern eine immer größer werdende Vielfalt von Konzepten und Handlungsfeldern Sozialer Arbeit gegenüber. Diese Felder unterscheiden sich im Hinblick auf das erforderte Grundwissen, die Berufsbezeichnungen, den Status und die verwendeten Handlungsansätze. Dies ist für die Erhaltung und Weiterentwicklung einer eindeutigen Berufsidentität nicht einfach.

Mobilitätsprogramme gehören seit 25 Jahren zu den bedeutenden Initiativen und Strategien, um den Bürger und Bürgerinnen das Europa als Lern-, Beschäftigungs- und Erfahrungsraum erfahrbar und attraktiver zu machen. Diese Programme verdanken sich auf der strukturellen Ebene im Wesentlichen ökonomischen Prämissen, ragen aber in andere Bereiche hinein. Man muss auch konstatieren dass insbesondere bei den Programmen ERASMUS und JUGEND[16] vielvielfältige ‚Kollateral – Gewinne‘ in Form von attraktiven Angeboten für Lernen und Begegnung in Europa entstanden sind und auf der persönlichen Ebene fruchtbare und nachhaltige interkulturelle Lernprozesse entfaltet haben. Mit den Programmen gingen neu geschaffene Kooperationsformate und didaktische Innovationen (z.B. multilaterale Intensivseminare, multilaterale Jugendbegegnungen) einher, die auf der personalen Ebene von vielen Teilnehmer/-innen sehr positiv bewertet wurden.

Mobilität zu Lernzwecken

Es überwiegt aber die Erkenntnis, dass solche Programme insoweit weiter gefördert werden als sie sich für einen grenzüberschreitenden (Arbeits-) Markt als nützlich erweisen. „Das Soziale ist als Folge der bestehenden Konstellationen ein Annex der Wirtschaftspolitik geblieben und folgt selbst dann, wenn soziale Ziele verfolgt werden, dem ökonomischen Paradigma" (Schieren 2012, S. 11).

Es ist deutlich erkennbar, dass das proklamierte Investment in Mobilität auch Dividenden bringen soll (vgl. den Beitrag von Friesenhahn in diesem Band)

In der EU-Logik konsequent bleibt ERASMUS nicht auf der Hochschulebene stehen. Das erneuerte Programm ‚ERASMUS für alle' (ERASMUS+) (2014-2020) vereint die Bereiche allgemeine und berufliche Bildung sowie den Jugend- und Sportbereich unter einem Dach.

„Erasmus für alle beruht auf der Prämisse, dass Investitionen in die allgemeine und berufliche Bildung der Schlüssel dazu sind, das Potenzial der Menschen unabhängig von ihrem Alter oder ihrem Hintergrund freizusetzen. Das Programm soll nicht nur ihre persönliche Entwicklung voranbringen, sondern auch zum Erwerb neuer Fertigkeiten und zur Verbesserung der Beschäftigungsaussichten beitragen."[17]

Mobilität als Investment

---

16 (http://www.jugendfuereuropa.de/) [letzter Zugriff: 28.08. 2013]
17 (http://ec.europa.eu/education/erasmus-for- all/index_de.htm) [letzter Zugriff: 28.08.2013]

Dies steht in enger Verbindung zur Europa 2020-Strategie, in der eine intelligente, nachhaltige und integrative Wirtschaft für ein hohes Maß an Beschäftigung, Produktivität und sozialem Zusammenhalt sorgen soll.[18] Auf der Ebene der jugend-politischen Zusammenarbeit soll durch die sog. ‚Europäische Jugendstrategie – zwischen Investition und Empowerment' ein europäischer Lernraum für junge Menschen geöffnet und nutzbar gemacht werden, der durch entsprechenden Maßnahmen und Handlungsfelder gefüllt wird.[19]

Ziele dabei sind sowohl individuelle Förderung und Kompetenzgewinne, vor allem aber beschäftigungsorientierte Maßnahmen, die die Integration junger Menschen in den Arbeitsmarkt fördern.

Resümee

Eine ‚Europäische Sozialer Arbeit' mit einem klar umrissenen Gegenstandsbereich und Forschungsprofil ist nicht in Sicht. Die Formen und Konzeptualisierungen von Sozialer Arbeit in Europa bleiben vielfältig, was sich auch in den Buchtiteln Perspectives on *European Social Work* (Lorenz 2006), *Europäische Dimensionen Sozialer Arbeit* (Friesenhahn/Kniephoff-Knebel 2011), *Soziale Arbeit in Europa* (Erath 2012) widerspiegelt.

Grenz-
überschreitende
Gemeinsam-
keiten

Soziale Arbeit in Europa zeigt allerdings Gemeinsamkeiten darin, dass ihre jeweiligen nationalen und wohlfahrtsstaatlichen Traditionen und Entwicklungslinien weiter erkennbar bleiben und weiter wirken. In Europa verfügt Soziale Arbeit über distinkte, paradigmatisch geordnete Theoriemodelle, die im Wesentlichen auf der Aufklärung und den damit verbundenen Werten aufbauen. Sie ist in politisch-administrative Systeme integriert und rechtlich formiert.

Sie verfügt über einen beachtlichen Organisations- und Professionalisierungsgrad und die Beziehungen der Akteure (Staat, Wohlfahrtsorganisationen und Verbände, zivilgesellschaftliche Gruppen, NGOs, Ausbildungsstätten, Berufsverbänden etc.) untereinander sind im Prinzip geordnet und nachvollziehbar. Wie sich dies in Zukunft darstellt, bleibt ein offenes Projekt. Zunehmen wird der Einsatz von neuen Medien und vLearning (vgl. den Beitrag von Schranz in diesem Band) sowie die Entstehung, Analyse, Legitimation und Bedeutung transnationalen Wissens (vgl. Bender u.a. 2013).

Es geht in Zukunft verstärkt um die Ausgestaltung des Sozialen im größeren Maßstab. Es geht um die Tatsache, dass in unseren Gesellschaften das Leben des Einzelnen mit dem der anderen verbunden ist und insofern den anderen nicht gleichgültig sein soll. Der lokale Handlungsraum ist nicht

---

18 (http:// ec.europa.eu/europe2020/index_de.htm) [letzter Zugriff: 28.08.2013]
19 (http:// www.jugendfuereuropa.de/downloads/4-20-3115/JfE_Jugendstrategie.pdf) [letzter Zugriff: 28.08.2013]

schlicht der Gegenpol zum globalen Raum, sondern es geht um einen Prozess wechselseitiger Ergänzungen und Ausdifferenzierungen.

Es geht darum, durch reflexive Vergleiche von Konzepten und Handlungsmodellen Wissensbestände zu generieren, die Impulse für einen europäischen Professionalisierungsprozess Sozialer Arbeit geben und gleichermaßen daran mitwirken können, dass sowohl die zivilgesellschaftlichen Strukturen in Europa wachsen als auch die Lebensverhältnisse für die Menschen gerechter werden, in dem Soziale Arbeit durch direkte, indirekte und politische Interventionen in unterschiedlichen Organisationsformen tätig wird und dabei ihre jeweiligen nationalen Ausprägungen reflektiert.

Literatur

Bender, D. u.a. (Hrsg.) (2013): Transnationales Wissen und Soziale Arbeit. Weinheim.

Böhnisch, L./Schröer, W. (2012): Sozialpolitik und Soziale Arbeit. Weinheim: Beltz Juventa.

Dießenbacher, H. (1984): Nehmen-Geben-Verteilen. Die Geburt des modernen Sozialarbeiters aus dem Geist der Heuchelei. In: neue praxis 4 /1982, S. 374-380.

Erath, P. (2010): Soziale Arbeit in Europa – europäische Soziale Arbeit?. In: Benz, B. u.a. (Hrsg.) Soziale Lage – Soziale Politik – Soziale Arbeit. Wiesbaden, S. 225-241.

Erath, P. (2012): Sozialarbeit in Europa. Stuttgart.

Friesenhahn, G. J. (Ed.) (2013): Learning mobility and non-formal learning in European contexts. Strasbourg.

Friesenhahn, G./Thimmel, A. (2012): Soziale Arbeit weltweit. Große Erwartungen und gedämpfte Zuversicht In: neue praxis 5/2012, S. 511-518.

Friesenhahn, G. J./Kniephoff-Knebel, A. (2011): Europäische Dimensionen Sozialer Arbeit. Schwalbach.

Hamburger, F. (2008): Einführung in die Sozialpädagogik. Stuttgart, 2. Auflage.

Hamburger, F. (2013): Die Verteidigung Europas gegen seine Befürworter. In: Elsen, S., Aluffi Pentini, A. (Hrsg.): Gesellschaftlicher Aufbruch, reale Utopien und die Arbeit am Sozialen. Bozen, S. 77-98.

Homfeldt, H. G./Schröer, W./Schweppe, C. (Hrsg.) (2008):Soziale Arbeit und Transnationalität. Weinheim.

Kniephoff-Knebel, A. (2006): Internationalisierung in der Sozialen Arbeit. Eine verlorene Dimension der weiblich geprägten Berufs- und Ideengeschichte. Schwalbach.

Köngeter, St. (2009): Der methodische Nationalismus der Sozialen Arbeit in Deutschland. In: Zeitschrift für Sozialpädagogik 4/2009, S. 340-358.

Lorenz, W. (2006): Perspectives on European Social Work. Opladen.

Reutlinger, Chr. (2009): Dazwischen und quer durch – Ort und Raum als Herausforderung für die soziale Arbeit in Zeiten verstärkter Transnationalisierung: In: Wagner, L./Lutz, R. (Hrsg.): Internationale Perspektiven Sozialer Arbeit. Wiesbaden, 2. Aufl., S. 73-95.

Schieren, St. (2012): Europäische Sozialpolitik. Schwalbach.

Seibel, F. W./Otto, H.-U./Friesenhahn, G. J. (2007): Reframing the Social. Boskovice.

Walther, A. (2011): Regimes der Unterstützung im Lebenslauf. Opladen.

Sozialpolitik

Thomas Arnold

Einleitung

„Ungehorsam – eine Überlebensstrategie. Professionelle Helfer zwischen Realität und Qualität", so lautet der Titel eines 2011 erschienenen Buches von Marie Luise Conen (Conen 2011), einer seit vielen Jahren in der Jugendhilfe engagierten Expertin. Ein Jahr davor erschien das „Schwarzbuch Soziale Arbeit" von Mechthild Seithe (Seithe 2010/12). In beiden Büchern wird in sehr eindringlicher Weise dargelegt, wie sich die Arbeitsbedingungen von Sozialer Arbeit, hier bezogen auf den Bereich der Jugendhilfe in den zurückliegenden Jahren und Jahrzehnten, nach den Maßstäben der beiden Autorinnen zum Negativen hin verändert haben. Das Stichwort der Debatte ist dabei u.a. eine wie auch immer feststellbare Ökonomisierung der Sozialen Arbeit, in deren Gefolge die Handlungspraxis der Sozialen Arbeit zunehmend durch fachfremde Kriterien bestimmt sei.

Anhand dieses Beispiels soll hier illustriert werden, wie das Wechselverhältnis zwischen den gesellschaftlichen Rahmenbedingungen und der von diesen hervorgebrachten Sozialpolitik einerseits, der Sozialen Arbeit andererseits beschrieben werden kann. Dabei wird davon ausgegangen, dass Sozialpolitik keinen autonomen Bereich ausmacht, der in Bezug zu anderen Politikbereichen, z.B. der Wirtschaftspolitik, als selbständig zu denken wäre. Sie ist somit den gleichen Mechanismen der Interessensformulierung und Interessensdurchsetzung ausgesetzt, wie Politik insgesamt.

Soziale Arbeit und soziale Sicherung

Verkaufszwang freier Arbeit

Eine gemeinsame geschichtliche Wurzel von Sozialpolitik einerseits, von Sozialer Arbeit andererseits ist in den gesellschaftlichen Veränderungsprozessen zu sehen, die mit Begriffen wie „bürgerliche Gesellschaft", „Kapitalismus" oder „Marktwirtschaft" verbunden werden. Zu den Eigenheiten dieser gesellschaftlichen Bedingungen gehören u.a. das Privateigentum an den Produktionsmitteln, das Gewinnmotiv als relevantes Motiv der einzelnen Marktakteure, das Phänomen von Konjunkturzyklen einschließlich der Konkurrenz der Marktakteure untereinander und von wirtschaftlichen Konzentrationsprozessen sowie die sogenannte freie Arbeit, die auf Arbeitsmärkten von

Anbietern und Nachfragern gehandelt wird. Max Weber sah in der freien Arbeit geradezu ein für die kapitalistische Wirtschaftsform konstitutives Merkmal, das sie von allen anderen Wirtschaftsformen grundlegend unterscheide (Weber 2011, S. 252ff). Unter Aufnahme von Marxschen Konzepten gehen u.a. Offe/Hinrichs (1977) davon aus, dass auf Arbeitsmärkten starke Machtasymmetrien zwischen den Anbietern von Arbeit (den abhängig Beschäftigten) und den Nachfragern von Arbeit (den Unternehmen) zugunsten der Letztgenannten bestehen (vgl. Offe/Hinrichs 1977, S. 6ff). Diese asymmetrische Machtbeziehung beruhe auf einem Verkaufszwang auf Seiten der Anbieter von Arbeit. Der Verkaufszwang entstehe durch die für die Anbieter bestehende Notwendigkeit, ihre Arbeitskraft zu verkaufen, um ihre Subsistenz (und die ihrer Angehörigen) zu sichern. Der Verkaufszwang bestehe nur dann nicht, wenn ein Individuum über genügend eigenes Kapital verfügte, um von den Erträgen leben zu können. Zur Argumentation von Offe/Hinrichs gehört weiter, dass im Rahmen einer sogenannten Marktwirtschaft der Verkaufszwang ein nicht umgehbares Konstituens bilde (ebd., S. 48ff). Weber sah das im Übrigen ähnlich. Freie Arbeit bedeutet für ihn, „dass Personen vorhanden sind, die nicht nur rechtlich in der Lage sind, sondern auch wirtschaftlich genötigt sind, ihre Arbeitskraft frei auf dem Arbeitsmarkt zu verkaufen" (Weber 2011, S. 252).

Über welche Arrangements ist Soziale Arbeit Teil des Systems der Sozialen Sicherung? Die Leistungen des Systems der sozialen Sicherung werden vor allem anhand ihrer institutionellen Verortung in sogenannte Kernprinzipien aufgeteilt. Dazu zählen die Sozialversicherung, die Versorgung, die Fürsorge (vgl. Lampert/Althammer 2007, S. 276; siehe dazu auch den Beitrag von Reidel in diesem Band). Den ersten Bereich bilden dabei die Leistungen, die auf Basis der Gesetzlichen Sozialversicherungen erbracht werden. Das Sozialversicherungsprinzip ist ein nach dem Grundsatz der Solidarität modifiziertes Individualversicherungsprinzip. Die Beiträge sind nicht an individuellen Risikowahrscheinlichkeiten orientiert. Entsprechend gibt es keine Risiko- oder Leistungsausschlüsse. Ferner beruhen die Leistungen auf einem Rechtsanspruch, sie sind nach Art und Höhe gesetzlich normiert (Lampert/Althammer 2007, S. 279). Bei Leistungen nach dem Versorgungsprinzip entstehen Leistungen aufgrund anderer Voraussetzungen, z.B. bei Leistungen für den Staat (Beamtenversorgung). Aber auch andere Leistungen werden diesem Prinzip zugeordnet, z.B. Wohngeld oder die Ausbildungsförderung (Lampert/Althammer 2007, S. 279). Leistungen nach dem Fürsorgeprinzip werden im Falle einer Notlage gewährt. Fürsorgeleistungen, gleich welcher Art, gelten rechtlich als nachrangige Leistungen. Es wird in der Regel eine Bedürftigkeitsprüfung vorgenommen, um auszuschließen, dass Ansprüche auf vorrangige Leistungen bestehen oder eigenes Vermögen vorhanden ist, das zuerst zur Beseitigung der Notlage verwendet werden muss (ebd. S. 279f).

Soziale Arbeit und Soziale Sicherung

Wo wird im Rahmen dieser Einteilung Soziale Arbeit geleistet? Soziale Arbeit wird in hohem Maße im Rahmen der Dienste geleistet, die nach dem Fürsorgeprinzip vorgehalten werden. Dazu zählen sozialarbeiterische Leistungen, die z.B. aufgrund des Versorgungsauftrags gem. SGB VIII oder XII, aber auch SGB II erbracht werden. Die entsprechenden Leistungen sind eng mit den historischen Wurzeln Sozialer Arbeit verbunden (kommunale Sozialpolitik). In der Veröffentlichung von Chassé/v. Wensierski (2008) sind 90% der dort beschriebenen Praxisfelder Sozialer Arbeit dem Bereich der Fürsorge zuzuordnen. Soziale Arbeit wird aber auch erbracht im Rahmen des Versorgungsauftrags des SGB V, z.B. im Rahmen des Krankenhaussozialdienstes, im Rahmen von Leistungen zur medizinischen Rehabilitation (gem. SGB VI) oder im Rahmen der Altenhilfe (gem. SGB XI).

Eine andere Aufteilung von Leistungen des Systems der sozialen Sicherung ergibt sich in Anlehnung an § 11 SGB I und an Bellermann (2011, S. 83ff): Worum geht es im System der sozialen Sicherung? Es geht um die Verteilung von als „sozial" definierten Geld-, Sach- und Dienstleistungen. Innerhalb der verschiedenen genannten Leistungsarten gibt es aber sehr heterogene Anlässe für die Leistungsgewährung. Geldleistung kann z.B. die Altersrente, Kindergeld oder Sozialgeld (nach SGB II) sein. Ist der Bezug von Ersterer an eigene Einzahlungen (nach dem Versicherungs- und dem Äquivalenzprinzip) und dem Erwerb von Anwartschaften gebunden, sind Geldleistungen gem. SGB II daran nicht geknüpft. Hier kommt es zur Geldzahlung allerdings erst, wenn eine sogenannte Bedürftigkeit festgestellt wurde, d.h. eigenes Einkommen oder vorrangige Ansprüche nicht bestehen. Lediglich das Kindergeld wird quasi bedingungslos gewährt.

Soziale Sachleistungen sind nach der zweiten Aufteilung beispielsweise die Heil- und Hilfsmittel, die den Versicherten der GKV gewährt werden. Ein großer Teil des Absatzes der pharmazeutischen Industrie findet so als Sozialleistung seine Nachfrage. Die Leistungen der Gesetzlichen Krankenversicherungen für Arzneimittel betrugen in Deutschland im Jahr 2006 24 Mrd. Euro (vgl. Bäcker u.a. 2010b, S. 163).

Soziale Dienstleistungen stellen die dritte Kategorie dar. Zu ihnen ist auch Soziale Arbeit zu zählen. Sie ist insofern als eine Sozialleistung zu sehen, die Teil von Sozialstaatlichkeit, Teil des Systems der sozialen Sicherung ist. Diese Zuordnung teilt sie mit anderen Berufen, die als Leistungen gem. GKV oder gem. SGB VI erbracht werden. Somit zählen alle durch Krankenhäuser erbrachten Leistungen, aber die Leistungen niedergelassener Ärzte hierzu.

Leistungsumfang des Systems der sozialen Sicherung

Das System der sozialen Sicherung ist heute in zahlreiche Teilbereiche ausdifferenziert. Es versucht nicht erst bei existenzbedrohenden Notlagen und
„Bedürftigkeit" einzugreifen. Die Frage ist, welchen Umfang haben die
Leistungen der Sozialpolitik bzw. des Systems der sozialen Sicherung erreicht? Die Sozialleistungen werden üblicherweise im sogenannten Sozialbudget zusammengefasst. Hier zeigt sich, dass ca. 66% aller Sozialleistungen
von den Trägern der gesetzlichen Sozialversicherungen geleistet werden (vgl.
Bäcker u.a. 2010a, S. 103). Demgegenüber weichen die herkömmlicher Weise
der Fürsorge zurechenbaren Bereiche wie die Sozialhilfe mit 2,7%, die Jugendhilfe mit 2,4% und Leistungen nach SGB II mit 6,2% deutlich ab (ebd.).

Den Leistungen des Systems der sozialen Sicherung kam und kommt eine
große volkswirtschaftliche Bedeutung zu. Der Wert der Leistungen umfasst
745 Mrd. Euro für das Jahr 2009, dies macht knapp ein Drittel (31% für das
Jahr 2009) des Bruttoinlandsprodukts (BIP) aus. Diese Quote ist relativ konstant. Sie schwankt im Zeitraum von 30 Jahren geringfügig um diesen Wert
(vgl. Bäcker u.a. 2010a, S. 108). Von einer überproportionalen Zunahme, von
Explosion am Ende gar, kann also nicht im Geringsten die Rede sein. Berücksichtigt man, dass hier auch alle Sachleistungen enthalten sind, die z.B. in
der gesundheitlichen Versorgung der Bevölkerung anfallen (z.B. Medikamente), dann lässt sich daran ablesen, dass das System der sozialen Sicherung
in hohem Maße die Nachfrage in vielen Branchen der Privatwirtschaft auf-
rechterhält.

Volkswirtschaft-liche Bedeutung des Systems der sozialen Sicherung

Im internationalen Vergleich liegt der Leistungsumfang des deutschen
Systems der sozialen Sicherung, gemessen als sein Anteil am BIP, etwa im
vorderen Drittel, zieht man z.B. die EU-Länder zum Vergleich heran (vgl.
Bäcker u.a. 2010a, S. 111ff). Die Spitzenplätze werden von Frankreich und
von Schweden belegt. Deutschland kommt an siebter Stelle. Das EU-Land mit
der nach diesem Maßstab niedrigsten Leistungsdichte ist Lettland (ebd.).

Zum Verhältnis von Sozialpolitik zu Sozialer Arbeit am Beispiel des Teilsystems Jugendhilfe

In diesem Abschnitt soll beispielhaft auf ein Gebiet geschaut werden, das von
jeher als ein angestammtes Handlungsfeld der Sozialen Arbeit gelten kann:
Die Jugendhilfe und hier insbesondere die erzieherischen Hilfen. Wie die
obigen Ausführungen verdeutlichen, nahmen die Ausgaben für das System
der sozialen Sicherung kontinuierlich zu: Von 195 Mrd. Euro im Jahr 1980
über 311 Mrd. Euro im Jahr 1990 bis zu 749 Mrd. Euro im Jahr 2009. Dennoch
lässt sich nicht der Schluss ziehen, diese Entwicklung sei in irgendeiner Weise

Ökonomisierung der Sozialen Arbeit

ungewöhnlich oder unangemessen. Denn: Setzt man die genannten Gesamt-
ausgaben ins Verhältnis zu der Geldsumme aller erstellten Güter und erbrachten Dienstleistungen, dann zeigt sich, dass die Kosten des Systems der
sozialen Sicherung sich insgesamt um einen Anteilswert von 30% am gesamten BIP bewegen (vgl. Bäcker u.a. 2010a, S. 108). Dieser Gesamtent-
wicklung stehen aber Entwicklungen in einzelnen Handlungsfeldern gegenüber, die nicht durch proportionale Zunahmen gekennzeichnet sind. Dies ist
sicher ein Grund dafür, dass in der Jugendhilfe, aber nicht nur da, Diskurse
entstanden sind, die eine Hilfepraxis beklagen, die nicht mehr primär an den
Bedarfen der Adressat/-innen orientiert sei, sondern der Einhaltung von
Kostengrenzen zu große Bedeutung einräume (siehe u.a. Conen 2011 oder
Seithe 2012). Die als Vorwurf gemeinte Diagnose „Ökonomisierung" res-
pektive „Ökonomisierung der Sozialen Arbeit" ist hier eine Chiffre, die einen
Unmut über tatsächliche oder vermeintliche Fehlentwicklungen zum Ausdruck bringt. Einen besonderen Stellenwert nimmt dabei die Einschätzung ein,
dass vor allem in den Dekaden nach 1989 der Institution „Markt" eine immer
größere Bedeutung zugemessen werde und dies auch für das System der sozialen Sicherung im Allgemeinen, der Sozialen Arbeit im Besonderen (vgl.
Seithe 2012, S. 94) gelte. Als erste Etappe der Vermarktlichung der Sozialen
Arbeit wird die Einführung der „Neuen Steuerung" der sozialen Dienste gesehen (Seithe 2012, S. 121). Ein Aspekt dabei war auch, die steigenden
Ausgaben der Jugendhilfe, hier vor allem der erzieherischen Hilfen, zu be-
grenzen, verbunden mit dem Ziel, mehr Effizienz zu erreichen, d.h. mit den
gleichen Ressourcen einen höheren Ertrag zu erzielen (Seithe 2012, S. 121).
Parallel wurden von der Kommunalen Gemeinschaftsstelle für Verwal-
tungsvereinfachung (KGSt), einer Tochtereinrichtung der kommunalen Spitzenverbände, d.h. der Interessenvertretung der örtlichen öffentlichen Jugendhilfeträger, Leitungsinstrumente empfohlen, die bisher nur aus dem Profit-
bereich bekannt waren (Steuerung über Zielvorgaben, Kontraktmanagement,
etc.). Dem lag die Auffassung zu Grunde, der öffentliche Sektor wäre „bürokratisch", „unbeweglich" u.a.

Markt und soziale Dienstleistungen

Die Forderung, mehr Marktelemente in der Erbringung sozialer Dienstleistungen zu realisieren, auch im Rahmen der Sozialen Arbeit, hatte aber auch
Unterstützer. So versprachen sich einige, hierdurch Prozesse der Entbürokra-
tisierung in Gang setzen zu können (Seithe 2012, S. 103). Eine Rolle mag
dabei gespielt haben, dass nicht klar war, was das genau bedeutet und wo und
wie dieser „Markt" vonstatten gehen sollte. Sollte er eine Wahlmöglichkeit für
die Adressaten bewirken, sollte er ein Ringen um gute Konzepte und fachliche
Ideen bedeuten oder sollte er einen Preiswettbewerb initiieren? Die in verschiedenen Sozialgesetzbüchern (z.B. SGB VIII, SGB XI, SGB XII) vorgenommene Lockerung, bei freien Trägern auch gewinnorientiert arbeitende
freie Träger zuzulassen, Träger also nicht freigemeinnützig sein, nicht den

sieben Spitzenverbänden der Freien Wohlfahrtspflege angehören müssen, legt die Vermutung nahe, ein Preiswettbewerb sei zumindest nicht unwillkommen. Denn für die neu auf der sog. Anbieterseite auftauchenden freien Träger gelten teilweise die bestehenden Tarifverträge nicht. Die Versuchung liegt nahe, dass der Wettbewerb dann nicht über die bessere Idee bezogen auf die Fachlichkeit eines Konzepts geführt wird, sondern über die Kosten, hier die Lohnkosten.

Als folgenreichste Veränderung für die Soziale Arbeit dürfte sich das Abrücken vom Selbstkostendeckungsprinzip erwiesen haben und eine damit einhergehende neue Verhältnisbestimmung der öffentlichen und freien Träger (Seithe 2012, S. 125). Es ist in diesem Kontext zwar die Rede von Märkten. Unerwähnt bleibt, dass der Nachfrager, das Jugendamt, ein Nachfrage-"Monopol" inne hat. Diese Abkehr von bisherigen Finanzierungsprinzipien, die auch im Rahmen der „Neuen Steuerung" zur Anwendung kamen, wurden auch mit Hinweis auf zu hohe Kosten vorgenommen (ebd.), wobei die gesetzlichen Vorgaben des SGB VIII der Bedarfsorientierung umgangen wurden. Abgelöst wurde die bisherige Finanzierungsmodalität durch die Einführung von sogenannten prospektiven Pflegesätzen und von Fachleistungsstunden. Die Hilfeerbringung wurde auf Basis einer unternehmerischen Kalkulationspraxis organisiert. Dass dies mit der Logik von Professionen (oder von professionalisierungsbedürftigen Berufen) unvereinbar ist, u.a. deshalb, weil Professionen nicht der Markt- und Profitlogik folgen, spielte bei der Einführung keine oder keine große Rolle. Dass dabei die in den Sozialgesetzen vorfindbaren Prinzipien, z.B. Hilfen nach den Besonderheiten des Einzelfalles (§ 12 SGB XII) oder eine bedarfsgerechte Erbringung persönlicher und erzieherischer Hilfen (§ 1 SGB I), nicht beachtet werden – getreu dem Motto „Bedarf kann nur sein, was die Kassenlage zulässt" –, all dies wurde hingenommen. Für die freien Träger (freigemeinnützig oder gewerblich) sowie ihre Mitarbeiter/-innen, einschließlich der Fachkräfte der Sozialen Arbeit, hat diese unternehmerische Haltung Folgen. Der freie Träger muss die neuen Maximen erfolgreich anwenden, auch nach innen, gegenüber seinen Fachkräften (vgl. Conen 2011, S. 11ff). Diese werden dadurch selbst wiederum angehalten, unternehmerisch zu denken und zu handeln, obwohl sie nicht in der Rolle einer verantwortlichen Leitungsfachkraft sind („habe ich genug meiner Fachleistungsstunden verkauft?"). Der Bedarf der Adressat/-innen, um die es eigentlich gehen muss, verliert so seine Priorität.

Sucht man nach Gründen und Motiven für die beschriebene Kostenfixierung der Sozialpolitik, hier in Bereichen, die für Soziale Arbeit relevant sind, dann sind einige Kennzahlen sehr aussagekräftig. Betrachtet man die Ausgabenentwicklung der erzieherischen Hilfen in Deutschland (Leistungen gem. §§ 27ff SGB VIII) – eines Bereichs, der viele angestammte Tätigkeitsfelder Sozialer Arbeit vorhält – dann ergibt sich zwischen den Jahren 1992 und 2007 eine Zunahme der Ausgaben um 98% (Statistisches Bundesamt

[Randnotizen:]

Unvereinbarkeit von Marktlogik und Professionslogik

Überproportionale Ausgabenzuwächse bei erzieherischen Hilfen

2011a) für Gesamtdeutschland. Das BIP (in Marktpreisen) stieg im gleichen Zeitraum aber nur um 47% (Statistisches Bundesamt 2011b). Betrachtet man die Einnahmeentwicklung der Kommunen in diesem Zeitraum, so wird die Diskrepanz noch größer. Den zwischen 1992 und 2007 um 98% gestiegenen Ausgaben für erzieherische Hilfen stehen Einnahmezuwächse der Kommunen von nur 26% gegenüber (Quelle: Statistisches Bundesamt). Hierin drückt sich eine dramatische und diskrepante Entwicklung aus. Die kommunalen Einnahmen hinken den Ausgaben in einem Sektor um ca. 70 Prozentpunkte hinterher. Aber auch auf gesamtgesellschaftlicher Ebene gibt es noch einen Unterschied um 40 Prozentpunkte. Im genannten Zeitraum hätte das BIP real, d.h. inflationsbereinigt, um 2% pro Jahr wachsen müssen, um eine ähnlich hohe Zunahme auszuweisen. Bei 4% nominalem Wachstum jährlich (2% reales Wachstum, 2% jährliche Inflation) kommt man für den Zeitraum 1992 bis 2007 auf eine Zunahme von 94%, die von den 98% an Zunahme bei den erzieherischen Hilfen nicht mehr stark abweicht, wobei unterstellt wird, dass die Kommunen proportional an der gesamtgesellschaftlichen Entwicklung teilhaben. Im Klartext bedeutet dies, die benannte sachfremde Kostenfixierung in der Jugendhilfe hat sowohl eine Basis in einer verhältnismäßig zu schwachen wirtschaftlichen Entwicklung in Deutschland, als auch an einer unterproportionalen Teilhabe an dieser. Die schwache wirtschaftliche Entwicklung für Deutschland zeigt sich auch im internationalen Vergleich. Hat Deutschland zwischen 1995 und 2006 eine Zunahme des BIP (zu Marktpreisen) von 20% vorzuweisen, liegen die Zunahmen für Frankreich hingegen bei 49%, für Schweden gar bei 61% (Quelle: http://www.sozialpolitik-aktuell.de/tl_files/ sozialpolitik-aktuell/_Politikfelder/Europa-Internationales/Datensammlung/ PDF-Dateien/abbII25.pdf, letzter Zugriff am 08.09.2013).

Einnahme-probleme der Kommunen Insofern ist für die Kommunen als örtliche öffentliche Träger der Jugendhilfe von einem Einnahmeproblem auszugehen, das auf mehreren Ebenen liegt, aber kaum nachhaltig thematisiert und problematisiert wird. Die auf einem schwachen Wirtschaftswachstum beruhenden Einnahmeprobleme haben sicher viele Gründe. Einer ist aber sicher in gesamtgesellschaftlichen Verwerfungen zu sehen, die z.B. von den Kosten der deutschen Wiedervereinigung herrühren.

Sinkende Lohnquote Das im internationalen Vergleich relativ niedrige Wachstum ist aber nur eine Entwicklung unter anderen, die die Finanzierungsbasis der Kommunen als öffentliche Träger der Jugendhilfe betrifft. Eine andere, parallele Entwicklung ist eine langsam sich vollziehende Umverteilung bei den Einkommen, weg von den Einkommen der abhängig Beschäftigten, hin zu den Unternehmens- und Gewinneinkommen. So sank die Lohnquote am Volkseinkommen von ihrem Höchststand im Jahr 1980 von 75% auf 64% im Jahr 2007 (Statistisches Bundesamt 2011b). Die Lohnentwicklung in Deutschland hatte nicht mit der Produktivitätszunahme Schritt gehalten, der neutrale Verteilungsspielraum wurde zuungunsten der abhängig Beschäftigten nicht genutzt. Für die Kommunen führte dies zu einer Verringerung ihres Anteils an der Einkommenssteuer, der durch ihre Beteiligung an der Umsatzsteuer nicht kompensiert wurde (vgl. Bäcker u.a. 2010a, S. 139). Aus der benannten Umverteilung ergibt sich auch ein Einnahmeproblem für die gesetzlichen Sozialversicherungen, vor allem die Gesetzliche Krankenversicherung und die Rentenversicherung. Ihre Finanzierungsbasis, die Löhne, ist relativ geschrumpft. Wäre der neutrale Verteilungsspielraum eingehalten worden bzw. würde er zukünftig eingehalten werden, für die Gesetzliche Rentenversicherung ergäbe sich – der demographischen Entwicklung zum Trotz – in den nächsten Jahrzehnten kein Einnahme- und keine Ausgabenproblem (vgl. Bosbach/Korff 2012, S. 178ff).

Eine Parallel- oder Teilentwicklung zur sinkenden Lohnquote ist die Zunahme des Niedriglohnsektors und die Zunahme der Menschen, die in Armut leben. Waren 1995 noch 15% aller abhängig Beschäftigten im Niedriglohnsektor tätig, so erhöhte sich der Anteil bis 2011 auf 22%. Dieser Prozess ist auch einer Erhöhung des Verkaufszwangs von Arbeit durch die Sozialpolitik, hier in Gestalt des SGB II, geschuldet. Mit der zunehmenden Zahl der zu Niedriglöhnen Beschäftigten ist auch die Zahl der Menschen gestiegen, die unter Bedingungen von Einkommensarmut leben müssen. Neuere Schätzungen gehen davon aus, dass der Anteil an Erwachsenen, Jugendlichen und Kindern, die in Armut leben, von 10,9% im Jahr 1997 auf 15,1% im Jahr 2011 angestiegen ist (Der Paritätische, Gesamtverband 2012, S. 4). Welche Auswirkungen kann ein Leben unter der Armutsgrenze auf die Adressat/-innen der Jugendhilfe (Eltern, Kinder, Jugendliche) haben? In einem Übersichtsartikel fasst Sabine Walper (2007) hierzu die Erfahrungen (auch aus anderen Ländern) zusammen. Demnach beeinträchtigen Armut, finanzielle Verknappung und Arbeitslosigkeit nicht nur das körperliche, sondern auch das seelische Wohlbefinden der Kinder und Jugendlichen (vgl. Walper 2007, S. 209). Die mangelnden sozioökonomischen Ressourcen der Familie tragen nach dem Resümee der Autorin zu Minderwertigkeitsgefühlen der betroffenen Kinder bei. Die emotionalen Belastungen der Kinder können sich einerseits in Ängstlichkeit, Depressivität und Hilflosigkeit, andererseits in Ärgerreaktionen, Feindseligkeiten und Aggressionen zeigen (ebd.). Ein erhöhtes Problemverhalten bei Kindern in Armut finde sich ab der frühen Kindheit bis ins Jugendalter. Als vermittelnde Prozesse für das erhöhte Problemverhalten bei Kindern in Armut werden vor allem die stärkeren Belastungen familiärer Beziehungen und Interaktionen gesehen (ebd.). Der erhöhte finanzielle Druck mache sich zunächst in der Haushaltsführung bemerkbar und unterminiere dann die psychischen Ressourcen der Eltern. Mehr Konflikte und Unstimmigkeiten unter ihnen belasten auch ihr Erziehungsverhalten (ebd.). Die elterliche Feinfühligkeit gegenüber kindlichen Bedürfnissen und die liebevolle

Steigende Armut als Kostentreiber der Jugendhilfe

Zuwendung und achtsame Begleitung kindlicher Aktivitäten sinken (Walper 2007, S. 209f). Gleichzeitig verhalten sich die Eltern inkonsistenter, strenger und bestrafender (Walper 2007, S. 210). Weiter werden ungünstige kognitiv-emotionale Prozesse in Gang gesetzt, ein entwicklungsförderlicher Erziehungsstil verringere sich (ebd.). Es erscheint naheliegend, dass all dies die Inanspruchnahme von Leistungen der Jugendhilfe – und damit der Sozialen Arbeit – erhöhen kann (so auch Merchel 2012, S. 309).

Resümee

Der Kreis schließt sich: Die verschlechterten Verkaufsbedingungen von Arbeit, vor allem nach 1991, mit einem historischen Höchststand von über fünf Millionen registrierten Arbeitslosen im Jahr 2005, wirken sich innerhalb des Systems der sozialen Sicherung sehr unterschiedlich aus. Zeigt das Sozialbudget insgesamt keine großen Zunahmen, zeigen sich im Teilsystem Jugendhilfe relativ starke Steigerungen, die mit Umverteilungen im gesamtgesellschaftlichen Maßstab (weg von den Löhnen, hin zu den Unternehmens- und Gewinneinkommen) einhergehen und mit hoher Wahrscheinlichkeit spezifische Rückkopplungen in Gang setzen. Soziale Arbeit ist damit konfrontiert. Der Ausweg wird von einem Teil der Verantwortlichen in einer „Vermarktlichung" gesehen. Völlig unbegriffen bleibt, wie durch einen wie auch immer gearteten Wettbewerb von Trägern die auf der Einnahmeseite fehlenden Ressourcen gesichert werden sollen. Das Teilsystem Jugendhilfe wird fälschlicherweise als ineffizient etikettiert, wichtige Elemente der gesamtgesellschaftlichen Einbettung dieses Teilsystems bleiben in den Diskursen ausgespart.

Nachfrage nach Arbeit erhöhen

Ansatzpunkte für eine Veränderung können auf unterschiedlichen Ebenen liegen, z.B. der Meso-Ebene in Form der Steuerung von Organisationen, was auch in den letzten 15 Jahren versucht wurde (vgl. Merchel 2012). Sie können aber auch auf der Makro-Ebene, der gesamtgesellschaftlichen Ebene liegen. Hier ist an adäquates wirtschaftliches Wachstum zu denken, das die Arbeitslosigkeit verringert und die Lohnquote wieder erhöht. Ein wichtiges Instrument (unter anderen) ist hier in dem Ausbau sogenannter haushaltsnaher personenbezogener sozialer Dienstleistungen wie Pflege, Kinderbetreuung und Hauswirtschaft zu sehen, die sich quasi in Folge von Kreislaufprozessen selbst finanzieren (vgl. Dauderstädt 2012, Gramke u.a. 2012), was im Übrigen eine in den skandinavischen Ländern längst geübte Praxis ist und sich auch in Deutschland nach Einführung der Pflegeversicherung gezeigt hat (vgl. Statistisches Bundesamt 2013). Die Verkaufsbedingungen für Arbeit würden sich verbessern, Wohlfahrtsgewinne für alle sind möglich, auch für die Soziale Arbeit und ihre Adressat/-innen.

Wie können die Fachkräfte der Sozialen Arbeit in ihren beruflichen Rollen Einfluss auf die Entwicklungen auf der Makro-Ebene nehmen? Unmittelbare Möglichkeiten der Einflussnahme dürften rar sein. Die 11. These von Karl Marx (Marx 1969, S. 7) über Feuerbach – „Die Philosophen haben die Welt nur verschieden interpretiert, es kömmt darauf an, sie zu verändern." – gilt auch hier. Die Fachkräfte können aber als Teil einer gesamtgesellschaftlichen Praxis Einfluss auf eben diese Praxis nehmen, gemäß dem Gedanken von Ferdinand Lasalle: „Politische Aktion beginnt mit dem Sprechen darüber" (zitiert nach Conen 2011).

Literatur

Bäcker, G./Naegele, G./Bispinck, R./Hofemann, K./Neubauer, J. (2010): Sozialpolitik und soziale Lage in Deutschland. Band 1: Grundlagen, Arbeit, Einkommen und Finanzierung. Wiesbaden, 5. Auflage (2010a).

Bäcker, G./Naegele, G./Bispinck, R./Hofemann, K./Neubauer, J. (2010): Sozialpolitik und soziale Lage in Deutschland. Band 2: Gesundheit, Familie, Alter und soziale Dienste. Wiesbaden, 5. Auflage (2010b).

Bellermann, M. (2011): Sozialpolitik. Eine Einführung für soziale Berufe. Freiburg, 6. Auflage.

Bosbach, G./Korff, J. J. (2012): Altersarmut in einem reichen Land. Zur Logik eines scheinbaren Widerspruchs. In: Butterwegge, C./Bosbach, G./Birkwald, M. W. (Hrsg.): Armut im Alter. Probleme und Perspektiven der sozialen Sicherung. Frankfurt/Main u. New York, S. 175-188.

Chassé, K. A./Wensierski von, H.-J. (Hrsg.) (2008): Praxisfelder der Sozialen Arbeit. Eine Einführung. Weinheim u. München, 4. Auflage.

Conen, M.-L. (2011): Ungehorsam – eine Überlebensstrategie: Professionelle Helfer zwischen Realität und Qualität. Heidelberg.

Dauderstädt, M. (2012): Wachstum durch Ausbau sozialer Dienstleistungen, WISO direkt, Februar 2012. Friedrich Ebert Stiftung.

Der Paritätische Gesamtverband (Hrsg.) (2012): Positive Trends gestoppt, negative Trends beschleunigt. Bericht zur regionalen Armutsentwicklung in Deutschland 2012. Berlin.

Gramke, K./Matuschke, M./Schüssler, R. (2012): Soziales Wachstum durch produktive Kreisläufe, WISO direkt, Januar 2012. Friedrich Ebert Stiftung.

Lampert, H./Althammer, J. (2007): Lehrbuch der Sozialpolitik. Berlin u.a., 8. Auflage.

Marx, K., 1969 (erstmals 1848): Thesen über Feuerbach. In: MEW Band 3. Ost-Berlin, S. 10-50.

Merchel, J. (2012): Fachliches Handeln und Finanzsteuerung. In: Ders. (Hrsg.): Handbuch Allgemeiner Sozialer Dienst (ASD). München u. Basel, S. 307-316.

Offe, C./Hinrichs, K. (1977): Sozialökonomie des Arbeitsmarktes und die Lage „benachteiligter" Gruppen von Arbeitnehmern. In: Projektgruppe Arbeitsmarktpolitik, Offe, C., (Hrsg.): Opfer des Arbeitsmarktes. Zur Theorie der strukturierten Arbeitslosigkeit. Neuwied, S. 3-61.

Seithe, M. (2012): Schwarzbuch Soziale Arbeit. Wiesbaden, 2. Auflage.

Statistisches Bundesamt (2011): Statistiken der Kinder- und Jugendhilfe 2010 (2011a).

Statistisches Bundesamt (2011): Volkswirtschaftliche Gesamtrechnungen, Inlandsproduktberechnungen. Lange Reihe ab 1970, Fachserie 18, Reihe 1.5 (2011b).
Statistisches Bundesamt (2013): Pflegestatistik 2011.
Walper, S. (2007): Sozialisation in Armut. In: Hurrelmann, K./Grundmann, M./Walper, S.,
    (Hrsg.): Handbuch Sozialisationsforschung,Weinheim u. Basel, S. 203-216.
Weber, M. (2011): (erstmals 1923): Wirtschaftsgeschichte. Berlin, 6. Auflage.

Sozialwirtschaft

Katrin Schneiders

Einleitung

Die Sozialwirtschaft hat sich in den letzten Jahren zu einem der zentralen Wirtschaftssektoren in Deutschland entwickelt. Sowohl hinsichtlich ihrer beschäftigungspolitischen als auch volkswirtschaftlichen Bedeutung hat die Sozialwirtschaft, der gemäß einer weiten Definition die Sektoren Gesundheit, Pflege und Beratung zugeordnet werden können, industrielle Branchen wie die Automobilindustrie mit ca. 740.000 Beschäftigten längst überholt.

Mit über 1,5 Mio. Beschäftigten (2008) in über 100.000 Einrichtungen allein bei den unter dem Dach der BAG organisierten deutschen Wohlfahrtsverbänden, verfügt die Sozialwirtschaft über eine vielfach unterschätzte beschäftigungspolitische Bedeutung. Berücksichtigt man gemäß der weiten Definition auch erwerbswirtschaftlich orientierte Unternehmen der Sozialwirtschaft, so ist lt. Beschäftigtenstatistik der Bundesagentur für Arbeit von ca. 4 Mio. Beschäftigten auszugehen (Beschäftigte in den Wirtschaftsbereichen 851: Beschäftigte in Kindertagesstätten, 86 Beschäftigte im Gesundheitswesen, 87: Beschäftigte in Heimen, 88: Beschäftigte im sonstigen Sozialwesen). Am Beispiel der Älteren als einer wichtigen Zielgruppe sozialer Dienstleistungen konnte gezeigt werden, dass aus der Alterung neben Belastungen auch erhebliche (volks-) wirtschaftliche Potenziale erwachsen, die u.a. von der Sozialen Arbeit erbracht bzw. unterstützt werden (Heinze/Naegele/Schneiders 2011).

Beschäftigungspolitische Bedeutung

Eine derartige wirtschaftsstrukturelle Perspektive auf den sozialen Dienstleistungssektor ist noch relativ neu, wird die Soziale Arbeit bzw. der soziale Dienstleistungssektor aus ökonomischer Perspektive und auch in den Medien doch eher als Kostenverursacher denn als Wachstumsmarkt wahrgenommen.

Im Folgenden werden zunächst die historische Entwicklung des Begriffs und die Arbeitsfelder (Gegenstandsbereiche) der Sozialwirtschaft aufgezeigt, um anschließend auf die Verortung des Themas innerhalb der Sozialarbeitswissenschaft sowie zentrale Themen und Kontroversen (2) einzugehen. Dass die Auseinandersetzung um das Verhältnis von Wirtschaft und Gesellschaft für die Soziale Arbeit von erheblicher Bedeutung ist, soll im Abschnitt 3 (Relevanz für Soziale Arbeit) dargestellt werden. Der Beitrag schließt mit einem Ausblick, in dem aufgezeigt wird, wie durch eine innovative Verknüpfung der Dimensionen des Sozialen und des Wirtschaftlichen bzw. Unternehmerischen die Soziale Arbeit bzw. Sozialarbeiter/-innen und Sozialpä-

dagog/-innen, aber auch ihre Zielgruppen von sozial-ökonomischen Erkenntnissen und Instrumenten profitieren könnten.

Entwicklungen

Auswirkungen
des „Neuen
Steuerungs-
modells"

Der Begriff der „Sozialwirtschaft" ist noch relativ jung und hat sich erst im
Umfeld der Neuausrichtung des deutschen Wohlfahrtsstaates seit den 1990er
Jahren etabliert. Vor dem Hintergrund von beschränkten öffentlichen Ressourcen bei gleichzeitig nicht stabilen bzw. steigenden Bedarfen ist die Soziale
Arbeit zunehmend aufgefordert, die vorhandenen Ressourcen nicht nur effektiv
(d.h. wirkungsvoll), sondern auch effizient (d.h. mit möglichst geringen Mitteln
wirkungsvoll) und somit nach dem ökonomischen Prinzip zu verwenden (vgl.
Finis Siegler 2009). Die wachsende Bedeutung und die Integration einer ökonomischen Perspektive in die Soziale Arbeit verlaufen zeitgleich mit der Einführung und der Diskussion um das sogenannte „Neue Steuerungsmodell" für
die öffentliche Verwaltung (NSM). Wesentliche Kennzeichen des Neuen
Steuerungsmodells sind die Integration betriebswirtschaftlicher Steuerungsinstrumente (bspw. Budgetierung und Kontraktmanagement) sowie der Neuzu-
schnitt von Fachressorts in die Kommunalverwaltung. Diese zumindest partiell
in vielen deutschen Kommunen umgesetzte Verwaltungsreform hatte erhebliche Auswirkungen auf das Verhältnis zwischen kommunaler Verwaltung als
einem der wichtigsten Auftraggeber Sozialer Arbeit sowie deren Leistungser-
bringern bzw. Anbietern und hat dazu geführt, dass die den sozialen Dienstleistungssektor bis in die 1990er Jahre weitgehend konkurrenzlos dominieren-
den Wohlfahrtsverbände unter Druck geraten sind, ihrerseits ökonomische Ra-
tionalitäten in der Leistungserstellung zu berücksichtigen (Heinze/Schneiders
2013). Diese Neuorientierung wurde positiv als „Modernisierung sozialer
Dienste" (vgl. Heinze/Schmid/Strünck 1997) bzw. negativ als „Ökonomisierung bzw. Entprofessionalisierung" (Buestrich et al. 2010) kontrovers diskutiert. Eingebettet ist sowohl die kommunale Verwaltungsreform als auch die
Modernisierung sozialer Dienste in den gesamtgesellschaftlichen Trend der
Ökonomisierung, der sich auch auf anderen Ebenen der sozialpolitischen Poli-
tikformulierung und -implementation wiederfindet. Seit den 1990er Jahren ist in
der deutschen Sozialpolitik (ähnlich wie in anderen bis dato „wirtschaftsfernen"
Politikfeldern) eine an ökonomischen Prinzipien orientierte Neustrukturierung
erkennbar, die sich u.a. in der Erosion korporatistischer Organisationsformen
der Leistungserstellung, der Privatisierung vormals durch die öffentliche Hand
oder frei-gemeinnützige Träger erbrachten Aufgaben sowie einer gestiegenen
Selbstbestimmung der Zielgruppen Sozialer Arbeit manifestiert (Heinze/
Schneiders 2013). Mit diesen strukturellen Veränderungen ging auch in der
Sozialen Arbeit eine begriffliche Neuorientierung einher; Soziale Arbeit wurde

nun den *Sozialen Dienstleistungen* als sozialpolitisch motivierte personenbezogene Dienste zugeordnet (vgl. für eine Überblick über den Diskurs bzgl. des Dienstleistungsbegriffs in der Sozialen Arbeit die Beiträge in Olk/Otto 2003).

Spätestens seit Ende der 1990er Jahre bezeichnete sich zumindest ein Teil der im Sektor tätigen Organisationen zunehmend als „Sozialunternehmen" und aus dem „Sozialwesen" bzw. „Sozialsektor" wurden Begriffe wie Sozialmanagement bzw. Sozialwirtschaft kreiert.

Vor diesem sozialhistorischen Hintergrund vereint der Begriff der Sozialwirtschaft in Anlehnung an Wendt (2002) zwei Perspektiven: *institutionell* können unter dem Begriff der Sozialwirtschaft Organisationen subsummiert werden, die soziale Dienstleistungen im oben definierten Sinne erbringen. Diese können entweder nach Zielgruppen unterschieden werden (Jugend, Menschen mit Behinderung, Menschen in besonderen Problemlagen, Ältere Menschen etc.) oder aber nach Tätigkeitsfeldern (Beratung, Pflege, Erziehung) Die Sozialwirtschaft ist in diesem Kontext ein Teil des Non-Profit-Sektors, aber mit diesem nicht deckungsgleich, da hier auch andere Dienstleistungen (Kultur, Sport, Bildung) angeboten werden und zudem ein zunehmender Teil von sozialen Dienstleistungen durch erwerbswirtschaftliche Unternehmen erbracht werden („For-Profit").

Trotz der beschriebenen Ökonomisierungs- und Privatisierungstendenzen verfügen die fünf großen deutschen Wohlfahrtsverbände (Arbeiterwohlfahrt, Deutsches Rotes Kreuz, Deutscher Caritasverband, Diakonisches Werk sowie Der Paritätische) in fast allen Bereichen des sozialen Dienstleistungssektors über eine zentrale Position. Die auch in der BAGFW (Bundesarbeitsgemeinschaft der Freien Wohlfahrtspflege) organisierte Zentrale Wohlfahrtsstelle der Juden (ZWstJ) spielt demgegenüber als Anbieter sozialer Dienstleistungen eine untergeordnete Rolle. Sie unterscheiden sich insofern von anderen (erwerbswirtschaftlichen) Anbietern, als sie nicht nur als Träger bzw. Anbieter von sozialen Dienstleistungen auftreten, sondern darüber hinaus Aufgaben der Interessenvermittlung bzw. der Sozialanwaltschaft übernehmen. Insbesondere die Kinder-, Jugend- und Behindertenhilfe, aber auch die Beratung von Menschen in besonderen Problemlagen (Sucht- und Straffälligenhilfe, Beratung von Menschen mit Migrationshintergrund und Asylbewerbern) werden weiterhin v.a. von frei-gemeinnützigen Anbietern, die in den Wohlfahrtsverbänden organisiert sind, dominiert. In der Altenpflege, in der seit Einführung der Pflegeversicherung im Jahr 1995 signifikante Ökonomisierungstendenzen erkennbar sind, zeigen sich mittlerweile deutliche Verschiebungen zugunsten privat-gewerblicher Einrichtungen bzw. Dienstleistungsanbietern (Schneiders 2010).

> Dominanz der Wohlfahrtsverbände

Aus *instrumenteller* Perspektive können unter dem Begriff der Sozialwirtschaft bzw. stärker noch des „Sozialmanagements" (betriebs-)wirtschaftliche Instrumente zusammengefasst werden, die zur Steuerung, Leitung und

(Erfolgs-)Kontrolle in Einrichtungen und Diensten eingesetzt werden. Vor dem Hintergrund eines zunehmenden Kostenbewusstseins zählen zu den am intensivsten diskutierten Maßnahmen das Personalmanagement, da die Personalkosten in vielen Organisationen zwischen 70 und 80% der gesamten finanziellen Ressourcen binden. Aber auch das Qualitätsmanagement und eng damit verbunden das Controlling gewinnen als Instrumente zur Wirkungsmessung zur zunehmend wichtigeren Legitimierung sozialarbeiterischer Interventionen an Aufmerksamkeit. Schließlich ist noch auf das Fundraising als aktive Strategie zur Aktivierung zusätzlicher finanzieller Ressourcen jenseits der öffentlichen Finanzierung hinzuweisen.

Zentrale Themen und Kontroversen

In der Sozialen Arbeit ist mittlerweile eine Vielzahl von „Management-Literatur" erschienen, die anwendungsbezogen betriebswirtschaftliche Instrumente und ihre Einsatzmöglichkeiten in der Sozialen Arbeit darstellt. Die wissenschaftliche Debatte in der Sozialen Arbeit haben v.a. Wolf Rainer Wendt, Armin Wöhrle und Herbert Bassarak bestimmt; die auch innerhalb der Deutschen Gesellschaft für Soziale Arbeit (DGSA) wichtige Funktionen innehatten und u.a. die Arbeitsgruppe „Sozialwirtschaft" innerhalb der DGSA mit aufgebaut haben. Erst in den letzten Jahren wurden verstärkt Arbeiten mit einem theoretischen Bezug veröffentlicht (Beiträge in Wendt/Wöhrle 2007 sowie in Bassarak/Wöhrle 2008), der auch in Lehrbücher einfließt (u.a. Finis Siegler 2009, Arnold/Grunwald/Maelicke 2013).

*Organisations-
soziologische
Aspekte* Weitgehend unabhängig davon hat sich in der (Wirtschafts- und Organisations)-Soziologie ein Diskurs über Erscheinungsformen und Folgen der Ökonomisierung entwickelt. Aus verbändesoziologischer bzw. politikwissenschaftlicher Perspektive ist das Thema mit Fokus auf die Wohlfahrtsverbände u.a. in Evers/Heinze 2008 sowie Heinze/Schneiders (2014) thematisiert worden. Die aktuelle steuerungstheoretische Debatte kreist u.a. um die Frage, inwiefern die verstärkte Integration marktlicher Steuerungsinstrumente in den sozialen Dienstleistungssektor einen Widerspruch zu der Tatsache darstellt, dass die dort tätigen Organisationen (auch als Dritte Sektor Organisationen bezeichnet) aus Gründen des Markt- bzw. Staatsversagens gegründet wurden bzw. vom Staat besonders u.a. im Rahmen der Steuergesetzgebung privilegiert werden.

Aufgrund der Besonderheiten der Sozialen Dienstleistungen, insbesondere der vorhandenen Informationsasymmetrie über die Notwendigkeit und Qualität von Leistungen sowie der für einen Erfolg erforderlichen Ko-Produktion durch den Kunden bzw. Klienten entzieht sich der Sektor zumindest partiell marktlichen Steuerungsmechanismen. Es handelt sich allenfalls um „Quasi-Märkte". Dies gilt v.a. für Beratungs- bzw. Unterstützungsleistungen, denen neben der

Beseitigung bzw. Reduzierung individueller Probleme auch eine gesamtgesellschaftliche Integrationsfunktion innewohnt (bspw. in der Suchthilfe sowie
der Straffälligenhilfe). Kritiker der Integration marktlicher Steuerungsmechanismen problematisieren die Folgen der Ökonomisierung und Privatisierung
als Entprofessionalisierung der Sozialen Arbeit (Buestrich et al. 2010) mit dem
Argument, dass aus Kostengründen zunehmend un- bzw. schlecht qualifizier-
tes Personal eingestellt würde. Einer solch strikten Ablehnung stärker markt-
orientierter Steuerungselemente kann entgegengehalten werden, dass sich
Vermarktlichungstendenzen nicht nur in Form von einer stärkeren Effizienz-
orientierung und der Einführung betriebswirtschaftlicher Instrumente zeigen,
sondern auch in einer veränderten Wahrnehmung der Zielgruppen der Sozialen
Arbeit bzw. sozialer Dienstleistungen manifestieren. Zumindest in Teilberei-
chen ist es durch die Umsteuerung der Sozialpolitik (bspw. durch persönliche
Budgets in der Behindertenhilfe) gelungen, die Zielgruppen in ihrer Hand-
lungsautonomie und Selbstbestimmung zu stärken und somit zumindest partiell in die Rolle von „Marktteilnehmern" zu versetzen.

Aktuelle Entwicklungstendenzen im Sektor zeigen, dass sich die Unter- **Social
Entrepreneur-
ship**
schiede zwischen erwerbswirtschaftlichen und Non-Profit-Unternehmen zunehmend auflösen. Eine Vielzahl von frei-gemeinnützigen Organisationen
(insbesondere die Wohlfahrtsverbände) haben aus rechtlichen Haftungsgrün-
den, aber auch um eine stärkere arbeitsrechtliche Flexibilität zu gewinnen,
Tochterunternehmen ausgegründet, die nicht als Non-Profit-Unternehmen,
sondern als (erwerbswirtschaftliche oder gemeinnützige) GmbH organisiert
sind. Auch in ihrer Funktion als Arbeitgeber unterliegen die Wohlfahrtsverbände aufgrund mittlerweile öffentlich ausgetragener Arbeitskämpfe einer
zunehmenden Legitimationskrise. Auf der anderen Seite etablieren sich in
Deutschland neue Organisationen jenseits der traditionellen Wohlfahrtsverbände, deren primäre Motivation zwar nicht die Gewinnerzielung ist, die aber
dennoch Züge von gewerblichen Unternehmen (Rechtsform, Risikorationa-
lität etc.) aufweisen und die unter dem Label „Sozialunternehmen" bzw.
„Social Entrepreneurship" insbesondere medial eine erhöhte Aufmerksamkeit
genießen. Diese Social Entrepreneurs verfügen zwar im Vergleich zu den
etablierten Akteuren (bislang) über nur geringe Kapazitäten und bedienen v.a.
sozialpolitische Nischen (niedrigschwellige Betreuungsangebote; Organisation ehrenamtlicher Unterstützungsangebote etc.), weisen jedoch eine hohe
Innovationskraft insbesondere in den Bereichen Sozialmarketing sowie Einbindung ehrenamtlichen Engagements auf (vgl. die Beiträge in Hacken-
berg/Empter 2011 sowie Jansen/Heinze/Beckmann 2013).

Die Ausdifferenzierung der wohlfahrtsverbandlichen Organisationsstruk- **Hybridisierung
des Sektors**
turen sowie die Entstehung der erwähnten neuen Organisationsformen jenseits
der klassischen Trennung zwischen Rendite- und Gemeinwohlorientierung
führen zu einer Unübersichtlichkeit, die aus wissenschaftlicher Perspektive

eine analytische Herausforderung darstellt. Kontrastierende Vergleiche zwischen Profit- und Non-Profitorganisationen sind angesichts der Verbetriebswirtschaftlichung vieler auch wohlfahrtsverbandlicher Organisationen und Einrichtungen nur noch bedingt möglich. In international vergleichenden Untersuchungen zu Organisationsstrukturen und Entwicklungstrends in der Sozialwirtschaft können weder die deutschen Wohlfahrtsverbände unisono dem Non-Profit-Sektor, noch die in der Rechtsform der privatwirtschaftlichen GmbH agierenden Organisationen dem Profit-Sektor zugeordnet werden. Erforderlich ist vielmehr eine detaillierte Analyse und Einschätzung der jeweiligen Handlungsrationalitäten und Umsetzungsstrukturen.

Relevanz des Themas für Soziale Arbeit

Erfordernis betriebswirtschaftlicher Kenntnisse

Sowohl die institutionelle als auch die instrumentelle Dimension der Sozialwirtschaft sind von erheblicher Bedeutung vor allem für die strategische Positionierung der Sozialen Arbeit, aber auch für die praktische Arbeit der in diesem Bereich Tätigen. Ein möglichst effizienter Einsatz der vorhandenen Ressourcen bzw. ein optimiertes Fundraising, das auch Finanzierungsquellen jenseits der öffentlichen Haushalte aktiviert, gehört neben fachlichen Kompetenzen zunehmend zu den Voraussetzungen für eine gelingende Soziale Arbeit. Angesichts angespannter öffentlicher Haushalte sind kreative Ideen des Fundraisings, insbesondere auch zur stärkeren Wiedereinbindung ehrenamtlichen Engagements eine Möglichkeit, die vorhandenen Begrenzungen positiv umzudeuten. Darüber hinaus ist nicht nur gegenüber den Kostenträgern, sondern auch für die Reflektion der eigenen Arbeit eine konsequente Wirkungsorientierung erforderlich, die nur mit geeigneten Messinstrumenten und -verfahren gelingen kann. (vgl. den Beitrag von Schneider). Studierende der Sozialen Arbeit sollten sich daher frühzeitig mit Organisationsformen, Instrumenten und Mechanismen der Sozialwirtschaft vertraut machen, um im Arbeitsalltag Strukturen zu verstehen, ggf. aber auch um innovative Lösungen zu entwickeln zu können. Die erforderlichen Innovationen sind nur durch eine stärkere Verknüpfung von fachlichem Diskurs und betriebswirtschaftlichen Erwägungen erreichbar. Einerseits kann nur so einer naiven Ökonomisierung im Sinne der unreflektierten Übertragung betriebswirtschaftlicher Instrumente auf den sozialen Dienstleistungssektor begegnet werden, andererseits ist die Entwicklung der für eine ökonomische Betrachtung von Sozialer Arbeit erforderlichen Kennziffern für eine Wirkungsmessung bzw. das Controlling auf die fachliche Expertise zwingend angewiesen. Auch aus Klientensicht scheint eine noch stärkere Orientierung an der Wirkung wichtig. Eine Wirkungsforschung bzw. Evaluation (vgl. hierfür ausführlich die Beiträge von Kuntze und Schneider in diesem Band) kann dazu beitragen, die Legitimation der Sozialen

Arbeit innerhalb der Gesellschaft, aber auch des Wirtschaftssystems zu erhöhen und hierdurch auch ggf. wieder verstärkt Ressourcen zu aktivieren. Hierfür wurden u.a. mit dem Modell des Social Return on Investment (SROI) bzw. der Balance Score Card (BSC) Instrumente entwickelt, die den Besonderheiten der sozialen Dienstleistungsproduktion gerecht werden. Während die BSC nicht explizit für den sozialen Dienstleistungssektor, sondern als Instrument zur Verknüpfung der strategischen Planung und der operativen Steuerung allgemein entwickelt wurde, fokussiert das SROI auf die besonderen Anforderungen an Wirkungsmessung in der Sozialen Arbeit. Die BSC hebt sich dabei von anderen Controllinginstrumenten insofern ab, als sie neben finanziellen Kennzahlen auch qualitative Informationen wie bspw. verbesserte Mitarbeitermotivation und gesteigerte Lebensqualität von Klienten in die Bewertung mit einbezieht. Die SROI Methodik wird bereits seit mehr als 10 Jahren angewandt, um über die wirtschaftliche Wertschöpfung hinausgehende Wirkungen (soziale, ökologische, gesundheitliche etc.) von gemeinwohlorientierten Projekten bzw. Programmen zu analysieren und zu bewerten. Neben betriebswirtschaftlichen Kennzahlen werden auch gesellschaftliche Effekte berücksichtigt. So werden neben dem ökonomischen Mehrwert im engeren Sinne (betriebswirtschaftliches Ergebnis) auch der sozioökonomische Mehrwert (bspw. durch Steuerzahlungen von Beschäftigten bzw. die Abschätzung niedrigerer Folgekosten infolge von Präventionsprojekten) und der soziale Mehrwert (Steigerung der Lebensqualität bzw. der Partizipationschancen der Zielgruppen) dargestellt.

Insbesondere die Leitungsebenen der Wohlfahrtsverbände stehen zurzeit vor dem Dilemma, Anforderungen an Effizienz und Effektivität umzusetzen und gleichzeitig ihren Auftrag als Sozialanwälte und gute Arbeitgeber gleichermaßen auszufüllen. Zur Bewältigung dieser Aufgaben ist nicht nur die Beherrschung des betriebswirtschaftlichen Instrumentariums erforderlich.

Gestaltung statt Verwaltung der Aufgaben

In den grundständigen B.A.-Studiengängen Sozialer Arbeit werden Themen der Sozialwirtschaft u.a. im Kontext sozialrechtlicher bzw. sozialadministrativer Diskurse (sozialrechtliches bzw. sozialwirtschaftliches Dreieck der Leistungserstellung) bearbeitet. Daneben wird mittlerweile eine Vielzahl von Studiengängen zum „Sozialmanagement" angeboten. Ein Teil dieser Studiengänge und auch der vorhandenen Weiterbildungsangebote fokussiert v.a. auf die Vermittlung von Managementinstrumenten, mit denen der vorhandene Kostendruck in den Organisationen *verwaltet* werden kann, ohne die den Produktionsprozess bestimmenden Besonderheiten sozialer Dienstleistungen angemessen zu berücksichtigen und innerhalb des jeweiligen Wertesystems der Organisation zu *gestalten*. Eine differenzierte Auseinandersetzung mit der Fragestellung, inwieweit und inwiefern ökonomische Handlungsrationalitäten und/oder -instrumente für die Steuerung Sozialer Arbeit fruchtbar gemacht werden können, steht hingegen noch aus. Erforderlich ist eine (noch) stärkere

Integration in die grundständigen Studiengänge, zum einen um die Studierenden für die Problemstellungen zu sensibilisieren, aber auch um Berührungsängste zu ökonomischen Fragestellungen abzubauen. Auch vor dem Hintergrund, dass sich die Europäische (Sozial-) Politik (insbesondere die EU-Kommission) zunehmend mit den Themenfeld der Sozialunternehmen und alternativer Organisationsformen nachhaltigen Wirtschaftens beschäftigt, scheint die Vermittlung vertiefter Kenntnisse über sozialwirtschaftliche Zusammenhänge erforderlich.

Resümee

Balance zwischen Interessen gewährleisten

Die teilweise unreflektierte bzw. naive Übernahme von Instrumenten aus einer an den Bedarfen erwerbswirtschaftlicher Unternehmen orientierten Betriebswirtschaft und eine einseitige Kostenorientierung hat in einer Vielzahl von wohlfahrtsverbandlichen Einrichtungen nicht nur zu erheblichen Irritationen bis hin zu Frustrationen der Beschäftigten geführt; viele frei-gemeinnützige Organisationen sind damit zugleich in eine grundlegende Legitimationskrise geraten. Die von den Wohlfahrtsverbänden sorgfältig auszutarierende Balance zwischen den Interessen der Zielgruppen bzw. Kunden, der Gesellschaft, ihrer Verbandsmitglieder sowie ihrer Beschäftigten ist vielerorts aus dem Gleichgewicht geraten. Hier ist kurzfristig eine Neupositionierung bzw. ggf. auch Rückbesinnung auf zum Teil in Vergessenheit geratene Werte erforderlich, wie sie in einigen Verbänden auch schon umgesetzt wird.

Chancen der Ökonomisierung

Jenseits einer unreflektierten Ökonomisierung erwachsen aus einer stärker ökonomischen Betrachtung der Sozialen Arbeit aber auch Chancen. Die Bezeichnung der von der Sozialen Arbeit erbrachten Leistungen als (Wirtschafts-)Sektor in Abgrenzung zu anderen industriellen bzw. primären Sektoren ermöglicht die Besonderheiten des Sektors in Bezug auf Produktionsformen etc. herauszustellen, gleichzeitig aber auch die volkswirtschaftliche Bedeutung zu konturieren. Noch relativ wenig beachtet wurde, dass für die Klienten Ökonomisierungsprozesse auch positive Effekte hervorrufen können. So ist bspw. die Einführung Persönlicher Budgets in der Behindertenhilfe für die Träger mit zusätzlichem Koordinierungs- und teilweise auch Marketingaufwand verbunden, bedeutet für die Betroffenen aber eine höhere Selbstbestimmung und Wahlfreiheit.

Während die „Übergriffe" des Ökonomischen in das Soziale in Form der Übernahme (betriebs-) wirtschaftlicher Instrumente unter dem Stichwort der „Ökonomisierung" durch die Soziale Arbeit v.a. kritisch, teilweise auch strikt ablehnend bewertet wurden, hat das Aufgreifen „sozialer" im Sinne von „gesellschaftszuträglicher" bzw. „gemeinwohlorientierter" Handlungsmuster in erwerbswirtschaftlichen Unternehmen, die unter dem Begriff der Corporate

Social Responsibility (CSR) diskutiert und umgesetzt werden, bislang nur marginal die Aufmerksamkeit der Sozialarbeitswissenschaft auf sich gezogen. Ähnliches gilt für neue bzw. wiederbelebte Modelle gemeinwirtschaftlichen bzw. gemeinwohlorientierten Wirtschaftens wie sie bspw. in Sozialgenossenschaften umgesetzt werden. Hier bieten sich insbesondere für die Sozialarbeitswissenschaft, aber auch für die Praxis interessante Forschungs- und Tätigkeitsfelder.

Literatur

Arnold, U./Grunwald, K./Maelicke, B. (Hrsg.) (2014): Lehrbuch der Sozialwirtschaft. Baden-Baden, 4. Aufl.

Bassarak, H./Wöhrle, A. (Hrsg.) (2008): Sozialwirtschaft und Sozialmanagement im deutschsprachigen Raum. Bestandsaufnahme und Perspektiven. Augsburg.

Buestrich, M./Burmester, M./Dahme, H.-J./Wohlfahrt, N. (2010): Die Ökonomisierung Sozialer Dienste und Sozialer Arbeit. Entwicklung. Theoretische Grundlagen. Wirkungen. Baltmannsweiler, 2. Aufl.

Finis Siegler, B. (2009): Ökonomik Sozialer Arbeit. Freiburg, 2. erw. Aufl.

Hackenberg, H./Empter, S. (Hrsg.) (2011): Social Entrepreneurship – Social Business: Für die Gesellschaft unternehmen. Wiesbaden.

Evers, A./Heinze, R. G. (Hrsg.) (2008): Sozialpolitik: Ökonomisierung und Entgrenzung. Wiesbaden.

Heinze, R. G./Schmid, J./Strünck, Ch. (1997): Zur politischen Ökonomie der sozialen Dienstleistungsproduktion. Der Wandel der Wohlfahrtsverbände und die Konjunkturen der Theoriebildung. In: Kölner Zeitschrift für Soziologie und Sozialpsychologie, (H. 2), S. 242-271.

Heinze, R. G./Naegele, G./Schneiders, K. (2011): Wirtschaftliche Potenziale des Alters, Stuttgart.

Heinze, R. G./Schneiders, K. (2013): Vom Wohlfahrtskorporatismus zur Sozialwirtschaft? Zur aktuellen Situation der freien Wohlfahrtspflege in Deutschland. In: Archiv für Wissenschaft und Praxis der Sozialen Arbeit (H. 2), S. 2-15.

Heinze, R. G./Schneiders, K. (2014): Ökonomisierung der Sozialpolitik und des sozialen Dienstleistungssektors. In: Lemke, M./Schaal, G./Ritzi, C. (Hrsg.): Die Ökonomisierung der Politik in Deutschland. Eine vergleichende Politikfeldanalyse. Wiesbaden.

Jansen, S. A./Heinze, R. G./Beckmann, M. (Hrsg.) (2013): Sozialunternehmen in Deutschland: Analysen, Trends, Handlungsempfehlungen. Wiesbaden.

Olk, Th./Otto, H-U. (Hrsg.) (2003): Soziale Arbeit als Dienstleistung. Grundlegungen, Entwürfe und Modelle. München.

Schneiders, K. (2010): Vom Altenheim zum Seniorenservice. Institutioneller Wandel und Akteurkonstellationen im sozialen Dienstleistungssektor. Baden-Baden.

Wendt, W. R. (2002): Sozialwirtschaftslehre. Grundlagen und Perspektiven. Baden-Baden.

Wendt, W. R./Wöhrle, A. (2007): Sozialwirtschaft und Sozialmanagement in der Entwicklung ihrer Theorie. Augsburg.

Verwaltung

Joachim Voigt

Einleitung

Sozialarbeiter/-innen und Sozialpädagogen/-innen sind vielfach als Beamte/ Angestellte in der Sozialverwaltung oder bei einem Verband der freien Wohlfahrtspflege oder in zahlreichen größeren (z.B. die Lebenshilfe für Behinderte) und kleineren selbständigen Rechtsträgern (z.B. in der Obdachlosenhilfe) tätig.

Wissen über Verwaltung ist notwendig

Selbst diejenigen, die nicht in eine Institution eingebunden sind und selbständig arbeiten, benötigen ein fundiertes Wissen über Verwaltungsorganisation und Verwaltungshandeln. Soziale Arbeit setzt vielfach umfassende Rechtskenntnisse voraus, um erfolgreich in Institutionen wie z.B. in den Beratungsstellen tätig sein zu können. An der Erfüllung sozialstaatlicher Aufgaben wirken staatliche und nichtstaatliche Verwaltungsträger und eine große Anzahl freigemeinnütziger und anderer Institutionen mit. Dieser Beitrag soll einen entsprechenden Überblick geben.

Strukturen

Als Ausgangspunkt ihres Handelns braucht jede Verwaltung die inneren Strukturen von Trägerschaft, und einem spezifischen Aufbau der Organe. Aus Gründen der historischen Entwicklung gibt es keine einheitlichen Vorgaben der öffentlich-rechtlichen Verwaltungsorganisationsformen.

Der Bund wie auch die einzelnen Bundesländer haben nach Artikel 83 Grundgesetz (GG) für ihren Bereich die hoheitliche Verwaltungsorganisation. Die Länder haben ihrerseits das in Art. 28 Abs.2 GG verankerte Recht der Kommunen zur eigenverantwortlichen Regelung der Angelegenheiten der örtlichen Gemeinschaft zu achten.

Grundlegende Elemente des Verwaltungsaufbaus

Trotz der verschiedenen Zuständigkeiten lassen sich einige grundlegende Elemente nennen, die den Verwaltungsaufbau prägen. Bund und Länder können die Verwaltungsaufgaben durch ihre eigenen Behörden erfüllen. In diesem Fall spricht man von unmittelbarer Staatsverwaltung. Diese unmittelbare Staatsverwaltung teilt sich auf in unmittelbare Bundes- und unmittelbare Landesverwaltung. Zu den Behörden mit unmittelbarer Staatsverwaltung auf Landesebene zählen außer den obersten Landesbehörden (Landesregierung) die Landesoberbehörden (z.B. Landesamt für Jugend und Soziales), die

Landesmittelbehörden, die unteren Landesbehörden und sonstige Einrichtungen wie Schulen, Hochschulen usw. Zu beachten ist allerdings, dass der Aufbau dieser nachgeordneten Verwaltung in einzelnen Bundesländern verschieden sein kann (z.B. die Stadtstaaten Berlin, Hamburg, Bremen). Die unmittelbare Staatsverwaltung ist hierarchisch aufgebaut: Die höheren haben in der Regel ein Weisungsrecht gegenüber den nachgeordneten Behörden. Der Bund oder die Länder können die Verwaltungsaufgaben aber auch auf rechtsfähige Verwaltungseinheiten übertragen. Diese Form der Verwaltung wird als mittelbare Staatsverwaltung bezeichnet. Die Bestimmung des Verwaltungsträgers hat bei einer möglichen Klageerhebung Bedeutung. Wehrt sich ein Bürger gegen eine Entscheidung der Verwaltung, so verklagt er nicht den Bediensteten (z.B. den/die Sozialarbeiter/in/Sozialpädagogen/-in, der/die seinen Antrag ablehnte) selbst, sondern vielmehr den Verwaltungsträger.

Zu der mittelbaren Staatsverwaltung zählen die Körperschaft, die Anstalt und die Stiftung des öffentlichen Rechts.

Die Körperschaft des öffentlichen Rechts ist eine rechtsfähige, mitgliedschaftlich organisierte Verwaltungseinheit. Abhängig von der Mitgliedschaft werden zwei Arten von Körperschaften unterschieden: die Gebietskörperschaft, deren Mitglieder ihren Wohnsitz in diesem Gebiet haben wie z.B. Gemeinde (Städte) und Gemeindeverbände (wie Landkreise) sowie die Personalkörperschaft, deren Mitgliedschaft sich nach bestimmten individuellen Eigenschaften richtet.

Körperschaften

Strukturelle Einbettung Sozialer Arbeit

Für die Soziale Arbeit in den kreisfreien Städten und Landkreisen, also für die Gebietskörperschaften, ist das Jugendamt besonders hervorzuheben. Das SGB VIII schreibt in § 69 Abs. 3 die Errichtung eines Jugendamtes für jede kreisfreie Stadt und jeden Landkreis vor. Nach Landesrecht können auch kreisangehörige Gemeinden zu örtlichen Trägern bestimmt werden (§ 69 Abs. 2 Satz 1 SGB VIII). Das Jugendamt ist Teil der kommunalen Behörde, allerdings ist in Abweichung der allgemeinen kommunalen Behördenorganisation auch die innere Organisation des Jugendamtes bundesgesetzlich geregelt.

Danach besteht das Jugendamt aus dem Jugendhilfeausschuss und der Verwaltung des Jugendamtes. Das Jugendamt hat auch deshalb eine besondere Stellung, weil es eine Fachbehörde ist, in der Sozialarbeiter/-innen/Sozialpädagog/-innen mit anderen Fachkräften bei der Lösung von Aufgaben zusammenwirken. Im Gegensatz zum Kinder- und Jugendhilfegesetz (SGB VIII) legt das Sozialhilfegesetz (SGB XII) zwar die Durchführung des Gesetzes durch die kreisfreien Städte und Landkreise (§ 3 SGB XII) fest, macht aber keine Aussagen über die Verwaltungsorganisation zur Bewältigung der

Organisation des Jugendamtes

mit der Sozialhilfe im Zusammenhang stehenden Aufgaben. Die kreisfreien Städte und Landkreisen haben mithin Organisationsfreiheit wie sie die Aufgaben der Sozialhilfe nach dem SGB XII erledigen wollen. Dies gilt auch für die Zuordnung weiterer sozialer Aufgaben.

Zu den Personalkörperschaften gehören die Handwerkskammern, Industrie- und Handelskammern, Ärztekammern, Rechtsanwaltskammern und auch die Sozialversicherungsträger z.B. (vgl. § 29 Abs. 1 SGB IV). Für die wichtigsten Sozialrechtsbereiche gibt es hier zahlreiche selbständige, unabhängige Versicherungsträger. So gibt es für die gesetzliche Kranken- und Pflegeversicherung eine Vielzahl selbständiger Krankenkassen (z.B. AOK, BKK, Ersatzkassen). Für die gesetzliche Rentenversicherung bestehen die DRV Bund und Regionalträger als selbständige Träger nebeneinander.

Sozialrechts-bereiche Die nachstehende Tabelle gibt eine Übersicht über die wichtigsten Sozialrechtsbereiche für Träger und Aufgaben.

Sozialrechtsbereich	Träger	Aufgaben
Ausbildungsförderung	Amt für Ausbildungsförderung bei Stadt-bzw. Kreisverwaltung; Universitäten	Individuelle Förderung von Schul- und Hochschulausbildung
Arbeitsförderung Grundsicherung für Arbeitssuchende	Agentur für Arbeit (früher: Arbeitsamt)	Berufsberatung, Ausbildungs- und Arbeitsvermittlung; berufliche Aus- und Weiterbildung; Teilhabe Behinderter am Arbeitsleben; Arbeitslosengeld und Grundsicherung für Arbeitsuchende, Insolvenz-, Kurzarbeitergeld
Gesetzliche Krankenkasse	Krankenkassen (AOK, BKK, Ersatzkassen usw.)	Krankenbehandlung, Arznei-, Heil- und Hilfsmittel, Krankengeld; Vorsorge; medizinische Rehabilitation
Gesetzliche Pflegeversicherung	Krankenkassen als Pflegekassen	Häusliche und stationäre Pflegeleistungen bei Pflegebedürftigkeit
Gesetzliche Rentenversicherung	Deutsche Rentenversicherung (Regionalträger, Bundesträger)	Medizinische Rehabilitation; Teilhabe am Arbeitsleben; Renten wegen Alters, wegen verminderter Erwerbsfähigkeit und wegen Todes
Gesetzliche Unfallversicherung	Berufsgenossenschaften, Unfallkassen, Bundesausführungsbehörden	Prävention; Heilbehandlung; Teilhabe am Arbeitsleben; Verletztengeld; Renten und Hinterbliebenenrenten
Sozialversicherung der Landwirte	Landwirtschaftliche Krankenkasse, Berufsgenossenschaft, Alterskasse	Leistungen der Kranken-und Unfallversicherung; Rehabilitationen; Altersgeld für Landwirte und mitarbeitende Famililienangehörige; Hinterbliebenenrenten
Kinder- und Jugendhilfe	Jugendamt bei Gemeinde-, Stadt- bzw Kreisverwaltung	Förderung und Hilfe zur Erziehung, Inobhutnahme von Kindern und Jugendlichen; Beratung

Erlenkämper/Fichte (2008, S. 3)

Daneben gibt es noch die Verbandskörperschaften. Verbandskörperschaften sind solche, deren Mitglieder juristische Personen sind, so dass ein Durchgriff auf Mitglieder dieser Mitglieder nicht in Betracht kommt, z.B. kommunale Zweckverbände. Der Landeswohlfahrtsverband Hessen (LWV) z.B. ist ein Zusammenschluss der hessischen Landkreise und kreisfreien Städte, dem soziale Aufgaben übertragen wurden.

So ist er der überörtliche Träger der Sozialhilfe und auch Träger von *Verwaltungsträger* Schulen mit den Förderschwerpunkten Sehen und Hören, emotionale und soziale Entwicklung und kranke Schülerinnen und Schüler. Körperschaften des öffentlichen Rechts dienen – wie alle Verwaltungsträger –stets öffentlichen Zwecken. Sie sind mit Hoheitsgewalt ausgestattet, können also hoheitlich handeln. Außerdem können sie auch nicht-hoheitliche Verwaltungsaufgabe wahrnehmen.

Anstalten des öffentlichen Rechts haben keine Mitglieder, sondern nur Benutzer, wie z.B. die Studentenwerke. Diese selbständigen Anstalten sind rechtsfähig; daneben gibt es aber auch die nichtrechtsfähigen Anstalten. Diese sind zwar organisatorisch selbständig, rechtlich aber Teil eines anderen Verwaltungsträgers. Gerade diese sind aus sozialarbeiterischer Sicht bedeutsam. Zu nennen wären hier kommunale Schulen und Krankenhäuser, Kindertagesstätten, Altenpflegeheime Strafvollzugsanstalten.

Unter Stiftungen des öffentlichen Rechts versteht man organisatorisch, eigenständige und rechtsfähige Institutionen zur Verwaltung eines von einem Stifter übergebenen Bestandes an Vermögenswerten für einen bestimmten Zweck; etwa die Bundesstiftung „Mutter und Kind-Schutz des ungeborenen Lebens" oder die Stiftung „ Hilfswerk für behinderte Kinder". Neben den Stiftungen des öffentlichen Rechts gibt es auch Stiftungen im Zivilrecht.

Diese privaten Stiftungen sind neben der gemeinnützigen GmbH sowie *Stiftungen* dem Verein die häufigste Rechtsform in der Sozialwirtschaft (vgl. Moos/Klug, S. 62). So befinden sind Krankenhäuser oder auch Pflegeeinrichtungen in der Trägerschaft von Stiftungen. Des Weiteren gibt es die Unterscheidung in fördernde und operative Stiftungen. Als Träger der Sozialarbeit kommen nur operative Stiftungen in Betracht, also Stiftungen, die selber im Bereich der Sozialarbeit tätig werden (vgl. Krüger 2007, S. 19) Als Geldgeber spielen die fördernden Stiftungen allerdings für die anderen freien Träger ein wichtige Rolle. Das Stiftungswesen insgesamt expandiert zudem unter dem Aspekt, dass sich die öffentlichen Hände zum Teil aus der Finanzierung von kulturellen, sozialen und sonstigen gemeinwohlorientierten Vorhaben zurückziehen (vgl. Nikles, S. 110).

Funktionale Differenzierungen

Die Verwaltungsträger sind – wie vielfach dargestellt – als solche zwar rechts-
fähig- aber nicht handlungsfähig. Damit ein Verwaltungsträger handeln kann,
bedarf es einer mit Menschen, z.B. Sozialarbeiter/-innen/Sozialpädagog/-innen
besetzten Verwaltungsstelle. Sein/ihr Handeln wird dem Verwaltungsträger als
eigenes zugerechnet. Solange Sozialarbeiter/-innen/Sozialpädagogen/-innen
nur innerhalb des Verwaltungsträgers tätig ist, handeln sie als Organwalter.
Handeln sie hingegen im Außenverhältnis gegenüber einem Bürger, werden sie
als Behörde tätig. In § 1 Abs. 2 SGB X wird der Begriff der Behörde legal definiert. Die Vorschrift legt einen weiten Behördenbegriff fest. Danach ist eine
Behörde i.S.d SGB X „ jede Stelle, die Aufgaben der öffentlichen Verwaltung
wahrnimmt." Behörden sind vielfach innerorganisatorisch in verschiedene
Aufgabenbereiche untergliedert, die insbesondere im kommunalen Bereich als
Ämter bezeichnet werden, wie das Jugend – oder das Sozialamt. Das Amt wird
von natürlichen Personen wahrgenommen, so genannte Amtswalter, z.B. ist ein
Sozialarbeiter im sozialpsychiatrischen Dienst des Gesundheitsamtes tätig. Das
Amt ist die kleinste Verwaltungseinheit. Im Gegensatz zur Behörde besitzt das
Amt keine Außenzuständigkeit im Verhältnis zum Bürger, weshalb nur die
Behörde, nicht aber ein ihr untergeordnetes Amt bzw. der dort tätige Amts-
walter im Verwaltungsprozess verklagt werden kann (vgl. Erbguth 2012, § 6
Anm.7). Im allgemeinen Sprachgebrauch werden Behörden häufig als Ämter
bezeichnet: z. B: Finanzamt, Landratsamt. Bei diesen Ämtern handelt es sich
aber in Wahrheit um Behörden. Behörden i.S.d. Gesetzes sind nur solche, die
Aufgaben der öffentlichen Verwaltung wahrnehmen.

Es gibt jedoch auch viele Institutionen, die soziale Aufgaben wahrnehmen, ohne unter den Behördenbegriff zu fallen. Zu nennen wären hier die
Freien Träger. Freie Träger sind in der Regel private Organisationen, also juristische Personen des Privatrechts. Sie werden als Vereine oder als GmbHs
geführt. Diese Träger arbeiten entweder gemeinnützig oder gewinnorientiert.
Der gemeinnützige eingetragene Verein ist die traditionelle und immer noch
am meisten genutzte Rechtsform bei freien Trägern (vgl. Merchel 2003, S.
181). Die gemeinnützige Gesellschaft mit beschränkter Haftung (gGmbH)
wird ebenfalls häufig als Rechtsform gewählt, um soziale Arbeit zu leisten.
Hierzu zählen z.B. Krankenhäuser, Pflegeeinrichtungen und Behindertenwerkstätten. Sofern GmbHs nicht gemeinnützig sind, sind sie auf Gewinnerzielung ausgerichtet, dann gehören sie zu den frei-gewerblichen Träger. In der
sozialen Arbeit haben die privat-gewerblichen Träger zunehmend an Bedeutung gewonnen (vgl. Merchel 2003, S. 174). Vor allem im Bereich der Altenhilfe und im Pflegebereich konnten sich die gewerblichen Träger etablieren
(vgl. Krüger 2007, S. 19). Die gewerblichen Unternehmen arbeiten mit eigenem Geld und auf eigenes Risiko.

Behörden (margin)

Institutionen mit sozialen Aufgaben (margin)

Organisation der Wohlfahrtspflege

Besonders hervorzuheben sind jedoch bei den freien Trägern die „Freie Wohlfahrtspflege", die auch als eingetragene Vereine organisiert sind. Die Freie Wohlfahrtspflege ist die Gesamtheit aller sozialen Hilfen, die auf frei-gemeinnütziger Grundlage und in organisierter Form in der Bundesrepublik Deutschland geleistet werden. Freie Wohlfahrtspflege unterscheidet sich ei-nerseits von gewerblichen – auf Gewinnerzielung ausgerichteten – Angeboten und andererseits von denen öffentlicher Träger.

Das Miteinander öffentlicher und freier Wohlfahrtspflege in der Bundesrepublik ist ein Alleinstellungsmerkmal in der Welt. Zur freien Wohlfahrtspflege zählen die Spitzenverbände der Freien Wohlfahrtspflege, die Kirchen und sonstige Gemeinschaften und Selbsthilfeorganisationen.

Miteinander öffentlicher und freier Wohlfahrtspflege

Die Wohlfahrtsverbände sind föderalistisch strukturiert, d.h. die Gliederungen und Mitgliedsorganisationen sind überwiegend rechtlich selbstständig. Die hohe Autonomie der den Spitzenverbänden angeschlossenen Träger und Einrichtungen ist hier ein besonderes Kennzeichen. Sie haben sich in sechs Spitzenverbänden der Freien Wohlfahrtspflege zusammengeschlossen. Die Spitzenverbände sind in der Rechtsform des eingetragenen Vereins organisiert. Zudem haben sie sich in der Bundesarbeitsgemeinschaft der Freien Wohlfahrtspflege zusammengeschlossen. Die Verbände der Freien Wohlfahrtspflege haben unterschiedliche weltanschauliche oder religiöse Motive und Zielvorstellungen.

Spitzenverbände der freien Wohlfahrtspflege

Die Spitzenverbände der freien Wohlfahrtspflege im Einzelnen:

- Die Arbeiterwohlfahrt (AWO):
  1919 gegründet, hat ihre Wurzeln in der sozialdemokratischen Arbeiterbewegung; föderativ aufgebaut; rd. 14.000 Dienste/Einrichtungen; ca. 158.000 Mitarbeiter/-innen.
- Das Diakonische Werk (DK):
  1957 aus der Inneren Mission (gegründet 1848 von Joh. Heinr. Wiehern) und dem Hilfswerk der evangelischen Kirche in Deutschland entstanden; regional in landeskirchlichen Bezirken organisiert; ca. 26.000 Dienste/Einrichtungen; ca. 450.000 hauptamtliche Mitarbeiter/-innen.
- Der Deutsche Caritasverband (DCV):
  1897 von Lorenz Werthmann als römisch-katholischer Verband gegründet, von den deutschen katholischen Bischöfen als Verband anerkannt; föderalistisch strukturiert von der ortskirchlichen Gemeindeebene über die 27 Diözesanverbände bis zum Bundesverband; ca. 28.000 Dienste/Einrichtungen; ca. 495.000 Mitarbeiter/-innen.
- Der Deutsche Paritätische Wohlfahrtsverband – „Der Paritätische" (DPWV): 1924 als nicht-konfessioneller und parteipolitisch unabhängiger (Dach-)Verband gegründet; enge programmatische Verbindungen zu

Selbsthilfeinitiativen; in 16 selbständige Landesverbände gegliedert; ca. 9.800 regionale und überregionale Mitgliedsorganisationen.

- Das Deutsche Rote Kreuz (DRK):
  1921 als Zusammenschluss aller deutschen Einzelvereinigungen entstanden, heute als Nationale Rotkreuz-Gesellschaft i.S. des Genfer Rotkreuz- Abkommens von 1949 organisiert; föderativ in 19 Landesverbänden, 500 Kreis- und 5.000 Ortsvereinen gegliedert; hinzu kommt die „Rotkreuz- Schwesternschaft". über 130 000 Mitarbeiter/-innen
- Die Zentralwohlfahrtsstelle der Juden in Deutschland (ZWSdJ):
  1917 gegründet, 1939 zwangsaufgelöst, 1952 wieder gegründet; bedingt durch Judenverfolgung und Holocaust in der Nazi-Zeit heute nur noch ein kleiner Verband, der in 12 Landesverbänden der jüdischen Gemeinden, 8 selbständigen Gemeinden sowie dem Jüdischen Frauenbund gegliedert ist.

Freie Träger als Leistungserbringer Die freien Träger können nicht in Rechte der Bürger eingreifen (als Eingriffsverwaltung). Daher gelten diese als Leistungserbringer; sie erbringen also Dienstleistungen. Diese sind dadurch gekennzeichnet, dass die rechtliche bzw. tatsächliche Stellung des Bürgers verbessert wird. Die Bürger erhalten vom freien Träger einen Vorteil durch Geld-, Sach- oder Dienstleistungen. Mangels gesetzlicher Bindung an bestimmte Aufgaben sind die freien Träger in der Lage, flexibel auf neue Anforderungen in der sozialen Arbeit zu reagieren und neue soziale Initiativen aufzunehmen.

Die öffentliche Verwaltung kann sowohl Leistungserbringer als auch Eingriffsverwaltung sein. Sofern Leistungen erbracht werden sollen, haben die Freien Träger nach dem Grundsatz der Subsidiarität Vorrang. Eine Eingriffstätigkeit der Verwaltung liegt dann vor, wenn sie in Freiheiten oder andere Rechte oder rechtlich geschützte Interessen des Betroffenen einseitig eingreift.

Resümee

Rechtskenntnisse erforderlich Kompetentes Verwaltungshandeln im Sozialbereich erfordert einschlägig qualifizierte Fachkräfte der Sozialen Arbeit. Um die vielfältigen ordnenden, entscheidenden und manchmal auch kontrollierenden Aufgaben in diesem Bereich zu bewältigen, bedarf es solider Rechtskenntnisse und Fähigkeiten, die in einschlägigen Rechtsmodulen im Studium vermittelt und in Praktika schon während des Studiums erprobt und eingeübt werden müssen. Diese Kenntnisse sind sowohl in Behörden und Ämtern als auch in profitorientierten sozialen Unternehmen im alltäglichem beruflichen Handeln von hoher Bedeutung. Dies sei abschließend an einem Beispiel verdeutlicht.

Für die Verfahren in jedem Einzelfall der Anwendung von Sozialrecht besteht Beispiel
auf Bundesebene mit dem SGB X ein eigenständiges Sozialverwaltungsverfahren. Es ist gesetzliche Grundlage und Ausprägung rechtsstaatlicher
Grundsätze für das administrative Handeln. Dies bedeutet, dass alle Sozialleistungsträger, die in den §§ 18 bis 29 SGB I genannt sind, ihr Verwaltungsverfahren gemäß § 1 Abs. 1 S.1 SGB X nach dem SGB X durchführen
müssen. Das Verwaltungsverfahren begrenzt die Ausübung der vollziehenden
Gewalt i.S.v. Art. 20 Abs. III GG in dem Bereich, in dem die Verwaltung kraft
öffentlichen Rechts die Rechte und Pflichten der Bürger verbindlich feststellt
oder gestaltet. Das Verwaltungsverfahren ist somit ein behördliches Verfahren, das eine rechtsverbindliche Entscheidung zum Ziel hat. Ein in dieser
Behörde tätige Sozialarbeiter/Sozialpädagoge hat sich an die rechtlich nor-
mierten Handlungsprinzipien zu halten. Die Bindung an Recht und Gesetz
bedeutet, dass die öffentlich-rechtliche Verwaltung und damit auch die Sozialverwaltung so handeln muss, wie es die Gesetze vorschreiben. Der Inhalt des
Grundsatzes der Gesetzesmäßigkeit ergibt sich auch für den Sozialleistungs-
bereich aus § 31 SGB I.

Der Beginn eines Sozialverwaltungsverfahrens für die Leistungsbereiche des
Sozialrechts, z.B. für die Jugendhilfe oder für die Grundsicherung, wird in §
18 SGB X geregelt. Die Behörde kann hier tätig werden entweder von Amts
wegen oder auf Antrag. Welche Alternative greift, hängt von der materiellen
Rechtslage ab. Sobald feststeht, dass eine bestimmte Entscheidung angestrebt
wird, hat die Verwaltung ihr Handeln zielstrebig auf diese Entscheidung hin
zu orientieren. Die Tätigkeit der Behörde ist nach § 8 SGB X auf den Erlass
eines Verwaltungsaktes oder dem Abschluss eines öffentlich-rechtlichen
Vertrages gerichtet. Die Auskunfts- und Beratungstätigkeit der Sozialverwaltung gegenüber den Leistungsberechtigten erfolgt dagegen nicht im Verwaltungsverfahren des § 8 SGB X. Zu nennen wäre hier die allgemeine Beratung der Klienten/Kunden in einer sozialen Frage und selbst für eine Beratung über ihre sozialhilfe- bzw. jugendhilferechtlichen Ansprüche, solange
dabei nicht eine konkrete Entscheidung angestrebt wird. Nach § 14 SGB I hat
jeder „Anspruch auf Beratung über seine Rechte und Pflichten nach diesem Anspruch auf
Gesetzbuch"; nach § 15 Abs. 1SGB I sind die Behörden „ verpflichtet, über Beratung
alle sozialen Angelegenheiten nach diesem Gesetzbuch Auskünfte zu ertei-
len." Anträge und Sozialleistungen müssen auch von nicht-zuständigen
Leistungsträgern entgegen genommen werden, und die Leistungsträger sind „
verpflichtet, darauf hinzuwirken, dass unverzüglich klare und sachdienliche
Anträge gestellt und unvollständige Angaben ergänzt werden", vgl. § 16 Abs.
3 SGB I. Diese allgemeinen Geboten entspricht es, dass Auskünfte der Behörden nur richtig, sondern – aus der Sicht des Empfängers und gemessen an
seiner Interessenlage bei der Fragestellung – auch unmissverständlich sein
müssen (vgl. Bull/Mehde, allgemeines Verwaltungsrecht mit Verwaltungs-

lehre, § 17 Anm. 646). Diese gesetzliche Pflicht erfordert in der Sozialen Arbeit entsprechende zuverlässige Rechtskenntnisse in den einschlägigen Rechtsgebieten.

Steht eine konkrete Entscheidung an, dann gelten die Regeln des Sozialverwaltungsverfahrens. Hier sind Verfahrensregelungen zu beachten, die sich aus den §§ 20 bis 25 SGB X ergeben. Jedes Verwaltungsverfahren mündet – wie oben dargestellt – in eine verbindliche behördliche Sachentscheidung. Eine Entscheidung ergeht in Form eines Verwaltungsaktes. Dieser ist nach wie vor das klassische Handlungsinstrument des Verwaltungsrechts.

Verwaltungsakt als rechtsverbindliche Regelung

Ein Verwaltungsakt ist zudem eine Möglichkeit der Verwaltung im Einzelfall durch Willenserklärung tätig zu werden. Sein entscheidender Wert liegt darin, dass die Verwaltung mit Hilfe dieses Instruments rechtsverbindliche, kontrollierbare Regelungen gegenüber dem Bürger treffen kann. Für die Sozialverwaltung gibt § 31 Satz 1 SGB X den Begriff des Verwaltungsaktes vor: „Verwaltungsakt ist jede Verfügung, Entscheidung oder andere hoheitliche Maßnahme, die ein Behörde zur Regelung eines Einzelfalls auf dem Gebiet des öffentlichen Rechtes trifft und die auf unmittelbare Rechtswirkung nach außen gerichtet ist." Nach ihren Auswirkungen auf die Rechtslage des Betroffenen kann man unterscheiden in begünstigende und belastende Verwaltungsakte. Begünstigende Verwaltungsakte begründen oder bestätigen eine Berechtigung, z.B. die Erteilung einer Pflegeerlaubnis nach § 44 SGB VIII oder die Gewährung von Wohngeld. Ein belastender Verwaltungsakt liegt vor, wenn dieser dem Betroffenen einen rechtlichen Nachteil zufügt, z.B. eine Zahlungspflicht oder die Gewährung von Sozialhilfe wird abgelehnt. Um Adressaten der Sozialen Arbeit zu helfen, zu ihrem Recht zu kommen und Ansprüche geltend zu machen brauchen Fachkräfte der Sozialen Arbeit ein solides Grundwissen über die rechtlichen Rahmenbedingungen, Organisationsformen und Strukturbedingungen von Verwaltung

Literatur

Erbguth, W. (2013): Allgemeines Verwaltungsrecht. Baden-Baden.

Erlenkämper, A./Fichte, W. (2007): Sozialrecht. Neuwied.

Krüger, R. (2007): Organisation und Finanzierung Freier Träger der Sozialarbeit. Berlin.

Merchel, J. (2003): Trägerstrukturen in der Sozialen Arbeit. Weinheim u. München.

Moos G./Klug, W. (2009): Basiswissen Wohlfahrtsverbände. München.

Nikles, Bruno (2008): Institutionen und Organisationen der Sozialen Arbeit. München u. Basel.

Rechtsgrundlagen

Gabriele Kokott-Weidenfeld

Einleitung

Studierende der Sozialen Arbeit beginnen ihr Studium meist mit der Zielsetzung, künftig mit und für Menschen zu arbeiten. Sie wollen Menschen in Notlagen unterstützen, ihnen helfen, sie denken an Arme, an alte Menschen, an Kinder, an Kranke und an Behinderte oder an benachteiligte und ausgegrenzte Menschen Soziale und pädagogische Motive sind oft die Triebfedern für diese Studien- und Berufswahl. Die Wenigsten, das kann man aus einschlägigen Rückmeldungen aus Lehrveranstaltungen entnehmen, wollen sich intensiv mit Rechtsfragen beschäftigen.

Bezüge zwischen Sozialer Arbeit und Recht erschöpfen sich meist in Hinweisen auf finanzielle Leistungserwartungen für sozial Schwache, auf Vernachlässigungssituationen in Bezug auf Kinder, auf die Haftungsprobleme, wenn Kinder zu Schaden kommen, am Rande auch auf Fragen über Regelungen zum Schutz von Jugendlichen. Diese Einschätzung ist sehr eingeschränkt und muss erweitert werden, denn Recht ist der Handlungsrahmen, der in allen Lebensbereichen einen bestimmenden Einfluss ausübt.

In modernen Gesellschaften gibt es so gut wie keinen rechtsfreien Raum mehr. In einigen Berufsgruppen und bei bestimmten Professionen gehört die Auseinandersetzung mit dem Recht zum Grundbestand des beruflichen Handelns. Fachkräfte der Sozialen Arbeit sind insofern im Hinblick auf erfolgreiches berufliches Handeln darauf angewiesen, sich mit dem Recht auseinander zu setzen. Sie werden mit einer stetig wachsenden Zahl von Gesetzen, Rechtsverordnungen, Satzungen, Richtlinien in beispielsweise familienrechtlichen, betreuungsrechtlichen, strafrechtlichen und sozialrechtlichen Bereichen konfrontiert. (vgl. Kokott/Reidel 2013)

Jeder Mensch ist als Teil unserer Gesellschaft gleichzeitig Teil eines umfassenden Rechtssystems. Das bedeutet umso mehr, dass derjenige, der in sozialen und pädagogischen Berufsfeldern professionell arbeiten will, mit den Grundlagen dieses Rechtssystems vertraut sein muss. Die Auseinandersetzung mit Rechtsfragen ist keine Einschränkung professionellen sozialarbeiterischen Handelns. Das Gegenteil ist der Fall. Fachkräfte der Sozialen Arbeit müssen mit rechtlichen Fragen und Antworten sicher umgehen können, sie müssen ihre Möglichkeiten kennen, aber auch ihre Kompetenzen nicht überschreiten. Fachkräfte müssen rechtlichen Rat geben können und wissen, wohin und an

Warum Rechtsfragen?

wen sie sich selbst oder der Klient sich wenden kann und muss. Fachkräfte in sozialen Berufen sind darauf angewiesen, sich mit rechtlichen Regelungen, also mit Gesetzen, Rechtsverordnungen, mit Richtlinien und mit Satzungen auszukennen. Sie müssen fähig sein, selbstverständlich und „auf Augenhöhe" mit fachorientierten Mitarbeitern anderer Behörden und Institutionen umzugehen und zu verhandeln.

Grundverständnis

Was ist letztlich „das Recht", was bedeutet es? Dieser Frage stellt man sich zu Beginn, wenn man zu einem generellen Grundverständnis von einer Rechtsordnung gelangen will. Es gibt bis heute keine eindeutige, ausschließliche Definition „Recht". Im objektiven Sinne betrachtet ist Recht der Inbegriff von Regeln für die Ordnung des menschlichen Zusammenlebens. Der Einzelne muss sich an die Vorgaben dieser Regeln halten. Im subjektiven Sinn enthält das Recht Grundsätze, um für den einzelnen Menschen Möglichkeiten und Befugnisse als Voraussetzung für ein reibungsloses, geordnetes Zusammenleben mit anderen Menschen zu schaffen. Das Recht ordnet unsere Gemeinsamkeit, unser Zusammenleben mit Geboten und Verboten.

Beispiele für Themenfelder

Um die Vielfalt rechtlicher Sachverhalte zu verdeutlichen, lassen sich beispielhaft verschiedene mögliche Themen- und Fragestellungen aus den Bereichen sozialer Arbeit aufzeigen:

- Welche Aufgaben hat ein Mitarbeiter in einem Jugendamt, im Sozialamt oder in einer Einrichtung eines freien Trägers? Antworten darauf findet man in den Sozialgesetzbüchern wie SGB I (Allgemeiner Teil), SGB II (Grundsicherung für Arbeitsuchende), im SGB VIII (Kinder- und Jugendhilfe) oder im SGB XII (Sozialhilfe).
- Welche Rechte haben Kinder, welche Pflichten haben Jugendliche? Es geht um Rechtsfähigkeit, um die Geschäftsfähigkeit, um Religionsmündigkeit, um Mitwirkungsrechte wie Anhörung in Gerichtsverfahren oder um Strafmündigkeit, um Schutzgesetze für Jugendliche in der Öffentlichkeit und in den Medien und um sonstige Rechtspositionen,die junge Menschen betreffen.
- Wer ist in Blick auf Kinder entscheidungsbefugt? Generell sind das die Eltern, die gemeinsam gefragt sind, aber in vielen Einzelfällen können Vater oder Mutter allein entscheiden oder es ist ein Vormund zuständig oder zum Teil die Pflegeeltern, evtl. auch Erzieher oder Lehrer.
- Kann sich jeder Einzelne mit seinen Problemen an das Jugendamt, das Sozialamt, die Schulbehörde, die Alteneinrichtung, die Ausländerbehörde wenden und wie kann er sich gegen aus seiner Sicht unrechtmäßige oder

Was ist Recht?

ungerechte Entscheidungen wehren? Es geht um Rechtsschutzfragen: Kenntnisse zum Sozialverwaltungsverfahren und zu den privatrechtlichen Verfahrensregelungen nach der Zivilprozessordnung führen hier weiter.

- Welche Zuständigkeiten hat ein Sozialarbeiter bei seiner Arbeit mit einer Familie, im Sozialen Dienst, mit Pflegefamilien, bei Trennungs- und Scheidungsproblemen, bei der Arbeit mit Jugendlichen, bei Adoptionen, im Zusammenhang mit Straffälligen? Antworten dazu ergeben sich aus den Bestimmungen im Bürgerlichen Gesetzbuch (BGB), im SGB VIII (Kinder- und Jugendhilfe) oder im FamFG (Gesetz über das Verfahren in Familiensachen und in den Angelegenheiten der freiwilligen Gerichtsbarkeit).

- Welche Rechtszuständigkeiten sind in der Arbeit mit Behinderten relevant? Hier geht es im Wesentlichen um Fragen der rechtlichen Betreuung nach dem BGB und um das SGB IX (Rehabilitation und Teilhabe behinderter Menschen) sowie um die Soziale Pflegeversicherung nach dem SGB XI.

- Worauf ist bei der Arbeit mit Kranken zu achten, bei Fragen, die Krankenversicherungen oder Rehabilitationsregelungen betreffen? Dazu finden sich Regelungen im SGB V (Gesetzliche Krankenversicherung), in SGB VI (Rentenversicherung), in SGB VII (Gesetzliche Unfallversicherung).

- Wer muss für wen bei Krankheit, Alter, Behinderungen sorgen? Es geht um Zuständigkeitsfragen: Welche Angehörigen sind zuständig, wann tritt die Gemeinschaft, der Staat ein.

- Welche rechtlichen Rahmenbedingungen prägen die Arbeit in einer Kindertagestätte, im Kindergarten, in der Schule? Details zu diesen Fragestellungen regeln entsprechende Ausführungsgesetze der einzelnen Bundesländer in ihren eigenen Gesetzen über Kindertagestätten, Gesetzen zum Schutz von Kindern und in den Schulgesetzen.

- Welche Rechte hat ein Vater in Bezug auf sein Kind, das nicht mit ihm zusammenlebt? Er kann im Rahmen der Elterlichen Sorge die gleichen Rechte wie die Mutter haben oder er ist von der Elterlichen Sorge ausgeschlossen und ihm steht damit nur ein Umgangsrecht mit seinem Kind zu.

- Haben Großeltern oder andere Personen, die eine besondere Beziehung zu dem Kind entwickelt haben (Stiefvater, Pflegeeltern z.B.) ein Recht auf das Kind? Auch hier geht es um ein besonderes Umgangsrecht nach den Bestimmungen des BGB.

- Wie geht man rechtlich mit Schulschwänzern um? Die Rechtsgrundlagen für jedes Handeln durch das Jugendamt finden sich auch dazu im SGB VIII (Kinder- und Jugendhilfe).

- Wer ist für Kindesunterhalt zuständig? Nach den Bestimmungen des BGB sind das zunächst die Eltern, staatliche Unterstützungen greifen nur im Ausnahmefall.

- Wie gestalten sich Familiensituationen rechtlich: In Blick auf die Partnerbeziehung, die Beziehung zu Kindern und zu sonstigen Familienangehörigen? Das BGB und parallel dazu das Lebenspartnerschaftsgesetz (LPartG) regeln im Einzelnen wie eine Ehe zustande kommt, welche Rechtswirkungen sie entfaltet und wie sie wieder beendet werden kann. Das Gesetz legt fest, wer im Rechtssinne mit wem verwandt ist und welche Auswirkungen dies hat: Z.B. für Unterhaltsverpflichtungen, für den Erbfall oder bei Aussagen in Gerichtsverfahren.
- Welche persönlichen und finanziellen Unterstützungen kann eine alleinerziehende Mutter erhalten? Es geht u.a. um Gesetze wie das Unterhaltsvorschussgesetz, das Bundeskindergeldgesetz, das Gesetz zum Elterngeld und zur Elternzeit.
- Welche Rechte und Pflichten hat ein Arbeitsloser? Diese Antworten lassen sich ebenfalls in den Regelungen der Sozialgesetzbücher finden, insbesondere in SGB III (Arbeitsförderung) und SGB II (Grundsicherung) für Arbeitslose.

Dies sind nur einige wenige Beispiele für Fragestellungen mit rechtlichem Hintergrund, mit denen der in sozialen Berufen Tätige konfrontiert ist. Dabei geht es sehr oft nicht nur um die Lösung in einem Einzelfall. Es geht meist um komplexe Lebenssituationen, für die die jeweils passenden rechtlichen Antworten gegeben werden müssen.

Kompetenz-
voraussetzungen

Um sachkompetent mit diesen Fragen umgehen zu können, muss der Handelnde zunächst einmal die rechtlichen Rahmenbedingungen kennen. Im Verlauf eines Studiums der Sozialen Arbeit können nicht alle relevanten Rechtsvorschriften, die für praktischen Tätigkeit in den verschiedensten Bereichen wichtig sein werden, erarbeitet werden Deswegen kommt es in erster Linie auf die solide Kenntnis der Rechtsgrundlagen an. Es geht auch um ein kritisches Rechtsverständnis, damit der künftig in der Praxis Tätige weiß, wie er mit dem Recht umzugehen hat. Die in den verschiedenen Arbeitsfeldern notwendigen Detailkenntnisse können am jeweiligen Einsatzort vertiefend erarbeitet, erlernt werden. Sie sind immer auf der Basis der gleichen Rechtsgrundlagen aufgebaut und bei Kenntnis von Rechtssystem und dem Wissen darüber, wie man mit Rechtsvorschriften umgeht, entsprechend anwendbar.

Das Recht ist im Laufe der Jahre und Jahrzehnte immer komplexer geworden. Wir beschäftigen eine Vielzahl von Richtern, die im gerichtlichen Rechtsstreit eine Entscheidung treffen müssen, wir benötigen Rechtsanwälte, die dem Einzelnen bei der Durchsetzung seiner Rechtsprobleme sachkompetent zur Seite stehen. Wir erwarten von allen professionell sozial oder pädagogisch Handelnden in unserem Umfeld, von Erziehern und Lehrern, von Sozialarbeitern und anderen in angrenzenden Feldern Zuständigen, dass sie sich rechtlich korrekt verhalten und dass sie uns richtig beraten.

Alle diejenigen, die in sozialen und pädagogischen Berufen tätig sind, müssen im Rahmen ihres täglichen Handelns nicht nur ausnahmsweise, sondern ständig rechtliche Überlegungen anstellen, ehe sie handeln. Sie arbeiten sehr häufig mit Menschen, die ihre Rechte nicht kennen und die zudem außerstande sind, diese Rechte für sich selber wahr zu nehmen. Also müssen die Fachleute die rechtlichen Bedingungen sowohl ihres eigenen Handelns als auch die der Klienten kennen. Da es für eine sozialpädagogische Fachkraft letztlich unmöglich ist, sich in allen Rechtsbereichen und rechtlichen Einzelfragen detailliert auszukennen, muss sie zumindest wissen, wie sie sich sachgerecht und schnell informieren kann. Rechtliches Wissen in sozialen und pädagogischen Berufen ist insofern als konkretes Handlungswissen zu verstehen. Es ist zudem aber notwendigerweise auch Kontaktwissen, also das Wissen darüber, wer zuständig ist und vor allem wie dem Einzelnen weitergeholfen werden kann.

Was gehört nun im Einzelnen zu diesen für alle sozialen und pädagogischen Berufsbereiche notwendigen grundlegenden Rechtskenntnissen? Im Nachfolgenden wird eine Übersicht über die wesentlichen Rechtsthemen und die verschiedenen Rechtsgebiete gegeben, in denen sich der professionell Tätige auskennen und im wahrsten Sinne des Wortes „zu Recht finden" muss.

Wesentliche Themenfelder

Rechtsgebiete

Dabei kann es nicht nur um unser innerstaatliches Recht gehen. Die Bundesrepublik Deutschland ist Mitglied des Europarats, der Europäischen Union und der Vereinten Nationen. Die rechtlichen Vorschriften und Rahmenbedingungen auf diesen überstaatlichen Ebenen wirken sich ganz konkret auf unsere staatlichen Handlungsmöglichkeiten aus.

Auch kein noch so guter Jurist ist und kann in der Lage sein, alle inner- und überstaatlichen gesetzlichen Bestimmungen zu kennen: Die inzwischen mehr als dreitausend Gesetze auf Bundesebene plus die gesetzlichen Regelungen der einzelnen Bundesländer und zusätzlich die überstaatlichen Bestimmungen – auf EU-Ebene existieren jetzt schon viele Tausende Verordnungen und Richtlinien und es kommen jährlich hunderte hinzu. Für Fachkräfte der Sozialen Arbeit kann es nur darauf ankommen, das System des Rechts verstehen zu lernen. In der Sozialen Arbeit steht nicht ein umfassendes Rechtswissen im Vordergrund, sondern es geht um das grundlegende Rechtsverständnis, um das Bewusstsein, dass jedes soziale und pädagogische Handeln in einem rechtlichen Handlungsrahmen stattfindet.

Vielfalt der Gesetze

Im Folgenden sollen die Themenkomplexe und Fragestellungen beschrieben werden, mit denen den Studierenden genau diese grundlegenden Kompetenzen vermittelt werden.

Systematik der Rechtsordnung heißt: Welche Rechtsquellen gibt es (Gesetze, Verordnungen, Satzungen, Paragrafen usw.), in welchem Verhältnis stehen
sie zueinander und wie kann ich, wie muss ich damit arbeiten, worauf muss ich
achten. Auf der Grundlage von Gesetzessammlungen für Studierende in sozialen
Berufen beginnt eine erste Orientierung, welche Gesetze für soziales oder pädagogisches Arbeiten überhaupt von Relevanz sein können. Angefangen von der
Verfassung als Grundlage für alles Handeln, über das mehr als 2300 Paragrafen enthaltende Bürgerliche Gesetzbuch (BGB) oder die zwölf Sozialgesetzbücher (SGB I – XII), über viele Detailgesetze wie Adoptionsvermittlungs-
gesetz (AdVermlG), Unterhalsvorschussgesetz (UVSchG), Mutterschutz-
gesetz (MuSchuG), Heimgesetz (HeimG) oder Ausländergesetze wie das
Aufenthaltsgesetz (AufenthG) bis hin zu den Strafgesetzen im Strafgesetzbuch
(StGB) und dem Jugendgerichtsgesetz (JGG). Die Namen dieser Gesetze verdeutlichen meist auf den ersten Blick, worum es inhaltlich im Wesentlichen geht.

So lässt sich in einem nächsten Schritt an dieser Stelle gut erklären, wie
wichtig im juristischen Denksystem Begriffe sind, wie genau und exakt es auf
jedes einzelne Wort ankommt. Ein gutes Beispiel dafür ist die rechtliche Regelung über die „elterlichen Sorge" in § 1626 BGB. Dort heißt es in Absatz 1
Satz 1: „Die Eltern haben die Pflicht und das Recht für das minderjährige Kind
zu sorgen (elterliche Sorge)". Diese Formulierung ist eigentlich klar und verständlich, aus der Sicht eines Rechtsunkundigen klingt sie fast überflüssig. In

unserem demokratischen Rechtsstaat müssen Gesetze selbstverständlich immer verfassungskonform sein, also auf der Grundlage des Grundgesetzes
(GG) basieren. Um dies zu verdeutlichen lässt sich hier gut der die elterliche
Sorge ebenfalls beschreibende Artikel aus dem Grundrechtskatalog des
Grundgesetzes heran ziehen. Art. 6 Abs. 2 Satz 1 GG lautet: „Pflege und Erziehung der Kinder sind das natürliche Recht der Eltern und die zuvörderst
ihnen obliegende Pflicht." Bei genauer Betrachtung dieser beiden Bestimmungen, einmal im BGB und zum anderen im GG bedürfen mehrere Punkte
einer genauen Analyse: Zunächst wird in beiden Vorschriften gleichermaßen
geklärt, dass die Eltern zuständig und damit verantwortlich sind, für ihre
Kinder zu sorgen. Im GG und im BGB geht es jeweils um das Recht u n d die
Pflicht der Eltern, also um zwei unterschiedliche Dimensionen ihrer Aufgaben
gegenüber ihrem Kind. Wenn man genau liest, fällt auf, dass in Art. 6 GG das
„Recht" der Eltern anders als in § 1626 BGB, an erster Stelle noch vor der
„Pflicht" genannt wird. Das bedeutet, der Gesetzgeber wollte bei der konkreten Umsetzung des Grundrechtes im BGB diese „Pflicht" der Eltern gegenüber ihrem Kind ganz besonders betonen. Mit der Kenntnis des historischen Hintergrundes dieser Vorschrift wird dieser gesetzgeberische Wille
noch deutlicher: Die in Art. 6 GG normierte Reihenfolge, an erster Stelle steht
das Elternrecht, erst danach kommt ihre Pflichtenstellung, war auch in § 1626
BGB zunächst so festgehalten. Eine Änderung erfolgte erst im Jahre 1998 im

Zusammenhang mit der damaligen „großen Kindschaftsrechtsreform". Der
Gesetzgeber gelangte zu diesem Zeitpunkt zu der Erkenntnis, dass Eltern viel
zu sehr auf ihre Rechte pochen, ihre Pflichten gegenüber ihren Kindern
demgegenüber aber als nicht so wichtig einordnen. Ihnen und den Gerichten
sollte mit der erfolgten Gesetzesänderung die veränderte gesellschaftliche
Meinung verdeutlicht werden. Ein weiteres Beispiel aus § 1626 Abs.1 Satz 1
BGB: Anders als in Art. 6 GG ist hier vom „minderjährigen" Kind die Rede.
Es stellt sich also die Frage, wer ist „minderjährig" im Sinne des Gesetzgebers, wo und an welcher Stelle wird dieser Begriff mit Inhalten gefüllt. Und:
Warum wird im GG auf diese Differenzierung verzichtet?

Mit der bewussten Wahrnehmung derartiger Formulierungen werden die
Studierenden sensibilisiert, sehr genau zu lesen, Begriffe in ihrem wirklichen
Sinn zu verstehen, sie in den jeweiligen Sachzusammenhang umzusetzen.
Was bzw. wer ist gemeint, wenn der Gesetzgeber vom „Kind" spricht oder
vom „Jugendlichen", vom „jungen Menschen", vom „Heranwachsenden",
von „Gebrechlichkeit", von „Behinderung", von „Unterhalt" und von „Versorgung", von „allgemeinen" und von „besonderen Leistungen" und vieles
Ähnliche mehr. Es geht nicht nur um das exemplarische Kennenlernen einzelner gesetzlicher Bestimmungen sondern auch darum, mit derartigen Vorschriften umzugehen, also um die Rechtsanwendung.

Zu den Rechtsgrundlagen gehören auch Kenntnisse über unser Staatssys-   **Kenntnisse über**
tems und seine Zusammenhänge, was bedeutet es, dass wir in einem Rechtsstaat   **das Staatssystem**
leben, wie wirkt sich der Sozialstaat oder das Sozialstaatsprinzip auf unser Leben und damit erst recht auf professionelles Handeln aus? Das Rechtsstaats-
prinzip beinhaltet im Wesentlichen den Grundsatz der Gesetzmäßigkeit von
Verwaltung und Rechtsprechung, das sogenannte Gewaltenteilungsprinzip und
die Orientierung allen staatlichen Handelns an den Vorgaben der Grundrechte in
den Art. 1 ff GG. Es geht um Rechtssicherheit und die Frage, wie gestaltet sich
der Rechtsschutz, was bedeutet die „Rechtswegegarantie", also das Prinzip der
Gesetzmäßigkeit der Verwaltung und der Garantie des gerichtlichen Rechts-
schutzes. Deshalb müssen Handelnde in sozialen Berufen die Unterschiede
zwischen den Gerichtsarten (wie Familiengericht, Sozialgericht, Verwaltungs-
gericht, Arbeitsgericht) und den Gerichtsebenen sowie den verschiedenen Ge-
richtsinstanzen kennen. Soziale Fachkräfte müssen wissen, inwieweit sie bei der
Erfüllung ihrer eigenen Aufgaben von einer Entscheidung eines Gerichts abhängig sind. So kann kein Sozialarbeiter eines Jugendamtes ohne die Mitwirkung eines Familiengerichts ein Kind für einen längeren Zeitraum von seinen
Eltern trennen, wenn diese damit nicht einverstanden sind. Der Richter hat bei
derartigen Entscheidungen in vielen Zusammenhängen das letzte Wort. Für
viele gerichtliche Verfahren ist die Mitwirkung eines Sozialarbeiters ausdrücklich vom Gesetz im Einzelnen vorgegeben und inhaltlich von wesentlicher Relevanz: Zum Beispiel bei allen Streitigkeiten in Bezug auf die elterliche Sorge,

beim Streit darüber, bei welchem Elternteil das Kind im Falle einer Trennung leben soll oder wie die Besuchs- bzw. Umgangsregelungen gestaltet werden können und inwieweit die Meinung des Kindes selbst von Relevanz ist. Oder: Im Zusammenhang mit Jugendstrafverfahren kommt es für das Urteil des Richters vor allem auf die gutachterliche Stellungnahme des Jugendgerichtshelfers an, wie beurteilt er das Verhalten des betreffenden Jugendlichen, in welcher Entwicklungsphase befindet sich dieser, mit welcher richterlich anzuordnenden Maßnahme wird ihm am ehesten im Blick auf eine möglichst positive Zukunftsentwicklung geholfen.

Die Studierenden werden während ihres Studiums mit den wesentlichen Rechtsbereichen für soziale und pädagogische Berufsbereiche vertraut gemacht, um für die künftige Tätigkeit in der Praxis gewappnet zu sein. Die Sachgebiete können hier genauso wie während des gesamten Studiums letztlich nur exemplarisch angerissen werden. Je nachdem welches konkrete Arbeitsfeld ein Studierender nach seiner Ausbildung anstrebt, wird er sich mit den jeweiligen passenden Themen auch später noch näher befassen müssen.

Wie bereits erwähnt, ist jede gesetzliche Bestimmung im Zusammenhang mit den Vorschriften der Verfassung zu lesen und nur vor diesem Hintergrund zu verstehen.

Landesrechtliche Regelungen

Bei Landesgesetzen, wie beispielsweise dem „Kindertagesstättengesetz" oder dem „Landesgesetz zum Schutz von Kindeswohl und Kindergesundheit (LKindSchuG) " in Rheinland-Pfalz ist die in diesem Fall die rheinland-pfälzische Landesverfassung zu gleichermaßen wie das GG mit zu beachten. Hinzu kommen die Verfassung der EU und die entsprechenden Vereinbarungen der Vereinten Nationen wie die Kinderrechtskonvention. Natürlich kennen sich Studierende/Fachkräfte in den internationalen Rechtsstrukturen nicht von vorneherein aus. Diese Rechtsgebiete mit ihren Verknüpfungspunkten für das tägliche praktische soziale Handeln muss im Rahmen einer besonderen Lerneinheit näher erläutert werden. Dazu gehören Themen wie die Darstellung der Organe der Europäischen Union, wer/was ist der Europarat, welche Auswirkung hat eine Entscheidung des Europäischen Gerichtshofes auf unser Nationales Recht, welche wesentlichen Regelungen und mit welchen konkreten Auswirkungen für uns unmittelbar beinhalten die Europäische Menschenrechtskonvention (EMRK) oder das Europäische Niederlassungsabkommen (ENA), das Minderjährigenschutzabkommen (MSA) oder das Europäische Fürsorgeabkommen (EFA). Die Praxis der Sozialen Arbeit wird in vielen Bereichen durch rechtliche Bestimmungen auf EU-Ebene konkret tangiert, wie die Gleichstellung im Arbeitsleben oder die viele Lebensbereiche betreffenden Antidiskriminierungsregelungen.

Privatrecht und öffentliches Recht

Ebenso relevant sind die Unterschiede zwischen Privatrecht (dabei geht es um Ansprüche von Personen untereinander, um Gebote in Blick auf ihr Verhalten untereinander) und Öffentlichem Recht (der Staat verlangt, erwartet von dem Einzelnen entsprechende Verhaltensmuster, der Staat kontrolliert den Einzelnen in bestimmten Zusammenhängen, der Einzelne kann staatliche Leistungen für sich in Anspruch nehmen).

Zum Zivilrecht gehören in erster Linie die Regelungen des BGB. Seine 5 Bücher bieten die Grundlagen für die wichtigsten allgemeinen Rechtsbeziehungen zwischen Privatpersonen. Im 1. Buch, Allgemeiner Teil, finden sich die zivilrechtlichen allgemein geltenden Grundbegriffe wie Volljährigkeit, Geschäftsunfähigkeit, beschränkte Geschäftsfähigkeit, Wohnsitz, allgemeine Vertragsgrundsätze wie Willenserklärungen, Fristen, Verjährung. Im 2. Buch, Recht der Schuldverhältnisse, geht es im Kern um das, was zwei Personen aus welchen Gründen auch immer einander „schulden", schuldig sind, nicht zu verwechseln mit der „Schuld" im Zusammenhang mit einer Straftat. Die privatrechtliche Schuld gründet immer auf einem Vertragsverhältnis, deren besondere Formen hier behandelt werden. In der Praxis von sozialen Berufen stellt sich öfter die Frage nach dem Umfang von Aufsichtspflichten, wer haftet im Zusammenhang mit einer Aufsichtspflichtverletzung, wer muss Schadensersatz leisten? Das 3. Buch, Sachenrecht, behandelt die Auswirkungen von Besitz und Eigentumsverhältnissen, also die Beziehungen eines Einzelnen zu einer Sache. Das Familienrecht im 4. Buch beschreibt die Beziehungen der Familienmitglieder untereinander und dritter Personen zu ihnen. Es geht um partnerschaftliche Beziehungen, die Ehe und ihre Auswirkungen, um Kinder und ihre Eltern, um Kinder ohne Eltern und um Menschen, die rechtlich besonders betreut werden müssen. In vielen sozialen Beratungsberufen (Ehe-, Familien- und Lebensberatung, Beratungsaufgaben des Jugendamtes bei Trennung und Scheidung, für Alleinerziehende, bei Adoptionen, im Allgemeinen Sozialen Dienst) spielen detaillierte Kenntnisse über die familienrechtlichen Zusammenhänge eine wesentliche Rolle. Das 5. Buch, Erbrecht, legt fest, wer nach dem Tod eines Menschen Zugriff auf das Vermögen des Verstorbenen hat. Bei der Arbeit mit alten und mit kranken Menschen muss die Fachkraft in der Lage sein, diese Grundlagen erklären zu können, Tipps und Hilfe für testamentarische Gestaltungen zu geben.

Privatrecht

Die öffentlich-rechtlichen Kernbereiche finden sich für sozial beruflich Tätige in den gesetzlichen Regelungen zum Kinder- und Jugendhilferecht, zum Jugendschutz, zum Jugendstrafrecht. Einige Beispiele wurden dazu schon angesprochen. Für die vielen Fachkräfte, die in Kindertagesstätten oder beim Jugendamt oder den entsprechenden freien Trägern beruflich tätig sind, sind genaue Kenntnisse über die Einzelheiten des Kinder- und Jugendhilferechts in den verschiedenen Facetten unverzichtbar. Sie müssen z.B. die gesetzlich in § 1 SGB VIII fixierten Leitlinien der Erziehung kennen, um als Vertreter des Staates also der Öffentlichkeit der Familie gegenüber handeln zu können. Sie müssen sicher sein in den Instrumentarien, die der Gesetzgeber ihnen für ihr staatliches Tun zur Verfügung stellt.

Öffentliches Recht

Um alle gesetzlichen Angebote und Möglichkeiten ausschöpfen zu können, ist eine vertiefte Kenntnis über den Ablauf und die Auswirkungen von verwaltungsrechtlichem Handeln nicht weg zu denken: Wie sind Behörden aufgebaut, wer ist wofür zuständig, wie gestaltet sich öffentlich-rechtliches Verwaltungshandeln, wie läuft das rechtliche Verfahren ab. Wie sieht es mit dem Datenschutz aus, inwieweit kann oder muss die soziale Fachkraft ihr spezielles personelles Hintergrundwissen verwenden? (vgl. den Beitrag von Voigt in diesem Band).

Resümee

Die hier aufgeführten Rechtsbereiche gehören zu den wesentlichen rechtlichen Grundlagen, ohne die eine entsprechende Fachkraft in der Praxis nicht professionell arbeiten kann.

Von Fachkräften in der Sozialen Arbeit werden fundierte Rechtskenntnisse erwartet. In ihren Einsatzfeldern beim Jugendamt, in sozialen Einrichtungen, im Krankenhaus, in einer Justizvollzugsanstalt, in einem Heim für Kinder oder für Alte oder für behinderte Menschen wird den Fachkräften konkret deutlich, wie dringend notwendig die Kenntnis der rechtlichen Grundlagen für die Praxis ist. Sie erfahren im Zusammenhang mit ihrem praktischen Tun, dass jede ihrer Handlungen in einem rechtlichen Rahmen stattfindet und sie dafür die notwendige Rechtssicherheit haben müssen.

Besondere Fähigkeiten für soziale Fachkräfte Die Fachkräfte der Sozialen Arbeit müssen die besondere Fähigkeit erwerben, zum einen auf der Ebene des Klienten in seiner Lebenswelt und mit seiner besonderen Art der Kommunikation herauszufinden, welche tatsächlichen Probleme bestehen. Sie müssen gleichzeitig das Rechtssystem mit seiner besonderen Rechtssprache beherrschen, um beide Ebenen beratend und unterstützend zu verbinden und konkrete Hilfen für den Einzelfall zu entwickeln.

Literatur

Fieseler, G./Herborth, R. (2010): Recht der Familie und Jugendhilfe. Neuwied, 7. Auflage.

Kievel, W./Knösel, P./Marx, A. (2009): Einführung in das Recht für soziale Berufe. Neuwied, 5. Auflage.

Kokott-Weidenfeld, G./Reidel, A. (2013): Rechtsgrundlagen für soziale Berufe. Schwalbach/Ts.

Trenczek, T./Tammen, B./Behlert, W. (2008): Grundzüge des Rechts. München, 2. Auflage.

Sozialrechte

Alexandra-Isabel Reidel

Einleitung

Das Sozialrecht dient dazu, die Wertvorstellungen des Grundgesetzes über die Würde des Menschen (Art. 1 Abs. 1 GG) und über den sozialen Rechtstaat (Art. 20 Abs. 1 und Art. 28 Abs. 1 GG) zu verwirklichen. Aus den verfassungsrechtlichen Regelungen kann der Bürger allerdings unmittelbar keine Ansprüche herleiten, denn das Sozialstaatsprinzip verpflichtet nämlich die drei Staatsgewalten nach den Gesichtspunkten der sozialen Gerechtigkeit und sozialen Sicherheit zu handeln. Vor allem ist dabei der Gesetzgeber gefordert, gesetzliche Regelungen für den Bürger zur konkreten Ausgestaltung des Sozialstaates zu erlassen. Durch Erlass einer Vielzahl von Gesetzen zum Ausbau des sog. „Sozialen Netzes" ist der Gesetzgeber diesem verfassungsrechtlichen Handlungsauftrag auch nachgekommen. Durch die einfachen Gesetze wird damit die soziale Wirklichkeit für den Bürger erst verbindlich gestaltet. Fachkräfte der Sozialen Arbeit sind in vielfältiger Weise in der Umsetzung und der Durchführung der sozialen Rechte einbezogen. Dies ist beispielsweise in der Kinder- und Jugendhilfe des SGB VIII der Fall, wenn es darum geht, durch eine breite Palette unterschiedlicher Einzelfallhilfen im Interesse junger Menschen und ihrer Familien zu handeln.

Verfassungsrechtlicher Handlungsauftrag

Soziale Rechte

Soziale Rechte haben sich im Laufe der Zeit nach und nach auf Grund sozialpolitischer Bedürfnisse entwickelt, ohne dass sich der Gesetzgeber an einem einheitlichen Konzept orientiert hat. Das Gesetz stellt Soziale Rechte bereit, die der Verwirklichung der sozialen Gerechtigkeit und sozialen Sicherheit dienen. Es geht also darum, durch die Sozialen Rechte ein menschenwürdiges Dasein zu sichern, gleiche Voraussetzungen für die freie Entfaltung der Persönlichkeit – insbesondere auch für jüngere Menschen – zu schaffen, die Familie zu schützen und zu fördern, den Erwerb des Lebensunterhalts durch eine frei gewählte Tätigkeit zu ermöglichen und besondere Belastungen des Lebens, auch zur Hilfe durch Selbsthilfe, abzuwenden oder auszugleichen (vgl. § 1 SGB I). Die Sozialen Rechte sind dem Sozialrecht zuzuordnen, das sich durch einen sehr dynamischen Charakter auszeichnet, d.h. es ist ein permanent in Veränderung begriffenes Recht. Der Sozialrechtsbegriff als solcher

Soziale Gerechtigkeit und soziale Sicherheit

bleibt recht vage, da er die unterschiedlichen Facetten der sozialen Sicherheit und der sozialen Gerechtigkeit abbilden muss und sich ändernden gesellschaftlichen Anforderungen anzupassen hat. Es existieren unterschiedliche Ansätze, das Sozialrecht – und damit auch die Sozialen Rechte – zu bestimmen. Hierbei kennt die Lehre einen formellen (pragmatischen) und einen materiellen (inhaltlichen) Begriff des Sozialrechts. Die unterschiedlichen Positionen, den Sozialrechtsbegriff theoretisch zu durchdringen, spielen in der praktischen Anwendung des Sozialrechts – und damit für die Berufsgruppen der Sozialen Arbeit – kaum eine Rolle und werden an dieser Stelle daher nicht weiter vertieft. Über den eigentlichen Begriffskern des Sozialrechts besteht allerdings weitgehend Einigkeit, nämlich dass es sich hierbei um öffentliches Recht handelt und insoweit den Staat als Träger der öffentlichen Gewalt zur Gewährung der Sozialen Rechte berechtigt bzw. verpflichtet.

Soziale Rechte

Welche konkreten Sozialen Rechte existieren nun? In den §§ 3 bis 10 SGB I sind die Sozialen Rechte geregelt. Es existieren im Einzelnen das Recht auf Bildungs- und Arbeitsförderung (§ 3 SGB I), das Recht auf Zugang zur Sozialversicherung (§ 4 SGB I), das Recht auf soziale Entschädigung bei Gesundheitsschäden (§ 5 SGB I), das Recht auf Minderung des Familienaufwands (§ 6 SGB I), das Recht auf Zuschuss für eine angemessene Wohnung (§ 7 SGB I), das Recht auf Kinder- und Jugendhilfe (§ 8 SGB I), das Recht auf Sozialhilfe (§ 9 SGB I) und das Recht behinderter Menschen auf Rehabilitation und gleichberechtigte Teilhabe am gesellschaftlichen Leben (§ 10 SGB I). Allerdings können die Bürger aus diesen Sozialen Rechten unmittelbar keine Ansprüche (sog. subjektive Rechte) für sich gegenüber den Sozialverwaltungsbehörden herleiten, was § 2 Abs. 1 SGB I, der die Funktion der Sozialen Rechte beschreibt, ausdrücklich klarstellt.

Sozialleistungen

Ob der Bürger nun konkrete eigenständige Rechtsansprüche auf die oben dargestellten Sozialen Rechte hat, richtet sich letztlich nach den Bestimmungen der besonderen Teile des Sozialgesetzbuchs. In einem sehr engen Zusammenhang mit den Sozialen Rechten stehen daher die Sozialleistungen. Als Sozialleistungen bezeichnet man diejenigen Leistungen zur Verwirklichung der Sozialen Rechte, die eine Behörde aufgrund der Vorschriften der besonderen Teile des Sozialgesetzbuchs einem Bürger gewährt. Beispielsweise kann der Bürger seinen sozialversicherungsrechtliche Anspruch auf eine konkrete Krankenbehandlung daher nicht auf die Vorschrift des § 4 SGB I stützen, sondern auf die entsprechenden Vorschriften im SGB V (§§ 27 ff. SGB V) ; ein Anspruch auf Sozialhilfe lässt sich nicht aus § 9 SGB I herleiten, sondern dieser ergibt sich vielmehr ausschließlich aus den konkreten Regelungen des SGB XII, der die Sozialhilfe im Detail regelt.

Die soziale Absicherung der Bürger ist sehr stark sozialrechtlich untergliedert (z.B. Krankenversicherung, Arbeitslosenversicherung, Sozialhilfe usw.), in die unterschiedlichsten Leistungsträger zersplittert (z.B. Kranken-

und Pflegekassen, Sozialämter, Arbeitsagenturen usw.) und in sehr viele verschiedene Rechtsgrundlagen aufgeteilt. Die unüberschaubar wirkenden, vielfältigen vorhandenen Sozialen Rechte bzw. Sozialleistungen lassen sich in mehrere Bereiche systematisieren.

Systematik

Während früher die soziale Sicherung in die drei Bereiche Sozialversicherung, Sozialversorgung und Fürsorge eingeteilt wurden, (vgl. den Beitrag von Arnold in diesem Band) hat sich mittlerweile eine Systemeinteilung in insgesamt 4 Gebiete/Systeme etabliert:

Es gibt zunächst die *sozialen Vorsorgesysteme*. Darunter fallen die auf Versicherungszwang beruhenden Sozialversicherungssysteme, nämlich die gesetzliche Kranken-, Pflege-, Unfall-, Renten- und Arbeitslosenversicherung. Hier geht es um die Realisierung der Sozialen Rechte bei den typischen und damit auch vorhersehbaren Lebensrisiken Krankheit, Invalidität, Unfall, Pflegebedürftigkeit Arbeitslosigkeit und Alter, denen das Solidarprinzip zu Grunde liegt. Das bedeutet, dass alle Mitglieder des jeweiligen Solidarverbandes einkommensabhängige Beiträge entsprechend ihrer jeweiligen finanziellen Leistungsfähigkeit einzahlen und damit die Sozialleistungen finanzieren, die für das einzelne Mitglied im Versicherungsfall – wie z.B. bei Arbeitslosigkeit das Arbeitslosengeld – zu erbringen sind. Diese Sozialen Rechte sind gegenleistungsabhängig, d.h. nur wer in die entsprechende Sozialversicherungskasse eingezahlt hat, erhält daraus im Versicherungsfall auch Leistungen. Durch Beitragszahlungen erkauft sich der einzelne damit seine sozialen Leistungen, womit auch vermögende Versicherte Anspruch auf diese Sozialen Rechte aus den sozialen Vorsorgesystemen haben. Die Höhe der Geldleistungen, wie z.B. die einem Rentner monatlich auszuzahlende Rente, richtet sich allerdings nicht nach dem individuellen Bedarf des Einzelnen, sondern grundsätzlich vielmehr nach der Höhe (und unter Umständen nach der Dauer) der eingezahlten Beiträge.

Soziale Vorsorgesysteme

Bei den *sozialen Fördersystemen* geht es um die Verwirklichung von Sozialen Rechten, die zur Verwirklichung sozialer Chancengleichheit beitragen sollen. Diese Leistungen finanzieren sich überwiegend aus Steuermitteln und sind zum Teil vom Einkommen und Vermögen abhängig. Zu diesen Leistungen zählen z.B. die Kinder- und Jugendhilfe (SGB VIII), die Ausbildungs- und Berufsförderung (z.B. BAföG), die Wohnungsförderung durch das Wohngeldgesetz (WoGG) und die Familienförderung. Im Rahmen der Familienförderung ist insbesondere das Bundeskindergeldgesetz (BKGG) und das Bundeselterngeld- und Elternzeitgesetz (BEEG) zu erwähnen.

Soziale Fördersysteme

Soziale Hilfesysteme

Bei den *sozialen Hilfesystemen* geht es um die Realisierung Sozialer Rechte zur Sicherung eines Existenzminimums. Von allen Sozialleistungssystemen orientieren sich die hieraus resultierenden Leistungen am Stärksten an der individuellen Bedürftigkeit des Bürgers. Auf diese Leistungen besteht immer dann ein Anspruch, wenn sonstige Unterstützungsleistungen privater oder öffentlicher Natur versagen, insbesondere kommt es nicht darauf an, aus welchem Grund der Bürger in eine Notlage geraten ist (z.B. wegen Drogensucht). Leistungen aus den sozialen Hilfesystemen werden daher unabhängig von einer persönlichen Lebensführungsschuld erbracht und sind steuerfinanzierte Leistungen. Der Bereich der sozialen Hilfesysteme wurde durch die Abschaffung des Bundessozialhilfegesetzes (BSHG) und die Einführung der Grundsicherung für Arbeitsuchende (SGB II) und die der Sozialhilfe (SGB XII) zum 01.01.2005 gänzlich neu strukturiert. In diesem Zusammenhang ist auch der Kinderzuschlag nach § 6a des Bundeskindergeldgesetzes (BKGG) relevant. Zu den sozialen Hilfesystemen zählt daneben das Unterhaltsvorschussgesetz (UVG) auch das Asylbewerberleistungsgesetz (AsylbLG).

Soziale Entschädigungssysteme

Soziale Entschädigungssysteme stellen eine Verwirklichung Sozialer Rechte dar, um einen Schadensausgleich für Gesundheitsschäden zu schaffen, die jemand aufgrund eines Sachverhalts erleidet, der im Interesse der Allgemeinheit liegt bzw. für den die Allgemeinheit eine besondere Verantwortung übernimmt. Aufgrund der besonderen Verantwortung der Allgemeinheit werden die Leistungen nicht durch Beiträge der Berechtigten, sondern aus Steuermitteln finanziert. Zudem werden sie unabhängig von einer individuellen Hilfsbedürftigkeit des Geschädigten gewährt. Dies gilt insbesondere für Kriegsfolgen, Wehrdienstschäden, Impfschäden aufgrund öffentlich empfohlener Impfungen und für Schäden aus Gewaltverbrechen. Hierbei kommt dem im Jahre 1950 in Kraft getretenen Bundesversorgungsgesetz (BVG) auch heute noch eine besondere Bedeutung zu. Dieses Gesetz entstand, um einen sozialen Ausgleich der Kriegsfolgen aus dem Zweiten Weltkrieg zu schaffen (u.a. Kriegsopferversorgung). Im Laufe der Zeit wurden weitere Entschädigungstatbestände vom Gesetzgeber erlassen, wie z.B. das Infektionsschutzgesetz für Impfschäden, die wegen der konkreten Entschädigungsansprüche auf das BVG verweisen.

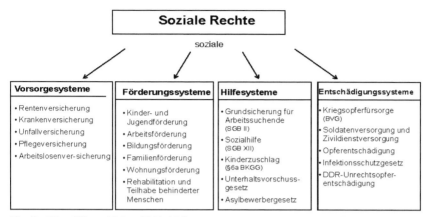

(Quelle: Kievel/Knösel/Marx,2013, 254)

Das Sozialgesetzbuch

Da im Laufe der Zeit durch die unterschiedlichsten Gesetze immer mehr So-
zialgesetze geschaffen wurden, führte dies zu einem immer schwerer durch-
schaubaren System sozialer Sicherung in Deutschland. Seit Mitte des 20.
Jahrhunderts existieren daher gesetzgeberische Bestrebungen, das Sozialrecht
neu zu ordnen und die oben dargestellten 4 Säulen der sozialen Sicherung
enger miteinander zu verzahnen. Am 19.03.1970 beschloss die Bundesregierung unter der Kanzlerschaft von Willy Brandt, alle sozialrechtlichen Bereiche, die sich für die Einordnung in ein einheitliches Gesetzeswerk eignen,
nach einheitlichen Grundsätzen zu überarbeiten und für die soziale Praxis zu
vereinfachen. Als Ergebnis entstand das Sozialgesetzbuch (SGB), das aus
einzelnen Teilen besteht, die als einzelne „Bücher des Sozialgesetzbuches"
mit römischen Ziffern durchnummeriert sind (SGB I, SGB II, SGB III usw.).
Gesetzestechnisch gelten die einzelnen Sozialgesetzbücher als jeweils eigenständige Gesetze. Vorbild für den Gesamtaufbau des SGB war das Bürgerliche Gesetzbuch (BGB), das als das klassische Gesetzeswerk des deutschen
Rechts schlechthin gilt. Entsprechend dem 1. Buch des BGB zieht auch das
SGB I diejenigen Regelungen „vor die Klammer" der folgenden spezielleren
Bücher, die einheitlich für sämtliche Sozialleistungsbereiche Geltung beanspruchen. Daneben enthält das SGB X ebenfalls allgemeingültige Regelungen
insbesondere zum Sozialverwaltungsverfahren und Sozialdatenschutz.

Da der Gesetzgeber nicht solange warten wollte, bis ein kompletter Ge-
setzentwurf des SGB vorlag, entschied er sich für ein stufenweises Vorgehen
und setzte am 01.01.1976 das erste Buch des SGB – SGB I – als den sog.
„Allgemeinen Teil", der die Sozialen Rechte in seinen §§ 2-10 regelt, in Kraft.

*Komplexität des
Sozialrechts*

*12 Sozial-
gesetzbücher*

Aufgrund der großen Menge und Komplexität der Sozialrechtsmaterie ist dieser Prozess bis heute noch nicht abgeschlossen! Derzeit existieren insgesamt 12 Sozialgesetzbücher (vgl. untenstehende Übersicht). Es sollen zudem noch weitere Sozialgesetzbücher entstehen, wie z.B. die Neufassung des Ausbildungsförderungsrechts und des Bundesversorgungsgesetzes, sowie einiger weiterer sozialrechtlicher Spezialmaterien. Solange das SGB noch nicht komplett ist, d.h. soweit einzelne besondere Sozialrechtsmaterien noch nicht in die Bücher des SGB eingeordnet sind, stellt die Regelung des § 68 SGB I klar, dass sie aktuell schon als besondere Teile des Sozialgesetzbuchs gelten und damit den allgemeinen Regelungen des SGB I und SGB X unterliegen.

Aufbau des Sozialgesetzbuchs (SGB) im Überblick:

Aufbau und
Inhalt des SGB

SGB I   Allgemeiner Teil (seit 01.01.1976)
SGB II   Grundsicherung für Arbeitsuchende/"Hartz IV" (seit 01.01.2005)
SGB III   Arbeitsförderung (seit 01.01.1998)
SGB IV   Gemeinsame Vorschriften für die Sozialversicherungen
             01.07.1977)
SGBV   Gesetzliche Krankenversicherung (seit 01.01.1989)
SGB VI   Gesetzliche Rentenversicherung (seit 01.01.1992)
SGB VII   Gesetzliche Unfallversicherung (seit 01.01.1997)
SGB VIII   Kinder- und Jugendhilfe (seit 01.01.1991)
SGB IX   Rehabilitation und Teilhabe behinderter Menschen (seit
             01.07.2001)
SGB X   u.a. Verwaltungsverfahren, Sozialdatenschutz (seit 01.01.1981)
SGB XI   Pflegeversicherung (seit 01.01.1995)
SGB XII   Sozialhilfe (seit 01.01.2005)

Die Reihenfolge der einzelnen Bücher des SGB ist teilweise systematisch nicht mehr zu erklären und hat sich hauptsächlich durch die unterschiedlichen Sozialrechtsreformen ergeben. Einige sozialrechtliche Gesetzessammlungen folgen daher in ihrem Aufbau nicht dem SGB sondern gliedern nach inhaltlichen Gesichtspunkten. So bildet das SGB I mit dem SGB X systematisch eine Einheit. Weiterhin besteht zwischen dem Recht der Pflegeversicherung (SGB XI) und dem Krankenversicherungsrecht (SGB V) eine Verwandtschaft, die Grundsicherung für Arbeitsuchende – sog. „Hartz IV" – (SGB II) und die Sozialhilfe (SGB XII) stehen auch in einem systematischen Zusammenhang und die Arbeitsförderung (SGB III) ist häufig den Hartz IV-Regelungen des SGB II vorgelagert.

Aktuelle Entwicklungen

Das deutsche Sozialleistungsrecht unterliegt bis heute tiefgreifenden und permanenten Wandlungen. Während in der Zeit nach dem Zweiten Weltkrieg als Folge des enormen wirtschaftlichen Wachstums bis Ende der 70er Jahre des 20. Jahrhunderts die Sozialen Rechte für die Bürger ausgebaut wurden, begann ab den 1980er Jahren aufgrund fiskalischer und ökonomischer Zwänge ein Umbau der sozialen Sicherungssysteme, der konkret einen Abbau der Sozialen Rechte bedeutete.

Abbau der sozialen Sicherungssysteme

Da die Mittel für soziale Zwecke begrenzt sind, hat sich eine Hierarchie bei der Lösung der sozialen Probleme entwickelt, die in der heutigen Zeit primär die Bekämpfung der Arbeitslosigkeit und die Bewältigung der Pflegebedürftigkeit im Alter verfolgt. Insbesondere durch die vier sog. „Hartz-Reformen" sollte der Massenarbeitslosigkeit in Deutschland der Kampf angesagt werden, wobei es damit zu einer Verschärfung der Dimensionen von sozialer Ungleichheit und Armut und zu einem massiven Abbau Sozialer Rechte kam. Beispielsweise führte das Vierte Gesetz für moderne Dienstleistungen am Arbeitsmarkt (sog. „Hartz IV-Gesetz") zum 1. Januar 2005 die bisherige Arbeitslosenhilfe und die bisherige Sozialhilfe im neu geschaffenen Sozialgesetzbuch Zweites Buch (SGB II) in Form einer einheitlichen, bedürftigkeitsabhängigen Grundsicherung für Erwerbsfähige und die mit ihnen in einer Bedarfsgemeinschaft lebenden Menschen zusammen. Im Vergleich zu den Regelungen nach dem ehemaligen Bundessozialhilfegesetz (BSHG) wurde die Regelleistung nach dem SGB II allerdings weitgehend pauschaliert und eine Erhöhung für den alltäglichen Bedarf war ausgeschlossen. Die Zusammenführung der Arbeitslosen- und Sozialhilfe für Erwerbsfähige erfolgte auf dem in der Regel niedrigeren Leistungsniveau der Sozialhilfe, so dass insbesondere die Gruppe der ehemaligen Arbeitslosenhilfeempfänger bzw. Arbeitslosengeldempfänger als die großen Verlierer der Reform galten. Aktuell werden zudem immer mehr Erwerbseinkommen mit steuerfinanzierten Sozialleistungen, wie z.B. Hartz IV oder Wohngeld, aufgestockt, da viele Erwerbstätige prekär beschäftigt sind, d.h. sie sind unsicher beschäftigt und werden schlecht bezahlt.

Hartz-Reformen

Sozialrechte und ihre Relevanz für die Soziale Arbeit

Soziale Rechte spielen für sämtliche Fachkräfte der Sozialen Arbeit eine enorme Rolle. Der Auftrag der Sozialen Arbeit ist es, Hilfe für Menschen in den unterschiedlichsten Lebenslagen zu organisieren. Welche konkreten Ansprüche auf Hilfe haben nun der arme, obdachlose, drogenabhängige oder der behinderte Klient und seine Familie? Genau hier werden die Sozialen

Rechte bzw. die sie konkretisierenden Sozialleistungen für den Hilfesuchen-
den bedeutsam, denn nun kommt das System der sozialen Sicherung zum
Tragen, das dem Einzelnen Leistungen in Form von Geld-, Sach- oder
Dienstleistungen zur Verfügung stellt.

Armutsrisiko

In Zeiten leerer öffentlicher Haushaltskassen werden die Sozialen Rechte
der Bürger immer mehr beschnitten, d.h. staatliche Hilfeleistungen werden
konsequent zurückgefahren, was sich durch Senkung des Leistungsniveaus
oder der Leistungsdauer für bewilligte Sozialleistungen oder in der Verschärfung derer Anspruchsvoraussetzungen bemerkbar macht. Die Soziale
Arbeit hat zudem spätestens seit den Hartz-Reformen eine neue Klientel bekommen, da das Risiko in Armut abzurutschen nun bis in die mittleren Einkommensschichten hinein gegeben ist. Denn aufgrund der bereits oben dargestellten prekären Arbeitsmarktlage, führt u.a. die zunehmende Lohnsprei-
zung zu immer mehr Armut. Zur arbeitslosen Armut kommt jetzt noch die
arbeitende Armut, die sogenannten „working poor", dazu. Sowohl die lau-
fende Sicherung des Lebensunterhaltes als auch die soziale Vorsorge – insbesondere die existenzsichernde Altersversorgung – ist durch ertragsschwa-
che Einkommen immer weniger möglich. Zudem wird ein Gegenwartsprob-
lem in die Zukunft weitergeschoben: Dauerhaft niedriges Einkommen führt
im Alter in die Sozialhilfe!

*Qualifizierte
Rechtsberatung*

Fachkräfte der Sozialen Arbeit müssen ein fundiertes Wissen über das
soziale Sicherungsnetz haben. Nur so ist es möglich, sämtliche in Betracht
kommenden Hilfemöglichkeiten, Teilhaberechte und Teilhabechancen im
Sinne des Klienten bestmöglich auszuschöpfen. Es darf außerdem nicht ver-
gessen werden, dass Soziale Hilfe gerade auch die qualifizierte Rechtsberatung darstellt. Diese ist seit dem im Jahre 2008 in Kraft getretenen Rechts-
dienstleistungsgesetz (RDG) den Trägern der Sozialen Arbeit – den Verbänden der freien Wohlfahrtspflege, den anerkannten Trägern der freien Jugendhilfe und den anerkannten Verbänden zur Förderung der Belange behinderter
Menschen – erlaubt. Das bedeutet, dass auch die Fachkräfte der Sozialen
Arbeit im außergerichtlichen Bereich eine Beratung in sozialrechtlicher Hinsicht – und damit auch der jeweils in Frage kommenden Sozialen Rechte bzw.
Sozialleistungen des Hilfesuchenden – durchführen dürfen.

Diese sozialrechtlichen Kenntnisse sind allerdings nicht nur für außerhalb
von Verwaltungsbehörden arbeitende Fachkräften der Sozialen Arbeit relevant, sondern auch für diejenigen, die unmittelbar in den Verwaltungsapparat
eingebunden sind. Denn als Bestandteil eines Sozialleistungsträgers sind sie
u.a. verpflichtet, den Bürger über seine Sozialen Rechte richtig und vollständig aufzuklären (vgl. § 14 SGB I).

Sozialrechtliche Ansprüche

Die Gewährung von Sozialleistungen äußert sich gegenüber dem Bürger als Verwaltungsentscheidung. Die Bewilligung von Sozialleistungen bzw. deren Ablehnung wie z.B. Ausbildungsförderung, Arbeitslosengeld I und II, Sozialhilfe, ergehen daher in Form von Verwaltungsakten (sog. „Bescheide"). Damit wird die Soziale Arbeit sehr stark mit einem streng formalisierten, normorientierten Verfahren, dem (Sozial-) Verwaltungsrecht, konfrontiert. Das Handeln der Sozialverwaltungen muss mit den sozialverwaltungsrechtlichen Grundsätzen des Sozialgesetzbuchs in Einklang stehen, damit es rechtmäßig ist. Trotz gesetzlicher Verpflichtungen klären Sozialleistungsträger die Bürger über ihre Rechte allerdings teilweise nicht richtig bzw. unvollständig auf (vgl. Spindler 2010, S. 163). Zudem wollen Verwaltungen durch Umstrukturierungen ihre Dienstleistungsfunktion betonen und Bürgernähe zeigen, allerdings sieht die Realität häufig anders aus. Das für die Soziale Arbeit ausgebildete, fachlich qualifizierte Personal wird aus Kostengründen oftmals nicht eingestellt, stattdessen müssen sich unzureichend ausgebildete Mitarbeiter mit einer für sie unbekannten und unüberschaubaren Sozialrechtsmaterie beschäftigen (Papenheim/Baltes, 2011, S. 11). Dies hat zur Folge, dass Verwaltungsentscheidungen formal und/oder inhaltlich fehlerhaft sind, d.h. geltendes Recht wird falsch angewendet, so dass die Verwaltungsakte rechtswidrig sind und die Bürger damit in ihren Rechten beschneiden. Dazu kommt, dass der rechtsunkundige Klient häufig unsicher, rechtlich nicht bewandert und ein geringes bzw. nicht vorhandenes Einkommen hat, so dass er sich oftmals gehindert fühlt, seine Rechte gegenüber der Verwaltung durchzusetzen. Die zur Verfügung stehenden Rechtsbehelfe, wie z.B. das sozialrechtliche Widerspruchsverfahren (§§ 78 ff. SGG), werden nicht immer genutzt obwohl es gerade dazu dienen soll, dass die Verwaltung ihre Entscheidung nochmals überprüft und – falls sie Fehler feststellt – den Verwaltungsakt korrigiert. Beispielsweise musste im Jahre 2009 mehr als jeder dritte Hartz IV-Bescheid, gegen den der betroffene Bürger Widerspruch eingelegt hat, zu Gunsten des Bürgers korrigiert werden (Papenheim/Baltes, 2011, S. 354). Die praktische Bedeutung des (Sozial-) Verwaltungsrechts für die Durchsetzung der Rechte der Klienten darf daher nicht unterschätzt werden.

Bedeutung des (Sozial-) Verwaltungsrechts

Resümee

Zusammenfassend kann festgestellt werden, dass Soziale Rechte zur Verwirklichung sozialer Gerechtigkeit und sozialer Sicherheit beitragen. Sie werden im Einzelnen in den §§ 3-10 SGB I formuliert und durch die in den besonderen Teilen des Sozialgesetzbuchs geregelten Leistungen und Hilfen konkretisiert (Sozialleistungen). Das Sozialleistungsrecht lässt sich hierbei in soziale Vorsorgesysteme, Fördersysteme, Hilfesysteme und Entschädigungssysteme systematisieren. Aufgrund wirtschaftlicher Rezession werden durch zahlreiche Gesetzesreformen die Sozialen Rechte immer mehr abgebaut, was sich für den Bürger konkret durch die Senkung des Sozialleistungsniveaus bzw. die Erhöhung der gesetzlichen Anspruchsvoraussetzungen zur Erlangung von Sozialleistungen bemerkbar macht. Die Hürden zur Erlangung der staatlichen Hilfeleistungen werden demnach tendenziell erhöht unter einem gleichzeitigen Abbau bzw. einer Senkung des Sozialleistungsniveaus. Um sämtliche in Betracht kommenden Hilfemöglichkeiten im Sinne des Klienten dennoch bestmöglich ausschöpfen zu können und um dessen Ansprüche gegenüber den Sozialleistungsbehörden mit Nachdruck durchsetzen zu können, müssen die Fachkräfte der Sozialen Arbeit heute mehr denn je sowohl fundierte sozialleistungsrechtliche Kenntnisse besitzen als auch sozialverwaltungsrechtliche Grundlagen beherrschen.

Literatur

Eichenhofer, E. (2011): Soziale Rechte im Sozialgesetzbuch. In: SGb-Die Sozialgerichtsbarkeit, Zeitschrift für das aktuelle Sozialrecht, 58. Jg./Heft 6, S. 301-304.

Frings, D. (2011): Sozialrecht für die Soziale Arbeit. Stuttgart.

Kievel, W./Knösel, P./Marx, A. (2013): Recht für soziale Berufe. Köln, 7. Auflage.

Klinger, R. u.a. (2012): Existenzsicherungsrecht. SGB XII mit SGB II und AsylbLG. Baden-Baden, 3. Auflage.

Papenheim, H.-G./Baltes J. (2011): Verwaltungsrecht für die Soziale Praxis. Frechen, 23. Auflage.

Reidel, A. (2013): Rechtsgrundlagen Sozialwesen. Regensburg, 5. Auflage.

Spindler, H. (2010): Entrechtung auf verschiedenen Ebenen zum Zwecke der Aktivierung durch die Hartz-Gesetzgebung, In: Kritische Justiz, 44. Jg./Heft 2, S. 163ff.

Waltermann, R. (2012): Sozialrecht. Heidelberg, 10. Auflage.

Kinderrechte

Kurt-Peter Merk

Einleitung

Begriff des Kindes

Die Beschäftigung mit Rechten für Kinder setzt eine Definition des Begriffs Kind voraus. International gilt ein Mensch bis zur Vollendung des 18. Lebensjahres rechtlich als Kind (soweit die Volljährigkeit nicht früher eintritt). Die soziale Gruppe der „Minderjährigen" wird also nur über ihr Lebensalter definiert, unabhängig von Geschlecht, Herkunft, Religionszugehörigkeit, Familienstand oder beliebigen sonstigen Unterscheidungsmerkmalen.

Daher liegt es nahe die Frage nach der Berechtigung von „Sonderrechten" für Kinder zu stellen, wenn es doch bereits umfassende Menschenrechte gibt, deren Träger ausnahmslos alle Menschen sind.

Die Fragestellung verkennt aber, dass Kinder eben als „minderjährig" definiert werden, was bedeutet, dass sie Menschen „minderen" Rechts sind. Menschen sind zwar ab Geburt rechtsfähig (§ 1 BGB), aber bis zum 18. Geburtstag „unmündig". Dies bedeutet, dass ab Geburt alle Menschen Träger der Menschenrechte sind, diese aber nicht ausüben können, solange sie nicht geschäftsfähig sind. Sie können keine Demo anmelden, keine Verträge schließen, keine Gewerkschaft gründen, eben weil sie keine rechtsverbindlichen Erklärungen abgeben dürfen. Dieses Problem der Grundrechtsmündigkeit muss für jedes einzelne Grundrecht angemessen gelöst werden, nicht aber durch die pauschale Ausweitung der zivilrechtlichen Geschäftsfähigkeit, denn die Vorenthaltung der bürgerlichen Rechte dient rechtlich dazu, Kinder vor sachlicher Überforderung und wirtschaftlicher Übervorteilung durch andere Marktteilnehmer zu schützen. Dies ist ein berechtigtes gesetzgeberisches Anliegen das Menschen vor den Gefahren des Rechts – und Wirtschaftsverkehrs schützt, solange sie nicht soweit ausgebildet und sozialisiert sind, dass sie selbst das Verhalten der anderen Mitglieder der Gesellschaft kritisch hinterfragen und entsprechend sachlich bewerten können. Das Bürgerliche Gesetzbuch hat diese Grenze, ab der eine hinreichende kognitive sowie soziale Kompetenz und Kritikfähigkeit generell unterstellt wird, im Jahre 1900 noch beim 21. Geburtstag gezogen, der Gesetzgeber der Bundesrepublik Deutschland hat den Eintritt der Volljährigkeit und damit die allgemeine „Mündigkeit" am 1. Januar 1975 auf den 18. Geburtstag gesenkt. Die rechtlichen Regelungen der Geschäftsunfähigkeit und – für ältere Kinder – der beschränkten Geschäftsfähigkeit stellen daher „Kinderrechte" dar, denn sie schützen Menschen in der Lebensphase der Kindheit und Jugend vor Fehlentscheidungen und deren wirtschaftlichen Folgen, privilegieren also die Menschen unter 18 gegenüber den Menschen über 18.

Es ist daher durchaus berechtigt auch auf der verfassungsrechtlichen Ebene der Menschen- und Grundrechte über spezielle Schutznormen für Menschen bis zur Erreichung der Schwelle hinreichender kognitiver und sozialer Kompetenz nachzudenken.

Entwicklungen

Wächteramt und Kinderrechte

Minderjährige stellen einen beträchtlichen Teil der Klienten der Sozialen Arbeit dar. Schon dieser Umstand würde eine Beschäftigung mit ihren Rechten erfordern. Die Kinder sind darüber hinaus für die Soziale Arbeit aber auch qualitativ eine herausragende Gruppe, denn nur diesen gegenüber besteht, neben den üblichen Sorgfaltspflichten bei der Gewährung von Sozialleistungen im Allgemeinen, die gesteigerte Verantwortung aus dem staatlichen Wächteramt mit seinen weitreichenden Eingriffsbefugnissen sogar in die (Grund-) rechte der Eltern. Die vertiefte Kenntnis der Kinderrechte ist daher für eine verantwortungsbewusste und rechtlich tragfähige Wahrnehmung des Wächteramts gemäß Artikel 6 Abs. 2 GG unverzichtbar.

Das Grundgesetz von 1949 formulierte über die ausnahmslos allen Menschen zukommende Menschenwürde und die Grundrechte hinaus, keine besonderen Rechte für Kinder. Mit Artikel 6 GG wurde allerdings ein strukturell ganz besonderes Grundrecht konzipiert. Dort wird nicht nur das Erziehungsrecht der Eltern als vorrangig anerkannt, sondern korrespondierend eine elterliche Erziehungspflicht begründet, die zur Verwirklichung des „Kindeswohls" dient und deren Ausübung durch die Eltern der Staat mit dem „staatlichen Wächteramt" zu kontrollieren befugt ist. Das entsprach dem damaligen gesellschaftlichen Denken, das in erster Linie von der Perspektive des Schutzes aber auch der Kontrolle Minderjähriger beherrscht war. Die weiteren (einfach-) gesetzlichen Bestimmungen, die Bezug auf Kinder hatten, befanden sich im Jugendwohlfahrtsgesetz (JWG) sowie im Bürgerlichen Gesetzbuch (BGB) und beschrieben einerseits polizei- bzw. sicherheitsrechtliche Befugnisse gegenüber Minderjährigen und andererseits, als rechtliche Binnenstruktur der Familie, die Erziehungsbefugnisse der Eltern, insbesondere, in allgemeiner Form, den Inhalt der „elterlichen Gewalt".

Vor dem Grundgesetz, das Kinder immerhin als Objekte staatlichen Schutzes berücksichtigte, gab es nur wenige Normen die den Interessen von Kindern dienten. Zu nennen ist hier das – noch heute gültige – Gesetz über die religiöse Kindererziehung von 1922, das die Religionsmündigkeit der Kinder ab dem 14. Geburtstag anerkennt und die Schulpflicht, die in einigen deutschen Staaten bereits vor 1850 eingeführt wurde. Erst um 1910 aber wurde die

Pflicht dann effektiv umgesetzt als Musterungen zeigten, dass ein erschreckend hoher Anteil an Jugendlichen im „wehrfähigen" Alter durch die industrielle Kinderarbeit schwere Verletzungen und chronische Erkrankungen davon getragen hatten. Nicht die Einsicht in die Bedeutung von Bildung sondern das militärpolitische Interesse des Staates sorgte also für den sozialpolitischen Fortschritt. Von einem Kinderrecht kann hier allerdings in dem Sinne die Rede sein, dass sich die Schulpflicht zum objektiven Nutzen der Kinder verselbständigt und verstetigt hat.

Kinderrechtskonvention

Die Geschichte der Kinderrechte im modernen Sinn der Erweiterung der Perspektive auf Förderung und Teilhabe, beginnt im Jahre 1990 mit der Unterzeichnung der Kinderrechtskonvention der Vereinten Nationen, die in Deutschland 1992 in Kraft getreten ist (Gesetz vom 17.01.1992, BGBl II, 121). Die UN-Kinderrechtskonvention beruht auf der Idee der Anerkennung von Kindern als individuelle Persönlichkeiten, die von Staat und Gesellschaft, aber auch den Eltern zu respektieren sind. Grundlegend war ein Entwurf der polnischen Regierung. Dieser bezog sich auf die schon 1920 formulierten Ideen des polnischen Kinderarztes und Pädagogen Janusz Korczak und dessen Denken dem insbesondere die Beteiligungsrechte in der Konvention zu verdanken sind. Die Konvention stellt eine Zäsur in der normativen Perzeption von Kindern dar. Vorher gab es, abgesehen von einer Konvention des Völkerbundes, die aber, wie dieser, wirkungslos blieb, nur eine Sozialgeschichte der Kindheit, die gekennzeichnet war von einer Kontinuität der Rechtlosigkeit und struktureller Gewalt seitens des pater familias. Kinder wurden als „unfertige" Menschen betrachtet, die erst durch – meist repressive – Erziehung zur „Reife" gebracht werden mussten.

Internationale
Kinderrechte

Durch die Konvention wird dieser Standpunkt relativiert und die gesellschaftliche Wahrnehmung junger Menschen erweitert durch die dort anerkannten „3 P's": „Protektion, Provision, Partizipation". Protektion ist der schon dargestellte traditionelle Ansatz des Schutzes der Minderjährigen (siehe hierzu den Beitrag von Kathinka Beckmann), Provision nimmt die Idee der Förderung und Bildung auf und Partizipation bedeutet die Teilhabe an der Gestaltung von Entscheidungen. Die UN-Kinderkonvention formuliert damit nicht nur eine deutliche Stärkung und Ausweitung der Rechtspositionen von Kindern sondern fordert, und dies stellt einen Paradigmenwechsel dar, die Anerkennung der mit Erwachsenen gleichrangigen Rechtssubjektivität der Kinder.

Für diese Neuausrichtung sind besonders die Normen von Bedeutung, die sich mit der Partizipation von Kindern befassen. Dies sind die Artikel 2, 3, 4 und 12 der Konvention.

Mit *Artikel 2* verpflichten sich alle Unterzeichnerstaaten die in der Konvention festgelegten Rechte der Kinder zu achten und diese jedem ihrer Hoheitsgewalt unterstehenden Kind ohne Diskriminierung zu gewähren. Diese grundlegende Regelung wird sanktionierend ergänzt durch *Artikel 4,* der eine Verpflichtung zur Effektivität darstellt. In diesem verpflichten sich die Staaten dazu die Kinderrechte innerstaatlich auch umzusetzen, *indem sie alle geeigneten Gesetzgebungs-, Verwaltungs- und sonstigen Maßnahmen treffen.*

Diese formalen Normen werden inhaltlich ausgefüllt durch *Artikel 12* der UN- Kinderrechtskonvention mit der Überschrift: *Berücksichtigung des Kindeswillens*

Die Vertragsstaaten sichern dem Kind, das fähig ist, sich eine eigene Meinung zu bilden, das Recht zu, diese Meinung in allen das Kind berührenden Angelegenheiten frei zu äußern, und berücksichtigen die Meinung des Kindes angemessen und entsprechend seinem Alter und seiner Reife.

Damit ist nicht nur die Meinungsfreiheit der Minderjährigen postuliert sondern auch die staatliche Pflicht zu deren effektiven Gestaltung in Form der Partizipation der Kinder. Dieser Artikel fordert die Anerkennung jedes Menschen als Rechtsperson ohne Altersbeschränkung und den Respekt vor der rechtlichen Subjektstellung von Kindern.

Artikel 3 schließlich fordert die Staaten auf, bei allen Maßnahmen, die Kinder betreffen, gleichviel ob sie von öffentlichen oder privaten Einrichtungen der sozialen Fürsorge, Gerichten, Verwaltungsbehörden oder Gesetzgebungsorganen getroffen werden, das Wohl des Kindes als einen Gesichtspunkt zu betrachten, der vorrangig zu berücksichtigen ist.

Diese Regelungen verpflichten, wie bei völkerrechtlichen Verträgen üblich, die Staaten, geben aber den geschützten Kindern keine eigenen, subjektiven Rechte. Dies wird erst der Fall sein, wenn das Zusatzprotokoll zur Individualbeschwerde in Kraft tritt. Dann wird eine individuelle aber auch eine kollektive und sogar eine vertretungsweise Beschwerde wegen der Verletzung der in der Kinderkonvention verbrieften Rechte zum Beschwerdeausschuss der UN möglich sein (Artikel 5 des 3. Fakultativprotokolls). Für Deutschland, das an dessen Formulierung intensiv beteiligt war, hat der Bundestag am 08.11.2012 (BT-Drs. 17/10916) das 3. Zusatzprotokoll ratifiziert. Damit es in Kraft tritt, fehlen allerdings noch die Ratifikationen mehrerer Staaten.

Bisher hat der Perspektivwechsel hin zur Anerkennung auch der Minderjährigen als Rechtssubjekte mit gleichen Menschen – und Grundrechten nicht zu einer angemessenen politischen Partizipation der Minderjährigen geführt. Immerhin wurde in einigen Bundesländern das Alter für das aktive Wahlrecht bei Kommunal- und Landtagswahlen bereits auf das 16. Lebensjahr gesenkt. Unter dem Gesichtspunkt der kognitiven Kompetenz ist es aber sachlich gerechtfertigt von einem Wahlalter von 14 auszugehen und es gibt auch keinen rechtlich überzeugenden Grund auf Bundesebene am 18. Lebensjahr festzuhalten (vgl. Merk 2009a).

Noch nicht konsistent umgesetzt ist die Anerkennung der Kinder als Subjekte und das Recht auf Entwicklungen auch im Bereich des Schulwesens. Dort herrscht überwiegend noch die überkommene Vorstellung vom kindlichen Schonraum und rechtlich die Schulpflicht. Zusammengenommen ergeben diese Aspekte das Fortbestehen der Rechtslage, wonach Schulen öffentliche Anstalten und die Schüler deren Nutzer sind, die zur Anstalt in einem sogenannten „besonderen Gewaltverhältnis" stehen, das schon begrifflich Partizipation weitgehend ausschließt (vgl. Merk 2009b).

Das politische Umdenken hin zu einer normativen Aufwertung der Minderjährigen hat sich aber sehr förderlich auf die gesetzgeberische Neujustierung der Binnenstruktur der verfassungsrechtlich in Art. 6 GG geschützten Familie ausgewirkt. Zu denken ist an die Umkehrung von Erziehungsrecht und Erziehungspflicht und insbesondere die Ablösung des Begriffs der „Elterlichen Gewalt" durch den der „Elterlichen Sorge", zivilrechtlich begleitet vom Verbot von Gewalt und entwürdigenden Maßnahmen als Mittel der Erziehung (§ 1631 Abs. 2 BGB) und verwaltungsrechtlich flankiert vom Recht auf Entwicklung (§ 1 Abs. 1 SGB VIII). <!-- margin note: Interesse des Kindes -->

Allerdings wird diese normative Intensivierung der Anerkennung der rechtlichen Subjektqualität von Kindern bis heute nur zögerlich in die zivilgerichtliche Praxis aufgenommen. Der wichtigste Kommentar formuliert in der Auflage 2012 zur Bedeutung dieser Perspektive unter der relativierenden Überschrift „Erziehungsstil", § 1626 Abs. 2 BGB enthalte keine Generalklausel für ein allgemeines Mitbestimmungsrecht des Kindes, sondern schreibe den Eltern lediglich eine partnerschaftliche Erziehung vor. Ein rein auf Gehorsam ausgerichteter autoritärer Erziehungsstil sei aber nicht mehr erlaubt. (Palandt 71. Aufl. 2012, BGB § 1626 Rdn.22). Auffällig ist auch, dass die UN-Kinderrechtskonvention in diesem Kommentar argumentativ unberücksichtigt bleibt und nur an einer Stelle, eher der Vollständigkeit halber als wegen ihrer Bedeutung, erwähnt wird (Palandt 71. Aufl. 2012, Einl. vor § 1297 Rdn.9). Es wird nicht erläutert, dass die UN-Kinderrechtskonvention in den verbindlichen französischen und englischen Fassungen übereinstimmend eine Formulierung enthalten (l'intérêt supérieur de l'enfant bzw. best interests of the child), die von einem zu berücksichtigen Interesse der Minderjährigen ausgeht. Diese Begriffe wurden in der – rechtlich nicht verbindlichen – deutschen Übersetzung zum Kindeswohl umformuliert, was die Rechtsposition der Minderjährigen tendenziell schwächt. Der Gesetzgeber hat dieses Problem aber nun gesehen, denn § 1693 BGB spricht vom „Interesse des Kindes". Diese Formulierung entspricht der UN-Kinderkonvention und erkennt an, dass Kinder, wie alle anderen Beteiligten an einem Konflikt, sei es ein innerfamiliärer, sei es ein sozialpolitisch verteilungsrelevanter, objektivierbare Gruppen- und Individualinteressen haben.

Neue Perspektiven

Kinder als
Rechtssubjekte

Die Hinwendung zur Perspektive der „Kinderrechte" hat dazu geführt, dass die schon lange vorher in Deutschland bestehende Rechtslage nach und nach mit mehr „Kinderfreundlichkeit" (§ 1 Abs. 3 Nr. 4 SGB VIII) ausgefüllt wird. Es wird die Einsicht befördert, dass Familien eine personelle Binnenstruktur haben, aus Personen besteht, die als Menschen mit gleicher Menschenwürde (Art. 1 GG) gemäß § 1 BGB ab Vollendung der Geburt rechtsfähig sind, und daher auch jedem Kind als Rechtssubjekt das Grundrecht aus Art. 2 GG zusteht auf Entfaltung seiner Persönlichkeit und auf körperliche Unversehrtheit. Es öffnet sich der Blick in die Familie hinein, in der sich rechtlich relevante Interessenkonflikte ergeben können, zwischen den Eltern ebenso wie zwischen Eltern und Kindern, bei denen das jeder der beteiligten Personen individuell zustehende Grundrecht auf Selbstentfaltung gemäß Art. 2 GG abzuwägen ist gegen das der Anderen, ohne dass die Kinder wegen ihres Alters diskriminiert werden dürfen.

Diese heutige Rechtsstruktur der Elternverantwortung wird zusammenfassend formuliert im Urteil des Bundesverfassungsgerichts vom 01.04.2008 – 1 BvR 1620/04:

> „Die den Eltern durch Art. 6 Abs. 2 Satz 1 GG auferlegte Pflicht zur Pflege und Erziehung ihres Kindes besteht nicht allein dem Staat, sondern auch ihrem Kind gegenüber. Mit dieser elterlichen Pflicht korrespondiert das Recht des Kindes auf Pflege und Erziehung durch seine Eltern aus Art. 6 Abs. 2 Satz 1 GG. Recht und Pflicht sind vom Gesetzgeber auszugestalten."

Damit wird rechtlich verbindlich formuliert, wie Gesellschaft und Politik das Verhältnis von Art. 6 GG zu Art. 2 GG und Art. 1 GG zu verstehen haben. Eltern sind auch – unmittelbar – ihrem Kind gegenüber zu dessen Pflege und Erziehung verpflichtet. Maßgebliche Richtschnur für das Handeln der Eltern muss immer das Wohl des Kindes sein, denn das Elternrecht ist ein Recht im Interesse des Kindes (BVerfGE 103, 89 <107>). Auch das Bundesverfassungsgericht stellt damit einen begrifflichen Zusammenhang her, zwischen dem Kindeswohl und dem Interesse des Kindes. Das Elternrecht dem Kind gegenüber findet seine Rechtfertigung darin, dass das Kind des Schutzes und der Hilfe bedarf, damit es sich zu einer eigenverantwortlichen Persönlichkeit innerhalb der sozialen Gemeinschaft entwickeln kann, wie sie dem Menschenbild des Grundgesetzes entspricht (vgl. BVerfGE 24, 119 <144>, Merk 2009b).

Kinderarbeit

Ein anderer Aspekt, der sich aus dem schrittweisen Zurückdrängen des in der Rechtspraxis tendenziell paternalistisch verstandenen Kindeswohlbegriffs ergibt, ist die internationale Diskussion der Kinderarbeit. Nach der UN-Kinderrechtskonvention ist die wirtschaftliche Ausbeutung von Kindern verboten. In vielen nationalen Rechtsordnungen, aber auch teilweise im internationalen

Recht (ILO) und in der Charta der Grundrechte der EU (Art. 32 Charta) wird aber kategorisch die Kinderarbeit als solche verboten. Es wird daher, auch von arbeitenden Kindern selbst, im Sinne von Partizipation und Meinungsäußerung in eigenen Angelegenheiten, gefragt, ob hier nicht eine differenzierte Betrachtung erforderlich ist (siehe hierzu Liebel 1), denn das pauschale Verbot ist weder der den Betroffenen geschuldete Partizipation noch dem Wortlaut der Konvention adäquat.

Auch die Europäische Union hat in den letzten Jahren intensiv zur Entwicklung und Stärkung der Rechte für Kinder beigetragen. Die Charta der Grundrechte der Europäischen Union (CHARTA), die, zusammen und rechtlich gleichrangig mit dem Vertrag über die Gründung der Europäischen Union (EUV) und dem Vertrag über die Arbeitsweise der Europäischen Union (AEUV) gemäß Artikel 6 Abs. 1 EUV das primäre Recht der Europäischen Union, faktisch deren „Verfassung" bildet, enthält nicht nur einen umfassenden Menschenrechtskatalog sondern, in Artikel 24 der CHARTA, auch spezielle „Rechte des Kindes". Sie sind Teil der Menschenrechte der CHARTA und nehmen inhaltlich die in der UN-Kinderrechtskonvention verbrieften Rechte auf.

(1) Kinder haben Anspruch auf den Schutz und die Fürsorge, die für ihr Wohlergehen notwendig sind. Sie können ihre Meinung frei äußern. Ihre Meinung wird in den Angelegenheiten, die sie betreffen, in einer ihrem Alter und ihrem Reifegrad entsprechenden Weise berücksichtigt.

(2) Bei allen Kinder betreffenden Maßnahmen öffentlicher Stellen oder privater Einrichtungen muss das Wohl des Kindes eine vorrangige Erwägung sein.

Die CHARTA formuliert in Artikel 21 darüber hinaus auch das Verbot der Altersdiskriminierung.

Diskriminierungen, insbesondere wegen ...des Alters ...sind verboten.

Der Europäische Gerichtshof (EuGH) hat zu diesem Verbot ausdrücklich und für alle Mitgliedsstaaten der Europäischen Union (EU) rechtlich verbindlich festgestellt, dass es sich dabei um einen Grundsatz des Unionsrechts handelt. Da das EU-Recht grundsätzlich dem nationalen Recht vorgeht, ergibt sich das Verbot der Altersdiskriminierung auch für die nationalen Rechtsordnungen der Mitgliedsstaaten (z.B. EuGH, Urteil vom 19.01.2010 – C 555/07).

Resümee

Es bleibt trotzdem noch viel zu tun bis Kinder als gleichrangig und damit nicht mehr als Menschen 2. Klasse betrachtet und behandelt werden. Gerade die

Recht auf
Partizipation

Probleme bei der praktischen Umsetzung des Rechtes auf Partizipation sind ungelöst. Es ist dazu erforderlich, Methoden zu finden, die geeignet sind eine altersangemessene und trotzdem effektive Beteiligung zu gewährleisten. Noch davor ist aber zu klären welche Angelegenheiten im Sinne des Art. 12 der UN-Kinderkonvention und des Artikel 24 der CHARTA partizipationsbedürftig sind, weil es sich um *das Kind berührende Angelegenheiten* handelt. Dies erscheint nicht zuverlässig objektivierbar, denn es handelt sich dabei um eine wertende Beurteilung. Wer also soll darüber bestimmen? Die Kinder als Betroffene selbst oder staatliche und gesellschaftliche Funktionsträger? Genau bei dieser Frage hat die Partizipation bereits einzusetzen um effektiv zu sein (analog Artikel 19 Absatz 4 GG). Unter diesem Gesichtspunkt, kann und darf eine relevante Angelegenheit jede sein die die partizipationsberechtigten Minderjährigen selbst als solche betrachten. Das kann zu erheblichen Problemen mit den bestehenden „erwachsenenlastigen" Entscheidungs- und Machtstrukturen führen, denn Kinder könnten sich plötzlich in Angelegenheiten „einmischen", die von den etablierten politischen Funktionsträgern als ausschließlich ihre Angelegenheiten betrachtet werden, in die sich nicht irgendwelche „Kindsköpfe" einmischen sollen. Zu denken wäre hier etwa an die Entscheidungen über die Verschuldung von Kommunen, deren politische Zwecke und Rechtfertigungen die Minderjährigen mit ihrem langfristigen Interesse anders sehen werden, als die aktuellen Funktionsträger.

In allen hier ohne Anspruch auf Vollständigkeit genannten Problemfeldern, können die Fachkräfte der Soziale Arbeit ihr fachliches Potential und ihre vielfältigen Kompetenzen einbringen. Sie kennen die gesellschaftliche Realität der Minderjährigen und das Problem der Kinderarmut, deren Umfeld und deren Konsequenzen, wie keine andere Profession und haben damit die empirische Basis für eine Erforschung der rechtlichen, sozialen und insbesondere der politischen Ursachen der bestehenden Verhältnisse und der Analyse der sozialen und politischen Situation der Kinder als Individuen ebenso wie als soziale Gruppe. Soziale Arbeit hat aber auch – und gerade deshalb – die advokatorische Funktion und Aufgabe, aus evidenzbasierten wissenschaftlichen Erkenntnissen Forderungen für ihre Klienten zu formulieren in deren Interesse sie das verfassungsrechtlich begründete Wächteramt auszuüben verpflichtet ist. Will man diese Verantwortung nicht auf die individualisierte Pflege der Kinderarmut beschränken und, soweit das Wächteramt betroffen ist, auf die Funktion der sozialen Feuerwehr verengen, ist die Soziale Arbeit zur politischen Einmischung nicht nur rechtlich legitimiert sondern auch politisch aufgefordert.

Literatur

Ehmer, J. (1990): Sozialgeschichte des Alters. Frankfurt/Main.

Liebel, M./Meade, P./Saadi, I. (2012): Brauchen Kinder ein Recht zu arbeiten? In: Kinderarbeit, APuZ, 62. Jahrgang, 43/2012, 22. Oktober 2012, S. 35-41.

Liebel, M. (2012): Kinder und Gerechtigkeit. Über Kinderrechte neu nachdenken. Weinheim u. Basel.

Mause, L. de (1979): Über die Geschichte der Kindheit. Frankfurt/Main.

Merk, K-P. (2009): Das Wahlrecht von Geburt an und seine politische Bedeutung. In: Diskurs, Jugend und Kindheitsforschung, Heft 4-2009, S. 525-538 (2009a).

Merk, K.-P. (2009): Das Recht jedes Kindes auf Mitwirkung – Art. 12 der UN Kinderrechtskonvention. In: Kinderreport Deutschland 2010, Deutsches Kinderhilfswerk e.V. (Hrsg.). Freiburg, S. 45-56 (2009b).

Merk, K.-P. (2012): Elterliche Gewalt – Elterliche Verantwortung. In: Kinder- und Jugendschutz (KJug), Heft 3/2012, S. 81-85.

Kinderschutz

Kathinka Beckmann

Einleitung

Das erste Kapitel des Kinderschutzes begann 1874 in Amerika als gegen die Stiefmutter des Mädchens Mary Ellen Anklage wegen Misshandlung erhoben wurde. Henry Bergh, Begründer der „Amerikanischen Gesellschaft zur Verhütung von Grausamkeiten gegen Tiere", hatte diesen Fall ins Rollen gebracht. Er war in seiner Eigenschaft als Tierschützer um Hilfe gebeten worden, da das Mädchen „wie ein kleines Tier" gehalten wurde (vgl. Matschke 2007, S. 98). Bergh war dann auch Mitbegründer der „Amerikanischen Gesellschaft zur Verhütung von Grausamkeiten gegen Kinder", die 1875 weltweit die erste ihrer Art war. Katapultierte der Fall Mary Ellen das Thema „Misshandlung" in die öffentliche Wahrnehmung, so ist die wissenschaftliche Auseinandersetzung mit der Thematik erst im Jahr 1962 (!) anzusiedeln. Der Fachartikel zum „Syndrom des misshandelten Kindes" (Kempe u.a. 1962, S. 17-24) rückte das gewaltgeschädigte Kind in den Fokus wissenschaftlich-medizinischer Aufmerksamkeit. Juristische Reformen begleiteten diese Entwicklung: In Deutschland löste das Recht und die Pflicht zur „elterlichen Sorge" im Jahr 1980 den Begriff der „elterlichen Gewalt" ab und im Jahr 1991 brachte das präventiv orientierte Kinder- und Jugendhilfegesetz den gesellschaftlichen Verständniswandel bezüglich des staatlichen Erziehungs- und Entwicklungsauftrages zum Ausdruck. Seit der Jahrtausendwende garantiert der §1631 im BGB den Kindern ein „Recht auf gewaltfreie Erziehung" und die Einführung des §8a SGB VIII in 2005 löste einen breiten Fachdiskurs über das staatliche Wächteramt aus. Begleitet wird dieser Diskurs von einer Vielzahl an Publikationen von den am Kinderschutz beteiligten Professionen (z.B. Wiesner 2005, Fegert 2006, Beckmann 2008, Alle 2010, Biesel 2011). Das aktuellste Kapitel im Kinderschutz ist zumindest in Deutschland die Einführung des Bundeskinderschutzgesetzes im Januar 2012.

Bevor dieses kurz vorgestellt und in Teilen diskutiert wird, stellt sich zunächst die Frage: Wie viele Kinder in Deutschland brauchen Schutz vor Misshandlung und Missbrauch?

Zahlen und Fakten Die Zahlen kindlicher Gewaltopfer sind den wenigsten bekannt, obwohl sie öffentlich zugänglich sind. Seit 2002 werden sie vom Bundeskriminalamt erhoben und seit 2005 jährlich im Zuge einer Pressekonferenz in Berlin vorgestellt. Für das Jahr 2012 ergibt sich folgendes Bild: Es gab 167 Tötungsopfer in der Altersgruppe bis 14 Jahren, davon erreichten 118 Kinder nicht das sechste Lebensjahr. Die meisten von ihnen starben im häuslichen Kontext, beispielsweise durch Verhungern. Bei 3.998 Kindern jünger als 14 Jahre stellte ein Arzt die Diagnose „Kindesmisshandlung" und in 15.149 Fällen wurde ein sexueller Missbrauch angezeigt (vgl. Bundeskriminalamt, PKS 2012). Dies sind die Zahlen kindlicher Opfer, die statistisch erfasst worden sind. Die Kinder, die täglich gefährdeten Lebenslagen ausgesetzt sind, schätzt Hurrelmann auf 80.000 (vgl. Hurrelmann 2006, S. 18).

Das Bundeskinderschutzgesetz

Nach dem medial und politisch viel diskutierten Hungertod der fünfjährigen Lea-Sophie erklärte die Bundeskanzlerin Ende 2007 den Kinderschutz zur Chefsache. Es sollte jedoch weitere vier Jahre bis zur Verabschiedung eines Kinderschutzgesetzes dauern, für das sich ganz allgemein feststellen lässt:

1. Im Zentrum des Kinderschutzes stehen weiterhin die Jugendämter und die vielen freien Träger der Jugendhilfe. Darüber hinaus werden erstmals Schulen, Jobcenter, Gesundheitsämter, Einrichtungen der Behinderten-hilfe, verschiedene Formen von Beratungsstellen, Hebammen, Ärzte und Ordnungsbehörden als weitere wichtige Akteure des Kinderschutzes konkret benannt.
2. Dem Gesetz liegt ein *weiter* Kinderschutzbegriff zugrunde. Neben den Vorschriften zum Umgang mit vermuteter oder festgestellter Gefährdung sind auch Regelungen formuliert worden, die die Bedingungen des Auf-wachsens an sich verbessern sollen.
3. Es handelt sich um ein sogenanntes Artikelgesetz, d.h. das Bundeskin-derschutzgesetz (BKiSchG) greift vor allem in schon bestehende Gesetze ein (z.B. SGB VIII und SGB IX).

Insgesamt dominieren neun Elemente das Bundeskinderschutzgesetz, die nicht alle wirklich neu sind (vgl. Meysen/Eschelbach 2012):

Die Installierung eines Systems der *Frühen Hilfen* (Art. 1 BKiSchG) ist auf Bundesebene schon in der 16. Legislaturperiode von Ursula von der Leyen vorangetrieben worden und es bekam mit Gründung des Nationalen Zentrums Frühe Hilfen im Jahr 2008 einen institutionellen Ort. Der gewünschte Ausbau lokaler Netzwerke ist der Erkenntnis geschuldet, dass werdende Eltern rund um die Geburt ihres Kindes in der Regel Kontakt zu Akteuren der Heilberufe suchen und haben. Das erklärte Ziel der Verstetigung der Frühen Hilfen ist der Brückenschlag von der Gesundheits- in die Jugendhilfe. Im Fokus der öf-fentlichen Diskussion stand und steht vor allem der Einsatz der sogenannten Familienhebamme.

Die *Interinstitutionelle Zusammenarbeit im Kinderschutz* beschreibt Regelungen für die *fallübergreifende* Zusammenarbeit (§3 KKG) sowie für die *einzelfallbezogene* Zusammenarbeit (§4 KKG). Bei der ersteren sind die Jugendämter aufgefordert mit konkret benannten Akteuren wie Polizei, Gesundheitsämter, Schulen, sozialpädiatrische Zentren etc. Rahmenbedingungen für verbindliche Netzwerkstrukturen aufzubauen und auszudifferenzieren. Daneben erhalten die Träger von Einrichtungen, in denen sich Kinder und Jugendliche ganztägig oder einen Teil des Tages aufhalten (z.B. Kitas), gegenüber den Landesjugendämtern einen Anspruch auf Beratung bei der Entwicklung und Anwendung fachlicher Handlungsleitlinien zur Sicherung des Kindeswohls. Die einzelfallbezogene Zusammenarbeit regelt dagegen die Informationsweitergabe von Berufsgeheimnisträgern (z.B. Kinderärzte) an das Jugendamt. Seit Januar 2012 haben alle Akteure, die mit Kindern oder Familien arbeiten, einen bundeseinheitlichen Rechtsanspruch auf Beratung durch eine „insoweit erfahrene Fachkraft" der Jugendhilfe.

Die Neu-Fassung des §8a SGB VIII reagiert auf bestehende Unsicherheiten bei der *Wahrnehmung des Schutzauftrages*: Für die freien Träger ist konkretisiert worden, dass sich ihr Auftrag zur Gefährdungseinschätzung originär aus dem Betreuungsverhältnis ergibt. Für viel Diskussionsstoff sorgte insbesondere bei den öffentlichen Trägern die Einführung der sogenannten Hausbesuchspflicht.

Als Erfolg wertete der Runde Tisch *„Sexueller Kindesmissbrauch"* die Einführung der Pflicht zur Vorlage eines erweiterten Führungszeugnisses (§72a SGB VIII). Die Verpflichtung zur Vorlage eines polizeilichen Führungszeugnisses ist für die Fachkräfte der Jugendhilfe nicht neu, neu ist lediglich die Vorlage der erweiterten Version. Hiermit soll der Tätigkeitsausschluss einschlägig vorbestrafter Personen sichergestellt werden. Ob auch ehrenamtlich Tätige ein erweitertes Führungszeugnis vorzulegen haben, soll jeweils vor Ort entschieden werden.

Ein weiterer wichtiger Baustein der neuen Gesetzgebung ist die Aufforderung zur *Qualitätsentwicklung*: Alle öffentlichen Träger sind angehalten, Grundsätze und Maßstäbe für die Bewertung der Qualität sowie geeignete Maßnahmen zu ihrer Gewährleistung zu entwickeln, anzuwenden und regelmäßig zu überprüfen (§79a SGB VIII). Das Betreiben von Qualitätsentwicklung wird zur Fördervoraussetzung für die freien Träger.

Als echte Qualitätsverbesserung sind die Regelungen zur *Kontinuitätssicherung bei Zuständigkeitswechsel* zu werten: Konnte bisher jede Fachkraft einen Fall nach eigenen oder institutionsinternen Vorstellungen an die neu zuständigen Kollegen übergeben, ist nun die unverzügliche und mündliche Form der Übergabe gefordert. Insgesamt ist der Informationsfluss zwischen den Jugendämtern selbst durch die Datenübermittlungspflicht in Kinderschutzfällen präzisiert worden.

Die *Stärkung der Kinderrechte* ist weit hinter den Erwartungen der Fachwelt zurückgeblieben. Aus der schon seit 1991 bestehenden Möglichkeit, sich als Kind oder Jugendlicher in Not- und Konfliktlagen auch ohne Kenntnis der Eltern beraten zu lassen, ist jetzt ein Anspruch geworden (§8 Abs. 3 SGB VIII). Darüber hinaus formuliert der Gesetzgeber die Erwartung, dass die Leistungserbringer der Jugendhilfe von nun an Konzepte zur Beteiligung von Kindern und Jugendlichen entwickeln.

Die schon etablierte *Kinder- und Jugendhilfestatistik* wird um die Fälle der Gefährdungseinschätzung nach §8a SGB VIII ergänzt. Erhoben wird ab diesem Jahr auch, ob der Gewährung einer Hilfe eine Gefährdungseinschätzung vorausging. Daneben sollen die Daten des Ausbaus und der Qualifizierung der Tagesbetreuung für Kinder konkreter erfasst werden (§98, §99, §101 SGB VIII).

Im eigenständigen Artikel zur *Evaluation* des Bundeskinderschutzgesetzes ist die Berichtspflicht der Bundesregierung gegenüber dem Bundestag geregelt: „Die Bundesregierung hat die Wirkung dieses Gesetzes unter Beteiligung der Länder zu untersuchen und dem Deutschen Bundestag bis zum 31. Dezember 2015 über die Ergebnisse der Untersuchung zu berichten (Art. 4 BKiSchG)".

Die skizzierten neun Elemente verdeutlichen den Fachkräften der Sozialen Arbeit, in wie vielen und zum Teil sehr unterschiedlichen Handlungsfeldern sich der aktive Schutz von Kindern vollzieht bzw. vollziehen soll. Ob die zum Teil neuen gesetzlichen Rahmungen des Kinderschutzes wirklich Verbesserungen für die Kinder und die Mitarbeiter der Jugendhilfe nach sich ziehen, wird im Folgenden anhand von fünf Paragraphen (Familienhebammen, Beratungsanspruch für Berufsgeheimnisträger, Hausbesuchspflicht, Qualitätsentwicklung, Fallübergabe bei Zuständigkeitswechsel) hinsichtlich ihrer *Intention, Umsetzung* und vermuteter *Wirksamkeit* diskutiert.

Kritischer Blick auf ausgewählte Elemente des Bundeskinderschutzgesetzes

Im bewegten Entstehungsprozess des Bundeskinderschutzgesetzes hat insbesondere die sogenannte Familienhebamme (§3 Abs. 4 KKG) viel Aufmerksamkeit seitens der Politik und der Öffentlichkeit erfahren. Familienhebammen sind staatlich examinierte Hebammen mit einer psychosozialen Zusatzqualifikation, die die Familien nicht nur die üblichen ersten acht Wochen nach Geburt des Kindes begleiten, sondern volle zwölf Monate Besuche durchführen können. Der *Gesetzgeber* schreibt ihnen im lokalen Unterstützungssystem mit seinen koordinierten Hilfsangeboten für Eltern und Kindern (= Frühe Hilfen) eine Lotsenfunktion zu. Die große Chance der Familien-

Familien-
hebamme

hebammen liegt darin, dass junge Eltern ihren Besuch in der Regel nicht als Kontrolle, sondern als willkommenes Unterstützungsangebot erleben. Nach Kinderschutzgesichtspunkten ermöglicht dieser selbstverständliche Zugang in die Familien die Be (ob) achtung der besonders gefährdeten Gruppe der unter Einjährigen.

Die verweigerte Zustimmung des Bundesrates zum BKiSchG führte im November 2011 u.a. zu einer Nachbesserung der Finanzierung der Frühen Hilfen und der Familienhebammen, sodass der Bund ab 2015 dauerhaft die Hälfte aller Mehrbelastungen, die an dieser Stelle durch das Gesetz entstehen, tragen muss. Ist die Finanzierung und damit die *Umsetzbarkeit* generell gesichert, so verrät ein Blick auf die Internetseite des Deutschen Hebammenverbandes, dass der Ausbau nur schleppend verläuft: „Es gibt leider noch nicht so viele Familienhebammen wie gebraucht werden" (Steppad 2012). Zur *Wirksamkeit* des Instruments Familienhebamme lässt sich sagen, dass die öffentliche Debatte ihnen beim Kinderschutz die Rolle des Heilsbringers zugeschrieben hat, die sie aus mehreren Gründen nicht erfüllen können: Erstens haben sie einen wichtigen und zu nutzenden Zugang zur allerjüngsten Altersgruppe, aber die älteren gefährdeten Kinder werden kaum von der Familienhebamme erreicht werden (können). Zweitens gibt es momentan noch viel zu wenige von ihnen und „leider ist es in Deutschland noch nicht einheitlich geregelt, wo und wie Sie eine Familienhebamme finden" (ebd.). Drittens ist der Erwerb der psychosozialen Zusatzqualifikation noch nicht bundeseinheitlich geregelt – wer bietet diese Zusatzqualifikation in welchem Umfang mit welchen Inhalten genau an? Darüber hinaus muss festgestellt werden, dass man nur durch das Erkennen von psychischen Erkrankungen, Störungen der Mutter-Kind-Bindung etc. noch nicht zum Experten der Gesprächsführung in Konflikt- und Krisensituationen wird. In diesem Kontext bekommt eine Äußerung der Bundesregierung einen bitteren Beigeschmack: „Sie sind im Hinblick auf die Förderung einer gesunden Entwicklung des Kindes und auch unter Kosten-Nutzen-Gesichtspunkten als Alternative zu oft teureren Hilfeformen (gemeint ist die Sozialpädagogische Familienhilfe, Anm. d.V.) mehrfach erprobt" (BT-Drucks. 17/6256, S.47-48). Das liest sich eher wie ein Konkurrenzverhältnis zu Lasten der Familienhebammen und nicht wie ein Agieren auf Augenhöhe zwischen ihnen und den Mitarbeitern der Jugendämter und der freien Träger. Völlig unkonkret bleibt auch die Art des Eingebundenseins in Fallkonferenzen und Hilfeplangespräche – so könnte aus Hebammensicht die vom Gesetzgeber angestrebte Lotsenfunktion auch als bloßes Zuarbeiten für das Jugendamt interpretiert werden.

Anspruch auf fachliche Beratung

Sehr konkret und vor allem bundeseinheitlich ist im Bereich der einzelfallbezogenen Zusammenarbeit mit dem §4 KKG die Informationsweitergabe bei Kindeswohlgefährdung geregelt. Seit Januar 2012 haben Berufsgeheimnisträger wie Ärzte, Lehrer, Psychologen u.a. gegenüber dem Träger der öffentlichen Jugendhilfe (= Jugendamt) einen Anspruch auf Fachberatung. Die *Intention* des Gesetzgebers liegt in der Entlastung des Einzelnen bei seiner Gefährdungseinschätzung und den daraus resultierenden Entscheidungen. *Umgesetzt* werden soll die Fachberatung durch die „insoweit erfahrene Fachkraft", die schon durch den §8a SGB VIII in 2005 eingeführt wurde. Doch was genau kennzeichnet die „insoweit erfahrene Fachkraft", von der nach Einschätzung der BAG der Landesjugendämter perspektivisch rund 1.200, nämlich zwei Vollzeitstellen pro Jugendamt, benötigt werden (vgl. Meysen/Eschelbach 2012, S. 122f)? Die Fachkraft soll in Kinderschutzfragen spezialisiert sein, sie muss beim Jugendamt angestellt sein und darf bei freien Trägern oder auch freischaffend arbeiten, aber keinesfalls beim ASD des jeweiligen Jugendamtes. Ähnlich wie bei den Familienhebammen ist die Frage nach spezifischen Qualifikationen und wer sie vermittelt noch ungelöst: In der Praxis wird häufig einem erfahrenen Kollegen das Prädikat „in Kinderschutzfragen spezialisiert" verliehen und damit der Gesetzesforderung genüge getan. Der §4 KKG eröffnet den Beratungsanspruch von Berufsgeheimnisträgern gegenüber dem Jugendamt als öffentlichen Träger der Jugendhilfe; er eröffnet dagegen nicht den Beratungs- und Informationsaustausch zwischen den benannten Berufsgruppen. Anders formuliert ist nicht der kollegiale Austausch z.B. zwischen zwei Ärzten eingeführt worden. Angesichts des in vielen Regionen beschädigten Images der Jugendämter ist nicht davon auszugehen, dass sich ab sofort viele Ärzte, Lehrer oder Psychologen ratsuchend an einen Sozialpädagogen des Jugendamtes wenden werden. Der interdisziplinäre Austausch zwischen den Berufsgeheimnisträgern und den Sachbearbeitern der Jugendämter kann ein wirkungsvolles Instrument zum Schutz von Kindern sein. *Wirkung* kann dieses Instrument jedoch erst entfalten, wenn die benannten beteiligten Akteure ihre gegenseitigen Vorurteile überwinden und Zeitfenster für diesen Austausch bzw. die Beratung nicht nur eröffnet, sondern auch finanziert werden. Es muss über Ausfallpauschalen für Ärzte (wie viele Ärzte werden für eine Fallbesprechung ihre Praxis schließen, wenn sie kein Ausfallhonorar bekommen?) oder Aufwandsentschädigungen für Lehrer (wie viele Lehrer werden in ihrer Korrektur- oder Freizeit zu Fallkonferenzen kommen?) ebenso nachgedacht werden wie über sinnvolle und flexible Termingestaltung in den Jugendämtern selbst.

Mit großem Interesse verfolgten die Fachleute der Jugendhilfe die Konkretisierung der Wahrnehmung des Schutzauftrages (Art. 2 BKiSchG): Die Neu-Fassung des §8a SGB VIII reagiert auf bestehende Unsicherheiten bei der Umsetzung der Regelungen zur Gefahreneinschätzung. Für die freien Träger ist präzisiert worden, dass sich ihr Auftrag zur Gefährdungseinschätzung originär aus dem Betreuungsverhältnis zum Kind oder Jugendlichen ergibt (vgl. BT-Drucks. 17/6256, S. 20-21). Für erheblichen Diskussionsstoff sorgte die Einführung der sogenannten Hausbesuchspflicht. Ganz unbedarft

Einschätzung des Gefährdungsrisikos

kann man sich wundern, warum überhaupt die Notwendigkeit bestand, den „unmittelbaren Eindruck" im Sinne einer persönlichen Inaugenscheinnahme in den Paragraphen mitaufzunehmen. Schon die alte Fassung des §8a verlangte vom Sachbearbeiter des Jugendamtes die „Abschätzung des Gefährdungsrisikos" – wie kann man dieses angemessen einstufen ohne sich einen eigenen unmittelbaren Eindruck von der Gesamtsituation, zu der wohl auch die Wohnsituation gehört, zu verschaffen? Rund um die Hausbesuchspflicht gab es viele Gutachten und Stellungnahmen insbesondere seitens der großen Trägerverbände. Diese positionierten sich auffällig oft mit den Argumenten „es gibt nicht genug Personal für Hausbesuche" und „ein Hausbesuch kann dem Kind schaden" gegen den unmittelbaren Eindruck. Die Personalsituation der Jugendämter beschreibt sehr anschaulich den Grad der *Umsetzbarkeit* dieser Neuregelung: Zu wenig Personal ist und darf kein Argument gegen die Durchführung von Hausbesuchen sein, sondern ist ein Argument, die Jugendämter endlich flächendeckend mit der „dem Bedarf entsprechenden Zahl von Fachkräften" (§79 Abs.3 SGB VIII) auszustatten. An dieser Stelle offenbart sich die Kluft zwischen gesetzgeberischem Anspruch und sozialpädagogischer Wirklichkeit: Allein im Bereich der Hilfen zur Erziehung (§§27 – 35 SGB VIII) sind die Fallzahlen bundesweit zwischen 2006 und 2010 um 32% angestiegen, eine parallele Aufstockung der personellen Ressourcen insbesondere des ASD hat nicht stattgefunden (vgl. Pothmann/Tabel 2012, S.12). Rein rechnerisch hat jetzt eine Vollzeitkraft mehr Fälle zu betreuen als noch vor wenigen Jahren. Überspitzt formuliert heißt das, der einzelne Sachbearbeiter muss nun mit weniger Zeit für mehr Kinder auskommen. Hinzu kommen die großen regionalen Unterschiede hinsichtlich der Fallzahlbelastung der einzelnen ASD-Mitarbeiter. Zu dem Argument „ein Hausbesuch schadet dem Kind" lässt sich vorbringen, dass bis dato keine wissenschaftlichen Erhebungen über negative Folgen von Hausbesuchen zur Gefährdungseinschätzung vorliegen. Demgegenüber sind Todesfälle von Kindern bekannt, die nachweislich nicht seitens der Jugendämter „persönlich in Augenschein" genommen worden sind. Um die *Wirksamkeit* des Instruments „Hausbesuch" beurteilen zu können, bedarf es einer flankierenden Evaluationsforschung und einer fachlichen Debatte über das WIE von Hausbesuchen und ein MEHR von Lehrangeboten an den Hochschulen und in der Weiterbildung zur Gefährdungseinschätzung und zu Alarmsignalen von Kindern.

Entwicklung von Qualitätskriterien

Im Mai 2010 forderte die damalige Bundesfamilienministerin Schröder in der ersten Sitzung der Arbeitsgruppe I des Runden Tisches „Sexueller Kindesmissbrauch" eine flächendeckende Erarbeitung und Einführung von Standards in der Kinder- und Jugendhilfe (s. rundertisch-kindesmissbrauch.de). Im Bundeskinderschutzgesetz übrig geblieben ist lediglich ein schwammiger Passus zur Qualitätsentwicklung, der den Jugendämtern und Landesjugendämtern vorschreibt, ab sofort Qualitätskriterien für ihre Arbeit zu beschreiben,

diese anzuwenden und regelmäßig zu hinterfragen (§79a SGB VIII). Zur
Umsetzbarkeit des Instruments Qualitätsentwicklung lässt sich zweierlei
feststellen: Zum einen fehlt eine Definition des Qualitätsbegriffs, zum anderen
fehlt die für eine professionelle Qualitätsentwicklung notwendige Begleitforschung hinsichtlich der Wirksamkeit der Hilfeleistungen. Für eine *wirkungsvolle* Qualitätsoffensive sind bundesweit einheitliche Standards genauso
notwendig wie eine unabhängige fachliche Instanz, die die Umsetzung eben
dieser objektiv und institutionsextern kontrolliert. Im Kinder- und Jugend-
hilfesystem muss die Wirkungsforschung zu Hilfeeffekten verbessert werden
und es mangelt an einer fachlichen Kontrollinstanz, die nicht aus der jeweiligen Organisation heraus Maßnahmen und ihre Umsetzung beurteilt. Nach
der jetzigen Gesetzeslage ist davon auszugehen, dass bei rund 600 Jugendämtern in Deutschland mit demnächst 600 verschiedenen Grundsätzen zur
Qualitätsbewertung zu rechnen ist.

Eine sehr konkrete und zu begrüßende Form angewandter Qualitätsverbesserung findet sich in §86c SGB VIII mit der neuen Regelung der Fallübergabe bei Zuständigkeitswechsel. Bisher hat jede Fachkraft eine eigene
Vorstellung und ein eigenes Procedere bei der Weitergabe von Daten und
Unterlagen im Falle des Zuständigkeitswechsels. Mit Blick auf die Dauer
bzw. den Zeitpunkt der Übergabe stolpert man über den Befund des Deutschen Instituts für Jugendhilfe- und Familienrecht, dass mehr als die Hälfte
aller Fälle in den Jugendämtern erst nach drei Monaten an den neu zuständigen Kollegen übergeben werden (vgl. Meysen/Eschelbach 2012, S. 196). Dass
Verzögerungen dieser Größenordnung den Hilfeprozess gefährden sowie das
Vertrauen in die Profession beeinträchtigen liegt ebenso auf der Hand wie die
Intention des Gesetzgebers, die Fallübergaben zu beschleunigen. Beeinträchtigungen bei der *Umsetzung* dieser neuen Regelung ergeben sich aus der leider
sehr unkonkreten Formulierung „Übermittlung maßgeblicher Sozialdaten" –
Hier ist weiterhin mit Unsicherheiten und unterschiedlichen Handhabungen
seitens der Jugendämter zu rechnen. Förderlich ist dagegen die Maßgabe, die
Fallübergabe „im Rahmen eines Gesprächs" durchzuführen. Damit werden
Unklarheiten und Missverständnisse z.B. über die Dringlichkeit der Fortsetzung
der Hilfe schneller behoben. Zur *Wirksamkeit* lässt sich sagen, dass auf Mitar-
beiterebene die angeordnete mündliche Form zu einem vollständigeren Bild der
Fallsituation führen wird und ganz allgemein der kollegiale Austausch gefördert
wird. Auf Klientenebene wird die gesetzgeberisch angeordnete „Unverzüg-
lichkeit" der Fallübergabe hoffentlich zu einem Vertrauenszuwachs in die
Profession führen. Vor allem aber wird durch diese Neuregelung eine gravie-
rende Lücke im Kinderschutz geschlossen, durch die bisher Kinder aufgrund
eines Umzugs in einen anderen Jugendamtbezirk gefallen sind.

Informationsfluss zwischen den Jugendämtern

Resümee

Insgesamt konkretisiert das Bundeskinderschutzgesetz, dass viele verschiedene Akteure am Kinderschutz beteiligt sind bzw. sich endlich beteiligen müssen. Schulen, Krankenhäuser, Gesundheitsämter, Ordnungsbehörden u.a. können sich nicht länger mit dem Verweis der Zuständigkeit der Jugendhilfeträger zurücklehnen, sondern müssen ebenfalls dem Schutzauftrag gerecht werden. Indirekt hat das langwierige Gesetzgebungsverfahren anschaulich illustriert wie groß das Forschungsdefizit im gesamten Jugendhilfebereich ist und damit einen Appell an die Hochschulen ausgesprochen sich dieses Defizits anzunehmen. Daneben hat die neue Gesetzgebung erfreulicherweise Themen aus Fachdiskursen wie den Runden Tischen zur Heimerziehung und zum Sexuellen Kindesmissbrauch aufgegriffen und in gesetzliche Rahmungen überführt.

Nichtsdestotrotz ist das BKiSchG aus Sicht vieler Experten keine hinreichend wirksame Reform, da den Beteiligten anscheinend der Mut gefehlt hat, die strukturelle Problematik der Jugendhilfe und damit auch des Kinderschutzes zu beheben: Die Leistungsfähigkeit der Jugendämter als Verwaltungseinheiten der Kommunen ist zu großen Teilen, insbesondere im Bereich der Hilfen zur Erziehung, von den Steuereinnahmen der Gemeinde abhängig. Abgesehen von den Instrumenten Frühe Hilfen und Familienhebamme hat der Bund die Verantwortung inklusive der Finanzierung der neuen gesetzlichen Bestimmungen an die unterste föderale Ebene abgegeben. Anstatt die Jugendämter endlich gemäß §79 SGB VIII mit ausreichenden Mitteln und ausreichend qualifiziertem Personal auszustatten, müssen jetzt vielerorts die oft schon überlasteten Mitarbeiter noch zusätzliche Aufgaben wie Netzwerkkoordination oder Fachberatung übernehmen. Eine echte Reform bestünde in der Einführung einer Jugendhilfefinanzierung, die sich ausschließlich an den Bedarfen der Klienten und an den fachlich begründeten Einschätzungen der Mitarbeiter orientiert und nicht, wie in der Praxis häufig anzutreffen, am finanziell Machbaren.

Literatur

Alle, F. (2010): Kindeswohlgefährdung. Das Praxishandbuch. Freiburg i.Br.

Beckmann, K. (2008): Kinderschutz in öffentlicher Verantwortung. Entscheidungskriterien und Handlungsperspektiven für die kommunale Sozialpolitik. Schwalbach.

Biesel, K. (2011): Wenn Jugendämter scheitern. Zum Umgang mit Fehlern im Kinderschutz. Bielefeld.

Bundeskriminalamt (2013): Zahlen kindlicher Gewaltopfer. Polizeiliche Kriminalstatistik 2012.

Deutscher Bundestag (2011): Gesetzesentwurf der Bundesregierung. Entwurf eines Gesetzes zur Stärkung eines aktiven Schutzes von Kindern und Jugendlichen (BKiSchG). Drucksache 17/6256.

Fegert, J. M. (Hrsg.) (2006): Sexueller Missbrauch durch Professionelle in Institutionen. Weinheim u. München http://rundertisch-kindesmissbrauch.de/documents/Erste-Sitzung_AG-I-Protokol20100525.pdf, [letzter Zugriff: 09.11.12].

Hurrelmann, K. (2006): Manchmal hilft nur Zwang. In: DIE ZEIT, Nr. 43, S. 18-19.

Kempe, C. H. u.a. (1962): The Battered-Child Syndrome. In: Journal of the American Medical Association 181, S. 17-24.

Matschke, J. (2007): Ich möchte nicht zurück zu Mama. In: DIE ZEIT, Nr. 23, S. 98.

Meysen, T./Eschelbach, D. (2012): Das neue Bundeskinderschutzgesetz. Baden-Baden.

Pothmann, J./Tabel, A. (2012): Mehr Personal – aber keine Entlastung. In: KomDat 2012, Heft Nr. 1, S. 12-13.

Steppad, S. (2012): Familienhebammen, http://www.hebammenverband.de/index.php?Id=2329, [letzter Zugriff: 06.11.12].

Wiesner, R. (2005): Das Gesetz zur Weiterentwicklung der Kinder- und Jugendhilfe. In: Forum Erziehungshilfen 11 (2005) 4, S. 250-254.

III. Settings und Realisierungen

Präsentieren

Marion Manske

Einleitung: Präsentieren als Verfahren methodischen Handelns

Fachkräfte der Sozialen Arbeit treten mit ihren Adressat/-innen in sehr unterschiedlichen Kontexten und in vielfältiger Weise in Kontakt. Diese Kontakte kommen in der Regel in einem professionell geprägten Setting zustande und haben rechtliche, organisatorische und inhaltliche Rahmungen. Sie können auf Dauer angelegt sein oder sind kurzfristiger, manchmal nur einmaliger Natur. Diese heterogenen Rahmungen führen auch zu der Frage, was sollen und wollen Sozialarbeiter/-innen und Sozialpädagogen/-innen erreichen bzw. bewirken, wenn sie mit Klienten/-innen, Adressat/-innen oder Nutzer/-innen Sozialer Dienste zu tun haben?

Es geht um die Klärung der Frage, wie man was am besten tut, um ein gestecktes oder vereinbartes Ziel für Personen, Gruppen und Gemeinwesen zu erreichen. Es geht dabei auch um wissenschaftliche Systematisierungen von Handlungsformen. Giesecke (2010) hat z.B. für pädagogisches Handeln die Grundformen Unterrichten, Informieren, Beraten, Arrangieren und Animieren herausgearbeitet. Bei Galuske (2011) findet sich ein Überblick, der die klassischen Methoden (Einzelfallhilfe, Gruppenarbeit, Gemeinwesenarbeit) ebenso beleuchtet wie neuere Methoden der Sozialen Arbeit, z.B. multiperspektivische Fallarbeit, Erlebnispädagogik, Mediation und Sozialmanagement. Eine zentrale Überlegung in diesem Kontext ist, dass der Einsatz bestimmter Methoden zu dem Konzept passt, auf dessen Grundlage man arbeitet. Mit dem reflektierten Einsatz von Methoden ist auch verbunden, dass die Komplexität von Handlungsanforderungen reduziert und vom intuitiven zum planvollen und kalkulierten Handeln übergegangen wird (vgl. Galuske 2011, S. 29). *Systematisierung von Handlungsformen*

„Methodisches Handeln ist – definitionsgemäß – zielgerichtetes Handeln. Es folgt bestimmten Prinzipien und vollzieht sich in bestimmten Arbeitsschritten, bei denen Verfahren und Techniken berücksichtigt werden, die nach Ansicht von Experten am besten geeignet sind, das erstrebte Ziel zu erreichen" (Heiner 1995, S. 35, zit. n. Galuske 2011, S. 37). In dieser Definition tritt eine Unterscheidung und sprachliche Differenzierung hervor, die seit einer Veröffentlichung von Geißler und Hege (2007) einen festen Platz in den konzeptionellen Überlegungen in der Sozialen Arbeit gefunden hat. Sie unterscheiden zwischen Konzepten, Methoden und Techniken/Verfahren. Unter Konzept verstehen sie ein Handlungsmodell, *„in welchem die Ziele, die Inhalte, die Methoden und die Verfahren in einen sinnhaften Zusammenhang gebracht sind"* (ebd., S. 20). Die Methoden bilden als *„vorausgedachter Plan der Vorgehensweise"* (ebd., S. *methodisches Handeln*

22) Teilaspekte des Konzeptes. Verfahren oder Techniken sind *„Einzelelemente von Methoden"* (ebd., S. 25), z.b. werden dementsprechend Techniken wie aktives Zuhören, zirkuläres Fragen oder Verbalisierung emotionale Inhalte im Rahmen der Methode „Gesprächsführung" in der Einzelfallhilfe (= Konzept) angewandt.

Präsentieren als Verfahren

In dieser Systematik kann man Präsentieren als Technik bzw. Verfahren einordnen, welches dazu dient „Antworten auf Detailprobleme im komplexen Weg von der Identifikation eines Problems zur angestrebten Lösung zu beschreiben" (Galuske 2011, S. 30).

Kommunikation und Austausch

Welches Problem soll mit Präsentieren also gelöst werden? Während ein Vortrag oder eine Vorlesung klassischerweise ein Monolog ist, ist Präsentieren auf Kommunikation und Austausch aller Teilnehmenden ausgerichtet. Bei einer Präsentation werden z.B. Sachaussagen oder Projektideen vorgestellt, die einen Bezug zu den Teilnehmer/-innen haben. Die Teilnehmer/-innen sollen etwas verstehen oder von etwas überzeugt werden. Schließlich ist zu beachten, dass Teilnehmer/-innen auch die Möglichkeit haben, sich zu den Inhalten zu äußern, dass ein Austausch von Meinungen und Argumenten entsteht. Es geht also um einen partizipativen Ansatz, der verstärkt in allen Feldern der Sozialen Arbeit zur Geltung kommen soll.

Soziale Arbeit als Dienstleistung

Soziale Arbeit hat sich in den letzten Jahren sehr ausdifferenziert und dies spiegelt sich auch auf konzeptioneller Ebene wider. Neben anderen konzeptionellen Varianten kann Soziale Arbeit auch als Dienstleistung betrachtet werden (vgl. Spiegel 2011, S. 31ff). Und damit entsteht auch ein wachsender Bedarf an der Präsentation ihrer Dienstleistungen. Soziale Arbeit steht heute unter einem enormen ökonomischen Druck. Bedarfe für Soziale Dienstleistungen sind häufig umstritten und müssen oft in Gremien, Ausschüssen oder in Teamsitzungen begründet werden. Dafür sind Präsentationskompetenzen unerlässlich.

Die Methodenentwicklung hin zu „struktur- und organisationsbezogenen Konzepten" (Galuske 2011), die schwerpunktmäßig durch Steuerungsprozesse gekennzeichnet sind, sowie das Verständnis von Sozialer Arbeit als Dienstleistung rücken den Fokus auf eine (Zielgruppen)gerechte Präsentation von Angeboten und Leistungen. Weiteren Einfluss auf die Auseinandersetzung mit dem Präsentieren haben die rasante Entwicklung von modernen elektronischen Medien und der generelle Zugang dazu. Das Internet als Medium spielt hier mit seinen Präsentationsmöglichkeiten eine große Rolle.

Diesen Entwicklungen wird in der Sozialen Arbeit Rechnung getragen, indem z.B. im Studium das Präsentieren im Rahmen von Seminaren vermittelt und eingeübt wird. Dazu ist eine wissenschaftliche Fundierung notwendig.

Bedeutung in Erwachsenenbildung, Hochschule und Praxis

Im Zusammenhang mit Moderation, Erwachsenenbildung, Fort- und Weiterbildung und in der Hochschuldidaktik ist das Präsentieren anwendungsbezogen mittlerweile auch in der Sozialen Arbeit etabliert. Ebenfalls finden sich in der aktuellen Praxisliteratur Sozialer Arbeit Hinweise auf seine zunehmende Bedeutung als Handlungsdimension im Rahmen von Informations- und Kommunikationsprozessen, z.B. im Sozialmanagement, in der Projektarbeit, auf den Ebenen der Öffentlichkeitsarbeit, der Konzeptionsarbeit oder in der Arbeit mit bestimmten Zielgruppen, z.B. Eltern.

Wissenschaftliche und disziplinäre Verortung des Präsentierens

Was muss man können, um professionell zu präsentieren? Die „Kunst des Präsentierens" beruht hauptsächlich auf Vorbereitung, Kenntnissen über spezifische Techniken, menschliche Wahrnehmung und Kommunikation – das kann man üben. Präsentieren ist Teil von methodischer Kompetenz, die in diesem Fall eng an die jeweilige Person gekoppelt ist. *„Sie werden immer auch sich selbst präsentieren"* (Scheler 1997, S. 41).

Die etymologische Herkunft des Präsentierens verdeutlicht dies: Der Begriff „präsentieren" ist aus dem spätlateinischen *praesentare* (= gegenwärtig machen, zeigen, darbieten) entlehnt und tauchte bereits im Mittelhochdeutschen (um 1050 bis 1350) auf. Gemeinsam mit den Fremdwörtern präsent, Präsenz, Präsent sowie repräsentieren, Repräsentation und Repräsentant geht „präsentieren" auf das lateinische Wort *praesens* (= gegenwärtig, anwesend) zurück. Der Begriff „Präsentation" verstanden als „das Präsentieren" ist dagegen verhältnismäßig jung. Er wird erst seit Ende des 20. Jahrhunderts im heutigen Verständnis als Darstellung von Etwas definiert (vgl. Blod 2010). | *(Randnotiz:* Begriffsklärung*)*

„Das zielorientierte und empfängergerechte Präsentieren von Themen" (Blod 2010, S. 6) hat sich seit den 1980er Jahren aus der Berufswelt heraus entwickelt und ist seitdem aus Meetings, Seminaren, Lehrveranstaltungen usw. nicht mehr wegzudenken (vgl. ebd.). Zahlreiche Praxisbücher erklären uns seitdem, wie und womit wir unsere Inhalte am besten präsentieren können. Eine einheitliche Definition gibt es jedoch nicht. Schon der Vergleich von zwei einschlägigen Lexika-Einträgen macht dies deutlich: Präsentation wird definiert als „Vorführung [eines neuen Produkts]" (Wahrig-Burfeind 1999, S. 752) oder „[öffentliche] Dar-, Vorstellung von etwas" (Duden online o. J.). In Wörterbüchern und Handbüchern der Sozialen Arbeit taucht der Begriff (noch) nicht auf. Ebenso nimmt er in der einschlägigen Fachliteratur Sozialer Arbeit keinen besonderen Stellenwert ein.

Das Thema „Präsentieren" ist in Deutschland insgesamt bisher wenig erforscht worden. Erst seit kurzem gibt es Untersuchungen dazu, z.B. das DFG-geförderte Forschungsprojekt *Performanz visuell unterstützter Präsentationen* (2004 – 2007) am Institut für Soziologie der TU Berlin oder die seit 2006 laufende sprach- und medienwissenschaftliche Untersuchung von wissenschaftlichen Präsentationen am Zentrum für Medien und Interaktivität an der Justus-Liebig-Universität Gießen (vgl. Blod 2010, S. 7). „Die Kommu- | *(Randnotiz:* Forschung und wissenschaftliche Grundlagen*)* nikationsform ‚Präsentation' beruht auf so vielfältigen wissenschaftlichen Grundlagen, dass eine interdisziplinäre Arbeitsgruppe zumindest aus den folgenden Disziplinen nötig wäre, um sie vollständig zu überblicken: Informations- und Medientheorie; Rhetorik, Verständlichkeitsforschung und Stillehre; visuelle Kommunikation, Grafik und Informationsdesign; nonverbale Kommunikation; kognitive Psychologie sowie die neuesten Entwicklungen der Hirnforschung, um nur die wichtigsten Gebiete zu nennen" (ebd., S. 9).

Beim Präsentieren handelt es sich also (noch) um einen anwendungsorientierten, praxisbezogenen Gegenstand, der auf wahrnehmungs- und kommunikationstheoretische Erkenntnisse zurückgreift. Unter dem Aspekt professionellen Handelns ist das Präsentieren im Rahmen Sozialer Arbeit besonders kommunikationstheoretisch zu betrachten. Besonders häufig in der Sozialen Arbeit rezipiert werden Watzlawick u.a. (2007) und Schulz von Thun (2010):

Kommunikation

Kommunikation bezieht sich auf den Prozess des Austausches bzw. der Vermittlung von Informationen zwischen mindestens zwei Personen mittels Zeichen. Watzlawick u.a. (2007) definieren Kommunikation mithilfe von fünf pragmatischen Axiomen. Eine Nachricht oder Mitteilung gibt neben dem Sachinhalt Auskunft über die Beziehung von Sender und Empfänger(n) (2. Axiom: *„Jede Kommunikation hat einen Inhalts- und einen Beziehungsaspekt"*, ebd., S. 56). Das Präsentieren eines Inhalts ist zunächst auf der Seite eines Senders angesiedelt, wobei davon auszugehen ist, dass die Empfänger durch ihre Art und Weise, wie sie die Information aufnehmen und darauf reagieren (1. Axiom: *„Man kann nicht* nicht *kommunizieren"*, ebd., S. 53) ebenfalls Einfluss auf den weiteren Verlauf (3. Axiom: *„Interpunktion der Kommunikationsabläufe"*, ebd., S. 61) einer Präsentation haben. Guten PräsentatorInnen ist die Bedeutung des 4. Axioms (*„Menschliche Kommunikation bedient sich digitaler und analoger Modalitäten"*, ebd., S. 68) bewusst. Sie verknüpft gezielt digitale Informationen (z.B. Worte, Zahlen) mit analogen Darstellungen (z.B. Visualisierungen, Grafiken), um die zu vermittelnden Inhalte zu veranschaulichen. Das 5. Axiom (*„Zwischenmenschliche Kommunikationsabläufe sind entweder symmetrisch oder komplementär"*, ebd., S. 70) verweist auf die Beziehung zwischen PräsentatorIn und Publikum, die gleichwertig oder hierarchisch geprägt sein kann. Dies hat entsprechend Einfluss auf die Art und Weise des Präsentierens.

Ebenen einer „Präsentations-Mitteilung"

Schulz von Thun (2010) differenziert in seinem Kommunikationsmodell der vier Seiten einer Nachricht zwischen den Aspekten Sachinhalt, Beziehung, Selbstoffenbarung und Appell und verweist ebenso wie das 4. Axiom von Watzlawick u.a. (2007) auf die Bedeutung von kongruenten Botschaften für eine erfolgreiche Kommunikation (vgl. Schulz von Thun 2010, S. 35ff). Je nach Zielsetzung kann der Schwerpunkt einer „Präsentations-Mitteilung" stärker auf der Inhaltsebene (informieren), der Beziehungsebene (jemanden für etwas gewinnen) oder der Ebene des Appells (überzeugen, auffordern) liegen. Die Selbstoffenbarung spielt bei der Glaubwürdigkeit bzw. den Kompetenzzuschreibungen aufseiten des Publikums eine große Rolle – wie steht der oder die Präsentierende zum Thema, zum Publikum, zu seiner eigenen Präsentation?

Präsentieren ist eine besondere Form der Kommunikation. Der Inhalt, der gezeigt oder vermittelt werden soll, steht einerseits im Mittelpunkt. Damit verknüpft ist ein bestimmtes Ziel, d.h. präsentieren ist strategisch ausgelegt. Andererseits zeichnet sich diese Kommunikationsform dadurch aus, dass der Mensch als Medium eine besondere Rolle einnimmt – dies verweist darauf, dass die Inhalte durch die hergestellte Beziehung zum Publikum vermittelt werden. Die Nutzung besonderer Medien und Techniken zeichnen diese Kommunikationsform – im Gegensatz zur Alltagskommunikation – außerdem aus. *(Präsentieren und Kommunikation)*

Seifert (2010) – mittlerweile erschien sein Klassiker *Visualisieren, Präsentieren, Moderieren* in 31. Auflage – definiert „eine Präsentation [als] eine Veranstaltung, bei der ein Präsentator einem ausgewählten Teilnehmerkreis vorbereitete Inhalte vorstellt" (ebd., S. 49) mit dem Ziel zu informieren, zu überzeugen oder zu motivieren. Das Wesentliche des Präsentierens ist es also, dass mindestens eine Person meist mehreren Menschen „etwas" in bestimmter Art und Weise zeigt, darstellt oder vorstellt. In der einschlägigen Literatur ist diese Dar- oder Vorstellung an eine systematische Vorbereitung geknüpft, die sich mit Thema, Ziel, Zielgruppe, Inhalt, Gliederung und Organisation der Präsentation, der Mittel- und Medienwahl, der (audio-visuellen) Gestaltung des Inhalts sowie der Übung des Präsentierens auseinandersetzt (vgl. z.B. Blod 2010; Scheler 1997; Seifert 2010). Idealerweise wird eine Präsentation nachbereitet, um aus ihr für die Zukunft zu lernen. Dazu gehört die Reflexion der Analyse-Kriterien und gegebenenfalls ein Feedback der Teilnehmer/-innen (vgl. Seifert 2010, S. 81f). *(Elemente des Präsentierens)*

Grundsätzlich besteht Konsens darin, dass eine gute Präsentation sich dadurch auszeichnet, dass die Präsentatoren/-innen über folgende Kenntnisse und Kompetenzen verfügen: *(Präsentationskompetenzen)*

- Wissen über Wahrnehmungs- und Kommunikationsprozesse
- Kenntnisse über Aufbau und Struktur einer Präsentation, z.B. Transparenz von Zielen oder Gestaltung von Anfang, Hauptteil und Schluss
- Bewusstsein über die Wirkung der eigenen Person als Medium (Selbstpräsentation), z.B. über Stimme, Auftreten und Einstellung zum vorgetragenen Thema
- eine ausgewogene, kongruente Kommunikation auf Beziehungs-, Inhalts-, Apell- und Selbstoffenbarungsebene
- (inhaltliche) Synchronisation von Gesagtem und Gezeigtem (vgl. Bucher 2009)

- Anwendungskenntnisse von Präsentationsmedien und -techniken, z.B. im Umgang mit Powerpoint, Flip-Chart, Visualisierungen durch Grafiken und sprachliche Bilder
- Kenntnisse der Vor- und Nachbereitung von Präsentationen, z.B. von Zielgruppenanalysen, Zeitmanagement und Feedback-Techniken

Relevanz des Präsentierens für die Soziale Arbeit

Ob vor Vorgesetzten, Kollegen/-innen oder einem größeren Publikum – Präsentationen werden auch in der Sozialen Arbeit genutzt, um Informationen im Rahmen von Entscheidungs-, Motivations- oder Marketinginteressen zu vermitteln.

Handlungs-dimensionen des „Könnens" und „Wissens"

In Hiltrud von Spiegels (2011) „Orientierungsrahmen für professionelle Handlungskompetenz" (S. 112) taucht die Fähigkeit zu präsentieren nicht ausdrücklich auf. Bestimmte genannte Fähigkeiten auf Managementebene implizieren jedoch das Präsentieren. In der „Dimension des Könnens" (ebd., S. 98) wird im Kontext von Dokumentation sowie von Kooperations- und Konkurrenzverhältnissen mit anderen Einrichtungen auf die Bedeutung von besonderer Datenaufbereitung sowie auf die systematische Darstellung von Leistungen hingewiesen, um eine gute Übersicht im Zusammenhang mit Qualität und Kosten der Arbeit zu erhalten (vgl. ebd., S. 102f). In der „Dimension des Wissens" (ebd., S. 104) finden sich Hinweise auf das Präsentieren im Zusammenhang mit „Arbeitstechniken der Teamarbeit" (ebd., S. 108). Im Rahmen von Teamführung hat die adäquate Präsentation von Informationen oder Ergebnissen einen hohen Gebrauchswert und kann somit diesen Techniken zugeordnet werden.

Praxisrelevanz

Darüber hinaus gibt es weitere Bereiche in denen das Präsentieren eine bedeutsame Rolle spielt, z.B. im Qualitäts- oder Projektmanagement, in der Konzeptionsentwicklung oder im Bereich der Öffentlichkeitsarbeit: Im Projektmanagement spielt das Präsentieren durchgängig eine wichtige Rolle, angefangen bei der Vorstellung von Projektidee, Projektzielen und benötigten Ressourcen, um Geldgeber für sich zu gewinnen, über die begründete Darstellung von notwendigen Veränderungen im Projektverlauf, bis hin zu Präsentationen von Zwischen- und Endergebnissen. Im Qualitätsmanagement und in der Konzeptionsentwicklung werden Ergebnisse nicht nur erarbeitet, sondern auch im Rahmen von Entwicklungsprozessen präsentiert. Mit Öffentlichkeitsarbeit präsentieren sich Einrichtungen der Soziale Arbeit ihrem Umfeld.

Vermittlungs-rolle von Leitungskräften

Leitungskräfte von Einrichtungen der Sozialen Arbeit sind dafür zuständig, Informationen zwischen Trägern und Mitarbeiter/-innen zu kommunizieren. Sie besetzten damit Vermittlerrollen und haben sowohl die Aufgaben, ihre Mitarbeiter/-innen von Trägerentscheidungen in Kenntnis zu setzen als auch auf Trägerseite Überzeugungsarbeit zu leisten, z.B. wenn TrägervertreterInnen fachfremd sind oder von oben geforderte Leistungen praktisch nicht umgesetzt werden können. Ein konkretes Beispiel: Die Leitung einer Kindertagesstätte präsentiert ihrem Trägervertreter ein Finanzierungskonzept, um damit den Fortbestand der Einrichtung zu sichern. Sie überzeugt und sichert sich damit den eigenen Arbeitsplatz.

In den Handlungsfeldern der Weiterbildung und der Moderation sind Visualisierungs- und Präsentationfähigkeiten absolut erforderlich. Für Fachkräfte der Sozialen Arbeit die im Weiterbildungssektor tätig sind, sind umfassende Präsentationskompetenzen für die Gestaltung von Lehr-Lern- Arrangements unverzichtbar, z.B. die adressatInnenorientierte Veranschaulichung von Inhalten am Flip-Chart, der Einsatz von Techniken der kooperativen Erarbeitung und Präsentation von Inhalten (z.B. Gruppenpuzzle, World Café) sowie der Umgang mit technischen Geräten wie PC und Beamer oder Smartboard. Im Rahmen von E-Learning gehört auch die Präsentation im Internet (HTML-Seiten), auf Lernplattformen (Wiki, Forum etc.) und im Bereich des Mobile Learnings (Tablet-PCs und Smart-Phones) dazu.

Einsatz im Bildungssektor

Moderation als Instrument der Prozessbegleitung wird dort eingesetzt, wo es um Entwicklung und Entscheidung geht, z.B. in Zukunftswerkstätten. Moderatoren/-innen müssen dafür über ein flexibles Methoden- und Präsentationsrepertoire verfügen. Aber auch die Teilnehmer/-innen einer Moderation sind gefragt, Ergebnisse darzustellen bzw. Präsentationstechniken zu nutzen. Wer dann schon damit vertraut ist, hat es leichter. Und hier sind Präsentationskenntnisse und -fähigkeiten nicht mehr nur im Leitungsbereich, sondern auch auf der Ebene der Mitarbeiter/-innen angesiedelt.

Einsatz in der Moderation

Weitere Einsatzmöglichkeiten und -bereiche des Präsentierens auf Mitarbeiter/-innenebene bestehen überall dort, wo es um die Auseinandersetzung mit der eigenen Arbeit geht, z.B. bei der Beteiligung an der Konzeptionsentwicklung und im Qualitätsmanagement. Qualitätszirkel sind z.B. durch rotierende Moderation und die gemeinsame Verantwortung für den Erfolg gekennzeichnet. In der Konzeptionsarbeit geht es häufig um die Arbeit in Kleingruppen mit anschließender Präsentation der Ergebnisse vor anderen Teammitgliedern.

Die „Verwandtschaft" von Präsentieren und Dokumentieren wurde bereits auf Managementebene hergestellt (s.o. die Bedeutung der besonderen Datenaufbereitung in der „Können-Dimension"). Präsentieren kann in einem weiteren Sinne Teil von Dokumentation sein, wenn Elemente des Präsentierens zur Dokumentation genutzt werden, z.B. in Postersessions, Wandzeitungen oder bei der Internet-Präsenz, d.h. immer dort, wo eine zielgerechte anschauliche Darstellung gefordert ist und eine reine Textform nicht genügt.

Präsentieren und Dokumentation

Im Bereich professioneller Selbstreflexion durch Supervision und Intervision liegt der Schwerpunkt des Präsentationseinsatzes auf Visualisierungstechniken, um direkt einen guten Überblick über Arbeitsergebnisse zu erhalten.

Präsentationskenntnisse und -fertigkeiten können jedoch auch in die direkte sozialpädagogische Arbeit einfließen, z.B. in die Gestaltung eines Elternabends oder in Beratungssituationen durch Anwendung von kreativen Präsentationstechniken wie z.B. der Place-Mat-Technik (Unterrichtsmethode, die durch schriftliche Einzel- und Kleingruppenarbeit sowohl das Wissen und die Gedanken der einzelnen Teilnehmer/-innen als auch den Ertrag aus der sich anschließenden gemeinsamen Gruppenarbeit repräsentiert).

Somit hat das Präsentieren wahrscheinlich eine indirekte Wirkung durch den überwiegenden Einsatz auf Steuerungsebene und zum Teil in „indirekt interventionsbezogenen" (Galuske 2011) Verfahren wie Selbstevaluation, Supervision oder kollegiale Beratung. Neben der Nutzung ihrer Präsentationsfähigkeiten in Settings zur professionellen Reflexion können Fachkräfte Sozialer Arbeit diese auch auf Fallebene bzw. im Rahmen „direkt interventionsbezogener Konzepte" (ebd.) einsetzen.

Resümee: Entwicklungstendenzen des Präsentierens in Praxis, Studium und Forschung der Sozialen Arbeit

Übung und
Erfahrung
Die vielseitigen Anwendungsgebiete des Präsentierens in der Praxis erfordern, dass das Präsentieren im Studium der Sozialen Arbeit vermittelt wird und eingeübt werden kann. „Gut präsentieren können" ist bei den Kompetenzen des methodischen Handelns auf den Ebenen des „Wissens" und insbesondere des „Könnens" unter „Einsatz der ‚Person als Werkzeug'" (Spiegel 2011, S. 100) angesiedelt: Präsentieren beinhaltet immer auch die Selbstpräsentation (vgl. Scheler 1997, S. 41). Daher muss das Präsentieren nicht nur gelernt, sondern insbesondere durch Selbsterfahrung erworben werden. Dabei ist es wichtig, dass Studierende nicht nur das wissenschaftliche Präsentieren kennenlernen, sondern sich auch an den Anforderungen ihres zukünftigen Berufsfelds orientieren können. Umfangreiche Kenntnisse und Erfahrungen ermöglichen schließlich den sicheren, flexiblen Einsatz von Vorgehensweisen und Techniken bis hin zur spontanen Präsentation.

Studiengänge der Sozialen Arbeit haben diesen Ansprüchen zu einem Großteil längst Rechnung getragen und bieten erstens fachübergreifende Module zum Präsentieren an; zweitens integrieren sie das Üben im Präsentieren im gesamten Verlauf des Studiums in unterschiedlichen Seminaren. Auf Master-Niveau sollte zudem das wissenschaftliche Präsentieren vertieft werden, so dass Studierende, die ihre berufliche Entwicklung im Bildungsbereich sehen, auf Präsentationen eigener wissenschaftlicher Forschungen gut vorbereitet sind.

Braucht die Soziale Arbeit eine Theorie des Präsentierens? Oder reicht es aus, Präsentieren als eine besondere Kommunikationsform zu betrachten, die erhebliche praktische Relevanz hat? Die wissenschaftliche Auseinandersetzung mit der Wirksamkeit von Präsentationen bzw. mit der Wirkung von Techniken, Vorgehensweisen und Medieneinsatz ist sicher notwendig. Das zeigt sich z.B. an der Auseinandersetzung über die Wirksamkeit und Effizienz der Präsentationssoftware „Powerpoint". Die Behauptungen „Powerpoint" sei „evil" oder mache dumm sind inzwischen widerlegt (vgl. Bucher 2009). Erste Ergebnisse aus dem Forschungsprojekt zum wissenschaftlichen Präsentieren (vgl. Blod 2010) zeigen, dass es bei einer guten Präsentation auf die Leistung der Präsentatoren/-innen ankommt, nämlich auf „die kohärente Integration von Rede und Projektion" (Bucher 2009). D.h., es ist nicht vom Medium abhängig, ob eine Präsentation gut oder schlecht ist, sondern von der Medien- und Kommunikationskompetenz der präsentierenden Person. Ein weiteres Beispiel: Die in Praxisempfehlungen häufig herangezogene sogenannten Behaltensquote (vgl. z.B. Seifert 2010, S. 11) und die daraus gezogene Schlussfolgerung, dass Informationen besser behalten werden, je mehr Wahrnehmungskanäle beim Publikum angesprochen werden, sind bis jetzt nicht wissenschaftlich fundiert.

wissenschaftliche Auseinandersetzung

Diese Beispiele machen deutlich, dass es sich lohnt, weiter zu forschen und zu belegen, inwieweit die bisher identifizierten Erfolgsmomente des Präsentierens, die in der Praxisliteratur genannt werden, wirksam sind oder worauf es tatsächlich ankommt. Dies ist eine interdisziplinäre Aufgabe an der sich die Soziale Arbeit im Zusammenhang mit eigenen didaktisch-methodischen Fragen zu Lernen, Bildung und Erziehung beteiligen sollte.

interdisziplinäre Zusammenarbeit

Literatur- und Quellenverzeichnis

Blod, G. (2010): Präsentationskompetenzen. Überzeugend präsentieren in Studium und Beruf. Stuttgart, 4. Auflage.

Bucher, H.-J. (2009): Powerpoint macht nicht dumm – aber auch nicht klug. Für eine multimodale Rhetorik des Präsentierens. URL: (http://trier.wissenschaftskommunikation.info/2009/12/powerpoint-macht-nicht-dumm-%E2%80%93-aber-auch-nicht-klug/) [letzter Zugriff 12.09.13].

Duden online (o. J.): Präsentation. URL: (http://www.duden.de/rechtschreibung/Praesentation) [letzter Zugriff 12.09.13].

Galuske, M. (2011): Methoden der Sozialen Arbeit. Eine Einführung. Weinheim, 9. Auflage.

Geißler, K. A./Hege, M. (2007): Konzepte sozialpädagogischen Handelns. Ein Leitfaden für soziale Berufe. Weinheim, 11. Auflage.

Gieseke, H. (2010): Pädagogik als Beruf. Grundformen pädagogischen Handelns. Weinheim, 10. Auflage.

Scheler, U. (1997): Informationen präsentieren. Der Vortrag, die Medien, die Gestaltung. Offenbach.

Schulz von Thun, F. (2010): Miteinander reden. Störungen und Klärungen. Allgemeine Psychologie der Kommunikation. Reinbeck bei Hamburg, 48. Auflage.

Seifert, J. W. (2010): Visualisieren, Präsentieren, Moderieren. Offenbach, 27. Auflage.

Spiegel, H. von (2011): Methodisches Handeln in der Sozialen Arbeit. München, 4. Auflage.

Wahrig-Burfeind, R. (Hrsg.) (1999): Wahrig Fremdwörterlexikon. Gütersloh u. München.

Watzlawick, P./Beavin, J. H./Jackson, D. D. (2007): Menschliche Kommunikation. Formen, Störungen, Paradoxien. Bern, 11. Auflage.

Interkulturalität

Stephan Bundschuh

Einleitung

Über Interkulturalität wird sowohl politisch als auch fachlich auf die Soziale
Arbeit bezogen diskutiert. An die beschleunigten Migrationsbewegungen der
globalisierten Welt gekoppelt, werden diese Diskurse in ihrer Bedeutung
zukünftig eher zu- als abnehmen. Während Interkulturalität in der Politik
meist als sekundäres strategisch-taktisches Instrument benützt wird, um po-
pulistische Stimmungen zu erzeugen und auszunutzen, hat die Soziale Arbeit
aufgrund der ihr eingeschriebenen Adressat/inn/en-Orientierung die Chance,
aber auch den gesellschaftlichen Auftrag, Interkulturalität als sensibles Instrumentarium zur Verbesserung der Lebenslagen bedürftiger Menschen zu
entwickeln. Zur näheren Bestimmung dieser fachlich ausgewiesenen Interkulturalität werden im Folgenden (1) die Begriffe der multikulturellen Gesellschaft und der Interkulturalität in ihren Grundzügen entwickelt und kritisch reflektiert. Anschließend wird betrachtet, wie sich (2) Interkulturalität in
der Sozialen Arbeit gestaltet, wobei (3) der Entwicklung der interkulturellen
Pädagogik ein eigener Abschnitt gewidmet ist. Unter Berücksichtigung der an
der Umsetzung von Interkulturalität in der Sozialen Arbeit geübten wissenschaftlichen Kritik wird abschließend (4) Interkulturalität als politisches
Programm der Interkultur formuliert und die Verschränkung von Interkulturalität, Inklusion und Diversität im sozialpolitischen Bereich als zukünftige
Aufgabe der Sozialen Arbeit formuliert.

Multikulturalismus und Interkulturalität

Gesellschaften werden in der Soziologie als komplexe interaktive Gefüge von
Menschen beschrieben, die von Integrations- und Desintegrations- bzw. In-
klusions- und Exklusionsprozessen gekennzeichnet sind. Neben der Klassen-
und Geschlechterdifferenz gilt die kulturelle Differenz als zentrales Zuordnungsmerkmal der Mitglieder heutiger Gesellschaften. In Kontrast zum mittlerweile gescheiterten Projekt der modernen Nationalstaaten, homogene Gesellschaften zu erzeugen, wird die derzeitige Realität von Gesellschaften als
multikulturell und der Prozess des Austausches zwischen den kulturell geprägten Individuen und Gruppen als interkulturell bezeichnet (vgl. Hamburger
2012, S. 136f).

Migration   Der Austausch zwischen Kulturen – das bedeutet Interkulturalität wörtlich – wird vor allem als Vermittlung unterschiedlicher nationaler, kontinentaler oder ethnischer Kulturen verstanden. Zwar erschöpft sich der Kulturbegriff darin nicht, sondern umfasst beispielsweise auch unterschiedliche Schicht-, Klassen- und Alterskulturen. Deren Austausch- und Verständigungsprozesse sind ebenfalls als interkulturell zu bezeichnen. Doch bereits seit seinen Anfängen – ursprünglich in der ersten Hälfte des 20. Jh. in den USA kreiert, um ein alternatives Konzept für die Integration ethnischer Minderheiten in Absetzung zum Assimilationskonzept zu entwickeln – ist das Verständnis und die Theoriediskussion um Multikulturalismus und Interkulturalität vor allem mit dem Diskurs über Migration verknüpft. Migration kann durch Gewalt oder Not erzwungen (z.B. Sklavenhandel, Vertreibung, Armut), freiwillig (Kosmopolitismus, Tourismus), kolonialisierend (z.B. Siedler und Soldaten) oder weltflüchtig (z.B. Aussteiger-Kolonien) sein. Europa und Deutschland sind längst vor Beginn der Diskussion über Interkulturalität Migrationsgesellschaften, d.h. Ein-, Aus- und Binnenwanderungsregionen, gewesen (vgl. Bade 2000, Herbert 2001).

Multi-
kulturalismus   Multikulturalismus hat viele Gesichter. Der Hauptvertreter der Cultural Studies, Stuart Hall, unterscheidet u.a.:

- den konservativen Multikulturalismus, der auf Assimilation setzt;
- den liberalen Multikulturalismus, der die Differenz ins Private verlegt;
- den pluralistischen Multikulturalismus, der den ethnischen Communities Gruppenrechte verleiht;
- den kommerziellen Multikulturalismus, der die kulturelle Vielfalt ökonomisch nutzt, ohne Macht und Ressourcen umzuverteilen,
- und den kritischen Multikulturalismus, der die Privilegien der machtvollen Mehrheit in Frage stellt und den Diskurs über Kultur selbst als Machtdiskurs thematisiert.

Drei historische Ereignisse sind für die Diskussion über Multikulturalismus entscheidend:

- erstens das Ende des imperialistischen Zeitalters durch die Auflösung der Kolonialreiche und die Unabhängigkeit der ehemaligen Kolonien nach dem Zweiten Weltkrieg,
- zweitens der Zerfall der Sowjetunion und damit die Reaktivierung und Neuerfindung ethnischer Differenzen nach 1989,
- drittens die Globalisierung, die zwar der Tendenz nach kulturell homogenisiert, aber auch Verschiedenheiten aufwertet, indem sie die homogenisierende Funktion der Nationalstaaten entscheidend schwächt.

Die Totalität der Globalisierung durchkreuzen von ihr selbst erzeugte heterogene Orte. „Einer der wichtigsten ist die geplante und ungeplante, die erzwungene und die so genannte ‚freiwillige‘ Migration: Sie hat die Ränder ins

Zentrum gebracht, das multikulturell verbreitete ‚Partikulare' ins Herz der westlichen Metropolen. Nur in diesem Kontext können wir verstehen, warum gerade die drohende westliche globale Schließung [...] *gleichzeitig* die langsame, unsichere und langwierige Dezentrierung des Westens ist" (Hall 2004, S. 197). Der existierende Multikulturalismus zersetzt in der westlichen Kultur die bislang nur auf andere Kulturen angewandten Begriffe wie „Rasse" oder „Ethnizität" und auch den der westlichen Kultur selbst, sie wird hybrid. Hybridität „ist ein Prozess, durch den Kulturen genötigt werden, ihr eigenes Referenzsystem, ihre eigenen Normen und Werte zu revidieren, indem sie sich von ihren gewohnheitsmäßigen oder ‚angeborenen' Transformationsregeln trennen" (Hall 2004, S. 208) und sich verändern. Multikulturalismus wird durch interkulturelle Aneignungsprozesse zu einer hybriden, in ständigen Änderungen befindlichen Kulturform. Ihre Form der Auseinandersetzung ist agonistisch, d.h. ein ständiger „Kampf ohne endgültige Lösung" (Hall 2004, S. 220).

Während Multikulturalismus stärker den Ausgangspunkt, nämlich die Pluralität von Kulturen bezeichnet, betont Interkulturalität vor allem den Austausch und die Beziehung zwischen Kulturen. Sie konkretisiert sich insbesondere in der Diskussion über interkulturelle Kompetenzen, worunter bestimmte Wissensbereiche, persönliche Einstellungsmuster und Methoden gezählt werden. Aus der Vielzahl von Auflistungen interkultureller Kompetenzen seien exemplarisch folgende Kompetenzen genannt: das Wissen über Migrationsverläufe, über Aufenthaltsrechte, über die persönliche Auswirkung von Diskriminierung sowie über religiöse und kulturelle Tabus; die persönliche Fähigkeit zu Perspektivwechseln, zur kommunikativen Aushandlung von Konflikten, zu Toleranz und zum Aushalten von Widersprüchen sowie zur Reflexion auf die eigene begrenzte Erfahrungswelt; Methoden zur multiperspektivischen Erarbeitung von Lösungen, zur Erlernung und Erweiterung von Selbstreflexivität und zur Vermittlung in kulturell beeinflussten Konflikten (vgl. Eppenstein/Kiesel 2008, S. 136). Allerdings handelt es sich bei der interkulturellen Kompetenz nicht um ein fest umrissenes Curriculum des Wissens und Verhaltens, sondern „um eine eher schwache Kategorie zur Regulation von irritierenden Erfahrungen in interkulturellen Zusammenhängen, die [...] in immer neuen Situationen dann entsteht, wenn Interaktionspartner in kulturell, sozial oder bildungsbezogen asymmetrischen Strukturen einander gelingende Verstehens- und Verständigungsprozesse bezeugen können" (Eppenstein/Kiesel, 2008, S. 144).

Hier zeigt sich die grundsätzliche Zurücknahme reflektierter Interkulturalität im Gegensatz zu den in Politik und sozialarbeiterischer Praxis oftmals vorherrschenden kulturalistischen Zuschreibungen, deren Funktion die Vereinfachung komplexer sozialer Lagen ist. Das Konzept der interkulturellen Kompetenz wird auch kritisiert, weil es sich als Qualifizierungsmaßnahme

Interkulturelle Kompetenz

Kritik

insbesondere an Personen der Mehrheitsbevölkerung richtet, um Minderheiten besser „verstehen" und sie somit einordnen und kontrollieren zu können. Damit minimiere sie nicht Machtasymmetrien, sondern stabilisiere sie, indem sie die anderen als Andere markiere und für die Nicht-Anderen Wissen über die Anderen bereitstelle. Eine weitere – sowohl an Multikulturalismus als auch an Interkulturalität geübte – Kritik lautet zudem, dass sie die Bedeutung von Kultur für die personale Identitätsbildung verabsolutierten, indem die Individuen bestimmten, tendenziell als geschlossen konzipierten Kulturen zugeordnet würden. Sowohl Multikulturalismus als auch Interkulturalität förderten entgegen der eigenen Absicht die Entindividualisierung durch Gruppenzuschreibung und leisteten damit einer Naturalisierung der Kultur – vergleichbar der vormaligen Verwendung des „Rasse"-Begriffs – Vorschub (vgl. Kalpaka/Mecheril 2010, S. 87f.). Beide Konzepte können auf diese Kritik nur angemessen reagieren, wenn sie die kritische Analyse von Macht- und Herrschaftsverhältnissen in sich aufnehmen und den engen Konnex von Kultur und Migration selbst aufbrechen: „Erst, wenn die Rede von ‚interkulturell' verallgemeinert wird, also beispielsweise alle pädagogischen Situationen potenziell unter der Perspektive ‚interkulturell' verstanden werden, macht es *schließlich* Sinn, auch pädagogische Interaktionen, in denen das Thema und die Vorstellung ‚Migration' relevant ist, unter dem Blickwinkel ‚interkulturell' zu betrachten" (Kalpaha/Mechwel, 2010, S. 79). Unter Beachtung dieser Rahmung des Begriffsfeld Interkulturalität wird im Folgenden die Umsetzung von Interkulturalität in der Sozialen Arbeit und in der interkulturellen Pädagogik betrachtet.

Interkulturalität in der Sozialen Arbeit

Das Arbeitsfeld Interkulturalität

„Soziale Arbeit in interkultureller Orientierung" bildet die „Summe der Reaktionen auf die Migrationstatsache" (Eppenstein/Kiesel 2008, S. 10) im Feld der Sozialen Arbeit. Hier wird Interkulturalität eindeutig mit Migration verknüpft. Zudem wird unterstrichen, dass es sich um ein Arbeitsprinzip der Sozialen Arbeit handelt, das je nach Arbeitsfeld eine unterschiedliche Prägung erfährt. Insbesondere spezialisierte Angebote für Menschen mit Migrationshintergrund sind darauf hin zu prüfen, ob sie fachlich begründet sind. Wenn ihre Spezialisierung nicht fachlich, sondern gruppenbezogen begründet ist, wirken solche Angebote segregierend. Ein freiwilliges Sprachangebot für Einwandernde und ein spezifisches Beratungsangebot von spezialisierten Kräften rund um Aufenthaltsstatus und Staatsbürgerschaft – die einzuhaltenden Pflichten, aber auch die damit verbundenen Rechte – sind beispielsweise sachlich begründete zielgruppenspezifische Angebote. Bei Familienberatung, Kinderschutz und Altenpflege führt solch ein Spezialangebot aber nur zur gesellschaftlichen Aussonderung. Um das zu vermeiden und gleichzeitig kul-

turell unterschiedliche Bedarfe berücksichtigen zu können, muss Kultursensibilität in diesen Regelangeboten ein Arbeitsprinzip sein. Das bezieht sich
nicht nur auf die Qualifikation der Sozialarbeiter/-innen, sondern insbesondere auf die sozialen Institutionen in Struktur, Organisation und Qualifikation.

Deshalb erfährt der Begriff der Interkulturalität in der Sozialen Arbeit
gegenwärtig zwei Modifikationen. Zum einen wird er institutionell auf „Interkulturelle Öffnung" hin spezifiziert, zum andern wird er tendenziell vom
Begriff der Migrationssensibilität abgelöst.

Interkulturelle Öffnung umfasst mehr als die Sensibilisierung von Per-   **Interkulturelle**
sonen, die meist im Zentrum interkultureller Aktivitäten stehen. Der Öff-   **Öffnung**
nungsbegriff ist ein Struktur- und Institutionenbegriff, er orientiert sich nicht
in erster Linie an Personen, sondern Einrichtungen und ist dadurch als Paradigmenwechsel auch für die kritische Migrationspädagogik anschlussfähig
(Kalpaka/Mecheril 2010, S. 88-91). Es geht um den systematischen Abbau
von diskriminierenden Zugängen zu, Verweilprozessen in und Entlassungen
aus Einrichtungen der Sozialen Arbeit für und von Personen, die eigentlich
Adressat/inn/en dieser Einrichtungen sind. Interkulturelle Öffnung bezieht
sich auf die Veränderung der Einrichtungskonzeption, auf die Untersuchung
von Organisationsprozessen in der Einrichtung, auf die Qualifikation des
Einrichtungspersonals und die Orientierung der Einrichtung im sozialräumlichen Umfeld unter dem Aspekt der Kultursensibilität (vgl. Eppenstein/
Kiesel 2008, S. 50-69) oder Migrationssensibilität (vgl. Jagusch 2012).

Mit dem Begriff Migrationssensibilität wird die allgemeine Erfahrung der   **Migrations-**
Migration kulturellen Differenzerfahrungen vorgeordnet. Es geht dabei weniger **sensibilität**
um Reflexivität gegenüber der eigenen Kultur oder gar um Kenntnisse diverser
Kulturen, sondern um die Fähigkeit, die Migrationserfahrung bei anderen als
bedeutungsvoll für ihr Weltverstehen und -erleben anzuerkennen. So geht es
beispielsweise bei der Durchsetzung des Kindesschutzes in Familien mit Migrationserfahrung nicht um einen „Kampf der Kulturen" (Samuel Huntington),
sondern um die Durchsetzung von Menschen- bzw. Kinderrechten in Familien,
die auch durch Migrationsprozesse bedingte Problemmuster aufweisen, aber
just durch die Migrationserfahrung spezielle Lösungspotentiale entwickelt haben können. Migrationssensibilität bedeutet, den Faktor Migration in Diagnose
und Hilfeplan als Deutungswissen bereitzuhalten, ohne es aktivieren zu müssen,
wo es sich als irrelevant erweist. Migrationssensibilität beim Kinderschutz wird
also als Querschnittsaufgabe, nicht als Spezialbereich konzipiert. Dies stimmt
mit der jüngst im Bereich der Kinder- und Jugendhilfe festgestellten Tendenz
überein, „dass spezielle Angebote für die Zielgruppe der Kinder und Jugendlichen mit Migrationshintergrund […] an Bedeutung verloren haben. Möglicherweise setzen die Jugendämter dort weniger auf eine Spezialisierung für bestimmte Zielgruppen und mehr auf eine interkulturelle Qualifizierung der Angebote für alle" (Gadow u.a. 2013, S. 243). Dies wäre eine zu forcierende

Entwicklung. Allerdings geben Gadow u.a. auch zu bedenken, dass es vielleicht nur an der Knappheit der Ressourcen liege, warum Einrichtungen weniger migrationsspezifische Angebote machten. Dann wäre noch an einem Bewusstseinswandel der Professionellen zu arbeiten.

Von der Ausländerpädagogik zur Migrationspädagogik

Die Geschichte interkultureller Pädagogik

Die Beschreibung interkultureller Pädagogik in der Bundesrepublik beginnt gewöhnlich mit den Anwerbeabkommen zwischen der Bundesrepublik und Mittelmeerstaaten in den 1950er Jahren und wird in Dekadenschritten gegliedert (vgl. Eppenstein/Kiesel 2008, S. 38-49; Mecheril 2010, S. 56-58; Nohl 2006; zur Problematik einer Chronologie vgl. Krüger-Potratz 2005, S. 43-61). Die 50er und 60er Jahre sind durch Nichtthematisierung erzieherischer oder bildender Maßnahmen gekennzeichnet, da die Einwandernde als „Gastarbeiter" keinen dauerhaften Aufenthaltsstatus hatten und deshalb davon ausgegangen wurde, dass auch keine pädagogischen Angebote im Aufnahmeland vorgehalten werden müssten. Diese Ignorierung einer stetig zunehmenden und schließlich dauerhaft bleibenden Bevölkerungsgruppe wurde in den 70er Jahren von der im Nachhinein so genannten „Ausländerpädagogik" abgelöst, die darauf reagierte, dass der aufgrund des Anwerbestopps 1973 intensivierte Familiennachzug eine nennenswerte Zahl eingewanderter Kinder in die Schulen und Einrichtungen der Kinder- und Jugendhilfe brachte. Neben Maßnahmen zur Integration in Regeleinrichtungen, z.B. durch Sprachförderung in den Grundschulen, führte dies zu einem Ausbau von Förder- und Spezialeinrichtungen für „Ausländer", die deren „Defizite" ausgleichen sollten. In den 1980er Jahren führte die Kritik an dieser Sonderpädagogik zum Beginn des interkulturellen Diskurses, der zuerst in der Wissenschaft als Reaktion auf die multikulturelle Zusammensetzung der Betreuungs-, Erziehungs- und Bildungseinrichtungen begann und erst im Verlauf der 1990er Jahre sich breiter in den sozialpädagogischen Bereichen verankerte. Die interkulturelle Pädagogik entwickelte ihre zentralen fachlichen Maßstäbe maßgeblich in dieser Dekade und setzte sich institutionell im folgenden Jahrzehnt durch. Zugleich entwickelte sich ein kritischer Diskurs, der – durch Rezeption der Cultural Studies insbesondere in der Fassung von Stuart Hall und der Postcolonial Studies insbesondere von Edward Said, Gayatri Chakravorty Spivak und Homi K. Bhabha – den Kulturbegriff der interkulturellen Pädagogik scharf kritisiert und an deren Stelle eine Migrationspädagogik stellt, die als „Pädagogik unter den Bedingungen einer Migrationsgesellschaft" (Mecheril 2010, S. 19) analysiert, wie kulturelle Differenz als wesentliches pädagogisches Kriterium durch Pädagogik erst erzeugt wird, da in ihr die gesellschaftlichen Differenzdiskurse sich ebenfalls niederschlügen. Die Migrationspädagogik stellt deshalb nicht die Kulturvermittlung, sondern die Kritik gesellschaftlicher Machtverhältnisse, die sich im pädagogischen Diskurs zuungunsten von Migrant/inn/en niederschlagen, ins Zentrum ihrer Gesellschaftsanalyse und pädagogischen Strategien. Damit wird der Terminus Interkulturalität grundsätzlich in Frage gestellt.

Auch von anderer Seite her wird der „Abschied von der interkulturellen Pädagogik" (Hamburger 2012) eingeläutet, weil sie sich zur Vollzugsgehilfin des politischen Differenzdiskurses gemacht habe. Kultur sei gegenüber der sozialen Stellung und Benachteiligung nachrangig. Diese Feststellung ist aber zu unpräzise, denn Kultur ist mit dem Sozialen unmittelbar verbunden, sie selber entsteht aus sozialen Interaktionen und produziert sie. Von einem Vorrang des einen vor dem anderen zu sprechen, ist nicht möglich. Damit ist aber zugleich gesagt, dass das Kulturelle nicht ohne das Soziale gedacht werden kann, Benachteiligung beispielsweise also nicht allein in kultureller Differenz begründet ist, sondern gleichzeitig aus sozialer Diskriminierung erfolgt. Zudem feit ein angenommener Vorrang des Sozialen nicht vor rassistischer Stigmatisierung und Diskriminierung. Das Soziale kann genauso naturalisiert werden wie die Kultur, die jeweilige soziale Lage kann – wie im Sozialdarwinismus – als Ausdruck einer natürlichen Ordnung begriffen werden. Beispielsweise lag der sozialkritischen literarischen Epoche des Naturalismus um 1900 die Annahme eines Determinismus der sozialen Herkunft zugrunde, der bis zu biologischen Vererbungslehren (z.B. Alkoholismus) reichte. Der Wechsel vom Kultur- zum Sozialparadigma löst nicht notwendig die Gruppenzuschreibung auf, sondern kann sie ebenso verstärken. Wenn die Mehrheit der Migrant/inn/en – wie in der Bundesrepublik – zu den unteren Einkommensschichten zählen, kann dies entweder sozialkritisch angeprangert oder konservativ als sozialkultureller Determinismus gedeutet werden. Der Wechsel von Kultur zum Sozialen bedeutet also nicht unbedingt einen Fortschritt in der Diagnose. Zudem vereinfacht er ebenso wie die Kulturalisierung die Komplexität der Zuschreibungen und identitätsrelevanten Merkmale von Individuen. Mindestens entlang der vier Differenzkategorien Klasse, Geschlecht, Ethnizität und Körper wird die Stellung eines Individuums in der Gesellschaft maßgeblich entschieden. Keine dieser Differenzlinien lässt sich auf eine andere zurückführen, sie lassen sich nur in ihrer Gleich-Gültigkeit und Verschränkung – das bedeutet intersektional – angemessen analysieren. Insbesondere dienen die Differenzlinien dazu, den Zugang zum Arbeitsmarkt unter den Aspekten der Flexibilisierung, Lohndifferenzierung und Ausdehnung unbezahlter Arbeit zu steuern. Jede Differenzlinie markiert dabei ein eigenes Feld, das in Verbindung mit anderen Feldern Diskriminierung durch Verknüpfung von Differenzen immer stärker festschreibt (beispielsweise ist eine körperlich eingeschränkte schwarze Arbeiterin in Europa davon mehrfach betroffen; siehe dazu auch die folgende Tabelle 1 von Winker/Degele 2010, S. 52).

Kultur versus Soziales

Tabelle 1: Differenzkategorien auf der Strukturebene und ihre zentralen
Bedeutungen (aus: Winker/Degele 2010, 52)

	Flexibilisierter Zugang und Zugangsbarrieren zum Arbeitsmarkt	Lohndifferenzierungen	Kostenlose bzw. kostengünstige Reproduktionsarbeit
Klasse	Erwerbslose als Ausgleich für Nachfrageschwankungen auf dem Arbeitsmarkt	Normalbeschäftigte versus Prekariat, Erwerbslose als LohndrückerInnen	Inanspruchnahme von Dienstleistungen zur Erziehung, globale Betreuungsketten
Geschlecht	Frauen als stille Reserve	Differenzierte Arbeitsbewertungsmaßstäbe, Steuern und Sozialabgaben	Zusätzliche und unbezahlte Haus- und Pflegearbeit von Frauen
Rasse	Arbeitserlaubnis als Flexibilisierungspotenzial	*Bad jobs* als Einstieg in den Arbeitsmarkt	Migrantinnen als günstige „Dienstmädchen"
Körper	Alter und Krankheit als Ausgrenzungsmöglichkeit	Abwertung der Kompetenz von älteren und nicht vollständig fitten Menschen	Individualisierte Krankheitsprävention, Pflicht zur Gesundheits- und Altersvorsorge

Interkulturelle Pädagogik hat den Anspruch, diese Festschreibung von Dis-
kriminierung entlang kulturalistischer Differenzlinien aufzuheben, ohne ihren
Anspruch bislang einlösen zu können. Das gelingt nur, wenn sie zu einer
klassen-, migrations-, gender- und körpersensiblen Pädagogik erweitert wird.
Diese Erweiterung soll im folgenden Abschnitt als Ausblick für die Soziale
Arbeit entwickelt werden.

Zielhorizont: Interkultur, Inklusion und Handlungsfähigkeit

Interkultur „Interkultur" ist ein aktuelles politisches und soziales Programm (vgl. Terkessidis 2010, S. 111-168). Darunter wird die Vermittlung aller denkbaren kulturellen Differenzen in einer Gesellschaft auf eine Weise verstanden, dass alle
Individuen sich unter Anerkennung ihrer Verschiedenheit möglichst uneinge-
schränkt entfalten können. Dafür müssen Barrieren beseitigt werden, die auf
sozialer, geschlechtlicher, ethnischer oder körperlicher Ebene diskriminieren.

Interkultur zielt auf Barrierefreiheit für alle Menschen allerorten. Damit
geht dieses Programm weit über die „natio-ethno-kulturelle" (Mecheril 2010,
S. 12) Dimension hinaus und zielt auf Anerkennung und Ermöglichung
menschlicher Diversitäten aller Art. Interkultur bezieht sich als Interkulturelle
Öffnung zudem vor allem auf die Veränderung der Kultur von Einrichtungen,
nicht von Menschen. Diese politische Strategie der Verschiebung des Inter-
ventionsorts soll Interkulturalität vor der ethnisierenden Kulturfalle bewahren.
Benachteiligung, Ausschluss und Absonderung sind nicht länger individuelle
Probleme, sondern werden als strukturelle Probleme erkannt, die durch in-

stitutionelle Öffnungsprozesse korrigiert werden, um inklusive Einrichtungen zu erhalten.

Inklusion ist eine Leitkategorie (vgl. den Beitrag von Felder in diesem Band). Es wird von der inklusiven Schule, inklusiven Sozialräumen und inklusiven Kindertageseinrichtungen gesprochen. Seiner Herkunft nach aus der Sozialen Arbeit mit Menschen mit Behinderung stammend, zeichnet sich im Fachdiskurs die Ausweitung des Inklusionsbegriffs auf jede Form gesellschaftlicher Einbindung ab. Entsprechend definiert beispielsweise der Deutsche Verein für öffentliche und private Fürsorge – eine bedeutende Facheinrichtung der Wohlfahrtspflege – in einem Eckpunktepapier von 2011 den inklusiven Sozialraum als „ein barrierefreies Lebensumfeld, das alle Menschen mit und ohne Behinderungen, alte und junge Menschen, Menschen mit oder ohne Migrationshintergrund selbstbestimmt gemeinsam nutzen und mitgestalten können"[1].

Inklusion

Die bislang getrennt geführten Diskurse zur Verbesserung der Lebenslagen von Minderheiten werden in einem gemeinsamen Diskurs zusammengeführt, um zu einer wirklich freien und gleichen Gesellschaft fortzuschreiten. Die Erfahrung hat außerdem gezeigt, dass partikulare Inklusionsprozesse zu neuen Exklusionen anderer Gruppen führen können. Exklusion bedeutet die Einschränkung von Handlungsmöglichkeiten durch Fernhaltung von ökonomischen, sozialen und kulturellen Ressourcen.

Resümee

Die Eröffnung von Handlungsmöglichkeiten und -räumen sowie die Realisierung von Handlungsfreiheit ist das entscheidende Ziel für alle Mitglieder einer Gesellschaft. Die Möglichkeit dazu wird in der Sozialen Arbeit nicht deduktiv vorausgesetzt, sondern induktiv aus den Handlungen und Haltungen der Adressat/inn/en erschlossen. Eine differenz-, migrations- und kultursensible Kinder- und Jugendhilfe beispielsweise schreibt Kindern und Jugendlichen keine Lebensform vor, sondern entwickelt mit ihnen Möglichkeiten einer gelingenden Realisierung u.a. durch Begleitung der Kinder und Jugendlichen in Form kulturanthropologischer Feldforschung bei ihrer Lebens- und Umweltgestaltung. Aus den Beobachtungen selbstbewältigender Strategien werden, an diesen anknüpfend, mit den Kindern und Jugendlichen erfolgversprechende Handlungsansätze entwickelt. Dieser Feldforschung liegen aktivierende Analysemethoden zugrunde, wie sie auch aus sozialräumlichen Studien insbesondere im Bereich der Kinder- und Jugendhilfeforschung hinlänglich bekannt sind. Es wird beobachtet, wie die Bewältigungsstrategien der

Handlungsfähigkeit

---

1   http://www.deutscher-verein.de/05-empfehlungen/empfehlungen_archiv/2011/DV%
     2035-11.pdf) [letzter Zugriff: 24.09.2013]

Kinder und Jugendlichen bezogen auf die Differenzlinien Klasse, Geschlecht, Ethnizität und Körper aussehen, ohne sie einer Differenz einschlägig zuzuordnen. Mit diesem Vorgehen verhindert die Soziale Arbeit, die gesellschaftliche Gruppenordnung selbst zu duplizieren und ihre Adressat/inn/en in Gruppen zu fixieren, sondern durchbricht diese Zuordnungen und eröffnet den Adressat/inn/en Handlungsoptionen. Konkret bedeutet dies, dass sie Strategien, wie sie in einer vergleichenden Studie bezüglich Verortungen von Jugendlichen in London und Hamburg beobachtet wurden, stärken muss: „On an individual level, it is not identification with ethnicity, class, or gender which is decisive for the way in which young people live with differences. Rather, it is their capacity to act which enables them to transcend the borders of social positionings and social exclusions" (Räthzel 2008, 292).

Literatur

Bade, K. J. (2000): Europa in Bewegung. Migration vom späten 18. Jahrhundert bis zur Gegenwart. München.

Eppenstein, T./Kiesel, D. (2008): Soziale Arbeit interkulturell. Theorien, Spannungsfelder, reflexive Praxis. Stuttgart.

Gadow, T. u.a. (2013): Wie geht's der Kinder- und Jugendhilfe? Empirische Befunde und Analysen. Weinheim u. Basel.

Hall, S. (2004): Die Frage des Multikulturalismus. In: Hall, S.: Ideologie, Identität, Repräsentation. Ausgewählte Schriften. Bd. 4. Hamburg, S. 188-227.

Hamburger, F. (2012): Abschied von der interkulturellen Pädagogik. Plädoyer für einen Wandel sozialpädagogischer Konzepte. Weinheim u. München, 2. Aufl.

Herbert, U. (2001): Geschichte der Ausländerpolitik in Deutschland. Saisonarbeiter, Zwangsarbeiter, Gastarbeiter, Flüchtlinge. München.

Jagusch, B. (2012): Implementierung von Migrationssensibilität im Kinderschutz – Interkulturelle Öffnung. In: Dies. u.a. (Hrsg.): Migrationssensibler Kinderschutz. Ein Werkbuch, Frankfurt/Main, S. 397-430.

Kalpaka, A./Mecheril, P. (2010): „Interkulturell". Von spezifisch kulturalistischen Ansätzen zu allgemein reflexiven Perspektiven. In: Mecheril, P. u.a.: Migrationspädagogik. Weinheim u. Basel, S. 77-98.

Krüger-Potratz, M. (2005): Interkulturelle Bildung. Eine Einführung. Münster.

Mecheril, P. (2010): Migrationspädagogik. Hinführung zu einer Perspektive. In: Mecheril, P. u.a.: Migrationspädagogik. Weinheim u. Basel, S. 7-22.

Nohl, A.-M. (2006): Konzepte interkultureller Pädagogik. Eine systematische Einführung. Bad Heilbrunn.

Räthzel, N. (2008): Concludig Remarks. In: Räthzel, N. (Hrsg.): Finding the Way Home. Young People's Stories of Gender, Ethnicity, Class, and Places in Hamburg and London. Göttingen, S. 279-294.

Terkessidis, M. (2010): Interkultur. Berlin.

Winker, G./Degele, N. (2010): Intersektionalität. Zur Analyse sozialer Ungleichheiten. Bielefeld, 2. Auflage.

Zugehörigkeit

Barbara Nemesh-Baier

Einleitung

Das Erleben, dazuzugehören oder ausgeschlossen zu sein, sich selbst von Zugehörigkeitskontexten zu distanzieren oder Zugehörigkeit zu ersehnen – all dies gehört zu den alltäglichen Erfahrungen von Menschen. Dabei haben häufig verwendete Ausdrücke wie dazugehören, irgendwo hingehören, zu (sammen)gehören alltagssprachlichen Charakter, und auch ihre substantivische Entsprechung – die Zugehörigkeit – wird häufig alltagssprachlich verwendet (vgl. Mecheril 2003, S. 118). Die Geschlechtszugehörigkeit, Zugehörigkeiten zu Religionsgemeinschaften, spezifischen sozialen Milieus oder ethnischen Gruppen, die Staatsbürgerschaft als ein Aspekt nationaler Zugehörigkeit, die Zugehörigkeit zu Freundschaftskreisen oder bestimmten professionellen Milieus, oder die empfundene Loyalität gegenüber einer bestimmten politischen Denktradition oder Gruppierung (vgl. Neckel 2003, S. 160f.) sind nur einige Beispiele für Zugehörigkeiten, die sowohl im Alltagshandeln von Menschen als auch in der sozialarbeiterisch-professionellen Interaktion mit ihnen relevant werden. Dabei ist auch in der Sozialen Arbeit – ebenso wie in weiten Teilen der Sozialwissenschaften – der Zugehörigkeitsbegriff eher allgemein und nicht fachsemantisch gefüllt, wie beispielsweise im Terminus der Gruppenzugehörigkeit (vgl. Mecheril 2003, S. 122), auf den in der Sozialen Arbeit häufig rekurriert wird, und der zum Beispiel implizit oder explizit in Diskursen über jugendkulturelle Cliquen oder Szenen auftaucht. Verstärkt zum Thema wurde Zugehörigkeit – sowohl gesellschaftlich als auch in der Sozialen Arbeit – in den vergangenen Jahren zudem im Kontext von Migration(-serfahrungen), denn „Migration ist ein Phänomen, das Grenzen problematisiert und thematisiert, und dies nicht nur im Sinne von territorialen Grenzen, sondern vor allem auch von symbolischen Grenzen der Zugehörigkeit, der Grenzziehung dessen, was als ‚Innen' und was als ‚Außen' verstanden wird und wer als zu einem ‚wir' zugehörig definiert wird und wer als ‚nicht-wir' konstruiert wird" (Mecheril 2010, S. 12f.). Zugehörigkeit wird also durch Migration individuell, sozial und auch gesellschaftlich zum Thema, und zwar nicht nur für ‚Migrantinnen' und ‚Migranten', sondern ganz allgemein, da Migration Zugehörigkeitsverhältnisse im Ganzen problematisiert (vgl. do Mar Castro Varela/Mecheril 2010, S. 35). Das Thema Migration ist im Bezug auf Fragen der Zugehörigkeit auch insofern bedeutsam, als sich darin besonders deutlich und pointiert Dynamiken von Ein- und Ausschluss (vgl. Ne-

Zugehörigkeit als Alltagserfahrung und Gegenstand wissenschaftlicher Diskurse mesh-Baier 2012) ablesen lassen. Denn während im Bezug auf andere Aspekte sozialer Zugehörigkeit Mehrfachzugehörigkeiten durchaus mindestens toleriert, wenn nicht gar gutgeheißen und als Merkmal der Moderne erlebt werden, bildet die national kodierte Zugehörigkeit hier eine Ausnahme: Noch immer stellt natio-ethno-kulturelle (vgl. Mecheril 2010, S. 14) Mehrfach-Zugehörigkeit in den meisten Nationen einen sehr empfindlichen, umstrittenen und tendenziell eher tabuisierten Punkt dar (vgl. Mecheril 2003, S. 388). Aus diesem Grund fokussiert dieser Artikel gerade in Beispielen primär auf Zugehörigkeit in der Form, wie sie im Kontext von Migration zum Thema wird (vgl. den Beitrag von Bundschuh in diesem Band).

wissenschaftliche Perspektiven auf Zugehörigkeit

Im Folgenden wird nun zunächst der Schritt vollzogen, das skizzierte allgemeine und alltagssprachliche Verständnis von Zugehörigkeit um eine wissenschaftliche Perspektive auf diesen Begriff – insbesondere unter Rückgriff auf sozialwissenschaftliche und speziell soziologische Diskurse – zu erweitern. Dabei soll erhellt werden, was gemeint ist, wenn von Zugehörigkeit gesprochen wird, was Zugehörigkeit kennzeichnet, welche Aspekte sie beinhaltet, und wie sie hergestellt oder verweigert wird. Daran anschließend wird eine raumsoziologisch erweiterte Perspektive auf das Thema Zugehörigkeit vorgestellt. Abschließend wird die Relevanz dargestellt, die die Auseinandersetzung mit dem Thema Zugehörigkeit im Allgemeinen sowie mit der skizzierten (Er-)Lebens-Raum–Perspektive im Besonderen für die Soziale Arbeit hat.

Sozialwissenschaftliche Verortung, inhaltliche Komponenten und zentrale Termini

Fragen der Zugehörigkeit sind eng mit einer Vielzahl soziologischer Diskurse verwoben. So ist Zugehörigkeit implizit oder explizit Thema in vielen Theorien und Ansätzen zur sozialen Ungleichheit. Vielfach wird hierbei auf Max Weber rekurriert, Bezüge zu seinem Werk finden sich zum Beispiel in Bourdieus Theorie kultureller Klassenmacht und in Reinhard Kreckels handlungssoziologischer Ungleichheitstheorie (vgl. Neckel 2003, S. 159).

symbolisch-relationaler Charakter von Zugehörigkeit

Verschiedene Zugehörigkeiten sind häufig an ungleiche Bildungs- und Arbeitsmarktchancen oder ungleiche Einkommensniveaus gekoppelt, und sie können selbst eigene Formen sozialer Ungleichheit (mit) hervorbringen, z.B. im Kontext gefährdeter Soziallagen wie Armut. „Als vermittelte Ursache ungleicher sozialer Verteilung kommen Zugehörigkeiten immer dann zum Tragen, wenn sie Quelle sozialer Vor- oder Nachteile sind, ökonomisches und kulturelles Kapital erwerben zu können" (ebd., S. 160). Dabei sind Fragen der sozialen Zugehörigkeit immer in Interaktions- und Aushandlungsprozesse eingebettet, und Zugehörigkeiten stellen zwischen Akteuren in diesen Prozessen ausgehandelte Beziehungskategorien dar (vgl. ebd., S. 161), in denen es um ein „Gemeinhaben von als signifikant erachteten Merkmalen" (Mecheril 2003, S. 120) geht. Zugehörigkeit hat also immer symbolisch-relationalen Charakter (vgl. ebd) und ist nicht einfach naturhaft oder aufgrund objektiver Tatbestände gegeben (vgl. Neckel 2003 S. 161 sowie Mecheril 2003, S. 119). Allerdings wird gerade diese relational-symbolische Dimension im Kampf um soziale Zugehörigkeit immer wieder ausgeblendet, und Zugehörigkeitsverhältnisse werden stattdessen als vergegenständlicht und ,vernatürlicht' dargestellt. Solcherlei Verhältnisse dienen auf der psychischen Ebene oft dazu „Leerstellen in der sozialen Realität phantasmatisch zu füllen" (Mecheril 2003, S. 120).

Ob und in welchem Maß Zugehörigkeiten selbstgewählt oder gesellschaftlich auferlegt sind, und welche gesellschaftlichen Folgen mit diesen Zugehörigkeiten jeweils einhergehen, hängt erheblich von der Machtstärke der jeweiligen Gruppe ab (vgl. Neckel 2003, S. 162). Macht wird auch als zentrales Element in der Etablierten-Außenseiter-Figuration beschrieben, die Elias und Scotson (1993) als ein Muster skizzieren, mit dem jeweils alt eingesessene Gruppen die eigene Wir-Gruppe nach innen begünstigen und nach außen gegenüber dem Nicht-Wir, den neu Hinzugekommenen, abgrenzen. Für den Bereich von natio-ethno-kultureller Zugehörigkeit weist auch Mecheril darauf hin, dass für Etablierte und Außenseiter, Fremde oder Neuankömmlinge jeweils andere Zugehörigkeitsregeln und formelle und informelle Zugehörigkeitsrealitäten und Bewertungen gelten (vgl. Mecheril 2003, S. 127). Wichtig ist in diesem Zusammenhang, dass Elias und Scotson betonen, dass auch dort, wo Auseinandersetzungen beispielsweise als ethnische Konflikte bezeichnet werden, nicht Ethnizität, sondern Macht das entscheidende Element darstellt (vgl. Elias/Scotson 1993, S. 27).

Zugehörigkeit und Macht

Wenn nun hinterfragt wird, wie sich die Herstellung von Beziehungsungleichheiten zwischen Personen und Gruppen und die Aufrechterhaltung, Verweigerung oder der Verlust von Zugehörigkeit in Interaktions- und Aushandlungsprozessen konkret gestaltet, rücken zwei grundlegende Mechanismen in den Fokus: Auf der *Ebene von Handlungen* sind Akte sozialer Schließung bedeutsam, also Handlungspraxen, die soziale Beziehungen sowie deren Erträge exklusiv halten. Auf der *Ebene der Deutung sozialer Gemeinschaften* sind Bewertungsakte, insbesondere Klassifikationsprozesse zentral, die den sozialen Austausch permanent begleiten. Dabei können analytisch zwei Arten von Klassifikationen unterschieden werden, nämlich graduelle und kategoriale Unterscheidungen. In der Praxis des Alltagshandelns sind diese beiden Arten der Klassifikation allerdings häufig miteinander verknüpft und durch eine Vielzahl von Übergängen gekennzeichnet (vgl. Neckel 2003, S. 162ff).

Mechanismen der Herstellung von Beziehungsungleichheiten

Bei graduellen Klassifikationen stehen quantitative Differenzen im Zentrum. Merkmale oder Eigenschaften von Gruppen oder Individuen werden in eine kontinuierliche Rangfolge entlang von Messkategorien wie weniger/

graduelle Klassifikationen in Bewertungsaspekten

mehr oder kleiner/größer gebracht, vor allem im Hinblick auf erworbene Merkmale wie beispielsweise Einkommen, Bildungsniveau oder berufliche Positionierung. Zwar sind die solchermaßen erfolgenden Bewertungen hierarchisierend und vertikal, sie siedeln allerdings alle betrachteten Individuen oder Gruppen im gleichen sozialen Erfahrungsraum an, es wird also von einer prinzipiellen gemeinsamen Zugehörigkeit aller zu diesem Erfahrungsraum ausgegangen. Entsprechend stellen sich graduelle Klassifikationen in ihrer Logik der Differenz (hier rekurriert Neckel begrifflich auf Bourdieu) durchaus konjunktiv dar (vgl. ebd.).

kategoriale Klassifikationen in Bewertungsakten Kategoriale Unterscheidungen hingegen fokussieren auf qualitative Urteile. Merkmale oder Eigenschaften von Gruppen oder Individuen werden entsprechend anhand von Maßstäben wie gleich/ungleich oder ähnlich/unähnlich sortiert. Damit findet sich – anders als bei graduellen Klassifizierungen – keine Rangfolge entlang eines Kontinuums, sondern es werden einander ausschließende Kategorien etabliert. Kategoriale Unterscheidungen werden vor allem bezüglich askriptiver Merkmale vorgenommen, die als unveränderlich wahrgenommen werden und die gedanklich als Gegensatzpaare – wie beispielsweise Mann oder Frau – organisiert werden. Da hier keine gemeinsame Zugehörigkeit zum gleichen Erfahrungsraum vorausgesetzt wird, sondern ja im Gegenteil einander ausschließende und voneinander differente Hintergründe angenommen werden, ist die Logik der Differenz, die hier zum Tragen kommt, prinzipiell disjunktiv. Kategoriale Unterscheidungen finden sich entsprechend besonders in Argumentations- und Wahrnehmungszusammenhängen, in denen soziale Gemeinschaften Ungleichheiten zwischen Individuen oder Gruppen als Ungleichwertigkeiten interpretieren (vgl. ebd, S. 163f.). Dies führt dazu, dass schwächeren Gruppen „dann bereits die Anerkennung verwehrt [wird], gleiche Lebenschancen überhaupt beanspruchen zu können. Auch schwerwiegende Benachteiligungen können sie kaum bekämpfen, weil die Öffentlichkeit für sie nicht die gleichen Maßstäbe anwendet wie für jene Bevölkerungsteile, die ihr natürlicherweise als zugehörig gelten" (ebd., S. 164). Dass die jeweils angewandten Bewertungskategorien jedoch alles andere als universell, sondern historisch, sozial und kulturell jeweils spezifisch gebunden sind (vgl. ebd., S. 163), gerät dabei in der Regel aus dem Blick. Zentral ist hierbei die Bedeutung der inoffiziellen Sphären der Lebenswelt. Denn während beispielsweise Gesetze eine formelle Gleichberechtigung garantieren, können Handlungspraxen und Deutungsmuster in informellen Zusammenhängen durchaus de facto zu einer massiven Einschränkung der Handlungsschancen führen, beispielsweise bei der Wahrnehmung eigener Interessen oder bei der Artikulation der eigenen Bedürfnisse (vgl. ebd., S. 161). So skizziert auch Mecheril (2003) für den Themenbereich der natio-ethno-kulturellen Zugehörigkeit, dass Staatsangehörigkeit als Form der formellen Mitgliedschaft (vgl. ebd., S. 147ff) nicht unbedingt das entscheidende

Merkmal bei der Frage ist, ob eine Person fraglos als Mitglied eines spezifischen natio-ethno-kulturellen Kontextes (an)gesehen, anerkannt und verortet
wird. Vielmehr scheinen es eher informelle Formen der Mitgliedschaft – wie
beispielsweise Ähnlichkeiten in der Physiognomie – zu sein, über die Zugehörigkeit an- oder aberkannt wird (vgl. ebd., S. 152ff). Dies deckt sich auch
mit der Einschätzung eines Jugendlichen, der im weiter unten vorgestellten
Handlungsforschungsprojekt konstatierte: „Der Pass bringt dir nur bei den
Behörden was. Dass du da die deutschen Rechte kriegst. Aber nicht bei den
Menschen auf der Straße. Für die bist du'n Türke, auch wenn du mit goldenem
Pass ankommst" (WSM1:S8).

Gerade Handlungspraxen und Haltungen in informellen Handlungsräumen, auf informeller Mitgliedschaft beruhende Aspekte von Zugehörigkeit
und die damit geschaffenen Grenzziehungen zwischen ‚Wir' und ‚nicht-Wir'
zeichnen sich dadurch aus, dass sie auf beharrliche Weise als selbstverständlich (an)genommen werden und damit eine außerordentlich große Wirkungs-
macht entwickeln (vgl. Mecheril 2003, S. 155ff). Dies hat auch Auswirkungen
auf den Zugehörigkeitsaspekt der habituellen Wirksamkeit, denn „formell
zugestandene Rechte stellen erst dann ein faktisches Recht dar, wenn der Besitz der legalen Rechte alltagweltlich auch ratifiziert ist" (ebd., S. 179).

beharrliche Selbstverständlichkeit von Zugehörigkeitspraxen in informellen Handlungsräumen

Während in vielen klassischen sozialwissenschaftlichen Theorien und
Ansätzen zu Zugehörigkeit und sozialer Ungleichheit tendenziell die For-
schenden-Perspektive auf Individuen, Gruppen und gesellschaftliche Strukturen im Vordergrund steht, sind bei Mecheril (2003) die Perspektiven der
handelnden Subjekte selber zentral. Spezifisch befasst er sich mit den Zugehörigkeitserfahrungen der Subjekte, die als nicht fraglos zugehörig konstruiert
werden – der natio-ethno-kulturell Anderen. Zugehörigkeit wird hier als subjektive Realität in den Blick genommen, die in eine diskursive Praxis eingebunden ist. Zugehörigkeitspraxis wird dabei generiert über Zugehörigkeits-
konzepte, Zugehörigkeits*erfahrungen* und Zugehörigkeits*verständnisse* (vgl.
ebd., S. 127). Für die Soziale Arbeit ist dabei besonders wichtig, dass die
überindividuellen Rahmensetzungen, die sich in Zugehörigkeitskonzepten
verdichten, „Formen kollektiver Zugehörigkeitspraxis [sind], die auf einer
grundlegenden Ebene in- und exkludierend wirken" (ebd., S. 128).

Zugehörigkeitskonzepte, -erfahrungen und -verständnisse als Bestandteile diskursiver Zugehörigkeitspraxis

Zugehörigkeitserfahrungen beschreibt Mecheril nicht nur als „Phänomene, in denen die Einzelne ihre Position im Zugehörigkeitskontext" (ebd., S.
129) erfährt, sondern noch grundlegender als prinzipielle Erfahrung von sich
selber. Dabei sind Individuum und Kontext sowohl voneinander geschieden
als auch miteinander gekoppelt (vgl. ebd.).

Zugehörigkeitsverständnisse schließlich, von Mecheril als Teil von Selbst-
verständnissen betrachtet, „bezeichnen […] emotionale, epistemische und
praktisch-leibliche Muster, die situative Zugehörigkeitserfahrungen zusam-
menfassen, abstrahieren und verdichten. Diese Muster werden durch positive

und negative Erfahrungen strukturiert, zugleich strukturieren sie Zugehörigkeitserfahrungen" (ebd., S. 132).

In dem sich im Zusammenspiel von Zugehörigkeitskonzepten, Zugehörigkeitserfahrungen und Zugehörigkeitsverständnissen generierenden Feld konstituiert sich Zugehörigkeit in der Zusammenwirkung von drei Aspekten, nämlich der (symbolischen) Mitgliedschaft, der (habituellen) Wirksamkeit und der (biographisierenden) Verbundenheit (vgl. ebd. S. 138ff, S. 161ff und S. 218ff).

Zugehörigkeit: Beispiel einer raumsoziologisch erweiterten Perspektive

Mecheril (2003) betrachtet Zugehörigkeit in ihrer Dynamik und Prozesshaftigkeit (aber keinesfalls Beliebigkeit) als Momentaufnahme. Auch die räumliche Dimension findet im Sinne der skizzierten Mehrfachzugehörigkeit zu mehreren natio-ethno-kulturellen Räumen Berücksichtigung. Diese räumliche Perspektive möchte ich mit einem etwas anders gelagerten Raumbegriff hier aufgreifen und erweitern. Denn – so das Ergebnis eines von mir durchgeführten Handlungsforschungsprojektes mit mehrsprachigen Jugendlichen – auch innerhalb eines natio-ethno-kulturellen Raumes können sich mehrere (Er-) Lebens-Räume (vgl. Nemesh-Baier 2012, S. 163) eröffnen, die sich untereinander zum Teil erheblich in ihren Grenzsetzungen bezüglich Zugehörigkeit und Ausschluss unterscheiden. In diese Grenzsetzungen fließen sowohl Konstruktionen von Differenz – und komplementär dazu von homogenisierender Zu(sammen)gehörigkeit – ein, die die Jugendlichen selber produzierten, als auch solche, die sie als von anderen produziert beschreiben. Stellt man die verschiedenen Differenzlinien einander in einer Typologie von Raumtypen gegenüber, wird ein situativ veränderbares, komplexes und vielfältiges Geflecht aus Zugehörigkeitserfahrungen und -verständnissen sichtbar (vgl. Nemesh-Baier 2012).

Ausdifferenzierung von Zugehörigkeiten in verschiedenen (Er-)Lebens-Räumen

So wird Zugehörigkeit im *Raumtyp außerhäusiger Alltagsroutinen* als weitestgehend denjenigen vorbehalten erlebt, die als Deutsche ohne Migrationshintergrund identifiziert werden. Auf der anderen Seite der wesentlichsten Differenzlinie finden sich all denjenigen, die aufgrund ihres Migrationshintergrundes im hegemonialen Integrationsdiskurs als nur bedingt zu Deutschland gehörig konstruiert werden.

Im *Raumtyp des häuslichen Beziehungs- und Schutzraumes* verlaufen die Differenzlinien hingegen weitaus weniger binär. Hier konstituieren sie sich deutlich stärker auf der Basis individueller Nähe oder Distanz. Dabei fällt erlebte Nähe tendenziell mit subjektiv erlebter Nähe der natio-ethno-kulturellen Zugehörigkeit zusammen.

Im *Raumtyp transnationaler Bewegungen und Interaktionen* steht die erlebte eigene hybride Identität im Mittelpunkt, und die relevanteste Differenzlinie verläuft zwischen natio-ethno-kulturell Mehrfachzugehörigen auf der
einen und natio-ethno-kulturell einfachzugehörigen Menschen auf der anderen Seite. Dabei wird diese Grenzsetzung sowohl in Bezug auf mononational
beziehungsweise monokulturell in Deutschland verankerte Menschen erlebt
als auch auf diesbezüglich einfachzugehörige Menschen im Land der eigenen
oder elterlichen Geburt.

Im *Raumtyp der nicht-deutschen Heimat als innere Idee und erlebte Realität* schließlich ziehen die Jugendlichen die Differenzlinien dergestalt, dass
Menschen von als gleich definierter natio-ethno-kultureller Zugehörigkeit als
homogenisiert zusammengehörende Gruppe – und zwar über individuelle
Sympathie oder Nähe hinaus – konstruiert werden. (vgl. ebd., S. 163ff)

Auffällig ist bezüglich der Dynamik der Ziehung der skizzierten Differenzlinien, dass die teilnehmenden jungen Männer und Frauen das ,Eigene'
häufig so konstruieren, dass sie sich selber als ,normal' benennen und empfinden können. Sowohl implizit, als auch explizit wird dabei immer wieder die
Zielsetzung eines möglichst umfassenden Empfindens von Zugehörigkeit
sowie von größtmöglicher Hörbarkeit und Handlungsfreiheit sichtbar (vgl.
ebd., S. 162).

Relevanz für die Soziale Arbeit

Fragen von Zugehörigkeit sind, wie skizziert, eng mit Prozessen von Inklusion
und Exklusion verbunden (vgl. den Beitrag von Felder in diesem Band). Versteht Soziale Arbeit sich als „Hilfe, die auf die Inklusions- und Exklusions-
verhältnisse der modernen Gesellschaft bezogen ist und deren Funktion als
Exklusionsvermeidung, (Re-)Inklusionsermöglichung und Exklusionsver-
waltung bestimmt werden kann [...]" (Bommes/Scherr 2012, S. 16), so ist eine
Beschäftigung mit den Diskursen und Dynamiken, über die Zugehörigkeit
hergestellt, angezweifelt, modifiziert oder verweigert wird, unerlässlich.

Zugehörigkeit und Inklusion/ Exklusion

Eine solche Reflexion als Analysewerkzeug zugehörigkeitsrelevanter
Phänomene kann dabei Sozialarbeiterinnen und Sozialarbeitern auf mehreren
Ebenen nutzen:

relevante Analyse- und Handlungs- ebenen

- Das Zugehörigkeitserleben konkreter Adressatinnen und Adressaten kann
  im Kontext überindividueller Zugehörigkeitswirklichkeiten verstanden
  werden.
- Werden dabei die Prozesshaftigkeit, Mehrwertigkeit und prinzipielle
  Veränderbarkeit von Zugehörigkeitspraxen im Blick behalten, so kann
  diese Einsortierung die Zielgruppe(n) stärken, ermächtigen und gegebe-

nenfalls entlasten, statt sie über weitere vernatürlichte Festschreibungen zu schwächen.

- Eigene, unter Umständen auch fraglos erlebte Zugehörigkeiten der professionellen Kräfte und die eigene Positioniertheit können bewusster wahrgenommen und in ihrer Relevanz für die professionelle Interaktionsstruktur befragt werden.
- Sozialarbeitsrelevante gesellschaftliche Entwicklungen können mithilfe der zentralen Termini griffiger erfasst und einer Analyse zugänglich gemacht werden, deren Ergebnisse wiederum anschließend für die Praxis fruchtbar gemacht werden können.

So beschreibt Neckel beispielsweise die Wichtigkeit des Wissens um Klassifikationen beim Verstehen der „ausufernde[n] Gewinner-Verlierer-Semantik" (Neckel 2003, S. 166) der letzten Jahre, die vielfach einen solidarischer ausgelegten wohlfahrtsstaatlichen Sprachgebrauch ersetzt hat und die er pointiert in der Formel summiert: „Zugehörigkeit endet beim Misserfolg" (ebd.). Er konstatiert: „Die Erfolgskultur der heutigen Marktgesellschaft […] hat mit all ihren kategorialen Gegensätzen von wachsendem Reichtum und lauernder Armut, von auftrumpfendem Wettbewerbsgeist und sozialer Resignation tiefe Spuren in der symbolischen Ordnung von Ungleichheit hinterlassen. Nur derjenige wird diese Spuren zu deuten wissen, der die Macht der Klassifikation zu begreifen versucht" (ebd.).

Resümee

Durchbrechung von Ausschlussprozessen

Mit einem solchen kritischen Blick auf gesellschaftliche Zusammenhänge rückt Soziale Arbeit auch in die Nähe der Rolle, die Winkler der Sozialpädagogik zuweist: Als ‚Kritiker der Gesellschaft' soll sie deren Ausgrenzungsprozesse durchbrechen und „die so entstandenen Plätze einer Aneignung wieder zugänglich" (Winkler 1988, S. 279) machen. Diese (Wieder-)Aneignung der Lebensorte durch die Subjekte soll ihnen ermöglichen, über die ihnen zugewiesenen Rollen hinauszuwachsen (vgl. ebd., S. 259).

Dieser Fokus auf dem Subjekt, welches bei Winkler eine Grundkategorie der sozialpädagogischen Reflexion konstituiert (vgl. ebd., S. 257), findet sich mit einer anderen Akzentuierung und inhaltlichen Befüllung auch in Mecherils Fokus auf Zugehörigkeitserfahrungen und im zuvor erwähnten Terminus des (Er-)Lebensraums.

Zugewinn durch raumsoziologisch erweiterte Perspektive

Die in der skizzierten Form raumsoziologisch erweiterte Perspektive auf Zugehörigkeit bietet Sozialarbeiterinnen und Sozialarbeitern die Möglichkeit einer differenzierteren Wahrnehmung und Berücksichtigung der Zugehörigkeitsrealitäten ihrer Adressatinnen und Adressaten. Vor dem Hintergrund der

Tatsache, dass die im erwähnten Handlungsforschungsprojekt befragten Jugendlichen je nach thematisiertem Raum und Argumentationskontext höchst unterschiedliche Differenzlinien bezüglich des ‚Eigenen' und des ‚Anderen' zogen, werden ihre Zugehörigkeitserfahrungen und die zugehörigkeitsrelevanten überindividuellen Rahmensetzungen als prozesshaft, veränderbar, kontextgebunden und komplex sichtbar. Für Fachkräfte der Sozialen Arbeit könnte dies bedeuten, sich zu vergegenwärtigen, dass sie bei weitem nicht alle Zugehörigkeitsempfindungen der Person in ihrer Komplexität kennen, wenn sie von einer einzelnen Zugehörigkeitserfahrung hören. In der Konsequenz könnte dies einen Perspektivwechsel bedeuten, der, anstatt die Adressaten auf diese eine Zugehörigkeit zu reduzieren und andere auszublenden, die Dominanz von natio-ethno-kultureller Einfachzugehörigkeit als Referenzpunkt problematisiert. Zudem wäre es angebracht, zu hinterfragen, warum diese eine Zugehörigkeit diejenige ist, die in der Interaktion mit der sozialarbeiterischen Kraft betont wird (vgl. Nemesh-Baier 2012, S. 173).

Die skizzierte raumsoziologisch erweiterte Perspektive auf Zugehörigkeit legt sehr plastisch offen, wie stark das (Er-)Leben von in Deutschland lebenden ‚Menschen mit Migrationshintergrund' ein deutsches Produkt ist, auch wenn – insbesondere in Konflikten – gerade in Fremdverortungen eine verbale Bezugnahme auf andere nationale Etiketten absolut gängige Praxis ist. Auch dies erfordert – in der Sozialen Arbeit ebenso wie gesellschaftlich – einen Perspektivwechsel hin zu einer Wahrnehmung der Lebenswelten, aber zum Beispiel auch der Kriminalität von Migrantinnen und Migranten als ‚einheimisch' statt ‚ausländisch' (vgl. Kalpaka 2004, S. 31), als zu Deutschland gehörig. Am Beispiel des Themenfeldes Sprache(n) wird deutlich, dass bezüglich solch selbstverständlicher Zugehörigkeit noch einiger Entwicklungsbedarf besteht: „Im Disput über die Sprache(n), die als legitime Sprache(n) der Migrationsgesellschaft gilt (gelten), artikuliert sich ein Kampf um Zugehörigkeiten: Wer gehört zu uns? Aber noch viel mehr: Wer sind wir? Sind wir auch die, die in erster Linie Russisch sprechen? Sind wir auch die, die eine Art Deutsch-Türkisch sprechen?" (Mecheril/Quehl 2010, S. 5)

Migration und Zugehörigkeit: Perspektivwechsel

Literatur

Bommes, M./Scherr, A. (2012): Soziologie der Sozialen Arbeit. Eine Einführung in Formen und Funktionen organisierter Hilfe. Weinheim u. Basel.

do Mar Castro Varela, M./Mecheril, P. (2010): Grenze und Bewegung. Migrationswissenschaftliche Klärungen. In: Mecheril, P. et al (Hrsg.): Migrationspädagogik. Weinheim u. Basel, S. 23-53.

Elias, N./Scotson, J. L. (1993): Etablierte und Außenseiter. Frankfurt/Main.

Kalpaka, A. (2004): Wie die Elefanten auf die Bäume kommen. Villigst.

Mecheril, P. (2003): Prekäre Verhältnisse. Über natio-ethno-kulturelle (Mehrfach-) Zugehörigkeit. Münster, New York, München u. Berlin.

Mecheril, P. (2010): Migrationspädagogik: Hinführung zu einer Perspektive. In: Mecheril, P. et al (Hrsg.): Migrationspädagogik. Weinheim u. Basel, S. 7-22.

Mecheril P./Quehl, T. (2010): Unsere Sprache(n) sprechen. Zugehörigkeiten in der Migrationsgesellschaft und die Rolle der Pädagogik. In: DDS – die demokratische Schule. Zeitschrift der GEW – Gewerkschaft Erziehung und Wissenschaft, Landesverband Bayern. München. Heft Dezember 2010: Sprache und Zugehörigkeit. S. 5-6.

Neckel, S. (2003): Kampf um Zugehörigkeit. Die Macht der Klassifikation. In: Leviathan – Berliner Zeitschrift für Sozialwissenschaft. Jahrgang 30, S. 159-167.

Nemesh-Baier, B. (2012): (Er-)Lebensräume mehrsprachiger Jugendlicher: Sprache(n), Migration und Dynamiken von Ein- und Ausschluss. In: May, M./Alisch, M. (Hrsg.): Formen sozialräumlicher Segregation. Beiträge zur Sozialraumforschung Band 7. Opladen, Berlin u. Toronto, S. 157-179.

Winkler, M. (1988): Eine Theorie der Sozialpädagogik. Stuttgart.

Beratung

Rainer Ningel

Einleitung

Die Beratung in der Sozialen Arbeit ist durch den Bezug auf den Alltag der Klienten gekennzeichnet. Der Alltag gilt als Schnittstelle gesellschaftlicher Strukturen und individueller Biographien. Die gesellschaftlichen Widersprüche zeigen sich hier unmittelbar im dem bio-psycho-sozialen Schwierigkeiten der Betroffenen. Genau dieser Konflikt ist Gegenstand der Beratung. Das Kompetenzprofil der Berater/-innen definiert sich über das Wissen und die Fähigkeiten im Umgang mit speziellen Problemstellungen. Ziel der Beratung ist die Teilhabe des Klienten am Leben durch einen gelingenden Alltag. Zur Erreichung dieses Zieles stehen dem Berater problem- bezogene Interventionen zur Verfügung, die auf kognitive, emotionale und praktische Problemlösung und Problembewältigung gerichtet sind.

Mit Hilfe kommunikativer Mittel soll Orientierung und Lösungskompetenz geschaffen werden. Den Hauptteil der „Beratungsarbeit" leisten ganz selbstverständlich die natürlichen Netzwerke (Familie, Freunde, Vereine etc.). Seit Jahren jedoch muss, als Ergebnis eines Verlusts informeller Ressourcen, ein kontinuierlicher Zuwachs an Beratungsbedarf verzeichnet werden. Die natürlichen Netzwerke sind offenbar ihren Aufgaben immer weniger gewachsen. Nach Thiersch (2004) ist jede Beratung eine spezifische Form der Rollenbeziehung. Sie erfolgt im Medium Sprache und bezieht sich auf Probleme mittleren Ausmaßes.

Methodisches Handeln in der Sozialen Arbeit

Gegenstand der Sozialen Arbeit sind die sozialen Probleme von Menschen, die mehr oder weniger ausgegrenzt sind und nur mangelhaft am Leben teilhaben. Soziale Arbeit hat die Aufgabe, die Notleiden der Menschen zu verändern und einen Beitrag zur Veränderung ihrer Umwelt zu leisten. Beratung als professionelles methodisches Handeln erfordert spezielle Kompetenzen und muss deshalb auch entsprechende Kriterien erfüllen. Methoden der Sozialen Arbeit sind der modale Weg des Vorgehens und somit Bestandteil einer Handlungslehre, auf die sie von den Zielen her bezogen und begründbar sein müssen. Eine Methode ist ein vorausgedachter Plan des sozialpädagogischen

Kriterien professionellen Handelns

Handelns. Geißler & Hege (2001) beschreiben Soziale Arbeit immer auch als eine personenbezogene, damit individuelle und kommunikative Beziehungs-arbeit, deren Handhabung instrumentelle, reflexive und soziale Kompetenzen erfordert.

Als Grundanforderungen müssen Methoden Kriterien erfüllen, nach de-nen Interventionsformen in das methodische Handeln der Sozialen Arbeit zu übertragen sind. So muss eine Methode beschreibbar und nachvollziehbar sein, lehr- und lernbar, überprüfbar, zielgerichtet, theoretisch und wissen-schaftlich fundiert. Es müssen Aussagen zum konkreten Handlungsrahmen des Arbeitsfelds und zu den Evaluationsergebnissen gemacht werden. Dies alles dient der Qualitätsverbesserung Sozialer Arbeit (Ningel 2011).

Voraussetzungen für Beratung

Geeignetes
Kompetenzprofil
Die Umsetzung eines Beratungsprozesses erfordert ein umfassendes Kom-petenzprofil der Professionellen. Berater/-innen benötigen umfassende Sach-kenntnis und Fachwissen, Teamfähigkeit mit dem entsprechenden interdis-ziplinären Interesse und eine hohen Kooperationsfähigkeit. Zur konkreten Umsetzung der Methoden ist Handlungskompetenz erforderlich. Empathie als Grundhaltung in der Sozialen Arbeit ist die Basis für gelingende Beziehungen. Da Beratung mit dem Medium Sprache erfolgt sind kommunikative Kompe-tenz und partnerschaftliches Verhalten erforderlich. Beratung hat auch einen edukativen Auftrag, für den psychologisch-pädagogische Kompetenz benötigt wird; Berater/-innen müssen Grenzen setzen, ermutigen, bestätigen, konfron-tieren, loben, leiten, geschehen lassen und sich abgrenzen. Damit Beratung wirksam werden kann braucht es Vertrauen in die eigenen Kompetenzen und in die Wirksamkeit professionellen Handelns. Hinzu kommt eine klare Wer-tehaltung. Soziale Arbeit braucht eine Ethik, die sich auch in charakterlichen Attributen (Echtheit, Fairness, Korrektheit, Verlässlichkeit, Ehrlichkeit, Hil-febereitschaft) zeigt.

Ethisch geleitete
Methoden-
anwendung
Beratung findet auf der Basis einer professionellen Beziehung innerhalb einer ethischen Rahmung statt. Um die Gefahr einer Beratung als bloße Ar-beitstechnik abzuwenden, hatten Werte, Haltungen und ethische Prinzipien von Beginn an einen hohen Stellenwert in der Sozialen Arbeit. Achtung vor der Individualität und Würde des Menschen, Offenheit und Verschwiegenheit, Vorurteilslosigkeit, Positive Erwartungshaltung, Selbstkritik, akzeptierendes und wertschätzendes Annehmen, Individualisierung und die Aktivierung des Klienten bestimmen das Beratungshandeln mit dem Ziel der Hilfe zur Selbst-hilfe.

Hilfe zur
Selbsthilfe
Das zeigt sich in der „Nicht-Direktiven Beratung", bei der in besonderer Weise die Selbstheilungskräfte des Individuums akzentuiert werden. Es wer-

den die Fähigkeiten der Klienten fokussiert, mit Störungen und Problemen der Anpassung und Wahrnehmung selbst fertig zu werden. Eine unterstützende Beziehung, in der weder Angst noch Verteidigung herrscht bietet Klient/-innen Raum zur Selbsterkenntnis, Entfaltung und Entwicklung von Selbstheilungskräften. Dazu darf Beratung nicht direktiv erfolgen; zudem sollte die hilfesuchende Person im Zentrum stehen und nicht das Problem. Ziel ist es nicht, eine bestimmte Schwierigkeit zu lösen, sondern die Problemlösefähigkeit der Klient/-innen zu verbessern. Diese beiden Prinzipien lassen sich realisieren, wenn sich die Beratung konsequent positiv wertschätzend, echt und empathisch erfolgt. Die Akzeptanz der Ratsuchenden ist nicht an Bedingungen geknüpft. Nur wenn der/die Berater/-in bedingungsfrei als akzeptierendes „Alter Ego" der Klienten authentisch ist, können sich diese öffnen, als Person geschätzt fühlen und Vertrauen fassen (Rogers 1992). Diese Haltung wurde im Empowerment fortgeführt, in dessen Mittelpunkt die Entdeckung noch ungenutzter Stärken der Klient/-innen stehen und die Förderung ihrer Potenziale der Selbstgestaltung. (Herriger 2002).

Die Ethik sagt, wie der Mensch handeln soll und wie nicht; sie bestimmt, wie er sich im Umgang mit seiner Umwelt zu entscheiden hat. Dazu gehört einerseits eine Auseinandersetzung mit dem Ausmaß individueller menschlicher Freiheit, aus der heraus sich Fragen gelingender oder auch nicht gelingender Interaktion, Kommunikation, Beziehungsgestaltung, Hilfe und Unterstützung beantworten. Diese Ethik schließt aber auch Aussagen zum verantwortungsbewussten, also technisch korrekten Methodeneinsatz ein. In der Sozialen Arbeit heißt das konkret, dass es eine Verpflichtung der Professionellen gibt, ihre Methodenkompetenz kontinuierlich zu optimieren und im Einzelfall sehr konsequent die Qualität ihrer Interventionen zu hinterfragen (Ningel 2006).

Relevanz für die Soziale Arbeit

Auch die früheren Ansätze der Sozialen Arbeit waren mit ihrem caritativen Auftrag moralisch und ethisch legitimiert, aber professionelles Tun muss Ansprüche erfüllen, die über den Wunsch, hilfreich zu sein, hinausgehen. Die Soziale Arbeit muss Ressourcen verwalten, das Gemeinwohl im Blick haben, eine ganzheitliche Sicht haben und dabei die Verantwortung der Gesellschaft dem Einzelnen gegenüber ebenso mitdenken wie die Verantwortung des Einzelnen der Gesellschaft gegenüber. Da greifen Mildtätigkeit und Mütterlichkeit, die Alice Salomon noch als zentrale Hilfsquelle einforderte zu kurz (Ningel 2006).

So muss der Beratungsprozess zielorientiert erfolgen. Ein Ziel ist eine gedankliche Vorwegnahme von wünschenswerten Veränderungen, die auf-

Effektivität und Effizienz

grund von Werten festgelegt wird. Es kann Herausforderung sein, Motivation erzeugen und enthält eine Selbstverpflichtung des Einzelnen. Nur eine klare Zielformulierung erzeugt Klarheit, sichert Effektivität und Effizienz, schafft Transparenz und ermöglicht Evaluation. Soll die Wirksamkeit der Arbeit beschreibbar und nachvollziehbar werden, muss zuvor klar werden, was bewirkt werden soll (Ningel 2011).

Ressourcenknappheit erfordert eine kritische Auseinandersetzung mit bisherigen Vorgehensweisen, durchaus auch mit dem Ziel, Kosten zu reduzieren und Verschwendung durch Überversorgung abzubauen. Effizienzbasiertes Vorgehen trifft in der Sozialen Arbeit oft auf Kritik, weil Kosteneinsparungen zu Lasten der Versorgungsqualität vermutet werden. Aber es muss selbstverständliche Verpflichtung sein, Ressourcen angemessen und wirksam einzusetzen.

Soziale Arbeit hat ein grundsätzliches Vertrauen in die Selbstheilungskräfte der Klienten. Beratung erfolgt mittlerweile Ressourcen orientiert und Kunden orientiert. Der Klient bestimmt die das Vorgehen und nicht die zur Verfügung stehende Methode (Ningel 2011).

Kommunikation in professionellen Beziehungen

Helfende Beziehungen gestalten sich über Kommunikation und Interaktion. Bedeutsam für ein zielorientiertes Gespräch sind die Formen der Gesprächsführung, Fragetechniken und die atmosphärische Gestaltung der Gesprächssituation. Soziale Arbeit muss um die Gesetzmäßigkeiten und Möglichkeiten von Kommunikation und deren potentieller Inkongruenzen wissen. Nothdurft (2000) nennt fünf Dimensionen verbaler Interaktion:

- Interaktive Bezogenheit: Jede Äußerung ist wesentlich auf die anderen bezogen: „Einen Witz habe ich erst erzählt, wenn mein Gegenüber lacht." Berater/-innen sind immer vom Verhalten der Klienten abhängig und umgekehrt.
- Kontextuelle Gebundenheit: Wörter sind in dem Zusammenhang zu sehen, in dem sie geäußert werden. Die Soziale Arbeit muss sich von der Vorstellung einer eindeutigen Kommunikation verabschieden und die Ambivalenzen der jeweiligen Situation ertragen.
- Prozessualität des interaktiven Geschehens: Gespräche sind Ereignisse, die sich im Verlauf der Zeit herausbilden und verändern. Nichts bleibt, wie es ist. Jeder weitere Redebeitrag verändert die Gesamtkontur und verleiht neue Bedeutung.
- Materialität der Redebeiträge: Materialität ist der gesamte Bereich von Ausdrucksqualitäten (Stimmqualität, Tönung, Lautstärke, Dramatik, Tempo, Sprachrhythmus, Sprechklang, Gestik). Berater/-innen sollten in der Lage sein, die Ausdrucksmöglichkeiten auszuschöpfen.
- Metakommunikation: Keine Gesprächsführung kann Kommunikationsstörungen ganz ausschließen. Festgestellte Blockaden sollten als Rückmeldung und Darstellung des eigenen Empfindens zu thematisieren.

Paul Watzlawick (2000) beschreibt Beziehungen zwischen Menschen als Verstehen und
Missverstehen Regelkreis. Eigenes Verhalten wirkt sich auf andere aus und wird durch das Verhalten anderer mit bedingt. Der Einzelne ist nicht nur aus seinen Handlungen zu verstehen, sondern im Zusammenhang mit den Reaktionen seiner Mitmenschen zu begreifen, er ist Teil eines Systems. Schulz von Thun (1992) hat die Überlegungen von Watzlawicks zur zwischenmenschlichen Kommunikation fortgeführt und stellt in seinem Konzept der „Anatomie einer Nachricht" fest, dass durch Kommunikation Nachrichten von einem Sender zu einem Empfänger gesandt werden und dass jede dieser Nachrichten für den Sender und Empfänger vier Seiten hat. Es geht dem Sender neben Sachinhalt immer auch um Selbstoffenbarung, die Beziehung und einen Appell.

Es ist also nicht immer alles so wie es scheint. Missverständnisse sind nicht die Ausnahme sondern eher die Regel. Nicht das Naheliegende ist immer das Richtige, vordergründige Interpretationen vernachlässigen oft wichtige Aspekte, Wahrheit und Wirklichkeit sind nicht per se identisch. Objektivität ist ein Mythos, bestenfalls erstrebenswert, aber nicht erreichbar. Soziale Arbeit sollte sich ihrer Begrenztheit und Störungsanfälligkeit Bewusstheit sein; deshalb ist Selbstreflexion eine weitere unverzichtbare Kompetenz.

Offenheit gilt in der Beratung als Struktur bildendes Prinzip. Beratung in Kunden-
orientierte
Beratung der Sozialen Arbeit ist offen für eine gezielte Auswahl von Beratungsmethoden und Vorgehensweisen. Beratung sollte problemorientiert erfolgen. Methoden wie aufmerksames Zuhören, Übung, Erprobung, Konfrontation, Rollenspiele etc. werden in die Beratung integriert. Dabei ist relevant, dass nicht die Methode den Verlauf der Beratung bestimmt, sondern das Problem. Die Beratung kann sich nicht auf ein eng begrenztes methodisches Repertoire stützen, sondern nutzt Methoden und Verfahren aus unterschiedlichen Konzepten. Es geht aber nicht um ein wahlloses Zusammenstellen einzelner Elemente, sondern um eine geplante Kombination verschiedener Verfahren (Ningel 2011).

Kundenorientierte Beratung in der Sozialen Arbeit ist auf die Bedürfnisse und Werte der Klient/-innen zugeschnitten. Ihnen werden individuelle Beratungssettings angeboten, für die sie sich entscheiden können. Tun sie dies, dann verpflichtet sie sich mit ihrer Entscheidung auch zur Compliance und zu einer Mitverantwortung. Um diesem Anspruch gerecht werden zu können müssen die Behandlungsprozesse durchgängig transparent sein.

Psychosoziale Beratung und Allgemeine Sozialberatung (ASB)

Der Begriff „Psychosoziale Beratung" (PSB) gibt mit der Verknüpfung von Beratungsvielfalt psychischen und sozialen Aspekten einen Hinweis auf den speziellen Blick der Sozialen Arbeit, der die Lebenssituation von Menschen in Notlagen immer als persönliche und soziale Herausforderung begreift. Beratung gilt dabei als Prozess lebendigen Lernens. Zahlreiche Methoden der PSB entstanden aus Therapieformen, waren praktische Vereinfachungen mit pragmatischen Regelsätzen. Wenngleich immer klar war, dass Fachkräfte der Sozialen Arbeit nicht therapieren, verschwimmt der Unterschied zwischen Beratung und Therapie oft. Es ist aber wichtig, hier klar zu trennen. Beratung hat im Wesentlichen soziale Konflikte und deren Diagnostik zum Gegenstand, während sich die Therapie mit behandelnden und starken Einfluss nehmenden Methoden mit Störungen von größerer psychischer Problemtiefe beschäftigt. Hilfesuchende sind in der Patientenrolle und sollen mit kurativen Strategien verändert werden. Dabei kommt es zu einer Reduktion der Patienten auf individuelle Probleme. Therapeut/-innen sind meist auf spezielle Methoden spezialisiert. In der PSB wird mit präventiven Mitteln oder in Krisenintervention auf Klienten eingegangen, die noch über eine ausreichende Selbsthilfefähigkeit verfügen sollten, damit sie den Nutzen aus einem Prozess der Hilfe zur Selbsthilfe ziehen und zu einem selbstbestimmten Leben zurückkehren können. Gegenstand der Beratung sind Probleme im Alltag und in der konkreten Lebenswelt der Klient/-innen.

Die allgemeine Sozialberatung (ASB) ist als eine unspezifische Beratung erste Anlaufstelle für Menschen, die sich in sozialen Problemlagen jeglicher Art befinden und vermittelt dann weiter an die entsprechenden Spezialdienste. Sie berät und hilft in alltäglichen sozialen Problemlagen und muss deren Komplexität gerecht werden. Um die individuellen und Netzwerkressourcen optimal zu nutzen, wird stets das soziale Umfeld der Klient/-innen in die Arbeit mit einbezogen und eine enge Kooperation mit anderen Disziplinen und dem Gemeinwesen und informellen Netzwerken angestrebt. Ziel jeder Interventions- und Hilfemaßnahme ist die Förderung und Erhaltung der gesellschaftlichen Teilhabe der Klient/-innen. Ziele der ASB liegen auch in der Erschließung materieller und Existenz sichernder Ressourcen sowie in der Stabilisierung, Förderung und Erweiterung der sozialen Netzwerke (Galuske 2009).

Gesprächstechniken

Widerstand   Für die unterschiedlichen Beratungsformen steht den Professionellen ein breites Spektrum an Techniken der Gesprächsführung zur Verfügung. Diese berücksichtigen, dass Hilfesuchende Ängste und Barrieren zu überwinden haben, die sie daran hindern, die gewünschte Hilfe annehmen zu können. „Klienten wehren sich oft gegen das, wonach sie schreien" ist eine gängige Praxisbeobachtung. Und eine weitere Erfahrung aus der Praxis ist: „Wenn Klienten nicht wollen, nützt alles nichts." Hinzu kommt, dass der Auftrag

„Hilfe zur Selbsthilfe" lautet: Es geht nicht nur um die Bewältigung schwieriger Situationen, sondern um die Vermittlung der Kompetenzen, die die Klienten brauchen, um zukünftig Problemsituationen besser vermeiden oder selbst bewältigen zu können (Nestmann 2004).

Bereits das Setting der Beratung kann entscheidend zu einer gelingenden professionellen Beziehung beitragen. Der Ort, an dem die Hilfe stattfindet, sagt bereits vieles aus über die Person der Professionellen, ihre Arbeitshaltung und den Respekt vor dem Gegenüber. Der zeitliche Rahmen sollte ein ruhiges und unaufgeregtes Gespräch zulassen, gleichzeitig ist aber eine klare Struktur, wie sie sich durch eine vereinbarte zeitliche Begrenzung ergibt, sehr hilfreich. Äußere Störungen wie Telefonate, Baulärm etc. müssen vermieden werden. Die Zeit gehört den Klient/-innen und nur ihnen. *Setting*

Klient/-innen sollten aussprechen können, nicht unterbrochen werden und die Möglichkeit haben, ein Thema zu entwickeln. Dabei sollten sie unterstützt werden. Es sei denn, die Problematik liegt gerade in ihrer Weitschweifigkeit und Sprunghaftigkeit. Dann bieten sich klare Vereinbarungen über Kommunikationsstrategien auf der Ebene der Metakommunikation an, auf die sich die Berater/-innen dann auch beziehen können (Ningel 2011). *Techniken der Gesprächsführung*

Die Klient/-innen sollen angeregt werden, sich mit ihren Gefühlen und Gedanken auseinanderzusetzen. Es gibt verschiedene Möglichkeiten und Techniken, den Zugang zu finden. Bei der *nicht festlegenden Aufforderung* sind die BeraterInnen offen für alle Themen und ermuntern die Klient/-innen, ein Thema zu finden. Beim *Paraphrasieren* wiederholen oder umschreiben Berater/-innen wichtige Gedanken oder Gefühle, hören aktiv zu und setzen Empathie um. *Reflexion von Gefühlen* bedeutet das Widerspiegeln und Interpretieren von Emotionen. Beim *Resümieren von Gefühlen* werden mehrere Gefühle zusammengefasst. Eine *Bitte um Erklärung* wird ausgesprochen, wenn Äußerungen unklar oder verwirrend sind.

Das *Ansprechen nonverbalen Verhaltens* kann Gestik und Mimik aufgreifen, ohne diese zu interpretieren. Beim *Sondieren/Spezifizieren/Konkretisieren* geht es darum, das Gespräch auf eine überschaubare Ebene zu bringen. Beim *Rapport herstellen* sollen unterschiedliche Wahrnehmungen zwischen Berater/-innen und Klient/-innen angenähert werden. Durch das *Spiegeln und Übersetzen* wird die Wahrnehmungsebene der Klient/-innen betreten.

Fragetechniken dienen der Informationsgewinnung; die Frage gilt als strukturierendes Element. Grundsätzlich stehen mehrere Fragetypen zur Verfügung, die sich aber zum Teil destruktiv auswirken. Die *geschlossene Frage* lässt den Klient/-innen wenig Spielraum und strukturiert die Antworten schon vor. Problematisch sind auch *Suggestiv-Fragen*, die manipulierend wirken und eine bestimmte Meinung nahelegen. *Motivationsfragen* zielen auf rationale Erklärung eines Verhaltens, sind aber ungeeignet, wenn verdrängte Gefühle im Spiel sind. *Offene Fragen* stellen als Impuls die wichtigste Technik *Konstruktives Fragen* der Informationsgewinnung dar: Die Klient/-innen können sich entfalten. Sie sind das Hauptmittel zur Strukturierung von Gesprächen.

Systemische Beratung

Beratung und Therapie

Die „Systemische Beratung" (SB) hat sich aus der systemischen Familientherapie entwickelt. Systemische Interventionen setzen grundsätzlich auf die Stärkung von Ressourcen und Kompetenzen, stoßen Veränderungen nur an; die Beibehaltung dieser Richtung ist Aufgabe der Systemteilnehmer. Eine gezielte Behandlung oder Beeinflussung des Systems wird vermieden. Die Grenzen zwischen Beratung und Therapie sind in der systemischen Sozialarbeit also sehr fließend, und die Unterschiede ergeben sich im Wesentlichen aus der Problemtiefe und der Methodenspezialisierung. Paradoxe Interventionen, Problemverschreibungen, Provokative Ansätze oder hochkomplexe Problemsysteme sollten nach wie vor der Therapie vorbehalten bleiben. Aber grundlegende Methoden und Techniken wie „Zirkuläres Fragen", „Genogramm", „Positive Konnotation", „Reframing", „Familienskulptur" etc. stellen eine bedeutsame Bereicherung des Methodenrepertoires der Sozialen Arbeit dar (vgl. Schlippe, v. & Schweizer 1997).

Sinnvolle Symptome

Symptome werden als Störungen in der Kommunikation gewertet, die das Streben des Systems nach Selbsterhalt und Homöostase unterstützen. Damit sind sie nicht Eigenschaften, sondern Verhaltensweisen, die als Nähe und Distanz regulierende Mittler der Beziehungsgestaltung dienen. Sie machen Sinn! Da die Systeme sehr komplex und nicht überschaubar sind, ist eine konsequente Lösungsorientierung das Ziel der Systemischen Beratung. Nicht die Ziele der Berater/-innen sind gefragt, sondern diese orientieren sich an den Zielen und Anliegen der Systeme.

Lösungs-orientierte Prozesse

Das Problem ist nicht beeinflussbar, wohl aber die Lösung und die Gestaltung des Lebens. Und die Lösungen sind im System bereits vorhanden. Zielkontradiktionen sind an der Tagesordnung und können herausgearbeitet werden. Dissens unter den Systemteilnehmern (und der/die Berater/-in ist eine/r davon) hält Diskurse am Laufen; eine schnelle Übereinstimmung bringt soziale Prozesse eher zum Erliegen. Systemisch beraten heißt also nicht, die Fäden in der Hand zu halten, sondern Bedingungen zu schaffen, unter denen ein System sich entwickeln und seine eigenen Ziele erreichen kann. Zielorientierung setzt aber Ziele voraus. Klient/-innen kommen oft nur mit dem Anliegen, von Leid befreit zu werden, und nicht mit dem Wunsch, ein bestimmtes Ziel zu erreichen. Die gemeinsame Entwicklung von Zielen ist nützlich, um die motivationale Eigendynamik zu fördern. Die Entwicklung eines Lösungsszenarios kann eine Art „Lösungstrance" bewirken. Kleine Fortschritte werden fokussiert und bewirken Zuversicht (Ningel 2011).

Die systemische Beratung verläuft als Prozess. Nach der Erfassung der Techniken
Lebenssituation und Systemdiagnostik können die Familienmitglieder die
Bedürfnisse, Erwartungen und Gefühle von denen der anderen abgrenzen. Die
Informationen des Gesprächs werden von den Berater/-innen zusammenge-
fasst und die positiven Systemkräfte hervorgehoben. Gammer (2007) unter-
scheidet in die Phasen: Kennenlernen, Zielbestimmung, Zielexploration,
Veränderungsarbeit, Abschluss.

Der Systemischen Beratung stehen zahlreiche Techniken zur Verfügung:
Das *Genogramm* bezeichnet die visuelle Darstellung von Familienbeziehun-
gen und anamnestischen Daten. *Zirkuläres Fragen* dient der Informationsgewinnung und Diagnostik, kann aber auch als therapeutischer Input genutzt
werden. Die Informationen werden nicht direkt von dem betroffenen Fami-
lienmitglied erfragt, sondern es werden jeweils Dritte aus der Familie zu
Aussagen über andere im System ermuntert. Durch eine *positive Symptom-*
bewertung werden die Haltungen, Einstellungen und Verhaltensweisen der
Systemteilnehmer wohlwollend anerkannt und positiv konnotiert. Die positive
Symptombewertung ist die Grundlage für die *Symptomverschreibung*, bei der
Familienmitglieder ausdrücklich aufgefordert werden, ein bestimmtes symp-
tomatisches Verhalten zu zeigen. Bei der *Familienskulptur* werden die Be-
ziehungen der Systemteilnehmer zueinander symbolisch dargestellt, was von
besonderem Vorteil für die Klient/-innen ist, die Probleme haben, sich mit
Sprache zu vertreten.

Systemische Berater/-innen benötigen für ihre Tätigkeit neben systemi-
schem Theoriewissen methodische und diagnostische Kompetenzen und eine
innere Orientierung für familiendynamische Prozesse. Eigene familiäre Be-
ziehungs-, Familien- und Konfliktbewältigungsmuster müssen reflektiert und
verstanden sein, damit sie nicht auf die Systeme übertragen werden. Deshalb
kommt der Selbsterfahrung eine ganz besondere Bedeutung zu.

Techniken systemischer Beratung

Resümee

Klient/-innen der Sozialen Arbeit haben Anspruch auf respektvollen Umgang,
Kooperation bei der Verfolgung der gemeinsam vereinbarten Ziele und Berücksichtigung der individuellen Bedürfnisse. Sie sind aber auch leidende
Menschen, die Beratung und Hilfe erwarten. Das altmodische ‚Wohl der
Kranken und Bedürftigen' als Zielvorstellung ist nicht passé. Ethik der Achtsamkeit bringt das Anliegen der menschlichen Bezogenheit aufeinander und
die Angewiesenheit auf Unterstützung zum Ausdruck und macht Vorschläge,
wie menschliche Beziehungen in Situationen der Hilfe respektvoll zu gestalten sind. (Ningel 2011). Es geht dabei nicht um Selbstaufopferung oder Al-
truismus, sondern darum, die Sorge für andere und die Selbstsorge in ein aus-

gewogenes Verhältnis zu bringen. Es geht um eine interaktive menschliche Praxis, an der mindestens zwei Personen dialogisch und aktiv beteiligt sind. Letztlich geht es um die Gestaltung einer potentiell schwierigen Beziehung, in die sich Professionelle als Personen mit einbringen. Die hierfür erforderlichen Kompetenzen können nicht einfach erlernt werden, sondern müssen in eine Haltung münden, in der Respekt und Achtung verinnerlicht sind. Dies verlangt Persönlichkeitsbildung und auf der Systemebene, Mitarbeit zur Verbesserung der Realisierungschancen in der Praxis.

Literatur

Galuske, M. (2009): Methoden der Sozialen Arbeit. Eine Einführung. 8. Auflage. Weinheim.

Gammer, C. (2007): Die Stimme des Kindes in der Familientherapie. Heidelberg.

Geißler, K.-H./Hege, M. (2001): Konzepte sozialpädagogischen Handelns. 10. Auflage. Weinheim.

Herriger, N. (2002): Empowerment in der Sozialen Arbeit. Stuttgart.

Nestmann, F. et al. (2004): Das Handbuch der Beratung; Bd. 1 und Bd. 2. Disziplinen und Zugänge – Ansätze, Methoden und Felder. Tübingen.

Ningel, R. (2006): Case Management als Methode der Sozialen Arbeit. In: Dungs, et al. (Hrsg.): Soziale Arbeit und Ethik im 21 Jahrhundert. Leipzig.

Ningel, R. (2011): Methoden der Klinischen Sozialarbeit. Bern, Stuttgart u. Wien.

Nothdurft, W. (2000): Ausbildung zur Gesprächsfähigkeit – kritische Betrachtungen und konstruktive Vorschläge. In: Witte, H. et al. (Hrsg.): Deutschunterricht zwischen Kompetenzerwerb und Persönlichkeitsbildung. Diskussionsforum Deutsch. Hohengehren, S. 251-269.

Rogers, C. (1992): Die Nicht-Direktive Beratung. Frankfurt.

Schlippe v. A./Schweitzer, J. (1997): Lehrbuch der systemischen Therapie und Beratung. Göttingen.

Thiersch, H. (1984): Handbuch Sozialarbeit/Sozialpädagogik. Neuwied.

Watzlawick, P. (2000): Menschliche Kommunikation. 10. Auflage. Bern.

Case Management

Robert Frietsch

Einleitung

Historisch wird als Vorläufer des Handlungskonzepts Case Management (CM) die Weiterentwicklung der klassischen Einzelhilfe, „Case Work", in den USA in Anspruch genommen (vgl. Wendt 2010, S. 15ff). Unstrittig ist das US-amerikanische Gesundheitsversorgungssystem weniger ausgeprägt und staatlich institutionalisiert als dies beispielsweise in der Bundesrepublik Deutschland der Fall ist. Gesetzliche Regulierungen und Gesundheits- und Sozialämter mit breiter Zuständigkeit sind immer noch nicht vorhanden. Wesentlich stärker dominiert ein freies, bürgerschaftliches Engagement über kleinere Sozialagenturen und/oder Gesundheitsprojekte. Es zeigt sich somit das Bild einer kleinteiligen Träger- und Organisationsvielfalt. Die ersten Konzeptentwürfe von Case Management wurden ab den 1970er Jahren in den USA als eine dringend erforderliche Weiterentwicklung und Ausdifferenzierung des ambulanten Gesundheits- und Sozialwesens entwickelt und erprobt. Ausgangspunkt war hier das System der stationären psychiatrischen Unterbringung. Über Jahrzehnte hatte sich das Prinzip des „Festhaltens" vor allem gegen den Willen des Patienten verankert. In dieser Zeit der Reform und des Aufbruchs verkrusteter Strukturen war es weder medizinisch und schon gar nicht bürgerrechtlich zu rechtfertigen, Menschen mit psychiatrischen Krankheitsbildern ohne adäquate Behandlung wegzusperren, ganz abgesehen von den finanziellen Aspekten, die auch betriebs- und volkswirtschaftlich diskutiert wurden. In dem Maße wie daraufhin im stationären Bereich der Psychiatrie das Bettenangebot reduziert wurde, mussten im ambulanten, teilstationären Bereich die Hilfe- und Betreuungsangebote teilweise neu konzipiert und quantitativ erhöht werden, mehr noch, die Angebote mussten qualitativ verbessert und effizienter gestaltet werden. In der Folge war von der Reorganisation die gesamte soziale, psychologische und medizinische Versorgung betroffen. Die erste Aufgabe bestand darin, Orientierung und Hilfeangebote zu vermitteln ohne dass dabei Eigenständigkeit und Eigeninitiative der Betroffenen (Patienten und deren Bezugspersonen) außer Acht blieb (vgl. Wendt 1995/2010). Parallel wurden damals schon die verschiedenen Case Management Modelle (u.a. Broker Model, Rehabilitation Model, Strenght Model) entwickelt, die auch aktuell noch praktiziert werden (vgl. Wendt 2010, S. 18). Für die Implementierung von Case Management war entscheidend, dass bereits im Jahr 1975 das Konzept Case Management in USA gesetzlich verankert und damit auch eine verbindliche, vernetzte und klientenbezogene Hilfeplanung auf breiter Ebene möglich wurde. Das National Institute of Mental Health (NIMH) entwickelte dann 1977 ein Community Support Programm wodurch Case Management fachlich im Gesundheitswesen verankert und eine selbstständige Berufstätigkeit begründet wurde. Inzwischen wurden Standards definiert, nach denen die Fachkräfte zertifiziert werden und die Bezeichnung „Certified Case Manager" (CCM) tragen (vgl. Wendt 2010, S. 28f).

Europäisches Case Management   In Großbritannien definierte die britische Regierung 1988 „Community Care" als Unterstützungsleistung für Probleme älterer Menschen, Menschen mit einer psychischen Erkrankung oder mit geistiger oder körperlicher Behinderung, um weitestgehend unabhängig in der eigenen Wohnung leben zu können (vgl. Wendt 2010, S. 19f).

Durch den „National Health Service and Community Care Act" wurden ab 1990 quasi „amtlich" Care Manager eingesetzt, um die Versorgung der Betroffenen nach diesem neuen Konzept zu gewährleisten. Die fachliche Diskussion über Case Management im Sozial- und Gesundheitswesen wurde auch in anderen europäischen Ländern aufgenommen und führte vereinzelt zu Modellprojekten mit unterschiedlichen konzeptionellen Schwerpunktsetzungen (vgl. Hansen 2011, S. 353ff; Wendt 2010, S. 23).

So wurden u.a. auch in der Bundesrepublik Deutschland seit Mitte der 80er Jahre Modellprojekte aufgelegt, die sich am Konzept des Case Management orientierten (vgl. Wendt/Löcherbach 2011; Löcherbach 2003a, S. 20ff). Parallel fand in der Fachdiskussion der Sozialen Arbeit eine konzeptionelle und methodische Neuorientierung statt (vgl. Staub-Bernasconi, 1986 und 2007; Riet/Wouters 2002).

Zur Sicherung und Weiterentwicklung der Fachlichkeit von Case Management hat sich in Deutschland 2004 die Deutsche Gesellschaft für Care und Case Management e.V. (DGCC) gegründet. Die DGCC stellt vor allem die Einhaltung und Weiterentwicklung der entwickelten Case Management-Standards für die Aus- und Weiterbildung sowie Anwendungsforschung im Case Management sicher (vgl. DGCC 2009; Wendt/Löcherbach 2011; Löcherbach 2003b). In diesem Rahmen werden auch die fachpolitischen Interessen der Mitglieder, der zertifizierten Anwender in den Handlungsbereichen von Case Management vertreten.

Inzwischen sind die Handlungsbereiche für Case Management sehr vielfältig und die Fachdiskussion wird sehr differenziert aber auch sehr kritisch geführt. Durch die Implementierung von Case Management werden folglich die komplexen Hilfesysteme strukturell und fachlich beeinflusst und gesteuert. Case Management zielt in allen Handlungsbereichen zunächst auf den adäquaten Hilfebedarf des Klienten, nutzt aber im Sinne einer professionellen Systemsteuerung die Organisationsstrukturen der unterschiedlichen Hilfesysteme und erschließt gegebenenfalls auch neue Hilfen und bindet sie in das erforderliche Netzwerksystem ein (Löcherbach 2003b, S. 2012ff; Wendt/Löcherbach 2009).

Case Management: Aktuelle Fachdiskussion

In der Fachliteratur wird für Case Management eine Vielzahl von Definitionen gehandelt. Einen fachlichen Konsens-Versuch leistet die Deutsche Gesellschaft für Case und Care Management e.V. wie folgt:

> „Case Management ist eine Verfahrensweise in Humandiensten und ihrer Organisation zu dem Zweck, bedarfsentsprechend im Einzelfall eine nötige Unterstützung, Behandlung, Begleitung, Förderung und Versorgung von Menschen angemessen zu bewerkstelligen. Der Handlungsansatz ist zugleich ein Programm, nach dem Leistungsprozesse in einem System der Versorgung und in einzelnen Bereichen des Sozial- und Gesundheitswesens effektiv und effizient gesteuert werden können" (vgl. DGCC 2009; Löcherbach 2012, S. 15f).

Hier wird auf die Optimierung der Hilfen im Einzelfall und die effektive, aber auch effiziente Versorgung im jeweiligen Zuständigkeitsbereich abgehoben, damit alle erforderlichen Hilfen gewährleistet werden können. Der ökonomische Aspekt in den Umsetzungsprozessen des Case Managements wird vor allem von den Fachvertretern in der Sozialen Arbeit – weniger in der Pflegewissenschaft – stark kritisiert, zumal bislang keine eindeutigen Studienergebnisse vorliegen, die belegen, dass sich die Implementierung von Case Management betriebswirtschaftlich als Kostenersparnis rechnet (vgl. Neuffer 2010, S. 121). Von Vertretern des Case Managements wird entgegnet, dass durch die Einführung von Case Management nachweislich die wenig zielführenden Doppelbetreuungen und sogenannte Dreh-Tür-Effekte vermieden werden. „Sinn von Case-Management-Prozessen ist es nicht, Kosten zu reduzieren, sondern die Ressourcen angemessener und wirksamer einzusetzen" (Neuffer 2010, S. 121); unbestritten fördere danach Case Management „auch positive wirtschaftliche Ergebnisse", diese sind aber nicht das primäre Ziel, sondern vielmehr die Beachtung der Würde des Menschen und die Umsetzung einer qualifizierten Fachlichkeit. Deshalb ist Case Management erst dann adäquat, „wenn fachliche Standards und berufsethische Anforderungen in Einklang gebracht werden" (Neuffer 2010, S. 48).

CM als Programm zur Hilfe-Optimierung

Weiter wird betont, dass die Implementierung von Case Management und die damit verbundene Ökonomisierung nicht zur Lasten der adäquaten Hilfeformen und Fachlichkeit gehen darf, sondern dass vielmehr neue Hilfestrukturen in Form von teilautonomen Einrichtungsformen, dezentralisierten Ressourcenverantwortungen sowie eine neue methodische Flexibilität und fachliche Autonomie möglich werden (Wendt 2010, S. 31).

Handlungsbereiche von Case Management

Aufgrund der frühen gesetzlichen Verankerung ist Case Management im angloamerikanischen Raum inzwischen sehr breit in vielen Handlungsfeldern – vor allem im Gesundheitswesen, weniger im Sozialwesen – eingeführt. Aber auch in Deutschland wurde begonnen, das Konzept Case Management in den unterschiedlichsten Handlungsfeldern zu implementieren (Wendt 2010, S. 69ff). Zu nennen sind hier im Sinne eines Überblicks:

Klinisches Case Management (Clinical Case Management): Im Rahmen von Case Management werden Patienten/Klienten bei komplexen psychosozialen Problemlagen und allgemein medizinischen, psychiatrischen Störungsbildern von Fachkräften der Sozialen Arbeit und der Psychologie beraten, behandelt und begleitet. Es werden – falls erforderlich – weiterführende formelle und informelle Hilfen beantragt, organisiert und koordiniert umgesetzt.

CM – professionelle Reichweiten

Psychiatrisches Case Management (Mental Health Case Management): Parallel zur überwiegend ambulanten psychiatrischen Behandlung werden hier psychosoziale Unterstützungsleistungen bei den zuständigen Leistungs- und Kostenträgern beantragt, organisiert und koordiniert, damit die psychiatrische Behandlung nachhaltig umgesetzt werden kann.

Geriatrisches Case Management (Geriatric Case Management): Die Case Management-Fachkraft beantragt, organisiert, koordiniert und begleitet die erforderliche pflegerische und medizinische Versorgung für ältere, oft multimorbide Patienten (in der Regel ab dem 70. Lebensjahr).

Häusliches Pflegemanagement (Home Case Management): Hier wird der Bedarf an pflegerischer Grundversorgung (wie ambulante häusliche Pflege, aber auch „Essen auf Rädern") erhoben sowie informelle Hilfen/Ressourcen (z.B. Angehörige, Nachbarn, Freunde) organisiert, aufeinander abgestimmt und eingesetzt.

Notfall-Verfahrensmanagement (Catastrophic Case Management): Hier unterstützt, organisiert und koordiniert das Case Management betroffene Menschen bei akuten medizinischen, sozialen sowie psychischen Krisen (z.B. bei Unfallopfern die Gewährleistung eines schnellen und professionellen Versorgungsablaufs) erledigt die Aufnahmeformalitäten für die Intensivstation, den Notfalldienst. Dabei ist das Interesse der Kostenträger/Auftraggeber (z.B. Versicherungen) eine schnellere und damit auch kosteneffiziente Betreuung und Behandlung durch die entsprechenden Fachkräfte und Fachdienste.

Langzeit-Versorgungsmanagement (Long-Term Care Case Management): Im Fokus stehen hier die Organisation, Koordination und Unterstützung bei der psychosozialen und pflegerischen Versorgung von Menschen mit chronischen

Erkrankungen und mit Behinderungen. Dabei handelt es sich in der Regel um eine Langzeitversorgung.

Case Management mit Straffälligen (Correctional Case Management): Die CM- Fachkraft organisiert, koordiniert, überwacht (Bewährungsauflagen) und unterstützt Strafffällige bei der Resozialisierung bereits vor, aber vor allem nach der Entlassung aus dem Strafvollzug.

Case Management am Arbeitsplatz (Employer Case Management, Vocational Case Management): Hier geht es um präventive Maßnahmen (bei drohendem Verlust des Arbeitsplatzes), Vermittlung eines adäquaten Arbeitsplatzes nach Rehabilitationsmaßnahmen und um die Organisation und Koordination von Hilfen bei der Wiedereingliederung.

Die Deutsche Gesellschaft für Care und Case Management, in der u.a. alle zertifizierten Ausbilderinnen und Ausbilder für CM fachlich engagiert sind, widmet sich zentral auf der Aufgabe, den generellen Case Management-Ansatz für die vielfältigen Handlungsfelder im Bereich des Sozial- und Gesundheitswesens fachlich zu spezifizieren und zu differenzieren. Danach werden aktuell in folgenden spezifischen Handlungsfeldern in Deutschland Case Management-Konzepte umgesetzt (vgl. DGCC 2009; Wendt/Löcherbach 2011): *Entwicklung von CM-Standards*

- Versorgung von somatisch und psychisch chronisch Kranken
- Medizinische, berufliche und soziale Rehabilitation
- Altenpflege, Gerontologie, Geriatrie
- Palliativversorgung
- Menschen mit Behinderung
- Integration, Inklusion von Menschen mit Migrationshintergrund
- Arbeitsmarktintegration von Arbeitslosen/Arbeitslosigkeit bedrohten Menschen
- Kinder-/Jugend-/Familienhilfe
- Schuldnerberatung
- Betreuung nach dem BetrG
- Suchtkranken-/Wohnungslosen-/Aids-/Straffälligen-/Bewährungshilfe

Die verschiedenen Handlungsbereiche und komplexen Problemlagen der jeweiligen Klientengruppen generieren auch unterschiedliche Funktionen im Case Management, die sich idealtypisch wie folgt skizzieren lassen: *Unterschiedliche CM-Funktionen bedingen unterschiedliche Rollen*

Case Manager als Systemagent: Unterstützung der Klienten/Patienten bei der Koordination des Anspruchs und der Gewährung von Leistungen. Als direkter Ansprechpartner des Klienten werden Informations-, Beratungs-, und Vermittlungsaufgaben übernommen.

Case Manager als „Anwalt": Vertretung der Interessen des Klienten und ggfs. Unterstützung bei der Durchsetzung der zustehenden Leistungen bei den Kosten- und Leistungsträgern.

Case Manager als Versorger: Überprüfung der gewährten Dienstleistungen der einzelnen Kosten- und Leistungsträger, einschließlich Controlling der einzelnen Kostenfaktoren und Klärung von Klientenbeschwerden (Beschwerdemanagement).

Case Manager als Makler: Überblick und Vermittlung unterschiedlicher Hilfe-/Dienstleistungsangebote sowie Vermittler zwischen Klient und Hilfesystem/Dienstleistern.

Unterschiedliche CM-Ebenen

Zentral in allen Funktions- und Handlungsbereichen ist, dass formelle und informelle Netzwerke in den Prozessablauf integriert werden. Dabei hat der Case Manager die Aufgabe, den Prozess zu organisieren und zu koordinieren. Es gilt, die Ressourcen des Klienten -aber auch die der Netzwerke- zu erfassen und diese im Case Management-Prozess wirkungsvoll einzusetzen. Die Selbstbefähigung des Klienten und damit die Erfahrung der Selbstwirksamkeit ist dabei vorrangiges Ziel. Case Management ist auf drei Ebenen ausgerichtet: auf der Einzelfall-, der Organisations- und der institutionellen Netzwerkebene (vgl. Wendt/Löcherbach 2011).

Phasen und Elemente des Case Management-Konzepts

Das Konzept Case Management erweist sich als wirkungsvoll und zielführend bei Multi-Problemlagen von Klienten und damit verbundenen Schnittstellenbereichen bei mehreren beteiligten Institutionen und Hilfesystemen. Bei der Umsetzung gilt es die beteiligten sozialen Dienste und Einrichtungen kooperativ auszurichten und den differenziert abgestimmten Hilfe- bzw. Serviceplan effektiv zu koordinieren, um so für die Klienten nachhaltige Hilfen zu gewähren. Im Einzelnen zeichnet sich Case Management nicht nur durch ökonomische und strukturelle Elemente aus, sondern ist fachlich-methodisch und berufsethisch ausgerichtet auf:

Kriterien für Fachlichkeit im CM-Prozess

- Sensibilität für die psychosoziale Dynamik von Problemlagen
- Differenzierte Analysen von Klienten- und Hilfe-Systemen und Bestimmung der Schnittflächen mit adäquatem Schnittstellenmanagement
- Fokussierte Ressourcenorientierung und -aktivierung
- Verstärkung und Förderung der Einsichten in die Eigenverantwortung und Selbstwirksamkeit
- Effektivität in der Betreuung, Beratung und Behandlung

Trägerübergreifende Federführung

Durch den Handlungsansatz des Case Management werden somit das *individuelle* System des Klienten und das *institutionelle*, fachliche Hilfe- und Helfer-System zusammengeführt. Auf der Grundlage der differenzierten Analyse dieser Systeme ergeben sich Handlungs- und Steuerungsbedarfe, die zur Unterstützung des Klienten effektiv miteinander zu verknüpfen sind. Der Fachkraft für Case Management obliegt hier die vereinbarte Federführung in der Koordination und Umsetzung der Hilfen im Netzwerk. Diese Führung auf der individuellen Ebene verläuft in verschiedenen klar strukturierten Phasen. Diese werden in der Fachliteratur nicht immer mit den gleichen Begriffen belegt, sind aber in ihrer Bedeutung fast identisch (vgl. Remmel-Faßbender 2006, S. 5ff).

Der gesamte Case Management – Prozess ist klar strukturiert und wird in folgenden aufeinander abgestimmten Phasen umgesetzt:

- *Outreaching – Case Finding – Intaking*
  Der Zugang hat für die Steuerung des Dienstleistungsangebots Case Management eine zentrale Bedeutung. Durch den Zugang ist zu gewährleisten, dass die entsprechenden Zielgruppen durch einen „barrierenfreien" Zugang in das CM einmünden können. Dabei bezieht sich das „Outreaching" zunächst auf den Standort der CM-Fachstelle. Es gilt, die CM-Fachstelle so bekannt zu machen, so gut erreichbar (auch durch Aufsuchende Arbeit, Telefonpräsenz etc.) zu sein, dass der Zugang für die Betroffenengruppen optimiert ist. Nach dem Zugang, der Kontaktaufnahme mit den Klienten, erfolgt die Abklärung, ob die jeweiligen Kriterien (komplexe Problemlagen) des Case Finding auf die Klienten zutreffen. Entscheidend sind hier die Mitwirkungsbereitschaft und in der Folge die Einstellungs- und Verhaltensänderung der Klienten. Als methodisches Instrumentarium kommt hier vor allem die Motivierende Gesprächsführung zum Einsatz, um die motivationale Basis für den CM-Prozeß besser einschätzen und verstärken zu können. Das Intaking, die Hereinnahme, ist dann die konsensuale, verbindliche Entscheidung (in der Regel verbindlich durch schriftlichen Kontrakt) der Beteiligten (Klient, Bezugspersonen und Fachkraft für CM) über die Aufnahme in den gesamten CM-Prozeß mit der Folge des Engagements, der Aktivierung und der Partizipation der Klienten.

  Konstituierende Phasen des CM-Prozesses

- *Assessment – Problem- und Ressourcenanalyse*
  Das Assessment ist die wesentliche Grundlage für den folgenden CM-Verlauf und hat als Ergebnis die umfassende Dokumentation und Analyse der Lebenssituation (Problemkonstellationen, Ressourcen, Versorgung). Zu Beginn erfolgt daher die gemeinsame Problem- und Ressourcenanalyse. Hierfür werden zum einen bewährte Diagnose- und Analyseinstrumentarien herangezogen (u.a. PIE, CAN, DSM V, ICF) und/ oder spezifische Assessment-Instrumentarien neu entwickelt (vgl. Heiner 2013, S. 135ff.). Die ganzheitliche systemische Erhebung und Analyse der Situation der Klienten zielt parallel auch darauf ab, die Hilfe- und Selbsthilfeerfahrungen bei den bisherigen Lösungsversuchen adäquat zu erfassen; besondere Beachtung findet dabei die Ressourcen- und Netzwerka-

nalyse und die dabei herauszuarbeitenden Lösungspotenziale. Das Assessment-Ergebnis wird mit entsprechender Priorisierung des Hilfebedarfs dokumentiert und danach die einzelnen Hilfeschritte festgelegt. Sie bilden die Grundlage für den zu erstellenden und den Dienstleistern abzustimmenden Hilfe- /Serviceplan.

- *Hilfe-/Serviceplanung, Zielvereinbarung*
  Die Assessment-Ergebnisse bilden die Basis für den Hilfe-/Serviceplan. Die Ressourcen der Klienten und die des jeweiligen Lebensumfeldes werden bei der Hilfeplanung konsequent mit einbezogen. Aus dieser kooperativen Bestandsaufnahme heraus gilt es, die Festlegung und den Umsetzungsplan der konkreten Hilfen, orientiert an der Mitwirkungsfähigkeit, der Veränderungsbereitschaft und den Ressourcen der Klienten abzustimmen und verbindlich zu vereinbaren. Im detaillierten Hilfe-/Serviceplan sind alle Beteiligten und in Frage kommenden Institutionen und Dienstleister eingebunden. Im Einzelnen wird dabei festlegt, welche Aufgaben den einzelnen Fachdiensten übertragen werden, und in welchem Zeitraum die einzelnen Hilfe-Schritte mit welchen (Teil-)Zielen zu erfolgen haben. Dabei gilt es auch, die Verbindung und die Verbindlichkeit zwischen informellen und formellen Ressourcen für die CM-Klienten zu gewährleisten und bei der Inanspruchnahme professionell zu unterstützen. Die so gemeinsam mit den Klienten und den einzelnen Dienstleistern festgelegten Ziele müssen erreichbar und (im Idealfall) für alle Beteiligte motivierend sein. Darüber hinaus muss der jeweilige Grad der Zielerreichung von der jeweiligen Fachkraft messbar dokumentiert werden. Es gilt hier, das Fallgeschehen mit klaren Zielen zu qualifizieren (vgl. Neuffer 2010). Durch die jeweilig spezifische Zielvereinbarung bekommen die Klienten objektivierbare Hinweise, die erkennen lassen, dass sie sich auf dem Weg zur adäquaten Problembearbeitung befinden. Das gemeinsame Erarbeiten und Fortschreiben der (Teil-)Ziele stärkt auch die Eigenverantwortung und verstärkt die Erfahrung der Selbstwirksamkeit der Klienten, um für die Erreichung der gesteckten Ziele auch weiter motiviert mitarbeiten zu können. Ein nicht zu vernachlässigender Effekt tritt aber auch auf der Seite der Fachkräfte für Case Management ein; der Erfolg dieser CM-Arbeit wird besser mess- und sichtbar und führt zu Transparenz und Kontrolle der einzelnen Arbeits-/Hilfeschritte (in vielen anderen Handlungsfedern der Sozialen Arbeit ohne das CM-Konzept sind die Effekte der Arbeit in dieser Form so nicht nachweisbar). Am Ende der Phase der Hilfeplanung und Zielvereinbarung stehen die konkreten Umsetzungsschritte und die Prüfsteine (Milestone) als Richtschnur fest. Es ist klar definiert, was erreicht werden soll und woran die Teilschritte der Zielerreichung zu identifizieren sind. Die Erstellung des Hilfe-/Serviceplans bedeutet hier, die geeigneten und erforderlichen Hilfen wurden mit

allen Beteiligten verbindlich vereinbart und detailliert umsetzbar aufgelistet.

- *Vermittlung der Hilfen – Linking*
  Diese Phase ist geprägt durch Organisation, Vermittlung und Begleitung.
  Hier wird deutlich, dass Case Management ein differenziert kooperatives
  Verfahren ist und sich das in der Sozialen Arbeit schon bekannte Instrument der Hilfeplankonferenz (CM: Assessment und Erstellung des Ser-
  viceplans) zunutze machen kann. Bereits in der Phase des Assessments
  wird gemeinsam mit Klienten, Hilfeanbietern/Dienstleistern und Fachkraft für Case Management die formulierten Ziele präzisiert und die entsprechenden Indikatoren festgelegt, die die Teil-Zielerreichung und letztlich die Ziele markieren. Die Hilfe-/Dienstleistungen werden für alle Beteiligten detailliert dokumentiert und im Sinne einer Operationalisierung
  „step for step" beschrieben. Die Zeiträume werden genau festgelegt, in
  denen der Hilfeprozess überprüft und reflektiert wird. Die Aufgaben der
  Fachkräfte für Case Management bestehen zunächst darin, Kontaktver-
  antwortung und verantwortliche Vermittlung bzw. Übergabe zu den einzelnen Dienstleitern zu übernehmen und Kontaktabbrüche professionell
  aufzufangen, diese abzuklären und ggfs. erneut Hilfen zu vermitteln. Die
  konsequente Wahrnehmung dieser Aufgaben ist die Grundlage für die
  prozesshafte Überprüfung und ggfs. Fortschreibung der Ziele und bei der
  Umsetzung des CM-Hilfeprozesses.

- *Leistungssteuerung – Monitoring*
  Der Leistungssteuerung/Monitoring kommt im Case Management-Prozess die Aufgabe zu, die Prüfung und kontinuierliche quantitative und
  qualitative Bewertung der Umsetzung des Hilfe-/Serviceplans vorzunehmen. Damit sichert das Monitoring sowohl die Einhaltung der einzelnen
  Schritte des Hilfeplans durch den Klienten als auch durch die Hilfean-
  bieter/Dienstleister. Grundlage für ein gelingendes Monitoring sind die
  verbindlichen Kontrakte, die im Rahmen der Hilfe-/Serviceplanung mit
  dem Klienten einerseits und den einzelnen Hilfeanbietern geschlossen
  wurden. Der Fachkraft für Case Management ist hier die „Federführung"
  für die Koordination, Umsetzung, Dokumentation und Kontrolle bei der
  Abstimmung des Hilfe-/Serviceplans zuerkannt worden. Die Fachkraft für
  Case Management hat somit die Berechtigung Rückmeldungen über die
  einzelnen Verläufe der Hilfeangebote und –schritte einzufordern, vor allem wenn Termine nicht eingehalten werden (konnten) oder gar Kontaktabbrüche den weiteren CM-Prozess gefährden. Diese Dokumentations-,
  Nachfrage- und Kontrollfunktion ist einerseits konstituierend für den
  weiteren Verlauf des CM-Prozesses, zumal schon in den Phasen des Assessments und der Hilfe-/Serviceplanung die Erforderlichkeit eines
  Re-Assessments (mit Revision des Hilfe-/Serviceplans) einkalkuliert

wird, für den Fall, dass beim Monitoring bestimmte Problemkonstellationen auftreten (z.B. durch neue kritische Lebensereignisse oder weil Hilfeangebote aus vielfältigen Gründen nicht greifen), die beim Assessment noch nicht gesehen wurden bzw. gesehen werden konnten. Nur durch diese kontinuierliche Dokumentation des CM-Prozesses sowie qualitative und zeitlich engmaschige Begleitung und Rückmeldungen lassen sich Abbrüche und „Drehtür-Effekte" besser vermeiden, die in Hilfe-Biographien bei Klienten immer wieder zu beobachten sind.

• *Evaluation – Bewertung – Entpflichtung*
  Das Ende des Case Management-Prozesses ist dann gegeben, wenn die im Hilfe-/Serviceplan gesetzten Ziele in adäquater Weise erreicht wurden bzw. die Weiterbegleitung -möglichst einvernehmlich- mit allen Beteiligten eingestellt wird. Auch diese Phase wird kontrolliert gestaltet. In der abschließenden Bewertung werden sowohl der gesamte Leistungsprozess des Case Managements als auch die Ergebnisse der Einzelleistungen bewertet; hier fließen auch die Erhebungen mittels mehr oder weniger standardisierter Fragebogen zur Zufriedenheit mit den Leistungen im CM-Prozess seitens des Klienten und zur Qualität der Kooperationserfahrungen der professionell beteiligten Fachkräfte mit ein. Zentral für die abschließende Bewertung ist der auf der Grundlage des Assessments vereinbarte und umgesetzte Service-/Hilfeplan mit den vereinbarten Zielen sowie die Dokumente und Analysen der Monitoring-Phase. Bei Zielen, die nicht erreicht werden konnten, werden die Gründe entsprechend eruiert und weiterführende Hilfen vorgeschlagen. Der beschriebene Abschluss des Case Management-Prozesses wird schriftlich dokumentiert. Die im Verlauf des CM-Prozesses mit den Beteiligten geschlossenen Kontrakte werden in gegenseitiger Übereinstimmung aufgehoben, womit eine gegenseitige Entpflichtung eintritt. Anstrebenswert ist eine Katamnese-Erhebung nach 6 und 12 Monaten, um verläßliche Daten zur Nachhaltigkeit von Case Management-Ergebnissen erhalten zu können, die bei der Beurteilung der Qualität des professionellen Handelns im Rahmen von Case Management besonders relevant sind. Inwieweit bei der Evaluation von CM-Prozessen schon die Konzepte des Qualitätsmanagements z.B. nach ISO 9000ff oder EFQM zum Tragen kommen, hängt davon ab, ob der Träger der Case Management-Fachstelle ein entsprechendes QM-Konzept bereits implementiert hat (vgl. Merchel 2004).

Verzahnung von Fall-, Organisations-, Netzwerkebene im CM

Systemebenen von Case Management. Die die Beschreibung der Case Management-Prozesse und deren Umsetzung machen deutlich, dass es drei Ebenen sind, auf denen das Case Management-Konzept implementiert sein muß. Das fallbezogene CM, das einrichtungssystembezogene CM und das Netzwerkbezogene CM. Das heißt, einerseits ist das individuelle System des Klienten zu analysieren und einzubeziehen, andererseits die strukturellen Ausstattungen der Einrichtung, in der Case Management konzeptionell verankert und umgesetzt wird, und schließlich die Netzwerkarbeit der Einrichtung mit den beteiligten professionellen sozialen Diensten und Hilfesystemen (Systemsteuerung). Die Systemebene schließt auch ein, dass Klarheit über erforderliche Finanzen, Ressourcen und Leistungen besteht, um die erforderlichen Leistungen auf allen Ebenen auch professionell umsetzen zu können. Die professionelle Verzahnung dieser Ebenen ist die Voraussetzung für eine erfolgreiche und nachhaltige Arbeit im CM-Prozess.

Resümee

Inzwischen ist die Entwicklung von konkreten Case Management–Konzepten für viele Handlungsbereiche der Sozialen Arbeit und im Gesundheitswesen erfolgt. Bisher veröffentlichte Umsetzungserfahrungen im Rahmen von Modellprojekten und einzelne Studien zeigen zwar kein einheitliches Bild, jedoch konnten positive Effekte nachgewiesen werden, wie z.B. bessere Erreichbarkeit von langjährig schwer Drogenabhängigen, höhere Klienten- und Fachkräftezufriedenheit in der Jugend- und Drogenhilfe, höhere Zielerreichung in der Jugendhilfe, Verkürzung von stationären Behandlungszeiten in der Psychiatrie, um nur einige Ergebnisse zu nennen (vgl. Löcherbach 2012, S. 39f). Diese Umsetzungserfahrungen belegen weiter, dass durch innovative Träger und entsprechend qualifizierte Fachkräfte konzeptionelle Veränderungen auf der Basis von ethischen Standards Verbesserungen von Effektivität und Effizienz durch CM in Handlungsfeldern der Sozialen Arbeit möglich sind. Die Einführung von Case Management als Gesamtkonzept auf der Systemebene ist mit erheblichen Umstrukturierungen – organisationsintern und extern zur Etablierung effektiver Netzwerkarbeit – verbunden und erfordert inter- und transdisziplinäre Handlungsstrukturen, wovor viele Träger von Einrichtungen Sozialer Arbeit noch zurückschrecken: Zuständigkeiten, Hilfekonzepte, methodisches Handeln würden bei der Etablierung von CM-Strukturen und – Konzepten auf den Prüfstand kommen und die Dokumentationen und Analysen bei der Umsetzung der Hilfen werden vor allem durch das Monitoring trägerübergreifend allen Beteiligten transparent.

Ethische Standards als Basis für Effektivität- und Effizienz Sozialer Arbeit im CM

Die Argumentation für eine Etablierung von CM-Strukturen alleine mit den Begriffen Effektivität und Effizienz wird der Philosophie des CM nicht gerecht und führt dazu, dass die Effizienz prioritär gesehen wird. Ein Vorwurf, der in der Fachdiskussion auch mit dem Titel Case Management assoziiert wird, ist, dass es sich bei Case Management „nicht zuletzt um ein Steuerungsinstrument sich neoliberal ausrichtender Wohlfahrtsstaaten" handelt, trägt zu Vorbehalten bei vielen Trägern der Einrichtungen der sozialen Arbeit dazu bei, erst mal abzuwarten (Hansen 2011, S. 353ff). Es bedarf eines grundlegenden neuen fachlichen Verständnisses: die Planung, Steuerung, ethische Grundsätze methodischen Handelns, Dokumentation und qualitative Analyse müssen sich bei Einführung von Case Management als Handlungskonzept verändern. Es gilt vor allem, Ziele neu zu operationalisieren und nicht nur die eigene Arbeit nach Abschluss eines Falles zu evaluieren, sondern auch die Einrichtung und die Netzwerkarbeit intern und extern in den Evaluationsprozess mit einzubeziehen. Das legt vorab die Implementierung eines Qualitätsmanagementkonzepts nahe, in dem zumindest die zentralen Bereiche der Struktur-, Prozess-. Ergebnisqualität fortlaufend bewertet wird.

Wenn diese Voraussetzungen geschaffen sind, können sich die klaren Stärken des CM-Konzepts zeigen, die in der durchgängigen Motivierung und Beteiligung der Klienten und in der fachlichen Innovation liegen. Auf der Systemebene heißt Steuerung hier neue Kooperationsformen mit den Betroffenen (Fachkräften, Klienten und deren Bezugssystem) zu konzipieren, umzusetzen und zu evaluieren. Somit bedeutet Steuern nicht direktives Handeln.

Zusammenfassend gilt das Konzept des Case Management als das fachliche Strukturelement, um zielgerichtetes methodisches Handeln auf der Seite der Fachkräfte in der Sozialen Arbeit und deren interdisziplinären Kooperationspartner transparenter und nachhaltiger anwenden zu können.

Literatur

Deutsche Gesellschaft für Care und Case Management e.V. (DGCC), (Hrsg.) (2009): Rahmenempfehlungen zum Handlungskonzept Case Management. Heidelberg.

Gahleitner, S. B./Pauls, H. (2013): Biopsychosoziale Diagnostik als Voraussetzung für eine klinisch-sozialarbeiterische Interventionsgestaltung: Ein variables Grundmodell. In: Gahleitner, S. B./Hahn, G./Glemser, R. (Hrsg.): Psychosoziale Diagnostik. Klinische Sozialarbeit: Beiträge zur psychosozialen Praxis und Forschung 5. Köln, S. 61-77.

Hansen, E. (2011): Das Case/Care Management. Nationale Entwicklungslinien in Großbritannien, Schweden und Deutschland. In: neue praxis, 4/2011, S. 353-384.

Heiner, M. (2013): Bausteine einer diagnostischen Grundausstattung für die Soziale Arbeit. In: Gahleitner, S. B./Hahn, G./Glemser, R. (Hrsg.): Psychosoziale Diagnostik. Klinische Sozialarbeit: Beiträge zur psychosozialen Praxis und Forschung 5. Köln, S. 135-151.

Löcherbach, P. (2003a): Einsatz von Case Management in Deutschland. Übersicht zur Praxis im Sozial- und Gesundheitswesen. In: Porz, F. (Hrsg.): Neue Wege in der Nachsorge und Palliativversorgung. Augsburg, S. 20-33.

Löcherbach, P. (2003b): Qualifizierung im Case Management – Bedarf und Angebote. In: Löcherbach, P./Klug, W./Remmel-Faßbender, R./Wendt, W. R. (Hrsg.): Case Management – Fall- und Systemsteuerung in Theorie und Praxis. Neuwied, S. 201-231, 2. Auflage.

Löcherbach, P. (2012): Case Management. In: Remmel-Faßbender, R./Löcherbach, P./Schmid, M. (Hrsg.): Beratung und Steuerung im Case Management. St. Ottilien, S. 15-46.

Merchel, J. (2004): Qualitätsmanagement in der Sozialen Arbeit. Ein Lehr- und Arbeitsbuch. Weinheim.

Neuffer, M. (2010): Sozialarbeitswissenschaft und Case Management – eine (not-wendige) Kontroverse und Perspektive. In: Gahleitner, S. B./Effinger, H./Kraus, B. (Hrsg.): Disziplin und Profession Sozialer Arbeit. Entwicklungen und Perspektiven. Theorie, Forschung und Praxis Sozialer Arbeit. Band 1. Opladen, S. 115-123.

Remmel-Faßbender, R. (2006) Handlungskompetenzen im Case Management. Anforderungen an Weiterbildungsinhalte. In: Case Management, 2. Jg. 1/06, S. 5-11.

Riet, N. van/Wouters, H. (2002): Case Management: Ein Lehr- und Arbeitsbuch über die Organisation und Koordination von Leistungen im Sozial- und Gesundheitswesen. Luzern.

Staub-Bernasconi, S. (1986): Soziale Arbeit als eine besondere Art des Umgangs mit Menschen, Dingen und Ideen. Zur Entwicklung einer handlungstheoretischen Wissensbasis Sozialer Arbeit, in: Schweizerischer Berufsverband dipl. SozialarbeiterInnen und SozialpädagogInnen (Hrsg.): Sozialarbeit 18, 10, S. 2-71.

Staub-Bernasconi, S. (2007): Soziale Arbeit als Handlungswissenschaft. Systemtheoretische Grundlagen und professionelle Praxis. Ein Lehrbuch. Bern.

Wendt, W. R./Löcherbach, P. (2009): Standards und Fachlichkeit im Case Management. Heidelberg.

Wendt, W. R. (2010): Case Management im Sozial- und Gesundheitswesen. Eine Einführung. Freiburg i.Br., 5. Auflage.

Wendt, W. R./Löcherbach, P. (2011): Case Management in der Entwicklung. Stand und Perspektiven in der Praxis. Heidelberg, 2. Auflage.

Mediation

Traudl Füchsle-Voigt

Einleitung

Wenn zwei sich streiten, freut sich der dritte. Gemäß dieses Sprichwortes enden im Alltag häufig konflikthafte Auseinandersetzungen zwischen sich streitenden Personen oder Gruppen: Sie gehen als Verlierer hervor und möglicherweise profitieren andere davon. Um dies zu verhindern und die Parteien aus dem Konflikt als Gewinner und gestärkt hervorgehen zu lassen, wird seit geraumer Zeit von unterschiedlichen Berufsgruppen die Methode der Mediation als konstruktive Konfliktbearbeitung unter der Moderation eines professionell ausgebildeten Mediators praktiziert. Wesentliches Merkmal dabei ist, dass der Mediator keine Vorschläge zur Konfliktschlichtung unterbreitet, sondern dass die Parteien selbständig und eigenverantwortlich einen Lösungsweg erarbeiten.

Mediations-gesetz Spätestens seit der Verabschiedung des Mediationsgesetzes am 21.7.2012 ist für diese Methode der Konfliktschlichtung ein gesetzlicher Handlungsrahmen geschaffen worden, in dem die Formen der Mediation (außergerichtlich, gerichtsnah, richterlich – diese gerichtsinterne Form der Mediation ist in einer Übergangsklausel bzw. in dem Modell des Güterichters geregelt, auf das hier nicht näher eingegangen wird), der Ablauf sowie die für den Erwerb einer Zertifizierung als Mediator notwendigen Kompetenzen festgeschrieben sind. In Artikel 1, §1, Absatz 1 des Mediationsgesetzes (MediationsG) wird Mediation definiert als „ein vertrauliches und strukturiertes Verfahren, bei dem Parteien mit Hilfe eines oder mehrerer Mediatoren freiwillig und eigenverantwortlich eine einvernehmliche Beilegung ihres Konflikts anstreben." In Absatz 2 wird der Mediator beschrieben als „eine unabhängige und neutrale Person ohne Entscheidungsbefugnis, die die Parteien durch die Mediation führt."

Definition Die umfassendste Definition stammt von Roland Proksch, der wesentlich zur Implementierung der Trennungs- und Scheidungsmediation in Deutschland beigetragen hat. Demnach ist Mediation ein „freiwilliger, vom Gericht unabhängiger Prozess, in dem die Beteiligten übereinkommen, unter dem Beistand eines neutralen und unparteiischen Vermittlers ihre gegensätzlichen Standpunkte auszutauschen, ihre Konfliktpunkte offenzulegen, zu strukturieren, mit dem Ziel, im gemeinsamen Gespräch Alternativen und Optionen zu erarbeiten und schließlich zu einem einvernehmlichen, eigenverantwortlichen Ergebnis zu kommen" (Proksch, 1989, S. 920).

Dieses Mediationsmodell mit dem Ziel einer Win-Win-Lösung steht dem juristischen kontradiktorischen Lösungsmodell der Gewinner-Verlierer-Lösung (Nullsummenspiel) entgegen, durch das unser Rechtssystem bisher geprägt war.

Mediativer Zeitgeist

Mit der gesetzlichen Verankerung der Mediation wird vermutlich eine Entwicklung angestoßen, die dazu beiträgt, dass der schon lange während mediative Zeitgeist nun auch die juristische Streitkultur anhaltend formen wird. Dazu meint Heribert Prantl in der Süddeutschen Zeitung vom 2. Juli 2012, dass die Verabschiedung des Mediationsgesetzes bedeutungsgleich ist mit der Verabschiedung des Grundgesetzes 1949 und dem Gesetz über die Gleichberechtigung von Mann und Frau von 1958.

Historische Wurzeln der Mediation

Mediation ist keineswegs ein Verfahren aus neuerer Zeit. Vielmehr lassen sich die Wurzeln der Mediation in diversen vorchristlichen Kulturen finden und durchgehend bis in die Moderne verfolgen (vgl. hierzu Hertel v. & Vovsik 2009). Hier wird als erster europäischer Mediator der Athener Staatsmann Solon 594 v. Chr. genannt, der als Archon (Versöhner und Vermittler) gewählt wird. Auch in der konfuzianischen Lehre um 500 v. Chr. in China sowie in afrikanischen und arabischen Kulturen sind die Regeln des Zusammenlebens und gegenseitigen Austausches durch Harmonie und Wertschätzung sowie Versöhnung geprägt. In Japan ist bis heute eine Verhandlungskultur vorherrschend, die direkte Konfrontation vermeidet und auf ein harmonisches und akzeptierendes Miteinander ausgerichtet ist. In der Gegenwart sind als markante Daten vor allem die im Bereich der Familienmediation erfolgten Entwicklungen der Conciliation Courts in Kalifornien um 1970 zu nennen. Von den USA ausgehend wurden diese Ansätze als Alternative zum Rechtsstreit nach Deutschland transportiert. In Deutschland lassen sich die Anfänge bei der 1982 in der evangelischen Akademie in Bad Boll durchgeführten Tagung zu alternativen Konfliktregelungen in Familienkrisen festmachen. Neben der ab ca. Mitte der 80er Jahre sich in unterschiedlichen Facetten etablierenden Trennungs- und Scheidungsmediation ist als weiterer Schwerpunkt an der Schnittstelle zwischen Justiz und Sozialer Arbeit der im Jugendstrafrecht angesiedelte Täter-Opfer-Ausgleich zu nennen.

Entwicklungsstränge in verschiedenen Kulturen

Nachfolgend fanden 1989 die ersten universitären Ausbildungen für Mediatoren in Heidelberg statt. 1992 wurde die Bundesarbeitsgemeinschaft für Familienmediation gegründet. Kurz zuvor wurde am Jugendamt Erlangen ein 2jähriges Pilotprojekt durchgeführt, bei dem Mediation als Angebot bei streitigen Familiensachen vorgehalten wurde. Dieses Projekt, was sich als äußerst erfolgreich erwies (vgl. Proksch 2001), hat nachhaltig weitere Modelle, Versuche, Arbeitskreise und ähnliche Entwicklungen im Bereich familiärer Konflikte geprägt.

2008 wurde vom Europäischen Parlament eine Mediationsrichtlinie verabschiedet, um zur Verbreitung der Mediation in der Praxis und damit auch zur Entlastung der Gerichte beizutragen. Insofern bildet die Einführung des Mediationsgesetzes historisch einen vorläufigen Abschluss, aber auch eine Grundlage für weitere Entwicklungen im Kontext außergerichtlicher Streitbeilegungen.

Anwendungsfelder in der Sozialen Arbeit

Konflikte und Konfliktschlichtungen sind zentrale Inhalte sozialer Arbeit. Während intra-individuelle Konflikte therapeutische und beratende Methoden erfordern, lassen sich die folgenden Konfliktbereiche durch die Methode der Mediation bearbeiten (vgl. Marx 2003; Iser & Wandrey 2011):

Mediation ist vielfältig und prädestiniert für Konfliktschlichtungsfelder in der Sozialen Arbeit

- Inter-personale Konflikte in der Familie: Zu nennen sind hier Trennungs- und Scheidungskonflikte, Sorge-,Unterhalts-und Umgangsrechtskonflikte, Konflikte in Stief-, Adoptiv- und Pflegefamilien sowie – vermutlich in Zukunft verstärkt – Konflikte, die im Zusammenhang mit der Pflege und Betreuung älterer und kranker Familienmitglieder auftreten. Aber auch Konflikte zwischen Familienangehörigen verschiedener Generationen in Mehrgenerationenfamilien sowie Erziehungskonflikte zwischen Eltern oder zwischen Kindern/Jugendlichen und Eltern zählen hierzu.
- Inter-personale Konflikte außerhalb der Familie: Streitschlichtung in Schulen (Konfliktlotsen und peer-Mediationsprogramme), Konfliktschlichtung am Arbeitsplatz, was durch zunehmenden Arbeits- und Konkurrenzdruck an Bedeutung gewinnt und auch im Rahmen betrieblicher Gesundheitsarbeit eine wichtige Rolle spielt, Nachbarschafts- und interkulturelle Konflikte im Kontext von Gemeinwesen- Stadtteil- und Jugendarbeit, Täter-Opferausgleich.

Konfliktmanagement bei diesen beschriebenen Konfliktarten bildet den Focus sozialarbeiterischen Einsatzes von Mediation.

Darüber hinaus ergeben sich weitere Möglichkeiten, wie Mediation bei Intra-und Inter- Gruppen-Konflikten (z.B. Probleme innerhalb einer Jugendgruppe oder zwischen Jugendgruppen mit Angehörigen verschiedener Kulturen, zwischen verschiedenen Abteilungen am Arbeitsplatz), bei Konflikten zwischen einzelnen Personen und Institutionen (z.B. Bewohner im Altenheim oder dessen Angehörige und die Institution des Altenheims) oder auch zwischen Institutionen (z.B. Träger und soziale Einrichtung). Schließlich ist noch der Konfliktbereich zwischen einzelnen Personen und einer Gruppe zu nennen (z.B. Mobbing in der Schule oder am Arbeitsplatz).

Mediation hat als Konfliktbearbeitungs- und Konfliktlösungsmethode auch in weiten Bereichen des politischen, gesellschaftlichen und wirtschaftlichen Lebens Einzug gehalten. Als jüngstes Beispiel für eine Mediation im Sinne von Schlichtung ließen sich hier Bemühungen des CDU-Politikers Heiner Geißler bei dem Bahnprojekt Stuttgart 21 im Jahre 2010 nennen sowie in der Vergangenheit beispielsweise die Mission des ehemaligen US-Präsidenten Jimmy Carter im Bosnien-Konflikt.

Mediation als Prozess

Der Ablauf einer Mediation wird in der Regel in 5 Phasen oder Stufen eingeteilt (vgl. Kleve 2002), die sich – teilweise mit kleineren Abweichungen – zusammenfassend folgendermaßen darstellen lassen:

Phasen der Mediation

Phase 1: Vorbereitung und Information: Die organisatorischen und strukturellen Rahmenbedingungen werden erklärt. Erwartungen an die Mediation sowie Eignung und Motivation der Teilnehmer werden geprüft. Auf die Schweigepflicht und auf das Einhalten von Gesprächsregeln wird hingewiesen. Der zeitliche Ablauf sowie die Kosten werden geklärt. Am Ende dieser Phase steht eine entsprechende vertragliche Vereinbarung, der sich alle Teilnehmer verpflichten.

Phase 2: Sammlung der Streit- und Regelungspunkte: Alle Punkte, die die Teilnehmenden regeln möchten, werden gesammelt und in eine Rangordnung gebracht. Große Konflikte werden auf verhandelbare Streitpunkte reduziert. Notwendige Daten und Unterlagen werden offen gelegt. Streit- und Interaktionsmuster werden reflektiert und Tiefenstrukturen der Konflikte herausgearbeitet.

Phase 3: Entwicklung neuer Optionen: Mittels Brainstorming können alle Lösungsmöglichkeiten zunächst gesammelt ohne bewertet zu werden. Es wird darauf hingearbeitet, dass die Teilnehmenden ihre subjektiven Wirklichkeiten erkennen und gegenseitig akzeptieren mit dem Ziel, sich einer gemeinsamen Lösung zu nähern.

Phase 4: Vorbereitung und Entwurf einer Mediationsvereinbarung: Diskutierte Optionen werden im Hinblick auf ihre Umsetzung und ihre Auswirkungen reflektiert. Eine konkrete Übereinstimmung in den anstehenden Regelungspunkten wird angestrebt und in entsprechenden Vereinbarungen protokolliert.

Phase 5: Inkrafttreten der Vereinbarung, Durchführung und regelmäßige Überprüfung: Die protokollierten Vereinbarungen werden in eine rechtlich verbindliche Form gebracht und umgesetzt. Es wird festgelegt, nach welchem

Zeitraum eine Überprüfung und gegebenenfalls eine Anpassung der Vereinbarungen stattfinden soll. Hier wird die Mediation beendet.

Aufgaben des Mediators

Der Mediator nimmt eine neutrale oder auch allparteiliche Position ein. Er hat
die Funktion eines Moderators und konstruktiven Gestalters, der die Parteien
unterstützt, den Blick in die Zukunft zu richten und vergangene Geschehnisse
auszuklammern. Dabei kann er sich diverser Techniken bedienen, die an die
Methoden der klientenzentrierten Gesprächsführung und der systemischen
Beratungsarbeit angelehnt sind. Darüber hinaus kann er fachlich fundierte und
für die Konfliktlösung sachdienliche Informationen geben. Er hat weiterhin
darauf zu achten, dass kein Machtgefälle zwischen den Parteien zustande
kommt und dass jede Partei gleichermaßen ihre Interessen einbringen kann.

Der Mediator darf keine Einzelgespräche in Form therapeutischer und
rechtlicher Beratungen anbieten. Er darf sich nicht als Zeuge, Anwalt oder
Sachverständiger zur Verfügung stellen.

Angeordnete oder freiwillige Mediation

Mediation geschieht in der Regel freiwillig, vertraulich und kann jederzeit
von den Beteiligten beendet werden.

Bezüglich der Freiwilligkeit gibt es allerdings kontroverse Auffassungen im
Bereich der Trennungs- und Scheidungsmediation. So weist Bastine (2005)
darauf hin, dass die Beispiele in den USA, wo die Gerichte in einigen Bundes-
staaten, u.a. in Kalifornien, bei Scheidungen, in denen Kinder betroffen sind,
Mediation als Auflage machen (mandatory mediation), dafür sprechen, dass ein
gewisser Druck zur Teilnahme förderlich im Sinne einer erfolgreichen und für
alle Beteiligten zufrieden stellenden Lösung ist. Dies wird im deutschen
Sprachraum auch von Curtius & Schwarz (2004) zur „verordneten Mediation"
berichtet sowie von Füchsle-Voigt (2004) im Kontext des interdisziplinären
Cochemer Praxismodells zur verordneten Kooperation im Familienkonflikt.

Voraussetzungen und Grenzen der Mediation

Ein- schränkungen: ja oder nein

Auch hier ist ein kontroverser Diskussionsstand kennzeichnend. Während
einige Autoren betonen, dass die Teilnahme an einem Mediationsverfahren an
bestimmte intellektuelle und kommunikative Kompetenzen geknüpft ist und
Mediation damit eher eine Konfliktbewältigungsmethode für Angehörige
mittlerer und gehobener sozialer Schichten darstelle, sprechen sich andere
dafür aus, mit jeweils für den Individualfall angepassten Mediationsvarianten
und einem geeigneten gesprächs- und interaktiven methodischen Inventar
solche Voraussetzungen unbeachtet zu lassen.

Vor allem im Bereich familiärer Konflikte besteht hinsichtlich der Grenzen allerdings weitgehend Übereinstimmung dahingehend, dass Mediation
kein geeignetes Verfahren darstellt bei:

- Fällen von Kindesmisshandlung oder Kindesvernachlässigung
- psychiatrischen Erkrankungen in der Familie
- Gewalt in der Familie
- sehr verhärteten und erbittert ausgetragenen lang anhaltenden Streitig-keiten, die ausschließlich von einer destruktiven Haltung getragen werden und zum Ziel haben, den anderen zu vernichten
- Suchtproblematiken in der Familie

In diesen Fällen ist sicherlich eine andere Variante der Konfliktbearbeitung mit therapeutischem und beratendem Focus notwendig, die parallel durchge-führt und durchaus dann jedoch mit der Mediation gekoppelt werden kann.

Eine fehlende Voraussetzung zur Durchführung der Mediation ist sicher-lich auch mangelndes Interesse an einer Lösung des Konfliktes. Dies bedeutet, dass ein minimales bis mittleres Konfliktinteresse bzw. Konfliktniveau zwi-schen den Parteien vorhanden sein muss, um erfolgreich arbeiten zu können.

Ausbildung

Bisher war die Ausbildung in Mediation den juristischen und psychosozialen Berufen vorbehalten. Vor allem Juristen haben dieses Arbeitsfeld für sich in Anspruch genommen. Je nachdem, welcher ursprünglichen Profession der Mediator angehört, wird sein Verhandlungsstil eher psychologisch oder eher gegenstandsbezogen sein. Juristische Mediatoren werden sich eher an dem oben beschriebenen klassischen und sachbezogenen Mediationskonzept ori-entieren und den Konfliktgegenstand in den Mittelpunkt stellen, während psychologische Mediatoren stärker ihr psychologisches Wissen verhand-lungsbezogenen einsetzen und neben dem Konfliktgegenstand auch der Tat-sache Rechnung tragen, dass Konfliktinhalte und Konfliktmotive oft stark voneinander abweichen können. Dabei wird das originäre Mediationskonzept häufig auch therapeutisch verwässert. Die unterschiedlichen professionell ge-prägten Spielarten der Mediation werden bei Montada und Kals (2001) dis-kutiert, wobei die Autoren die Auffassung vertreten, dass die klassische sachbezogene Mediation durch die Ausklammerung emotionaler und vergan-genheitsorientierter Konfliktaspekte die Möglichkeiten der konstruktiven Konfliktlösung unnötig einschränkt und den Mediationserfolg gefährdet.

In dem neuen Mediationsgesetz wird in §5, Absatz 2 der „zertifizierte Mediator" eingeführt. Die Ausbildung erscheint hier nicht auf bestimmte Be-rufsgruppen beschränkt, was allerdings bisher in den entsprechenden Fach-verbänden kontrovers diskutiert wird. Die in dem Mediationsgesetz genannten Ausbildungsinhalte sind sehr allgemeiner Art und umfassen Bausteine, wie Kenntnisse in Konfliktkompetenz, Verhandlungs- und Kommunikationstech-

Therapeutische und sachbezogene Spielarten

Die Ausbildung muss noch spezifiziert werden

niken, Rechtskenntnisse, Kenntnisse über die Grundlagen, den Ablauf und die Rahmenbedingungen der Mediation sowie praktische Übungen, Rollenspiele und Supervision. In der Verordnungsermächtigung in § 6 wird das Bundesministerium der Justiz ermächtigt, durch entsprechende Rechtsverordnungen die Aus- und Fortbildungsinhalte und deren zeitlichen Rahmen sowie die Anforderungen an die Aus- und Fortbildungsinstitute zu spezifizieren. Ebenso sollen hier auch Übergangsregelungen für vor dem Inkrafttreten des Gesetzes tätige Mediatoren definiert werden.

Bisher gab es beispielsweise eine detaillierte Ausbildungsordnung für Familienmediation von der Bundesarbeitsgemeinschaft für Familienmediation, in der die Struktur, die Zulassung sowie die Lerninhalte und das Abschlussverfahren genau geregelt waren.

Studium der Sozialen Arbeit befähigt besonders

Es ist davon auszugehen, dass auch in Zukunft das Studium der Sozialen Arbeit aufgrund seiner interdisziplinären Verortung insbesondere für die Ausbildung zum Mediator gerade in Bereichen interpersoneller Beziehungs- und Ressourcenkonflikte befähigt.

Das Studium der Sozialen Arbeit umfasst die Vermittlung rechtlicher und psychologischer sowie methodischer Kompetenzen und darüber hinaus das Wissen um die Bedeutung von Netzwerk- und interdisziplinärer Zusammenarbeit. Diese Kenntnisse bieten eine gute Grundlage, auf der in der Ausbildung zum Mediator inhaltlich und methodisch aufgebaut werden kann.

Dabei ist zu betonen, dass der Sozialarbeiter entgegen seinem originären professionellen Verständnis der vorbehaltlosen parteilichen Unterstützung als Mediator in der Lage sein muss, Autorität im Sinne moderierender Lenkung und Steuerung sowie Allparteilichkeit auszuüben.

Ein Beispiel: Das interdisziplinäre Cochemer Modell zur verordneten Kooperation im Familienkonflikt

Die Kinder stehen im Mittelpunkt

1992 und damit in den Anfängen der Trennungs- und Scheidungsmediation wurde in Cochem an der Mosel ein interdisziplinäres Kooperationsmodell unter Mitarbeit des Familienrichters, der Sozialarbeiter im Jugendamt, der Psychologen in der Beratungsstelle, der psychologischen Sachverständigen und der Rechtsanwälte entwickelt, um im Trennungs- und Scheidungskonflikt tragfähige Lösungen für die betroffenen Kinder und deren Eltern mittels mediativer Vorgehensweisen zu erreichen. Zunächst war Kooperation und mediatives Arbeiten unter den beteiligten Professionen notwendig, um eine gemeinsame Kommunikationsform zu finden und interprofessionell vorhandene Vorbehalte abzubauen. Unter zentraler Regie des Sozialarbeiters im Jugendamt konnte eine konfliktschlichtende und durch gegenseitige Wertschätzung geprägte interprofessionelle Zusammenarbeit erreicht werden, wobei sich die beteiligten Professionen den folgenden Arbeitsgrundlagen verpflichteten:

Gemeinsames Ziel: Für von Trennung und Scheidung betroffene Kinder entwicklungsfördernde und tragfähige Lösungen finden, die einen möglichst konfliktfreien Kontakt zu beiden Elternteilen ermöglichen.

Gemeinsames Arbeitsbündnis: Beitrag der jeweiligen Fachdisziplin zu einer konfliktschlichtenden und mediativen Vorgehensweise.

Gemeinsame Arbeitsweise: Verordnete Kooperation: Alle Professionen arbeiten auf konsensuale Lösungen hin. Destruktive und nicht mit dem Kindeswohl zu vereinbarende Strategien werden weder auf der Betroffenen- noch auf der professionellen Ebene zugelassen. Eltern müssen mit fachlicher Unterstützung eine eigenverantwortliche und tragfähige Lösung für ihre Kinder erarbeiten.

Die konstruktive Zusammenarbeit zwischen Gericht, Anwaltschaft, Jugendamt und gegebenenfalls Beratungsstelle und Sachverständigen ist zugleich gelebtes Modell für Konfliktmanagement für die vom Scheidungskonflikt Betroffenen.

Dieses Praxismodell hat sich als äußerst erfolgreich erwiesen (vgl. Füchsle-Voigt 2004 und 2012; Füchsle-Voigt/Gorges 2008). Obwohl es eine Vielzahl ähnlicher Initiativen gibt, zeichnet sich die Cochemer Praxis durch eine nachhaltige und breite Wirkung aus, auch dahingehend dass Elemente daraus in das FamFG (Gesetz über das Verfahren in Familiensachen und in Angelegenheiten der freiwilligen Gerichtsbarkeit) vom 1.9.2009 übernommen wurden. Somit hat es mit seinem mediativen Charakter auch einen Beitrag zu einem Paradigmenwechsel im Verständnis von Trennung und Scheidung geleistet. Es zeigt zudem auf, wie Fachkräfte der sozialen Arbeit mit ihrem interdisziplinären Wissen im Kontext dieser erweiterten Auffassung von Mediation eine moderierende und lenkende Funktion in der interprofessionellen Zusammenarbeit und im Konfliktmanagement mit Betroffenen ausüben können.

Resümee

Eine systematische Evaluation zur Methode der Mediation in Deutschland liegt bisher nicht vor. In § 8 des Mediationsgesetzes ist festgehalten, dass die Bundesregierung dem Deutschen Bundestag bis zum 26. Juli 2017 über die Entwicklung der Mediation als Folge des Gesetzes sowie über die Ausbildungssituation der Mediatoren berichten muss. Insofern stehen aussagekräftige Befunde über die Verbreitung, die Erfolge und Zeit- sowie Kostener-

Evaluationsstudien sind notwendig

sparnisse und auch zur Zufriedenheit der Medianten im Vergleich zu gerichtlichen Verfahren noch aus. Entsprechende Studien werden sicherlich in
nächster Zeit initiiert werden.

Im Bereich der Familienmediation vorliegende Befunde aus den USA und
auch in Deutschland sprechen für die Erfolge dieser Methode insofern als eine
höhere Zufriedenheit mit den selbst erarbeiteten Lösungen in Familienkon-
flikten herrscht und diese sich auch als stabiler und tragfähiger erweisen als
gerichtliche Entscheidungen (vgl. Proksch 2001). Ebenso kann von einer Zeit-
und Kostenersparnis für die Beteiligten ausgegangen werden. Inwieweit sich
diese Entwicklungen langfristig stabilisieren, bleibt abzuwarten.

In einer Evaluation der Bundesarbeitsgemeinschaft für Familienmediation
aus dem Jahr 2005 erfolgte eine bundesweite Bestandsaufnahme zur Verbreitung der Mediation in der Beratungspraxis. Dabei zeigte sich, dass mediative Methoden und Techniken weitaus mehr in der Beratungspraxis angewendet werden als die originäre Mediation selbst. Familienmediation wurde
nur von ca. einem Drittel der befragten Institutionen angeboten. Dabei waren
weniger die Fachkräfte der Sozialen Arbeit als vielmehr Honorarkräfte mit
juristischem und pädagogischen Hintergrund beschäftigt. Die Gründe hierfür
sowie die derzeitige Beschäftigungssituation für Sozialarbeiter und Sozialarbeiterinnen als Mediatoren müssten weiter beforscht werden. Auch die
Ausbildungskosten müssen hierbei berücksichtigt werden.

Im Kontext der Skizzierung des Forschungsstandes zur Mediation kann an
dieser Stelle eine evaluative Studie aus dem Jahr 2009 zu dem am OLG
Koblenz angesiedelten Projekt der integrierten Mediation erwähnt werden, in
der sich eine psychologische und ökonomische Effizienz in Familiensachen
belegen lässt (vgl. Neuert 2009).

Im Kontext der Sozialen Arbeit zeigt sich sowohl in der Fachliteratur als
auch in der Praxis, dass bisher keine klare Position dahingehend bezogen
wurde, ob man von einem engen Verständnis von Mediation als einer Technik
und Methode im Vergleich zu anderen Konfliktschlichtungsmethoden oder
von einem erweiterten Verständnis ausgeht, bei dem vor dem Hintergrund
eines mediativen Menschenbildes und eines mediativen Zeitgeistes einerseits
fallbezogene mediative Konzepte angewendet und andererseits gerade im
Bereich der Familienmediation interdisziplinär angelegte mediative Kooperationsformen entwickelt werden. Hinsichtlich dieser Facetten von Mediation
existieren inzwischen eine Reihe interessanter und vielversprechender Modelle, bei denen Fachkräfte der Sozialen Arbeit aufgrund ihrer methodischen
und theoretischen Kompetenzen im Bereich von Konfliktentstehung und
Konfliktbewältigung zentrale mediative Funktionen übernehmen können.

Literatur

Bastine, R. (2005): Familienmediation heute – Leistungsfähigkeit und Barrieren in der Praxis. In: Zeitschrift für Konfliktmanagement, 8, S. 11-14.

Curtius, C./Schwarz, R. (2004): Verordnete Mediation – ein Erfahrungsbericht. In: Familie, Partnerschaft, Recht, 2, S. 191-193.

Füchsle-Voigt, T. (2004): Verordnete Kooperation im Familienkonflikt als Prozess der Einstellungsänderung: Theoretische Überlegungen und praktische Umsetzung. In: Familie, Partnerschaft, Recht, 11, S. 600-602.

Füchsle-Voigt, T. (2012): Zwei Jahrzehnte interdisziplinäre Zusammenarbeit im Familienkonflikt. In: Familiendynamik. Systemische Praxis und Forschung, 2, S. 124-129.

Füchsle-Voigt, T./Gorges, M. (2008): Einige Daten zum Cochemer Modell. In: Zeitschrift für Kindschaftsrecht und Jugendhilfe (ZJK), 6, S. 246-248.

Hertel, v. A./Vovsik, W. (2009): Zeittafel zur Geschichte der Mediation. (http://www.mediation-dach.com/historisches.pdf. 15.3.2009. [Zugriff am 8.11.12].

Iser, A./Wandrey, M. (2011): Mediation als Konflikthilfe. In: Otto, H.-U./Thiersch, H. (Hrsg.), Handbuch Soziale Arbeit. 4. Auflage. München u. Basel: Ernst Reinhardt Verlag, S. 912-918.

Kleve, H. (2002): Mediation – eine systemische Methode Sozialer Arbeit. In: Pfeifer-Schaupp, H.-U. (Hrsg.), Systemische Praxis. Modelle – Konzepte – Perspektiven. Freiburg: Lambertus, S. 156-176.

Marx, A. (2003): Sozial-Mediation: Neuere Ansätze in den USA. In: Theorie und Praxis der Sozialen Arbeit, 2, S. 46-53.

Montada, L./Kals, E. (2001): Mediation. Lehrbuch für Psychologen und Juristen. Weinheim: Beltz Verlag.

Neuert, J. (2010): Ergebnisse zum Gerichtsprojekt Integrierte Mediation am OLG Koblenz. Gutachten 2010. http://www.in-mediation.eu/evaluation-integrierte-mediation [Zugriff am 8.11.12].

Proksch, R. (1989): (Divorce Mediation) – ein Instrument integrierter familiengerichtlicher Hilfe. In: Zeitschrift für das gesamte Familienrecht (FamRZ), S. 916-924.

Proksch, R. (2001): Kooperative Vermittlung (Mediation) in streitigen Familiensachen. Praxiseinführung und Evaluation von kooperativer Vermittlung zur Förderung einvernehmlicher Sorge- und Umgangsregelungen und zur Entlastung der Familiengerichtsbarkeit, Schriftenreihe des BMFSFJ, Band 159.2, Berlin u. Köln.

Motivieren

Karl-Heinz Lindemann

Einleitung

Auf der einen Seite beklagen Sozialpädagogen/-innen immer wieder, dass ihre Kunden unmotiviert seien. Sie stellen fest, dass Kunden nicht wirklich mitarbeiteten, Termine nicht einhielten und wenig oder gar keine Initiative zeigten. Viele Hilfen werden explizit mit der Begründung abgebrochen, dass der Kunde nicht genügend engagiert, also zu wenig motiviert sei. Und dies gilt nicht nur für Kontexte Sozialer Arbeit, die manchmal auch als Zwangskontext verstanden werden.

Umso überraschender die andere Seite: Im theoretischen Diskurs der Sozialen Arbeit kommt das Thema „motivierte Kunden" nicht vor. Lediglich das Thema „unmotivierte Klienten" wird als Randthema im Zusammenhang sogenannter Zwangskontexte behandelt. Auch in der Ausbildung von Fachkräften Sozialer Arbeit wird wenig darüber nachgedacht, wie Kunden/-innen gezielt unterstützt werden können, wenn sie positive Ziele benennen und verfolgen wollen, aber die Initiative fehlt, das Ziel anzugehen.

Kunden gezielt unterstützen

Im Folgenden wird die Frage im Mittelpunkt stehen, was Sozialpädagogen/-innen tun bzw. unterlassen sollten, um Kunden zu motivieren. Das Augenmerk richtet sich vor allem auf jene, die von außen betrachtet unmotiviertes Verhalten zeigen. Dabei werden drei Strategien vorgestellt, die über die üblichen Motivationsstrategien hinausgehen.

Erste Strategie: Motivieren durch Nachgeben und Anspruch

Alfred Lange, einer der renommiertesten Psychologen der Gegenwart, hat bereits Mitte der 80er Jahre des 20. Jahrhunderts einen Aufsatz mit dem Titel verfasst: „Motivating Clients in Directive Family Therapy". Lange äußert hier sein Befremden, dass im Kontext der Beratung wenig darüber nachgedacht wird, was der Berater selbst tun kann, um einerseits die Erfolgschancen seiner Interventionen zu erhöhen und andererseits die Aufmerksamkeit auf die Motivation des Klienten zu richten. Er skizziert eine Vielzahl von Motivationsstrategien und -techniken. Von besonderem Interesse ist seine Unterscheidung in kongruente und „judogleiche"[1] Motivationsstrategien.

---

1   *„Judogleich"*: Lange hat sich bei seinem Begriff „judogleich" an die japanische Kampfsportart Judo angelehnt. Wörtlich übersetzt heißt Judo der sanfte, flexible bzw. nachgiebige

Kongruente Motivationstools umfassen all das, was wir üblicherweise tun, um Klienten zu unterstützen und zu ermutigen. Wir nehmen die Beschwerden des Klienten ernst, zeigen Interesse an der Gesamtperson, Hobby und Arbeit, legen unsere Vorgehensweisen und fachlichen Überlegungen offen, heben die positiven Seiten des Klienten hervor, fragen statt nach Problemen, nach Bewältigungsstrategien und interessieren uns dafür, wie der Klient bisher mit seinen Problemen umgegangen ist. Und Lange betont, dass diese Vorgehensweise, wir würden heute sagen, dass gesamte Repertoire ressourcen- und lösungsorientierter Strategien, für viele Klienten motivierend ist (vgl. Lange 1985, S. 97).

Kongruente Motivationstools

Lange macht aber eine für die Soziale Arbeit interessante Einschränkung. Er beschreibt drei Kliententypen, für die dieses Vorgehen kontraindiziert ist, also demotivierend wirkt. Das sind nach Lange zum einen Klienten, die aus ihren chronischen Beschwerden einen erheblichen sekundären (Krankheits-) Gewinn erzielen, meist in Form von Aufmerksamkeit und Bequemlichkeit (z.B. psychiatrische Patienten, die in einem Wohnheim leben mit Haushaltskraft, Putzfrau und Köchin, gleichzeitig aber alle Freiheiten genießen, wie andere Menschen auch); zum anderen Klienten, bei denen das Problemverhalten des sogenannten Symptomträgers eine Adaptionsstrategie darstellt, welche ihn oder andere im System schützen soll (z.B. das Kind, das durch sein Problemverhalten unbewusst vom Ehekonflikt ablenken und damit die Familie zusammenhalten will). Und nicht zuletzt sind es Klienten, die sich eigentlich verändern wollen, gleichzeitig aber nicht bereit sind, die Autorität des Helfers zu akzeptieren und dazu neigen, in einen Machtkampf zu gehen (z.B. langjährige „Schulverweigerer" oder auch Familienmitglieder, die nicht zu motivieren sind, am Familiengespräch teilzunehmen). Lange geht davon aus, dass die letzte Kategorie im Kontext Sozialer Arbeit die relevanteste Gruppe darstellt. Als Indikatoren für diesen Typus scheinbar unmotivierter Klienten benennt Lange konstantes Korrigieren des Helfers durch den Klienten, regelmäßiges Daraufhinweisen, dass die Sichtweise des Helfers wohl bei anderen Klienten stimmen mag, nicht aber in diesem speziellen Fall, und fortwährendes Beharren darauf, dass sich sowieso nichts ändern wird, weil der Klient überzeugt ist, nun einmal so zu sein, wie er ist (vgl. Lange 1985, S. 98ff).

Ein Unterschied, der Unterschiede macht

Zwar können auch in diesen Fällen nach Lange bestimmte kongruente Motivationstools eingesetzt werden. Zu bevorzugen sind allerdings sogenannte judogleiche Motivationsstrategien. Diese sind im Gegenteil dadurch charakterisiert, dass sie bewusst auf optimistische Äußerungen verzichten, keine Hoffnung machen und die Aufmerksamkeit nicht auf positive Aspekte richten. Der/die Sozialpädagoge/-in nimmt vielmehr eine eher skeptische Position ein. Es ist ein Ansatz, in dem der Helfer die Beschwerden des Klienten

Judogleiche Motivationstools

Weg, bei dem das Prinzip gilt: „Siegen durch Nachgeben" beziehungsweise, „maximale Wirkung bei einem Minimum an Aufwand".

genau benennt und möglicherweise dazu Erklärungen abgibt, ohne aber
Hoffnung zu machen oder positive Schlussfolgerungen zu ziehen. Ebenso verzichtet er darauf, den Klienten von der Maßnahme und dem Sinn des Ganzen
zu überzeugen. Auch auf Hinweise, dass der Klient profitieren könnte, wird
verzichtet (vgl. Lange 1985, S. 100). Im Gegenteil: Der Helfer kommentiert
eher beiläufig: „Die Umstände sehen in Ihrem Fall definitiv nicht gut aus."
Oder: „Die Erfolgschancen sind möglicherweise tatsächlich sehr klein." (Lange
1985, S. 101). Der Helfer kann soweit gehen, die Zukunft ausführlich schwarz
zu malen (vgl. Lange 1985, S. 102).

Anspruchsniveau

Als einen der häufigsten Fehler der Sozialen Arbeit nennt Lange die
Neigung, zu anspruchslos zu sein. Er kritisiert, dass Berater Anweisungen
geben, die leicht sind und auch so erscheinen. Dies ist demotivierend (vgl.
Lange 1985, S. 104). Es ist deshalb besser, Anweisungen anspruchsvoll zu
formulieren, im Sinne von: „Eigentlich möchte ich Sie bitten, etwas schwie-
riges zu erledigen, aber ich frage mich, ob es nicht doch zu schwierig ist."
Oder: „Es gibt zwei Möglichkeiten, eine, die einfacher ist, die andere, die
schwieriger ist und von ihnen eine hohes Maß an Können und Durchhalte-
vermögen erwarten würde, insofern nur mit großer Mühe zu erreichen ist.
Nehmen Sie sich Zeit darüber nachzudenken, welches Vorgehen Sie bevorzugen" (Lange 1985, S. 104).

**Motivations-
profile**

In die gleiche Stoßrichtung gehen aktuelle Überlegungen der Motivationsforschung, wie sie von Evelyne Maaß und Karsten Ritschl in ihrem neu-
esten Buch „Die Sprache der Motivation" diskutiert werden. Sie haben in Anlehnung an das Konzept der LAB-Profile aus dem NLP[2] ein eigenes Modell
entwickelt, in dem sieben Motivationsprofile unterschieden werden. Unter
Motivationsprofilen verstehen sie Muster und damit wiederkehrende Ähnlichkeiten im Verhalten, im Denken und in der Wahrnehmung von Menschen.
Die Autoren gehen von der Annahme aus, dass der/die Berater/-in motivierend
wirkt, wenn er/sie das Motivationsmuster des/der Kunden/-in trifft und Demotivation auslöst, wenn er daneben liegt. Für die Soziale Arbeit sind zwei Mus-
terpaare von besonderem Interesse: Einmal das internale und externale Muster
und zum anderen das „Weg von" und das „Hin zu" Muster. Wobei das internale
Muster an entscheidenden Schnittstellen mit den Überlegungen von Lange

---

2   *„Neurolinguistische Programmierung"* (kurz *NLP*) ist eine Sammlung von Kommunika-
tionstechniken und Methoden zur Veränderung psychologischer Abläufe im Menschen.
Das Konzept wurde von Richard Bandler und John Grinder entwickelt. Sie definieren NLP
als das Studium über die Struktur subjektiver Erfahrung. NLP greift u.a. auf Konzepte der
Klientenzentrierten Therapie, der Gestalttherapie, der Hypnotherapie und den Kogniti-
onswissenschaften, sowie des Konstruktivismus zurück.
„LAB-Profile" steht für *„Language-and-Behaviour-Profile"*. Sie beschreiben eine praktische Analyse- und Kommunikationsmethode. Das Instrument ermittelt über das Erkennen
von Mustern in der verwendeten Sprache einer Person, wie diese Person ihre Motivation
und ihre Informationsverarbeitung strukturiert.

korrespondiert, zusätzlich aber noch weitere Handlungsmöglichkeiten für den/ die Sozialpädagogen/-in eröffnet, insbesondere, wie mit Kunden umzugehen ist, die sich nicht gut etwas sagen lassen können (vgl. Maaß/Ritschl 2011, S. 28ff).

Zweite Strategie: Motivieren durch Freiheit und Direktive

Das Motivationsprofil „internal" beschreibt ein Muster, in dem die Bevor-   **Grundthema** zugung von inneren Bewertungsmaßstäben im Vordergrund steht. Die Blick-   **Freiheit** richtung geht nach innen (vgl. Maaß u. Ritschl 2011, S. 139). Der Mensch, der das internale Muster bevorzugt, schaut nach innen und fragt sich: „Sehe ich das auch so?", „Ist das auch meine Erfahrung?", „Entspricht dies meinen Werten?" (Maaß u. Ritschl 2011, S. 138). Er findet die Motivation in sich selbst. Er orientiert auf seine inneren Maßstäbe, weil er am besten weiß, was gut für ihn und die richtige Entscheidung ist. Sein Grundthema ist Freiheit. Umgekehrt: Wann immer diese in Gefahr gerät, wird Widerspruch ausgelöst. Der Mensch, der das internale Muster bevorzugt, mag es nicht, wenn andere sein Leben beurteilen. Vor allem nicht, wenn dies ungefragt geschieht, er seine Erlaubnis nicht erteilt hat. Anweisungen und Absprachen lehnt er ab, weil er selbst entscheiden möchte, wann und wie er etwas macht. Er braucht kein Lob. Arbeitsanweisungen versteht er als Information und führt sie oft nicht aus. Dies erscheint nach außen in vielen Situationen wie eine Arbeitsverweigerung (vgl. Maaß u. Ritschl 2011, S. 140).

Die methodische Strategie der Fachkräfte der Sozialen Arbeit liegt hier auf der Betonung von Wahlmöglichkeiten, freier Entscheidung, auf der Expertenrolle des Kunden. Auf Anweisungen wird verzichtet, Druck jeder Art, inhaltlich und zeitlich, wird vermieden. Auch die Sprache und Schlüsselbegriffe berücksichtigen das Motivationsprofil, insbesondere den Wunsch nach Freiheit (vgl. Maaß u. Ritschl 2011, S. 139). Motivierende Kommentierungen betonen deshalb Freiheitsgrade („Natürlich liegt es in Ihrer Hand"/„Nur Sie wissen, was"/ „Schauen Sie selbst"/„Sie wissen am besten"/„Probieren Sie selbst"/„Es liegt an Ihnen, was wir daraus machen."/„Ich schlage vor, Sie wählen in Ruhe aus." (Maaß u. Ritschl 2011, S. 142)). Auch die Einleitungssätze betonen die Autonomie („Darf ich Ihnen eine Frage stellen?"/„Möchten Sie ein Feedback von mir?"/„Erlauben Sie mir, einen Vorschlag zu machen?" (Maaß u. Ritschl 2011, S. 142).

Bei einem Menschen, der das externale Muster bevorzugt, ist es genau   **Grundthema** umgekehrt. Seine Blickrichtung geht nach außen. Feedback, Ratschläge und   **Unsicherheit** Anleitung von außen motivieren ihn. Ohne Rückmeldung fühlt er sich unsicher. Der Entscheidungsort für das, was richtig ist, befindet sich außerhalb von ihm. Ihm fehlen sichere innere Maßstäbe. Grundsätzlich entscheidet er nicht gerne, vor allem nicht, ohne sich bei anderen vergewissert zu haben. Die externale Führungskraft kauft sich McKinsey ein, um Erfolg zu haben. Im Meeting hat sie für jede neue und ungewöhnliche Idee ein offenes Ohr. Der/die Mitarbeiter/-in mit externalem Muster ist leicht zu führen. Selbst wenn kein anderer da ist, hält er/sie sich an Regeln und Absprachen, mag Checklisten, Quoten und vorgegebene Ziele, an die er/sie sich halten kann. Er braucht Feedback. Informationen fasst er als Anweisung auf (vgl. Maaß u. Ritschl 2011, S. 145ff).

Die methodische Strategie für jene Menschen, setzt auf Rückmeldungen und Kommentierungen, die zusätzlich durch Signifikanz unterlegt werden. Bevorzugt werden Expertenmeinungen zitiert, Volksweisheiten erwähnt, mehrere Meinungen zusammengetragen, Bücher und wissenschaftliche Artikel empfohlen, aber auch Lob ausgesprochen. Der Mensch mit Bevorzugung des externalen Musters ist empfänglich für stärkendes und kritisches Feedback (vgl. Maaß u. Ritschl 2011, S. 147). In den Einleitungssätzen und den bevorzugten Schlüsselbegriffen wird die Seriosität und Überzeugungskraft der Aussage betont („Experten haben in einem Aufsatz geschrieben"/„Laut Statistik"/„Laut Umfrage"/„Nachweislich"/„Es ist wissenschaftlich belegt"/„Da gibt es eindeutige Beweise"/„Laut einer Studie der Boston Consult Group ist es wichtig" (Maaß u. Ritschl 2011, S. 148)).

Dritte Strategie: Motivieren durch Problem- und Zielorientierung

Möglichkeiten und Grenzen

Auf eine für die Soziale Arbeit ganz andere Spur führt das „Weg von" und das „Hin zu" Muster. Zum einen markiert sie die Grenze des ressourcen- und lösungsorientierten Vorgehens. Zum anderen sensibilisiert sie für jene Menschen, die als besonders schwierig erlebt werden, jene, die kaum in der Lage zu sein scheinen, Ziele zu benennen. Hier scheitert das an Zielen und Lösungen orientierte Vorgehen oft schon bei der Auftrags- und Kontraktklärung. Denn der Kunde kann zwar sein Problem, nicht aber sein Ziel beschreiben. Auf alle Bemühungen der auf Ressourcen- und Lösungen orientierten Fachkraft, auf alle mühsam kreierten Zielfragen, folgen Problemantworten. Hier ist offensichtlich die von den Fachkräften bevorzugte gedankliche Lösungs- und Zieltranche mit der vom Kunden geschätzten Problemtranche nicht kompatibel (vgl. Maaß u. Ritschl 2011, S. 71ff).

Ziele motivieren

Aber ist es immer das Ziel, das antreibt? Für die Menschen, die das „Hin zu" Muster bevorzugen, ist es das Ziel, das sie antreibt. Der neuere Fokus der Sozialen Arbeit, der sich in den Schlagworten Ressourcen-, Lösungs- und Zielorientierung widerspiegelt, kommt diesen entgegen, weil der Kunde mit dem „Hin zu" Muster seinen Ansporn in attraktiven Zielen und Visionen findet. Probleme wirken demotivierend. Denn der Kunde, der Resultate sehen will, wird von dem noch in der klassischen Sozialen Arbeit bevorzugten Problem- und Defizitfokus schnell gelangweilt, also demotiviert. Probleme werden deshalb gerne als Herausforderung umbenannt. Die Blickrichtung weist nach vorne. Der bevorzugte Fokus ist das anvisierte Ziel (vgl. Maaß u. Ritschl 2011, S. 72).

Die methodische Strategie vermeidet deshalb ausführliche Problemanalysen, um direkt in Richtung Ziel, Lösung, Resultat, Vision, Ergebnis – typische Schlüsselbegriffe – vorzupreschen (vgl. Maaß u. Ritschl 2011, S. 73). Die Einleitungssätze und bevorzugten Schlüsselbegriffe fokussieren deshalb auf eine visionierte Zukunft („Lassen Sie uns nach vorne schauen"/„Sie können gute Resultate erreichen"/„Lassen Sie uns auflisten, was Sie erreichen möchten"/„Wo soll es hingehen" (Maaß u. Ritschl 2011, S. 74)). Auch die Schlüsselbegriffe weisen auf Zukunft und Erfolg hin („hingelangen"/„hinkommen"/„verwirklichen"/„profitieren"/„sich bezahlt machen"/„zu Wege bringen"/„zusteuern auf" (Maaß u. Ritschl 2011, S. 75)).

Demgegenüber werden Menschen, die das „Weg von" Muster bevorzugen, vom Problem angetrieben. Sie sind Problemlöser. Der Motivations-Kick ist ein „so nicht mehr". Das Problem selbst wirkt elektrisierend und wird deshalb gesucht. Dieser Kunde wird motiviert, weil er etwas los werden will. Die Blickrichtung geht nach hinten. Der bevorzugte Fokus ist das Problem (vgl. Maaß u. Ritschl 2011, S. 78ff). **Probleme motivieren**

Die methodische Strategie stellt deshalb das Problem in den Mittelpunkt. Der Fokus wird darauf ausgerichtet, was vermieden werden soll oder was geschehen kann, wenn nicht gehandelt wird. Manchmal ist es hilfreich, den Worst Case aufzuzeigen. Druck zu machen, kann in bestimmten Situationen motivationsfördernd sein. Eine Deadline ist unbedingt notwendig, weil nur durch den an einem bestimmten Punkt entstehenden zeitlichen Druck, der Schub von hinten in Gang kommt. So wird Energie freisetzt (vgl. Maaß u. Ritschl 2011, S. 79). Die Einleitungssätze und bevorzugten Schlüsselbegriffe betonen das „Weg von" („Wir sollten vermeiden, dass"/„Lassen Sie uns sehen, wie Sie … hinter sich lassen können"/„Nur so können wir verhindern"/ „Lassen Sie uns auflisten, was verhindert werden soll."/„Sorgen Sie dafür, dass es keine Probleme mehr gibt." (Maaß u. Ritschl 2011, S. 79)). Die Schlüsselbegriffe orientieren auf das Problem und das „Weg von" („abwehren"/„abstellen"/„aufhören"/„bekämpfen"/„ein Ende machen"/„stoppen"/„verweigern"/„unmöglich machen" (Maaß u. Ritschl 2011, S. 80)).

Natürlich ist die Bevorzugung eines bestimmten Musters nicht gut oder schlecht. Jedes Muster kann kontext- und situationsbezogen Vor- und Nachteile mit sich bringen (vgl. Maaß u. Ritschl 2011, S. 71).

Resümee

Strategien
passgenau

Neben den methodischen Schlussfolgerungen, soll die hier verfolgte Thematik in einem grundlegenderen Zusammenhang der Sozialen Arbeit abschließend diskutiert werden. Wenn Motivation unterstützt und Demotivation verhindert werden sollen, dann kristallisiert sich als zentrales Ergebnis heraus, dass das Vorgehen der Fachkraft der Sozialen Arbeit passgenau auf das jeweilige Motivationsprofil des/der Kunden/-in abzustimmen ist. Dies setzt voraus, dass die Fachkraft über unterschiedliche Strategien verfügt. Sowohl das judogleiche Vorgehen, als auch das „internale" und das „Weg von" Muster geben interessante Hinweise für den Umgang mit den als schwierig bezeichneten Kunden/-innen.

Teufelskreise

Internale Kunden/-innen werden als schwierig erlebt, denn ihr Grundthema ist Freiheit. Sie können sich nur schwer etwas sagen lassen und sind schnell geneigt, in einen Machtkampf zu gehen. Lange empfiehlt für diese Kunden eine sogenannte judogleiche Strategie: Eine eher skeptische Position. Ressourcen- und lösungsorientierte Tools sind kontraindiziert und ein zu geringes Anspruchsniveau begünstigt Demotivation. Die Betonung von Freiheitsgraden unterstützt hingegen die Motivation und verhindert Demotivation. Dies gilt besonders für den Erstkontakt, die ersten Minuten. Denn der/die internale Kunde/in tastet hoch sensibilisiert in den ersten Sekunden des Kontaktes das Vorgehen der Fachkraft auf Einschränkungs- und Druckpotentiale hin ab: Wird dies wahrgenommen, ist die Antwort Demotivation, ein inneres Nein. Sobald das Nein des/der Kunden/-in mit guten Gründen, normativen Aufforderungen, logischen Schlussfolgerungen, Wenn-Dann-Annahmen oder Behauptungen, konterkariert wird, kommt ein Teufelskreis in Gang, der in eine Art Endlosschleife einmünden kann. In diesem „Spiel" übernimmt der/ die Kunde/-in die Rolle des Nein-Sagens und gerät in eine Nein-Schleife. Die Fachkraft übernimmt die Rolle des Ja-Sagens und gerät in eine Ja-Schleife. Doch das „Mehr-Desselben" auf beiden Seiten erodiert die Arbeitsgrundlage und führt entweder zu einem unproduktiven Endlosspiel mit falscher Rollenverteilung oder zur Eskalation, schließlich zum Abbruch.

Freiheitsgrade

Die problematische Schnittstelle bei internalen Kunden/-innen ist die Einschränkung von Freiheitsgraden. Ein manchmal methodisch nicht einfach zu behandelndes Phänomen, weil die Fachkraft in manchen Konstellationen in einer objektiven Drucksituation steht – dem Druck Handeln zu müssen.

Auch das Individuum, welches das „Weg von" Muster bevorzugt, wird relativ schnell als schwierig wahrgenommen, weil es zwar das Problem, nicht aber das Ziel benennen kann. Der Start und eine gute Kooperation sind wegen der Ziel- und Kontraktklärung gefährdet, weil der/die Kunde/in sein/ihr Problem schildern will. Auch hier braucht es methodische Strategien und Tools, die auf diese Besonderheit eingehen. Bei Kunden/-innen mit dem „Weg von" Muster, werden zwei weitere grundlegende Punkte deutlich:

Zum einen: Individuen des „Weg von" Musters kommen erst in Gang, wenn Druck, z.B. Zeitdruck, entsteht. Sie brauchen eine Deadline. In diesem Sinne wird bei lösungsorientierter Kurzzeitberatung die enge zeitliche Befristung als stärkster Wirkfaktor genutzt. In den Niederlanden sind Angebote der Jugendhilfe auf maximal ein halbes Jahr begrenzt. Demgegenüber wird in Deutschland die Befristung von Hilfe als Wirkfaktor nicht einmal diskutiert.

Druck und Deadline

Zum anderen: Individuen mit dem „Weg von" Muster sind Problemlöser/-innen und werden angetrieben vom Problem. Demgegenüber favorisieren die aktuellen Diskurse Sozialer Arbeit das zielfokussierte Arbeiten. Und natürlich sind Ziele „SMART"[3] zu formulieren. Dieses Konzept stammt aus der Wirtschaft. Indem aber Zielbeschreibungen der Praxis häufig hinter dem eigenen Anspruch zurückbleiben, weist das Konzept möglicherweise darauf hin, dass die unbedingte Zielorientierung besser zu Personen der Wirtschaft als Personen der Sozialen Arbeit passt. Sie passt definitiv nicht für Kunden mit dem „Weg von" Muster.

Probleme als Ressource

Die problematische Schnittstelle bei Menschen mit dem „Weg von" Muster ist die fachliche Geringschätzung ihres Problemfokus und die unkritische Überbewertung des Zielfokus – eine Adaption aus der Wirtschaft. Die zentrale Problematik liegt im Verzicht auf einen engen, verbindlich gesetzten Endpunkt. Dies begründet, wie es Niklas Luhmann sagen würde, die „Unendlichkeit der Hilfe" – ein Phänomen, das bei den sogenannten kompensierenden Hilfen, ohnehin kaum in den Griff zu bekommen ist.

Für externe Menschen sind direktive Tools Mittel der Wahl. Neben diesen methodischen Besonderheiten ist der Umgang der Sozialen Arbeit mit dem externalen Kunden noch unter einem ganz anderen Gesichtspunkt interessant. Er wirft ein Licht darauf, mit welcher Ernsthaftigkeit die Soziale Arbeit die allseits propagierte Ressourcenorientierung praktiziert. Denn die problematische Schnittstelle beim externalen Kunden macht ein grundlegendes Problem der Sozialen Arbeit deutlich: Häufig findet der/die Klient/-in die meiste Aufmerksamkeit, der/die schlichtweg kein Anliegen hat (z.B. das Heimkind, das Zuhause leben möchte, aber im Heim sein muss, weil der Vater gewalttätig ist). Auch schwierige Menschen finden mehr Aufmerksamkeit, als engagierte. Offensichtlich ist die Profession noch immer in einem tief verwurzelten Fokus verfangen, der trotz Ressourcendiskursen Defizite, Probleme, Doppel- und Mehrfachdiagnosen beeindruckender findet als die Vor-

Direktive Tools

---

3   „SMART" ist eine Abkürzung für „Specific Measurable Accepted Realistic Timely" und dient als Kriterium zur eindeutigen Definition von Zielen im Rahmen einer Zielvereinbarung. Nach diesem Modell sollen Ziele (*S*) spezifisch, also eindeutig definiert sein, (*M*) messbar, also messbar sein, (*A*) akzeptiert, das heißt attraktiv, ausführbar und anspruchsvoll sein. (*R*) steht für realistisch und (*T*) für terminiert.

stellung, dass Menschen, ihre Ziele erreichen möchten. Die engere methodische Gefährdung liegt darin, dass Fachkräfte wenig geübt sind, anspruchsvoll, fordernd und direktiv aufzutreten. Andererseits ist das Klientel der Sozialen Arbeit in der Gefahr, vorschnell als unmotiviert beurteilt zu werden, weil die Profession ihr eigenes Tun zu wenig in den Blick nimmt und letztlich auf zu wenig differenziertes Wissen zurückgreifen kann.

Und abschließend betrachtet: müssten wir als Fachleute nicht grundsätzlich die Frage in den Mittelpunkt stellen, warum sich Menschen unmotiviert zeigen, also nicht in Handlung kommen, obwohl sie positive Ziele haben, also eigentlich motiviert sind? Anders gefragt: Gibt es möglicherweise Personen, die bevorzugt auf Herausforderungen des Lebens statt mit Initiative, mit Passivität antworten? Und lassen sich Faktoren benennen, die dafür ausschlaggebend sind?

Kontexte mitdenken

Dies sind Fragen der Motivationsforschung, die sich für die Soziale Arbeit in besonderer Weise stellen. Denn sind Kunden Sozialer Arbeit nicht häufig durch Lebenskontexte der Benachteiligung, Schicksalsschläge, persönliche Misserfolge und Lernerfahrungen verstärkt decouragiert? Schätzen sie nicht, wie es Albert Bandura formulieren würde, ihre eigene Wirksamkeit vernichtend negativ ein? Fehlt ihnen nicht das gesicherte Vertrauen in die eigene Kompetenz? Immerhin ist nach Bandura die Überzeugung der eigenen Wirksamkeit, die Selbstwirksamkeitserwartung, der entscheidende Faktor für Erfolg, und zwar unabhängig von anderen psychologischen Faktoren wie Intelligenz oder Ängstlichkeit (vgl. Bandura 1993, S. 117ff). Und wird die Benachteiligung der Menschen nicht spätestens an dem Punkt festgeschrieben, wo sich die innere und äußere Welt synchronisiert haben, schlechte Bedingungen mit einer personalen inneren Entsprechung zusammenspielen, die von einem negativem Selbstbild, Hoffnungslosigkeit und Niedergeschlagenheit geprägt sind? Müssten sich Fachkräfte der Sozialen Arbeit vor diesem Hintergrund nicht als „Hoffnungs- und Aktivierungsmanager" verstehen, um diesem Teufelskreis etwas entgegen setzen zu können?

Literatur

Bandura, A. (1993): Perceived self-efficacy in cognitive development und functioning. Educational Psychologist, 28, S. 117-148.

Lange, A. (1985): Motivating Clients in Directive Family Therapy. In: Ericksonian Psychotherapy; Volume II: Clinical Applications. New York, S. 92-106.

Maaß, E./Ritschl, K. (2011): Die Sprache der Motivation. Wie Sie Menschen bewegen: Die Kraft der Motivations-Profile. Berlin.

Bewegung

Wolfgang Beudels

Einleitung

Von der Antike bis zur Gegenwart: Bewegung und – auch im modernen Sinne – sportliche Aktivitäten wurden und werden nicht nur als Möglichkeit angesehen, die körperliche „Fitness" zu verbessern. Bewegung und Sport können bedeutsame Medien sein, um Menschen in ihrer physischen, psychischen und sozialen Entwicklung zu helfen und zu unterstützen. Seit der Aufklärung werden Wirkzusammenhänge wissenschaftlich untersucht und zunehmend systematisch in allgemein- wie heilpädagogischen und auch psychotherapeutischen Handlungsfeldern genutzt.

Mittlerweile haben Bewegung und Sport auch in der Praxis der Sozialen Arbeit einen hohen Stellenwert. Im organisierten oder im Freizeitsport, in der Kindertagesstätte wie in der Schule, in der offenen Jugendarbeit oder in der klinischen Sozialarbeit richten sich die Hoffnungen darauf, mit ihrer Hilfe Verhaltens- und Lernproblemen abzubauen, Auswege aus der Sucht zu eröffnen, Soziale Brennpunkte lebensfreundlicher zu gestalten, Menschen mit Migrationshintergrund zu integrieren, gewaltbereiten Jugendlichen Alternativen zu zeigen und alten Menschen freudvolle Gemeinschaftserlebnisse zu vermitteln u.v.m.

„Bewegungsorientierte Sozialarbeit" kann als Angebot verstanden werden, das mit und durch körperliche Bewegungsaktivitäten in unterschiedlichen Handlungsfeldern präventive und kompensatorische Kernaufgaben der Sozialen Arbeit (wie Abbau von Benachteiligungen, Integration exkludierter Gruppen, Verbesserung von Lebensbedingungen) umsetzt. In der Praxis haben diese Angebote mittlerweile eine hohe Bedeutung, während eine theoretische bzw. wissenschaftliche Auseinandersetzung damit bisher weitgehend fehlt und auch in der Ausbildung kaum Berücksichtigung findet.

Entwicklungslinien bewegungsorientierter Sozialer Arbeit und aktuelle Arbeitsfelder

Die bewegungsorientierte sozialarbeiterische Praxis zeigt sich als ein Feld, in dem unterschiedliche Richtungen, Disziplinen und Professionen interagieren. Aktuelle Ansätze und Konzepte (z.B: medizinische, allgemein-, sozial-, son-

Vielfalt an Ansätzen und Konzepten

der-, heil-, sport-, schulpädagogische) sind das Ergebnis unterschiedlicher historischer Entwicklungslinien mit jeweils spezifischen theoretischen Bezugsmodellen und Begründungszusammenhängen. Bewegungsorientierte Sozialarbeit realisiert sich in Handlungsfeldern, die sich in ihrem zugrundliegenden Bewegungs- und Sportverständnis z.T. stark voneinander unterscheiden. Ein übergreifendes sozialarbeiterisches Konzept ist nicht erkennbar.

Von der Heilpädagogik zu aktuellen Ansätzen und Konzepten der „Psychomotorik", „Motopädagogik" und „Mototherapie"

Von der Aufklärung zur Reformpädagogik

Seit der Aufklärung lassen sich erste wissenschaftliche Bemühungen rekonstruieren, die zunächst aus medizinischer Sicht, dann im Zuge der Reformpädagogik auch aus heilpädagogischer Sicht Bewegung und Spiel im Sinne einer ganzheitlichen Förderung von Kindern mit sozialen und gesundheitlichen Benachteiligungen oder Einschränkungen in den Mittelpunkt stellen. Bezugspunkte des Denkens und Handelns waren die gesellschaftlichen und sozialen Missstände, die vor allem für Kinder mit Behinderungen und Entwicklungsstörungen Vereinsamung, Ausschluss und Isolation bedeuteten.

Zu erinnern ist hier an Eduard Séguin (1812-1880). In seinem Werk „Die Idiotie und ihre Behandlung nach physiologischer Methode" entwickelte er ein Erziehungs- und Förderangebot, das mit seinen Bestandteilen Gymnastik (spezifische körperliche Übungen und Aktivitäten) sowie Schulung der Sinne (vielfältige Wahrnehmungsübungen und -aufgaben) die übergreifende Zielsetzung einer umfassenden, vollständigen und harmonischen Schulung des ganzen Kindes verfolgte. An Stelle reiner Vernunfterziehung sollte die Bildung des Intellekts durch die Sinneserziehung treten – ausdrücklich auch als „moralische Erziehung" verstanden.

Die von ihm entwickelten Materialien (wie z.B. eine Balancierschaukel zur Stimulation passiver Kinder) wurden z.T. von Maria Montessori (1870-1952) aufgegriffen und weiterentwickelt. Für sie war ebenfalls die physiologische Sinnesbildung der ‚Königspfad zur Bildung der Intelligenz'. Sie war davon überzeugt, dass die Behandlung der „Schwachsinnigen" oder „Idioten" kein medizinisches, sondern ein pädagogisches Problem sei, was sich auch in der Forderung nach speziellen Schulen für betroffene Kinder ausdrückte. Bewegtes Lernen und Fördern realisierte sie in den „Übungen des täglichen und praktischen Lebens", den „Übungen der Stille und Sammlung", den „Gymnastischen und rhythmischen Übungen" sowie in dem von ihr so bezeichneten kontemplativen „Gehen auf der Linie".

In dieser Tradition ist auch Mimi Scheiblauer (1892-1968) zu sehen, eine der bedeutendsten Heilpädagoginnen ihrer Zeit. Auf der Grundlage einer tiefen christlichen Grundüberzeugung war der Bezugspunkt ihres Wirkens und Bestrebens ebenfalls die gesellschaftliche Realität bzw. ihr Widerstand gegen einen Zeitgeist, der behinderten und benachteiligten Menschen pauschal das

Recht auf Bildung und Erziehung verweigerte. Im Gegensatz zu Séguin und Montessori war sie keine Ärztin, sondern verfügte über eine fundierte Ausbildung in Rhythmik und Musikpädagogik. Ihr Kanon mit nicht weniger als 677 Leibes-Übungen sollte die kindliche Phantasie, Experimentierfreude und Selbsttätigkeit anregen, aber auch den behutsamen Umgang mit sich selbst und den Dingen fördern. Ihre methodische Vorgehensweise ist nach wie vor aktuell: Sensible Beziehungsaufnahme, Respekt vor der Entscheidungsfreiheit des Kindes, partnerschaftlicheBeziehung, Angebote statt Anweisungen.

Über Mimi Scheiblauer führt eine direkte Verbindungslinie zu Johnny E. Kiphard (1923-2010), dem Begründer der sog. „Psychomotorik" in Deutschland. Auch bei ihm sind die gesellschaftlichen und sozialpolitischen Verhältnisse ein Ausgangspunkt für die Indienststellung bewegungsorientierter Förderung im Rahmen heilpädagogischer Maßnahmen. Er entwickelte in den 50er und 60er in der Westfälischen Jugendklinik in Gütersloh und Hamm die sog. „Psychomotorischen Übungsbehandlung", die über die „Förderung der gesamten Körperlichkeit (Sinnes- und Bewegungsschulung), des Selbstwertgefühls und des Gemeinschaftsgefühls [eine] Harmonisierung des psychomotorischen Funktionsgefüges und eine tiefgreifende Verbesserung des emotional-sozialen Verhaltens" (Kiphard 1963, S. 32) bewirken sollte.

Psychomotorik

Weitgehend unbeachtet und kaum rezipiert von der Sozialen Arbeit erfolgte eine weite Ausdifferenzierung seines Ansatzes und seiner Arbeiten. Diese fanden ihren „sozial- und sportpädagogischen Niederschlag" vor allem in Arbeitsfeldern der Frühförderung, der Pädagogik der frühen Kindheit sowie im Bereich der Grundschulpädagogik (hier u.a. „Bewegte Schule"). Zielgruppen sind dabei Kinder u.a. mit Bewegungs-, Entwicklungs-, Lernschwierigkeiten und mit Behinderung, aber auch mit Verhaltensauffälligkeiten. Die Leitidee ist, dem Konzept „Erziehung zur Bewegung" das der „Erziehung durch Bewegung" gegenüberzustellen.

Erziehung durch Bewegung

Über die Verwissenschaftlichung der psychomotorischen Praxis durch die sog. „Motologie" entwickelten sich auch Ansätze und Konzepte für die bewegungsorientierte Förderung und (Moto-) Therapie in der offenen Jugendarbeit, mit psychisch kranken Erwachsenen, in der Heimerziehung sowie auch in der Arbeit mit älteren Menschen.

Entwicklungen im und durch den organisierten Sport

Sportbezogene Soziale Arbeit in Deutschland hat sich im wesentlichem im Kontext von Sportorganisationen entwickelt. „Die öffentliche Wertschätzung und die administrative (auch finanzielle) Unterstützung des organisierten Sports basiert bis heute ganz wesentlich auf der Annahme, dass der Sport und seine Vereine für die Gesellschaft unverzichtbare soziale Funktionen erfüllen, insbesondere in den Bereichen Integration und Sozialisation" (Seibel 2012, S. 1).

Institutionalisierter Sport

Charta des Deutschen Sports

In der 1966 vom DSB beschlossenen „Charta des Deutschen Sports" wurden die dem Sport zugeschriebenen biologischen, pädagogischen und sozialen Funktionen formuliert und seine Ziele im Hinblick auf individuelle wie gesellschaftliche Entwicklung umrissen. „Sport und Leibeserziehung fördern die Gesundheit des einzelnen und stärken die vitale Kraft des Volkes, tragen zur Entfaltung der Persönlichkeit bei und sind nicht austauschbare Faktoren der Bildung, bieten durch vielfältige Übungs- und Gesellungsformen vielfache Hilfen für das Gemeinschaftsleben [und] ermöglichen eine sinn- und freudvolle Erfüllung der neugewonnenen Freizeit" (Deutscher Sportbund 2003, S. 28).

Sport für alle

Die Generalaussagen des DSB zum „Sport für alle" (1972) entwickelten diese Gedanken weiter und passten sie damit auch gesellschaftlichen und kulturellen Veränderungen an. Dabei wurde ausdrücklich auf die Bedeutung einer leichten Zugänglichkeit zu sportlichen Angeboten für Menschen mit unterschiedlichen Bedürfnissen und Erfordernissen verwiesen. Damit wurde insbesondere die gesellschaftspolitische Verantwortung auch für soziale Randgruppen in den Blick genommen.

Eindeutige sozialpädagogische/sozialarbeiterische Züge nahmen die weiteren Aktionen des DSB im Rahmen der Bemühungen um die Integration von Migrantinnen und Migranten in den organisierten Sport an. Das Programm „Sport mit Aussiedlern" startete 1989, wurde im Jahre 2000 um die Zielsetzung „Sport gegen Gewalt" erweitert und im Jahre 2002 umbenannt in „Integration durch Sport".

Wettkampf- und Freizeitsport

Mittlerweile sind im Bereich des organisierten Sports zwei Richtungen Sozialer Arbeit erkennbar: Zum einen die Nutzung der vorhandenen Strukturen und Organisationen. Damit ist in erster Linie der regelmäßige vereinsmäßig durchgeführte Wettkampfbetrieb gemeint, der zwar in Leistungsklassen unterteilt ist, aber prinzipiell für alle Menschen, d.h. unabhängig von Nationalität, Herkunft und sozialer Schicht, zugänglich gemacht wurde. Zum anderen hat sich die Palette sozialpädagogisch/sozialarbeiterisch ausgerichteter Angebote innerhalb des Vereinswesens immens erweitert und verändert. „So bieten die Sportvereine vor allem ihren jugendlichen Mitgliedern inzwischen fast selbstverständlich sportübergreifende Angebote wie Ferienspaßaktionen, Fahrten, Bildungsveranstaltungen, Kinderfestspiele, Seminare, Lehrgänge, Feste aller Art, Discos und Tanzveranstaltungen, Bastelgruppen, Boßeln…" (Kreft 2001, S. 10f).

Deutsche Sportjugend

Trotz der Bemühungen des DSB erfolgte nach Michels (2007) eine bundeweite konzeptionelle Verankerung der Sozialen Arbeit nicht im DSB, sondern im Jugendverband des organisierten Sports, der „Deutschen Sportjugend" (dsj) und seiner Landes- und kommunalen Verbände. Dieser Verband ist der größte freie Träger der Kinder- und Jugendhilfe in der Bundesrepublik Deutschland und setzt sich als oberstes Ziel, die Lebenskompetenz von Kindern und Jugendlichen zu fördern. Die von der dsj in Fortbildungs- und Weiterbildungsveranstaltungen, Aktionen und Programmen vertretenen Themen haben starke sozialarbeiterische Bezüge, wie folgende Beispiel zeigen: „Prävention sexualisierter Gewalt (im Sport)", „Dopingprävention", „Rechtsextremismus und Rassismus (im Sport) ", „Fanprojekte" u.v.m.

Erlebnis- und Abenteuerpädagogik

Die Arbeiten von Kurt Hahn (1866–1974) machen deutlich, dass erlebnispädagogisch fokussierte Angebote eine hohe Affinität zur Sozialen Arbeit aufweisen. In der von Hahn noch so genannten „Erlebnistherapie" zeigt sich ein handlungs-, körper- und bewegungsorientiertes Konzept, das in deutlicher Kritik an gesellschaftlichen (Lebens-)Bedingungen und Wirklichkeiten ansetzt und die Ausbildung und Entwicklung der gesamten Persönlichkeit junger Menschen zum Ziel hat. In ihr wie in aktuellen Ansätzen und Methoden der Erlebnispädagogik haben eigenständiges und konkretes Handeln, die Übernahme von Verantwortung für sich selbst und andere, körperliche Aktivität und Ertüchtigung sowie Selbstwirksamkeitserfahrungen und deren Reflexion zentrale Bedeutung.

Kurt Hahn

Die methodisch geplante und sozial konstruierte Vermittlung tiefgreifender und nachhaltiger Erlebnisse tritt an Stelle kurzfristiger (sozial-) pädagogischer Einflussnahme.

Die von Großbritannien seit 1945 (Hahn emigrierte 1933 nach London, gründete dort 1946 den sog. „Outward-Bound-Trust") wiederum nach Deutschland ausstrahlende Bewegung wurde nicht vom schulischen Bildungssystem zur Kenntnis genommen, aber von Jugendverbänden (wie der DLRG- Jugend, dem Jugendrotkreuz) aufgegriffen und u.a. in sich gründenden Outward-Bound-Bildungsstätten verbreitet. Der Begriff „Erlebnispädagogik" findet sich allerdings erst zu Beginn der 80er Jahre des letzten Jahrhunderts in der pädagogischen bzw. sozialpädagogischen Diskussion. 1987 wurde der „Bundesverband Segeln, Pädagogik, Therapie e.V." gegründet, der 1992 in den „Bundesverband Erlebnispädagogik e.V." überführt wurde, um weitere erlebnispädagogische Felder zu erschließen. Die erneute Umbenennung 2008 in „Bundesverband Individual- und Erlebnispädagogik e.V." trug der Tatsache Rechnung, dass ein Großteil der Mitglieder aus dem Bereich der Erziehungshilfe stammte.

Entwicklungslinien der Erlebnispädagogik

Erlebnispädagogik kann in ihrer derzeitigen Organisation und Struktur als konzeptionell fundiertes und flächendeckendes bewegungsorientiertes Betätigungsfeld der Sozialen (Jugend)Arbeit angesehen werden (vgl. Michels 2007). Sie bietet als handlungsorientierte Methode exemplarische Lernprozesse, in denen junge Menschen vor physische, psychische und soziale Herausforderungen gestellt werden, über die sie in ihrer Persönlichkeitsentwicklung gefördert werden und die sie dazu befähigen, ihre Lebenswelt verantwortlich zu gestalten (vgl. Heckmair/Michel 2008).

Jugendliche Bewegungskulturen

Alternativen
zum
organisierten
Sport

Mit dem Begriff „Jugendliche Bewegungskulturen" sind körperliche und sportliche Aktivitäten gemeint, die außerhalb des etablierten und organisierten Sports stattfinden. In diesem dynamischen und sehr uneinheitlichen Feld finden sich neben Bewegungsformen und -kulturen mit einer gewissen Tradition und Beständigkeit immer wieder überraschend, sich mehr oder weniger schnell ausbreitende neue. Die durch Jugendliche geschaffenen „eigenen Aktionsräume, Gerätschaften, Sozialformen, Orientierungen und Zeitmuster [gehören] sicherlich nach wie vor zu den schillerndsten und facettenreichsten Phänomenen im Feld des modernen Sports [und] versuchen in gewisser Hinsicht dem historisch gewachsenen (Wettkampf-)Sport ihren eigenwilligen Bewegungsstil gegenüberzustellen und machen das ständige In-Bewegung-Sein zu einem Leitmotiv des biographischen Handelns von Heranwachsenden" (Schwier o.J.) Unterschieden werden kann hier in „Risiko-/Extremsportarten" (z.B. Canyoning, Bungee-Jumping), „Fitnesssportarten" (z.B. Bodyattack, TaiBo), „Funsportarten" (z.B. Surfen, Snowboarding), „Jugendliche Bewegungspraktiken" (z.B. Breakdance, Slacklining, Skateboarding) (vgl. Gugutzer 2004).

Ansatzpunkt:
Selbst-
organisation

Hier bieten sich, wenn auch längst nicht umfänglich „erschlossen", geeignete Ansatzpunkte Sozialer Arbeit, um diese kollektiven Selbstsozialisations- und Lernprozesse unter Gleichaltrigen zu unterstützen. Diese Bewegungskulturen müssen in ihrer „Eigensinnigkeit" akzeptiert werden und bedürfen auch der kommunal-politischen Unterstützung, damit angemessene Bewegungs- und Spielräume geschaffen und mit Jugendlichen zusammen entsprechend gestaltet werden können.

Bewegung: Funktionen, Bedeutungen und ihre Relevanz

Um Ansatzpunkte und Wirkfaktoren einer bewegungsorientierten Sozialen Arbeit diskutieren zu können, ist eine Auseinandersetzung mit dem Phänomen *Bewegung* als anthropologische Grundkategorie menschlichen Lebens erforderlich.

Umfassendes
Verständnis von
Bewegung

Über ein Alltags- und physikalisches Verständnis von Bewegung als Fortbewegung hinaus, lassen sich unterschiedliche Bedeutungen und Funktionen voneinander abheben (vgl. u.a. Grupe 1975, Zimmer 2006, Beudels 2010). Dies ist wichtig, da sich hieraus Ziele wie Inhalte einer bewegungs- bzw. sportlich orientierten Sozialen Arbeit plausibel ableiten lassen.

- Die *Instrumentelle/produktive Funktion* meint, Bewegung als Werkzeug und Instrument zu nutzen, um etwas herzustellen, zu erfinden, etwas „hervorzubringen" usw. Dies kann nur gelingen, wenn der Körper „verfügbar" und „beherrschbar" ist.

- Die *Explorierend-erkundende Funktion* von Bewegung spielt v.a. in der frühen Kindheit, aber auch noch in der weiteren Entwicklung als Medium der Wahrnehmung und Erkenntnis eine immense Rolle. Mit ihrer Hilfe werden Erfahrungen über das „Selbst" und die „Welt" gesammelt und werden Eigenschaften von Objekten und physikalische Gesetzmäßigkeiten erkannt.

- Die *Soziale Funktion* von Bewegung verweist auf die mediale Bedeutung im Aufbau und in der Festigung sozialer Beziehungen. Als kulturell geformtes Kommunikations- und Verständigungsmittel dient sie dazu, Kontakt mit anderen aufzunehmen, zu spielen und sich mit- und gegeneinander (sportlich und fair) zu bewegen und so auch Konfliktfähigkeit und Toleranz zu entwickeln.

- Bewegung als Mittel der Persönlichkeitsentwicklung – *Personale Funktion* – hat zentrale Bedeutung beim Aufbau eines positiven Körper- und Selbstbildes und bei der Entwicklung von Selbstvertrauen. Unmittelbare körperlich-leibliche Rückmeldungen führen zu einer realistischen Einschätzung der Möglichkeiten und Grenzen eigener körperlicher bzw. motorischer Fähig- und Fertigkeiten.

- Die *Expressive Funktion* versteht Bewegung als Ausdruck von Einstellungen, Gefühlen und Bedürfnissen. Gleichzeitig sind Haltung und Körpersprache bedeutsame Kommunikationsmittel, die als solche erkannt bzw. entschlüsselt und (sozial-verträglich) genutzt werden sollen.

- Die *Impressive Funktion* verweist darauf, dass Bewegung auch Auslöser von Gefühlen und „Zuständen" ist. Körperliche Reaktionen in, durch und nach Bewegung lösen subjektive Empfindungen mit u.U. nachhaltigen Wirkungen aus.

- Mit der *Adaptiven Funktion* sind körperliche bzw. physiologische Anpassungsleistungen durch Bewegung gemeint. Zusammenhänge von (gezielter und systematischer) körperlicher Belastung und Steigerung der Leistungsfähigkeit können erfahrbar und bewusst gemacht werden.

- Die *Komparative Funktion* von Bewegung verweist – als „sportliche Dimension" – auf das Vergleichen und „Sich-Messen" mit anderen, möglichst in fairen Wettkämpfen.

Die unterschiedlichen Bedeutungen und Funktionen von Bewegung bilden die Plattform, von der aus sozialarbeiterische Interventionen hinsichtlich ihrer konkreten Ziele, Inhalte und Methoden begründet, geplant und umgesetzt werden. Sie siedeln sich zwischen den beiden Polen „Persönlichkeitsbildung/-Stabilisierung" auf der einen und „Soziale Integration und Kompetenz" auf der anderen Seite an (vgl. Michels 2002,1). Persönlichkeitsbildende, Selbsterkenntnis fördernde, gewaltpräventive, aggressionsabbauende Effekte, ein verantwortlicher und achtsamer Umgang mit dem eigenen Körper wie dem Körper des anderen, Toleranz und Fairness in- und außerhalb von sportlichen

Zielspektrum

Aktivitäten, gesunder Lebensstil, aber auch Leistungsbereitschaft und Ausdauer, gar der Ausgleich ungerecht verteilter Bildungschancen und vieles mehr sind nur einige von vielen Zielsetzungen und Hoffnungen, die das Themenfeld für die Soziale Arbeit nicht nur interessant machen, sondern Bewegung und Sport als Querschnittsaufgabe sozialarbeiterischer Interventionen begründen.

> „Bewegung, Sport und Spiel sind in der heutigen sozialpädagogischen Praxis – besonders in der Arbeit mit Kindern und Jugendlichen – bewährte Inhalte, Medien bzw. Angebote und haben dort ihren festen Stellenwert. Gleiches gilt für Angebote aus dem Feld der Erlebnispädagogik, die mit Elementen des Abenteuers, die Lust auf den Umgang mit Wagnis, Risiko und Unsicherheit – meist im Zusammenhang mit Bewegungsaktivitäten – in den Mittelpunkt stellen." (Michels 2002, S. 1)

Grenzen und Schwierigkeiten bewegungs- und sportorientierter Sozialer Arbeit

Die insgesamt erfreuliche Entwicklung in der Praxis darf nicht den Blick auf Grenzen und Probleme verstellen.

Kein Automatismus

Bewegung und Sport zeigen nicht automatisch die erhofften und erwarteten Wirkungen. Zum Aufbau von Ich-, Sozialkompetenz und Fairness, zum Abbau von Gewaltbereitschaft und zur nachhaltigen Verbesserung von Lebenslagen gehört weit mehr. „Statt davon zu sprechen, dass Sport verbinde, erziehe und – wie problemlos auch immer – integriere, müsste es besser und korrekter heißen: Sport kann; Sport muss verbinden, erziehen, integrieren und präventiv wirken" (Pilz 2006, S. 4).

Das Handlungsfeld zeigt in dieser Hinsicht viele Ambivalenzen. So verlangt z.B. das „Miteinander-Bewegen und Sport-Treiben" ein Mindestmaß entsprechender motorischer wie körperlicher Fähig- und Fertigkeiten und damit auch systematisches Üben und Trainieren. Das fällt vielen schwer.

Grenzen und Abgrenzungen

Es kann noch längst nicht von einer gelungenen Integration sozial benachteiligter und behunderter Menschen in den organisierten Sport gesprochen werden. Auch wird deutlich, dass in Deutschland die interkulturelle Öffnung des organisierten Sports mit seiner spezifischen Vereinsstruktur verbessert werden muss, damit auch Menschen mit Migrationshintergrund in diesen Kontexten gleichberechtigt handeln können und anerkannt werden.

Schwer erreichbar sind bisland juvenile Bewegungskulturen. Ihre Akteure markieren mit ihren Aktivitäten soziale Differenzen und konstituieren bewusst subkulturelle Arrangements (vgl. Koch et al. 2003). Daneben sind besonders männliche Jugendliche oft schwer erreichbar, da sie häufig Kontakt- bzw. Zweikampfsportarten sowie bestimmte Aktivitäten wie z.B. Bodybuilding favorisieren.

Die Qualität bewegungsorientierter Sozialer Arbeit ist auch von der Qualifikation der Verantwortlichen und ihrem grundlegenden Bewegungs-, Sport- und Körperverständnis abhängig. Hier besteht ein erheblicher Nachbesserungsbedarf. Viele der im Vereinswesen ehrenamtlichen Übungsleiterinnen und Übungsleiter Tätigen verfügen nicht über ein zeitgemäßes sport- oder bewegungspädagogischen Hintergrundwissen Hier besteht die Gefahr, dass veraltete, auch leistungsorientierte Vermittlungskonzepte die Praxis bestimmen (vgl. Michels 2007).

Fehlende Qualifikation bei Verantwortlichen

Schließlich laufen Auswüchse im Spitzensport sozialarbeiterischen Angeboten zuwider. Fan-Ausschreitungen, Doping u.v.m. zeigen, dass die durch den Sport postulierten Werte und Ideale im Sport selber nicht gelebt, gar pervertiert werden (vgl. Kreft 2011).

Die Bedeutung bewegungsorientierter Ansätze spiegelt sich bisher weder im wissenschaftlichen Diskurs noch im Studium der Sozialen Arbeit. In den Studiengängen wird das Thema „Bewegung und Sport" meist als einzelne Wahlpflichtveranstaltung und dann häufig auch nur unter dem Aspekt „Erlebnispädagogik" angeboten. Möglichkeiten fundierter theoretischer Auseinandersetzung sowie umfangreicher Selbsterfahrungen und die Vermittlung von Handlungs- und Reflexionskompetenz in diesem Gebiet sind allem Anschein nach stark eingeschränkt.

Randthema in Aus- und Fortbildung

Resümee

Bewegung ist etwas Selbstverständliches und ein menschliches Grundbedürfnis.

Die Vielfalt und der Variantenreichtum an Bewegungsformen und Sportarten, ebenso wie das Spektrum möglicher sozialer Formate und Settings bieten vielen Menschen einen leichten Zugang zu sportlichen Aktivitäten. Dabei besteht eine hohe „Wahlfreiheit" hinsichtlich der Intensität, Dauer und Frequenz, so dass Bewegung höchst individuell und bedürfnisgerecht gestaltet werden kann.

Etablierte Strukturen und Möglichkeiten zur Selbstgestaltung

Das Praxisfeld zeigt verlässliche und etablierte Strukturen, aber auch große Anpassungs-, Veränderungs- und Entwicklungsfähigkeit. Bewegungskulturen außerhalb des organisierten Sports sind in großen Teilen selbst gestaltbar und können eigenen Bedürfnissen und Lebenslagen angepasst werden. Hierdurch werden Menschen angesprochen und erreicht, die dem organisierten Sport vielleicht eher skeptisch gegenüber stehen.

Sich Bewegen und Sporttreiben gehen über die eigentliche Veranstaltung bzw. die (sportliche) Aktivität hinaus. Das Gesamtarrangement mit seinen Teilen (wie organisatorische Vorbereitung, das gemütliche Beisammensein hinterher…) wirkt überdauernd, bindend, auch verbindlich, und steigert den Erlebniswert und sichert Nachhaltigkeit.

Als erste und übergreifende Konsequenz aus der Auseinandersetzung mit der Thematik ergibt sich, „Bewegung und Sport" nicht als „Nebenphänomen" und „Add-On" der Sozialen Arbeit wahrzunehmen, sondern als unverzichtbare, sinnvolle wie wirksame Querschnittsaufgabe zu betrachten. Lehrveranstaltungen, die nicht nur theoretische Grundlagen und Zusammenhänge vermitteln, sondern auch genügend Raum zur Selbsterfahrung sowie zur Auseinandersetzung mit der eigenen Bewegungsbiografie vorhalten, untermauern diesen Anspruch. In solchen Zusammenhängen geht es um die Entwicklung von basalen (sport-)motorischen Fähig- und Fertigkeiten und ebenso um zielgruppenspezifische, didaktisch-methodische Kompetenzen. Dies kann durch geeignete Weiterbildunsgangebote ergänzt werden.

Zukünftige Forschungstätigkeiten sollten sich u.a. mit der Frage beschäftigen, wie effizient und überdauernd bewegungsorientierte Angebote und Maßnahmen für unterschiedliche Zielgruppen sind. Darüber hinaus könnten auch in interdisziplinärer Zusammenarbeit vorgenommene wissenschaftliche Analysen von Sportarten und Bewegungsangeboten hinsichtlich ihrer spezifischen „sozialarbeiterischen Wirkfaktoren" Erkenntnisse und Begründungen liefern, um weitere bzw. neue Ansatzpunkte ausfindig zu machen (vgl. Beudels/ Mahning 2007).

Abschließend sei mit Kreft (2011, S. 14) darauf verwiesen, dass es bei der Erschließung von Bewegung und Sport für die Soziale Arbeit nicht zu einer „Vermengung" der beteiligten Wissenschafts- und Handlungsdisziplinen kommen darf. „Sport ist Sport, und Soziale Arbeit ist und bleibt Soziale Arbeit. Beide haben ihre eigenen Organisationen, Träger, speziellen Ziele und Zielgruppen, Inhalte und Finanzierungsregelungen, beide handeln nach ihrer eigenen inneren Vernunft, haben zum Teil unterschiedliche Leitbilder und Leitideen, und arbeiten nach verschiedenen Prinzipien. […] Nur weil Sport und Soziale Arbeit verschieden sind, konnten sich die Reize entwickeln, die besonderen Möglichkeiten des anderen Handlungsfeldes zu nutzen. Beide Seiten sollten sich immer respektieren und nichts vermengen, denn dann fehlt rasch dieser Reiz des Anderen."

Literatur

Beudels, W. (2010): Bewegung und Bewegungserziehung im Kindergarten. In: Beudels, W. et al. (Hrsg.): Bildungsbuch Kindergarten. Bilden, Erziehen und Fördern im Elementarbereich. Dortmund: borgmann, S. 157-171.

Beudels, W./Mahnig, K. (2007): Schlag auf Schlag, und die Aggressionen über Bord. Rudern als Angebot in der stationären Kinder- und Jugendhilfe. In: Praxis der Psychomotorik 32 (1), S. 107-114.

Deutscher Sportbund – DSB (Hrsg.) (2003): Sport in Deutschland. DSB. Frankfurt a.M.

Grupe, O. (1975): Grundlagen der Sportpädagogik. Hofmann: Schorndorf.

Gugutzer, R. (2004): Trendsport im Schnittfeld von Körper, Selbst und Gesellschaft. In: Sport und Gesellschaft 1 (3), S. 219-243.

Heckmair, B./Michl, W. (2004): Erleben und Lernen. Einführung in die Erlebnispädagogik. München: Reinhardt.

Kiphard, J. E. (1963): Leibesübung im Dienste der Heilpädagogik. Sozialpädagogik, 2, S. 25-36.

Koch, J./Rose, L./Schirp, J./Vieth, J. (Hrsg.) (2003): Bewegungs- und körperorientierte Ansätze in der sozialen Arbeit. bsj-Jahrbuch 2002/2003. Wiesbaden: VS Verlag für Sozialwissenschaften.

Kreft, D. (2011): Soziale Arbeit als Sport? Über die Grenzen und Möglichkeiten eines Zusammenspiels. In: Sozialmagazin, 36 (1), S. 10-18.

Michels, H. (2007): Hauptsache Sport. In: Sozial Extra 9/10, S. 13-16.

Pilz, G. (2006): Sport und Prävention – Wie viel Soziale Arbeit, Prävention kann der organisierte Sport leisten? Einführende Gedanken zum 11. Deutschen Präventionstag. In: Kerner, H.-J./Marks, E. (Hrsg.): Internetdokumentation Deutscher Präventionstag. Hannover. http://www.praeventionstag.de/content/2006_praev/doku/pilz/index_2006 _pilz.html [letzter Zugriff: 24.4.2007].

Schwier, J. (o.J.): Sportbezogene Jugendforschung. http://www.uni-flensburg.de/?2450 (10.5.2013).

Schwier, J. (2008): Soziologie des Trendsports. In: Weis, K./Gugutzer, R. (Hrsg): Handbuch Sportsoziologie. Schorndorf: Hofmann, S. 349-357.

Seibel, B. (2012): Sport und Soziale Arbeit (SPOSA) – ein Kooperationsmodell von Sport und Hochschule in der Ausbildung von Sozialarbeiter/innen und Sozialpädagogen/innen. http://www.sposa-projekt.de/mediapool/96/965660/data/Sport_und_Sport_und_ Soziale_Arbeit_-_eine_Einfuehrung.pdf [letzter Zugriff:12.3.2013].

Zimmer, R. (2006): Handbuch der Psychomotorik. Freiburg: Herder.

Kreativität

Daniela Braun

Einleitung

Historie der
Kreativitäts-
forschung Die systematische Erforschung der menschlichen Kreativität (creativity) nahm
in den USA in den 50er Jahren des 20. Jahrhunderts ihren Anfang. Das Schöpferisch-Tätig-Sein, die schöpferische Begabung und die Kreativität wurden bis
dahin vorrangig als Attribut des Künstlers und der Kunst zugeordnet. Joy Paul
Guilford gilt als Vater der Kreativitätsforschung, weil er 1950 in seiner Antrittsrede für den Vorsitz der American Psychological Association erstmalig
darauf hinwies, dass jeder Mensch kreativ ist und es notwendig sei, diese Kreativität zu erforschen (vgl. Ulmann 1968; Landau 1974). Der sozio-ökonomische Auslöser systematischer Kreativitätsforschung war wohl der so genannte „Sputnik-Schock" und das damit verbundene wissenschaftliche Wettrennen zwischen Ost und West unter den Bedingungen des Kalten Krieges.
Guilford erhielt einen umfangreichen Auftrag zur Erforschung der Kreativität
von der NASA (vgl. Csikszentmihalyi 1997). Somit war der Beginn der Kreativitätsforschung eher politisch und ökonomisch als sozial-, bildungs- oder erziehungswissenschaftlich motiviert. Die Kreativitätsforschung basiert bis heute
auf dem durch Guilford geprägten Erklärungsansatz von der Kreativität als einer
innovativen Problemlösungskompetenz, obgleich sich in der Folge um das
Phänomen Kreativität viele Wissenschaftler aus unterschiedlichen Perspektiven
bemühten. Auch für die Wirtschaftswissenschaften war Kreativität als unternehmerische Kompetenz von Interesse (vgl. Schlicksupp, 1992), doch das kontinuierliche, empirische Interesse an Kreativität und ihrer Förderung blieb im
Wesentlichen in der Psychologie verortet. Die besondere Bedeutung der Kreativität im Psychodrama wurde durch Moreno erkannt (vgl. Moreno 1991). In der
Folge wurde Kreativität im Feld der Psychotherapie als Ressource für Veränderung und Wachstum positiv beantwortet und es entwickelten sich vielfältige
Kreativitäts- und Kunsttherapien. Im Kontext von Erziehungs- und Bildungswissenschaften fand Kreativität lange Zeit nur marginale Bedeutung. Hier
wurden die relevanten Bezüge eher in der Ästhetischen Bildung mit ihren methodischen Ansätzen gesehen. Durch die nach wie vor relative Unbestimmtheit
der Kreativität wurde sie auch als „Heilsbegriff" mit überhöhten Erwartungen
kritisiert (vgl. Hentig v. 1998). Mit den Neurowissenschaften gewann die Erforschung menschlicher Kreativität mit Ende der 90-er Jahre im Zuge neuerer,
bildgebender Verfahren wie z.B. der Magnetresonanztomografie einen weiteren
wissenschaftlichen Akzent (vgl. Hüther 2004).

Theoretische Zugänge

Die theoretischen Ansätze zur Erklärung der Kreativität differenzieren zwischen der Analyse der kreativen Persönlichkeit, dem kreativem Prozess, dem kreativem Produkt und dem kreativem Umfeld. Der kreative Prozess wird in Phasen von der Vorbereitungsphase über die Inkubationsphase zur Illuminations-, Produktions- und Verifikationsphase beschrieben und als Findungsprozess verstanden, in dem konkrete Materialien oder abstrakte Gedanken und Ideen gesucht und gefunden werden. Die Vorbereitungsphase ist gekennzeichnet durch eine Haltung der Offenheit, auch für Zufälle, und neugierigen Sammelns, ohne gleich die geistigen und materiellen Fundstücke als geeignet oder ungeeignet zu kategorisieren und zu zensieren. Die Phase der Inkubation ist jene Phase des immer wieder neuen Kombinierens der einzelnen Elemente und Aspekte der vorherigen Sammlung aus der Vorbereitungsphase, ihre Veränderung, Verfremdung und Modifikation. Diese Kombinationshandlung kann abstrakt oder konkret sein, sich mit Gedanken oder Gegenständen befassen. In der Illuminationsphase entsteht plötzlich und unerwartet der Aha-Effekt, auch Heureka- Effekt genannt, indem sich eine Lösungsidee Bahn bricht, welche in der Produktionsphase verwirklicht und in der Verifikationsphase auf Eignung geprüft wird (vgl. Wallas 1926; Landau 1974). Dieses theoretische Konstrukt zum Verständnis kreativer Prozesse ist bis heute relevant und unwidersprochen. Die Phasen laufen nicht linear ab und sind in ihrer Ausprägung individuell verschieden. Die kreative Persönlichkeit verfügt über innovative Denk- und Handlungsstrategien, welche zu individuellen oder auch kollektiven neuen Problemlösungen führen. Das kreative Produkt ist Ergebnis des kreativen Prozesses und stellt eine individuelle oder absolute Neudefinition eines Problems oder einer Handlungsmöglichkeit gegenüber einem Problem dar, welche der persönlichen oder kollektiven Bewertung im Hinblick auf Eignung und Angemessenheit unterzogen wird. Ein Problem wird hierbei nicht als empfundene Schwierigkeit, sondern als Herausforderung verstanden. Unter systemischer Perspektive übt das Umfeld Einfluss auf die kreative Persönlichkeit und ihre kreativen Prozesse im Sinne förderlicher oder hemmender Faktoren aus. In unterschiedlichen Domänen (vgl. Csikszentmihalyi 1997) mit unterschiedlichem Anspruchsniveau kann sich Kreativität entfalten oder auch gehemmt werden.

Kreativer Prozess, Kreatives Produkt, Kreative Persönllichkeit

Seit den 1980er Jahren wird die wissenschaftliche Diskussion um die Kreativität als pragmatische oder schöpferische, aber stets innovative Problemlösungskompetenz in unterschiedlichen Wissenschaftsdimensionen geführt. Die Kreativität wird auf verschiedenen Bestimmungsebenen theoretischer Erörterungen mit folgenden Aspekten diskutiert:

Wissenschafts-dimensionen

• Die soziologische Dimension im Spannungsfeld zwischen sozialer Konformität und Abweichung von Individuen und sozialen Gruppen

- Die anthropologische Dimension als Potential erlernbaren Verhaltens in, mit und durch Umwelt unter Einbeziehung der sozialen, emotionalen, kognitiven und körperlichen Wirklichkeit den Individuums
- Die psychologische Dimension innerer Kräfte und ihre Aktivierung, Unterstützung, Bewusstmachung oder Heilung durch Kreativität
- Die kulturtheoretische Dimension mit der kulturellen Relevanz kreativ-ästhetischer Produktionen im gesellschaftlichen Spannungsfeld zwischen Tradition und Moderne
- Die ethische Dimension in Bezug auf das Ethos der Freiheit sowie der Beziehung zwischen schöpferischen Kräften und sittlichem Urteil
- Die didaktische Dimension der Organisation von Lernbedingung unter dem Aspekt der Gestaltung sprachlicher, symbolischer und materieller Repräsentanzen für Lernprozesse
- Die methodische Dimension als Entwicklung geeigneter Ansätze zur Unterstützung der Ausbildung kreativer Kompetenz
- Die politisch-ökonomische Dimension unter der Perspektive spezifischer Verwertungsinteressen kreativer Produkte in Verbindung mit einer Beurteilung des Nützlichen und Wertschöpfenden
- Die bio-psycho-soziale Dimension von Gesundheit als Dimension des körperlichen, seelischen und sozialen Wohlbefindens sowie der Resilienz durch Kreativität
- Die Bildungsdimension als Entwicklung kreativer Kompetenzen in komplexen Herausforderungssituationen
- Die neurobiologische Dimension der Plastizität des Gehirns in Situationen der Problemlösung.

Innovative Problemlösung

Kreativität als heuristischer Begriff beschreibt ungewöhnliche Denk-, und Handlungsprozesse, welche systematisch und inspirativ, auch unter Einbeziehung von Zufällen in besonderen Findungsverfahren (kreativen Prozessen) entstehen und bei denen Nachahmung oder der Rückgriff auf bestehende Lösungsansätze zugunsten neuer und origineller Problemlösungen nicht in Betracht gezogen werden. Für kreative Leistungen sind probate Routineverfahren bedeutungslos. Ein Problemlösungsverfahren wird vom Individuum erfunden und neu konstruiert. Dazu gehört eine Haltung der Neugier, Offenheit und Experimentierbereitschaft sowie Bereitschaft zu Neudefinition bzw. Neukonstruktion, welche in kreativen Situationen Veränderungsvorgänge auf kognitiver, sozialer, emotionaler, körperlicher und der Handlungsebene Ebene in Gang setzt. Solche Prozesse führen zu eigenständigen und originellen, also ursprünglichen Ergebnissen von Problemlösungen. Eine plötzliche Eingebung, eine ungeplante und unerklärliche Inspiration, unbewusste Erkenntnisse, die plötzlich an die Oberfläche gelangen, sind ebenfalls Faktoren der Kreativität, haben aber primär nichts mit planmäßiger Kognition zu tun. Kreativität bedingt Offenheit und Empfänglichkeit für die Herausforderungen im Leben, verbunden mit einer Hingebung an den kreativen Prozess und einer mutigen Haltung zur Produktion von ungewöhnlichen Ideen, ohne ihre voreilige Selektion und Einordnung in „richtig" oder „falsch". Brodbeck nimmt eine besondere Achtsamkeit für Lebenssituationen an, welche die Kreativität ermöglicht (vgl. Brodbeck 1999). Obwohl der Begriff Kreativität in Alltagsbezügen oft inflationär gebraucht wird, beschreibt er doch unter den verschiedensten Perspektiven wissenschaftlicher Diskurse jenes Phänomen menschlicher Eigenschaft, das den Menschen bei neuen und unbekannten Herausforderungen des Lebens schöpferisch, erfindungsreich und experimentierend tätig werden lässt, um neue Antworten zu finden und anzuwenden. Kreativität ist also immer mit Denken, Handeln und Fühlen in konkreten Bezügen verbunden.

Bedeutung für die Soziale Arbeit

Kreativität ist eine besondere Kompetenz, um einerseits Anpassungsprozesse an die Umwelt zu ermöglichen und andererseits auf bestimmte Herausforderungen in Lebenslagen und Lebensphasen neue Antworten finden und geben zu können. Sie kann als Lösungsstrategie individueller Lebensaufgaben mit und ohne gesellschaftliche Relevanz verstanden werden. In kreativen Prozessen werden bestehende Wirklichkeitskonstruktionen und -deutungen aufgelöst, neue Handlungsoptionen intuitiv oder bewusst, strategisch oder experimentell entwickelt und erprobt. Intuition, Phantasie und Inspiration haben dabei einen ebenso hohen Stellenwert wie Sensibilität, Spontaneität und Expressivität. Kognitive und emotionale Ressourcen verbinden sich mit konkreter Handlung in einem spezifischen sozialen Umfeld. Kreative Erprobungen führen zu veränderter Wahrnehmung von Wirklichkeit, ermöglichen ihre Umdeutung bzw. Umstrukturierung, erweitern die Vorstellung von eigenen Ressourcen und eröffnen Selbstwirksamkeitserfahrungen mit entsprechender Auswirkung auf das individuelle Selbstkonzept. Kreative Handlungen und ihre Ergebnisse, besonders wenn sie funktionieren, verändern Verhaltensmuster sowie die Qualität der Interaktion und bieten ein stärkendes Erfolgserlebnis. *(Wirklichkeitskonstruktionen)*

Kreativität ist für die Zielpersonen und Zielgruppen der Sozialen Arbeit prinzipiell eine wichtige Ressource zur Bewältigung alltäglicher Herausforderungen. So entwickeln z.B. nicht nur Familien immer wieder neue Strategien, um ihren Kindern ein gedeihliches Aufwachsen unter dem Aspekt der Vereinbarkeit von Familie und Beruf zu ermöglichen, auch ältere Menschen sind gefordert sich mit neuen Handlungsstrategien gegenüber den Herausforderungen des Alterns und des Lebens im Alter auseinanderzusetzen. Kinder- und Jugendliche entwickeln und entdecken ihre individuellen Kompetenzen und erobern sich in der Welt der Erwachsenen einen Platz, indem sie *(Alltagskompetenz)* gleichzeitig eine eigene Kinder- und Jugendkultur mit spezifischen Attributen, Codizes und Ausdrucksformen kreieren. Psychisch kranke Menschen, Menschen mit Behinderungen, Straffällige und Suchtkranke stehen vor der Herausforderung, andere und neue Lebensentwürfe zu finden, die ihnen eine erfüllte und selbstbestimmte Teilhabe an der Gesellschaft ermöglichen.

Methoden und Techniken

Zur Aktivierung, Entwicklung, Unterstützung und Förderung individueller Ressourcen in unterschiedlichen Lebenslagen mit unterschiedlichen Zielsetzungen sind Methoden entstanden, die helfen sollen, die Kreativität des Individuums als Ressource zu entfalten. Dabei wird der kreative Prozess in den Vordergrund gestellt und es gilt die Annahme, dass ein förderliches Umfeld kreative Prozesse anregen und unterstützen kann, wodurch die gesamte kreative Persönlichkeit gestärkt wird. Aus diesem Grund wurden verschiedene Methoden und Techniken zur Initiierung, Unterstützung und Entfaltung kreativer Prozesse entwickelt, die expressiv oder operational, pragmatisch oder ästhetisch sein können. Dementsprechend gibt es kreative Methoden, die sich einerseits künstlerisch-ästhetischer oder expressiv-kommunikativer Ausdrucksformen und andererseits operationaler oder pragmatischer Ansätze bedienen, wie z.B. die sogenannten Kreativitätstechniken. Sie haben das Ziel weitgehend offene und innovative Ideenproduktionen zu provozieren, um eingefahrene Denkwege verlassen und neue Perspektiven entwickeln zu können. Dazu gehören z.B. Brainstorming- oder writing, die Zukunftswerkstatt und das World-Café sowie Open Space. Solche Techniken dienen in der Sozialen Arbeit der Zusammenarbeit in Gruppen und Teams, werden im Sozialmanagement und der Personalförderung, aber auch im Quartiersmanagement angewendet. Neben der Erweiterung bestehender Denkansätze entfalten solche pragmatischen Kreativitätstechniken in Gruppen eine spezielle Dynamik der Flexibilität und Originalität, die bestehende Denk- und Verhaltensmuster auflösen helfen und Raum für den erprobenden Umgang mit neuen Verhaltensweisen geben. So evozieren diese Techniken beim Einzelnen und in der Gruppe neue Ideen und Veränderung zugunsten von Vielfalt und Verschiedenheit als Grundlagen für neue Strategien, Konzeptionen und Handlungsansätze.

Interventionen

Ästhetische Methoden mit expressivem Ansatz wählen ihre Zugänge zur Entfaltung der Kreativität über Kunst, Musik, Theater und Darstellung, Literatur und digitale Medien. Diese expressiven Methoden stehen in enger Verbindung mit der für die in der Sozialen Arbeit bedeutsamen Ästhetik und Ästhetischen Bildung, denn sie sind mit der Aktivierung ästhetischer Sensibilität und ästhetischer Erfahrung eine unverzichtbare Grundlage für Erkenntnis- und Selbstbildungsprozesse (vgl. Meis/ Mies 2012). Die Relevanz expressiver, kreativer Methoden entfaltet sich in den Bereichen von Bildung und Erziehung, in Bereichen der bio-psycho-sozialen Intervention, bei der Ressourcenaktivierung und in Bereichen kultureller Teilhabe. Auch in der Arbeit mit Gruppen, mit Einzelnen, im Sozialraum, in den Bereichen der

Bildung und Erziehung und im Kontext von Lebensweltorientierung spielen kreative Methoden als Möglichkeiten der Entdeckung, Entwicklung und Aktivierung von Ressourcen und neuen Handlungsoptionen von Individuen, Gruppen und auch Organisationen eine große Rolle. In der klinischen Sozialarbeit wird die Aufgabe der Beratung und Behandlung häufig mit ästhetischen Methoden der sinnlichen Wahrnehmung und der experimentellen Gestaltung verbunden, weil bildnerisches Gestalten eine besondere Form der Ausdrucksgestaltung ermöglicht, die über die Grenzen der verbalen Kommunikation hinausgeht und Verbindung zu Gefühlen und zum Unbewussten herstellt, welche mit verbaler Kommunikation manchmal nicht zu erreichen ist. Daher existiert in diesen Handlungsfeldern häufig auch eine Zusammenarbeit mit Kunsttherapeuten, welche die spezielle therapeutische Expertise in künstlerischen Medien einbringen (vgl. Kruse 1997). Auch die Soziale Arbeit mit Menschen mit Beeinträchtigungen sucht stets die Ebene ästhetischer Ausdrucksgestaltung als Zugangs- und Deutungsmöglichkeit von Welt sowie die Entdeckung, Aktivierung und Entwicklung individueller Kompetenzen.

Die Erwartung der Sozialen Arbeit an Kreativität, ist also die Unterstützung einer möglichst optimalen Entfaltung der Innovations-, Ausdrucks- und Handlungskraft von Menschen zugunsten des Einzelnen aber auch der Gesellschaft. Diese zu entwickeln ist Ziel der Kreativitätsförderung. Es bleibt die Frage, ob Kreativität, wenn sie doch eine ureigene menschliche Fähigkeit ist, überhaupt gefördert werde kann, gefördert werden muss und wenn ja, wie das erfolgen kann. Der Begriff der Förderung ist allerdings ein schwieriger Begriff, denn er suggeriert ein Defizit bei dem zu fördernden Menschen. Daher geht es im Kontext der Sozialen Arbeit um die Entfaltung, Unterstützung und Weiterentwicklung kreativer Ressourcen zugunsten der individuellen und sozialen Lebensgestaltung. Versteht man Kreativität als innovative Kompetenz, die sich durch pragmatische oder ästhetische Methodenzugänge weiterentwickeln lässt, dann spielt sie in der Sozialen Arbeit als Profession eine wichtige Rolle. Soziale Arbeit verbindet Prävention und die Lösung sozialer Problemlagen mit Bildungs- und Erziehungsprozessen und will Individuen befähigen, diese Problemlagen als handelnde Subjekte zu bewältigen und das eigene Leben aktiv zu gestalten. Kreativität als Kompetenz, die entwickelt werden kann, ist eine wichtige Ressource für solche Bewältigungs- und Gestaltungsaufgaben. Als Potential ist Kreativität sicher bei allen Menschen vorhanden, obgleich sich unterschiedlich starke Ausprägungen kreativen Handelns schon von früher Kindheit an beobachten lassen. Besonders eignet sich die Lebensphase der Kindheit zur Förderung der individuellen kreativen Kompetenzen, weil Kinder über ein hohes Maß an Neugier, Offenheit und Experimentierfreudigkeit verfügen.

Ressourcenorientierung

Die Qualität von Bildungsinstitutionen der frühen Kindheit (Tageseinrichtungen für Kinder) basiert bundesweit auf ländereigenen Bildungsplänen,

Bildungsaufgabe

welche die Förderung der ästhetischen, kreativen oder bildnerischen Gestaltungskompetenzen neben dem Erwerb von Sprachkompetenzen, naturwissenschaftlichen Vorläuferkompetenzen sowie sozialen Kompetenzen als unverzichtbare Bildungsaufgabe ansehen. Besonders die Prozesse der Selbstbildung und des Lernens durch Exploration und Experimentieren werden durch den Ansatz der Förderung kindlicher Kreativität unterstützt (vgl. Braun 2011). Für Jugendliche definiert das SGB VIII – §11, Abs. 3, Nr. 1 – die Schwerpunkte der außerschulischen Jugendbildung, die neben allgemeiner, politischer, sozialer, gesundheitlicher, naturkundlicher und technischer Bildung auch in der kulturellen Bildung liegen. Kulturelle Bildung beinhaltet jedoch neben der Reflexion und Perzeption kultureller Ereignisse und der Teilhabe an kulturellem Leben immer auch aktives, schöpferisches Handeln und kreatives Einbringen. Somit ist die Förderung kultureller und kreativer Kompetenzen auch normativ im Bereich der Bildung und Erziehung von Kindern und Jugendlichen verankert.

In der Kreativitätsforschung wird de facto zwischen der Kreativität mit individueller oder gesellschaftlicher Relevanz unterschieden. Für die Soziale Arbeit gilt ebenfalls einerseits die Perspektive der Unterstützung individueller Ressourcen durch die Stärkung von Problemlösungskompetenz und der schöpferischen Kräfte eines Menschen. Andererseits wird in der Sozialen Arbeit auch die gesellschaftliche Relevanz der Kreativität evident bei der Prüfung der Rahmenbedingungen von Menschen in Institutionen, in denen sie sich in besonderen Lebenslagen oder Lebensphasen von der Kindheit bis zum Alter befinden: Hier ist zu prüfen ob hinreichende Rahmenbedingungen für innovative Problemlösungen und schöpferisches sowie kulturelles Agieren vorhanden sind.

Kreativität und die Fachkräfte der Sozialen Arbeit

Kompetenz und Haltung

Zur Professionalität der Sozialen Arbeit gehört die direkte Interaktion mit Individuen ebenso wie das Handeln in Strukturen und als Grundlage für beides die humanistische Werteorientierung, verbunden mit einer wertschätzenden Haltung für das Individuum. Im Kontext der Kreativität bedeutet dies für die Fachkräfte, einerseits die eigenen innovativen, pragmatisch problemlösenden Fähigkeiten und andererseits die künstlerisch-ästhetischen Kompetenzen anderer zu entdecken und zu unterstützen. Fachkräfte der Sozialen Arbeit müssen auf allen Ebenen im Umgang mit Strukturen und Rahmenbedingungen sowie in der personalen Interaktion kreativ sein, denn sie müssen in der Lage sein, verschiedene Möglichkeiten der Problemlösung neu definieren und zusammen mit ihren Adressaten/-innen oder Klienten/-innen kreieren zu können. Hierfür ist es wichtig, sich mit den theoretischen Grundlagen zum Phänomen der Kreativität auseinanderzusetzen, um mit Orientierungswissen, Erklärungswissen und Handlungswissen innovative Problemlösungen initiieren, unterstützen, gestalten und herbeiführen zu können. Der Kreativität ist das Prinzip von Veränderung immanent, welches sich sowohl auf den Einzelnen, sein soziales Umfeld als auch seine Lebenswelt innerhalb und außerhalb von Strukturen und Institutionen bezieht. Der Ästhetischen Bildung kommt im Kanon der Ausbildung der Sozialen Arbeit und in bestimmten Handlungsfeldern unbestrittene Bedeutung zu. Das Verständnis von Kreativität erweitert die Perspektive auf ästhetisch kulturelle Kompetenzen um den Aspekt der Bedeutung von pragmatisch operationaler und vor allem innovativer Problemlösung in Alltagskontexten.

Resümee

Im Studium der Sozialen Arbeit bedarf es der theoriegeleiteten professionellen Perspektive auf die Möglichkeiten der Kreativität und ihrer Förderung als Ressource. Es handelt sich um eine übergreifende Thematik, die für alle Methoden und Ansätze der Sozialen Arbeit von Relevanz ist. Diese gilt es mit den Grundlagen der Ästhetischen Bildung so zu verknüpfen, dass sich eine perspektivische Verbindung im Sinne einer erweiterten Wissens- und Handlungskompetenz entwickeln kann. Fachkräfte der Sozialen Arbeit müssen ihr professionelles Wissen und Handeln flexibel und innovativ je nach Auftrag und Aufgabe anwenden können. Die Entfaltung der eigenen Kreativität ist Voraussetzung für die Unterstützung kreativer Ressourcen bei den Klienten/-innen oder Adressaten/-innen. In Zeiten unterschiedlicher Verteilung finanzieller Ressourcen für bestimmte Handlungsfelder der Sozialen Arbeit und einem hohen Fachkräftebedarf braucht es auch innovative Ideen und Strategien zur Erschließung neuer Finanzierungsquellen oder anderer Ressourcen.

Da Forschungsergebnisse zu Kreativität und ihrer Bedeutung bisher in den Bereichen der Psychologie, Neurobiologie, den Erziehungs- und Wirtschaftswissenschaften, aber noch wenig im Bereich der Wissenschaft der Sozialen Arbeit verfügbar sind, ist für die Soziale Arbeit hierzu noch ein weites Feld in Theorie und Praxis zu bestellen. Besonders im Bereich der klinischen Sozialarbeit, der Beratung und Behandlung reduzieren sich die Ansätze der Förderung von Kreativität und kreative Prozesse oft auf kunsttherapeutische Interventionen, die selbstverständlich ihren Stellenwert haben, aber dennoch um den Bereich der innovativen, pragmatischen Problemlösungskompetenz erweitert werden könnten. Allerdings haftet dem Begriff Kreativität durch seine inflationäre Behandlung bei allem, das sich irgendwie originell darstellen will, eine gewisse Banalität an. Die Profession der Sozialen Arbeit könnte sich jedoch eine theoretische und praktische Ressource erschließen, die sowohl für

Professionalität

die Fachkräfte als auch ihr Klientel und die Institutionen ein besonderes Prädikat bedeuten könnte. Dazu müsste in Forschung und Lehre der Sozialen Arbeit die Anstrengung unternommen werden, sich dem Phänomen Kreativität intensiver in konkreten Bezügen der Handlungsfelder zu widmen, um den Begriff Kreativität aus der ungerechtfertigten Deutung eines unbestimmten „Heilsbegriffs" oder einer künstlerischen Originalität um ihrer selbst willen zu befreien.

Literatur

Braun, D. (2011): Kreativität in Theorie und Praxis. Bildungsförderung in Kita und Kindergarten. Freiburg.

Brodbeck, K.-H. (1999): Entscheidung zur Kreativität. Wege aus dem Labyrinth der Gewohnheiten. Darmstadt.

Csikszentmihalyi, M. (1997): Kreativität. Wie Sie das Unmögliche schaffen und Ihre Grenzen überwinden. Stuttgart.

Hentig, H. v. (1998): Kreativität. Hohe Erwartungen an einen schwachen Begriff. Wien.

Hüther, G (2004): Die Macht der inneren Bilder. Göttingen.

Kruse, O. (1997): Kreativität und Veränderung. Modellvorstellungen zur Wirksamkeit kreativer Methoden. In: Kruse, O. (Hrsg.): Kreativität als Ressource für Veränderung und Wachstum. Kreative Methoden in den psychosozialen Arbeitsfeldern: Theorien, Vorgehensweisen, Beispiele. Tübingen, S. 13-53.

Landau, E. (1974): Psychologie der Kreativität. München u. Basel.

Meis, M.-S./Mies, G.-A. (Hrsg.) (2012): Künstlerisch-ästhetische Methoden in der Sozialen Arbeit. Kunst, Musik, Theater, Tanz und Neue Medien. Stuttgart.

Schlicksupp, H. (1998): Ideenfindung. 5. Auflage. Würzburg.

Ulmann, G. (1973): Kreativitätsforschung. Köln.

Wallas, G. (1926): The art of thought. New York

Humor

Sabine Link

Einleitung

In der Sozialen Arbeit fließen zwei Entwicklungsprozesse zusammen: Die Sozialarbeit entwickelte sich aus der Unterstützung bedürftiger Personen, die Sozialpädagogik entstand aus dem Bemühen, die Menschen schon frühzeitig zu erziehen und zu bilden. *Beide Linien stehen in einer engen Wechselwirkung zueinander. Sie haben jeweils die Bearbeitung von individuellen und sozialen Problemlagen sowie die Thematisierung und Aufarbeitung ihrer Hintergründe und Entstehungsbedingungen zur Aufgabe.* Ziel Sozialer Arbeit ist es, menschliche Bedürfnisse zu erfüllen, Lern- und Bildungsmöglichkeiten zu schaffen sowie menschengerechte Strukturen aufzubauen und diese zu bewahren.

Bereits 1806 schrieb der Pfarrer und Theologe Christian Gotthilf Salzmann über die Bedeutung der toleranten Gelassenheit des Humors im „Plan zur Erziehung der Erzieher" (Salzmann 1806, S. 49f.). Darin fordert er auf, stets heiter zu sein, denn in heiteren Momenten sei man über seine Zöglinge allmächtig. Er schlussfolgert, dass, wenn wir stets ein heiteres Gemüt an den Tag legen würden, nichts leichter sei als die Erziehung. Dagegen postulierte für die Sozialarbeit 120 Jahre später Alice Salomon (1928), dass der Mensch dem Menschen nur wirkliche Hilfe und Unterstützung erbringen könne, wenn es dem Helfenden im Herzen brennen würden, wenn fremde Not und fremdes Leid sein eigen würden. Tolerante Gelassenheit

Die in den letzten Jahrzehnten aufkeimende Frage, inwieweit sich das mitleidende Herz mit Humor verbinden lässt, kann hier nicht beantwortet werden. Festzustellen ist aber, dass in der Sozialen Arbeit eine heitere Gelassenheit (noch) nicht etabliert ist – trotz vielfältiger Hinweise auf die gesundheitsfördernden und Lebensqualität steigernden Effekte durch gezielte humorvolle Interventionen.

In diesem Beitrag werden die Begriffe Humor und Heiterkeit synonym verwendet. Diesen Begriffen liegt das Verständnis zugrunde, dass sie die Gabe und Fähigkeit des Menschen beschreiben, den Widrigkeiten der Welt und der Menschen sowie den Schwierigkeiten und Missgeschicken des Alltags mit einer heiteren Gelassenheit zu begegnen (vgl. Duden 2001). Heiterkeit gilt als eine bewusst hergestellte Haltung des Gemüts, verbunden mit einer bestimmten Sicht auf die Dinge und die Welt. Otto Friedrich Bollnow (1964) bezeichnet die Heiterkeit als einen Stimmungszustand, in welchem das Innere und das Äußere eine Einheit seien. Darum könne die Heiterkeit sowohl Menschliche Heiterkeit

„auf den atmosphärischen Zustand des Himmels wie auf die innere Verfassung der Seele angewandt werden" (Bollnow 1964, S. 1). Er beschreibt den Himmel als heiter, wenn er nicht verhangen sei von Wolken, sondern in voller Klarheit erstrahle. Im Mittelpunkt der menschlichen Heiterkeit steht die wohlwollende Annahme der Widrigkeiten des täglichen Lebens. Dies gilt im Besonderen für den Umgang mit Menschen: Sie sind, wie sie sind. Wer sich daran gewöhnt, Eigenarten und Merkwürdigkeiten von Menschen als gegeben hinzunehmen, der verhindert Missmut und erreicht Heiterkeit (vgl. ebd.).

Unaus-
gesprochenes
Heiterkeits-
verbot

Limbrunner (1995) hat sich im vergangenen Jahrzehnt mit der historischen Entwicklung des Humors in der Sozialen Arbeit auseinandergesetzt und nur vereinzelt Zeugnisse aufgespürt, die von einer heiteren Sichtweise geprägt sind. In einem Essay über die Witzlosigkeit der Sozialarbeit stellt Limbrunner die Frage, ob denn die Deutschen an sich witzig seien, um diese auch direkt zu beantworten: „Kaum. Eher plump, rücksichtslos, steif" (Limbrunner, 1995, S. 76). Die Deutschen gelten mehr als humorlose Gesellen, mit wenig Esprit und verstünden es nicht, zu leben. Das humorlose Gesellentum spiegle sich auch in der Sozialen Arbeit wider: Gehemmt sein, Steif sein, Ernst sein und Betroffen sein erscheinen aktueller und angemessener denn je, so Limbrunner. Es ist zu vermuten, dass ein unausgesprochenes Heiterkeitsverbot über unserem Beruf liegt. Der Schweizer Huber (2012) veranschaulicht ergänzend die Entwicklung einer fortschreitenden Aushöhlung grundlegender zwischenmenschlicher Tugenden, zu denen zweifellos der Humor gehört. Er beschreibt die Entwicklung ab 2000 bis heute (2012) als die „Blütezeit der Normokraten", die eine Schatten- und Sonnenseite zeigt: Im Schatten seien Normokraten u.a. langweilig, pingelig, bürokratisch, Verwalter der Probleme, angepasst, unflexibel; in der Sonne erschienen sie als Menschen, denen das Regelwerk bekannt ist, die sich in einem gegebenen Feld bewegen, die Grenzen ausloten und Traditionen wertschätzen. Das Fazit ist in einem Satz zusammenzufassen: Die Praxis ist entmachtet, es entscheiden die Finanzen und nicht die Fachlich- und die Menschlichkeit. Der schneidende Wind des Pragmatismus fegt über das Land, jeder muss schauen, wo er bleibt. Je schwieriger die Zeiten, desto mehr nehmen die Ängste zu und desto größer der Wunsch nach Entlastung und Abreaktion, der vielfältig, unter anderem in und durch Spaß, Ironie und Humor durchblitzt. In diese Entwicklung passt der philosophisch-lebenspraktische Trend der letzten Jahre: die Wiederentdeckung der „Lebenskunst" und die „Freundschaft mit sich selbst". Ein nachhaltiger Lebensstil zeichnet sich unter anderem durch heitere Gelassenheit aus – auch oder gerade besonders in der Sozialen Arbeit.

Wissenschaftliche Verortung

Worüber und weshalb in der Sozialen Arbeit gelacht wurde, lässt sich nur punktuell und zufällig aufzeigen. Wenn sich so etwas wie der Beginn einer Tradition zeigt, dann ist dieser Zeitpunkt am ehesten Anfang der neunziger Jahre zu setzen. In dieser Zeit etablierten sich in der Einzel- und Familientherapie, insbesondere in der systemischen Therapie, Schritt für Schritt aus den USA kommende Techniken der humororientierten Intervention. Es erscheinen erstmals Fachbücher mit zum therapeutischen Humor – mit schüchternen Tupfern aus Sozialen Arbeit (vgl. Limbrunner 2008). In (Fach-) Hochschulen und Universitäten wird der Humor als Ressource vermehrt als Thema gewählt.

Insbesondere in den Arbeitsfeldern der Sozialen Arbeit im Gesundheitswesen ist die Frage nach Gesundheit oder Krankheit stets von Bedeutung. Diese Relevanz gründet auf der Perspektive der Ganzheitlichkeit des bio-psycho-sozialen Modells. Aus dieser bio-psycho-sozialen Betrachtungsweise heraus, sind auch hier für den Humor die biologischen, psychologischen und sozialen Perspektiven zu betrachten. *Medizinische Perspektive*

Ziel der Medizin ist es, die Gesundheit der Menschen zu erhalten bzw. wieder herzustellen. In diesem umfassenden Sinn ist Medizin die Lehre vom gesunden und kranken Lebewesen. „Lachen ist gesund", so heißt es im Volksmund. Bereits im Mittelalter befürwortete de Mondeville (um 1300) als Professor der Wundheilkunst die „Heiterkeit als Hilfsmittel für die Genesung wundärztlicher Patienten" (Moody 1979, S. 45). Unter *medizinischer Perspektive* werden daher die physiologischen Auswirkungen von Humor und Lachen (als verbale Humorreaktion) fokussiert. Es interessieren u.a. die durch das Lachen ausgelösten, die Immunabwehr fördernden Stoffe, die Anreicherung des Blutes durch Sauerstoff oder auf psychiatrischer bzw. psychosomatischer Ebene, die durch Humor und Lachen gestärkte Widerstandskraft gegen Stressfaktoren (vgl. Titze/Eschenröder 2003).

Die *Psychologie* ist die Wissenschaft vom Erleben und Verhalten des Menschen. Zu den Aufgaben der Psychologie gehören neben dem Beschreiben und Erklären normal-menschlichen und pathologisches Verhaltens auch die Bereitstellung von Techniken zur Modifikation. Die *psychologische Perspektive* von Humor und Lachen ist wissenschaftlich gesehen, die umfangreichste: Sie fragt z.B. nach der Entwicklung des Humors bei Kindern, nach Zusammenhängen mit Emotion, Kognition und Motivation (vgl. Berger 1998), nach der Situativität oder Stabilität von humoristischen Verhaltensweisen (vgl.Ruch 2000) oder nach den möglichen positiven und negativen Effekten von Humor und Lachen auf den Erfolg psychotherapeutischer Maßnahmen. Ein Blick dazu zurück in die Geschichte: Hier schrieb bereits um 1900 der ehemalige Professor der Psychologie in Havard, McDougall, dass die eigentliche biologische Funktion des Lachens die Erhaltung der seelischen *Psychologische Perspektive*

Gesundheit sei (vgl. Moody 1979). Hier wird der bio-psychische Zusammenhang klarer.

Soziologische
Perspektive

Die *Soziologie* hat die Gesellschaft zum Gegenstand. Die Soziologie macht Aussagen darüber, welche Zusammenhänge zwischen den sozialen Bedingungen, unter denen bestimmte soziale Handlungen erfolgen oder nicht, und den Handlungszielen, den Handlungsmitteln und den Handlungsmöglichkeiten bestehen. Die gesellschaftsbezogene Beschäftigung mit Humor und Lachen ist die Domäne der *Soziologie*. Sie fragt u.a. nach den soziokulturellen Maßstäben von Humor und seiner Rolle in sozialen Beziehungen: Was definiert eine Gesellschaft als Humor? Wann darf man nach den Normen einer Gesellschaft lachen und wann nicht? Wie geht man in den sozialen Beziehungen mit diesen Normen um? Wie wird mit Humor in den Medien manipuliert? Welchen sozialen Status haben humorvolle Menschen? (vgl. Berger 1998; Effinger 2008; Moody 1979).

Erziehungswis-
senschaftliche
Perspektive

Darüber hinaus werden hier noch die *Erziehungswissenschaften* betrachtet. Sie untersuchen die „Erziehungswirklichkeit" mit präzisen, zumeist empirisch-analytischen Methoden und stellen die Resultate der pädagogischen Praxis bereit. Aus erziehungswissenschaftlicher Betrachtung kann also vorrangig der Frage nachgegangen werden, welche Effekte Humor und Lachen auf Bildung, Erziehung und Lernen haben. In den Erziehungswissenschaften wird dabei auf eigene sowie fremde Erkenntnisse, insbesondere der Psychologie zurückgegriffen. Unter pädagogischer Perspektive ergeben sich klare Anzeichen für die positiven Einflüsse des Humors auf Ausbildung, Lehrer- Schüler-Interaktionen, Motivation, kognitive Prozesse und Konfliktbewältigung (vgl. Farrelly 2005).

Relevanz des Humors für die Soziale Arbeit

Professionalität
Sozialer Arbeit

Der gesellschaftliche Auftrag der Sozialen Arbeit mit ihren verschiedenen Bezugsdisziplinen besteht darin, „Normalität" zu gewährleisten. Dazu bedarf es seitens der Fachkräfte Selbstbestimmung und professioneller Autonomie. Müller (2002) stellt in seinen Ausführungen unter anderem fest, dass ebendiese Selbstbestimmung und professionelle Autonomie ohne Humor nicht erreichbar seien. Hamburger (2005) greift diese Überlegungen zur Professionalität Sozialer Arbeit auf und weist darauf hin, dass Professionalität *„vor allem aus lebendigen Personen"* bestehte, *„sondern auch und vor allem aus lebendigen Personen"* (Müller 2002, S. 742). Lebendige Personen zeigen individuelles Verhalten, welches in direktem Zusammenhang mit den vorhandenen Persönlichkeitseigenschaften steht. Und Humor wird als eine hochgeschätzte Persönlichkeits- und Charaktereigenschaft angesehen. Bierbaum (1909) erkennt Humor als eine besondere Tugend und formuliert den Aphorismus: „Humor ist, wenn man trotzdem lacht." Aber ab wann lacht man trotzdem? Man spricht von einem humorvollen Lachen, wenn es in einer Situation der Gefahr oder des Scheiterns auftritt und es nicht gegen einen Dritten gerichtet ist. Darüber hinaus vermittelt es eine – wenn auch nur minimale – Hoffnung auf die Überwindung der gefährlichen oder gescheiterten Lage. So verbindet der Humor auf besondere Art und Weise Stärke und Schwäche miteinander.

Schauen wir uns das Jahr 2013 an: In Zeiten hoher Arbeitslosigkeit, Klimakatastrophen, Finanz- und Wirtschaftskrisen und Vertrauensbrüchen in der Politik scheint kein Platz für Humor und heitere Gelassenheit – die Lage ist ernst. Vielleicht oder gerade deswegen hat sich Humor als kreative Ressource und Interventionsform in Bereichen der psychosozialen Arbeit wie Krankenpflege, Lebensberatung, Persönlichkeitsbildung, Psychotherapie bereits etabliert. Warum? Wissenschaftliche Ergebnisse zeigen (vgl. McGhee 1998; Berger 1998; Rubinstein 1985; Ziv 1984; Robinson 1977), dass Humor Hemmungen löst, verdrängte Affekte aktiviert und zwischenmenschliche Beziehungen erleichtert. Humor setzt kreative Potenziale frei, aktiviert Entscheidungsprozesse und sensibilisiert für neue Handlungsspielräume. Humor zu haben bzw. humorvoll zu sein, gilt als erstrebenswerte soziale Kompetenz. Es ist jedoch kritisch anzumerken, dass Humor und Lachen an Schulen, Unternehmen, Einrichtungen, Institutionen mehr unterdrückt, denn gefördert werden. Das verfestigte Bild der Gesellschaft geht davon aus, dass der Mensch, wenn er Spaß hat, nicht ernsthaft lernen und arbeiten kann. Doch das Gegenteil ist der: Humor hebt die Arbeitsmoral, fördert den Teamgeist und die Kreativität, reduziert Stress im alltäglichen Leben und erhöht die psychische Widerstandsfähigkeit (vgl. Effinger 2008). Es ist davon auszugehen, dass die Kompetenz, das eigene Leben und die Dinge mit Humor zu tragen, erst im Laufe der persönlichen Entwicklung entsteht. Dieser Entwicklungsprozess ermöglicht es den Einzelnen mit zunehmender Reife auch sich selbst zu relativieren und nicht jede eigene Ansicht und Einsicht für allgemein gültig zu halten.

Kreative Ressource

Humor gehört zum Themenbereich der Positiven Psychologie. Diese hat sich zum Ziel gesetzt, Stärken und Ressourcen von Menschen zu fördern. Die hoch geschätzte Persönlichkeitseigenschaft „Sinn für Humor" wird mit weiteren positiven Charakterzügen wie Selbstakzeptanz, positive Beziehungsmuster und Autonomie in Bezug auf psychologisches Wohlbefinden in Verbindung gebracht. Mit dem Einzug der Salutogenese also der Frage danach, was den Menschen gesund erhält, stellt sich verstärkt die Frage, wie Humor und Lachen als eine Persönlichkeitseigenschaft mit Gesundheit im Verhältnis stehen. Die für die Salutogenese als entscheidend veranschlagten personalen Ressourcen wie: internale Kontrollüberzeugung, Selbstschutz gegenüber Stress, Selbstwirksamkeit, Kohärenzsinn, Autonomie, Empathie, Selbstwert und Optimismus erhöhen die Wahrscheinlichkeit, dass sich ein Mensch gesund fühlen wird. Diese gelingenden Anteile zeigen im Vergleich mit den für Humor betrachtenden persönlichen Merkmalen eine Übereinstimmung (vgl. Link 2008).

Gesundheitsfördernde Ressource

Trotzmacht des Geistes

Der Begründer der Logotherapie Viktor Frankl (2002) sieht im Humor die „Trotzmacht des Geistes" (Fankl zit. in Biller/Stiegeler 2008, S. 478f.), d.h., dass sich im Lachen gleichermaßen die Trotzmacht äußert, welche sich über alle Einschränkungen hinwegsetzt. Frankl bricht als erster mit der Vorstellung, die therapeutische Atmosphäre müsse von distanzierter Zurückhaltung, würdevoller Ernsthaftigkeit und schmerzvoller Entbehrung durchdrungen sein. Vielmehr ermutigt Frankl selbst steht ihnen dabei als humorvoller Partner zur Seite.

Hilfreicher Humor

Um unterstützende und hilfreiche Wirkungen des Humors oder heiterer Gelassenheit im Kontext der Sozialen Arbeit sicherzustellen, bedarf deren Einsatz besonderer Sorgfalt und Umsicht. Beim gelingenden Einsatz von Humor wird zwischen sehr hilfreichem und besonders hilfreichem Humor unterschieden. Der *sehr hilfreiche Humor* der Fachkraft der Sozialen Arbeit steht im Einklang mit den Bedarfen des Klienten. Ihm wird es ermöglicht, neue Entscheidungsperspektiven zu finden. Gleichzeitig können Formen der „Fehlanpassung" aufgedeckt werden. Dabei gehen Achtung und Würde des Klienten nicht verloren. Die Einsichtsfähigkeit kann konsequent gefördert werden; ebenso können die Verhaltensmuster erkannt und verändert werden. Die Beziehungsqualität ist von Offenheit und Freimütigkeit geprägt. Der *besonders hilfreiche Humor* kennzeichnet sich durch eine tiefgehende Empathie seitens der Fachkraft der Sozialen Arbeit aus. Schlagfertigkeit, Spontaneität und zeitliche Übereinstimmung charakterisieren den Humor. Für den Klienten stellt diese Form des Humors stets eine Herausforderung dar, sein Potenzial auszuschöpfen und eine umfassende Umstrukturierung in Gang zu setzen. Der Prozess der Selbsterkenntnis des Klienten wird spielerisch angeregt, indem Probleme humorvoll definiert und präsentiert werden. Nicht zuletzt erhält der Klient auch die Gelegenheit, neben neuen Zielen und Lösungen, seinen eigenen Sinn für Humor zu entdecken (vgl. Titze/Eschenröder 2003). Humor hat im Kontext der Sozialen Arbeit jedoch auch seine *Grenzen*. Kritisiert wird u.a., dass der Fluss der freien Assoziationen durch den Humor beim Klienten abgelenkt werden könne, wenn nicht sogar unterbrochen oder blockiert. Des Weiteren könne Humor den Klienten verwirren. Er könne nicht klar unterscheiden, ob die Fachkraft der Sozialen Arbeit einen Scherz gemacht habe oder das, was sie sage, ernst meine. Er moniert weiter, dass es ist für den Klienten besonders quälend sein könne zu erfahren, wie die Fachkraft der Sozialen Arbeit die Dinge leicht und unernst nehmen, während er unter ihnen leide. Trotz dieser Einwände, ist positiv zusammenzufassen, dass der wohlwollend und adäquat eingesetzte Humor die sozialarbeiterische Beziehung festigt. Mit seiner Unterstützung können Einsichten in einer Art vermittelt werden, wie es in einer formaleren, rein rationalen nicht möglich ist. Bei professioneller Abgrenzung gegenüber dem Lachen auf Kosten des Klienten, können Reflexions- und Veränderungsprozesse in Gang gesetzt werden – mit Humor und heiterer Gelassenheit (vgl. Berger 1998).

Resümee

Humor in der Sozialen Arbeit – trotz vielfältiger Hinweise auf die gesundheitsfördernden und Lebensqualität steigernden Effekte durch gezielte humorvolle Interventionen, konnte sich diese Ressource noch nicht konsequent
durchsetzen.

Ein Erklärungsversuch: Die Soziale Arbeit arbeitet mit Menschen in
problematischen Lebenslagen und der Humor vermittelt Hoffnung auf Überwindung der problematischen Lebenslage. Soziale Arbeit und Humor haben
einen gemeinsamen Nenner – die problematische Lebenslage – deswegen
können sie miteinander operieren. Jedoch gilt die Soziale Arbeit als eine Profession, in der es nichts zu lachen gibt. Die Lage ist ernst (vgl. Link 2008). Es
erscheint in der Praxis eher unangemessen, paradox – trotz allen Wissens in der
Theorie. Humor und eine heitere Gelassenheit in den Widrigkeiten des Alltags
zu zeigen, erscheint zunächst ungewohnt und daher „komisch" im doppelten
Sinne des Wortes (verrückt vs. lustig). Wie so oft im Leben, ist Ungewohntes
zunächst befremdlich, vielleicht sogar beängstigend. Daher gilt es für die
Fachkräfte der Sozialen Arbeit, sich an das Phänomen „Humor und heitere
Gelassenheit" heranzutasten und Veränderungen zuzulassen.

> Die Lage ist ernst

Volksmund und Alltagstheorien belegen längst: Kummer, Sorgen, Ver-
stimmungen, Ärger auf Dauer kränken uns, heitere Gelassenheit und Leich-
tigkeit, Humor und Lachen erhalten und ermöglichen Gesundheit. Und auch
das offene Geheimnis, dass Humor und heitere Gelassenheit uns befreien, uns
reinigen und helfen, unsere alltäglichen Aufgaben auch im Licht des Komi-
schen zu betrachten. Wie so oft, kommt es letztlich auf die Fachkräfte der
Sozialen Arbeit selbst an, wie sie die Kräfte des Humors in ihrem beruflichen
Leben entwickeln, pflegen und leben. In der Fachliteratur werden immer
wieder die unterschiedlichen Anforderungen innerhalb des komplexen und
umfassenden Feldes der Sozialen Arbeit akribisch erfasst. Beschrieben werden die erforderlichen Kompetenzen in einer für das Arbeitsfeld typischen
Handlungssituation, in welcher die notwendigen Bewältigungsschritte ge-
schildert werden. Daraus resultiert ein umfassender Anforderungskatalog,
dem die Fachkräfte der Sozialen Arbeit in den verschiedenen Tätigkeitsbe-
reichen gerecht werden müssen und der die Herausforderungen an eine interprofessionelle und interdisziplinäre Zusammenarbeit beinhaltet. Auf vielen
Seiten wird das fachliche Handeln der Fachkräfte beschrieben, einschließlich
der nicht weniger relevanten sozialen Kompetenzen, die auch letztlich un-
entbehrlich für einen gelungenen Beziehungsaufbau und der damit verbundenen Beziehungsarbeit sind. Und einer dieser sozialen Kompetenzen ist der
Humor: als sinnstiftendes Medium in der Sozialen Arbeit (vgl. Effinger 2008).
Humor bedarf stets eines situativen Kontextes. Damit sind die unscheinbaren
„Lachanlässe" und alltäglichen Humorreaktionen gemeint, die das Leben

> Humor als
> sinnstiftendes
> Medium

bereichern, erheitern und verändern können. Der berufliche Alltag in der Sozialen Arbeit liefert – und das jeden Tag aufs Neue – groteske, überraschende, irritierende, also allzu menschliche Situationen und damit Steilvorlagen, um die positiven Kräfte des Humors zu entdecken, zu entwickeln und zu pflegen. Zu den positiven Kräften des Humors zählen auch die gesundheitlichen Vorteile positiver Gefühle, die mit heiterer Gelassenheit einhergehen.

Mut zum Humor

Wie bei allen Interventionsformen in der Sozialen Arbeit ist vorher zu überprüfen, ob der Einsatz von Humor angemessen ist oder nicht. Zudem gilt es, die Fachkräfte der Sozialen Arbeit für den Einsatz von Humor und vor allem auch für ihren eigene Gelassenheit (im Sinne einer Lebenshaltung) zu sensibilisieren. Die positiven Effekte, die aus einer humorvollen Arbeit und Lebenshaltung resultieren – auch als gesundheitsfördernde Ressource – sind für die Soziale Arbeit nutzbar zu machen. Es liegt eine Vielzahl praktischer, wenn auch noch nicht wissenschaftliche bestätigter, Ergebnisse vor. Und daran gilt es ernsthaft zu arbeiten, um den Humor in der Sozialen Arbeit zu etablieren!

Literatur

Berger, P. (1998): Erlösendes Lachen. Das Komische in der menschlichen Erfahrung. Berlin.

Bollnow, O.-F. (1964): Die Heiterkeit. In: Württembergischer Lehrer- und Lehrerinnen-Verein (Hrsg.): Pädagogische Arbeitsblätter zur Fortbildung für Lehrer und Erzieher: Zeitschrift der Württembergischen Junglehrergruppe: 16. Jahrgang 1964, Heft 1. Stuttgart, S. 1-5.

Effinger, H. (2008): Die Wahrheit zum Lachen bringen. Humor als Medium in der Sozialen Arbeit. Weinheim.

Farrelly, F./Brandsma, J. (2005): Provokative Therapie. Heidelberg.

Frankl, V. (2002): … trotzdem Ja zum Leben sagen. Ein Psychologe erlebt das Konzentrationslager. München.

Hamburger, F. (2005): Ungewissheitsbewältigung durch gelotologisch fundierte kommunikative Kompetenz. Über das Komische in der Wissenschaft und die Heiterkeit der Sozialpädagogik. In: neue praxis 1/2005, S. 85-89.

Huber, J. (2012): Vortrag beim 2. Bundeskongress der Deutschen Gesellschaft für Soziale Arbeit in der Suchthilfe. 24.-25.09.2012. Potsdam.

Limbrunner, A. (2008): Humor und Heiterkeit in der Tradition Sozialer Arbeit. Eine Spurensuche. In: Effinger, H. (Hrsg.): Die Wahrheit zum Lachen bringen. Humor als Medium in der Sozialen Arbeit. Weinheim, S. 57-74.

Moody, R. (1979): Lachen und Leiden. Über die heilende Kraft des Humors. Reinbek.

Müller, B. (2002): Professionalisierung. In: Thole, W. (Hrsg.): Grundriss Soziale Arbeit. Opladen, S. 731-750.

Ruch, W. (2000): Erheiterung. In: Otto, J. et al. (Hrsg.): Emotionspsychologie. Ein Handbuch. Weinheim, S. 231-238.

Salzmann, Ch. (1806): Ameisenbüchlein oder Anweisung zu einer vernünftigen Erziehung der Erzieher. Berlin.

Titze, M./Eschenröder, Ch. (2003): Therapeutischer Humor. Grundlagen und Anwendungen. Frankfurt/Main.

Glück

Irit Wyrobnik

Einleitung

Zum Thema „Glück" existieren in der Sozialen Arbeit nur vereinzelt Artikel in wissenschaftlichen Zeitschriften oder Sammelbänden, ganz zu schweigen von Büchern, die sich speziell dieser Thematik widmen. Sucht man darüber hinaus Glück als Stichwort oder Schlagwort in Wörterbüchern oder Lexika der Sozialen Arbeit, so wird man ebenfalls enttäuscht sein, denn „Glück" taucht darin, wenn überhaupt, nur am Rande, nicht aber etwa als einschlägiger Begriff auf. Auch eine erste historische Spurensuche lässt in diesem Bereich einen eher impliziten als expliziten Gebrauch des Begriffs „Glück" erkennen. „Glück" in (sozial-) pädagogischen Schriften

Wie ist das zu erklären? Zum einen ist der Begriff empirisch schwer zu fassen, da man die Kategorie „Glück" nicht oder jedenfalls nicht so leicht operationalisieren kann. Es handelt sich um einen relativ unbestimmten bzw. kaum auf eine Formel zu bringenden, changierenden Begriff, der im Gegensatz zu anderen (nicht weniger schillernden) Begriffen häufig auch noch mit einem emphatischen Absolutheitscharakter konnotiert wird. Hier stehen Theorien der Sozialen Arbeit aber nicht allein da. Der Glücksbegriff führte auch im Rahmen der allgemeinen Pädagogik und Erziehungswissenschaft lange Zeit ein Schattendasein und es scheint, dass er erst in den vergangenen Jahren wieder in den Fokus erziehungswissenschaftlicher Forschung und Theorie gerät (z.B. Brumlik 2002; Münch/Wyrobnik 2011; Wulf u.a. 2011, Zirfas 2011).

Zum anderen kommt hinzu, dass die Praxis Sozialer Arbeit sich vornehmlich Menschen widmet, die nicht auf der Sonnenseite des Lebens stehen. Ist Glück also ein zu hoher Anspruch im Rahmen von Theorie und Praxis der Sozialen Arbeit? Ist Glück ein Ziel, das sich nur mühsam erreichen oder gar einlösen lässt? Möchte niemand dafür zuständig sein, gar Glück versprechen oder garantieren, da es letztlich unkontrollierbar, ja unverfügbar ist? Hat Soziale Arbeit nicht eher mit den Unglücklichen und „Pechvögeln" der Gesellschaft, den Unterdrückten, Verletzten, Ausgegrenzten, Ausgeschlossenen und Erfolglosen – mit den „Misérables" – zu tun? Inwiefern ist da der Rückgriff auf den Begriff „Glück" überhaupt angebracht und gerechtfertigt? Ist es vielleicht sogar eine Zumutung, in diesem Zusammenhang von „Glück" zu sprechen? Sollen Sozialarbeiter/-innen außer ihrer Hauptaufgabe, diese Menschen darin zu unterstützen, ein passables und annehmbares Leben zu führen, sich zurechtzufinden und zurechtzukommen, ihnen auch noch bei der Verwirklichung eines besonders gelingenden, gar glücklichen Lebens helfen? Glück und Unglück in der Sozialen Arbeit

Also bei etwas, das vielleicht sogar manche Fachkräfte für Soziale Arbeit selbst nicht schaffen, woran sie selbst arbeiten …?

Glück als Grundbegriff

Wichtig ist hierbei zu verstehen, dass „Glück" nicht ein Begriff ist, den nur die sogenannten Schönen und Reichen für sich in Anspruch nehmen können. Man muss sich nämlich vor Augen führen, dass *erstens* auch ein insgesamt (bisher) eher unglückliches Leben Glücksmomente bzw. -situationen enthalten kann; dass *zweitens* auch ein Menschenleben, das vom gegenwärtigen Standpunkt aus gesehen eher als glücklich bezeichnet werden kann, nicht mit einem „perfekten" Leben zu verwechseln ist und nicht nur aus einer Kette glücklicher Augenblicke besteht; dass *drittens* jede Retrospektive, jede Reflexion auf das Leben eben immer nur vom gegenwärtigen Standpunkt aus geschieht, also eine Bestandsaufnahme, eine Zwischenbilanz ist, denn das Glück kann sich wandeln und die Zukunft ist offen.

Der Glücksbegriff muss demnach für die Soziale Arbeit noch ausbuchstabiert werden. Das Thema harrt noch seiner Entdeckung, obwohl Glück zum Beispiel von Winfried Noack oder Johannes Vorlaufer als eine zentrale Kategorie oder anthropologische Grundfrage der Sozialen Arbeit bezeichnet wird (vgl. Noack 2006; Vorlaufer 2012) und manche wichtigen Theoriekonzepte Sozialer Arbeit, wie gleich noch zu zeigen sein wird, in diese Richtung gehen und die Glücksthematik stärker berücksichtigen. Eine zentrale Aufgabe Sozialer Arbeit besteht nämlich darin, Menschen zu helfen, ihr Leben besser zu gestalten, also ein gelungeneres Leben zu führen.

In den folgenden Ausführungen wird es nicht um das Glück der Sozialarbeiter/-innen gehen, etwa die Glücksmomente oder die Zufriedenheit, die sie bei ihrer Arbeit empfinden, sondern um den Blick auf die Adressaten Sozialer Arbeit – auf diejenigen Menschen also, um derentwillen Soziale Arbeit überhaupt besteht, denen mithilfe Sozialer Arbeit zu einem besseren, gelungeneren und vielleicht auch in manchen Fällen etwas glücklicheren Leben verholfen werden kann.

Wissenschaftliche Verortung des Themas

Glück in Ansätzen Sozialer Arbeit

Wie bereits konstatiert, gibt es nicht viele Referenzschriften zur Bedeutung des Glücks für die Soziale Arbeit. Ausnahmen, zum Beispiel die bereits erwähnten Aufsätze von Noack (2006) und Vorlaufer (2012), bestätigen die Regel. Das heißt jedoch im Umkehrschluss nicht, dass das Thema überhaupt keine Rolle spielt. Auch wenn es häufig nicht ausdrücklich erwähnt wird, sind unter den neueren Theorietraditionen Sozialer Arbeit einige auszumachen, die in ihren Ausführungen diesem Begriff und Thema sehr nahe kommen. Ohne anderen Ansätzen dies absprechen zu wollen, sollen hier besonders der *lebensweltorientierte Ansatz* und der *Capability-Ansatz* hervorgehoben werden.

Das handlungsorientierte Paradigma des lebensweltorientierten Ansatzes „zielt" im Kern darauf „über Hilfe-, Betreuungs- und Unterstützungsangebote sowie über Bildungsofferten diejenigen, die zu autonomen Selbst- und erfolgreichen Lebensentwürfen nur begrenzt fähig sind oder von ihren Ausgangsbedingungen her wenig Chancen haben, ihre Wünsche an ein ausgefülltes Leben zu realisieren, dazu zu befähigen, bestehende Ressourcen und Kompetenzen zu aktivieren, um ein gelungeneres und zufriedeneres Leben zu gestalten" (Böhnisch/Schröer/Thiersch 2005, zit.n. Thole 2010, S. 43). Oder anders ausgedrückt sollen dabei – nach Hans Thiersch – in den Verhältnissen mit den Ressourcen der Verhältnisse bessere Verhältnisse hergestellt werden. Dabei sind die Struktur- und Handlungsmaximen Prävention, Alltagsnähe, Dezentralisierung, Integration und Partizipation besonders bedeutsam (vgl. Thiersch/Grunwald/Köngeter 2010, S. 188ff). Lebenswelt-
orientierung

Der Capability-Ansatz kann darüber hinaus als jüngeres Theoriekonzept der Sozialen Arbeit beschrieben werden, welches auf ökonomische und gerechtigkeitstheoretische Überlegungen zurückgeht und darauf zielt, „die Soziale Arbeit als ein gesellschaftliches Feld zu entwerfen, das Menschen dabei zu unterstützen hat, ihre Handlungsbefähigung und Verwirklichungschancen herauszubilden und zu nutzen, um Formen der Exklusion und Desintegration zu minimieren" (Otto/Ziegler 2008, zit. n. Thole 2010, S. 43f). Soziale Arbeit wird demnach als „Profession konzipiert, die dazu beiträgt, das Wohlergehen der Menschen und somit ihre Beteiligungschancen zu maximieren (…)" (ebd.). Im Capability-Ansatz spielt der Begriff „gutes Leben" eine große Rolle, ohne dass allgemeinverbindliche Entscheidungen darüber gefällt werden (vgl. Ziegler/Schrödter/Oelkers 2010, S. 305). Hierzu wird auf die von der Philosophin Martha C. Nussbaum entworfene „Liste des guten Lebens", eine „objektive Liste" grundlegender menschlicher Capabilities verwiesen, die eine Basis für unterschiedliche Verwirklichungsmöglichkeiten eines guten Lebens darstellen sollen (vgl. ebd., S. 305f). Zu diesen gehören „die Ausbildung von spezifischen körperlichen Konstitutionen, sensorische Fähigkeiten, Denkvermögen, grundlegende Kulturtechniken, die Vermeidung von unnötigem Schmerz, die Gewährleistung von Gesundheit, Ernährung und Schutz, die Möglichkeit und Fähigkeit zur Geselligkeit bzw. zu Bindungen zu anderen Menschen, anderen Spezies und zur Natur, zu Genuss, zu sexueller Befriedigung, zu Mobilität und schließlich zu praktischer Vernunft und zur Ausbildung von Autonomie und Subjektivität" (ebd., S. 306). Aber sind diese Bestandteile eines guten Lebens nicht auch bereits solche eines glücklichen Lebens? Ein weiterer Text zur Bedeutung des Capability-Ansatzes für die Soziale Arbeit heißt nicht ohne Grund „Soziale Arbeit, Glück und das gute Leben – Das sozialpädagogische Potential des Capability Approach" (Otto/Ziegler 2007). Glück und gutes Leben sind, wie an diesem Titel deutlich wird, einander sehr nahestehende Begriffe. Capability-
Ansatz

gelungenes, gutes, glückliches Leben

Die Nähe der Begriffe „gelungenes Leben", „gutes Leben" und „glückliches Leben" soll nun mithilfe einiger Überlegungen des Philosophen Martin Seel noch präzisiert werden. Seel unterscheidet zum einen zwischen episodischem und übergreifendem Glück (Seel 1999, S. 62ff), bietet eine meiner Ansicht nach überzeugende Unterscheidung zwischen gutem, gelungenem und glücklichem Leben an und benennt unter anderem auch die Inhalte, die zu einem guten Leben gehören.

Unterscheidungen von Martin Seel

Als episodisches Glück bezeichnet der Philosoph Situationen oder Zeitabschnitte, in denen man sich „hier und jetzt" glücklich fühlt, als übergreifendes Glück ist hingegen ein insgesamt glückliches Leben gemeint, womit es also um die übergreifende Qualität des jeweiligen Lebens geht (ebd. S. 62). Jemand kann von sich behaupten, ein gelingendes Leben zu haben, der es schafft, in guten wie in schlechten Zeiten ein selbstbestimmtes Leben zu führen. Ein glückliches Leben ist darüber hinaus eines, in dem sich die wichtigsten Wünsche erfüllen, ein gutes Leben haben schließlich diejenigen Menschen, die ein „mehr oder weniger glückliches und gelungenes Leben" führen (Seel 1999, S. 127).

Zentrale Dimensionen

Zu den Kernelementen, den Inhalten guten Lebens zählt Seel Arbeit, Interaktion, Spiel und Betrachtung. Vor allem in diesen zentralen Dimensionen menschlichen Lebens erweist es sich als gelungenes, glückliches oder gutes. Ohne hier ausführlich auf diese vier Dimensionen einzugehen (siehe dazu Seel 1999, S. 138-170), muss festgehalten werden, dass Menschen in allen vier Dimensionen zu ihrer Welt, zu anderen Menschen und zur Natur in ein bestimmtes Verhältnis treten. Mag der Bereich *Arbeit* mehr mit Anstrengung und Pflicht konnotiert sein, die Dimensionen *Spiel* und *Betrachtung* mehr mit Freizeit und Vergnügen in Verbindung gebracht werden und *Interaktion* schließlich als anthropologische Konstante betrachtet werden – all diese Begriffe sind imstande, viele grundlegende Dinge, die zu einem guten menschlichen Leben gehören, in sich zu vereinen. Insofern erscheint mir diese kürzere „Liste" und Definition von vier Inhalten guten Lebens im Vergleich zu Martha C. Nussbaums Liste mit ca. 10 Capabilities sogar als noch umfassender. Arbeit, Interaktion, Spiel und Betrachtung müssen auf die darin zum Ausdruck kommende Selbstbestimmung und Wunscherfüllung von Menschen hin betrachtet werden, wenn es darum geht, Überlegungen zum Gelingen oder gar Glücken des Lebens vorzunehmen.

Seels Definitionen sind äußerst hilfreich, wenn man Überlegungen zur stärkeren Berücksichtigung des Glücksbegriffs in der Sozialen Arbeit anstellt. Seine Schrift „Versuch über die Form des Glücks" (Seel 1999) enthält m. E. noch viel unentdecktes Potenzial und prägende Ideen für die Soziale Arbeit. Dazu zählt die Unterscheidung episodisches versus übergreifendes Glück ebenso wie die weitere Auseinandersetzung mit den hier nur skizzierten, jedoch noch auszulotenden Begriffen Arbeit, Interaktion, Spiel und Betrachtung. Diese Begriffe sind nämlich für viele Handlungsfelder der Sozialen Arbeit – wie im folgenden Abschnitt noch zu zeigen sein wird – von Bedeutung.

Relevanz des Themas für Soziale Arbeit

Das Thema „Glück" ist für Fachkräfte in der Sozialen Arbeit von hoher Bedeutung. Die Beschäftigung mit Glück und damit einhergehend auch mit dem Sinn des (eigenen) Lebens und anderen existentiellen Fragen führt einerseits zu einer wichtigen Selbstreflexion, zum anderen hilft sie, die Adressaten aus einem anderen Blickwinkel zu betrachten. Konkret heißt dies, den Schwerpunkt weniger auf Defizite, Mängel, Schwierigkeiten und Probleme zu legen und im Gegenzug dazu mehr auf Potenziale, Ressourcen und Stärken zu achten und zu setzen. Ohne die Vulnerabilität, also die Verletzbarkeit der Menschen im Allgemeinen und von Menschen in kritischen Lebensphasen im Besonderen, auszublenden, tritt hier Resilienz in den Vordergrund, also Widerstandsfähigkeit, und damit die Frage, wie Menschen auch schwierige Situationen bewältigen bzw. wie sie episodisches Glück auch in schlechten Zeiten erleben können. Wie können Sozialarbeiter/-innen dazu beitragen, diese Menschen insgesamt so zu unterstützen, dass sie einerseits selbstbestimmt(er) werden und andererseits wenn nicht gleich alle, so doch zumindest einige ihrer Wünsche in Erfüllung gehen?

> Vulnerabilität und Resilienz

Hierbei ist natürlich nicht nur der Blick auf die einzelnen Individuen wichtig, sondern auch auf die finanziellen, politischen und gesellschaftlichen Rahmenbedingungen bzw. Kontexte. Die herausfordernde Aufgabe, Menschen zu motivieren, etwas aus ihrem Leben zu machen, darf jedoch nicht aus dem Blickpunkt geraten, auch wenn Statistiken, die den starken Einfluss der soziokulturellen Herkunft auf Bildungschancen belegen, manchmal eine ganz andere, desillusionierende Sprache sprechen. Wichtig ist es, den Adressaten Sozialer Arbeit zu verdeutlichen, dass am Ende des Weges, etwa nach Durchführung eines Hilfeplans, einer sozialpädagogischen Familienhilfe o. Ä. nicht eine Endstation mit einem Schild namens „Glück" auf sie wartet. Gleichzeitig müssen Sozialarbeiter/-innen ihren Adressaten Verwirklichungschancen im Rahmen der zur Verfügung stehenden Ressourcen und Möglichkeiten aufzeigen, ganz nach dem Motto und Titel des Romans von Mirjam Pressler „Wenn das Glück kommt, muss man ihm einen Stuhl hinstellen" (1995). In dieser Geschichte wird übrigens eine sozialpädagogische Thematik par excellence behandelt, nämlich die durch verschiedene Strategien gelingende Bewältigung des Heimalltags durch Halinka, ein zwölfjähriges Mädchen, nach dem Zweiten Weltkrieg. Aus dieser Erzählung – und sicher auch aus weiteren literarischen, nicht nur aus wissenschaftlichen Texten – können

> Die Aufgabe der Fachkräfte

Fachkräfte ebenfalls viele Anregungen für die Auseinandersetzung mit dem Thema „Glück" in ihren Handlungsfeldern gewinnen.

Handlungsfelder

Jetzt wurden bereits einige Handlungsfelder Sozialer Arbeit genannt, in denen das Thema „Glück" eine Rolle spielt. Eigentlich ist „Glück" für alle Handlungsfelder der Sozialen Arbeit wichtig, ganz gleich ob es sich um lebensweltergänzende, lebensweltunterstützende oder lebensweltersetzende Angebote oder Interventionen handelt. Wenn man nochmals die bereits erwähnten Dimensionen eines guten Lebens von Martin Seel, Arbeit, Interaktion, Spiel und Betrachtung, hinzuzieht, wird man diese je nach Handlungsfeld in unterschiedlichen Gewichtungen und Mischungsverhältnissen vorfinden.

In der Kinder- und Jugendhilfe, beispielsweise in der Jugendfreizeitarbeit, werden *Spiel* und *Interaktion* wohl im Vordergrund stehen, bei der Sozialen Hilfe, zum Beispiel in Arbeitslosenzentren oder bei Sozialhilfeempfängern, wird *Arbeit* zentral sein, in der Altenhilfe wird schließlich die Thematik *Arbeit* wieder in den Hintergrund treten, dafür jedoch ein Aufrechterhalten der *Interaktionen* mit anderen Menschen bedeutsam, aber auch Formen des *Spiels* und der *Betrachtung* werden evtl. wieder einen größeren Raum einnehmen. In der Gesundheitshilfe schließlich geht es darum, Menschen so zu unterstützen, dass sie ihre Gesundheit aufrechterhalten oder wiedererlangen können und sich ihnen damit wieder einige, wenn nicht gleich alle Chancen eröffnen, um ein gutes und gelingendes, vielleicht sogar glückliches Leben in den dazugehörenden Dimensionen (Arbeit, Interaktion, Spiel und Betrachtung) zu führen.

„Glück" ist nicht nur im wörtlichen Sinn für alle Menschen wichtig, sondern auch im Rahmen der hier behandelten sozialpädagogischen Thematik ein alle Adressaten und Altersgruppen überspannendes Thema von großer Bedeutung, ein Querschnittsthema dem aber natürlich in verschiedenen Lebensphasen und Lebenslagen jeweils ein anderes Gewicht zukommt (siehe Münch/Wyrobnik 2011, vgl. auch Wyrobnik 2012a). Wenn das Thema in der Sozialen Arbeit insgesamt mehr Beachtung fände, würden daher vor allem die Adressaten der Sozialen Arbeit, ob sie nun Kinder, Jugendliche, Erwachsene mitten im Leben oder ältere Menschen in verschiedenen Lebenslagen sind, profitieren. Wichtig dabei wäre, dass nicht einfach nur einige weitere Artikel und Bücher dazu geschrieben werden, alles also graue Theorie bleibt, sondern diese Überlegungen wirklich Eingang in die Praxis finden, sich an der Praxis messen lassen müssen und evtl. auch zu einem Überdenken mancher bislang etablierter Praxis führen.

Resümee

Das Thema „Glück" darf im Studium der Sozialen Arbeit nicht fehlen, denn es berührt einen Kernbereich Sozialer Arbeit. Auf dem Weg zu einer guten Fachkraft der Sozialen Arbeit sollten sich Studierende die Ziele und Grundkategorien Sozialer Arbeit bewusst machen. Hierzu gehört vor allem auch die Beschäftigung mit der Frage, wie Menschen unter schwierigen Bedingungen ein gelingendes Leben führen können und wie man sie dabei unterstützen kann, ein gutes Leben zu führen. Auch eine intensivere Selbstreflexion wird den Fachkräften durch die Auseinandersetzung mit solchen Fragen ermöglicht und eine Selbstvergewisserung: Was ist wichtig in *meinem* Leben, was zählt zu einem *guten* Leben, was verstehe *ich* darunter? Dies gilt übrigens nicht nur für junge Studierende, sondern auch für bereits berufserfahrene, etwas ältere Studierende, die zum Beispiel in berufsbegleitenden Studiengängen eingeschrieben sind. Ganz gleich, welche Personen nun Soziale Arbeit auf welche Weise (Präsenzstudium, Fernstudium usw.) studieren – die Frage nach dem Glück hat stets das Zeug, aktuelle, spannende und lebhafte Diskussionen in Lehrveranstaltungen in Gang zu setzen. Dabei kann das Thema bereits auf BA-Niveau angesprochen werden, etwa im Rahmen eines Moduls zur Lebensweltorientierung in der Sozialen Arbeit, aber es kann auch in Gesellschaft der Begriffe „Wohlbefinden" und „Kindeswohl" oder in Zusammenhang mit einer „Pädagogik des Stärkens" (Wyrobnik 2012b) bzw. den Begriffen „Resilienz" und „Salutogenese" (vgl. den Beitrag von Franzkowiak) behandelt werden und als Querschnittsthema in unterschiedlichen Modulen zu den jeweils verschiedenen Handlungsfeldern dienen. Insbesondere für neu entstehende Studiengänge oder solche, die reakkreditiert werden sollen, besteht hierbei die Chance, einen neuen Schwerpunkt zu bilden, ein innovatives Profil auszubilden.

Glück als Thema für Studierende

Es ist schwer vorauszusagen, wie sich das Thema in Theorie und Praxis weiter entwickeln wird. Da es jedoch ein „unbelastetes" und „positiv besetztes" Thema ist, welches das Leben von uns allen berührt, ist nicht davon auszugehen, dass die theoretische Bearbeitung und Weiterentwicklung oder auch Forschung auf diesem Gebiet auf große Widerstände stoßen wird. Sicherlich stellt sich die Frage nach der praktischen Relevanz und Umsetzung, denn ebenso wenig, wie sich Glück einfach definieren lässt, kann es Patentrezepte für eine glücksfördernde Altenarbeit, eine Eltern und Kinder glücklich machende Kita oder eine glückliche Kindheit im Heim geben; manches davon klingt schon fast zynisch. Aber darum geht es auch nicht in erster Linie, sondern um eine Haltung, um ein Bewusstsein für die Thematik, für die Horizonte, die sich neu und anders eröffnen, wenn wir uns dem Glück und seinen Potenzialen in verschiedenen Bereichen widmen. Abschließend sei stichwortartig zusammengefasst, welche wissenschaftlichen Anstrengungen in der

Entwicklungsmöglichkeiten

Zukunft unternommen werden müssen, um das Thema noch weiter zu entwickeln.

Anregungen   • Erziehungswissenschaft, Glücksforschung und andere Disziplinen sind
     daraufhin zu befragen, welchen Beitrag sie zur Weiterentwicklung des
     Glücksbegriffs in der Sozialen Arbeit leisten können.
   • Mögliche interdisziplinäre Verknüpfungen könnten ausgelotet werden,
     um das Thema in sozialpädagogischen Kontexten zu vertiefen.
   • Historisch könnte zurückgeblickt und analysiert werden, ob und, wenn ja,
     wie sich auch Klassiker/-innen der Sozialen Arbeit (wenn auch nur im-
     plizit) mit dieser Thematik auseinandergesetzt haben.
   • Es sollte sondiert werden, welche konkreten Auswirkungen auf die Praxis
     eine wissenschaftliche Beschäftigung mit dem Begriff nach sich ziehen
     könnte.
   • Forschungsprojekte könnten durchgeführt werden, beispielsweise zur
     Frage, was Adressaten der Sozialen Arbeit unter Glück oder zumindest
     unter einem guten Leben verstehen. Kinder können hierzu ebenso befragt
     werden wie Jugendliche, Erwachsene und ältere Menschen.
   • Verwandtschaftsbeziehungen und Zusammenhängen mit anderen Be-
     griffen könnte weiter nachgespürt werden, zum Beispiel in Bezug auf die
     Begriffe Resilienz, Wohlbefinden, Zufriedenheit, aber auch Humor, Le-
     benskunst usw.
   • Hilfreich wäre auch ein Blick über den eigenen Tellerrand, das heißt die
     internationale Perspektive einzubeziehen und zu betrachten. Wie wird in
     anderen Ländern im Rahmen von Theorie und Praxis Sozialer Arbeit mit
     dem Thema „Glück" umgegangen? Welche Rolle spielen also Begriffe
     wie „happiness", „well-being" oder „empowerment" für „social work" in
     den jeweiligen Ländern?
   • Schließlich könnte untersucht werden, in welchen Handlungsfeldern So-
     zialer Arbeit eine Forschung und Weiterentwicklung der Glücksthematik
     besonders naheliegend und sinnvoll wäre, in welchen Bereichen also auch
     Publikationen hilfreich und praxisbegleitend sein könnten.

Literatur

Brumlik, M. (2002): Bildung und Glück. Versuch einer Theorie der Tugenden. Berlin u.
     Wien.
Münch, J./Wyrobnik, I. (2011): Pädagogik des Glücks. Wann, wo und wie wir das Glück
     lernen. Baltmannsweiler, 2. Aufl.
Noack, W. (2006): Das Glück als zentrale Kategorie der Sozialen Arbeit. In: Soziale Arbeit.
     Zeitschrift für soziale und sozialverwandte Gebiete. Heft 6, S. 202-208.
Otto, H.-U./Ziegler, H. (2007): Soziale Arbeit, Glück und das gute Leben – Das sozialpä-
     dagogische Potential des Capability Approach. In: Andresen, S./Pinhard, I./Weyers, S.

(Hrsg.): Erziehung – Ethik – Erinnerung. Pädagogische Aufklärung als intellektuelle Herausforderung. Micha Brumlik zum 60. Geburtstag. Weinheim u. Basel, S. 229-248.

Pressler, M. (1995): Wenn das Glück kommt, muss man ihm einen Stuhl hinstellen. Weinheim, 3. Auflage

Seel, M. (1999): Versuch über die Form des Glücks. Frankfurt/Main.

Thiersch, H./Grunwald, K./Köngeter, S. (2010): Lebensweltorientierte Soziale Arbeit. In: Thole, W. (Hrsg.): Grundriss Soziale Arbeit. Ein einführendes Handbuch. Wiesbaden, S. 175-196. 3. Auflage.

Thole, W. (2010): Die Soziale Arbeit. Praxis, Theorie, Forschung und Ausbildung. In: Thole, W. (Hrsg.): Grundriss Soziale Arbeit. Ein einführendes Handbuch. Wiesbaden, S. 19-70. 3. Auflage.

Vorlaufer, J. (2012): Glück haben – glücklich sein. Eine anthropologische Grundfrage im Kontext sozialer Arbeit. In: Soziale Arbeit. Zeitschrift für soziale und sozialverwandte Gebiete. Heft 3, S. 82-90.

Wulf, C./Suzuki, S./Zirfas, J./Kellermann, I./Inoue, Y./Ono, F./Takenaka, N. (2011): Das Glück der Familie. Ethnographische Studien in Deutschland und Japan. Wiesbaden.

Wyrobnik, I. (2012a): Auf dem Weg zu einer Pädagogik des Glücks. Glück kann man ermöglichen, aber nicht lehren. In: TPS (Theorie und Praxis der Sozialpädagogik). Ausgabe 4, S. 9-13.

Wyrobnik, I. (Hrsg.) (2012b): Wie man ein Kind stärken kann. Ein Handbuch für Kita und Familie. Göttingen.

Ziegler, H./Schrödter, M./Oelkers, N. (2010): Capabilities und Grundgüter als Fundament einer sozialpädagogischen Gerechtigkeitsperspektive. In: Thole, W. (Hrsg.): Grundriss Soziale Arbeit. Ein einführendes Handbuch. Wiesbaden, S. 297-310, 3. Auflage.

Zirfas, J. (2011): Zur Pädagogik der Glücksgefühle. Ein Beitrag zum Pursuit of Happiness. In: Zeitschrift für Erziehungswissenschaft, 14 (2011) Heft 2, S. 223-240.

Forschung

Armin Schneider

Einleitung

Die Soziale Arbeit hat ein unendliches Potential an Forschungsgegenständen, ist für die Profession und Disziplin von hoher Bedeutung, aber der Fortschritt, wie C.W. Müller (2012) einmal betonte, erfolgt oft nur im Schneckengang.

Forschung hat eine lange, fast vergessene, Tradition in der Sozialen Arbeit. Es lohnt die Anfänge der Forschung in der Sozialen Arbeit zu betrachten, viele der dort zu betrachtenden Erscheinungen können heute noch wegweisend für die Forschung sein: Die enge Verzahnung der Praxis Sozialer Arbeit mit der Forschung, die Verknüpfung von quantitativen mit qualitativen Methoden, die Nutzung von Forschung für die Diagnose u.Ä. Interessant ist, dass Soziale Arbeit von Anfang an mit Forschung verbunden war.

Forschung als fester Bestandteil Sozialer Arbeit

Forschung und Praxis waren bei Jane Addams und ihrem Arbeiten rund um Hull House nicht voneinander zu trennen (vgl. Miethe 2012), Alice Salomon führte selbst mehrere Studien empirischer Art durch, bei Mary Richmond waren Soziale Fallarbeit, Gruppenarbeit, Sozialreform und eben Sozialforschung feste Bestandteile der Sozialen Arbeit (vgl. Riemann / Schütze 2012). Umso wichtiger ist es heute, Forschung fest in der wissenschaftlichen Disziplin Sozialer Arbeit wie auch in der Profession zu verankern. In den Erziehungswissenschaften hat der so genannte PISA-Schock starke Impulse für eine wachsende vergleichende quantitative Bildungsforschung gesetzt und empirische Forschung forciert. Eine dezidierte empirische Forschung in den Erziehungswissenschaften wurde allerdings schon mit der Gründung des preußischen Zentralinstitutes für Erziehung und Unterricht 1914 in Berlin, dem deutschen Institut für wissenschaftliche Pädagogik in Münster 1922 und der statistischen Zentrale für die deutschen Volkshochschulen in Leipzig 1925 mit ganz unterschiedlichen Schwerpunkten betrieben, die jedoch vorwiegend personen- und inhaltsorientiert den Bereich der schulischen Bildung betrafen (vgl. Krüger / Grunert 2012). Eine Neuorientierung, die auch für die (universitäre) Sozialpädagogik wichtige Impulse gab, wird in den 1960er Jahren gesehen, als es ähnlich der gegenwärtigen Diskussion um die tatsächliche Bildungsbeteiligung in der Realität ging, damals erstmals um Veränderungsforderungen auf der Ebene der Strukturen (vgl. Fend 1990). Neben dem Bildungsrat, der Bund-Länder-Kommission für Bildungsplanung fallen in diese Zeit auch die Gründung des Deutschen Jugendinstitutes und des Max-Planck-Institutes für Bildungsforschung (beide 1963). 1975 wurde von der Deutschen

Forschungsgemeinschaft eine Stärkung der Forschung im Bereich der Bildung proklamiert. Teilweise wird noch heute zwischen einer „geisteswissenschaftlichen Pädagogik" und einer „empirischen Bildungsforschung" unterschieden, als sei die Geisteswissenschaft nicht für die Forschung geeignet oder die Bildungsforschung nicht der Geisteswissenschaft verpflichtet. Inzwischen werden gerade auch in der Bildungsforschung Anstrengungen unternommen durch eine Hinwendung zu einer qualitativen Forschung quasi den Faden der hermeneutischen Traditionen wieder neu aufzunehmen und Empirie nicht einseitig auf standardisierte Methoden zu reduzieren (vgl. Miethe/ Müller 2012). In der Sozialen Arbeit ist die anfängliche Skepsis gegenüber empirischer Forschung überwunden und insbesondere Fachhochschulen haben im Bereich der anwendungsbezogenen Forschung (z.B. Begleitforschung, Evaluationsstudien) und der forschungsbezogenen Projektarbeit ihre Kompetenz unter Beweis gestellt.

Forschung für Disziplin und Profession

Forschung hatte und hat eine wichtige professions- und disziplinbildende Funktion in der Sozialen Arbeit. In unterschiedlicher Weise wird die Forschung als Instrument zur Professionsbildung gesehen und erkannt. Die unterschiedlichen Begrifflichkeiten der Forschung in der Sozialen Arbeit, der Sozialarbeitsforschung und der sozialpädagogischen Forschung sind vor allem auf die je eigenen Traditionslinien zurückzuführen und verweisen eher auf eine fachdisziplinäre Verortung als auf wesentliche methodische oder theoretische Unterscheidungsmerkmale (vgl. Miethe /Schneider 2010, S. 55f.). Teilweise werden eher standardisierte und quantitative Forschungsmethoden in Evaluationskontexten verwendet, wenn es um die Beschreibung und Bewertung von Programmen in der Sozialen Arbeit geht. Rekonstruktive Sozialarbeitsforschung erhebt den Anspruch, einen verstehenden Zugang zu den Lebenswirklichkeiten von Adressat/-innen zu erhalten und mittels qualitativer Methoden Konstruktionen Einzelner zu analysieren und für generalisierende Aussagen zu nutzen. Hierzu gehören die Nutzung von biographischen, dokumentarischen, narrativen, konversationsanalytischen, objektiv-hermeneutische und andere Methoden, die methodologisch oft (aber nicht immer!) in einer Tradition der Grounded Theory stehen. Vielfach zeigt sich trotz erkennbarer paradigmatischer Unterschiede und verwurzelter Grundüberzeugungen in der einen oder anderen Methode oder Methodologie, dass sowohl standardisiert-quantitativ wie auch qualitativ-rekonstruktiv gewonnene Erkenntnisse in Bezug zueinander genutzt werden in Form von Mixed Methods, Triangulation oder einem integrierten Forschungsansatz (vgl. Dieckerhoff /Schneider 2011). Eine Richtung, die sich selbst als „kritisches Forschen"

Vielfalt von Forschungsansätzen

(vgl. Schimpf /Stehr 2012) bezeichnet, versucht in den Rahmenbedingungen und Konstellationen von Forschung auch Herrschafts- und Konfliktthemen aufzudecken und warnt vor einer allzu starken Vereinnahmung von Forschung durch Ordnungsvorstellung zu Lasten von emanzipatorischen Zielen. Pauschal einer rekonstruktiven Forschung eine expertokratische Perspektive vorzuwerfen, die das Verstehen nicht für einen weiteren Dialog nutze (vgl. Schimpf 2012, S. 128) scheint jedoch eine unzutreffende Verkürzung eines solchen Ansatzes zu sein

Mit Blick auf die Gegenwart der Forschung in der Sozialen Arbeit lassen sich die folgenden Kennzeichnungen festhalten:

- *Forschung in der Sozialen Arbeit ist nicht einer Methodologie verpflichtet!*

Forschungs-
gegenstand
entscheidend für
Methode

Es gibt, wenn überhaupt, nur wenige Methoden, die exklusiv für die Forschung in der Sozialen Arbeit zur Verfügung stehen. Das ist aber auch nichts Besonderes, denn viele andere Disziplinen, wie die Soziologie, die Betriebswirtschaftslehre oder die Psychologie bedienen sich z.B. ebenfalls der „Technik" des Fragebogens und zuweilen sehen sogar Ingenieure für ihren Bereich den Nutzen von qualitativen Methoden. Historisch bedingt brauchte die Soziologie zu ihrer eigenständigen Disziplinbildung die Konzentration auf quantitative Methoden. Doch wie die Themenspektren, die Biographien von Ulrich Oevermann und Fritz Schütze (beide begannen mit quantitativer Forschung und entwickelten vor diesem Hintergrund qualitative Methoden) und noch mehr deren Arbeiten zur Forschung in diesem Bereich zeigen, kommt auch die Soziologie nicht ohne qualitative Methoden aus. Selbst die Medizin, die eine „evidence based medicine" forciert, betrachtet unter diesem Aspekt zunehmend qualitative Methoden. So ist es für die Soziale Arbeit unter Verweis auf Wilhelm Dilthey, demnach sich die Geisteswissenschaften eher um das Verstehen bemühen, zwar in gewisser Weise nachvollziehbar, dass hier qualitative Methoden von großer Bedeutung sind.

Dennoch haben quantitative Methoden ihren Nutzen, wenn es um Zahlen, um (statistisch zu ermittelnde) Zusammenhänge und um leicht messbare Sachverhalte geht. Forschung in der Sozialen Arbeit zeichnet sich durch eine Methodenvielfalt aus, nicht durch eine Beschränkung z.B. durch die Fähigkeiten und Kompetenzen des Forschenden. Das meint: Der Forschungsgegenstand und die Forschungsfragen sind ausschlaggebend für die Methode, nicht individuelle Vorlieben. „Wer nur den Hammer kennt, für den ist alles was kommt, ein Nagel" oder auf Forschung in der Sozialen Arbeit gemünzt: „Wer nur das narrative Interview kennt, für den ist jeder Mensch ein Erzähler seiner Geschichte". Dabei wird vielleicht ausgeblendet, dass der Mensch noch andere Formate und Formen von Äußerungen oder auch Verinnerlichungen kennt, die vielleicht für eine bestimmte Forschungsfrage wesentlich bedeutsamer sind.

- *Forschung in der Sozialen Arbeit ist grundlagen- und praxisorientiert!*

Den Fachhochschulen wurde und wird meist nur eine anwendungsbezogene praxisorientierte Forschung zugestanden. Die Universitäten sind, so eine eingeschränkte Sichtweise, die „wahren" Forschungsstätten. Sieht man Soziale Arbeit als eigene Wissenschaftsdisziplin im Bereich der Handlungswissenschaften, vergleichbar mit Medizin oder Betriebswirtschaftslehre an, so kann es nicht darum gehen, „nur" Erkenntnisse der Bezugswissenschaften umzusetzen, sondern selbst Grundlagen zu erforschen. Soziale Arbeit kann nicht warten, bis Soziologen oder Psychologen auf die Idee kommen, die Wirkung von Hilfen zu untersuchen, sondern muss sich selbst um ihre eigene Forschung bemühen.

Grundlagenforschung für Soziale Arbeit auch an Fachhochschulen

- *Forschung in der Sozialen Arbeit dient den Adressaten!*

Wenn die werteorientierte Ausrichtung der Sozialen Arbeit ernstgenommen wird, und Soziale Arbeit der Menschenwürde eines jeden Menschen und einer sozialen Gerechtigkeit verpflichtet ist, so muss sich auch die Forschung als Teil der Profession und Disziplin dieser Ausrichtung verpflichtet fühlen. Dieses bedeutet eine besonders sensible Forschung, die weit über die normalen Standards der Forschung hinausgeht. Es reicht nicht, als Forscherin oder Forscher Erhebungen zu machen und dann die Adressaten mit sich alleine zu lassen, sondern es geht auch im Forschungsprozess um klare Rollen, aber auch um das „nicht im Regen stehen lassen" des Adressaten. Dabei erweist sich der in der standardisierten Forschung proklamierte „Goldstandard" einer kontrollierten und randomisierten Stichprobenerforschung und deren Vergleich mit einer Kontrollgruppe in der Sozialen Arbeit nicht zwingend als richtungsweisend und muss immer im Lichte einer forschungsethischen Perspektive betrachtet werden. Forschung in der Sozialen Arbeit darf nicht mit Menschen experimentieren, sondern muss sich den Prinzipien der Sozialen Arbeit verpflichtet sehen.

Forschung bedarf einer Sensibilität

- *Forschung in der Sozialen Arbeit muss systematisch Theorie und Praxis Sozialer Arbeit beeinflussen!*

Selbstverständlich muss Forschung die Theorie Sozialer Arbeit und die Praxis Sozialer Arbeit beeinflussen, erweitern, profilieren und anreichern. Forschung in der Sozialen Arbeit bleibt nicht bei ihren Ergebnissen stehen. Als Forschung in Disziplin und Profession müssen mehr denn je Wege gesucht und gefunden werden, wie sich Forschung, Theorie und Praxis durchdringen und füreinander öffnen lassen. Allerdings ist auch zu beobachten, dass sich die Praxis nicht immer selbstverständlich für Forschung öffnet. Viele Anbieter Sozialer Arbeit lassen sich nicht gerne „in die Karten sehen" oder bauen zu hohe Hürden auf. Sei es, dass die Notwendigkeit für Forschung nicht gesehen wird, das Alltagsgeschäft überwiegt und vermeintlich keine Zeit dafür vorhanden ist, einmal mit Abstand die eigene Arbeit erforschen zu lassen. Oft ist

Forschung muss Soziale Arbeit voranbringen

es aber auch die Angst vor Veränderungen durch die Forschungsergebnisse und sei es die Angst vor der Konsequenz, dass dann ein bisher nicht erkannter Hilfebedarf aufgedeckt wird. Es wird auf Datenschutz verwiesen oder die Hierarchie oder die Eingebundenheit in eine Behörde als Argument gegen eine Forschung bemüht. Langfristig kann ein solches Denken und Handeln nur unterbrochen werden durch eine Ausbildung und eine Theoriebildung, die die Schnittstellen zwischen Praxis, Forschung und Theorie ständig bearbeitet durch Forschungswerkstätten, durch Handlungsforschung, durch feste Forschungsbudgets bei den Trägern, durch Tagungen und durch das Zusammenbringen von Menschen aus diesen drei Bereichen.

- *Forschung in der Sozialen Arbeit muss von einem klaren Verständnis der Sozialen Arbeit als Handlungswissenschaft in der Sorge um die soziale Existenz des Menschen ausgehen!*

Soziale Arbeit als Grundlage

Es ist zu wenig, Soziale Arbeit als „Arbeit mit Menschen" zu definieren. Auch Betriebswirt/-innen und Maschinenbauingenieur/-innen arbeiten mit Menschen und versuchen diese irgendwie zu beeinflussen und zu gewinnen. Soziale Arbeit nutzt eigene Erkenntnisse und Erkenntnisse von Bezugswissenschaften und ist dem Handeln verpflichtet und zwar auf mehreren Ebenen. Weder allein auf der individuellen, noch nur auf der institutionellen, noch nur auf der Makro, sprich der politischen Ebene. Welche andere Disziplin und Profession sorgt sich um die soziale Existenz des Menschen? Forschung in der Sozialen Arbeit braucht einen klaren Bezug zu einer so verstandenen Sozialen Arbeit als Handlungswissenschaft mit der Ausrichtung auf eine ethisch fundierte soziale Existenz (vgl. Staub-Bernasconi 2007).

- *Forschung in der Sozialen Arbeit muss stärker als bisher Wirkungen Sozialer Arbeit beschreiben und legitimieren!*

Fragen nach Wirkungen selbst beantworten

Es ist nicht immer einfach, bestimmte Wirkungen empirisch nachzuweisen, dies wird aber in Zeiten knapper öffentlicher Kassen zunehmend gefordert.

Gerade das Feld der Kinder- und Jugendhilfe, in dem der Bundesgesetzgeber die Vorgaben des SGB VIII erlässt und die Kommunen letztlich zahlen müssen, steht im Blickpunkt der Öffentlichkeit. Die zu bearbeitenden Fälle nehmen zu, Gelder werden weniger, die Personalfluktuation gerade im Feld des ASD (Allgemeiner Sozialer Dienst) ist enorm. Hier geht es darum, durch Forschung und den Transfer der Forschungsergebnisse in die Politik deutlich zu machen, dass Soziale Arbeit mehr denn je als Investition in die Zukunft unserer Gesellschaft zu verstehen und profilieren ist.

- *Forschung in der Sozialen Arbeit muss sich selbst um die „Dissemination" aktiv bemühen und ihre Ergebnisse verbreiten!*

Erkenntnisse selbst übersetzen

Forschungsergebnisse wirken nicht für sich allein. Welche, teilweise fragwürdigen Ergebnisse von Forschungen, kommen in den Medien vor und welche beeinflussen Politik? Qualitative Ergebnisse werden selten rezipiert, weil sie sich selten in Zahlen, Schlagwörter und Schaubilder verpacken lassen. Oft ist die Verkettung von Halbwissen, populärwissenschaftlichem Anspruch und symbolischer Politik in der medialen Präsenz richtungsgebend und prägend. Viele Forschungen aus der Sozialen Arbeit bleiben in den Schubladen liegen, weil sie Dinge nicht auf den Punkt bringen, was für Medien wichtig ist, oder sie vermögen die politische Brisanz nicht zu artikulieren. Wer spricht in Deutschland für die Soziale Arbeit? Die Berufsverbände sind nicht organisationsstark, die Wohlfahrtsverbände haben auch andere Interessen und sind vollends mit dem Wettbewerb beschäftigt. Wissenschaftliche Fachorganisationen streiten sich um Details, die Außenstehende weder verstehen noch interessieren. Hier müssen die Akteure Brücken zueinander bauen im Sinne der Sozialen Arbeit und letztlich deren Adressatinnen und Adressaten.

Forschung im Studium

Die Verantwortung für die eigene Forschung zieht es nach sich, dass Forschung in der Ausbildung, im Studium als integrierter Bestandteil und das nicht erst im Masterstudium verstanden wird. Da ist sicherlich noch einiges zu tun. Die Stärkung der Sozialen Arbeit durch das Bologna-System (erstmals eigene Masterabschlüsse, dadurch werden Promotionen in der Disziplin Soziale Arbeit möglich, dadurch wiederrum gibt es einen höheren Anteil von Professorinnen und Professoren aus der Disziplin selbst) trägt dazu bei. Darum sollten im Bachelorstudiengang Grundlagen der Forschung, der Evaluation, der Forschungsmethoden zur Diagnose, Anamnese und Katamnese gelehrt werden. Gerade Fachhochschulen können eine gute Verzahnung von Forschung und Lehre im Sinne eines „forschenden Lehrens" ermöglichen. Diese Themen werden bereits im Bachelorstudium benötigt, „um Orientierungen und reflektiertes Handlungswissen zum sicheren Praxishandeln zu entwickeln" (Friesenhahn u.a. 2012: 100). Auch ein Bachelorstudium soll Praxis hinterfragen und zur Gestaltung von Praxis anregen. Es braucht nicht betont zu werden, dass Soziale Arbeit immer auch eine politische Dimension hat. Wenn Akteure wie McKinsey, Stiftungen wie Bertelsmann und Bosch in Feldern Sozialer Arbeit bzw. der Pädagogik meinen kompetent ihre Meinung zu äußern und Politik zu beeinflussen, dann muss umso mehr Soziale Arbeit aus eigenem Antrieb, aus eigener Kompetenz und aus Verantwortung der ihr anvertrauten Menschen die Stimme erheben und aus ihrer Profession und Disziplin heraus, u.a. mit Forschungsergebnissen, Politik beeinflussen. Dieses bedarf des Einübens im Studium und in der Praxis.

Soziale Arbeit ist dem Menschen verpflichtet und muss den Menschen in all seinen sozialen Bezügen wahrnehmen und auf verschiedenen Ebenen in-

Forschendes Lernen schon im Studium

Auch Strukturen und Prozess beeinflussen

tervenieren und arbeiten. Forschung muss daher stärker als bisher auch Rahmenbedingungen, Strukturen und Prozesse der Erstellung von Dienstleistungen mit einbeziehen und zwar auf Meso- wie auch auf Makroebene

Arbeit an der Gesellschaft

Wenn Soziale Arbeit gemäß ihrer internationalen Definition den sozialen Wandel gestalten will, dann bedeutet dies auch eine Arbeit an den Institutionen, im Gemeinwesen und an der Gesellschaft. Das wirft dann z.B. folgende forschungsrelevante Fragen auf: Was bedeutet es für eine Gesellschaft wie in Spanien oder in Irland, dass dort inzwischen über 50 % der jungen Menschen arbeitslos sind? Wo ist die Stimme, die Lobby einer europäischen Sozialen Arbeit mit einem Zukunftsprogramm? Erkenntnisse über die Folgen von Arbeitslosigkeit liegen seit Jahrzehnten vor, werden aber kaum rezipiert oder in praktische und wirksame Politik umgesetzt. Forschung muss aktuelle Herausforderungen aufgreifen. Das zeigt sich auch im Hinblick auf die veränderte Wahrnehmung von Vielfalt in unserer Gesellschaft. Soziale Arbeit arbeitet mit Menschen aus ganz unterschiedlichen Hintergründen. Die Diversität einer Gesellschaft hat Auswirkungen auf die Methodik der Forschung. Ein Stichwort hierzu ist die „differenzsensible Forschung", wie sie von Kubisch (2012) vorgestellt wurde. Eine Forschung in der Sozialen Arbeit muss hier für Theorie und Praxis wichtige Erkenntnisse liefern, um angemessen zu agieren und zu reagieren. Wenn Inklusion ein wichtiges gesellschaftliches Ziel ist, so muss sich auch diese in der Forschung wiederfinden. Forschung gerade in der Sozialen Arbeit kann und darf nicht zur Exklusion von Gruppen der Gesellschaft beitragen. Weiter heißt dies auch das Subjekt, den Adressaten in den Blick der Forschung zu nehmen in Feldern wie der Behindertenhilfe, in denen ein Zugang zu den unmittelbar betroffenen schwierig erscheint oder bei schwer zugänglichen und kleinen Zielgruppen, bei denen sich Forschung angeblich nicht zu lohnen scheint. Forschung in der Sozialen Arbeit darf sich nicht für unzutreffende Vereinfachungen und fachfremde und kontraproduktive Klassifizierungen missbrauchen lassen.

Resümee

Soziale Arbeit braucht mehr Forschung, allerdings gibt es Einschränkungen, die nicht einfach zu überwinden sind.

Rahmenbedingungen für Forschung

Forschung ist in den Etats von Anbietern Sozialer Arbeit kaum vorgesehen, die großen Träger haben keine Forschungsabteilungen. Die „Freiheit der Forschung" ist auch nicht in jedem Fall gegeben, denn ein Großteil der Forschung ist auf Aufträge (und die dahinter liegenden externen Interessen) angewiesen. Das führt dazu, dass Forscher/-innen selten ihren eigenen, sich aus Disziplin und Profession ergebenden Forschungsvorhaben widmen können. Die Rahmenbedingungen für Forschung sind in den Fachhochschulen dürftig

(hohes Lehrdeputat der Professor/-innen; beschränkte Zugänge zu Forschungs-
geldern, Dominanz der Universitäten in den entscheidenden Gremien z.B. der
DFG (Deutsche Forschungsgemeinschaft). Dennoch ist an der Zahl der Forschungsprojekte, an der Größe der Drittmittelprojekte und schließlich an den
forschungsbezogenen Promotionen in der Sozialen Arbeit aus den Fachhochschulen heraus abzulesen, dass sich die Forschung an den Fachhochschulen in einer positiven Dynamik entwickelt. Es darf dabei nicht übersehen
werden, dass in einen Studienplatz an einer FH mit 12.900 € wesentlich weniger investiert wird als in einen Universitätsstudienplatz (28.200 €), für
Forschung und Lehre erhalten FH-Professor/-innen im Durchschnitt 172.740
€ und damit noch nicht einmal ein Drittel ihrer Kolleg/-innen an den Universitäten (vgl. Grünberg /Sonntag 2012).

Forschung muss nach Erkenntnissen in relevanten Themen Sozialer Arbeit suchen und diese wirksam in die Soziale Arbeit und darüber hinaus einbringen. Das bewahrt vor Willkür, vor Zufälligkeiten und vor dem Eindruck,
Soziale Arbeit können jede und jeder tun. Zwar sind die Ressourcen oft unzureichend, es gilt hier im politischen Diskurs mehr einzufordern und die
Systemrelevanz Sozialer Arbeit deutlich zu machen, doch geht es nicht darum,
dabei stehen zu bleiben, sondern mit dem Möglichen anzufangen. Die alten
Griechen unterschieden zwischen der Zeit als chronos (ablaufende Zeit) und
kairos (dem richtigen Zeitpunkt). Beim Kairos gilt es die Augen und Ohren
offenzuhalten und ein Gespür dafür entwickeln: Wo gibt es Geld für welche
Forschung und wann ist es sinnvoll, wo Forschungsergebnisse zu publizieren?
Forschung in der Sozialen Arbeit wird immer damit konfrontiert sein, dass die
Ergebnisse entweder banal klingen oder aber auf mangelnde Akzeptanz und
Einsicht stoßen. Sie wird auch immer damit leben müssen, dass Ergebnisse
kritisiert werden, dazu bieten sich immer Fragen zur Operationalisierung und
zur Generalisierung der Ergebnisse an. Aber ohne Forschung wird die Soziale
Arbeit verkümmern, unwirksam werden und an gesellschaftlichem und poli-
tischen Verständnis und damit Einfluss verlieren.

Mit dem Möglichen anfangen

Literatur

Dieckerhoff, K./Schneider, A. (2011): Das Spezielle und das Allgemeine – Quantitative
und qualitative Forschung: Zwei sich ergänzende Paradigmen von Forschung in der
Sozialen Arbeit. In: Kraus, B./Effinger, H./Gahleitner, S./Miethe, I. (Hrsg.). Soziale
Arbeit zwischen Generalisierung und Spezialisierung. Opladen, S. 181-193.
Fend, H. (1990): Bilanz der Bildungsforschung. In: Zeitschrift für Pädagogik. S. 687-709.
Friesenhahn, G. J./Dieckerhoff, K./Schneider, A./Braun, D. (2012): Studieren, Kompe-
tenzen erwerben, Praxis mitgestalten. In: Jugendhilfe 2/2012. 98-101.
Grünberg, H.H. v./Sonntag, C. (2012): Von wegen Underdogs! Warum die Fachhoch-
schulen sich vor den Universitäten nicht verstecken müssen. In: Die Zeit 30.08.2012.
S. 77.

Krüger, H.-H./Grunert, C. (2012): Erziehungswissenschaftliche Forschung. In: Krüger, H.-H./Rauschenbach, Th. (Hrsg.). Einführung in die Arbeitsfelder des Bildungs- und Sozialwesens. Opladen, S. 407-425.

Kubisch, S. (2012). Differenzsensible Forschung in der Sozialen Arbeit. Intersektionalität nach rekonstruktivem Verständnis. In: Effinger, H. u.a. Diversität und Soziale Ungleichheit (Hrsg.). Analytische Zugänge und professionelles Handeln in der Sozialen Arbeit. Opladen, S. 97-108.

Miethe, I. (2012). Forschung in und um Hull-House als Beispiel einer frühen Sozialarbeitsforschung. In: Bromberg, K. et al. Forschungstraditionen der Sozialen Arbeit. Opladen, S. 113-129.

Miethe, I./Müller, H.-R. (Hg.). (2012). Bildungsforschung und Bildungstheorie. Opladen.

Miethe, I./Schneider, A. (2010). Sozialarbeitsforschung – Forschung in der Sozialen Arbeit. Traditionslinien – Kontroversen – Gegenstände. In: Gahleitner, S. B./Sagebiel, J./ Effinger, H./Kraus, B./Miethe, I./Stövesand, S. (Hrsg.). Disziplin und Profession Sozialer Arbeit. Opladen, S. 51-64.

Müller, C. W. (2012). Von ungeduldigen Forschern und dem Schneckengang des Fortschritts. In: Schneider, Armin et al. Forschung, Politik und Soziale Arbeit. Opladen, S. 15-19.

Riemann, G./Schütze, F. (2012). Die soziologische Komplexität der Fallanalyse von Mary Richmond. In: Bromberg, K. et.al. Forschungstraditionen der Sozialen Arbeit. Opladen, S. 131-201.

Schimpf, E. (2012). Forschung und ihre Verstrickungen und Positionierungen in Konfliktfeldern der Sozialen Arbeit. In: Schimpf, E./Stehr, J. (Hg.). Kritisches Forschen in der Sozialen Arbeit. Wiesbaden, S. 107-132.

Schimpf, E./Stehr, J. (Hrsg.) (2012). Kritisches Forschen in der Sozialen Arbeit. Wiesbaden.

Staub-Bernasconi, S. (2007): Soziale Arbeit als Handlungswissenschaft. Bern.

Evaluation

Gerhard Kuntze

Einleitung

Evaluation verstanden als sachgerechte Bewertung ist ein Schlagwort nicht nur in der Sozialen Arbeit. In kaum einem Fachaufsatz oder einer Fachdiskussion fehlen Begriffe von Qualitätssicherung, Professionalität, Wirkung oder evidenzbasierter Sozialer Arbeit. Ob der Jugendhilfeausschuss über die Weiterführung oder Veränderung von Maßnahmen zu befinden hat, ob Freie Träger (z.B. der Jugendhilfe) Leistungsvereinbarungen des Jugendamtes unterzeichnen und danach budgetiert handeln, ob im Krankenhaus über die Ausgestaltung, Erweiterung oder Verkleinerung der personellen und materiellen Ressourcen des Sozialdienstes diskutiert oder in der Behindertenarbeit über Konzepte im Zusammenhang mit der in der Behindertenrechtskonvention festgehaltenen Forderung nach Inklusion nachgedacht wird (diese Beispiele ließen sich auf alle Arbeitsbereiche der Sozialen Arbeit ausdehnen), überall spielt Evaluation eine besondere Rolle nach innen und nach außen. Hinzu kommt, dass die in der Praxis stehenden Fachkräfte gegenüber anderen Professionen so manches Mal gefordert, wenn nicht gar überfordert sind fundiert darzulegen – wie beispielsweise gegenüber Justiz (Gerichts- und Bewährungshilfe), Medizin (Krankenhaussozialdienst), Schule und Lehrer (Schulsozialarbeit) oder auch im Rahmen von Kooperationsprojekten mit Polizei und Staatsanwaltschaft (JGH/Jugendhilfe im Strafverfahren, Freie Träger) –, was denn die Soziale Arbeit zu leisten in der Lage ist.

In den unterschiedlichen praktischen und theoretischen Diskursen erscheint der Umgang mit den eingangs erwähnten Begriffen uneinheitlich und inhaltlich erläuterungsbedürftig. Für die nachfolgenden Ausführungen heißt das, dass nach einer kurzen historischen Entwicklung des Themas der Versuch unternommen wird, den Begriff der Evaluation in seiner mittlerweile beliebigen Verwendung aufzuschlüsseln. Dabei steht die Relevanz des Themas für die Soziale Arbeit im Fokus der Betrachtung.

Historische Entwicklung

Peter H. Rossi beginnt im „Geschichtliche(n) Abriß der Evaluationsforschung", mit dem Ergebnis eines in der Bibel überlieferten „Modellprojekts", „daß der Verzicht auf Wein der geistigen und körperlichen Gesundheit nicht

Fragestellung und Verwendungszusammenhang

schadet". Überliefert ist, dass dieses Projekt „hinter dem Rücken Nebukadnezars" (Rossi u.a. 1988, S. 4). durchgeführt wurde. Ob diese Erkenntnis auf der Basis einer gezielten Evaluation beruht oder diese Erkenntnis vielleicht ein „Abfallprodukt" eines Projekts mit dezidierter forschungsrelevanter Fragestellung ist, ist nicht erkennbar. Weiterhin ist nicht erkennbar, was Anlass zur Untersuchung war, wer Auftraggeber und Forschende waren, welche Forschungsmethode angewandt sowie welche Untersuchungseinheit einbezogen wurde. Erkennbar ist, dass das Forschungsergebnis publiziert wurde. Auf unsere Zeit übertragen ist zu vermuten, dass die Winzergenossenschaft ein solches Ergebnis eher nicht, die Landeszentrale für gesundheitliche Aufklärung dagegen eher doch veröffentlicht hätte. Diese beispielhaft genannten Organisationen hätten sehr wahrscheinlich unterschiedliche Fragestellung im Zusammenhang mit Wein und Gesundheit formuliert. Weinliebhaber dürften dieser Fragestellung erst gar nicht nachgegangen sein.

Dieser kurze Ausflug in die Thematik zeigt auf den ersten Blick:

1. Forschung und Evaluation ist keine Neuerscheinung.
2. Es besteht ein Zusammenhang von Forschung, Evaluation und Evaluationsforschung.
3. Es kann konstatiert werden, dass die Menschheit bis heute daran arbeitet, Antworten auf (relevante) Fragestellungen zu erhalten und damit innovativ ist.
4. Anlass und Verwertung der Evaluation sowie das Verhältnis von Auftraggeber/-in und Forscher/-in muss hinterfragt und transparent gemacht werden.
5. Evaluation bedarf einer (Forschungs-) Methode und
6. die Ergebnisse werden nicht von allen geteilt.

Evaluation als permanentes Thema in unterschiedlichen Kontexten

Folgt man der Geschichte der Sozialen Arbeit, so lassen sich (unendlich) viele Beispiele dafür finden, welche Bedeutung und letztlich auch wie tief greifenden Einfluss die fachliche Auseinandersetzung mit der eigenen Arbeit hat (Professionalität), auch vor dem Hintergrund gesellschaftlicher, theoretischer und fiskalischer Rahmenbedingungen. Dabei spielt – nicht immer explizit benannt – Evaluation eine wichtige Rolle. Anfang der 1970er Jahre ist Evaluation aus Amerika kommend als Forschung auch im erziehungswissenschaftlichen Kontext eine nicht mehr wegzudenkende Forderung an die Fachvertreter/-innen. Hier wurde die fachliche Diskussion um adäquate Methoden ausgedehnt, z.B. um den Aspekt der „positivistischen Kontrollforschung" (vgl. Haubrich u.a. in Widmer u.a. 2009, S. 444). In Folge der Qualitätsdebatte, seit etwa den 1990er Jahren geführt, gewann Evaluation sowohl in der Wissenschaft als auch in der Praxis eine neue Dimension. Dieses Thema hat nicht nur die Soziale Arbeit, sondern auch die Erziehungswissenschaften (z.B. zum Thema „guter Unterricht") beeinflusst. Mit der Einführung des

Neuen Steuerungsmodells (New Public Management) und des damit verbundenen Paradigmenwechsels in der Kommunalpolitik und -verwaltung
nach dem Motto „von der Behörde zum Dienstleistungsunternehmen", „von
der Geldausgabepolitik zum Produktmanagement" (Kommunale Gemeinschaftsstelle 1996, S. 7) musste auch die Soziale Arbeit sich verstärkt in die
Auseinandersetzung mit den Thema Evaluation einbringen. Unter dem
Stichwort „Qualitätsentwicklungsvereinbarung" unterwerfen sich die Träger
der öffentlichen Jugendhilfe, um nur ein Handlungsfeld der Sozialen Arbeit
herauszugreifen, bei Übernahme von Leistungen nach dem Sozialgesetzbuch
(SGB VIII) den Rahmenbedingungen des § 78aff SGB VIII.

Wissenschaftliche Verortung

Die Bezeichnung Evaluation wird uneinheitlich verwendet. In der fachöf-   Verständnis von
fentlichen und akademischen Auseinandersetzung wird nicht nur der Gegen-   Evaluation
stand der Bewertung, sondern auch der Prozess des Bewertens mit einer Flut
von Bezeichnungen, Methoden und Diskursen belegt. So wird Evaluation u.a.
mit Evaluationsforschung, Controlling, Wirkungsmessung, Effektivität und
Effizienz gleichgesetzt. *Evaluation* im vorliegenden Zusammenhang wird in
Anlehnung an die Deutsche Gesellschaft für Evaluation e.V. (DeGeVal) verstanden als „ (..) die systematische Untersuchung des Nutzens oder Wertes
eines Gegenstandes. Solche Evaluationsgegenstände können z.B. Programme,
Projekte, Produkte, Maßnahmen, Leistungen, Organisationen, Politik, Technologien oder Forschung sein. Die erzielten Ergebnisse, Schlussfolgerungen
oder Empfehlungen müssen nachvollziehbar auf empirisch gewonnenen qualitativen und/oder quantitativen Daten beruhen" (DeGeVal 2002, S. 15). Um
es zu verdeutlichen: Das alltägliche Prüfen, innere Disputieren und die subjektiven Einschätzungen und Bewertungen auf der Basis nicht immer klarer
Kriterien bleiben davon unberührt.

Die nach der DeGeVal, in Anlehnung an die vom Joint Committee on
Standards for Educational Evaluation (Sanders 2006) herausgearbeitete, eher
strenge Begriffsbestimmung wird mancherorts aufgeweicht in dem Sinne,
dass von „systematisierter Informationsgewinnung" und nicht von empirisch
gewonnenen Daten die Rede ist. Dieses mag dem „Primat der Praxis vor der
Wissenschaft" geschuldet sein, dient letztlich aber nicht der Profession mit
dem eigenen Tun und untergräbt den Anspruch der fachlichen Auseinandersetzung mit anderen Bezugswissenschaften (vgl. Merchel 2010).

Evaluation und Soziale Arbeit

Dass auch in der Sozialen Arbeit unterschiedliche Bezeichnungen für Evaluation gebraucht werden, ist nicht verwunderlich. Einerseits ist Evaluation eine vergleichsweise junge Wissenschaft, andererseits speist sich die Soziale Arbeit aus verschiedenen Bezugswissenschaften und setzt sich mit diesen auseinander. Dabei stehen Erziehungswissenschaften, Philosophie, Soziologie, Psychologie, Ethik, auch Sozialwirtschaft mit Betriebswirtschaftslehre, Rechtswissenschaften im Zusammenhang zur Sozialen Arbeit. Einen nicht zu unterschätzenden Einfluss haben auch die politischen Rahmenbedingungen und von zentraler Bedeutung sind auch die Adressat/-innen als Koproduzenten Sozialer Arbeit. Genau dieses oftmals mühevolle Ringen um die eigene Profession verlangt von der Sozialen Arbeit ein besonderes Interesse an der Bewertung der eigenen Arbeit, wenn es darum geht, die formulierten Ziele zu erreichen, nach denen zumindest im Rahmen der gesetzlichen Bedingungen des SGB Aufgaben angenommen werden.

Evaluation im Kontext interdisziplinärer Bezüge

Die Erwartungen der unterschiedlichen Akteure (z.B. Auftraggeber, Adressaten, Organisationen) sind nicht nur beträchtlich, sondern auch heterogen und oftmals divergent. Einerseits werden fiskalisch eine Ökonomisierung des Sozialen forciert, Personalabbau betrieben und prekäre Arbeitsplätze geschaffen, andererseits stehen Wirkungsforschung und Evidenz basierte Soziale Arbeit im Fokus des (fach-)öffentlichen Interesses. Damit ist die Praxis überfordert. Erschwerend kommt hinzu, dass Programme und Prozesse in der Sozialen Arbeit nur in Koproduktion zwischen Professionellen und Adressaten erfolgreich erbracht werden können. Vor diesem Hintergrund erfordert Evaluation nicht nur eine fachlich professionelle/selbstreflexive und gleichzeitig souveräne Haltung, weil Evaluation im strengen Sinne Ressourcen verbrauchend (Zeit, Geld, Personal) ist, sondern darüber hinaus auch höchst konfliktträchtig ist im Spannungsfeld der Vorgaben von Politik, Auftraggeber und manche Eigenlogik von Personen und sozialen Organisationen wirkt.

Akzeptanz von Evaluation

Evaluation im engen methodischen Sinne ist noch kein selbstverständliches Moment professionellen Handelns. Gründe hierfür sind einerseits die fehlende Kultur einer „Mainstreaming Evaluation", welches in den USA ein fast selbstverständliches Moment der Organisationskultur darstellt. Dieses professionelle Selbstverständnis ist integraler Bestandteil der alltäglichen Aufgaben und Arbeitsabläufe von Organisationen (vgl. Haubrich/Lüders 2001). Andererseits erscheint es so, dass immer noch Ängste gegenüber einer fundierten methodengeleiteten Evaluation bestehen und damit auch die fehlende Akzeptanz für eine Evaluation vorherrscht. Dieses ist nicht unbegründet, da auch bezogen auf die Ergebnisverwertung, noch Entwicklungspotenzial hinsichtlich hinreichender Transparenz besteht. Entwicklungspotenzial besteht auch bezüglich Ausbildung der Praxis in Evaluations- und Forschungsmethoden.

Evaluationsforschung

Erkenntnisse einer Evaluation auf der Basis einer systematischen Untersuchung beruhen nachvollziehbar auf empirisch gewonnenen qualitativen und/oder quantitativen Daten. Übersetzt heißt das: ein Evaluationsverfahren definiert nicht nur, was zu untersuchen ist (forschungsleitende Fragestellung), sondern auch die Art und Weise der Datenbeschaffung und sodann auch, mit welchen statistischen oder interpretativen Verfahren eine fundierte Auswertung erfolgt. Darüber hinaus sollte auch die Feldarbeit hinsichtlich der Personenauswahl als Forschungsobjekt und -subjekt transparent gemacht werden. Die hierfür notwendige Selektion aus der umfänglichen Auswahl von Forschungsmethoden beruht auf der allseits anerkannten Maxime, „daß jede inhaltliche Frage eine für sie typische empirische Vorgehensweise verlangt, es also *die* optimale Forschungsmethode nicht gibt" (vgl. ebd. S. 1). Klar wird erkennbar, dass prinzipiell alle qualitativen (z.B. Leitfadeninterview, narratives Interview, Beobachtungsverfahren etc.) und quantitativen Methoden (z.B. geschlossenes Interview/ Fragebogen, organisationsinterne Datenbanken, Klienten-/Kundenstatistiken etc.) Verwendung finden können. Eine erste grobe Unterteilung zur Methodenwahl besteht auch in der Frage, ob es sich um eine Hypothesen testende oder Hypothesen erkundende Untersuchung handelt (vgl. ebd.). Diese Dichotomisierung ist zwar zur Orientierung hilfreich, anderseits aber auch zu grob, um damit ein substanziiertes Evaluationsdesign abdecken zu können, denn die Methodenwahl ist lediglich eine Seite der Medaille, die andere besteht in der grundlegenden Klärung, ob mit der gewählten Methode und dem gewählten Design wirklich auch das bewertet werden kann, was bewertet werden soll. Diese Frage ist Gegenstand der Evaluationsforschung, die Forschung um die richtige Methode und das richtige Verfahren in Abhängigkeit der vorliegenden Gegebenheiten und formulierten Fragen.

Evaluation und Soziale Arbeit stehen in einem nicht immer konfliktfreien Zusammenhang. Nicht nur die Koproduktion im direkten Austausch mit dem Adressaten hinsichtlich Erfolg und Misserfolg von professioneller Arbeit ist eine Besonderheit der Fachdisziplin, sondern darüber hinaus geht es in der fachlichen Debatte u.a. um Qualität, Kostenersparnis, ethische Grundsätze, Effizienzdebatte und Forderungen nach Beweisführung sozialer Arbeit (evidence based social work). Der ausschließliche Rückgriff auf empirische Forschungsmethoden bei gegebener (politischer-bezugswissenschaftlicher) Gemengelage greift Evaluation der Sozialen Arbeit zu kurz. Somit befasst sich die Evaluationsforschung mit der wissenschaftlichen Auseinandersetzung der unterschiedlichen Evaluationsformen und -designs im Zusammenhang mit dem zu untersuchenden Feld, mit Theorieansätzen und der zu bewertenden Fragestellung, insbesondere vor dem Hintergrund von Leistungsvereinbarungen und Kostennutzungsrechnungen (vgl. ebd., S. 308). Formen der Eva-

Evaluation der Sozialen Arbeit als besondere Herausforderung

luation werden in einschlägigen Aufsätzen und Lehrbüchern immer wieder thematisiert: formative, summative Evaluation, interne oder Selbstevaluation, externe/Fremdevaluation, Programm- und Prozessevaluation etc. (vgl. Rossi u.a. 1988; Heiner 1994).

Standards und Responsivität

Standards als hilfreicher Rahmen

Evaluation im vorgenannten Sinne ist ein Prozess langer Wege und ähnelt einer Projektentwicklung und einem Projektmanagement: Zentrale Fragen sind die nach dem Anlass einer Evaluation und auch danach, wer denn diesen Anlass erstmals thematisiert hat (Definitionsqualität). Schon an dieser Stelle ist Übereinstimmung bezüglich der Inhalte des Evaluationskonzepts (Konzeptqualität) mit dem Anlassgeber hinsichtlich Fragestellung, Methode und Verwendung der Ergebnisse herzustellen. Hilfreich für die Durchführung sind hierbei Evaluationsstandards, welche vonseiten des „Joint Committee on Standard for Educational Evaluation" (vgl. Sanders 2006) ausgearbeitet und vorgelegt wurden. In vier Gruppen aufgeschlüsselt stellen sie „Prinzipien" zur Orientierung dar, ersetzen dabei aber nicht die umfangreiche Fachliteratur zur Vielfalt von Forschungsmethoden und ihrer Umsetzung einerseits und dem Studium des Evaluationsgegenstandes anderseits. Vornehmlich beinhalten sie verbindliche Regelungen nach innen und außen und sorgen für die notwendige Transparenz aller an der Evaluation Beteiligten von Beginn. Als Beispiel kann der Aspekt „Glaubwürdigkeit der Evaluation" als vertrauensbildende Maßnahme in Bezug auf die evaluierende Person als auch deren Fachkompetenz und Akzeptanz benannt werden. Als ein weiteres Beispiel wird die „Politische Tragfähigkeit" vor dem Hintergrund unterschiedlicher Positionen verschiedener Interessengruppen mit der Zielrichtung auf Kooperationsfähigkeit vorgestellt. Auch das Kriterium der „Formale (n) Vereinbarungen" mit der schriftlich fixierten Verpflichtung der Vertragsparteien soll nicht unerwähnt bleiben. Das Joint Committee konstatiert, dass eine 1-zu-1 Umsetzung für alle Bereiche nicht immer möglich ist, sondern vielmehr eine sachdienliche Abwägung in der Verantwortung der Beteiligten am Prozess liegen wird (vgl. Sanders 2006).

Notwendige Abstimmung mit Bedürfnissen

In dem Bemühen und mithilfe von Standards mit eher prozessorientiertem, administrativem, kommunikativem und verpflichtendem Charakter ein Evaluationsvorhaben durchzuführen, trat bisher ein weiterer Gedanke in den Hintergrund. Wenn Evaluation im methodischen und technischen Sinne, im Sinne von Messen und Zählen verstanden wird, bleibt implizites Praxis- und Erfahrungswissen, da insbesondere die Soziale Arbeit in sensiblen Arbeitsfeldern aktiv ist, im Schatten. Wie wichtig für die Handlungsfelder der Sozialen Arbeit besonderes Einfühlungsvermögen, Wertschätzung, Toleranz und Akzeptanz sind und Bedeutung erhalten, muss stärker ins Rampenlicht gerückt werden. Das bedeutet für eine Evaluation in den Arbeitsfeldern Sozialer Arbeit neben der Beschreibung von gegebenen Realitäten auch, dass die so genannten „weichen Variablen" in einem offenen Prozess mit „fließender Kommunikation" Berücksichtigung finden. Es ist eine Gratwanderung zwischen Messen einerseits und sensitiv responsivem Verstehen andererseits, gleichzeitig Fachlichkeit zu gestalten und sodann auch (qualitativ) zu analysieren. Sie könnte damit in Abwandlung von einigen Empfehlungen des Joint Committe on Standards for Educational Evaluation den Schwerpunkt auf Emergenz legen und keinem im Vorfeld festgelegten Plan folgend, sondern vornehmlich prozesshaft zwischen den Beteiligten konzipiert agieren (vgl. Spanhel, 2001).

Evidence based social work / Wirkungsforschung

In der fachpolitischen Debatte ist zunehmend über Evidenz basierter Sozialen Arbeit und über Wirkungsevaluation zu lesen. Sie „ist im vollen Gange und politisch wie fachlich hoch umstritten" (Otto u.a. 2010, S. 7). Eine Evaluation mit Ausrichtung einer pragmatischen und wissenschaftlich fundierten Suche danach, was die Soziale Arbeit zu leisten im Stande ist und welche Wirkungen sie entfalten kann, geht einher mit der Diskussion um den eigentlichen Auftrag und das Ziel dieser Profession. Diese fachlich dominierte und nicht einheitlich geführte Auseinandersetzung wird ergänzt um die Fragen von administrativen Steuerungsmöglichkeiten, welche wiederum beeinflusst werden von Budgetierungen und Kontraktmanagements, einer vornehmlich verwaltungsorientierten Fremdkontrolle. Erschwerend ist, dass „Evidence" (engl.) und „Evidenz" (deutsch) mit inhaltlich unterschiedlichen Konnotationen belegt sind: Der erstgenannte Begriff beinhaltet vornehmlich die Beweisführung, der zweite „Gewissheit" oder auch „einleuchtende Erkenntnis" (Duden). Im Kontext vorgetragener Evaluation können, hermeneutisch betrachtet, unterschiedliche Ergebnisse vorgetragen werden. Für die Praxis und Wissenschaft bedeutet der Umgang mit Evidenz auch zweierlei: Vereinfacht ausgedrückt will die beweisführende Evaluation Wirkungsforschung im wissenschaftlichen Sinne betreiben, während die auf der Basis plausibler Erkenntnisse beruhende Arbeit der Praxis zufällt. Für eine evidenzbasierte Soziale Arbeit und evidenzbasierte Praxis (EBP) kann auf verschiedene Konzepte zurückgegriffen werden (vgl. z.B. Bellamy u.a. 2010, S. 29ff). Manche dieser vorgeschlagenen Wege sind gangbare und die Praxis herausfordernde mit permanenter Expertise und Selbstreflexion.

[Randnotiz: Beweisführend oder nachvollziehbar]

Der Weg einer Wirkungsevaluation ist für die Praxis ebenso herausfordernd wie für die Wissenschaft, geht es doch um den Nachweis eines (kausalen) Zusammenhangs bei geplanten Interventionen (Treatments) mit ge-

[Randnotiz: Wirkung oder Veränderung]

wollten Effekten und Wirkungen. Hierbei steht ein geeignetes Forschungs-konzept als Vergleichsstudie mit Messpunkten zu mindestens 2 Zeitpunkten (t_1 und t_2 – Pre-Post-Evaluation) zur Diskussion. Des Weiteren wird für die Praxis ein manualisiertes Handeln in den Raum gestellt. Ziel dieses Designs ist es, Hinweise über Wirkungen Sozialer Arbeit herausfinden zu können (vgl. Otto u.a. 2010). Solche kontrollierten Experimente werden häufig als Gold-standard der Wirkungsforschung verstanden. Sie definieren zwar mögliche Wirkfaktoren, lassen aber auch viele unberücksichtigt, denn die Vielfalt an möglichen intervenierenden Variablen sind im eingeschränkten Kontextwis-sen über die Zielgruppe „Klient" größtenteils nicht einmal implizites Wissen (Black-Box-Problem). Die Frage ist und bleibt, ob mit einem Pre-Post-Design Wirkungen oder eher Veränderungen erkannt werden.

Resümee

Evaluation ist ein absolut wichtiger, zukunftsorientierter und entwicklungs-fähiger Topos für alle in der Sozialen Arbeit Tätigen. Auf allen Ebenen ist nach dem Blick auf das Thema Entwicklungspotenzial zu sehen: Professionen in der Praxis, Professoren an den Hochschulen und Studierende des Faches. Beachtlich ist der Umfang von (Evaluations-) Studien in den Handlungsfel-dern Sozialer Arbeit, ob zur Wirksamkeit ambulanter Jugendhilfe, in der (Kriminal-) Präventionsforschung, ob als Wirkungsforschung zu Hartz IV oder den umfänglichen Projekten und Studien des Deutschen Jugendinstituts (DJI). Die Frage ist, reicht dieses aus? Nein: Schon alleine die fachliche Auseinandersetzung mit Methoden, mit den Präferenzen der Stakeholder, den berechtigten Forderungen nach Partizipation und Inklusion sowie den Ad-ressaten ist ein permanenter Prozess im Rahmen von Evaluation. Das alles sind sicherlich Hürden, die aber genommen werden können, sie sind kein Grund, die fachliche Haltung zur Profession auf dem Status quo zu halten. Dass dieses in weiten Teilen der Handlungsfelder nicht geschieht, sondern permanent um Qualifikation, um Standards und Qualitätssicherung gestritten wird, ist u.a. nicht nur der Ausbildung an den Hochschulen geschuldet. Vielmehr sind der finanzielle Druck und die politischen Erwartungen, welche für Bewegung sorgen. Ein allseits proaktives Handeln ist ebenso notwendig wie der Hinweis auf die Arbeitsbedingungen in der Praxis, die eine fundierte Evaluation zum Teil nicht zulassen. Das Kümmern um den Ratsuchenden steht vor der Dokumentation des Geleisteten. Und wenn auf der politischen Ebene am Beispiel des 11. Kinder- und Jugendhilfeberichts des Bundes zu lesen ist, dass die „Jugendhilfe (..) sich auch unter Effizienzgesichtspunkten weiterqualifizieren (sollte); (dass) dringend die Lücke im Bereich der Ju-gendhilfe-Wirkungsforschung geschlossen werden (muss) (zit. nach Haubrich

2009, S. 446), dann darf auch nicht verschwiegen werden, dass eine diesbezügliche Forderung einerseits einer besseren Ausstattung der Praxis bedarf und Qualifizierung vornehmlich der fachlichen Debatte geschuldet ist. Erst auf fachlich fundierten Grundlagen, mit den vielfältigen Möglichkeiten der Evaluation erhoben, kann über Wirkungen bzw. evidenzbasierter Sozialer Arbeit in ihren Handlungsfeldern gesprochen werden. Und erst dann folgt der Austausch über politische und praktische Folgerungen.

Literatur

Bellamy, J. L./Bledsoe, S. E./Mulle, E. J. (2010): Evidenzbasierte Sozialarbeitspraxis – Konzepte und Probleme der Implementation. In: Otto, H.-U./Polutta, A./Ziegler, H. (Hrsg.) (2010): What Works – Welches Wissen braucht die Soziale Arbeit? Zum Konzept evidenzbasierter Praxis. Opladen.

Gesellschaft für Evaluation e.V. (DeGeVal) (2002): Standard für Evaluation, 4. durchgesehene Druckauflage (http://degeval.de/images/stories/Publikationen/DeGEval_-_Standards.pdf); [letzter Zugriff: 28.12.2012].

Haubrich, K./Lüders, Chr. (2001): Evaluation – hohe Erwartungen und ungeklärte Fragen (http://www.gesis.org/fileadmin/upload/dienstleistung/fachinformationen/servicepublikationen/sofid/Fachbeitraege/Jugend_2004-1.pdf); [letzter Zugriff: 28.11.2012].

Haubrich, K. (2009): Evaluation in der Sozialen Arbeit in Deutschland. Entwicklungslinien und Besonderheiten der Evaluationsdebatte am Beispiel der Kinder-, Jugend- und Familienhilfe. In: Widmer, Th./Beywl, W./Fabian, C. (Hrsg.): Evaluation. Ein systematisches Handbuch. Wiesbaden, S. 441-449.

Heiner, M. (Hrsg.) (1994): Selbstevaluation als Qualifizierung in der Sozialen Arbeit. Fallstudien aus der Praxis. Freiburg i.Br.

Klawe, W. (2006): Wie wirken pädagogische Interventionen? – zur Wirkungsforschung bei individualpädagogischen Maßnahmen (http://www.shnetz.de/klawe/archiv/Individualpaedagogik/Beitrag_erleben_lernen.pdf) [letzter Zugriff: 20.11.2012].

Kommunale Gemeinschaftsstelle (Hrsg.) (1996): KGSt-Politikerhandbuch zur Verwaltungsreform. Köln.

Merchel, J. (2010): Evaluation in der Sozialen Arbeit. München u. Basel.

Otto, H.-U./Polutta, A./Ziegler, H. (Hrsg.) (2010): What Works – Welches Wissen braucht die Soziale Arbeit? Zum Konzept evidenzbasierter Praxis. Opladen.

Rossi, P. H./Freeman, H. E./Hofmann, G. (1988): Programm -Evaluation. Einführung in die Methoden angewandter Sozialforschung. Stuttgart.

Sanders, J. R. (Hrsg.) (2006): Handbuch der Evaluationsstandards. Die Standards des „Joint Committee on Standards for Educational Evaluation", 3. erweiterte und aktualisierte Auflage. Wiesbaden. (Übersetzt und für die deutsche Ausgabe erweitert von Wolfgang Beywl und Thomas Widmer)

Spanhel, D. (2001): Die Bedeutung pädagogischer Evaluationsforschung am Beispiel responsiver Evaluation. Kurzbericht zum Workshop. (http://www.uibk.ac.at/wiwiwi/home/tagung/pdf/spanhel_von_ritter_gredl_angelika.pdf) [letzter Zugriff: 25.07.2011].

Autorinnen und Autoren

Arnold, Thomas, Dr. phil., Dipl.-Soz., ist Professor für Sozialpolitik im Fachbereich Sozialwissenschaften der Hochschule Koblenz. Lehr- und Forschungsgebiete sind Sozialpolitik, international vergleichende Sozialpolitik und Migration.
Kontakt: arnold@hs-koblenz.de

Baum, Detlef, Prof. Dr. Dr. h.c. (habil.), Dipl. Soz., ist Professor (em.) für Soziologie im Fachbereich Sozialwissenschaften der Hochschule Koblenz. Lehr- und Forschungsgebiete sind Soziale Probleme, Sozialisationsprozesse, Stadt- und Gemeindeforschung und Dorfmoderation.
Kontakt: baum@hs-koblenz.de

Beckmann, Kathinka, Dr. phil., Dipl. Soz.-Pädagogin (FH), B.A. Sozialwissenschaften, ist Professorin für klassische und neue Arbeitsfelder der Frühen Kindheit im Fachbereich Sozialwissenschaften der Hochschule Koblenz. Lehr –und Forschungsgebiete sind strukturelle Dimensionen des Kinderschutzes, Verwaltungsmodernisierung in der Jugendhilfe, politische Kommunikation im Web 2.0.
Kontakt: beckmann@hs-koblenz.de

Beudels, Wolfgang, Dr. päd., Gymnasiallehrer für Sport und Geschichte, ist Professor für Pädagogik der frühen Kindheit. Lehr- und Forschungsgebiete sind Theorien und Konzepte früher Bildung und Förderung, Bewegung in der Kindheit, Bewegungsorientierte Soziale Arbeit.
Kontakt: beudels@hs.koblenz.de

Blumberg, Nicole, Soziologin, M.A. ist Dozentin im Fachbereich Sozialwissenschaften der Hochschule Koblenz. Lehr- und Forschungsgebiete sind Konzeptionsentwicklung im Bereich der frühkindlichen Bildung und Betreuung, Soziologie, Theorie-Praxis-Transfer sowie Methoden der Beratung.
Kontakt: blumberg@hs-koblenz.de

Braun, Daniela, Dr. phil., Dipl. Sozialpädagogin, ist Professorin für Medien, Ästhetik und Kommunikation sowie Softskills im Bereich der Sozialen Arbeit und Kindheitswissenschaften im Fachbereich Sozialwissenschaften der Hochschule Koblenz; derzeit Prodekanin. Lehr- und Forschungsschwerpunkte sind Medien, Kreativität, Ästhetik und Transitionen im Bereich der Frühen Kindheit.
Kontakt: braun@hs-koblenz.de

Bundschuh, **Stephan**, Dr. phil., M.A. phil., ist Professor für Kinder- und Jugendhilfe im Fachbereich Sozialwissenschaften der Hochschule Koblenz. Lehr- und Forschungsgebiete sind Kinder- und Jugendhilfe, Sozialraumorientierung, Autoritarismus und Interkulturalität.
Kontakt: bundschuh@hs-koblenz.de

Dieckerhoff, **Katy**, Dr. phil., Dipl.-Päd., ist Professorin für sozialwissenschaftliche und pädagogische Grundlagen und Konzepte im Bereich der Kindheit im Fachbereich Sozialwissenschaften der Hochschule Koblenz. Lehr- und Forschungsschwerpunkte sind Lernen und Bildung in der Kindheit.
Kontakt: dieckerhoff@hs-koblenz.de

Felder, **Marion**, Dr. phil., Dipl.-Heilpäd., M.Ed., ist Professorin für Inklusion und Rehabilitation im Fachbereich Sozialwissenschaften der Hochschule Koblenz. Lehr-und Forschungsgebiete sind Inklusion und Rehabilitation von Kindern, Jugendlichen und Erwachsenen in schulischen und außerschulischen Bereichen.
Kontakt: felder@hs-koblenz.de

Franzkowiak, **Peter**, Dr. disc. pol., Dipl.-Psych., ist Professor für Gesundheitswissenschaften und Sozialmedizin in der Sozialen Arbeit im Fachbereich Sozialwissenschaften der Hochschule Koblenz. Lehr- und Forschungsgebiete sind Gesundheitsbezogene Soziale Arbeit, Prävention und Gesundheitsförderung, Soziale Gerontologie und Altenarbeit.
Kontakt: franzkowiak@hs-koblenz.de

Friesenhahn, **Günter J.**, Dr. phil., Dipl.-Päd., ist Professor für Europäische Jugend- und Erwachsenenbildung und derzeit Dekan im Fachbereich Sozialwissenschaften der Hochschule Koblenz. Lehr- und Forschungsgebiete sind Organisation von Lernprozessen, Pädagogische Grundlagen Sozialer Arbeit, internationale Jugendarbeit, Soziale Arbeit in Europa.
Kontakt: friesenhahn@hs-koblenz.de

Frink, **Monika**, Dr. theol., Dipl.-Päd., Dipl.-Theol., ist Professorin für Bildung und Erziehung im Fachbereich Sozialwissenschaften der Hochschule Koblenz. Lehr- und Forschungsgebiete sind Theorien der Erziehung, Bildung und des Lernens, Ethik und Bildung, Pädagogische Professionalität.
Kontakt: frink@hs-koblenz.de

Frietsch, **Robert**, Dr. jur., Dipl.-Psych., Professor (em.) für Theorie, Methoden Qualitätsentwicklung Sozialer Arbeit im Fachbereich Sozialwissenschaften der Hochschule Koblenz. Lehr- und Forschungsgebiete sind: Suchtkrankenhilfe, Arbeitsmarktintegration, Qualitätsmanagement.
Kontakt: frietsch@hs-koblenz.de

Füchsle-Voigt, Traudl, Dr. phil., Dipl.-Psych., ist Professorin für Psychologie im Fachbereich Sozialwissenschaften der Hochschule Koblenz. Lehr- und Forschungsgebiete sind Soziale Arbeit in der Psychiatrie, Familien- und Entwicklungspsychologie, interdisziplinäre Zusammenarbeit im Familienkonflikt, Mediation.
Kontakt: fuechsle@hs-koblenz.de

Hetger, Winfried A., Dr. jur. ist Honorarprofessor für Recht in der Sozialen Arbeit im Fachbereich Sozialwissenschaften der Hochschule Koblenz und Vorsitzender Richter am Landgericht Koblenz. Lehr- und Forschungsgebiete sind Strafrecht, Jugendstrafrecht, Strafprozessrecht und Jugendschutz.
Kontakt: hetger@hs-koblenz.de

Jansen, Peter-Erwin, M.A. Phil., Dozent im Fachbereich Sozialwissenschaften der Hochschule Koblenz. Lehr und Forschungsgebiete sind soziale Gerechtigkeit, Ethik, soziale Bewegungen, Öffentlichkeitsarbeit, Kritische Theorie und Herausgabe der Nachlässe von Herbert Marcuse und Leo Löwenthal.
Kontakt: pejansen@hs-koblenz.de

Kaiser-Hylla, Catherine, Dr. rer. nat., Dipl.-Psych. ist Vertretungsprofessorin für Psychologie im Fachbereich Sozialwissenschaften der Hochschule Koblenz (derzeit Elternzeit). Lehr- und Forschungsgebiete sind Entwicklungspsychologie und Resilienzförderung bei traumatisierten Kindern durch künstlerische Aktivitäten.
Kontakt: kaiser@hs-koblenz.de

Kniephoff-Knebel, Anette, Dr. phil., Dipl.-Päd., ist Professorin für Wissenschaft der Sozialen Arbeit unter besonderer Berücksichtigung von Diversität im Fachbereich Sozialwissenschaften der Hochschule Koblenz. Lehr- und Forschungsgebiete sind Geschichte und fachwissenschaftliche Theorieentwicklung der Sozialen Arbeit, Gender und Diversity, Internationalisierung Sozialer Arbeit.
Kontakt: kniephoff@hs-koblenz.de

Kokott-Weidenfeld, Gabriele, ist Professorin für Recht im Fachbereich Sozialwissenschaften der Hochschule Koblenz. Lehr- und Forschungsgebiete sind Grundlagen des Rechts, Familienrecht, Jugendrecht und Frauenrechte.
Kontakt: kokott@hs-koblenz.de

Krappmann, Paul, Dr. rer.nat., Dipl.-Psych., ist Professor für Psychologie in der Sozialen Arbeit. Lehr- und Forschungsgebiete sind Entwicklungspsycho(patho)-logie, Paar- und Familienpsychologie, Systemische Beratung sowie Achtsamkeit und Selbstfürsorge in der Sozialen Arbeit.
Kontakt: krappmann@hs-koblenz.de

Kuhn, Annemarie, Dr. rer.soc., M.A., ist Professorin für Soziologie im Fachbereich Sozialwissenschaften der Hochschule Koblenz, Lehr- und Forschungsgebiete sind Sozialwissenschaftliche Grundlagen Sozialer Arbeit, Soziale Arbeit für und mit Menschen in besonderen Problemlagen, Delinquenz und Armut.
Kontakt: kuhn@hs-koblenz.de

Kuntze, Gerhard, M.A., ist Dozent für Methoden der Sozialforschung im Fachbereich Sozialwissenschaften der Hochschule Koblenz. Lehr- und Forschungsgebiete sind Sozialforschung, Evaluation, Sozialwirtschaft und Coaching.
Kontakt: kuntze@hs-koblenz.de

Lindemann, Karl-Heinz, Dr. phil., Dipl. Soziologe, Dipl. Pädagoge, Dipl. Sozialarbeiter (FH) ist Professor für Pädagogik im Fachbereich Sozialwissenschaften der Hochschule Koblenz, Fachbereich Sozialwissenschaften. Lehr- und Forschungsgebiete sind Pädagogik, Ethik, Jugendhilfe, systemische Beratung und Organisationsentwicklung.
Kontakt: lindemann@hs-koblenz.de

Link, Sabine, Dipl. Soz.- Arbeiterin/Dipl.-Soz.-Pädagogin (FH) ist Doktorandin im Fachbereich Sozialwissenschaft der Hochschule Koblenz. Lehr- und Forschungsgebiete sind Humor in der Suchtkrankenhilfe, Methoden der Sozialen Arbeit, Kommunikative Kompetenz, Demografischer Wandel.
Kontakt: slink@hs-koblenz.de

Manske, Marion, Dipl.-Päd., ist Dozentin für Methoden im Bereich Bildung und Erziehung im Fachbereich Sozialwissenschaften der Hochschule Koblenz. Lehr- und Forschungsgebiete sind Qualitätsmanagement im Bereich der frühkindlichen Bildung und Betreuung, klassische und neuere Methoden der Sozialen Arbeit und Moderation und Präsentation.
Kontakt: manske@hs-koblenz.de

Merk, Kurt-Peter, Dr. rel.-pol. (habil.) ist Professor für Recht in der Sozialen Arbeit im Fachbereich Sozialwissenschaften der Hochschule Koblenz. Lehr- und Forschungsgebiete sind. Recht in der Sozialen Arbeit, Recht der Europäischen Union. Kinderrecht, Generationengerechtigkeit.
Kontakt: merk@hs-koblenz.de

Nemesh-Baier, Barbara, M.A., Dipl.-Soz.-Pädagogin (FH), ist Dozentin für Methoden der Sozialen Arbeit im Fachbereich Sozialwissenschaften der Hochschule Koblenz. Lehr- und Forschungsgebiete sind Methoden Sozialer Arbeit, Konflikt und Gewalt, Kommunikation sowie Englisch für Tätigkeitsfelder Sozialer Arbeit.
Kontakt: nemeshba@hs-koblenz.de

Ningel, **Rainer**, Dr. phil., Dipl. Päd., Dipl., Soz.-Pädagoge (FH) ist Professor für Interventionslehre in der Sozialen Arbeit im Fachbereich Sozialwissenschaften der Hochschule Koblenz und derzeit Prodekan des Fachbereichs. Lehr- und Forschungsgebiete sind Suchtkrankenhilfe, Klinische Sozialarbeit, Systemische Beratung, Case Management sowie Sport und Bewegung in der Sozialen Arbeit.
Kontakt: ningel@hs-koblenz.de

Schneider, **Armin**, Dr. phil., Dipl.-Päd. und Dipl. Soz.-Arbeiter (FH), ist Professor für Empirische Sozialforschung und Sozialmanagement im Fachbereich Sozialwissenschaften der Hochschule Koblenz, Leiter des dortigen Institutes für Forschung und Weiterbildung (IFW). Lehr- und Forschungsgebiete sind Evaluation, Wirkungsforschung, soziales und nachhaltiges Management, Organisationsethik.
Kontakt: schneider@hs-koblenz.de

Schneiders, **Katrin**, Dr. rer. soc. ist Professorin für Wissenschaft der Sozialen Arbeit mit Schwerpunkt Sozialwirtschaft im Fachbereich
Sozialwissenschaften der Hochschule Koblenz. Lehr- und Forschungsgebiete sind Organisationen des sozialen Dienstleistungssektors, insbesondere Wohlfahrtsverbände und Social Entrepreneurship sowie ökonomische Aspekte der Sozialen Arbeit.
Kontakt: schneiders@hs-koblenz.de

Schmid, **Martin**, Dr. phil., Dipl. Soz. ist Professor für Sozialwissenschaftliche Grundlagen Sozialer Arbeit. Lehr und Forschungsgebiete sind Soziologie des Lebenslaufs, Soziologie Sozialer Probleme, Sozialpolitik in Europa, Sucht- und Drogenforschung.
Kontakt schmid@hs-koblenz.de

Schranz, **Silke**, Dipl.-Soz., ist wissenschaftliche Mitarbeiterin im Fachbereich Sozialwissenschaften der Hochschule Koblenz und Studiengangskoordinatorin für den dualen Studiengang B.A. Bildung & Erziehung. Lehr- und Forschungsgebiete sind Organisation von Lernprozessen (Schwerpunkt E-Learning), Praxisbegleitung, Moderation und Kommunikation.
Kontakt: schranz@hs-koblenz.de

Strohe, **Heike**, Dipl.-Soz.-Arbeiterin (FH) ist wissenschaftliche Mitarbeiterin im Fachbereich Sozialwissenschaften und Studiengangskoordinatorin für den Studiengang B.A. Soziale Arbeit. Lehr- und Forschungsgebiete sind konzeptionelle Grundlagen von praktischen Studienanteilen, Theorie-Praxis-Transfer, Soziale Arbeit in der Kinder- und Jugendhilfe.
Kontakt: strohe@hs-koblenz.de

Reidel, Alexandra, Prof. Dr. jur. ist Professorin für Recht in der Sozialen Arbeit im Fachbereich Sozialwissenschaften der Hochschule Koblenz. Lehr- und Forschungsgebiete sind Grundlagen des Rechts, Sozialhilferecht, Sozialadministration und Verwaltungsrecht.
Kontakt: reidel@hs-koblenz.de

Wardelmann, Bettina, Dipl.-Päd. ist Dozentin für Methoden der Frühpädagogik und Theorie-Praxis-Transfer im frühpädagogischen Bereich im Fachbereich Sozialwissenschaften der Hochschule Koblenz. Lehr- und Forschungsgebiete sind Kreativität, Medien, international vergleichende Bildungskonzepte, kommunikative Kompetenz und Moderations-/Präsentationstechniken.
Kontakt: wardelmann@hs-koblenz.de

Vazquez, Julian, Sozialarbeiter (B.A.), M.A., ist Doktorand und Dozent für Methoden des Sozial- und Qualitätsmanagements im Fachbereich Sozialwissenschaften der Hochschule Koblenz. Lehr- und Forschungsgebiete sind Management in Non-Profit-Organisationen, Personalplanung und Fachkräftemangel im Dienstleistungssektor sowie die Implementierung von Maßnahmen zum Kinderschutz in Organisationen.
Kontakt: vazquez@hs-koblenz.de

Voigt, Joachim, Dr. jur.(em.) ist Professor für Recht in der Sozialen Arbeit im Fachbereich Sozialwissenschaften der Hochschule Koblenz. Lehr- und Forschungsgebiete sind Jugendhilferecht, Verwaltungsrecht und Betreuungsrecht.
Kontakt: voigt@hs-koblenz.de

Wyrobnik, Irit, Dr. phil. M.A., ist Professorin für frühkindliche Bildung und ihre Didaktik im Fachbereich Sozialwissenschaften der Hochschule Koblenz. Lehr- und Forschungsgebiete sind Bildung, Betreuung und Erziehung in der frühen Kindheit, Elementardidaktik und Professionalisierung der Frühpädagogik.
Kontakt: wyrobnik@hs-koblenz.de